庫
ノンフィクション

零戦隊長
宮野善治郎の生涯

神立尚紀

潮書房光人社

零戦隊長　宮野善治郎の生涯——目次

プロローグ　還らぬ一番機　13

◆大正四年〜昭和九年
第一章　若江堤に草萌えて　宮野善治郎・誕生から八尾中学まで……18

◆昭和九年〜十三年
第二章　澎湃寄する海原の　海軍兵学校時代……42

◆昭和十三年三月〜十四年九月
第三章　四面海なる帝国を　艦隊勤務……153

◆昭和十四年九月〜十六年八月
第四章　空征く心誰か知る　飛行学生〜支那事変……172

◆三空・昭和十六年八月〜十七年三月
第五章　時こそ来たれ令一下　大東亜戦争勃発……205

◆六空・昭和十七年三月〜八月
第六章　命を的に戦う我は　MI、AL作戦……268

◆六空―二〇四空・昭和十七年八月〜十二月
第七章　銀翼つらねて南の前線　ソロモン・東部ニューギニアの激闘Ⅰ……349

◆二〇四空・昭和十七年十二月〜十八年三月
第八章　見よ壮烈の空戦に　ソロモン・東部ニューギニアの激闘Ⅱ……436
◆二〇四空飛行隊長・昭和十八年三月〜五月
第九章　雲染む屍　「い」号作戦・山本長官死す……508
◆二〇四空飛行隊長・昭和十八年五月〜六月
第十章　玉散る剣抜きつれて　宮野大尉戦死……564
◆昭和十八年六月〜終戦
第十一章　あの隊長もあの戦友も……　二〇四空の最後……603
エピローグ　散る桜残る桜も散る桜　634
あとがき――白鷺の記憶　653
文庫版あとがき　664
解説　大森洋平　673
〈宮野善治郎　関係資料〉Ⅰ：宮野善治郎履歴・出撃全記録678　Ⅱ：宮野大尉在籍中のラバウル方面における六空―二〇四空搭乗員全名簿688　Ⅲ：太平洋戦争開戦初日の比島空襲零戦隊の編成701　Ⅳ：ルンガ沖航空戦時の飛行機隊編成707
取材協力、資料・談話提供者／参考文献・資料　714

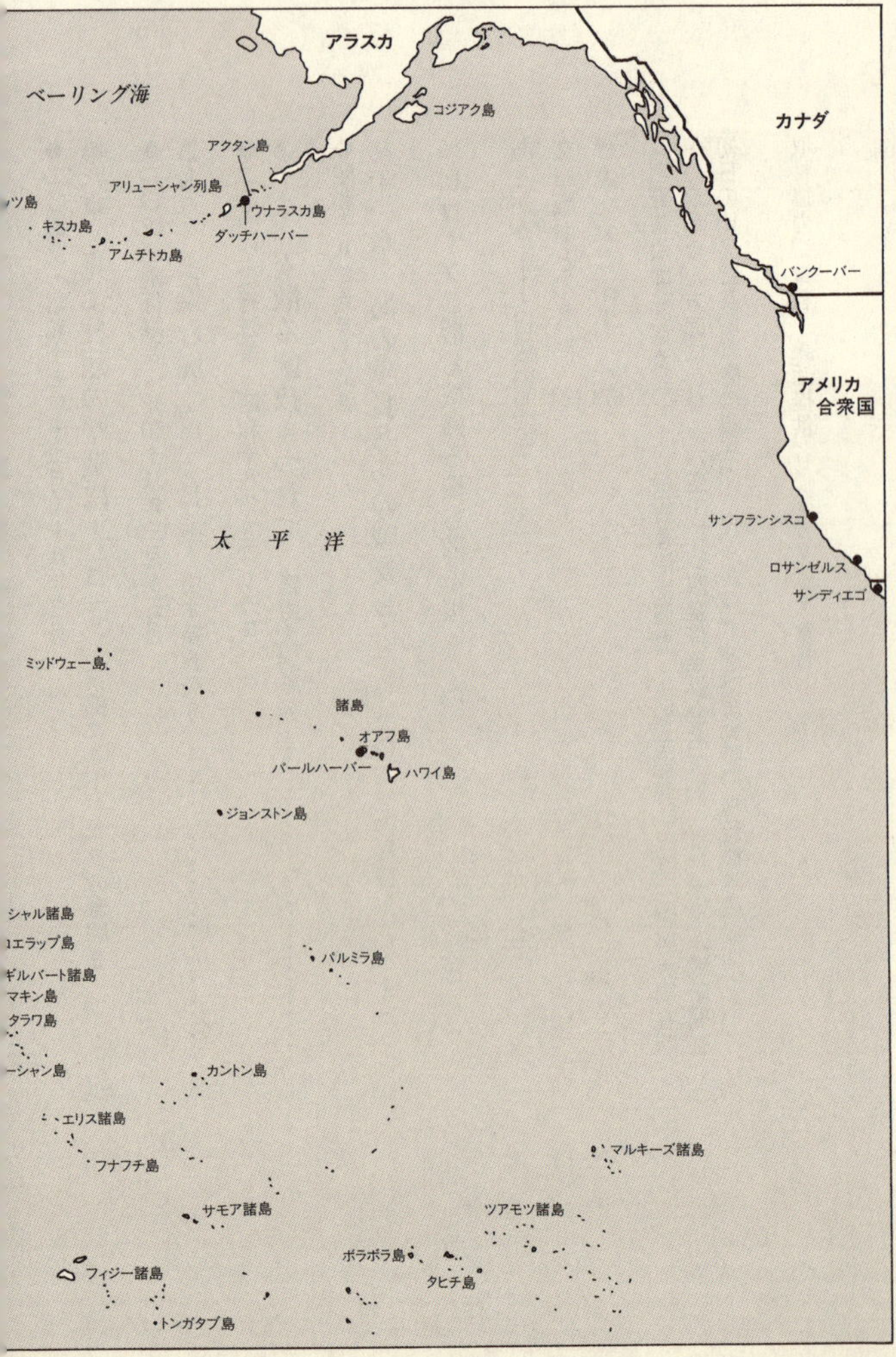
アラスカ
ベーリング海
コジアク島
カナダ
アクタン島
アリューシャン列島
ツ島
キスカ島
ウナラスカ島
ダッチハーバー
アムチトカ島
バンクーバー
アメリカ
合衆国
太平洋
サンフランシスコ
ロサンゼルス
サンディエゴ
ミッドウェー島
諸島
オアフ島
パールハーバー
ハワイ島
ジョンストン島
シャル諸島
エラップ島
ギルバート諸島
マキン島
タラワ島
パルミラ島
ーシャン島
カントン島
エリス諸島
フナフチ島
マルキーズ諸島
サモア諸島
ツアモツ諸島
ボラボラ島
タヒチ島
フィジー諸島
トンガタブ島

太平洋戦域要図

ソビエト社会主義共和国連邦
オホーツク海
カムチャツカ半島
黒龍江
樺太
ハバロフスク
千島列島
ウルップ島
択捉島
国後島
満州国
哈爾浜
長春
ノモンハン
ウランバートル
蒙古人民共和国
ウラジオストク
千歳
三沢
日本海
日本
北京
大連
京城
黄河
黄海
東京
呉
鈴鹿
松山
大村
鹿屋
洛陽
中華民国
南京
武漢
上海
揚子江
重慶
ブータン
インド
琉球列島
沖縄
台北
台湾
高雄
硫黄島
南鳥島(マーカス島)
ビルマ
ハノイ
香港
海南島
ラングーン
タイ
仏領インドシナ
バンコク
プノンペン
サイゴン
ベンゲット
バギオ
ルソン島
マバラカット
マニラ
フィリピン
フィリピン海
マリアナ諸島
テニアン島
サイパン島
グアム島
ウエーク島
エニウェトク島
レイテ島
南シナ海
ヤップ島
ウルシー島
パラオ諸島
カロリン諸島
トラック島
クェゼリン島
ポナペ島
シンゴラ
コタ・バル
ブルネイ
ダバオ
ミンダナオ島
英領ボルネオ
シンガポール
ボルネオ島
セレベス島
バリクパパン
マノクワリ
ビアク島
アドミラルティー諸島
ナウル島
パレンバン
蘭領東インド
ケンダリー
アイタペ
ラバウル
スマトラ島
ジャワ海
マカッサル
ニューギニア
ラエ
ニューブリテン島
ソロモン諸島
ジャカルタ
バンドン
スラバヤ
ジャワ島
クーパン
チモール島
サラモア
ポートモレスビー
ガダルカナル島
インド洋
ポートダーウィン
珊瑚海
エスピリッサント島
ニューヘブリデス諸島
オーストラリア
ニューカレドニア島
ヌーメア

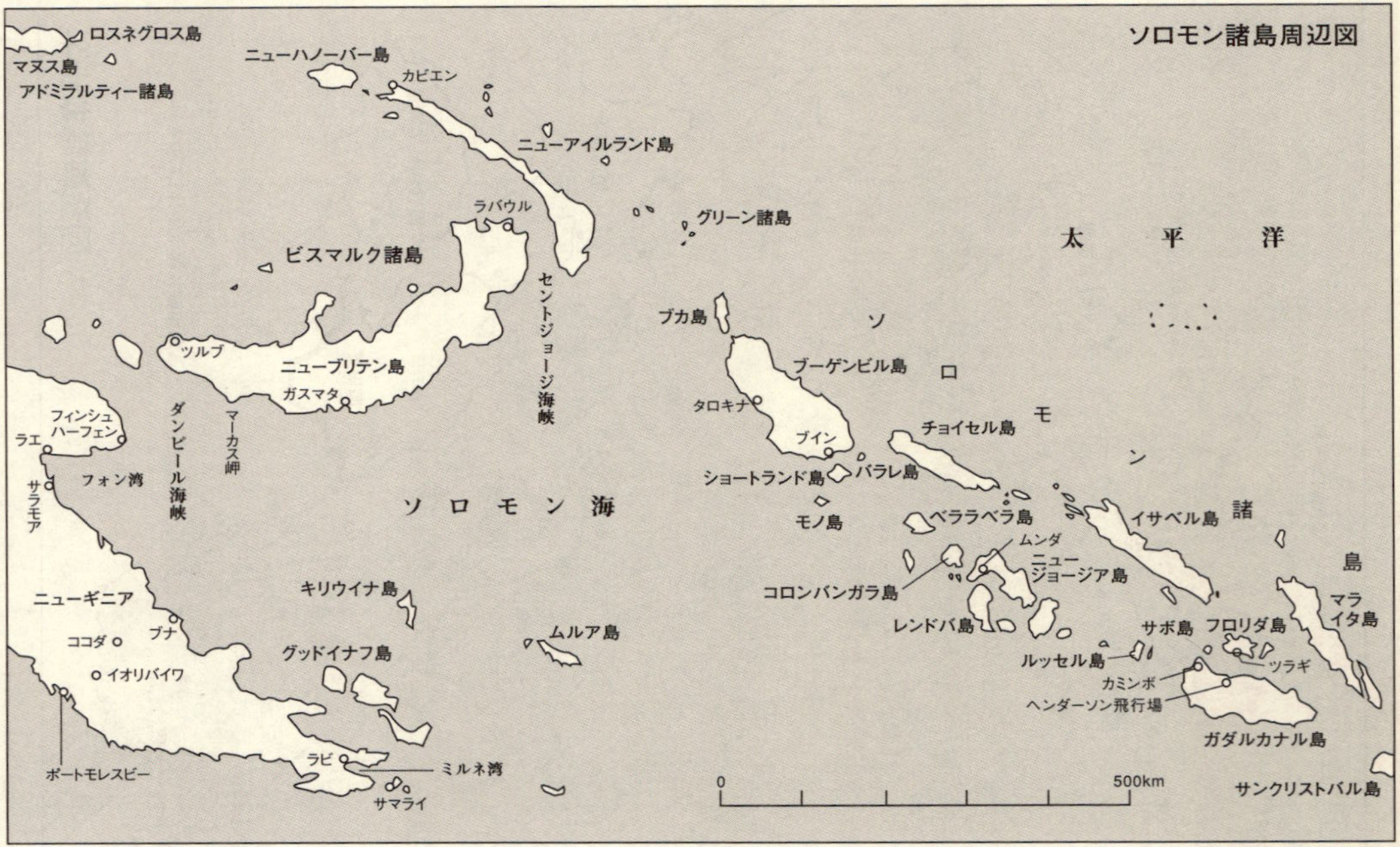
ソロモン諸島周辺図
ロスネグロス島
マヌス島
アドミラルティー諸島
ニューハノーバー島
カビエン
ニューアイルランド島
ラバウル
グリーン諸島
太 平 洋
ビスマルク諸島
セントジョージ海峡
ブカ島
ソロモン諸島
ツルブ
ニューブリテン島
ブーゲンビル島
ガスマタ
タロキナ
フィンシュハーフェン
ダンピール海峡
マーカス岬
チョイセル島
ラエ
ブイン
サラモア
フォン湾
ショートランド島
バラレ島
ソ ロ モ ン 海
モノ島
ベララベラ島
イサベル島
ムンダ
ニュージョージア島
コロンバンガラ島
キリウイナ島
ニューギニア
マライタ島
ブナ
ココダ
ムルア島
レンドバ島
サボ島
フロリダ島
グッドイナフ島
ルッセル島
ツラギ
イオリバイワ
カミンボ
ヘンダーソン飛行場
ガダルカナル島
ラビ
ミルネ湾
ポートモレスビー
サマライ
0
500km
サンクリストバル島

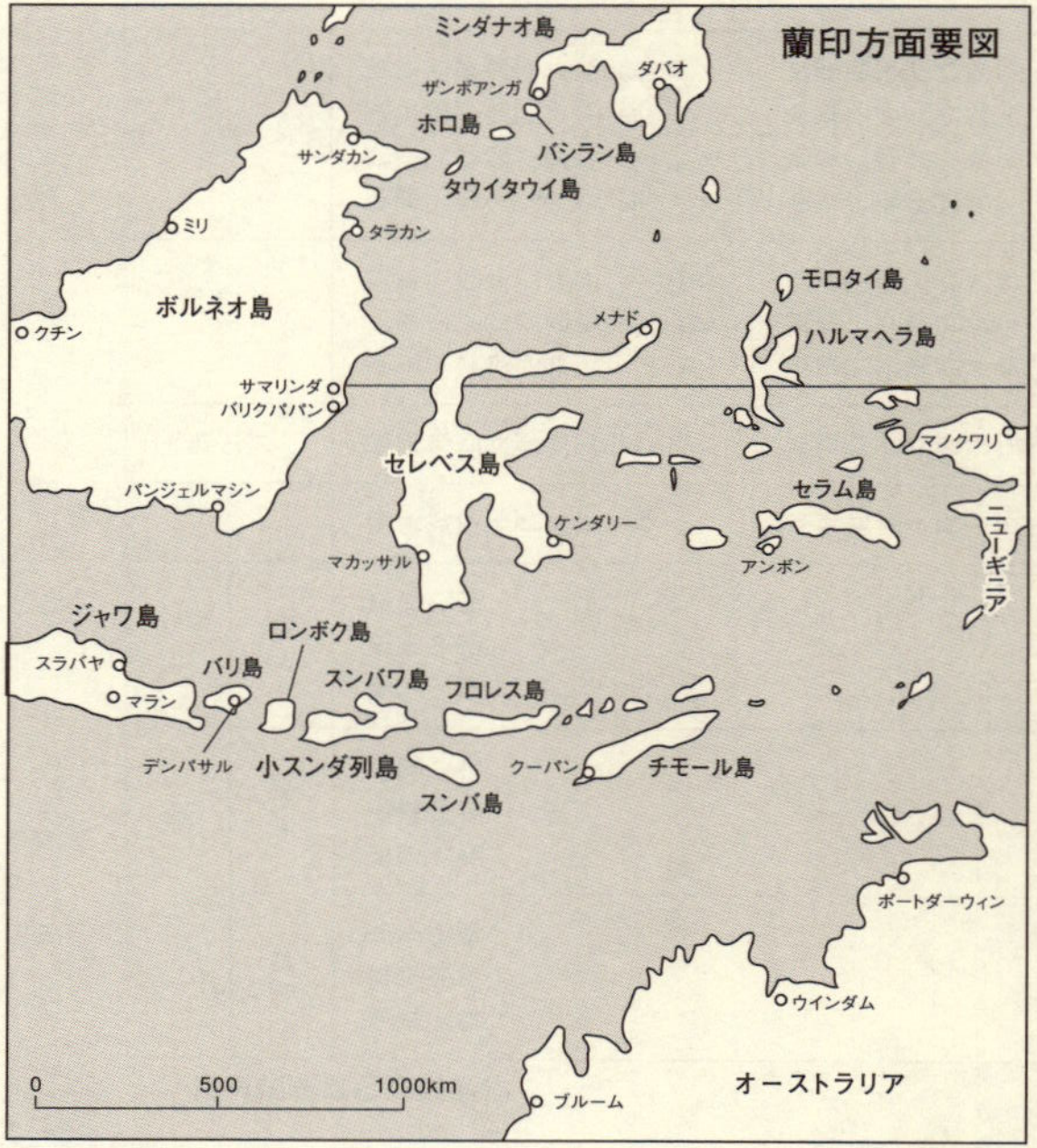
蘭印方面要図
ミンダナオ島
ダバオ
ザンボアンガ
ホロ島
バシラン島
サンダカン
タウイタウイ島
ミリ
タラカン
モロタイ島
ボルネオ島
クチン
メナド
ハルマヘラ島
サマリンダ
バリクパパン
マノクワリ
セレベス島
セラム島
パンジェルマシン
ニューギニア
ケンダリー
マカッサル
アンボン
ジャワ島
ロンボク島
スラバヤ
バリ島
スンバワ島
フロレス島
マラン
デンパサル
小スンダ列島
クーパン
チモール島
スンバ島
ポートダーウィン
ウインダム
0
500
1000km
オーストラリア
ブルーム

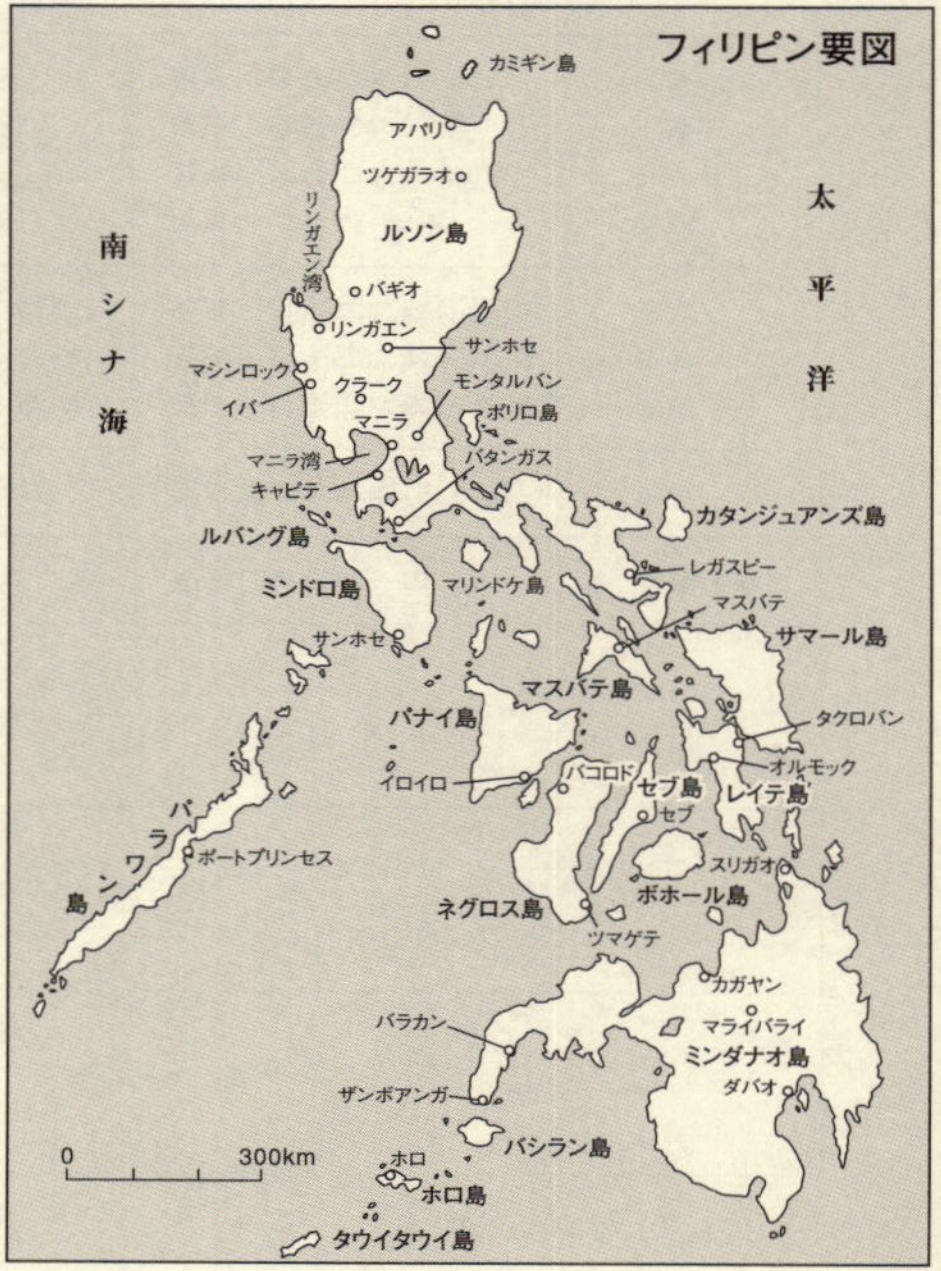
フィリピン要図
カミギン島
アパリ
ツゲガラオ
リンガエン湾
太
平
洋
南
シ
ナ
海
ルソン島
バギオ
リンガエン
サンホセ
マシンロック
イバ
クラーク
モンタルバン
ポリロ島
マニラ
マニラ湾
バタンガス
キャビテ
カタンジュアンズ島
ルバング島
レガスピー
ミンドロ島
マリンドケ島
マスバテ
サンホセ
サマール島
マスバテ島
パナイ島
タクロバン
オルモック
バコロド
イロイロ
セブ島
レイテ島
セブ
パ
ラ
ワ
ン
島
ポートプリンセス
スリガオ
ネグロス島
ボホール島
ツマゲテ
カガヤン
バラカン
マライバライ
ミンダナオ島
ザンボアンガ
ダバオ
0
300km
ホロ
バシラン島
ホロ島
タウイタウイ島

海軍搭乗員の階級呼称

	士官 将官	士官 佐官	士官 尉官	准士官	下士官	兵
昭和4年5月10日より	海軍大将 海軍中将 海軍少将	海軍大佐 海軍中佐 海軍少佐	海軍大尉 海軍中尉 海軍少尉	海軍航空兵曹長(空曹長)	海軍一等航空兵曹(一空曹) 海軍二等航空兵曹(二空曹) 海軍三等航空兵曹(三空曹)	海軍一等航空兵(一空) 海軍二等航空兵(二空) 海軍三等航空兵(三空) 海軍四等航空兵(四空)
昭和16年6月1日より				海軍飛行兵曹長(飛曹長)	海軍一等飛行兵曹(一飛曹) 海軍二等飛行兵曹(二飛曹) 海軍三等飛行兵曹(三飛曹)	海軍一等飛行兵(一飛) 海軍二等飛行兵(二飛) 海軍三等飛行兵(三飛) 海軍四等飛行兵(四飛)
昭和17年11月1日より				海軍飛行兵曹長(飛曹長)	海軍上等飛行兵曹(上飛曹) 海軍一等飛行兵曹(一飛曹) 海軍二等飛行兵曹(二飛曹)	海軍飛行兵長(飛長) 海軍上等飛行兵(上飛) 海軍一等飛行兵(一飛) 海軍二等飛行兵(二飛)
参考・陸軍				准尉	曹長 軍曹 伍長	兵長 上等兵 一等兵 二等兵

注・海軍では「大佐」を「だいさ」、「大尉」を「だいい」といった。

零戦隊長 宮野善治郎の生涯

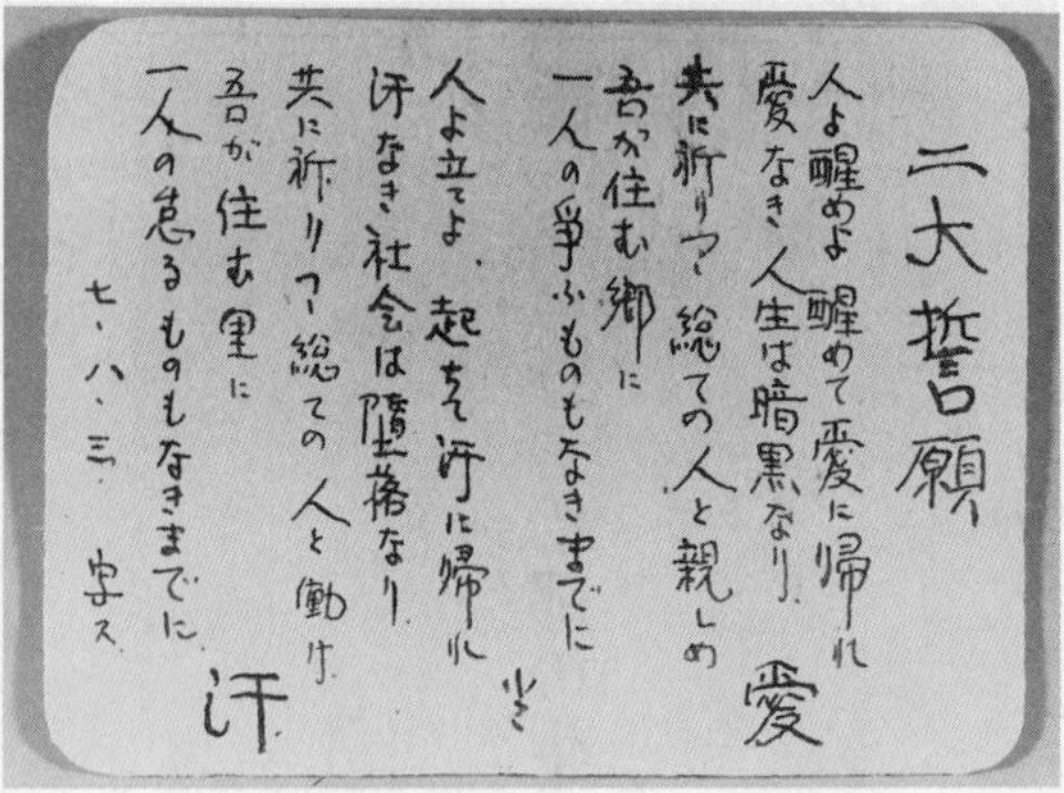
二大誓願
人よ醒めよ 醒めて愛に帰れ
愛なき人生は暗黒なり。 愛
共に祈りて 総ての人と親しめ
吾が住む郷に
一人の争ふものもなきまでに
人よ立てよ、 起ちて汗に帰れ
汗なき社会は堕落なり
共に祈りて 総ての人と働け
吾が住む里に
一人の怠るものもなきまでに。 汗
七、八、三、 写す。

宮野善治郎の手帳に残された「二大誓願」。思想家・蓮沼門三（1882〜1980）が、大正９年に発表したもので、筆写した昭和７年当時、宮野は旧制中学５年生

プロローグ　還らぬ一番機

　ラバウル東飛行場の列線には、出撃に備えて、第二〇四《ふたまるよん》海軍航空隊（二〇四空《くう》）の零戦二十四機が翼を連ねていた。昭和十八年六月十六日、午前五時。この日、飛行隊長・宮野善治郎大尉《だいい》の指揮する二〇四空零戦隊は、ラバウルから、さらに前進基地であるブイン基地に進出して、そこで二五一《ふたごおいち》空の零戦八機、五八二《ごおやあふた》空の零戦十六機、九九艦爆二十四機と合流。ブイン離陸後は、さらにブカ基地から出撃する二五一空零戦隊二十二機と空中で集合して、各機二十五番（二百五十キロ）爆弾一発と六番（六十キロ）爆弾二発を積んだ艦爆隊を掩護しながら、ガダルカナル島沖の敵艦船の攻撃に向かうことになっていた。

　ガダルカナル島から日本軍が撤退して約四ヵ月が経っていたが、しかしなお、ソロモン群島方面の制空権を巡って、日米両軍が激しい航空戦を繰り広げていた。二〇四空は、前年の昭和十七年八月に、第六航空隊として第一陣がラバウルに進出、十月には本隊も進出を完了し、十一月に二〇四空と改称された部隊である。以来ずっと、この方面の海軍戦闘機隊の主力として、圧倒的な物量を誇る敵の前に、長く苦しい戦いを続けていた。

茶色の飛行服に白いマフラーも凛々しい二十四名の搭乗員を前に、二〇四空司令・杉本丑《うし》衛大佐《えだいさ》が簡潔な訓示を述べ、「成功を祈る」と締めくくった。続いて、宮野大尉が作戦要領を説明し、終わって、「各中隊かかれ！」と号令をかける。それを受けて、第二中隊長・森崎武予備中尉、第三中隊長・日高初男飛曹長が、それぞれ列機搭乗員の方に向き返ると、「かかれ！」と復唱する。搭乗員たちが敬礼して、踵を返しておのおの乗機に向けて歩き出す。

いざ、出撃。やるぞ！と、搭乗員の士気が否が応にも高まる一瞬である。が、そこで宮野は、一人の搭乗員の手に目をとめた。この日、宮野の三番機として出撃することになっていた大原亮治二等飛行兵曹（二飛曹）。十五志（昭和十五年度志願兵）、丙種予科練（以下、丙飛、または丙〇期と表記）四期出身。前年の十月、宮野とともにラバウルに進出して以来、若年ながら抜群の素質と技倆を見込まれ、主な作戦では常に指揮官機の列機を務めてきた、最愛の部下である。この時点ですでに、敵戦闘機だけで約十機を撃墜する戦果を挙げていた。いつもは一個小隊三機の編成での三番機であったが、この日は、半月ほど前から新たに採用された一個小隊四機の編成で、宮野機を直接カバーすべき三番機として搭乗割《とうじょうわり》が組まれていた。

大原は前日、誤って左手の人差指をかなり深く切る怪我をして、手に包帯を巻いていたが、飛行手袋をつけられるようにと薄く巻いていたので、その包帯には少し血がにじんでいた。

「何だ大原、その手は」

「ちょっと切り傷しましたが、大丈夫です」

逸る気持でその場を取り繕おうとした大原に、宮野はすぐさま、「だめだ、降りろ」と命じた。

「いや、大丈夫です」「大丈夫と言ったって、これで七千も八千（メートル）も上がったら血を吹くぞ。今日はだめだ。お前は残れ」

なおも何かを言おうとする大原を制するかのように、宮野は、「交代員用意！」と指揮所に向かって怒鳴った。交代要員としてライフジャケットをつけて待機していた橋本久英二飛曹が、機敏な動作で落下傘バンドを身につけると、駆け寄ってきて宮野に敬礼をした。

こうして、この日の宮野の三番機は、大原から橋本二飛曹に替わることになった。橋本は山形県出身、大原より約半年早く昭和十五年一月の徴兵で海軍に入り、丙飛三期生を経て戦闘機搭乗員となった。六空の第一陣の一員としてラバウルに進出して十ヵ月近く、実戦の経験はすでに相当積んでおり、敵戦闘機二機を撃墜した実績も持っていたが、温厚で、戦闘機乗りとしては比較的おとなしい性格であった。

宮野大尉が、飛行帽の顎バンドを締めて、機体の左側から零戦に搭乗する。宮野の乗機は、翼端を切った形の二号戦（三二型）で、緑色の応急迷彩に、胴体後部に黄線二本の指揮官標識が鮮やかに描かれていた。整備員が手伝って肩バンドをつける。「よし」と整備員を翼から降ろし、スイッチやレバー類の位置を素早く確認すると、「エナーシャ回せ」の合図をする。別の整備員が、エナーシャと呼ばれる慣性起動装置にクランクを差し込んで回す。エナーシャが勢いよく回りだしたら、エナーシャとプロペラを直結させるクラッチレバーを引いて「コンタクト！」と叫ぶ。くるくるとプロペラが回りだしたら、計器板上にあるエンジンスイッチをオンにする。小気味のよい音をたてて、零戦の「栄」エンジンは回転を始める。列機たちも、隊長機にならってエンジンを入れる。それまで静かであった飛行場が、とたんに轟々という爆音に包まれる。

各列機からの「エンジンＯＫ」の手信号を確認した上で、宮野飛行隊長が、両手の掌を、整備員から見えるように顔の前から外へ開いて「チョーク（車輪止め）外せ」の合図をする。「行ってくるぞ」と、整備員に右手をちょっと挙げる。座席は上に上げた状態で、「鷲の目」型の飛行眼鏡をつけ、風防は開けたまま、マフラーをはためかせて隊長機はするすると地上滑走を始める。続いて、その日の編成順に一機ずつ、しかし間髪をおかずに各機が離陸する。プロペラの渦流で、飛行場の土や火山灰が巻き上げられて、濛々と砂煙が上がる。狭い滑走路だが、後続機は多少、左右に寄って離陸滑走しないと、先に離陸する飛行機が巻き上げる砂煙をまともに受けて、前がまったく見えなくなる。

滑走路脇では、整備員や居残りの搭乗員たちが、力の限りに帽を振って出撃を見送る。隊長機は、離陸して脚を納めると、飛行場の上空をゆっくりと旋回しながら列機の集合を待つ。操縦席右下のレバーで、座席の高さを、ＯＰＬ照準器がぴったり目の高さに来るように調節して、風防を閉める。飛行眼鏡を帽子の上にはね上げて、後ろ左右を振り返る。各小隊、二番機は長機の左後ろ、三番機は右後方、二番機のさらに斜め後方に四番機。どんな集合の仕方であっても、一番機が振り向いた時には、ピタリと定位置につけているのが、列機としての腕の見せどころであった。

幾度となく繰り返し、今や日常となった出撃風景。だが、いつも列機として宮野大尉の右後ろの位置についてきた大原二飛曹は、一抹の不安を抱きながら編隊を見送った。

——この日、激戦の末、宮野大尉は還って来なかった。

「宮野大尉が還って来ないと知った時、何で無理してでも行かなかったのかと、自分が恥ずかしかった。あんなに苦しい思いをしたことはありません。隊長がやられるほどの激戦ですから、出撃していたら、まず八割方は、私もやられていたかと思います。しかし、それまでもそうであったように、隊長機を守り通せたかも知れない。最後の出撃について行かれなかったことが、今でも悔やまれます。当時私は二十二歳、それが今、八十五歳まで生きてるんですからね。あの時出ていたらどうだったかな、生きてたかな、死んでたかな、隊長を守ることができたら、その後、どんな人生を歩まれたのかな……。隊長が、今日は残れ、と言われたのは、お前は生きてろ、と将来の暗示を与えられたのかなと、六十年以上が経った今でも、毎日、隊長の遺影の前で自問自答を繰り返していますよ」

第一章　若江堤に草萌えて

宮野善治郎・誕生から八尾中学まで

剛健質実

東に向かって、左（北）から順に、屏風のようにそびえる生駒、高安、信貴《しぎ》の連山。「亀の瀬」と呼ばれる大和川の渓谷をはさんで二上山《にじょうざん》、葛城山《かつらぎさん》、金剛山。それぞれに日本史上さまざまな出来事の舞台となったこれらの山々を望む河内平野の中心に、大阪府立八尾《やお》高校はある。

近年、校舎が建て替えられ、近代的で瀟洒な学校に一変したが、その一角に、同窓会が主体となって運営している資料館がある。旧制中学時代からの卒業生の資料が並ぶ中、ここに遺族から寄贈された、宮野善治郎の数少ない遺品である海軍の軍帽や辞令、勲章などが、遺影とともに展示されている。

『宮野善治郎（中三十四期・1915～1943）
零戦──制式名称・零式艦上戦闘機。太平洋戦争における日本海軍の主力戦闘機として有名なこの零戦が、最もその真価を発揮したのは、南太平洋、ラバウル・ソロモン方面の航空戦であった。当時、流行歌にまで謳われた「ラバウル海軍航空隊」。宮野善治郎は、その主力部隊である第二〇四海軍航空隊の飛行隊長として、世界戦史にその名を残している。激戦の続く日常の中でも、明るさと思いやりを忘れず、困難な任務は自分が率先して引き受ける、若き名指揮官として、上下の輿望を一身に集めていた。無謀な戦争への疑問を胸に抱きながらも、常に編隊の先頭に立って戦い続けた宮野大尉は、昭和十八年六月十六日、ガダルカナル島上空で空戦後、集合地点に戻らぬ部下を案じて単機、戦場に引き返し、そのまま行方不明となった。戦死後、その功により二階級特進、海軍中佐に任じられた。かつての部下で、六十年余を経た今もなお、宮野隊長を慕いつづける人は多い。英国を手本とした日本海軍伝統の紳士的な一面と、八尾中伝統の野武士的な一面を兼ねそなえた、スマートな青年士官であった』（展示パネルより）

公立高校としては、旧軍人の遺徳を偲ぶような展示物は珍しいかも知れないが、この学校は、旧制中学として開校以来、地域に根付いて百十年以上にもおよぶ歴史があり、親子、兄弟はもちろん、一家で何代にもわたって卒業生のいる家庭も珍しくなく、伝統的に卒業生を尊ぶ気風がある。

宮野善治郎は、旧制八尾中学を、三十四期生として卒業（昭和八年三月）している。資料館に並ぶ前後のクラスの卒業生の中から、著名人や宮野に縁のありそうな人を挙げてみると、二十九期・田中友幸（映画プロデューサー、「ゴジラ」生みの親）、三十四期・宮野善治郎（海兵六十五期）、黒澤俊夫（野球部、プロ野球巨人軍初代永久欠番）、稲若博（野球部、甲子園で満十三歳の少年エースとして全国的に人気となる）、三十八期・馬場政義（海兵六十七期、戦闘機搭乗員・戦死）、三十九期・森山秀造（広島高師から海軍飛行科予備学生十期、戦闘機搭乗員・戦死）、四十期・塩川正十郎（元財務大臣・小泉内閣で、「塩じい」の愛称で親しまれる）、五味康祐（作家・剣豪小説で知られる）……といった名前が見える。

はじめに断っておくべきかも知れない。筆者も、この学校、新制八尾高校三十四期の卒業生（昭和五十七年三月卒）であり、筆者の父も八尾高校八期生である。

八尾中―八尾高は、旧制中学時代はもちろん男子校であったが、新制高校になって、男女共学になっている。筆者が入学した昭和五十四年頃には、旧制八尾中学を出て、戦時中から母校に奉職しているような、いわば生え抜きの教員もまだ多く、中には父子で指導を受けた先生も何人かいた。宮野善治郎の名を初めて聞かされたのは、確か高校に入って間もない頃、そんな古株の先生の口からである。

筆者から見れば祖父母の年配で、「ライオン」とか「鬼瓦」とかいう、恐ろしげな渾名で語り継がれる、大木行徳先生（在勤昭和十八年～五十六年、平成十六年歿）という、体育科の名物先生がいた。

「校歌にも謳われているとおり、八尾高のモットーは、『剛健質実』である。『質実剛健』ではない。君たちは勉強も大事だが、勉強するにもしっかりとした体を作ることが大切だ。よって、八尾高では君たちを容赦なく鍛え上げる。皆も、日頃からそのつもりで、体を鍛えることを心がけるように。八尾高の生徒たるもの、電車に乗る時に座席に座ってはいけない。鉄棒で、逆上がりや蹴上がりのできないものには単位を与えない」

入学直後の、われわれ新入生に対する先生の言葉は、まさに「訓示」とも呼べるものであった。志望して入った学校だが、これは聞きしに勝る厳しさだぞ、えらいところに入ってしまったと、震え上がったものだ。その日の放課後から、運動場南隅にある鉄棒の前には、筆者たち運動音痴の生徒たちが列をなすようになった。

大阪府立八尾高校資料館。軍帽や勲章、辞令など、宮野の遺品が展示されている（著者撮影）

……そんなこともあり、普段は怖くて言葉も交わせなかった大木先生だったが、その先生と偶然、近鉄電車で同じ車両に乗り合わせたことがあった。久宝寺口《きゅうほうじぐち》から上本町行きの各駅停車に乗ると、開いたドアの目の前に、ひとつ手前の八尾駅から乗った先生が座っていたのである。こちらは校章のついた制服姿なので、隠れようがない。しゃちほこばって挨拶をすると、先生は、横の空いている席に、「まあ、かけなさい」と手招きをした。「八尾高の生徒は電車で席に座ってはいけない」という言葉が頭をよぎって躊躇する筆者を、「いいから、いいから」と座らせて、先生は、意外にもやさしい口調で、「君、名前は何という？」と聞いた。「神立です」「神立というと、悦二さんの息子か」「悦二は伯父です。勝蔵の息子です」「おおそうか、覚えてるよ。お父さんも八尾高生だったな」

その頃、伯父が地方議会で議員を務めており、地元ではある程度名を知られていたので、伯父の名前が最初に出たらしい。伯父はかつて陸軍少尉で、爆撃機のパイロットであった。おそらくそんな話題の流れになったからか、ふとしたはずみで、こんな話が出たのだ。

「先生の旧制八尾中時代の後輩に、宮野という、零戦のパイロットになった男がいた。中学校では目立たない男だったが、誰よりも勇敢に戦った。戦死した時には二階級特進して、あのおとなしい男が……と驚いたものだよ」

当時十五歳の筆者は、緊張と、普段、河内《かわち》弁ではなく標準語を話すその先生が、実は旧制八尾中学卒業の大先輩であったということに驚くばかりで、久宝寺口から鶴橋で先生が降りるまでの約十五分間、他にどんな話をしたか、全く記憶にない。だが、宮野という零戦搭乗員の名前だけは、その後もずっと記憶の隅に留まっていた。

宮野善治郎と筆者の、卒業期の数字が同じ三十四期で、生まれ年も四十八年四回り違いの同じ卯年、生家も筆者の生地から目と鼻の先、しかも家紋も同じ剣酢漿《けんかたばみ》という縁に気づいたのは、むろんもっと後の話である。不思議な縁が縁を結んで、筆者がここで宮野善治郎の物語を書くようになったいきさつは最後に譲るとして、まずは少年時代の宮野善治郎の姿を追想してみようと思う。

生い立ち

宮野善治郎は、大正四年十二月二十九日、大阪府中河内郡竜華《りゅうげ》町大字植松《うえまつ》（現・八尾《やお》市植松町）の地に、宮野伊之吉、アサの四男として生まれた。上のきょうだいは、長女サク（明治三十五年生まれ）、長男真一（明治三十七年）、次男章次（明治三十九年）、次女その（明治四十一年）、三男要三（明治四十四年）の五人である。

兄弟にならえば、四人目の男の子ということで善四郎と名付けるべきところ、「死」に通じる四の字を忌んで善治郎と名付けられたという。長兄とは十一歳、年が離れている勘定になる。ちなみに、現代仮名遣いで読み方を記せば「みやの　ぜんじろう」となるが、当時の仮名遣いでは、「ミヤノ　ゼンヂラウ」である。血液型は、両親と同じくO型であった。なお、宮野を大正六年生まれとする資料が流布されているが、全くの間違いである。

八尾の地は、旧大和《やまと》川（一七〇四年に、中甚兵衛らの手で川が付け替えられて、柏原から堺にまっすぐ流れるようになり、旧大和川は、長瀬川、玉串川などの支流に面影をとどめるのみになった）の川筋にあたり、古代から開けていたこともあって口碑伝説が多い。

八尾高校の前を東西に走る道路は、古くは神武天皇が難波の津から大和の国に東征した際の通り道だと言われているし、宮野家のある植松あたりは聖徳太子・蘇我馬子《そがのうまこ》の軍が物部守屋《もののべのもりや》を滅ぼした古戦場、また、ここから八尾、筆者の生まれ育った久宝寺にかけては、大坂夏の陣で、大坂方の長宗我部《ちょうそかべ》盛親の軍勢と、徳川方の藤堂高虎軍が激突した場所として、多くの史跡が散在している。

大正七年には、妹美津子が誕生、しかし、母は、産後の肥立ちが悪く病気がちとなり、追い打ちをかけるように父が、この年から翌年にかけて世界中で猛威をふるったスペイン風邪で、善治郎の満三歳の誕生日を待たずして十一月二十六日、亡くなってしまう。スペイン風邪は、第一次大戦最中のフランス戦線で発生し、スペインに渡り、やがて世界中に蔓延した、今で言うインフルエンザの一種であるが、当時の世界人口十二億人のうち、四千万人もが命を落としたと伝えられている。四十四歳の宮野伊之吉は、その不幸な四千万分の一人であった。余談だが、日本人が風邪を引いたときにマスクをする習慣は、この時に始まっている。

父の死は、幼い兄弟姉妹に、厳しい生活を強いることになった。夫の死のショックで母乳も出なくなった病弱の母に代わって、九歳の姉そのが、重湯で下の妹を育て、家事一切を切り盛りしなければならなくなった。電気やガスなどない。毎朝、竈《かまど》で二升の米を炊き、妹のおしめを洗濯し、三歳の善治郎の手を引いて、そのは小学校へ通った。当時の日本ではよく見られた、子守りをしながらの通学。

「善治郎はおとなしい子で、授業中もじっと黙って、いい子にしていました。学校の先生もよう可愛がってくれはったんですよ」

……と、そのは回想する。父の死から八十八年もの歳月が過ぎ、七人の兄弟姉妹のうち、健在なのはその一人である。

きょうだいが一致団結して家計を支える、そんな家庭環境で、善治郎より上の兄たちは、向学心はありながら、上の学校に進学することもままならなかった。長兄真一は高等小学校から鉄道省に入り、次兄章次は家具職人に弟子入りした。中学校そのものが今の大学よりも少なかった時代でもあり、そうおいそれと上がれるものではなかったのだ。

そのが十五、六歳の頃というから、大正末期か昭和の初年、そのは京都で作られる高級和菓子の行商を始めた。黒漆の重箱に菓子の見本を体裁よく入れ、これと思ったところに意を決して飛び込む。小柄で、まだ年端も行かない娘の口から、一人前の挨拶が飛び出す。客はつい、「どれかひとついただこうか」となる。そのは、幼いながら商人の才覚を持っていた。どうすればお客に喜んでもらえるか、いつもそれを考えている。当然、お客から可愛がられる。

お茶の行商をしたこともあった。客の玄関を開ける直前に、一摘みの玉露を口に含む。挨拶の言葉とともに、お茶のいい香りが相手に届く。「ええ香りやな」、と客から注文が来る。夏は麦茶。原麦を仕入れておき、午前中に注文をとって回る。昼、自宅で麦を炒って、午後に炒りたてを配達する。手間はかかるが、そのの売る麦茶は、香りがよくて評判になった。売り残しのない、確実な商売でもあった。誰に教えられたのでもなく、そのには自然にそんな工夫が身についていた。やがて、長瀬川の近くに、小さな和菓子屋を持つまでになった。

善治郎は、小学校二年までの一時期、京都に嫁いだ上の姉・サク（昭和二年、二十五歳で早世）の家に預けられ、北野天満宮にほど近い衣笠小学校に通ったこともあったが、三年生の時（大正十四年）、八尾に戻ると、竜華小学校に転入した。「善ちゃん」と（「善」の「ん」が上がる河内弁アクセントで）呼ばれ、姉そのの語る幼時の姿そのままに、兄弟家族にかわいがられ、素直でおとなしく、目立たない子供であった。とはいえ、当時のこと、現代の子供と比べると、はるかに子供らしくのびのびと、よく学びよく遊んでいたようである。

家の近く、樹齢千年・幹周り七メートルの楠の巨樹がそびえる氏神・渋川神社や、聖徳太子ゆかりの大聖勝軍寺《たいせいしょうぐんじ》（山門前に、物部守屋の首を洗ったとされる守屋池がある）などが主な遊び場であったが、他にも子供が遊ぶ原っぱには事欠かなかったし、すぐ近くを流れる長瀬川では、鮒釣りができた。善治郎の釣りの腕はなかなかのもので、彼自身も、忍耐の中から一瞬のチャンスをつかみ取る、釣りの緊張感がこよなく好きであった。

家から、長瀬川、あるいは今の国道二十五号線沿いに一里半ほど南東にくだると、水泳訓練にはうってつけの大和川が、東から西へゆったりと流れている。八十年後のこんにち、全国に百九水系ある国土交通省所管の一級河川のうち、水質ワーストワンを争っている感のある大和川であるが、当時はたくさんの魚が住み、初夏の夜には蛍の舞う、自然豊かな清流であった。東に向かって歩けば、やはり一里半ほどで高安山の麓に達し、子供の足でもちょっとした山歩きが、日帰りでできた。

筆者の祖先の在所である神立《こうだち》という村から、平安時代、在原業平《ありわらのなりひら》が足しげく通ったと伝えられる十三《じゅうさん》街道を登っていくと、峻険な坂道の、峠の少し手前あたりに、清水がこんこんと湧き出る水呑地蔵尊がある。ここの湧水は、弘法大師ゆかりの霊水といわれ、登山に疲労した体を心地よく癒してくれる。そこからは、善治郎が暮らす植松村はもちろん、河内平野が一望にでき、晴れた日には、大阪湾をはさんで淡路島や六甲山も遠望される。午後の日差しにきらきらと輝く大阪湾は、行き交う船が影絵のように浮かんで見えて、殊のほか美しかった。高安山麓には、高安千塚という横穴式古墳群もあり、近在の子供たちがかくれんぼや探検ごっこをして遊ぶのに好都合であった。

そんな自然と歴史風土、そして家族はもちろん、他人の子でも構わずにはいられない河内の人情に包まれて、善治郎は幼少期を過ごした。そして大きくなるに従い、善治郎には、家族の中での自分の役割意識が芽生えてきたようである。学校から帰ると、姉が昼間、得意先から注文を取ってきて仕入れた品物を、自転車で配達するのが善治郎の役目になった。地元の名刹、久宝寺御坊顕証寺《けんしょうじ》や慈願寺《じがんじ》、一里ほど離れた山本脳病院などが、姉のお菓子屋の大きな得意先であった。

八尾中学入学

兄弟で必死に働いた甲斐があって、三男要三が天王寺中学へ進んだのに続いて、善治郎も中学校へ上がれることになった。その時の兄弟の期待、本人の使命感は察するにあまりある。進む学校は、自宅から徒歩数分の近くにある、大阪府立八尾中学校であった。

八尾中学校は、明治二十八年四月、当時の地名でいうと若江《わかえ》郡八尾村の地に、大阪府立第三尋常中学校として開校された。当時日本は、日清戦争を戦い、さらなる殖産興業《しょくさんこうぎょう》、富国強兵を目指していた。その指導者層と「生産的の良民」（井上毅文相）を育成するため、中等教育の拡充が急がれ、大阪府ではそれまで一校（大阪府尋常中学、後の北野中学＝北野高校）しかなかった中学校に加えて、新たにこの年、府立第二尋常中学校（後の堺中学＝三国丘高校）、第三尋常中学校（八尾中学＝八尾高校）、第四尋常中学校（茨木中学＝茨木高校）を開校することになった。

昔の国別でいうと、摂津、河内、和泉の三国に、それぞれ一つの中学校ができたことになる。翌年から翌々年にかけ、第五尋常中学校（天王寺中学＝天王寺高校）、第六尋常中学校（岸和田中学＝岸和田高校）が開校され、中等教育のシステムは確立、それぞれの学校はともに地域に根ざして、独特の校風を育んでいった。

八尾中学の校風をひと言で言うと、「剛健質実」であるというのは、前に述べた通りである。それに加えて、戦前には「至誠」というスローガンがあった。明治期の学校生活は全て軍隊式の勇ましい喇叭《らっぱ》の合図で始まり、終わった。八尾中では、そのために二人の喇叭手を雇用していたという。大正八年の一学期には喇叭は廃され、鈴の音が合図に使われるようになるが、河内の土地柄にもかなった「剛健」さは、ずっと後まで変わることはなかった。

宮野善治郎が八尾中学に入学したのが昭和三年。わが国では、第一次大戦後の不況に関東大震災、金融恐慌が追い打ちをかけ、それらが農村をも直撃し、社会不安が増大していた時期である。一方では大正デモクラシーが高揚し、生活文化の洋風化が進みつつある時代であった。

この年の府立中学の入学試験は、大阪府の方針で筆記試験は行なわれず、内申書と口頭試問のみで選考された。この試みはなぜか二年間のみで終わり、昭和五年からはまた、学科試験が復活するが、ともかく、一百五十三名の志願者のうち、選考に通った百八十七名が、三十四期生として入学を許された。制服は、冬は黒、夏は霜降り灰色のいずれも詰襟の制服で、帽子には六稜に三の校章をいただき、白線が一本入っていた。夏には帽子に白いカバーをかけた。その年の全校生徒は、一年生から五年生まで九百五十名おり、十九のクラスに分かれていた。

校長は、大正十年から十六年の長きにわたって、通称「えべっさん」、東京高等師範学校出身で、嘉納治五郎（講道館館長・日本柔道の創始者）の教えを受けた重藤《しげとう》利一が務めたが、重藤校長は、校歌、校訓の制定をはじめ、特に生徒の士気を高めるためのスポーツの振興、文武両道のクラブ活動の強化などに力を注いだ。八尾中学は、府内随一の広大なグラウンドを持ち、運動には絶好の環境であった。このグラウンドの広さと運動重視の校風が、筆者のような文化部少年を大いに泣かせることにもなるのだが、それはもっと後のことである。今思えば、筆者に宮野善治郎の話をしてくれた体育の大木先生も、重藤校長時代の在校生であり、その薫陶を受けた人であった。重藤校長の教えは、少なくとも、実に半世紀以上にわたって生き続けていたのだ。「若江堤《つつみ》に草萌《くさも》えて金剛の山霞む頃」で始まる校歌は、平成の今もほぼそのまま歌い継がれている。

重藤校長六年目の大正十五年には、野球部が第三回選抜大会に初出場したが、雷雨の中で戦われた一回戦で、強豪高松商業にあえなく敗退。宮野善治郎が、運動部に在籍していた記録は、八尾高校に現存する資料からは見つからなかったが、姉その の記憶によれば、中学の正課である剣道、柔道はそれぞれに段位を持っていたとのことで、運動は得意だったのだろう。しかし、学校から帰ると、姉の店の得意先に菓子の配達に回らなければならず、合宿をともなう、あまり時間の拘束を受けるようなクラブ活動には参加しづらかったのではないか。

重藤校長のスポーツ振興の方針が結実したのは、宮野たち三十四期生が二年生になった、昭和四年からのことである。野球部が、この年から四年連続、甲子園の選抜大会に出場、昭和六年、七年には夏の選手権大会にも出場したのと合わせて、三十四期生の在校中に六回も甲子園の土を踏む快挙を成し遂げ、八尾中学の名を全国に轟かせたのである。

〈昭和四年、三月三十日に始まった第六回選抜大会は、春の祭典にふさわしく、数々の新しい趣向が盛り込まれていた。それは前年アムステルダムで行なわれたオリンピックの華やかな入場式にならって、先ず日の丸の旗が入場、次いで始球式のボールを飛行機から落とす、各試合の勝利校の校旗をセンターポールに掲揚するなど、今までにない派手な演出が初めて登場したのである。

こうして入場式後の第一試合、新鋭八尾中対前年夏の覇者、松本商の試合が始まった。松本商の投手はのちに早稲田を経て巨人軍で打棒をふるった中島治康。対する八尾はこの春やっと二年生になったばかり、満十三歳の稲若博を押し立てて臨んだ。ところが、無名に近い八尾が、稲若をはじめ子供のような選手の活躍で、見事3―1で快勝してしまったのである。

試合終了のサイレンが鳴り響くと同時に、スコアボードにそびえ立つ大日章旗の下に八尾中学の校旗がするすると揚がった。校旗掲揚という意外な演出に満場の観客も一瞬、息をのみ、やがて嵐のような拍手が起こった。（中略）これこそ、今も続いている校旗掲揚の第一号であった。》（『物語八尾高野球部』伊勢田達也著）

校旗掲揚に続いて、これも甲子園で初めてとなる勝利チームの校歌が、スタンドにあらかじめスタンバイしていた平安中学吹奏楽部によって吹奏された。第二戦も、八尾は海草中（現・和歌山県立向陽高校）に、八回まで5―0とリードされながらも、九回二死から奇跡のような逆転劇を演じて満場を沸かせた。八回の攻撃終了後、もうあかんと帰り始めた八尾の応援団が、駅に設置された速報掲示板を見て、梅田からあわてて引き返してきたという話も、今に語り継がれている。

まだ珍しかったラジオ放送が、八尾中学の名を全国津々浦々にまで伝えた。準決勝では、稲若博・長谷喜三の二年生バッテリーを擁して、上級生が主力の強豪神港商を向こうに回し、「まるで大人と子供」のチームながら堂々の戦いを演じた。延長十一回裏に力尽きて敗れはしたものの、稲若投手は、その投球が幾万の観衆を感動させたとして、大会としては初の特別個人賞を受けた。稲若、長谷、雪本義栄、橋本弥三郎、十三歳の少年たちが、広い甲子園球場で縦横無尽に活躍する八尾中「少年野球団」の人気は沸騰し、稲若は、当時の少年雑誌の表紙も飾った。現在につながる歴代甲子園アイドルたちの、元祖とも言える存在であった。

宮野善治郎が甲子園に応援に行ったかどうか、今となっては知る人もなく確証がないが、八尾中の校風や、後年の日記に表われる宮野本人の母校への愛着の深さからみて、おそらく一度は行ったであろう。放課後、長瀬川の川沿いを歩いて植松の家に帰る時には必ず、昭和二年に完成したばかりの野球部専用グラウンドの前を通った。レフト線上に通称「狐山《きつねやま》」という八尾中学のシンボルの小山があるので、「狐山グラウンド」と呼ばれたこの運動場で、泥まみれになって練習を続ける野球部員たちの姿を、宮野は毎日見ていたはずである。

不断の努力が実を結んで、甲子園で白球を追う同期生たちの晴れの舞台での生の活躍ぶりは、善治郎の目に、さぞや誇らしく、またまぶしく映ったに違いない。以後、八尾中野球部は、戦前最強の黄金期を迎える。昭和六年、夏の大阪大会を制して甲子園出場が決まった時には、地区決勝の行なわれた藤井寺球場から凱旋する八尾中のナインをひと目見ようと、国鉄八尾駅から近鉄八尾駅（旧駅）までの間に、四千人もの市民が人垣を作ったと伝えられるほど、当時の八尾の人たちは野球に熱狂していた。

昭和五年からは、やはり同期の黒澤俊夫が、左翼レギュラーで出場するようになる。黒澤は、八尾中卒業後は稲若らとともに関西大学に進み、昭和十一年に日本で初めてのプロ野球が誕生すると、関大同期の西村幸生、御園生《みその》崇男（いずれもタイガース）らとともに、プロの世界に身を投じた。

黒澤は、二度の応召をはさんで、金鯱軍から太洋、西鉄を経て、昭和十九年には巨人軍に移籍して活躍、ホームスチール通算十回という、プロ野球歴代二位の記録（歴代一位は与那嶺要の十二）を残して、昭和二十二年六月、腸チフスのため急逝した。三十三歳の誕生日を迎えたばかりで、プロ野球が戦後の興隆を迎えようとしていた矢先、シーズン中の無念の最期であった。本人の遺志により、遺体は背番号４の巨人軍のユニフォームに包まれて荼毘にふされた。巨人軍では、黒澤選手の背番号4を、戦死した澤村栄治の14とともに、日本では最初の永久欠番とした。

話が野球部に偏りすぎたが、当時の八尾中を語るとなると、どうしてもこのへんがいちばんの聞かせどころになるのでお許しいただきたい。八尾中＝八尾高の野球の黄金期には、この時期と、戦後昭和二十七年から三十四年にかけてのふたつのピークがあるが、この頃のイメージがいまだに残っているせいか、比較的最近、出版された本でも、八尾高を「野球の名門」あつかいしているものがあるし、今も地元紙では、野球の地方大会の記事などで、「古豪・八尾高」と、枕詞をつけて書かれることもある。

海兵志望

それはともかく、宮野と同期の中学三十四期生は、百八十七名の入学者に対して、四修（四年修了）をふくむ卒業生は百三十一名である。昭和初年、中等教育を全うするのがいかに難しいことであったかを、雄弁に物語る数字と言えるだろう。このクラスは、昭和十年から十一年にかけて、兵役義務を負う二十歳を迎え、支那事変から大東亜戦争に至るまで、まさに大戦の中核を担うことになる年代であった。

難工事として、また映画「戦場に架ける橋」の舞台として有名な泰緬《たいめん》鉄道で、鉄道第五聯《れん》隊《たい》の小隊長・陸軍中尉としてビルマ側レール敷設の指揮をとった鉄道技師の伊地知堅一（東大。戦後、国鉄を経て大鉄工業社長。伊地知は映画「戦場に架ける橋」の早川雪舟のモデルと言われる）。ビルマ・中国国境で、一個師団で敵二十個師団と対峙、歩兵中隊長として死闘を繰り返し、身に数弾を受けながらも生還した植田米蔵陸軍大尉《たいい》（のち陸将補）。状況不明の戦死者も二名いる。

母校をはじめ、教職についた者も比較的多いが、望むと望まざるとにかかわらず、ほとんどの者が一度は軍務についた。ただし、彼らが中学在校中には、満州事変、上海事変と、きな臭い出来事は続いていたものの、支那事変はまだ始まっておらず、ましてやその後、米英を敵に回しての大戦《おおいくさ》に、ちょうど使い頃の中堅将校、下士官として投入される運命が待っていようなどとは、誰も想像すらしていなかったに違いない。

宮野が、いつどのように軍人を志し、海軍兵学校を志願するようになったかは、実はあまり詳らかではない。「子供の頃から海軍が好きでしてねえ」という姉そのの回想、そして周囲の関係者の話から、陸軍式の教練に対してやや反発を感じていたふしがあるが、海軍兵学校へは、四年生から受験することができるのに、宮野はそれをしていない。受験の志望が固まったのは、中学も最終学年になった五年生の頃で、それまで自分の行く先について、悩み、迷うところはあったのだろう。

しかし、兄弟の苦労の上に中学校へ上がることを許され、家族の期待を一身に背負っているという自覚は常にあり、それがより上の学校、それも家計に負担をかけずに官費で学べる海軍兵学校を志望することにつながったのではないかと、宮野の甥の善靖《よしやす》は語る。宮野善靖は、善治郎の長兄、真一の長男として、善治郎戦死後の昭和十九年三月に生まれた。逆算すると、ちょうど善治郎戦死の頃に母の胎内に宿った命ということになろうか。善靖の名は、善治郎の「善」と、靖国神社の「靖」からとられた名前である。

中学時代の宮野善治郎は、背が高く、色が白くておとなしい、しかし、家の外ではやんちゃな一面も垣間見せる少年であった。音楽が好きで、勉強や仕事の合間には、よくハーモニカを吹いていて、兄弟たちに聴かせていた。姉・そのは、善治郎が「山小屋の灯火《ともしび》」という曲を吹いてくれたのを、メロディや音色までよく覚えているという。どこで仕込んだのか、唄は玄人はだしのうまさであった。善治郎はまた、たいへん心のやさしい、感受性の鋭い少年であった。善治郎が中学五年生の夏、手帳に書き写した詩が今に残っている（本文扉裏参照）。

二大誓願　愛　汗

人よ醒めよ醒めて愛に帰れ
愛なき人生は暗黒なり
共に祈りつつ総ての人と親しめ
吾が住む里に
一人の争うものもなきまでに

人よ立てよ起ちて汗に帰れ
汗なき社会は堕落なり
共に祈りつつ総ての人と働け
吾が住む里に
一人の怠るものもなきまでに

「二大誓願」と題したこの詩は、福島県出身の思想家にして教育家である蓮沼門三《はすぬまもんぞう》によって、大正九年に発表されたものだが、「愛と汗」の思想は、満十六歳の善治郎の胸に、自らの生い立ちと照らし合わせて、実感をもって響くものがあったのだろう。几帳面な字で小さな紙に書いて、座右の銘にするかのようにそれを丁寧に手帳の表紙の裏に挿んであることを見ても、善治郎がいかにこの詩に感じるものがあったかがうかがえる。

　善治郎がどのようにしてこの詩に出会ったのかはわからないが、その年三月に行なわれた中学の修身の期末考査（重藤校長自ら受け持ち）で、「外国人に対する心得を記せ」「軍備の必要なる所以を述べよ」と共に、「人類愛の精神発揮についての心得を記せ」という問題があって、はは あ、と思えなくもない。

「二大誓願」を書き写した昭和七年。その年の十一月、河内平野一帯で陸軍特別大演習が行なわれる。天皇は大元帥として大阪に行幸、十二日、その昔、大坂の陣では徳川秀忠軍も布陣した高安村服部川付近の台地で演習を御統監になった。重藤校長以下、宮野たち五年生も大演習参観のためそれぞれの位置に早朝から陣取った。この日、八尾周辺は銃声、砲声、爆音が轟き、兵馬や戦車が往来し、陸軍機の飛び交う、軍事一色の一日となった。当日になって突然、八尾中学に「北軍」司令部が置かれることとなり、秩父宮が審判官として、司令官、幕僚らと共に陣を敷いた。

同じ年の暮れに善治郎は、小学校以来の級友、児玉武雄とともに、陸軍士官学校（陸士）、海軍兵学校（海兵）の試験を受けた。この時点ではまだ、海軍一本に絞るつもりはなかったらしい。結果は、児玉は両校に合格して海兵に六十四期生として入校、宮野はというと、陸士は合格したものの、海兵は、身体検査のさいに肺活量不足でハネられ、無念の涙をのんだ。

海兵の身体検査は厳しいもので、ここで受験者の半数近くが落とされるのが通例であった。
当時、中学校卒業後の進学先としては、一高、海兵、陸士というのが「天下の三難関」と言われていたが、陸士よりも海兵のほうが、やや競争倍率が高かった。児玉武雄によると、もともと二人とも、行けるものなら海兵にと思っていたというが、同級生が海兵に進むことで、宮野の海兵に進みたい意志はより強固なものになっていった。結局、陸士の採用は辞退、翌年三月には八尾中学を卒業し、浪人生活に入る。
「宮野君は、勉強はできるが、取り立てて運動ができたという印象もないし、甲子園の野球選手を始め、運動部の強豪揃いの八尾中同級生の中では目立たないほうでした。話せば愉快だがおとなしい男というイメージは、小中学校を通じて変わりませんでしたね。ただ、こうと決めたことには妥協しない、芯の強さはありました。学力的には届いているはずなのに、海兵を肺活量不足で落ちたから、予備校などには通わず、一年かけて、大和川に毎日水泳に通って、体作りに励んだと聞いています」（児玉武雄・終戦時海軍少佐談）
海兵六十四期に入りそこなった宮野は、家の近くに浪人仲間と勉強部屋を借りて、水泳の合間には近所の子供たちに勉強を教えたりしながら、雪辱を期して、次の期の受験に臨んだ。今度は陸士は受けず、海兵一本である。

待望の合格通知

海兵六十五期の生徒採用試験は、全国二十五都市の試験会場で行なわれた。この年の採用試験は、海兵六十五期編纂の『第六十五期回想録』（以下『回想録』と表記）によると、採用定員二百名に対し、志願者は五千七百十三名、競争倍率は二十八・六倍の狭き門であった。海兵とともに「海軍三学校」と呼ばれた海軍機関学校も同様の倍率であり、海軍経理学校は採用人数が少ないせいもあって、さらに倍率が高かった。

昭和八年十二月二十一日の身体検査は、大和川での水練が功を奏して合格。二十五日の代数、英語（英文和訳、和文英訳、英文法）、二十六日の幾何、物理の試験は、試験結果が当日に発表され、不合格者がふるいにかけられたが、難なくクリア。二十七日は日本歴史、国語・漢文・作文。二十八日は口頭試問。終わった者から、被服の寸法をとり、「海軍生徒採用予定者心得及ビ生徒採用予定者着校ニ関スル心得」と題した印刷物をもらって、家路につく。あとは合格通知が届くのを待つだけである。ここまでくれば、合格したも同然という気持になるが、実はこの時点でなお、採用予定者の十倍近くが残っているから、ぬか喜びは禁物である。

昭和九年二月十日、合格者の手元に、〈カイグンヘイガツコウセイトニサイヨウノヨテイ　イインテウ〉という内容の電報が届いた。現代文に訳すと、「海軍兵学校生徒に採用の予定　委員長」となる。「委員長」は、「海軍生徒採用試験委員長」のことである。宮野家にも、待ち望んだこの電報が届いた。

当時、宮野がつけていた「随記帖　善治郎」と題した手帳には、〈十日、善治郎海兵試験発表通知日。我が身の幸福に酔生せり〉とある。電報を受け取るとすぐに、〈サイヨウキボウ　ミヤノゼンヂラウ〉との返電を委員長宛に打つ。

折り返し、「採用予定通知書」という、入校に関する書類が郵送されてきたのは、二月二十三日のことであった。そこには、〈貴殿海軍兵学校生徒トシテ採用ノ予定ニ付　来ル三月二十八日正午迄ニ着校セラルヘシ〉と書かれていた。

さあ、新しい生活が始まる。高等官である海軍士官になれば、病気がちな母に孝行もできるだろう。宮野は、将来への期待に、胸を大きくふくらませた。

手帳には、

〈二月二十三、二十四、二十五、三日とも奉祝。踊りに狂はん。娑婆《シャバ》にて最後の狂悦なり〉

と、酔ったような字で走り書きがなされている。海軍では、一般社会を「娑婆」と呼んだが、宮野はもうそのことを知っていたのだろう。It is a long way to～（以下判読不明）と英語の詩のようなものも繰り返し書かれていて、いかに実感として合格までが遠い道のりであったかが偲ばれる。〈幹ちゃん五十、年やん五十、秀雄さん二十、行ちゃん五十〉と、お祝いにもらった金額とおぼしき数字の記入もある。円だとすれば、いずれも大金であるが、たぶん銭であろう。幹ちゃんというのは、国鉄八尾駅前の質屋の息子で田中幹夫、他も皆、宮野家と近しい間柄にあった人の名前である。

よほど嬉しかったのであろう、気が早いことに、〈海軍兵学校　第一学年生徒　宮野善治郎〉と、サインの練習まで始めている。

陸軍に徴兵されて、大阪の歩兵第三十七聯隊《れんたい》で二年の兵役を務め、上等兵に進級して村に帰ってくれれば在郷軍人として一目置かれた時代である。植松村からは、海軍の正規将校はいまだ一人も出ていない。海兵に進む、すなわち将校生徒になるというのは、当時とすれば一門はもちろん、村全体の誉れともいえる、大変なことであった。

注：単行本初版刊行後、多くの読者からIt is a long way to～について御教示いただいた。これは、「イッツ　アロング　ウェイ　トゥ　ティッペラリー」という、第一次世界大戦中のイギリスの戦時流行歌謡の歌い出し。英軍将兵が故国を偲んで歌ったことから始まり、敵味方で愛唱された。大正時代、日本でも流行し、当時は広く知られた歌であった。

●昭和九年〜十三年

第二章　澎湃《ほうはい》寄する海原の

海軍兵学校時代

入校式

指定された日よりも一日早い三月二十七日午前、宮野は、和装に中学の帽子というでたちで、江田島に到着した。中学校から現役で合格した者は皆、制服姿であったが、和装の浪人組も二十数名いた。

大阪から呉までの汽車賃は四円四十二銭、特急料金は一円三十銭であった。呉駅前の川原石桟橋から江田島汽船で対岸（江田島東岸）の小用桟橋に着き、そこから約一キロ歩くと、兵学校の校門に着く。校門で所定の受付を済ませると、入校後は「倶楽部《クラブ》」として利用することになる指定された宿舎に入り、これから先、同期生として寝食をともにする者たちとの共同生活が始まった。

三月二十八日は校門の前で集合、今後の予定についての説明を受け、宿舎に戻る。そこで、同じ分隊員となる者同士で雑談に花を咲かせていると、突然、そこに一人の海軍士官が入ってきて、入校予定者の顔を見渡して、その中の一人に向かっていきなり○○生徒！　と名前を呼んだ。名前を呼ばれた者はもちろん、その場にいた者は皆、驚いた。まだ一面識もなく、誰が誰だかわからないはずであると、誰もが思っていたからである。

海軍兵学校は、今も海上自衛隊第一術科学校として、往年の威容を保っている（著者撮影）

この士官が、第一学年主任指導官平岡義方少佐であった。戦後、昭和四十年に行なわれた六十五期生のクラス会に招待された平岡指導官は、そこで初めて、六十五期生の主任指導官拝命後、生徒たちの受験写真を官舎に持ち帰り、夫人を相手に、生徒の顔と名前を一致させる特訓を、毎晩続けていたことを打ち明けた。

身体検査、体力測定、被服試着、校内見学。入校前にやることは多い。構内唯一の生徒のための休日休養施設（酒保）、養浩館《ようこうかん》の日本間には、前年の採用試験後に採寸した、全員の制服がきれいに並べてあった。ズボンをはき、短ジャケットの上衣を着る。錨の徽章がついた帽子をかぶる。憧れの短剣を吊った姿は、早くも一人前の将校生徒である。

三十一日朝は、生徒の起床動作を見学した。初めて聴く起床ラッパ。勢いよく飛び起きる上級生たち。寝室内の電気がつき、窓際のものは一斉に窓を開ける。あれよあれよという間に、上級生たちは寝巻きを制服に着替えて飛び出していった。その間、わずか二、三分。全員が出て行った寝室では、きれいに折り畳まれた各自の毛布が、ベッドの端にまっすぐ一線に並んでいた。「こんなことが自分にもできるのだろうか?」と、宮野たち入校予定者は目を見張った。この時点まではまだ、入校前のお客さん扱いであった。

明けて昭和九年四月一日、海軍兵学校六十五期生百九十八名の入校式がおごそかに行なわれた。それまで着ていた服や私物の一切をまとめて郷里に送り返し、彼らはこの日から、帝国海軍軍人への道を正式に歩むことになる。

入校式の式次第は、次のようなものである。

一、生徒任命辞令交付(新入生徒代表が一括受領)
二、誓約証提出(新入生徒代表が校長に一括して提出)
三、軍人勅諭《ちょくゆ》奉読
四、校長(及川古志郎中将)訓示
五、御写真奉拝
六、御在校中の伏見宮博英王殿下、朝香宮正彦王殿下に伺候
七、第一学年生徒関係教官紹介
八、戦死者銘牌礼拝、八方園神社参拝

海軍兵学校では、普通の学校の呼び方と違い、最上級生を一号生徒、以下、順に二号生徒、三号生徒……と呼ぶ慣わしになっていた。入校したばかりの六十五期生は、四号生徒ということになる。

六十五期の生徒たちは、おおむね十二～十三名ずつ、十六の分隊に分けられた。ひとつの分隊には一号から四号まで、全学年の生徒がいて自習や起居をともにし、日常生活全般について、先輩が後輩の指導をすることになっていた。各分隊の一号生徒のうち、成績順に一番の者が伍長、二番の者が伍長補として、分隊内を指揮統率する。宮野は、粟屋輝太郎、江前歳江、大久保武男、川嶋辰雄、木村章、高野裕、徳川凞《ひろむ》、根岸朝雄、橋爪弘、福田稔、山田武男、吉田隆男らとともに、第五分隊に編入された。

この中で、木村章はその後、水上機操縦員を経て戦闘機搭乗員として、宮野と同じ戦場で戦うことになる（十八年五月十五日戦死、二五一空分隊長）。高野裕は、大阪府立堺中学の出身で、同じ分隊の中では宮野と唯一、地元の言葉で話をすることができた（十七年九月八日戦死、水上機操縦、水上機母艦讃岐丸《さぬきまる》分隊長）。徳川凞は、江戸幕府第十五代将軍徳川慶喜の孫で、宮野とは気の合うクラスメイトであった（昭和十八年七月十二日戦死、呂号第百一潜水艦水雷長）。この昭和九年度の六十五期第五分隊員で、終戦まで生き長らえたのは川嶋、橋爪の二名だけである。

入校初日の儀式

さて、入校初日。この晩、海軍兵学校に入った者なら誰もが通らなければならない関門が待っていた。その名も高き「姓名申告」である。

自習室の後方に居並ぶ上級生に対面する形で、新入生は一列に並ばされる。

〈そして、恐ろしい顔をして睨みつけている一号生徒に対して、一人一人、出身中学校と姓名を申告するのである。

申告が終わったとたんに一号生徒の口からは「声が小さい!」「聞こえん!」「わからん!」「やり直せ!」等の怒号が、つぎつぎと飛び出してくる。一度で姓名申告をパスした者は極めて少なく、大部分の者は二度、三度、中には、なまり、方言をとがめられて四度以上もやり直しをさせられた者もおり、まだ娑婆っ気たっぷりのわれわれは、ここですっかり度肝を抜かれてしまった。〉(『回想録』)

海軍の人事は、下士官兵は各鎮守府《ちんじゅふ》(横須賀、呉、佐世保、舞鶴)が所管していて、基本的にはその管内での異動となるため、方言が残っていてもそれほど実害はないが、士官は海軍省の所管であり、全国どこの部隊、艦船にも勤務する可能性がある。命じる立場の士官が方言を使っていては、通じる命令も通じなくなるため、少なくとも公の場では標準語で話せるよう、兵学校では方言は厳しく矯正された。話は飛ぶが、後年、二〇四空時代の宮野の部下で、宮野が大阪出身であることに気づいていた者はほとんどいない。親しくとも、士官と下士官兵が身の上話をするようなことはまずなかったし、少なくとも戦地で、部下の前で、宮野が河内弁で話すことはなかった。戦後の東宝映画「零戦燃ゆ」（昭和五十九年）では、目黒祐樹演じる宮野大尉が、部下と話す時に河内弁を使っていたが、そこの部分の考証は誤りである。

　また、大勢の部下を前に、訓示を述べたり命令を下したりする際には、腹の底から響くような声を、しかも明瞭な発音で出さなければならない。「姓名申告」は、そんな指揮官たる者にとっての基本を体で覚えさせる、躾《しつけ》教育のひとつであった。

　姓名申告に続いて、六十五期生を震え上がらせたのは、一号生徒である六十二期生による、「修正」と称する鉄拳の嵐である。

　兵学校の気風は、クラスによって面白いほどの差がある。それは、戦後半世紀以上がたっても、クラス会に出れば、部外者にも肌で伝わってくるぐらいのものであった。主に一号生徒が四号生徒を鍛えることになるので、各期とも、新入生の頃の一号クラスの影響を色濃く受け継いでいる。各期が一号生徒になる時、クラスで、新四号の指導方針を決め、二号、三号もそれに従うのが通例であった。

　特に兵学校での鉄拳制裁には、時代による波があり、クラスによっては校長が上級生による鉄拳制裁を禁止した時期もあったが、六十五期はたまたま、その頂点の時期に入校する巡り合わせになったのである。

六十二期が入校した時、五十九期の一号生徒に徹底的に殴られた。五十九期生には、のちに宮野の直属の隊長となる横山保、小福田租《みつぎ》をはじめ、新郷英城《しんごうひでき》、相生《あいおい》高秀ら、戦闘機で名を馳せたつわものが揃っていた。「ちょっとやりすぎではないか」、そういう思いで、次の一号である六十期は、六十三期をそれほど殴らなかった。六十期も、鈴木實、進藤三郎、山下政雄、伊藤俊隆、兼子正、岡本晴年ら錚々《そうそう》たる戦闘機指揮官を輩出している。そして、六十一期が一号になる時、鉄拳廃止という、思い切った改革をやった。そのため、その時入校した児玉武雄ら六十四期生は、鉄拳制裁をほとんど知らずに育った。ちなみに鉄拳を廃止した六十一期は、飛行学生になるのが時期的に中攻（海軍中型陸上攻撃機）の台頭で海軍部内に「戦闘機無用論」が巻き起こった時期にあたってしまったため、殉職者、他機種への変換者をのぞき戦闘機指揮官として全うできたのは能野《のうの》澄夫、菅波政治《まさはる》の二人だけ（いずれも戦死）であった。

二年続いて紳士的なクラスが一号になったわけだが、その反動で、五十九期にさんざん絞られた六十二期が一号になる時、「あれで教育改革をやったつもりかも知れんが、殴られずに育った奴はどうもとろくさい」と、一度は消えたかに見えた鉄拳を復活させる。六十二期は、伏見宮博英王（のち伏見博英伯爵・十八年八月二十六日、輸送機に搭乗中、敵機の襲撃を受け戦死。少佐）、朝香宮正彦王（のち音羽《おとわ》正彦侯爵・十九年二月六日、クェゼリンで玉砕、戦死。少佐）の二人の皇族がいる、いわゆる「殿下クラス」であった。「お嬢さん」というニックネームで呼ばれた飯田房太（戦闘機・真珠湾攻撃で戦死）のように穏やかな性質の者もいるにはいたが、総じて気性の激しい者が揃っていた。

　中でも、六十五期生に怖れられたのが、入校後最初の週番生徒であった「ヨッ」こと四元《よつもと》淑雄《よしお》生徒と、「周防《すおう》元帥」こと周防元成《もとなり》生徒である。四元は、海軍少将四元賢助の息子で、眉目秀麗、成績も常に上位、いわゆる「毛並みのよい」生徒の代表格であった。のち戦闘機搭乗員となり、結婚で姓が志賀と変わって、昭和十五年の大分海軍航空隊や、昭和十七年六月、ダッチハーバー作戦時の空母隼鷹《じゅんよう》で、宮野と再会することになる。のち、空技廠《くうぎしょう》飛行実験部員（テストパイロット）を経て、紫電改《しでんかい》で編成された三四三空飛行長。周防もまた、のち戦闘機搭乗員。志賀の前任の空技廠飛行実験部員を務めたあと、十七年末から十八年初頭にかけて、二五二《ふたごおふた》空飛行隊長としてラバウル方面に進出、宮野と同じ戦場で戦った。いずれも、操縦技術は海兵出身士官搭乗員の中でも白眉《はくび》と言われていた。志賀淑雄（平成十七年十一月二十五日歿）は語る。

「五十九期にはよく殴られ、また私たちも私自身も、六十五期をよく殴りました。自負するだけでなく、教官が『生徒は四元に殴られるのを待っている』と、冗談めかして言ったところを見ると、教官たちも認めていたのかも知れません。兵学校では、校内の軍紀風紀を取り締まる週番生徒という制度があって、四人一組で輪番で一号生徒にまわってくるんですが、多くて二回で済むはずのところ、私にはなぜか三回もまわってきました。四月初めの新入生徒入校時、秋の原村《はらむら》演習から帰校した第一週目、それと卒業直前です。四月、朝日に映える生徒館前で、ボタンが外れている四号に、『待てッ！　ボタン！』と、愛情を込めて一発殴った時は、右側から学年指導官、左から当直監事の厳然たる視線を感じていましたが、公明正大な一発であったと思っています。ともかく、私か周防に殴られなかった六十五期は、たぶんいないでしょう。宮野君も殴ったことがあるはずです」

鉄拳の是非についてはいろんな見方があり、時代によっても考え方は違ってくるだろう。しかし、ここでの鉄拳は、私的制裁やいじめではなく、当時としての教育のひとつの手段であった。ちょっとしたミスや気の緩みが自らの死につながるのみならず、戦いの帰趨《きすう》や部下の生死まで左右しかねない軍隊において、そのことを「体で覚えさせる」のは、至極効果的な方法であった。私怨や私心が入れば別だが、殴る側に邪心がなければ、そしてその程度をわきまえていれば、殴られた側も納得するものである。兵学校の教育の主眼は、「将たる器を育てる教育」ということだが、同時にそれは、「訓練されたシェパードを送り出すための教育」─（志賀淑雄談）でもあった。

四元生徒（のち志賀少佐）の鉄拳には後日談がある。

終戦から半世紀以上が経った平成九年の十二月八日、東京・原宿の水交会《すいこうかい》で、恒例の「零戦搭乗員会」の忘年会が行なわれた。その名のとおり、旧海軍戦闘機搭乗員の生き残りによる集まりである。

この日は、藤田怡《い》與《よ》藏《ぞう》（海兵六十六期、少佐）、原田要（操練三十五期・中尉）、田中國義（操練三十一期・少尉）、小町定（操練四十九期・飛曹長）、大原亮治（丙飛四期・飛曹長）ら、戦史にその名を残すかつてのゼロファイターたちが数十名、顔を揃えていた。志賀は、この会の会長を、後輩六十九期の岩下邦雄（大尉）にバトンタッチしたばかりであった。元搭乗員ではない筆者も、許しを得て、たまたまこの場の末席にいた。

そして、偶然のいたずらか、同日同時刻、零戦搭乗員会のすぐ隣りの部屋で、海兵六十五期のクラス会が行なわれていたのである。六十五期の人たちが、隣りに立っている立看板を見て、「零戦搭乗員会なら志賀さんがいるはずだ」と、五、六人で表敬訪問にやってきた。一座の中心にいる志賀を見つけると、志賀の前に並んで、端から、「四元生徒にご挨拶に参りました。六十五期の○○です」「○○です」と名乗った。皆、志賀と会うのは戦後初めてのようであった。昭和九年の四元生徒なら、「声が小さい！」とやり直しを命じたかも知れない。だが、それから六十数年。志賀にとっても予期せぬ相手から奇襲を受けたようなものである。「公明正大に殴った」と自他ともに認めていても、少しは気にしていたのであろう。志賀は、ちょっと驚いた表情を

四元淑雄（中尉時代。のち結婚して姓が志賀となる）

見せたが、すぐに、「君たちか！　昔はたくさん殴って申し訳なかった」と、深ぶかと頭を下げた。

六十五期の人からは、「いや、われわれは殴られたことを恨んでなんかおりません。それに、今、ここにいるのは志賀さんで、われわれをぶん殴ったのは四元生徒です。志賀さんに対して根に持つようなことは毛頭ありません」と、当意即妙の答えが帰ってきた。

躾教育の目的

宮野の兵学校生活に、話を戻そう。

兵学校では、上級生が下級生を呼ぶ時には名前を呼び捨てにするが、下級生が上級生を呼ぶ時は「〇〇生徒」と、相手の名前の下に「生徒」をつける。同級生同士、あるいは同級生が下級生に対しては「俺」「俺たち」、「貴様」「貴様たち」と言うが、下級生が上級生に話をする時の一人称は必ず「私」である。また、士官が下士官兵を呼ぶ時は「お前」「お前たち」である。海軍では、どんなに高位の上官に対しても「殿《どの》」は使わない。そういう、兵学校流・海軍流の日常の言葉遣いも、一日も早く身につけなければならないことであった。

入校後三週間は、準備教育と称して、昼間は主に陸戦訓練、短艇《たんてい》訓練（カッター橈漕）が、毎日行なわれた。陸戦のほうは、中学校の軍事教練で、おおむね小隊長が務まる程度の訓練を各人が積んでいたが、やはり軍の学校となると厳しさが違う。カッターのほうは、海軍軍人としては必須の訓練ながら、ほとんどの者が未経験で、力の入れ加減からしてわからず、両手が回りかねるほどに太い櫂《かい》が水を蹴って、カッターがスムーズに前へ進むようになるまでが一苦労であった。夜は夜で、一号生徒の指導で、就寝、起床動作の練習が毎晩、何度も繰り返された。

朝、起床動作を終えて、寝室を出て洗面、体操をすませて寝室に戻ると、先刻たたんだつもりの毛布が、ベッドの上でひっくり返されている。寝室から出ている間に、見回りにきた週番生徒が、たたみ方が不揃いな毛布を、片っ端からひっくり返すのである。当然、ひっくり返された毛布は、ふたたびきちんとたたみ直さなければならない。兵学校では、これを通称「江田島地震」と呼んだ。毎朝の起床動作が、起床ラッパが鳴って二、三分以内におさまり、地震があまり起きなくなるようになったのは、準備教育期間も終わる頃であった。

準備教育の間は、休日といえども自由外出は許されないが、各分隊ごとに、江田島にそびえる古鷹山登山が行なわれた。古鷹山は、標高三百三十メートルほどの低い山だが、ゴツゴツとした登山道が続く、なかなか険しい山である。海兵生徒は、在校中折に触れ、この山に登って心身を鍛え、英気を養うのが伝統になっていた。

入校後一週間を経た頃から、一号生徒による「修正」の嵐も、より本格的に吹き荒れるようになっていった。

「今から貴様たちの娑婆っ気を徹底的に抜いてやる。脚を開け！　歯を食いしばれ！」

殴るほうも殴られるほうも真剣である。どちらも、下手に手を抜いたり、よけようとするとかえって怪我をする。ズシ、ズシと両側の頰に鉄拳が炸裂する。それでも、「男子志を立てて郷関を出ず」、周囲の輿望《よぼう》を担って、望んで入ったところである。逃げ出すわけにはいかなかった。

〈この鉄拳制裁が、われわれを日一日と将校生徒らしく鍛え上げていってくれたのである。〉

(『回想録』)

一説によると、六十五期は、海軍兵学校史上最高に殴られたクラスであるという。そして、その鉄拳の系譜は、のちの六十八期、七十一期……、最上級生と最下級生の間で受け継がれてゆくことになる。

準備教育期間が終わると、四月二十二日の日曜日には、初めての自由外出が許された。自由外出とはいっても、それぞれに定められた「倶楽部」と称する家に行くのである。倶楽部というのは、生徒が休日に自由に利用できるよう、島内で比較的学校に近い素封家の家を十数軒、兵学校が借り上げていたものである。ここでは、久しぶりに上級生徒の目を離れて、自宅にいるようなくつろいだ気分で、食べ、談じ、読書し、囲碁将棋に興じ、あるいは昼寝をすることができた。

倶楽部には、菓子類が木箱に入れて置いてあり、生徒は、そこにある値段表に従って、自分の取った分だけの代金を箱の中に入れておく。それだけで、一銭の間違いも起こらなかった。生徒の人格を信頼し、生徒も信頼に応える行動をする。これも、兵学校の躾《しつけ》教育の一環と言えた。

初めての外出の次の日から、軍事学、普通学などの一般教育が行なわれるようになった。武技、体技をふくめ、びっしりと詰まったスケジュールの中、疲れ果てた体で睡魔と戦うのも、なかなか容易なことではない。課業の合間には、至るところで一号生徒が目を光らせていて、敬礼の仕方や挙措動作はもちろん、階段の昇り降りの際の姿勢など、ちょっとしたことで「待てッ！」と呼び止められ、バシッ、バシッと修正を受ける。「待てッ！」と言われた時の姿勢が悪いと言ってはまた殴られる。

後年、宮野たち六十五期生が一号の時、四号生徒で申し送り的に殴られたクラス、六十八期の松永市郎（終戦時大尉・平成十七年歿）は、生前、筆者に、

「海軍兵学校の教育の特質は、一人一人の背景を完全に度外視して、一人の個人として扱うことです。これは理屈としてはわかっても、実際にはなかなかそうはいかないことですね。たとえば私たちの後輩には、某海軍大臣の息子もいましたが、そんなのはお構いなしにぶん殴られる。基本的な生活態度から、一人の失敗でも連帯責任で全員が殴られる。言い訳をしようものならさらにその何倍も殴られます。そうしているうちに、だんだん言い訳、泣き言、不平不満を口にしなくなってくる。それを後天的な性格にまで高めていくのが、兵学校の躾教育でした」

と語ったが、それは、将来戦場で、実際に部下の命を預かって先頭に立たねばならない立場になる将校生徒としての、いわば宿命であった。

「われわれは、『スマートで目先が利いて几帳面、負けじ魂、これぞ船乗り』と教えられました。『アングルバーで何ができるか、フレキシブルワイヤーでなければならない』というのもそうです。これは、鉄の棒と鋼索では、一見、鉄の棒のほうが強く見えますが、よくしなるワイヤーのほうが、ものを自由に持ち上げたり動かしたりできることのたとえです。いずれも、精神の柔軟性の大切さを物語っているのです」（松永談）

兵学校の一日

総員起こしの喇叭で始まる兵学校の一日。朝食は午前七時、長方形の大きな食卓には、皿に載った半斤のパンと白砂糖、それに味噌汁の入った大きな椀と大さじ、湯呑茶碗が一人分ずつ並べられ、ほかに薬缶《やかん》と梅干が入った蓋付きの容器がところどころに置かれていた。半斤のパンは、切り方によって、焼き皮の厚いところとそうでないところがある。パンの周囲の焦げたところを「アーマー」（装甲）と称し、歯ごたえがある上に密度が高く実質的な量が多いので、生徒たちの多くは、そこの部分があたると喜んだものである。が、六十二期の皇族生徒、伏見宮博英王はこの部分を好んで食べたのに対し、朝香宮正彦王は、白い部分だけを手でちぎって食べ、アーマーは決して口にしようとはしなかったという。

朝食が終わると、午前八時から定時点検、午前、午後の課業が始まる。課業は、普通学（国漢、数学、外国語、地歴、物理、化学など）と軍事学（砲術、水雷、運用、航海、通信、機関など）の座学および実習であった。中でも普通学、特に英数国漢、物理化学の教育は徹底していて、物理化学については、卒業したら専門学校の教員の資格が取れるほどのものであった。教官も、軍事学の武官教官だけでなく、普通学の文官教官にも優秀な人材が配されていた。なかでも、英語の「源内先生」こと平賀春二教授は、生徒の敬礼に対し山高帽できりっと返す挙手の礼が印象的な、名物教官として親しまれていた。

兵学校の平賀春二教授（中央）と。右から二人目が宮野

午後の課業が終わると、別科訓練と呼ばれる各種訓練が、その日の別科表に基づいて、学年別、教務部別あるいは分隊別に分かれて行なわれる。柔道と剣道だけは、入校時にいずれを専攻するか分けられるが、その他の銃剣術、相撲、水泳、体操、射撃、通信（手旗・旗旒・発光・モールス各信号）、陸戦訓練、短艇（カッター）訓練は、全員が一律に受ける。この他に、土曜日の午後や日曜日、ラグビーやサッカー、テニス、弓道に精を出す者もいた。別科ではないが、夕食後、自習時間までの間、練兵場を歩きながら「号令演習」をする姿は、兵学校の風物詩であった。

午後六時半から九時までは、自習の時間である。自習時間も、喇叭で始まり喇叭で終わる。自習と言っても、その間、私語は許されない。同じ自習室にいる者に声をかけるのにも、伍長の許可を得ないといけない。「自習止メ」五分前の喇叭が鳴ると、生徒たちは書物や教材を机の中にしまい、その日の当番生徒の奉唱に合わせて、「聖訓五箇条」を唱和する。

一、軍人は忠節を尽すを本分とすべし
一、軍人は礼儀を正しくすべし
一、軍人は武勇を尚ぶべし
一、軍人は信義を重んずべし
一、軍人は質素を旨とすべし

「五箇条」に続いて、「五省《ごせい》」が一つ一つ拝誦され、全員が唱和する。

一、至誠に悖《もと》るなかりしか
一、言行に恥ずるなかりしか
一、気力に欠《か》くるなかりしか
一、努力に憾《うら》みなかりしか
一、不精に亘《わた》るなかりしか

全員目を閉じ、今日一日の自分の姿を反省するのである。

ちなみに、兵学校の気風を端的に表わすものとして今では名高いこの「五省」だが、それほど古くから唱えられていたわけではない。昭和七年四月二十四日、軍人勅諭下賜五十年記念日に、当時の海軍兵学校教頭兼監事長・三川軍一大佐《だいさ》が起案、校長・松下元少将が裁可して、初めて訓育の場に登場したものである。昭和七年四月と言えば、六十三期生が入校した直後であり、筆者が会った範囲の旧海軍士官でも、六十三期生以降はこれをごく自然に受け入れ、これぞ兵学校の教えであると誇りを持っている人が多い（平成十七年六月まで、群馬県上野村村長を務めた六十三期・黒澤丈夫の村長室には「五省」の額が掲げられていた）のに対し、六十二期以前では、これを「思想の押し付け」「われわれを子供扱いにするもの」として反発する向きが多かった。戦闘機搭乗員では、六十期の進藤三郎、鈴木實、六十二期の志賀淑雄、皆そうである。しかし、六十五期生の宮野が主人公のこの物語の中では、これは余計な話であろう。

午後九時、「自習止め」の喇叭で自習が終わり、生徒たちは、九時十五分「巡検用意」の時間までに寝室に入る。就寝動作の後の約十分間が、生徒たちの憩いの時間である。この時間ばかりは、上級生下級生が入り交じって、失敗談やお国自慢、いろんな話題に花を咲かせる。

巡検《じゅんけん》喇叭が鳴り出すと、一斉にベッドにもぐりこむ。当直監事、週番生徒による巡検が終われば、生徒館の一日も終わりである。厳しい訓練で疲れきった体は、すぐに深い眠りに落ちる。起きている間はそれこそ息つく暇もない生徒の日常であるが、眠っている間だけは自分の体であった。

源田サーカスの興奮

五月二十七日は海軍記念日である。東郷平八郎司令長官率いる帝国海軍聯合艦隊が、ロシア・バルチック艦隊を破って二十九年目のこの日、兵学校でも記念式典が催され、紺の第一種軍装に身を包んだ生徒たちが、練兵場に整列した。生徒たちには予告されていなかったが、そこへ、式典に花を添えるべく、空母龍驤《りゅうじょう》戦闘機分隊長・源田實《げんだみのる》大尉以下、青木與《あとう》一空曹、永徳彰《えいとくあきら》三空曹のいわゆる「源田サーカス」の三機の九〇式艦上戦闘機が飛来、編隊アクロバット飛行を演じた。

「どこからともなく、三機の戦闘機が飛んできて、高度三十メートルぐらい、手の届きそうな超低空まで降りてそこから編隊宙返り、そしてまんじ巴と息もつかせず、入れかわり立ちかわりのダイブそしてズーミング。あれには感激しましたね。腹の底から響く爆音、物凄い迫力でした。単純な私はすっかりいかれてしまい、周防と二人、戦闘機乗りになることを改めて誓い合いました」

と、当時の一号生徒、志賀（四元）淑雄は語る。複葉羽布張りの、今の目で見れば初歩的な飛行機だが、それでも、一糸乱れぬ編隊を保ちながら、搭乗員の意のままに縦横無尽に頭上を飛び交う姿は、若い生徒たちの度肝を抜き、興奮させるのに十分であった。

この日の宮野の言葉は何も残されていないが、宮野にとっても、これが戦闘機の特殊飛行を目の当たりにした初めての機会であったはずで、「これや！」と思ったかどうか、その後

「源田サーカス」の面々。右から伊藤（のち望月）勇二空曹、青木與二空曹、源田實大尉、間瀬平一郎一空曹。昭和7年12月10日、羽田で行なわれた献納機「報国-16三谷号」の命名式での撮影（「サーカス」は、時期によってメンバーに変動がある）

の航空志望のきっかけのひとつになったのは間違いないだろう。宮野の実家の南方数キロのところに農地を埋め立てて民間の阪神飛行学校（のち陸軍大正飛行場・現八尾飛行場）ができ、複葉の練習機が八尾の空を始終飛ぶようになり始めたのは、この年、昭和九年のことである。

「源田サーカス」の青木與は、晩年、筆者もインタビューの機会を得たが、その飛行技術を知る複数の元搭乗員から、「天才」という形容が聞かれる数少ない搭乗員の一人であった。現存する航空記録によると、この日の飛行は「視察飛行」、飛行時間一時間五分と記録されている。飛行機を何よりも愛した青木は、昭和十一年、海軍を一空曹で満期除隊すると中島飛行機にテストパイロットとして入社、その後も好きな大空を飛び続けた。終戦までの飛行時間は約二万時間に達する。「何ごとも楽しんで生きる」をモットーにし、中島飛行機の小泉工場では、工場長から「お前は働いてるのか遊んでるのかどっちだ」と言われ、「どっちか判らないほど楽しく働いてるんだからいいじゃないか」と言い返したという逸話を持つ。平成九年に八十九歳で歿するが、最後までやんちゃ坊主の面影を失わない、古き良き時代のヒコーキ野郎であった。

徳川将軍の孫と煎餅

海軍記念日で式典が行なわれて三日後、東郷平八郎元帥が八十六歳で亡くなる。弔問に上京した及川校長は、東郷元帥の遺髪を捧持して六月七日、帰校した。

六月末、期末考査が一週間にわたって行なわれた。海軍では、学校での成績が「ハンモックナンバー」と呼ばれる席次として、のちのちの昇進やポストにそのまま影響するので、手を抜くわけにはいかない。試験が終わって七月になると、毎日、午後の課業終了後に水泳訓練が行なわれた。これも将来、海の上で暮らす海軍の将校生徒としては必須のものであったが、初めは、全く泳げない者も少なからずいた。

この頃、宮野の姉・そのはすでに嫁いでいたが（昭和七年三月結婚、宮崎姓になる）、兵学校の善治郎に、一斗缶に一杯の煎餅《せんべい》を詰めて送ったことがある。宮野はそれを、日曜日に倶楽部で、分隊全員にふるまった。どこにでもあるような煎餅であったが、徳川熈が、これを殊のほか気に入った。

「美味い、本当に美味い。こんなに美味い菓子は食ったことがない」

と、一人でパリパリポリポリ、何枚もあっという間に平らげてしまった。徳川は、前述のように徳川慶喜の孫、高松宮妃殿下のいとこにあたり、学習院を経て兵学校に入った人であったが、このような庶民的な菓子を口にする機会がそれまでなかったのかも知れない。

色白で貴公子然とした徳川は、クラスの中でもひときわ目立つ存在であった。皇族生徒は別格として、徳川将軍家の孫といえども一号生徒による鉄拳制裁は容赦なく浴びせられ、慣れない事態にしばらくは目を白黒させていたという。出自の高貴さゆえか成績にこだわらない鷹揚《おうよう》さがあり、海兵を卒業した時の成績は下から二番、というのもご愛嬌であった。「宮野の煎餅、また食いたいなあ」という徳川の所望もあって、そのはその後もしばしば、兵学校に菓子を送った。

今では死後に追贈されるのみで、栄典制度としては残っても形骸化した感があるが、戦争が終わるまでは、「位階《いかい》」というものが実際に幅を利かせていた。これは、天皇の臣民としての位を表わすもので、宮中行事や式典に列席する時などは、軍人の階級よりもそちらの序列が優先された。通常の海兵出身士官の場合、少尉任官とほぼ同時に「正八位《しょう》」に叙せられ、以後、概ね進級するごとに「従《じゅ》七位」「正七位」「従六位」「正六位」……と上っていくが、男爵家の長男である徳川は、満二十歳になった兵学校在校中の昭和十一年二月から、大佐クラスに匹敵する従五位の位を持っていた。これは、宮中行事だけでなく、少尉任官を祝う、初めての料亭での宴席（昭和十三年十一月十五日、呉・岩越――通称ロック）においても、〈徳川君の前が急ににぎやかになり、芸者たちが次々と押し掛けてくる。それまでは級友の一人として誰も差を感じていなかった私達も、このような形で家柄を見せつけられようとは思いも寄らなかった。得意満面だった新正八位のわれわれは、生徒の頃からの従五位の存在に影が薄れてしまったわけである〉（岡野勇三回想）

というエピソードがあるように、その威光は歴然であった。同期生たちは、「日本が危急の時、先頭に立って国を守るのは、俺たち平民ではなく、彼らだろう」と囁きあったが、その言葉のとおり、徳川は、宮野の戦死からひと月もたたない昭和十八年七月十二日、呂号第百一潜水艦水雷長として、同じソロモンの海で、敵艦からの機銃掃射により戦死する（大尉・戦死後少佐）。西欧風に言えば「ノーブレス・オブリージュ」（高貴なる者の責務）の精神を、徳川は見事に体現して見せた。徳川に鉄拳をふるった先輩六十二期の伯爵伏見博英少佐、侯爵音羽正彦少佐、のちに戦没した二人の旧皇族士官もそうであった。

芸達者な男

水泳シーズンの最後は、宮島の北東海岸にある包ヶ浦での数日間の幕営と、遠泳で締めくくられた。ここでは、学校の中での生活と違い、訓練が終わると自由時間も多く、キャンプのような楽しいひと時もあった。夕食後、夕べの集いが催され、希望者が隠し芸を披露したが、そこで宮野は、同じ分隊で大阪出身の高野裕とコンビを組み、当時売り出し中であった大阪漫才の元祖、エンタツ・アチャコばりの漫才を一席、上手に演じてみせて、他の分隊の同期生たちにも強い印象を残している。長身の宮野と対照的に、分隊で一番背の低い高野が、その後も万事、宮野とは絶妙の相方であった。この時期あたりから、宮野の芸達者ぶりが、折々に発揮されるようになる。「おとなしくて目立たない少年」が、兵学校に入って明らかにひと皮むけた。「歌って踊れる海兵生徒」ぶりを彷彿させる同期生の回想を、『回想録』から拾ってみる。

〈宮野君は明朗快活で好感がもてた。入校当初から活発に行動し目立った存在で、大阪出身者というと宮野君を思い浮かべるのは、彼の滑らかな大阪弁の印象が強いためか。
　彼はその軽妙で快い口調からは想像もできないほどのファイターで頑張り屋であった。体育では特に相撲が強かった。立ち上がる時、さあ来いとばかりに両手を叩くのがくせで愛きょうがあった。彼は歌がうまい。倶楽部で当時はやりの「旅笠道中」をいい声で歌っていた。〉（川嶋辰雄）

〈彼は俗に言う万能選手、もちろんスポーツもこなすし、その他遊芸万般ダンスも然りで、歌は進路を間違ったのではないかと思える程うまい。レパートリーの広いこと肝をつぶすぐらいであった。〉（美坐《みざ》正巳《まさみ》）

〈宮野君は漫才を演じた大胆な男というイメージがあったが、付き合うほどに彼の心のやさしさがわかり、心許し合う仲になった。彼は万能で、器用で、納得のいかぬことに安易に妥協せず、またへつらうことをしない〝ご仁〟であった。彼はまた、短艇競技ではいつも力強いストロークで頑張っていた姿が目に浮かぶ。〉(武藤正四)

夏休暇の日記

幕営、遠泳が終わると、待ちに待った夏休暇がやってくる。夏休暇は、八月一日から三十一日までの一ヵ月間であった。今の自衛隊の諸学校では、一般の学校と同じように入校後ひと月足らずでゴールデンウィーク休みというものがあって、旧海軍軍人を驚かせたり、うらやましがらせたりするが、当時はそんな結構な休日はないから、まさに全力疾走の四ヵ月であった。

八月一日は午前四時起床。荷物を持って第一生徒館前に集合し、当直幹事から諸注意を受けた後、西に帰る者と東に帰る者、二手に別れて江田島を後にした。

〈四号生徒は夏の軍服は三着しか持っていなかった。出発前に、列車内では上衣を脱がないように注意されていたので、皆キチンと軍服を着用しているが、時は真夏、冷房装置のない車内では汗は遠慮なく出るし、時には煤煙が入ってくる。兵学校出発時純白だった軍服も次第に汚れて来、途中で上衣を着替えた者もいた。家郷に帰り真先にすることは、この汚れた軍服を洗濯屋に出すことだった。〉『回想録』

その日の夕方、宮野は、真っ黒に日に焼け、ところどころ皮がむけ始めた顔で、国鉄八尾駅に程近い実家に帰った。

〈一六三〇（注：午後四時三十分）家庭の人となり、母兄弟の喜びに包まれ、まず氏神参拝、後、近親に帰着の挨拶を述ぶ〉（宮野善治郎休暇日記、原文の仮名は片仮名、旧仮名遣い、以下同じ）

兵学校生徒は、休暇に際して、所定の日記（校長課題作業録）を書くことを義務付けられていた。いわば、夏休みの宿題のようなものである。日記には、兵学校長訓示、幹事長訓示の筆写に続いて、休暇計画を立て、実施経過として日々の出来事を記すことになっていた。

黒表紙の日記帳とともに、兵学校で配布されたプリントには、書くにあたってのさまざまな注意が記されているが、一・皇室関係の語を記す時は一字画空ける事（例・天皇陛下、皇太子殿下、聖旨、等）、一・徒《いたずら》に難語を用いず普通の語を使用すべし、一・俗語を使用せざる事（例・娑婆）、一・自己を指す場合は私を用いず余《よ》とすべし、一・幼稚なる言葉遣いを避けよ（×お餅、×お握り）、一・語句は簡潔に（世間の事情——世情、つくづく感じたり——痛感せり）……など、なかなかうるさい。もちろん、休暇終了後、書いた日記は教官に提出する。

こういう、夏休みの宿題というのはその人の性格が出るもので、毎日、こつこつと几帳面に取り組む人もあれば、休暇の終わり間近であわてて帳尻を合わせる人もいる。しかし、同期生や前後のクラスの何名かの元海兵生徒に、宮野の日記を見せたところ、「これは真面目に書かれてある。人となりがよく表われている」と、揃って太鼓判を押してくれた。

以下、休暇中の宮野の日記から——。

〈八月一日
夜一家団欒、壮快厳正なる兵学校生活の面目を披瀝し、肉親の喜びと感嘆を更に深からしむ。家庭の人となり、楽しさや知るべし。今後三十日間、見事なる生活をなさん〉
〈二日
御勅諭拝誦　展墓（墓参）定省先祖に己の任務と覚悟を告ぐ。
旧友訪問兵学校の面目を語り、彼をして驚嘆せしむ。彼は将来実業界に活躍せんとする者なり。互いに将来の覚悟につき快談を交わす。
夜一家団欒、夕涼みの際、近隣の人の乞いにより兵学校の厳正なる生活振りを話し感激せしむ。一人あり、あ、我子にして学に秀でたらしめば兵学校生徒たらしめんと。我大いに奨む〉
厳しくとも兵学校の生活は、宮野の肌に合っていたのだろう。今の自衛隊でもそうだが、娑婆気の多い少年が、制服に身を包み、規律正しい生活で厳しく鍛えられておれば、ほんの数ヶ月でも、見違えるほど凛々しくなるものだ。「あの色の白いおとなしい子が……」と、家族、友人、近所の人たち誰もが感嘆をもって迎えてくれ、得意満面の宮野の様子が目に浮かぶようである。
二日に宮野が訪ねた旧友とは、同じ植松村に住む辻田三雄《みつお》であった。辻田は宮野と小中学校を通じての無二の親友であり、宮野の長兄・真一が辻田の長兄・潔と、三兄・要三が辻田の次兄・義治とそれぞれ小中学校で同級生で、善治郎と三雄をあわせると兄弟三組いずれも同級生で親友という、家族ぐるみの付き合いであった。休暇中の宮野の日記に出てくる「友人宅」の多くは辻田家である。この日の午前、辻田家を宮野が訪れた時の模様を、辻田家の長男・潔の息子で当時四歳の裕が記憶している。

「夏の暑い日で、私が、土間に敷いた板の上で昼寝をしていたところへ、玄関がガラガラと開いて、『ごめんください』と声がしました。出て行ってみると、白い制服を着た人が、まだ小さな子供の私に挙手の礼をして、『宮野善治郎と申します。辻田三雄君はご在宅ですか』と言われました。その時たまたま、家の者が留守にしていたので、今、誰もいませんと答えたら、『お帰りになりましたら宮野が来たとお伝えください』と言って、『よろしく』と、もう一度挙手の礼をして帰られました。その姿は今でもはっきりと瞼に残っていますが、子供の目にも実にカッコよく、颯爽と映りました。これが、私のおそらく一番幼い時の記憶です。一人前に扱ってもらえたのがよほど嬉しかったんでしょう、それから七十何年、私もいろんな人との出会いがありましたが、宮野さんの印象というのは特別なものでした」

宮野家にも辻田家にも、まだ電話はなかったが、幼い裕の言づてで、宮野は、間もなく帰ってきた辻田三雄と会うことができた。辻田は、宮野同様、一年浪人して京都の高等工芸学校（現・京都工芸繊維大学）に進んでいた。宮野が休暇中にしばしば立ち寄ったことは、お茶を出した三雄の妹、当時十三歳の良子もよく覚えている。

ちょうどその頃、母校八尾中学の校舎が建て替えられ、木造校舎から、近代的な鉄筋コンクリート三階建の校舎に生まれ変わった。昭和九年当時、近在の河内の村々に、こんな大きな建物は他になかった。まさに威風堂々、周囲を圧倒するような建物で、完成した当時は、よその村からもわざわざ弁当を持って見物に来る人たちが絶えなかったと伝えられている。半世紀近く後、八尾高校で筆者が学んだ当時も、この校舎であった。
〈三日
午前　御勅諭拝誦、我家の西に一川あり（筆者注：長瀬川）、兄と共に魚釣りに遊ぶ。鮒数十尾を穫。
午後　散歩をなし母校八尾中学の新校舎を徘徊す。設備整いて新鮮なれども、兵学校に比して規模用材劣れるを見る。旧校舎は無残に破壊され居たり、そぞろ懐旧の思いに浸り哀惜の情に堪えず。
夜　一家団欒
所感　烈日を浴びて流汗瀧の如く而も猶、微動して絶えざる浮に目を注ぎ、瞬時の好機を捕えんとす。是に又、忍耐力と注意力の養成を求む。而して手応え有りたる時の快味は忍耐と注意の賜なり。魚釣りもまた、有益なるかな〉（「忍耐力と注意力」のくだりに教官が朱線を引き、「面白き着眼なりと認む」と記している）
四日は、午前読書、午後大和川に水泳、夜友人宅で囲碁、将棋。
五日は、午前、国鉄関西本線と大軌電車（現近鉄）道明寺線を乗り継いで、家から東南一里半ほどのところにある道明寺天満宮へ。午後は知人宅で蓄音機に興ずる。

宮野が蓄音機や囲碁、将棋に興じる日記中の「知人宅」や「友人宅」はたいてい、例の辻田家であった。辻田家にはビクターの手廻し式の蓄音機（JI－50型・当時四十五円）があり、「ウィリアム・テル序曲」「セビリヤの理髪師序曲」などのクラシックから浪曲、民謡、端唄「佐渡おけさ」「越後追分」、ワルツ「波濤を越えて」、ルンバ「南京豆売り」などの軽音楽、流行歌、のちには音楽コントの「あきれたぼういず」（昭和十二年結成）まで、さまざまなレコードが揃っていた。

〈六日

午前、午後　早朝より衛生掃除施行、兵学校仕込みの腕前で大いに活躍す。

夜　清潔になりし室内で一家団欒、大掃除の疲れを癒す。

所感　兵学校生徒の腕前発揮、他家よりも早く終わりて西瓜に渇を癒し気分壮快〉

〈七日

御勅諭拝誦　氏神参拝　朝食後近隣の子供達を引き連れ信貴登山。

夜　疲れを癒すべく早寝。

感想　無邪気なる子供と共に童心に立ち帰りて自然の美に親しむ。又良からずや〉

その後も、概ね、御勅諭拝誦、氏神参拝から始まって、恩師や友人を訪ね、〈大いに歓待を受け愉快なる一日を過ごし得たり〉（八月九日）というような毎日を過ごしているが、十日には、再び母校八尾中学を訪問している。

〈（重藤）校長先生の御案内により新校舎を巡観す。旧校舎を思い浮べ、設備の良きに感心す。（中略）先生と昼食を共にし、食後母校生徒と座談会を開き、種々兵学校の状況を説明し、尚且質問に応ず。主として一、二学年を大いに勧誘す。（中略）本日は愉快にして得意に過ごしたり〉

この年、八尾中学には、三十六期生から四十期生までが在学していた。各期とも、この後十一年の間に、結果的に多くの者が戦没する運命が待っているのだが、兵学校に勧誘する宮野にも、話を聞く生徒たちにも、まだまだそういう切迫感はない。

この日、宮野との座談会に参加した者の中に、のちに海軍戦闘機搭乗員の道に進んだ者が二人いる。三十八期生（三年生）馬場政義と、三十九期生（二年生）森山秀造である。馬場と森山は、今の地名で言うと大阪市平野区加美南、八尾市竹渕の隣町同士にそれぞれ住んでいた。

馬場は、宮野の感化を受けるところが特に大きく、この座談会の翌年、四年生の時に海兵を受験、一度でパスして六十七期生として入校した。馬場は、毎朝、家業の牛乳配達をすませて登校するにもかかわらず、試験では、全ての学科で常に九十六点以上の成績を収めていた。〈活気があって余裕たっぷり、やんちゃ坊主でもある〉（『八尾高校百年史』）、八尾中学開校以来の秀才と言われ、今も母校の同窓会ではその名が語り継がれている。

海兵を卒業後、飛行学生三十五期に進み、宮野に続いて戦闘機搭乗員になった。開戦時は第二十二航空戦隊司令部附戦闘機隊にあって、緒戦の、主にインドシナやマレー半島など東南アジアの戦線で実戦経験を積んだが、鹿屋空戦闘機隊分隊長としてカビエン、次いでラバウルに進出してわずか一ヵ月後の昭和十七年十月二十三日、ガダルカナル島上空の空戦で戦死する。（戦死時中尉）

森山は、八尾中卒業後は広島高等師範学校英語科に進むが、昭和十六年十二月、繰り上げ卒業で兵役につくことが決まると、迷わず海軍兵科予備学生を志願、昭和十七年一月二十日、その一期生として横須賀海兵団に入団した。小柄で真面目な青年であった。入団後、航空への転科者が募られ、適性検査に合格した百名が、わずか一週間後の一月二十七日、第十期飛行科予備学生として、岩国海軍航空隊へ転勤を命ぜられた。森山も、その中の一人であった。

岩国で基礎教育、霞ヶ浦海軍航空隊で練習機教程、大分海軍航空隊で実用機（戦闘機）教程の訓練を積み、厚木海軍航空隊で総仕上げの後、昭和十八年十月上旬、宮野隊長戦死後の二〇四空に着任した。しかし森山もまた、着任後まだ日の浅い十月二十三日、ラバウル基地に初めてP－38、B－24、B－25などの敵機が戦爆連合で大挙来襲した際の邀撃《ようげき》戦で未帰還となる。（戦死時、少尉）

〈十一日

御勅諭拝誦　氏神参拝　朝食後友人と共に生駒山脈縦走を決行。信貴山より生駒に向け道なき道を進軍す。途中、天明水なる泉に至る。一神社あり、祭祀する人、一老夫婦なり。老夫は未だ結髪にし居れり。天明水に渇きを癒し精神壮快たり〉

この頃、長兄真一は、一度目の軍務を陸軍上等兵として終え、神戸でバス運行の仕事に就いていた。十一歳年長の真一は、善治郎にとっては父のような存在であった。

〈十二日

午前　御勅諭拝誦　氏神参拝　神戸の大兄帰り来る。共に例の小川に魚釣りに行く。鮒数十尾を穫。

午後　大兄と囲碁に興ず。夕方より展墓定省

夜　青年会場にて大兄と共に卓球を為す。

所感　我が愛敬する大兄と最も愉快なる一日を送り得て楽しさの極みなり。兄弟の友益々深し〉

翌十三日には、真一と一緒に、善治郎が幼少期の一時期を過ごした京都の義兄宅を訪問、途中に桃山御陵、乃木神社、伏見稲荷神社に立ち寄っている。京都には二泊した。

〈十四日

午前　義兄大兄と共に疏水上流を散策し、帰りて蓄音機に興ず。

午後　義兄大兄と共に、京都西山の麓、北野神社、平野神社に参詣す。両社は幼少時、常に友と遊びし所なり。幼時の思い出に微笑を禁じ得ず。神前に額づき誠忠を祈る。平野神社は官幣大社、北野神社は別格官幣社、菅原道真公を祀る。

夜　一家団欒

所感　幼少時の稚話を思い浮べ、我等の楽園たりし境内に時の移るを知らず。楽しきかな

今日一日や。幼時、そは美しき栄光に包まれたるものなり〉

十五日には大石内蔵助良雄の山科の寓居を参観、古人の達筆に驚いたり、清水寺に参詣し、京を一望に見下ろしたり、豊国神社で太閤秀吉の雄図を偲んだりしてから、八尾の家に帰った。八尾の家には盆で親戚一同が集まっていて、一同で墓参をした。この夜も、親族の中で、話題の中心は善治郎の兵学校での話であった。例の徳川淵の煎餅の話など、親族に広く語り継がれているのは、おそらくこの時に宮野が話したのであろう。

〈十六日

午前　御勅諭拝誦　氏神参拝　朝食後我家の西方約十丁の大聖勝軍寺に詣ず。当寺は聖徳太子の創立に係り仏法の開祖なり。太子を祀る。これより同地の知己訪問種々歓待を受け午後をも過ごす。主人と囲碁に興ず。

夜　郷土芸術盆踊りを見る。地方色の香濃し。

所感　盆踊り等の郷土芸術華やかなりし頃は今日の如く人々の心浮薄ならず。今やあらゆる娯楽機関の発達により、質朴剛健なる筈の青年は次第に浮薄となり行けり、残念なり〉

……意外に固いことを言っている。「あらゆる娯楽機関の発達」云々は、そのまま今も通用する嘆きであろう。軽佻浮薄な若者を見て、「今の若いもんは」と言いたくなるのは、今も昔も変わらないらしい。

八尾の盆踊りは、奈良時代にその起源が求められると言われるほど、筋金入りの名物であった。八月二十三、二十四日の、常光寺の盆踊りを筆頭に、その前後には近在の村のあちこちで「河内音頭」が踊られている。

十七日には、小学校の恩師と大阪の浜寺海水浴場へ行き、〈兵学校生徒の腕前を発揮して先生を驚か〉せ、帰ってからは近所の友人と囲碁将棋に興じ、〈楽しみの極みなり〉。十八日には竜華小学校で、やはり恩師とテニスを楽しみ、午後は一応机に向かったものの、夜はまた、大阪丸萬本家で行なわれた中学校の同窓会に出かけて、帰宅したのは午後十時。

十九日は近隣の子供たちと「例の小川」で魚釣り。この日も、午後は課題作成に取り組むが、夜は〈知己訪問蓄音機に興じ〉る。

……どうもあんまり勉強している様子がないが、実にのびのびと、夏休みを満喫している様子が見てとれる。どこへ行っても、誰と会っても、宮野は可愛がられ、大事にされた。二十日には八尾中学の恩師を訪ね、「誠心誠意が、生きていく上で一番大切なこと」という言葉に感銘を受けている。

二十一日から二十四日までは、敬愛する神戸の兄・真一宅に滞在する。宮野は、神戸に行くと必ず、楠木正成を祀る湊川神社に詣でた。河内人の例にもれず、宮野は、豊臣秀吉と、地元の英雄、楠木正成を尊敬していた。楠木正成は、戦前の日本ではもちろん国民的英雄であったが、家紋の菊水《きくすい》が、植松の隣村、筆者の出た久宝寺小学校の校章になるぐらい、河内では地域に密着した親しまれ方をしていた。

〈絶世の大忠臣正成公の墓前に武運を祈り感慨無量なり。正成公の偉なる今更何をか言わん、唯その誠忠にあやからんと欲す〉

二十二日は湊川神社に詣でたあと、すぐさま阪急電車で芦屋川へ。〈六甲ロッククライミングを経て六甲越えを行い、有馬に至る〉

この日の所感には、

〈「自然に帰れ」と言える標語あり。吾人は常に自然に心服し、自然を愛し、自然の懐に抱かるる事、実に必要なり。汗を流し山を征服し山頂を極めたる時、而して眼下に下界を見たる時、俗世界を超越したる言われざる優越感を抱くものなり。清浄なる山嶺を一歩一歩踏破って行く時、そこに初めて大いに浩然の気を養えるものなり。大自然は如何なる汚きものをも大いなる懐中に美しく包み居るなり。人間も大いなる心もて人を眺むれば、かの山嶺より下界を見下ろしたる時の如く、美しく見ゆるならん〉

と、自然に触れて山頂より下界を見下ろした時の感動が、素直に綴られている。

翌二十三日にも、宮野は摩耶山に登山、実にエネルギッシュな行動ぶりである。二十四日には、真一とともに八尾に帰り墓参、午後は大和川に蜆《しじみ》拾いに行っている。その日にとれた蜆は、さっそく夕餉の味噌汁になった。夜は〈盆踊りを見る〉とあるが、日付から見ると、本場、常光寺の河内音頭であろうか。

二十五日、氏神参拝、道明寺天満宮参拝、小学校にてテニス、夜は友人宅で囲碁将棋。二十六日は氏神参拝の後、勉強に取りかかろうとするが、結局、別の本を読み始め、午後には友人が訪ねてきたのでそのまま囲碁将棋、夕涼みの散歩。二十七日、大和川で水泳訓練、夜は友人宅で蓄音機。二十八日、竜華町役場へ行き町長に挨拶。

〈町長は士官学校出身の退役中尉。日露戦役の殊勲者にして功四級なり。左足を弾丸のため奪わる。町長に見《まみ》えその人格に打たる〉

この当時はまだ、日露戦争から三十年しか経っておらず、そこで戦った将兵が、齢五十代を迎えてまだまだ現役であった。

こうして、毎日を楽しく過ごしているうち、夏休暇はあっという間に終わってしまう。

二十九日、近親知己に帰校の挨拶。三十日は、

〈家人と心置きなく一日を共にせんと決意す。兄姉妹と語り、姉の赤子の子守りをなし、或いは母と将来を語る。家庭の人として充分なる嬉しさを味わえり。赤飯の夕食を一家揃って祝い、我帰校を祝う、母の慈愛に涙す。母は終始微笑を以って我を送りくれたり。友四人と兄に送られ大阪駅二一一七発下関行き列車にて帰校の途につく。車中友情の有難きを沁々と感ず〉

宮野は、休暇の解放感にまかせて外出がちになり、母との時間を十分に取れなかったこと、学科の復習が足りなかったことを少々悔やみながら、汽車に揺られていた。

三十一日朝七時半、宮野は江田島の倶楽部へ戻った。そこには休暇を終えた同期生が続々と集まってきて、休暇中の話に花が咲いた。九時半、兵学校着。ここからまた、俗世間の楽しみとはほぼ無縁の厳しい日々が始まる。

さっそく提出した日記には、校長以下の印鑑がべたべたと押され、

〈毎日、聖諭を奉読し神社参拝により敬神の心を養うは大いに可なり。只、体験全般を通じて、中学時代の御座成的気分を認めたるは不可なり。所感概ね同意なるも、更に一段深みたる思索を求む。文章、所感共に稚気あり。次回より学習と共にこの点に注意せよ〉

と、平岡指導官による朱筆が入って返ってきた。

棒倒し、弥山登山、原村演習

新学期は、大掃除と棒倒しで始まった。八月三十一日正午、第一生徒館前で帰校点検があり、午後は大掃除を約一時間。引き続いてこれも江田島名物の棒倒しを総員で行ない、一ヵ月の休暇気分を一気に吹き飛ばした。

棒倒しは、最近の運動会などではあまり見なくなったが、兵学校の棒倒しは、また格別に激しい、格闘技のようなぶつかり合いであった。

兵学校での棒倒しは、土曜日の午後、大掃除の後に行なわれるのが常であった。

〈棒倒し用の丈夫な布地で作られた上衣を着、裸足になった全校生徒は奇数・偶数両分隊に分かれて二組になり、練兵場中央に五、六十メートル離れた位置にそれぞれ約三メートルの長さの太い丸太棒を立て、これを互いに倒し合う競技である〉（『回想録』）

体のガッシリした者を中心に、数十名が棒の周囲を固め、残りの者は攻撃組と防禦組に分かれる。喇叭の合図とともに、攻撃組は相手の棒に突進して、防戦を排除しつつ、敵の棒に取り付く。防禦組は、相手を棒に取り付かせないよう防戦に務める。

棒倒しでは、棒を守る目的にかなう限り、相手を蹴飛ばすことも殴ることも許されている。四号生徒の中には、日頃のご愛顧に報いるべく、ことさらに相手方の一号生徒に殴りかかる者もいた。数分間におよぶ壮絶な肉弾戦。防御網を突破して中央の棒に取り付いた者は、全体重を棒にかけて倒れさせ、続けて取り付いた者がその上にのしかかると、さしもガッチリ固められていた棒も、次第に傾いてくる。このようにして、棒を一定以上に倒したほうが勝ちである。時には、棒を根元で固めていた者が、倒れてきた棒の下敷きになって気絶したこともあった。そんな中で、宮野は一計を案じ、敵のスクラムの直前に味方の人間の背中による階段を作らせ、宮野がそれを駆け上って、棒の上部に取り付き、体重をかけて敵の棒を引きずり倒すといった策士ぶりも発揮している。

こうして始まった二学期であったが、兵学校のカリキュラムには、生徒に楽をさせようという意志はみじんもない。毎年、十月下旬には、宮島中央にそびえる弥山《みせん》登山競技が恒例となっていたが、これは、途中、数多くの不規則な石段が、くねくねと続く山頂までの登山道を、体力の限り駆け上るもので、競技というからにはタイムを競う個人競技でもあり、また分隊対抗の行事でもあった。弥山登山に向け、朝の体操時間に分隊ごとに駆け足をしたり、日曜に許可を得て分隊ごとに古鷹山に登ったり、厳しい課業の合間を縫って自主的な訓練が続けられた。

競技当日は、紺の第一種軍装に編上靴、ゲートル着用、帯剣、水筒携行といういでたちで、朝早く各分隊ごとの固有のカッターに乗って、内火艇に曳航されて宮島に向かう。身支度が整ったら、定められた時間、各分隊五分の間隔をおいて一斉にスタートする。各人は自分の体力の限りを尽くして、突撃喇叭の鳴り響く頂上付近のゴールを目指して駆け上がる。所要時間上位の数名には、メダルが授与された。また、分隊対抗競技でもあり、落伍者が一人でもいると分隊の成績そのものが悪くなるため、体力のある者は、いったんゴールした後、ふたたび途中まで駆け下りて、遅れている者の背中を押しながら再び駆け上る。

競技は午前中には終わり、その後一同、山を下りて、厳島《いつくしま》神社の裏手にある紅葉谷公園で優勝旗、メダル授与。全員で、あらかじめ烹炊員が大鍋で用意していた薩摩汁と、名物紅葉饅頭に舌鼓を打った。

また、秋には、これも毎年恒例の「原村《はらむら》演習」が行なわれる。一年間の陸戦訓練の総仕上げとして、全校生徒が数日間、広島県原村にある陸軍第五師団の演習場内に分宿し、全生徒を偶数分隊と奇数分隊とに分け、演習場や付近の集落、市街を利用して陸戦演習を実施するのである。第一種軍装にゲートル着用、小銃、短剣、弾薬、雨着に水筒などの完全装備で駆け足を続ける追撃・退却戦や払暁の緊急呼集、市街戦など、実戦さながらの訓練。不慮の事故で負傷し、生徒を免ぜられる者も出るほどの激しさであった。年によっては、江田島への帰りを二手に分けて、敵前上陸の訓練が行なわれたこともあった。

十一月十七日、六十五期が入校以来、七ヵ月半にわたって一号生徒として君臨していた六十二期生が、兵学校を卒業、海軍少尉候補生となって練習艦隊に配乗されることになり、第一生徒館前から表桟橋（兵学校の正門は、陸上の門ではなく表桟橋である）に通じる道路の両脇に並ぶ在校生徒の挙手の礼に送られて、巣立っていった。卒業式に先立って倶楽部で行なわれた一号の送別会で、またも宮野は、高野裕とのコンビで大阪漫才を一席演じ、それまで恐ろしい存在であった一号生徒たちからも、やんやの喝采を浴びた。その上、浪曲忠臣蔵を独演し、あまりのうまさと意外さに一同を唖然とさせた（川嶋辰雄回想）という。

六十二期が卒業しても、当面、六十五期が最下級生であることには変わりはないが、新しく一号生徒になった六十三期生は、六十二期生ほどの荒っぽさはなく、また六十五期も兵学校生活に大分慣れたこともあって、「修正」を受けることは目立って少なくなった。新一号の六十三期生の中には、のちに戦闘機乗りとなって宮野とともに戦うことになる黒澤丈夫や向井一郎、佐藤正夫、そして宮野が戦死したのちに二〇四空飛行隊長を務める岡嶋清熊《きよくま》、倉兼義男らがいた。

十一月二十三日には分隊編成替えが行なわれ、六十五期生も、入校後の成績によって再び十八の分隊に割り振られた。今回は宮野は十三分隊である。十三分隊では、再び「漫才の相方」、高野裕と一緒になったのをはじめ、安藤信雄、石川長男、岡崎邦城、清水治夫、峰尾静彦、武藤正四、元良勇、武林範定らと生活をともにすることになった。このうち、戦闘機に進んだのは宮野だけ、戦死したのは石川（十九年十一月二日、パラオ方面、呂号第四十七艦長・

少佐）、岡崎（十六年十二月十日、ハワイ真珠湾沖、伊号第七十潜水艦航海長・大尉）、高野（前出）、宮野の四名である。武林はその後生徒を罷免され、海兵を卒業していない。

冬休暇の日記

頭上の重石がとれ、分隊の顔ぶれも一新したところで、二学期の考査が行なわれ、それが終わると今度は冬休暇である。冬休暇は十二月二十一日から翌昭和十年一月九日までの二十日間であった。

〈十二月二十一日　〇三四五起床、〇四〇〇朝食後直ちに外出点検を終えて帰省の途につく。汽動艇上より学校の方を望み暫しの別れを告ぐ。吉浦より車上の人となり、友と快談しつつ故郷へと急ぐ。午後、一五三〇家庭の人となり母兄妹の喜びに包まれつつ先ず氏神参拝次いで墓参を為す。帰宅後近親近隣に挨拶を述ぶ。靴を脱ぎて懐かしの部屋に坐す。夕食を待ちつつ早や土産話に我を忘る。

夜　一家団欒今季に於ける兵学校得意の猛訓練につき経験談を為し、肉親の感嘆と喜びを得、殆ど何《いず》れより語れば可なるやを知らず。家庭の人となる喜びを満腔に味わいつつ、旅の疲れを癒すべく二〇三〇寝に就く。久し振りの布団の味はまた格別なり。

所感　余は約四ヶ月の最も訓練の激烈なりし生活を無事に完了し、ここに安らかなる家庭の人となりぬ。今後約三週間にわたる休暇中、最も和気藹々たる家庭を形成し母に孝養を尽

さん〉

〈十二月二十二日 ○六○○起床 一○○○自習止め外出、大阪市姉（注：その）宅訪問。一日中遊び過ごし、帰途友人宅訪問帰宅せしは二三○○なり。直ちに就寝す〉

この日、姉・その将来への期待に満ちた激励に、宮野はとまどい、「名誉のためでなく、自分の任務に邁進するのみ」と思いつつも、「姉の期待も無理はない。自分の任務に邁進することが、姉の期待に沿うことにつながるだろう」と、ちょっと揺れた心を「所感」に記している。この日、帰りに寄った友人宅とは、八尾中学同級生で海兵六十四期の児玉武雄の家であった。

十二月二十三日は、自習の後、従兄の七回忌法要。二十四日は、自習を終えて、午後は竜華小学校で友人とテニス。夜は新渡戸稲造の『自警録』を読み、〈真の成功なるものは己の本心に背かず己の義務と思うことを全うする一点に存するのであって、失敗なるものは己の本心に背き己の任務を怠るにある〉という一節に共鳴して、日記にも、〈己の正なりと信じたることを為さば、名利の得らるるや否やは敢えて頓着すべきに非ず〉と記している。その横に、教官による朱筆で大きく「同感」とあるので、これは兵学校の教育理念にもかなった考え方なのであろう。それと、この度の冬休暇では、ひたすら遊び暮らしていた感のある夏休暇の時と違って、一日数時間でも、必ず自習時間をもうけようとしているのが目を引く。二十五日には、国鉄八尾駅から柏原で大軌電車（現・近鉄）に乗り換え、道明寺天満宮に詣で、帰宅するとすぐに出かけて、今度は兄・真一と一緒に京都へ。平野神社、北野神社に参詣し、夜は義兄宅で蓄音機に興じる。小学校二年生までの一時期を過ごした京都は、宮野にとって心の故郷のような場所であった。この日の日記には、〈両社は幼時友と共に戯れたる楽園にして無邪気なる思い出に懐旧の情切なり〉とある。

二十六日は清水寺の舞台から京都を一望にし、御所で自己の身分と任務に思いを新たにし、豊国神社では〈武運を祈り、且つ秀吉公の雄図を偲び愛惜の念に堪えず〉。一五〇〇頃八尾に帰宅、墓参り。二十七日は恩師宅を訪問し、戦国時代の武将、磔《はりつけ》になりながらも敵の意に従わず、自らの言うべきことを口にして果てた鳥井強右衛門の人物論に、軍人精神を大いにかき立てられている。二十八日は、国鉄と大軌電車を乗り継いで、富田林の瀧谷不動尊へ。〈不動明王は余の尊崇する所なり。信仰は余の心に自信力を得しむ〉。夜、会澤安著『新論国体』を通読。そして二十九日、宮野は満十九歳の誕生日を迎える。

〈十二月二十九日　朝食後、餅を搗《つ》く。午後、餅搗きも終りて小兄と共に囲碁に興ず。今日は余の誕生日なり。一家挙って祝意の小宴を催す。餅は幾ら搗くも疲労を覚えず。我が体力の養成せらるるを喜ぶ。日頃の訓練の賜なり。誕生日を祝い、幼時の思い出を母より兄より承り愉快なり。我が将来を祝され感謝の情切なり〉

三十日は家事整理、新年を迎える準備をし、夜は気が早いと思いつつ、一家でカルタを楽しむ。この日、宮野は、本や写真の整理を行ない、将来もっと写真が増えることを見越して、大きめのアルバムを購入した。三十一日、大晦日には、「先輩武田氏」を訪問、帰宅後は一年のあれこれを反省し、神戸から帰宅した兄・真一と夜遅くまで語り合い、除夜の鐘を聞きながら眠りについた。昭和十年が、明けた。

〈一月一日　〇五〇〇起床　一家揃いて元旦を祝す。祝い終りて打連れ氏神参拝、後近親に年賀を為し〇九三〇より母校八尾中学校拝賀式に参列す。午後、知己宅に参上し年賀を述べ屠蘇を戴き夕方に至りて帰宅す。夜、友人と自宅にてカルタに興ず。就寝二四〇〇。元旦を迎え少しく心浮きたる感あり〉

　ところが、そんな正月気分もつかの間、翌二日、起床した宮野は体の変調を覚える。

〈一月二日　少しく風邪気味なるにより、朝食後床に入り、寝正月を為す。三十一日より睡眠不足なりし為、前後不覚に眠る。惜しき一日を費やしたり〉

　おかげで、三日に友人と予定していた伊勢神宮への初詣にも行けず、アスピリンを飲んで汗を流しながら、布団の中で呻吟することになった。ただ、鍛え抜かれた若い体は回復も早い。翌四日には熱も下がり、友人を数名、自宅に招いてすき焼きで宴会ができるまでに調子を取り戻している。

　五日には墓参、課題作成、午後は近親宅で子供たちと遊ぶ。六日はその子供たちを引き連れて、家から東方、徒歩三里の信貴山《しぎさん》に登る。そこでは、織田信長に攻め滅ぼされた松永弾《だん》正《じょう》久秀の信貴山城があった、山頂の朝護孫子寺《ちょうごそんしじ》に参り、子供たちを遊ばせ、ケーブルカー、電車を乗り継いで帰宅。〈二〇〇〇迄復習を為し後、母に按摩を為し二一〇〇就寝す。本日一日童心に帰り、子供達と楽しむ。如何にすれば子供心を素直に為し得るか等考えたるも大

して得る所なし。山頂より河内大和両平野を望み大いに湛然の気を養いたり〉
そうこうしているうちに、休暇の日は夢のように過ぎる。七日、竜華小学校に恩師を訪ねて激励され、八日はいよいよ家を発たなければならない。
〈一月八日　夜　母の心尽くしの赤飯に帰校を祝し、一九〇〇家を後にし一先ず大阪市の友人児玉君宅に到り共に大阪駅に向かう。友人数名に見送られ、児玉君と共に大阪駅発二〇二七特急富士にて広島に向かう〉
〈一月九日　〇五三九広島着。〇八〇〇吉浦着。一先ず倶楽部に落着き〇九〇〇帰校健康診断を受く。一二〇〇帰校点検。
思うに日数少なけれど前休暇よりも有意義なりき。今や我は帰校せり。休暇の楽しかりしを偲ぶは人情の常なれど我は男なり。己の任務の崇高なるを考え正々堂々と年頭の計の如く新学期に邁進せん〉
今回の日記も、校長以下の点検を受け、七つもの印鑑が押されて返ってきたが、今回は、〈概ね良好なり。所感は概ね同意を表するも、更に一歩踏み込みて思索の要あり〉と、前回よりだいぶよい評価であった。

名実ともに三号生徒に

休暇から帰校すると、いきなり厳しい訓練が待っているのは、夏も冬も変わりない。「厳冬訓練」と称して、毎日、短艇（カッター）の訓練が繰り返された。二月十一日の紀元節には早朝から古鷹山登山が行なわれ、その日の午後、新たに建てられる教育参考館の地鎮祭が挙行された。教育参考館は、翌昭和十一年三月十八日に完成し、昭和九年に逝去した東郷平八郎元帥やイギリスのネルソン提督の遺髪をはじめ、生徒の教育上貴重な、内外の海軍関係資料が収められた。この建物は、今も江田島の海上自衛隊第一術科学校で健在であり、一般にも開放されている。

三月二十七日、六十五期生は第二学年に進級し、その五日後には第六十六期生を新入生徒として迎え、名実ともに三号生徒となった。六十六期生には、東郷平八郎の前の常備艦隊司令長官、男爵日高壮之丞《そうのじょう》大将の孫、日高盛康をはじめ、藤田怡與藏、坂井知行、塚本祐造ら、のちに戦闘機で宮野と同じ戦場に立つことになる者たちがいた。

兵学校の一年間の生活の中には、ただでさえ忙しい上に、「総短艇」と呼ばれる、総員による不意打ちの短艇（カッター）訓練や、カッターによる江田島一周帆走競技、短艇巡航、各種競技、先述の「原村演習」など、盛りだくさんの行事が組まれていた。四号生徒の間は無我夢中で終わってしまうが、三号になると、それぞれの持ち味や適性がよりはっきりと現われてくる。宮野は、カッター漕走や通信が得意であった。宮野の遺品の中に、「各種競技」の中の通信競技で入賞した時のメダルが残っている。

六十六期生が入校した四月一日から、兵学校の制度が一部改められた。従来の三年八ヵ月の修業年限が四年に延長され、学年制が廃止されて、新たに学級制が導入されることになった。

『回想録』によると、各学級の修業期間は、第一学級・四月から十月、第二学級、第三学級・十一月から翌年十月、第四学級・十一月から翌年六月、第五学級・七月から翌年三月、である。これは、従来、兵学校卒業、遠洋航海終了後、海軍の諸学校に普通科学生として入って勉強する制度に代えて、第五学級の間に、聯合《れんごう》艦隊への派遣修業、航空実習、潜水艦実習、水雷実習、艦砲射撃訓練などを行ない、技能を修得させることが目的であったと言われている。

〈一号生徒の四号生徒に対するシゴキが始まり、生徒館内のいたるところでわれわれが受けていた修正を、四号生徒が代わって受けるようになり、何となく気分の上でゆとりのようなものを感じるようになってきた。しかし同時に、うっかり気分を緩めて、それが行動の上に現れてくると、途端に「待て!」がかかり、「三号にもなって何をボヤボヤしとるか!」と、四号時代とは違った形で、四号以上の厳しさでドヤし上げられた〉(『回想録』)

昭和十年四月二十八日、第一艦隊の戦艦山城《やましろ》見学、七月五日、呉海軍工廠見学、戦艦の巨大な砲身に度肝を抜かれる。少なくとも海軍部内ではまだまだ、戦艦を始めとする海上兵力こそが花形であり、航空の分野はあくまでも脇役、あるいは傍流の扱いであった。

昭和十年度も、八月一日から夏休みが始まった。

〈八月一日　呉航空隊見学の予定なりしも先方の都合により中止し、直ちに帰省の途につく。

午後四時頃家に着き、出迎えの家族と共に先ず氏神参拝爾後《じご》展墓を為し、産土神及び祖先に帰郷を告げ奉る。夜は一家団欒し互いに元気なるを喜び合う。

所感　母の膝下にあることの幸福さをしみじみと味わえり。今休暇中は家中明るく楽しく且つ有意義に過ごさんと決心す〉

〈八月二日　起床後直ちに氏神参拝を為し神聖なる気分を朝の冷気と共に呼吸す。社内遥拝所より遥かに東の方を拝し今日の御恩を謝し聖訓五箇条を拝誦す〉

宮野の氏神、渋川神社には、鳥居を入った右手に今も遥拝所の石碑が立っている。石碑に向かって頭を垂れると、自然に宮城を遥拝する角度となる。

この日は、例によって近所の親友、辻田三雄の家を訪ねている。この時の休暇日記も前回、前々回同様、詳細かつ真面目に記されているが、重複する点も多く、煩瑣になるので、目についたところの要点だけを拾ってみる。

〈八月三日　起床後氏神参拝遥拝所にて遥拝、朝食後氏神境内に安楽椅子を持参し蝉の鳴声を聞きつつ『青年期の心理』を読む〉

〈八月四日　午後近隣の子供達を引連れ約二里隔てたる大和川上流にて水泳訓練を行なう。青磁色の深淵は何となく不気味なる静けさなれど兵学校にて鍛えたる腕には何の恐れもなし〉

〈八月五日　早朝より前日中に取り置きたる餌を持ちて近くの小川に鮒釣りに行く。昼食時までに小鮒五十尾余りを獲。実に愉快なり。釣りの快味は行なわざれば知るべからず。動かざる浮を熟視して精神の集中を行い、一度微動だもすれば絶好の機を一瞬に掴む心持、実に快なると共に精神修養上益あるものと考う。特に釣れざる時の精神の集中の持続或は倦怠心の克服等、実に良き練習なり〉
〈八月六日『禅の極致を洒脱に説いた沢庵和尚』（注：谷至道著・成光館書店、昭和五年十一月初版刊行、昭和八年三月第四刷・定価一円）を閲読、午後は大和川上流に水泳訓練〉
〈八月七日　早朝より一家全て展墓を為す。本日は七日盆なればなり。午後兄妹と打ち連れて浜寺海水浴場に遊ぶ。余の腕前は断然衆を圧したり〉
〈八月八日　京都山科に義兄を訪問す。思い出話に興じ一日を愉快に過ごす。自己の幼時、愛育を受けたる義兄の寄る年波に疲れを見せる顔を見ればそぞろに涙を覚え、報恩の念を深む〉
〈八月九日　早朝より東山跋渉。夜は「レコード」に興ず〉
〈八月十日　本日は起床後、直ちに余が幼時を過したる思い出の地を巡訪すべく決意す。北野天満宮は友と戯れし所、平野神社は夜桜に興ぜし所なり。両社の神前に昔日の御恩恵を感謝し武運長久を祈る。之より深草に到る。疏水の流れは早手の如く河岸の芹は昔のままなり。かつて我が住みし家の前を通る時、死せし姉の姿浮かびぬ。深草の練兵場も古き姿そのままなり。かくして夕景も過ぎし頃、山科の義兄宅に帰る。余はこの一日、面白かりしこと、悲しかりしことを思い浮べて涙を流したり〉
　宮野が自分の幼時に強い執着を持ち、大切にしていた気持が伝わってくる。翌十一日、宮野は京都を辞し、八尾の家に帰った。〈三日ぶりなれば懐かしき気持なり。京都の行動感慨等、母に談じつつ按摩をなす〉と、宮野は日記に記している。

母校でふるった熱弁

八月十二日、東京では、陸軍省軍務局長・永田鉄山少将が、軍務局長室で、相沢三郎陸軍中佐に惨殺されるという事件が起こった。陸軍部内のいわゆる「皇道派」「統制派」の争いと言われているこの事件、ことの詳細はさておいても、気に入らない相手は斬ってでも自分たちの主張を押し通そうとする、陸軍の一部勢力の暴走の始まりであった。このニュースは全国を駆け巡り、東京から六百キロ近く離れた八尾でも号外が出る騒ぎになった。

〈八月十二日　突如号外により永田軍務局長の遭難を知り大いに驚く。近所に在る陸士在学中の友人の父君は予備陸軍大佐《たいさ》なれば、早速御目にかかり、聊か尋ねるところ有りたれど、大佐も事情の判断に苦しまるるものの如し。而して憂愁の面持ちも重く「犯人が乱心であってくれればよいが」と言われたり。余思うに今後の陸軍部内に於ける紛糾を憂慮されたるならん。門外漢の種々なる下馬評を聞けど余は一切言わず。徒《いたずら》に想像を逞しうするも如何にして真相を確かめ得べき。又、吾人として斯くの如き事件の真相を詳細に突き止めんとするは益ありや否や、或は害なきやと考えたり。

午後は兄妹と共に墓参す。本日より盂蘭盆《うらぼん》行事始まるなり〉

八月十三日は一家で大掃除。午後は辻田家でレコードに興じる。十四日には、陸士、海兵の生徒が打ち連れて八尾中学を訪問、今回もまた、在校生たちとの座談会に臨んだ。昨年と違って、今回は陸士の生徒も一緒である。〈余は兵学校を紹介しその美点を強調す〉と、ライバル意識は相当あったようだ。在校生を前に、

「君たちは意気込みが足らん。日本一の難関だ、到底ダメだろうなどという意識を捨てて、必ず通ってみせる、海兵何ものぞ、という気概を持て。帝国海軍に八尾中ありと言われるように頑張ろうやないか」

と、宮野は熱弁をふるった。この年、後輩三十八期生の馬場政義が、四年から海兵を受験、合格する（六十七期）。二年生の四十期生、兼築《かねちく》光寿も、のちに七十期生として海兵に入校、潜水艦乗りになり、四十一期生の秋田健三も同じく七十期で海兵に入る（十八年五月十四日、伊三十一潜砲術長として北太平洋アッツ島沖で戦死）。が、宮野の熱弁をもってしても、軍人、特に海軍軍人になじみの薄い土地柄は如何ともしがたいものがあった。まだまだ平和な世の中で、何も好きこのんで軍人になろうと思う者も少なかったのだろう。陸士に進む者はちらほらと出てくるが、八尾中学から海兵に進んだ者は決して多くはない。八尾中学の生徒がこぞって陸海軍を志し、甲種予科練習生などに進む者が増えるのは、もう少しあと、四十二期生以降のことである。そして彼らが、大戦末期、台湾沖航空戦や特攻作戦で大勢命を落とすことになるのであった。

『沢庵和尚』に感ず

〈八月十五日　親族多数前日より帰り居れり。盂蘭盆なればなり。夕食後より一同墓参をなす。墓地には夜店並びあり、幼時母に品物を請いし思い出あり〉

この日宮野は、集まった親族に、「一門の名誉のために頑張れ」と激励され、心が奮い立つ思いを味わいつつも、名誉栄達を心の糧として努力するのは不純な考え方なのではないかと自問自答している。

〈八月十六日　高校高商等に在る友と生駒山脈の縦走を行なう。若者の意気天を衝き、路を選ばず一向に信貴山より生駒山へと峯より峯に渡る。六時間余にて踏破す。途上、天明水、水呑地蔵尊等に神水を戴き元気を復す。生駒山頂より遥か河内平野を見渡す時一望の下に大阪湾の水をも認め得たり。壮快言われ方なし。一七〇〇頃帰宅す〉

〈八月十七日　朝食後英語会話の練習及び『禅の極致を洒脱に説いた沢庵和尚』を読む。午後、大和川にて水泳訓練を行う。夜は課題研究を為す。

『沢庵和尚』を読んで感ずるところあり。天草騒動の如き宗教戦争に於ける、何らの武術的訓練も経て居らざる人々の強さは、一に宗教の力なり。即ち精神的力強さなり。信仰は吾人にとりても実に必要なることとなり。吾人は「パン」のみにて生き得るものに非ず、信仰こそ真の意味の日常の糧なり。信仰は即ち信念なり〉

〈八月十八日　中学時代御薫陶を受けし中田中佐（注：配属将校）訪問、氏の御転任に対し

挨拶を述ぶ。之より友人吉井君宅を訪問し会談す〉
〈八月十九日　早朝より魚釣りに赴く。午後、小学校時代の恩師訪問。先生曰く、「人生は連綿不断の勉強じゃ。私は未だ勉強不足なり」と。大いに然りと感じたり。夜、熱力学の復習を為す〉
〈八月二十日　大兄の神戸に一戸を構うるに当り、諸道具運搬の準備を為す。午後、帰郷せる親族と展墓、夜は余の町に盆踊りあり見物す〉
〈八月二十一日　神戸須磨なる大兄宅に五日間の生活を送るべく出発。昼食を大兄と共になし、直ちに須磨海岸にて水泳訓練を為す。夜は須磨寺を参拝す〉
〈八月二十二日　早朝より鷹取山を起点とし須磨アルプスを踏破。那須与一の墓に詣で、鉢伏山に到り下山す〉

宮野は、『沢庵和尚』の本がかなり気に入っていたと見えて、神戸での滞在中も、水泳の合間をみては読みふけっている。〈禅の極致を求めるのは蒲鉾《かまぼこ》に骨を探すようなもの〉という書き出しで始まるこの本、〈人間、いかに弁舌に秀でていようと、また、いかに外見を飾ろうとも、肚の出来ていない者はいざと言う時に恥をかく〉などと、人としてあるべき道を平易にかつ少しの皮肉を交えて説いていて、確かに、今読んでも面白い本ではある。

幼い頃の環境のせいか、信心深い土地柄のせいか、宮野は、信仰というものと、それが人にもたらすエネルギーの大きさに、深い関心を寄せていた。宮野家は浄土真宗の寺の檀家であるが、同時に渋川神社の氏子でもあり、そのあたり、いかにも日本的な宗教風土に育った

に詣でた。

とも言える。二十四日に八尾に帰った宮野は、二十五日には、小雨が降る中、道明寺天満宮

〈八月二十六日　氏神社参、遥拝所にて遥拝を行う。帰りて朝食後、課題を作成す。

午後、中学時代の恩師・遠山（虎之助・国漢）先生を訪ふ。先生の父君は陸軍大佐なりければ父君の日露戦役中の手功談等、特に感銘深く聞きたり。父君が陣中にありて日々日記を書かれ、且つ一首ずつ和歌を記されしは、実にその風流なるに感嘆したり。文武両道とはこのこと、武士たるものかくありたきものと感ず〉

二十七日は従兄と墓参、二十八日は母と瀧谷不動尊参拝。午後、航海表の練習。

〈八月二十九日　朝食後より帰校の挨拶に一日を終る。到る所に名残を惜しまれ余も少しばかり寂しき気持を味わえり〉

三十日の夕食後、宮野は、兄と友人とに見送られ、後ろ髪を引かれる思いで大阪駅を後にした。江田島の倶楽部に到着したのは三十一日の朝八時であった。明日からまた、厳しい訓練の日々が始まる。今回の休暇日記では、〈更に一歩踏み込み思索の要あり〉とされつつも、〈努力の跡を認む〉と、概ね及第点の評価を得ている。昨年の夏休暇と比べると、格段の成長のあとが、日記からも読み取れよう。

腫物に悩んだ冬休暇

帰校早々に、新生徒館建設の地鎮祭が行なわれ、九月中旬には、日清戦争の黄海海戦（明治二十七年九月十七日）を記念して、六十五期の第一回短艇巡航の江田島一周が行なわれた。これは、分隊対抗競技としてのそれとは異なり、体はきつくともピクニック気分の楽しい行事であった。以後、三号、二号生徒の間に、土、日を利用して、分隊ごとに何度か江田島巡航を楽しんだ。そして、弥山登山、原村演習。江田島の秋は忙しい。

十月十五日、入校以来六十五期の主任指導官を務めた平岡少佐が練習艦八雲《やぐも》運用長として転出し、後任の指導官に巡洋艦多摩《たま》砲術長から兵学校教官兼監事に補された山屋太郎少佐が着任した。山屋少佐は、山屋他人海軍大将の息子、軍事学の教官として教鞭もとったが、特に水軍研究の分野では第一人者として知られており、村上水軍に関する講義は瞠目すべきものであった。

十一月十一日には校長・及川古志郎中将が軍令部出仕に転じ、後任の校長として、前第一潜水戦隊司令官・出光萬兵衛中将が着任した。

十一月二十二日、六十五期生は三号生徒であることはそのままに、第三学級に進級。このへん、どうもややこしいが、この日、分隊の編成替えも行なわれ、宮野は同じく十三分隊となった。十三分隊の面々は、以前のメンバーに、生徒を罷免された武林範定に代えて新たに、病を得て六十四期から降りてきた大野愛二が加わっただけの小変更であった。

そして、この年も十二月二十一日から冬季休暇に入る。例によってその動きを順を追って眺めてみよう。

〈十二月二十一日　宮島経由帰省の途につく。一五一〇神戸駅着、同期生徒二名と共に湊川神社参拝、湊川公園に楠公銅像を拝す。偉大なる楠公の人格は如何にして成りしぞ。天成なるか或は修得せられしものか、主にて後者ならん（注：この部分に山屋指導官の印鑑あり）。終って帰郷一八〇〇頃家に着く。夜は一家団欒四方山話に時を過ごす〉

〈十二月二十二日　朝食後氏神社参展墓を行い併せて親戚知己に帰省の挨拶を為す。今朝より風邪心地なれば大事をとりて昼食後寝に就く。風邪を引きたるは帰省の途上ならんも失敗なりき。慎重なる手段により直ちに全快せしむべし〉

〈十二月二十三日　起床後少々心地悪しきゆえ社参を取り止め『二宮翁夜話』閲読、朝食後『会津戦史』を読み、母に聞かす。爾後自啓録（兵学校生活中の日記）整理。午後は風邪を完全に治癒せしむべく外出を控え知己に信書を認め、年賀郵便の準備を為す。夜は一家団欒。『二宮翁夜話』は、中正を尊び実用を重んずるものなりと感ず。即ち徒に高遠なる理想に拘泥することなく又机上の学才を重んぜず、平易にして中正なる道を一歩一歩辿るにあり。之は一言にして言い易けれど行いがたし。『会津戦史』中、特に家族の殉難のところを母と共に研究し、将来に対する心組みを固めんとす。大いに得る所あるべしと信ず〉

〈十二月二十四日　起床後氏神社参　午前中『二宮翁夜話』『会津戊辰戦争』閲読及び機関術教科書復習。一〇〇〇頃より小学校に恩師訪問、午後は大阪市内の児玉生徒宅及び姉宅訪問。児玉生徒と共に大いに語り、国体観念、天道、人道等につき談論風発し大いに愉快なる中に思索を練りたり。帰省当時より大腿部に腫物生じありしが、姉宅訪問中甥（宮崎守正）

と戯るる中、疼痛甚だしくなる。帰省後風邪を引き、今又この腫物により身体自由ならず。所定の体育も行うを得ずして残念なり〉
〈十二月二十五日　腫物激痛あり、静座歩行困難なり。よって床中に一日を送る。床中にて英語の文法研究、二宮翁夜話閲読。本日は大正天皇祭なり。御大葬当時の暗闇の如き国内の様子を思い浮べ今日の御代の多難な中にも嚇々たる国威を中外に輝かしつつあるを想起し、大正天皇の御皇威の有難くも忝きを痛感す〉
〈十二月二十六日　尚歩行困難なり。床より出て庭にて竹刀の素振りを行う。終って床に入り英語会話、詩吟の練習を行う。午後に至りてやや調子良ければ起床し自啓禄の整理を行う。詩吟は剛健質実の気を誘起し甚だ有益なり。世の青年が軟弱なる流行歌に現《うつつ》を抜かしつつあるを見る時、剛健なる詩吟の流行により彼等の魂を洗浄してやりたしと感ず〉
〈十二月二十七日　予定通り起床体操竹刀素振りを行い大事を取りて氏神社参を止む。家にありて静居し『二宮翁夜話』『会津戊辰戦争』閲読、機関復習。午後、神戸の大兄帰宅す。共に会津人士の気風につき語りまた囲碁に興ず〉
〈十二月二十八日　夜来雨降る。本日は余が信仰せる瀧谷不動明王の祭日なり。よって雨上がるを待ち大兄と共に参拝す。我家より汽車及び電車の便あり。午後は年賀状を認め終始家業の手伝い整理を為す。信仰は人の心に余裕を与え、且つ正義の念を与う。常に至誠を持って神を念ずる時、難事に直面して湧然として自信力を生ずるなり。正義の為には断乎として身命を賭するというが如き大決心も信仰の力によるところ大なるものと信ず〉

〈十二月二十九日　腫物回復近し。予定の如く氏神社参を行いしも激烈なる運動は不可能なる故、竹刀素振り等を行い運動となす。朝食後球面三角法の復習をなす。午後、年賀状の書き落とせしものを書き、また近隣の人の年賀状を依頼され之を認む。家内年末のこととて繁忙なり。よって妹に任務を与え計画を立てしめ仕事の効果を大ならんとす。本日より向こう三日間、大いに妹を活躍せしめ明確に仕事を為さしむる積もりなり。休暇以来、命令の「ラストサウンド」にて「ハイ」と答うると共に直ちに行動すべきことと特に約束しあり。久方ぶりにて会う妹に強き詞を言うは辛きことなれど之も妹への友、又母への孝養なり〉

〈十二月三十日　起床後社参、腫物も良くなりたり。朝食後餅搗《もちつ》きを手伝う。餅搗きは愉快なり。兵学校にて鍛えたる体力は断然光を放ちたり。昼食後近親宅を訪れ義従兄と会談す。義従兄と会談せし時従兄曰く、「人は肉体的はもちろん精神的試練を受けてこないと真に立派な人物にはなり得ない」と。然らば精神的試練とは如何なるものか、余考うるに、之実に禁慾にありと信ず。激烈なる肉体的労働の中には苦しみに堪うると言う、尊き精神的試練が含まれるなり。されど今、労働の後に安楽を求め之に頼らんは、苦しみの中の精神的苦痛は殆ど無価値となるべし。何となれば、楽を期しての苦なればなり。楽を求むる心を押さえる中にこそ真実の精神的試練が存するなり〉

〈十二月三十一日　新年を迎うるため中掃除或は家中整頓等をなし日中を送る。夕食後奥座敷にて反省を行う。一九〇〇頃神戸の大兄帰宅す。よって一家団欒し互いに新年に於ける奮闘を誓う〉

〈昭和十一年一月一日　大晦日より元日早朝にかけて不眠にて語り明かすは我家の例なり。○四○○に至り御祝の用意をなし、○五○○より先ず一家打ち揃いて君が代の合唱をなし愈々新春を祝す。甚だ芽出度し。○六○○頃大兄出勤し一家寝に就く。○九○○頃より児玉生徒と共に氏神参拝、遥拝所より皇居を遥拝す。是より小学校に至り拝賀式に列す。式後同生徒と共に年賀廻礼をなす。その後、児玉生徒宅訪問。夜、帰宅後母と語る時大兄帰宅。大兄は職務柄正月三日間と雖《いえど》も休日なく、早朝出勤なるも御祝を家にて済ますべく帰郷するなり〉

〈一月二日　大兄出勤の為○四○○起床御祝いをなす。又左臀部に腫物を生ず。雑煮の餅のためか、毒下し等飲めるも効果現れず。知己宅訪問等して一日を送る。夜は一家団欒す。再び腫物を生じたるは失策なれども致し方なし〉

〈一月三日　大兄出勤の為早朝より御祝いをなす。腫物の調子悪く外出を止む。母と共に『会津戊辰戦争』家族の殉難の所を読み、その壮烈悲烈に感泣す。夜は自宅にて友人近隣の人と共にカルタ会を行う〉

〈一月四日　例の如く早朝起床、兄と朝食を共にす。朝食後氏神社参、帰宅後校長課題の草案を作る。爾後機関術教科書復習。午後は母と語り按摩等して過ごす。人は皆外出して静かなる家内にて母としみじみ語り合う。昔話或は海軍の話、艦の話に共に涙し共に笑う。母を喜ばせし一日、孝養は楽しきものなり。夜は家内にてカルタ会に楽しむ〉

〈一月五日　腫物は愈々発達す。されど之治癒の前兆なり。東京より叔父帰阪しあり共に帰

郷の従弟の遊び相手を命ぜられ一日遊び暮らす〉
〈一月六日　午前中東京の従弟を案内し近親訪問。午後校長課題作成。一五〇〇頃、大阪高等学校に学ぶ友人来り、共に京都高等工芸学校に在学中の友人宅（注：辻田家）を訪れ会談し、互いに自己の職務上より将来社会に処する上につき意見を述ぶ〉
〈一月七日　東京の叔父を大阪駅まで送る。直ちに帰宅し家にて読書『二宮翁夜話』。午後、大阪市の姉帰宅、レコードを聴き団欒す。夜は近隣の中学同級生なる友人来り又共に快談す〉
〈一月八日　起床後直ちに氏神社参、墓参をなし朝食後知己近親に帰校を報ず。午後は帰校準備をなし、終而休憩。腫物少しく痛し。夜、神戸の大兄も帰り来り親子兄弟揃いて帰校を祝し赤飯を戴く。二二〇〇頃、愈々母に別れを告げ大兄に送られ大阪駅より二三二七発特急富士にて帰校の途に就く。家庭への未練を振り捨てて、意気と意気の江田島へ、元気に愉快に帰らん〉
　こうして、二度目の冬休暇もあっという間に終った。今回は、腿や臀部の腫物で体の自由が利かず、不本意な休暇に終ったようだが、それがかえって、母との貴重な時間を過ごす機会になったとも言える。宮野は九日朝八時半、江田島の倶楽部に帰ってきた。この時の休暇日記には、
　1、概ね有意義なる休暇を過したるものと認む。
　2、腫物の為不愉快なる日のあるを惜しむ。

3、行文演錬の余地あり。

と、新指導官山屋少佐による、いくぶん同情的な朱筆が入っている。

二・二六事件

昭和十一年二月二十六日、陸軍の一部青年将校が兵を動かして首相官邸や重臣を襲い、大蔵大臣高橋是清以下を惨殺する叛乱事件が起きた。岡田啓介総理大臣は、義弟の松尾伝蔵陸軍大佐が身代わりとなって危うく難を逃れたが、憲政史上かつてない規模のクーデターであった。

〈朝、いつものように第一生徒館前に課業整列の準備をしていると、各分隊の分隊監事が次々と生徒館前に出てきたが、何となくいつもと様子が違う。やがて各分隊ごとに整列を令せられたが、そこで分隊監事の口から出てきたのは、その日早朝、東京で起こったいわゆる「二・二六事件」のことであった。分隊監事から、これまでに判明した事件の概要に付いての説明があった後、この事件についての所感を求められた者もいたようであるが、「いかなる理由があるにせよ、陛下の軍隊を自分勝手に動かした行動は、絶対に許されるべきものではない」という意見が、生徒全般の受け止め方であったようである。この二・二六事件による生徒の精神的動揺を配慮してか、出光校長は三月九日、生徒、専修学生に対して「御聖慮について」と題する特別講話を行なった〉（『回想録』）

命なく兵を動かして重臣を殺すことが「御聖慮」に沿わないものであったのは、言うまでもない。この事件についての海軍上層部の態度は「決起反対」の線でかなりはっきりしていて、場合によっては陸軍と一戦も辞せずの構えであった。戦艦長門《ながと》は東京湾にあって四十センチ主砲の照準を国会議事堂に合わせていたし、各部隊とも、陸戦隊を出動させる準備を整えていた。前年に兵学校を卒業して、遠洋航海から帰ったばかりの六十二期生も、各術科学校で講習中に事件に遭遇、それぞれ小隊長として陸戦隊を率い、陸軍に備える任務を与えられている。砲術学校で講習中の四元淑雄少尉候補生も、機銃小隊長を命ぜられ、霞ケ関の海軍省二階テラスに機銃を据えて警備にあたった。

とは言え、海軍の中でも、主に農村出身の下士官兵の中には、心情的に叛乱《はんらん》軍に同調的な者も少なくはなかった。当時、横須賀海軍航空隊にあった海軍飛行予科練習部（予科練）で教育中であった五期生（昭和九年入隊）の角田《つのだ》和男は、同期生と共に決起に加わろうとしたが、実行に移す前に、決起（叛乱）部隊が鎮圧されてしまい、肩透かしにあったようだったと回想している。角田はその後、戦闘機搭乗員となり、二空～五八二空戦闘機隊分隊士として、宮野と同じ時期、同じ戦線で戦うことになる。この物語でも後にまた登場するが、戦後六十年余、現存する元戦闘機搭乗員の中では、飛行時間、実戦回数とも一番多い、歴戦の搭乗員である。

「私は、房総の貧しい農家の生まれですから、二・二六を今でも支持しています。戦後、ある海軍関係の集まりで、岡田啓介大将（首相）のご子息（岡田貞寛・海軍経理学校二十五期・主計少佐。平成十七年歿）とお会いしたことがありましたが、あの時、私たちが本気で殺そうとしていた人の息子さんですから、挨拶に困ったことがありました……」（角田和男談）

兵学校生徒の宮野がこの事件をどう思ったか、ここの部分も資料が欠落しているので定かではないが、江田島という外界から隔絶された環境で、叛乱に反対の立場の教官たちから得る情報ばかりでは、叛乱に対しシンパシーを覚えることはなかったであろう。

昭和11年３月に竣工、今も海自術科学校に残る教育参考館。現在は一般にも公開されている（著者撮影）

二号生徒になる

三月十九日、六十三期生が卒業していったが、それに先立って十八日、教育参考館竣工式と、新しく最上級一号生徒になる六十四期生に対する命課（各分隊伍長、伍長補）告達式が行なわれた。教育参考館には、先に及川前校長が持ち帰った東郷元帥の遺髪を安置する部屋が特に設けられ、それまで分散展示されていた教育資料や、イギリスのネルソン提督の遺髪も保管・展示された。（このネルソン提督の遺髪は終戦後米軍に持ち去られ、現在教育参考館に保管されているものは戦後、イ

ギリスより再度、供与されたものである）

新しく一号生徒になった六十四期生は、六十一期による鉄拳廃止の恩恵を受けたクラスで、比較的穏健で、紳士的な気風であった。六十四期生でのちに戦闘機搭乗員になった者には、富山、兵庫、静岡県知事や内閣書記官長などを歴任した白根竹介の息子（十一人兄弟の三男）・白根斐夫《あやお》ら、それまでよりも多い十名（他機種からの転科者を合わせ十二名）がいるが、不思議とその後、宮野と深くかかわる者は見当たらない。

三月二十五日には、教官及び全生徒が第一艦隊を見学、四月一日には第六十七期生を新入生徒として迎え、六十五期生は二号生徒となった。六十七期生には、宮野の薫陶を受けて入った八尾中学の後輩、馬場政義がおり、宮野は自分の中学の後輩が兵学校でも後輩として来たことを喜んだ。六十七期でのちに戦闘機乗りとなるのは、馬場をはじめ、転科者をふくめ二十名。この中には、台南空で活躍した笹井醇一、三空で共に戦う山口定夫、二〇四空で宮野の部下となる川真田《かわまた》勝敏、渋谷清春などがいるが、うち十八名が戦死する運命が待っている。

五月には兵学校付属の軽巡洋艦大井で乗艦実習が行なわれ、神戸港に入港、六十五期生一同で湊川神社に詣でる。この時、神戸港にはイギリスの航空母艦ハーミスが碇泊しており、国際儀礼として、大井からも正装の訪問使が派遣された。ハーミスは、このときから六年後の昭和十七年四月九日、セイロン島沖で日本海軍機動部隊の艦爆隊に撃沈されるフネである。

この頃、行なわれた体技競技では、それまで優勝旗のなかった宮野の十三分隊が優勝したが、勝敗を決する千六百メートルリレーで、宮野は第二走者として高野裕からバトンを受け、トップで第三走者の峰尾静彦につないでいる。峰尾はたちまち他走者に追い越されたが、アンカーの岡崎邦城の驚異的な巻き返しで一位でゴールインした。

兵学校における二号生徒の立場は、ある意味でいちばん気楽なものである。生徒館生活そのものにはすっかり慣れ、また四号生徒の指導に直接手を下すことも少ない。七月二十二日から二十八日まで、一号が聯合艦隊派遣実習で留守にした時など、最上級生として生徒館生活を取り仕切る立場にもなった。

夏休暇中の思索

この年も、八月一日から三十一日までは夏休暇である。休みに先立って、七月三十一日、出光校長より「今休暇中の体験に基づき現代世相に関する所感」という校長課題が出された。

八月一日、二日は有志で短艇巡航。〈荒天中の艇を指揮し無事困難なる夜航海を終了して愉快この上なし。艇員の殆ど全てが船酔いせしも、艇指揮にて緊張せし為か健全にて之より推すに戦闘中は如何なる激浪渦まくも恐るるに足らずと考ふ〉

八月三日に帰郷、明くる四日は早朝から、例によって氏神社参、展墓、近親知己訪問。五日には、春から大阪市電気局病院看護婦養成所に入って寮生活を送っていた妹・美津子を訪ねた。この時、短剣を吊った白のスマートな制服姿の宮野を一目見ようと、面会室の窓は鈴なりの女の子たちでいっぱいになったという。宮野は日記に、〈妹の無事定業に就けるを見て安心す。相当烈しき訓練学習の模様を聞き、兵学校のそれと比較し妹を激励す。少しばかりの小遣いと土産物を与え兄らしさを示して愉快なり。妹の健闘を祈る心切なり〉と記している。

六日は物理の復習、『孫子の兵法』閲読。四号の頃から比べると、読む本もだんだん変わってくるが、宮野は、『孫子の兵法』にも強く興味を引かれた。

〈八月七日　大阪市東淀川区の姉宅訪問、種々饗応を受け、一日甥の相手にて過ごす。始末に負えざる無邪気さに閉口しつつも愉快に一日を送りたり〉

この姉宅とは、言うまでもなくそのの家で、ここに出てくる甥は、そのの長男、昭和九年生まれで当時二歳の宮崎守正である。

「私がまだ小学校へ上がる前、善治郎叔父にどこかへ連れて行ってもらったことがありました。その時、汽車の切符はまだいらない年齢なのに、叔父は私の分まで切符を買って渡してくれたんです。一人前に扱われたようで、嬉しかったですね」（宮崎守正談）

先の辻田裕もそうだが、宮野は、小さな子供を殊のほか可愛がったし、一人前に扱った。宮野自身が四号の時（昭和九年）の日記に、〈幼時、そは輝かしき栄光に包まれたるものなり〉と書いているように、貧しくとも自分がいかに慈愛に満ちた、幸福な幼時を送ったかということを常に感じていた。そして、子供への接し方に象徴される如く、宮野は、自分に縁

のある人たちすべてを大切にした。八月八日の日記には、近親の子供たちを引き連れて浜寺海水浴場に行ったという記述で、

〈小さき者達を守りての水泳は甚だ心辛かりき。風やや強くして波あり、大いに心配す。わずか三名の子供達にても斯くの如し。将来、多数の部下を指導する時は如何に。水泳訓練のみならず日常艦内生活に於いて貴き生命を預かる身の責任の重大さを痛感す〉

とあって、宮野の生命観の一端が見てとれる。

八月十日から十三日にかけて、宮野は、大阪に帰省した他の数名の生徒とともに、陸軍の堺騎兵第四聯隊《れんたい》に馬術訓練を受けに出かけた。陸軍の世話になっての馬術訓練については、休暇前に、〈陸軍各部に無用の手数を煩わしめざる如くするを要す〉〈往復に於ける服装は礼装とし、馬術練習に当り事業服革脚半（又は巻脚半）を着用すべし〉などと、詳しい注意事項が書かれたプリントが配られていた。

〈早朝より母、姉の心尽くしの食事を摂り聯隊に向かう。丁度留守隊にして週番士官始め兵の親切なる誘導により、充分

宮野善治郎の妹・美津子

に訓練を行うを得たり。学校にてわずか二回の訓練なりしも、本訓練終了の頃には速足も形だけにても行いたり。尚、馬術の帰途は水泳訓練を行い時に同行者総員にて長距離を泳ぎ、又、機を得て帆走訓練を為す。馬術訓練は尚も継続したく思いしも、機会なきを如何せん。冬季休暇に再行を予定す〉

十四日は盆で、一族うち揃って墓参。十五日には、海兵入校後、初の休暇となる六十七期の馬場政義が、宮野宅を訪ねてきた。この日の日記には、後輩を思いやる宮野の気持が綴られている。

〈近村なる六十七期生徒馬場来訪す。入校教育の思い出等語り合い、且つ母校訪問の打ち合わせ、後輩の誘導等につき談合す。午後、浜寺海水浴場に水泳訓練を共にす。入校教育期間の心細さは特に中学四年よりの君にとりては痛切なるものありたるならん。今やや江田島の環境にも慣れたる今日、大いに勇気を新たにして奮励すべく語りしも、余も亦之を激励せり。互いに母校の栄誉発揚に邁進すべく誓う〉

十六日は妹・美津子が看護学校の寮から帰宅、墓参をともにし、夜には近所に盆踊りを見に行くが、この夏も宮野は、盆踊りの退廃ぶりが気に入らなかったようである。盆踊りが変質したというよりも、兵学校での教育を経てきた宮野の感性の方向が、娑婆の娯楽とは離れてきたのかも知れない。十七日、兄・真一が神戸より帰宅、囲碁やレコードに興じたり母に按摩をし、十八日には兄と長瀬川に鮒釣りに出かけている。

〈八月十九日　早朝より昨日の小川にて鮒釣りを為す。昼食は炎熱の下にて握飯にて済ます。

夕方までに五十尾余りの獲物あり。

烈日を浴びて流汗瀧の如くしかも微動して止まざる浮に目を注ぎ瞬時の好機を捉えんとす。是に忍耐と注意の徳目の練磨あり。而して手応えありたる時の快味は実に之忍耐と注意の賜なり〉

……と、例年のごとく、釣りの精神修養に与える効用を説いている。釣りの「忍耐と注意」、のちの戦闘機における空戦の極意に、何か通じるものはあったのであろうか。

四号、三号の時の、遊び暮らしていた感のあった休暇にくらべ、二号ともなるとだんだん思慮の深さが芽生えてきて、思索にふけることも多くなってくる。

二十日の日記には、

〈散歩に出で川辺にて思索す。人それぞれ欠点あり。余亦《また》、前世紀の機関車の如く欠陥多し。吾人は善を肯定すると共に悪を否定す。されど単に斯くの如くにして悪を否定し去るのみにて果たして吾人の進歩は望まるべきか。余は思う。悪そのものの肯定により深く自己の内面を反省せざるべからずと。五省も亦、悪そのものを肯定して然るのちに反省すべきなり〉

と、ちょっぴり未消化ながらも哲学的に、人の本性を考えようとしている。

二十一日、宮野は、中学同級の六十四期生、児玉武雄宅を訪ねた。児玉は、軍艦の乗艦実習を終えたばかりであった。

〈尊き犠牲を払っての猛訓練を期するところは、実に一発一中、太平洋に覇を唱うるに在り。

一士官の児玉生徒に言われるしに、「士官の任務は敵を粉砕すること、艦を完全に操縦すること、部下に戦闘精神を教え込み、人一人殺し得る人間と為すこと、而して此の間慈悲心を以って部下の心を和らぐるを要す」と、実に攻撃精神そのものの如き詞なり。此の覚悟にて練る技術は能く一発一中の実を挙げ米国艦隊を完膚なからしむるならん〉

ここで、日記に初めて具体的に「米国艦隊」を名指しにして、武張った言葉が出てくる。戦闘精神、人一人殺せる人間。宮野のように元来、信心深く心根のやさしい、当時の平均的な日本人にとって、これはまさに「心を鬼に」して自らを奮い立たさなければならない教えであったことだろう。しかし、これがなければ、軍人としては働くことができないのである。

二十二日、辻田三雄と、この春、大阪高等学校を卒業したばかりの吉水忠男、ふたりの中学同級生が来宅、互いの進む道にエールを贈っている。二十三日は物理学の復習、八尾常光寺へ盆踊り見物。二十四日から二十七日までは神戸の兄・真一宅に滞在し、須磨海岸で水泳をしたり、湊川神社に参拝したりしている。二十八日には早朝から「金剛山に近き瀧谷不動明王」と道明寺天満宮に参拝、帰宅後、ただちに八尾中学を訪問した。

〈先着の児玉生徒、馬場生徒と共に校長室に於て兵学校受験者或はその他の軍人志望者の状況につき校長より御話を承る。何時もながら軍人志望者の少なきに落胆す。されど年々増加傾向にあるは喜ばしきことなり。学校を辞し、親友吉水君訪問〉

いよいよ、二号の夏休暇も終わりである。二十九日、近親知己、竜華小学校の恩師らに帰校の挨拶をすませ、三十日、病身の母に心を残しながら、大阪駅発二十三時七分の準急で、宮野は帰校の途についた。

〈八月三十一日　〇七三〇頃倶楽部に着す。一〇〇〇健康診断を受け帰校点検に出ず。いよいよ休暇終了せり。午後の大掃除、棒倒しに惰気を一掃して元気旺盛に蓄えたる英気を充分に今後学習訓練に活用せん〉

夏休暇を総括しての宮野の所感には、次のような言葉が見える。

〈休暇を重ねるに従い益々痛感するは郷党の自己に対する期待と、それに対する責任の重大さなり。然れども彼等の希望は概ね名誉栄位を重んずる邪道に走りたるものにして、余に向かいて広瀬中佐たれと言うもの殆どなし。之も社会に生き行く人としては当然のことなるやも知れず〉

その他、娯楽設備の増大による憂慮すべき故郷の変化とか、郷里の青年団は名ばかりで覇気に乏しく、ただ年に一度の団体旅行のために組織されているようだとか、天下国家や時勢を憂う言葉も綴られているが、それに対しては、期主任指導官・山屋少佐から、〈所感中学生の域を出でず。大所高所に着眼すると共に足元にも注意せよ〉とのきつい注意書きが朱筆で入っている。何ごとによらず、大所高所からものごとを論ずるよりも、まずは自己の足元を固めて職責を果たすべしというのが、海軍の伝統的なものの考え方であった。とは言え、〈今休暇中ノ体験ニ基キ現代世相ニ関スル所感〉という校長課題が出ているのだから、指導官の講評は、やや意地が悪いと言えなくもない。

「馬術事件」

休暇明けの最初の日曜日である九月五日、六十四期の一号生徒と六十五期の二号生徒は、馬術指導官の引率で、広島の陸軍騎兵聯隊で馬術訓練を受ける。夏休暇中、宮野が堺の騎兵聯隊で受けた訓練は、いわばその予行演習であった。

ところで、この年、十月二十七日には天皇陛下の兵学校行幸が予定されていて、兵学校では年初からその準備に入っていたが、学校側が特に配慮したのは防疫の点であった。夏休暇に出発する前も、各分隊監事から、帰省中の防疫に関して特に注意が与えられていた。行幸まで三ヵ月近くあるのに、である。馬術訓練に出発する朝も、江田島の表桟橋で、各自が携行する弁当と水筒の水以外はいっさい飲食しないよう、特別の注意が馬術指導官より達せられた。これは、伝染病の感染を恐れてのことである。

馬術訓練そのものは大過なく終わったが、九月とはいえ炎暑の訓練で、誰もが喉がからからに渇いていた。帰りの宇品桟橋集合までの間、自由散歩が許されたが、六十五期の多くの者が、禁をやぶって思い思いに喫茶店に入ったり、店で冷たいものを買って飲んだり、市内に親戚のある者はクラスメイトを連れて立ち寄って、歓待を受けたりした。連れだって酒場でビールを飲んだ剛の者もいる。宮野も、その口であった。行幸まで一ヵ月半、現代の感覚ではどうってことのない些細な違反。ところがこれが、のちに「馬術事件」と呼ばれ、兵学校を揺るがし六十五期の名を全海軍に轟かせる一大不祥事に発展した。

〈市内のある喫茶店から出てきた二人の者の姿が、たまたまそこを歩いていた馬術指導官の目に止まってしまった〉

と、『回想録』にある。「他にもいるはずだ」と、宇品桟橋で、そして帰校しての集合時、馬術指導官・千本木十三四大尉（兵五十二期）は重ねて、違反する飲食をした者は名乗り出るように促したが、その時は誰も申し出る者がいなかった。始めは「水ぐらいは問題ない」と、つとめて寛容に振舞おうとしていた千本木大尉もこれには怒り出し、つい「懲罰だぞ」と言ったことから、六十五期生たちの多くがいっせいに反発した。

「生徒が喫茶店に入るのを知ってたんなら、自分も冷たいものを飲んでたんじゃないか。一ヶ月半も先の行幸に、今からアイスクリームを食っても懲罰なんてことがあるか、馬の尻を洗いながら、騎兵聯隊の水を飲んだのは軍隊の水だからよろしい、家庭の氷水や喫茶店のソーダ水はいけない、そんな馬鹿な話が納得できるか」

彼らの中にはお達しに忠実に、冷たいものを我慢して兵学校に帰った者もいる。しかし、この時は、皆でかばい合って、馬術指導官に見つかった二人以外の規律違反者を出さなかった。六十五期生と教官側は対立状態になり、陰鬱な日々が一週間ほど続いた。

〈「オイ、貴様飲んだか」「俺、実は水道の水は飲んだよ。だけど、水道の水ぐらい飲んだっていいじゃないか。あの場で見つけた奴だけをポカ、ポカとやれば、もう済んでいるよ」というような会話が一方ではヒソ、ヒソとささやかれていたが、他方、分隊監事に自分のやったことを申し出る者も、ポツ、ポツ出てきた〉（『回想録』）

次の土曜日の九月十一日午後、期主任指導官山屋少佐は、六十五期生全員を大講堂裏の広場に集め、一同を芝生に腰かけさせて、今回の事件について懇々と訓話をした。

「諸子の中には、自分の行動を反省して心の中で苦しんでいながらも、他の者に対する顧慮などから、申し出ていない者もいるのではないかと思う。兵学校生徒たる者は、自分の言動に対しては自分で責任をとる気概を持たなければならない。広島で、馬術指導官の示達に違反した者は、今日中に全員、分隊監事に申し出るように」

この山屋少佐の話が、それまで頑なであった六十五期生の心を開かせることになった。その日のうちに、分隊監事に申し出た者は、実にクラスの半数以上に達した。「実は俺も飲んでいたんだよ。ああ、これで気分がさっぱりした」などと語り合う風景が、あちこちで見られた。九月十五日夜、折からの満月が煌々と照る中で、出光校長は全生徒を大講堂に集め、生徒たる者のとるべき態度について、諄々と訓示をした。

十月始め、出光校長より、「涙をふるって」と称し、「馬術事件」関係者全員、約百名の生徒に対して、謹慎三週間の懲罰が申し渡される。優等生として優等徽章（桜の形をした徽章で、礼服の両襟に縫い付けられる。チェリーマークと呼ばれていた）を授与されていた者はそれを剥奪され、また、関係者全員が三週間の外出止め、酒保止めとされた。違反をしなかった者も、当日、病気で馬術訓練に参加しなかった者までふくめて、連帯責任として一定期間の外出止め、酒保止めとなった。この「謹慎」は、海軍にいるかぎり、生涯、履歴に赤字で残る。当時、少尉候補生として北米方面を遠洋航海中であった練習艦隊の六十三期生にもこの話が伝わり、「六十五期が何か大変なことをしでかしたらしいぞ」と、しばらくはその話題でもちきりであったという。

　が、この懲罰処分は、行幸が終わると、わずか二ヵ月半で取り消されることになった。十二月十九日午前に行なわれた観艇式終了後、出光校長が訓示の最後に六十五期生のほうを向いて、「本年十月以降の諸子の懲罰は本日限りこれを取り消す」と宣告したのである。これを校長の温情と受け取った者もいるが、「俺たちが悪いことをしたのなら徹底的に処分を押し通せばいい。今ごろ取り消すぐらいなら、最初から問題にしなきゃいいじゃないか」と、あまり有難がらない者もいたという。近親者の話や記録から、宮野もこの時期ぐらいから、海軍や兵学校をやや批判的な目で見るようになったフシがうかがえる。

　昭和十一年十月二十七日、予定通り天皇陛下が兵学校に行幸になった。兵学校への行幸は、昭和五年以来、六年ぶりであった。午前九時十分、御召艦愛宕《あたご》（艦長・伊藤整一大佐）が江田内に入港、二十一発の皇礼砲発射後、御召艇で表桟橋に上陸された陛下は、新しくできた教育参考館をはじめ、校内をくまなくご覧になり、親しく生徒たちを閲した。夕方、ふたたび表桟橋より愛宕に帰られたが、奉送の時、その年二月に従五位に叙せられていた徳川凞が一般生徒より一歩前の位置に立ち、単独で陛下に敬礼をした。

　十一月二十一日、六十五期生は第四学級に進級し、同時に分隊の編成替えが行なわれた。宮野は、杉田秀雄、千知波亮起、萩原一男、山崎正八郎、横溝幸四郎、若尾晃らとともに、第一分隊となった。十二月一日、入校以来、教頭兼監事長を務めてきた副島大助大佐に代わって、後任に角田《かくた》覚治大佐が着任した。角田大佐は、のち昭和十七年のアリューシャン作戦で、第四航空戦隊司令官を務め、宮野が便乗した空母隼鷹《じゅんよう》で、直接指揮を受けることになる人である。

そして、慌ただしいうちに昭和十一年も暮れ、十二月二十一日から翌年一月九日まで、恒例の冬期休暇が与えられた。この休暇から、日記もそれまでのような毎日つける形ではなく、いくつかのテーマに沿って所感を述べるという形式に改まっている。例によって印象的な部分を抜き出すと、

〈一、車中に於ける見聞　一古老と同席し、我海軍の揺籃時代の日清戦争当時の思い出を聞き、当時の一般国民のみならず海員間においても、彼の定遠、鎮遠を恐るること切なるものありたるを知り、かの古老の言を借りて言えば「全く夢の如き」海軍の偉大なる進歩の後を見て、先輩の努力を想起し、自己亦将来益々帝国海軍を発展せしむべき任務を思いその責任の重大さを痛感す〉

〈三、年末所感　幾年を送り迎うるも稚気去らず、修養なき自己を発見するのみ。年頭に掲げし標語「克己」も、枝葉末節に走り大綱を失して九月中旬の大失態を演じたり。感情に左右され楽を求め、薄志弱行、自己の心に克ち得ざりし一年なりき。之、我本性の致す所なりと雖も、本性の弱点の強化矯正こそ最大の急務なり〉

「九月中旬の大失態」とは、「馬術事件」のことであるのは言うまでもない。日記の上では

かなり反省して落ち込んでいるようにも見えるが、この休暇のはじめ、十二月二十日午後から二十三日にかけて、同期生有志による四国巡航が行なわれ、その時、宮野は〈是非覚えて帰れと、音丸の「満州想えば」を皆に教え込んでいた〉（川嶋辰雄回想）というから、表面上は普段と変わりなくふるまっていたようである。「満州想えば」は、音丸、本名永井満津子の昭和十一年のヒット曲。多忙で不自由なはずの兵学校生活の中でも、どこで覚えるのか、宮野は不思議と流行歌の事情に明るかった。帰省したのは十二月二十四日。昭和十一年の大晦日から十二年元旦にかけ、宮野は、念願の伊勢神宮参拝を果たしている。しかし、この帰省では、宮野は、家族に兵学校の話をあまりしなかったらしい。

冬休暇が終わってかなり経った、二月二十七日付の兄・真一の日記に、〈今朝善ちゃんから便りあって、一分隊に変わっているらしい。成績がよかったのか、それとも悪かったのか〉とあるぐらいであるから、ほとんど何も話さなかったのではないか。

一号生徒の気構え

昭和十二年三月二十三日、伏見宮博恭王殿下の台臨を仰いで、六十四期生徒の卒業式が行なわれ、ここで宮野たち六十五期生は、晴れて最上級生、一号生徒となった。海軍では、一号生徒は、艦長、司令、ケプガン（士官次室長）とともに、もっとも魅力あるポジションの一つと目されていた。

〈われわれは、鉄拳制裁是認の立場をとった第六十二期生徒にタップリ鍛え上げられただけに、今後の下級生指導には、とりわけ、四月入校の第六十八期生徒を一日も早く生徒館生活に慣れさせるためには、第六十二期から受け継いだ精神をもって、強力な指導に取り組む必要があることを、一同、期せずして深く心に誓った〉(『回想録』)

四月、そうとは知らずに入校してきた六十八期生たちは、入校早々から六十五期生による、五十九期、六十二期から受け継いだすさまじい鉄拳の嵐に見舞われることになる。六十八期には、前出の松永市郎のほか、艦爆搭乗員で戦後、直木賞作家になる豊田穣、のちに戦闘機で宮野とともに戦う、大野竹好《たけよし》、鴛淵《おしぶち》孝、金光武久満《たけくま》、川原茂人、鈴木宇三郎、田上健之進、野口義一、久芳《くば》一人らがいた。

一号生徒になった頃から、宮野の飛行機、それも戦闘機への志向が、表立って現われてくる。志を同じくする同じ第一分隊の若尾晃が、宮野の最良の理解者であった。いつしか、クラス内でも、東(横浜一中出身)の若尾、西の宮野と、戦闘機志望者の両雄として並び称されるようになっていた。

〈宮野君は若尾君と自習室で机を並べていた。二人とも戦闘機志望で、椅子に後ろ向きにまたがり、背もたれを操縦桿と見たて、互いに空中戦闘の恰好で遊んでいた〉(山崎正八郎回想)

〈(宮野と若尾は)飛行機の座席に見たてた自習机から身を乗り出し、機関銃で右や左を撃ちまくる、といった所作をしては、子供のように全身で喜びを表していた〉(横溝幸四郎回想)

「私は大艦巨砲のほうが好きで、砲術の道に進みましたが、宮野君と若尾君は飛行機が好き

で、よく手真似で空中戦の恰好とかインメルマンターンはこうやるんだとか、やっておったですよ」（萩原一男談）

その頃の兄・真一の日記から――。

〈善ちゃんから一向便りがないが、先般の手紙、少し薬が利きすぎたのかなー〉

「先般の手紙」に該当する日記が見当たらないので、どんな薬が利きすぎたのかはわからないが、十一歳年長の兄から、何か叱言を言われるようなことがこの時期、あったのだろう。

兵学校の成績のことか、飛行機志望をたしなめられたのか、馬術事件で懲罰を食ったことか、それとも他にもっと理由があったのか。もっとも敬愛する兄であったが、これからしばらく、宮野が兄を煙たがっているような時期が続く。

第一分隊の一号生徒。右から若尾晃、萩原一男、宮野善治郎、千知波亮起、山崎正八郎、杉田秀雄、横溝幸四郎

北支事変勃発

七月七日、盧溝橋の一発の銃声から、北支事変勃発。日本政府の不拡大方針にもかかわらず、日支両軍の戦闘は激化し、事変

とは言いながら、全面戦争の様相を呈してきた。
〈北平附近に又もや支那兵不法射撃事件発生、十数名の死傷あり。大阪城濠内の小犬、遂に救出される〉（宮野真一日記、七月七日）

兵学校では事変に際しても、当座の教育プログラムを変えるようなことはしなかった。生徒たちは黙々と、ただひたすらに学業に励んでいた。七月十六日、一号生徒にのみ、進級申し渡しと命課告達が行なわれ、六十五期生は第四学級から第五学級に進級した。七月二十四日からは、最上級生徒として毎年恒例の、聯合艦隊への派遣実習が行なわれた。これは、クラスをいくつかのグループに分けて、聯合艦隊各種艦艇の訓練状況を見学するもので、特に荒天の中、行なわれた水雷戦隊の駆逐艦による主力艦部隊の襲撃訓練では、そのあまりの激しさに、船酔いする者、目を回す者が続出した。

派遣実習に先立って、宮野は手持ちの小遣いが心もとなくなったのか、別の入用ができたのか、八尾の実家に送金を依頼する便りを送っている。ふたたび神戸にいた兄・真一の日記。
〈七月九日　入浴後帰宅、九時二十分、八尾から電話があって、善治郎君の元へ至急送金せよとのこと。先般の手紙から自尊心を傷つけられたか、それとも忙しいのか、さっぱり俺の許へ便りをせぬ。

七月十日　弐拾円引き出して善ちゃんに送る〉

少し、真一の日記から、事変発生後の様子をたどってみたい。七月十五日には、職場から最初の応召者が出る。

〈七時過ぎ、藤田栄治君充員召集来る。さあいよいよ来たとざわつき、全班集まって茶会をやるやら、えらい事だ。暫くすると近藤與利次君（飛二）、またその後へ山本卯さんと飯田君、共に野砲四、続いて藤原敏人君（岡山工兵）、サービス中川晴夫君（浜松飛七）。もう一同、仕事もちょっと手につかぬ有様。早速これを掲示し、一般に知らせ、係長や所長にも通報方依頼す〉

〈七月十六日金曜日　曇のち晴

午前二時の鳴るに及んで、松村君と眠りにかかると、間もなく慌しい足音と共に佐藤君入り来り。来ました、という。電報の事とて隊号不明、明けて午前出勤者集まるや、中村賢次君（三十七病院附）渡辺君も電報あり。やがてまた篠原君の応召を伝う。最後に守衛・谷岡君の善通寺騎兵あり。遂に総勢十一名を数う。緊急評議会を開催、歓送並びに餞別、家族慰問等に関し議す。尚、灘《なだ》詰車掌の一部には、出兵の風評起こるや早くも千人針を発意し、すでに殆ど完成せるものの如く。召集の報一度伝わるや、欣喜、慰問、千人針の計画に没頭せり。嬉しからずや、頼もしき乙女の純情。小生には未だ何らの通報なし。果して第二次か、行かざるべからず。膺せ、支那抗日巨蒋を。護れ、東亜の平和を。四時頃から大阪へ帰る。応召者は少ないが、分会長が召集一番槍とは一寸一本参った。祭も気が乗らぬ〉

そして連日、身の回りの人びとが応召され、征途につき、未だお呼びのかからない真一は、〈取り残されたる感あり、寂し〉（七月十七日）と書き残している。十八日には、兵学校の弟・善治郎に手紙を書くが、〈少し筆勢の流るるまま、興奮状況なり〉

いっぽう、善治郎のほうは、聯合艦隊が急遽、臨戦態勢を整えることになったため、艦隊実習が予定より早く切り上げられ、八月七日から二十日まで、短い夏期休暇を許され、九日に八尾に帰省した。〈元気な顔を見て、母も嬉しそうだ。通信競技に四等を得て、メダルを貰えるらしい。帰省毎に頑丈な身体となる。もうとてもかなわぬ〉(宮野真一日記・八月十日)、〈八尾に帰り四時頃から墓参。善ちゃんに母が軍服で詣れというし、本人は嫌だという。やっさもっさだ。軍服姿を村の人に見せたい母の心、判らねば嘘だ〉(同・八月十四日)、〈(勤務を終え)八尾へ帰ったら八時過ぎ、丁度要ちゃん、恒ちゃん、善ちゃんが海水浴から帰ったところだ。守正君(注・その息子)が来ているが元気がない。病気がはっきりせぬらしい。おまけに歯痛で泣き出して皆で往生している〉(同・八月十五日)

宮野が帰省した八月九日には、上海で、居留民保護のために進駐していた上海海軍特別陸戦隊の大山勇夫《いさお》中尉(兵六十期)、斎藤要蔵一等水兵が、中国兵に射殺される事件があり、事変は上海にまで飛び火していた(第二次上海事変)。

ここに至って、事変拡大には消極的であった日本海軍も、空母龍驤、鳳翔《ほうしょう》の第一航空戦隊と、空母加賀の第二航空戦隊を急遽、支那方面担当の第三艦隊の指揮下に組み入れ、加賀は八月十五日から、艦上機をもって南京、広徳、蘇州の中国軍飛行場攻撃を開始、荒天のため一足遅れて上海沖に到着した龍驤、鳳翔も二十二日から戦列に加わり、早くも烈しい航空戦が展開される。

この時の加賀戦闘機隊（九〇式艦戦）には、のちに宮野が二〇四空時代（昭和十七年末～十八年）、僚隊の五八二空飛行隊長としてともに戦い、宮野戦死後は後任の二〇四空飛行隊長となる進藤三郎中尉、龍驤戦闘機隊（九五式艦戦）には、昭和十六年、漢口の第十二航空隊で宮野の直属の分隊長となる鈴木實中尉、昭和十七年の一時期、直属の六空飛行隊長となる兼子正中尉ら、上海で殺害された大山中尉の同期生・海兵六十期の戦闘機搭乗員たちが、相次いで初陣の活躍を見せていた。八月十五日からは、新鋭機・九六式陸上攻撃機（中攻）が荒天の東シナ海を飛翔、中国本土を爆撃する、いわゆる「渡洋爆撃」が開始され、これら海軍航空部隊の活躍ぶりは、連日のように、新聞の一面を飾るようになった。

「大いなる不安を感ず」

この夏休暇中の宮野の日記（所感）は、これまでの兵学校における教育と、宮野自身が幼い頃からはぐくんできた感性が、事変に臨む緊張感とともに高い次元で結実しているように見えて、圧巻である。

〈休暇中所感

一、帰省に際し車中所感　江田島に在りて社会の実情を実見せず、単に新聞紙上の見聞を以って社会の情勢を推察し居りし余は、帰省の途、関門海峡を過ぐるに及びて、社会人心が如何に北支事変に集中し、緊張しあるやを痛感せしめられたり。

即ち、駅頭には出征将士の送別に感激的光景展開し、街頭は皇軍将兵遺族慰問の叫びに満ち、鉄道沿線には国旗翻り、未明より手に手に日の丸の旗を持して軍用列車の見送りに立つ人々の姿を至る所に見る。

尚、軍用列車に行き遭うこと五度、事変の重大性と国民の事変に集中せる緊張ぶりを如実に痛感し、自己が現在、猛訓練を重ぬる艦隊を後にして休暇を戴き、安穏なる生活を送らんとする心に対し苦痛を感じたり。軍人と見れば出征と思い居るが如き人も見受けたり。軍装を着し居る身として如何に世人の注視を受くるやは論を待たず。

帰省の暁は愉安の心をいましめ、規律正しき生活を送り、何時なりとも第一線に立ち得る体力と精神力を保持せざるべからずと深く決心せり。

二、帰省中所見　世を挙げて北支事変に眼も心も集中し居る社会の情勢は、実に涙ぐましき日本魂の発露なり。

余の町よりの出征者は勿論、軍用列車の通過する毎に、感謝と後援の心を日章旗に込め、昼といわず夜といわず、真夜中においてさえも、万歳の声に町を揺るがす。人々の心情は実に感激そのものにして、安閑と軍籍にある身を家郷に遊ばすを恥ずるの情あり。

老若男女全て心は北支の天地にあり。会する人、皆北支事変を語る。挙国一致、国難に当るとは斯くの如き状態をしも言うなるべし。納涼漫歩する人の姿もごく希にして、如何に国民が緊張し居るや明瞭なり。是に於いて余は日本人の姿を見たり。一朝事ある秋《とき》の此の一途なる熱誠、期せずして統一さるる国民の思想、実に国体の精華、皇恩の致すところなり。

然るに、由来、日本人には持久力少なしとの説あり。而して北支事変は何ヶ月にして終結するやは余の能く予測し得る所にあらず、不幸にして長年月にわたらんか。国民の熱意、果して現状を維持し得べきや。

又、新聞、ラジオの報道する所、一つとして皇軍の勝利たらざるなく、嚇々たる皇軍の武威に国民は有頂天にならんとする傾向あり。而して此の傾向が昂ずればやがては支那を侮るの心なるべし。思うに新聞、ラジオの報道が、事変戦況の全貌とも信ぜられず、必ずや苦戦、難戦もあらん。且又、支那国民の抗日思想は蒋介石多年の中央集権工作により醸成せられ、根強きこと思いの外なりと聞く。一方、ソ聯邦は機を見て積極的に支那を援助するやも量られず。

斯くの如き事情を考察し見るに事変の終局は予断を許さず。熱し易く冷め易き我が国民性に大いなる不安を感ず。

而して皇軍如何に勝利を重ぬるも、最後に外交工作の難事あり。国際情勢紛糾たる支那に於いて戦果を全うすることは、外交の能くする所なりや。日本民族は古より言揚げせざる国民なり。敢えて外交に拠らず正義の御旗の下に徹底的に戦い、蒋政権を壊滅せしめ、根幹より排日の思想を排除して戦果を全うし、東洋永遠の平和を確保せざるべからず。諸外国の容喙は断乎として之を斥け、唯、我武力を頼みて日本の正義を貫かざるべからず。希くば国民の熱誠、最後迄変わらざらんことを。

三、〈略〉

支那を侮ってはいけない。事変が長期化すれば、熱しやすく冷めやすい日本人が、果たしてこのままの気持で戦い抜くことができるのだろうか……。そんな疑問を、宮野は素直に吐露しているのだ。

熱しやすく冷めやすい、とは今も言われるややステレオタイプとも取れる日本人の国民性だが、宮野は、一般の情報から隔絶された兵学校にあって、実に冷静にものごとの先を見通していた。そして、事変の先行きに疑問符をつけた形のこの宮野の所見に対し、第一分隊監事・友成潔少佐（海兵四十九期）は、「所感概ね適切なり」と朱筆を入れている。つまり、宮野の感じた疑問に対して、その通りだとお墨付きを与えているのである。ここまでを見ると、兵学校では、このような問題でも比較的自由にものが言える空気があったことが察せられる。

ところが、その続き、事変初頭の海軍航空部隊の活躍に関する所感に対しては、教官側から別の反応が見られる。

〈四、我海軍航空部隊の活躍に就いて

我海軍航空部隊の活躍は真に感激の極みなり。今日迄屡《しばしば》犠牲者を出したる航空部隊に対し、世人の中には之を操縦者の技倆未熟の故なりとする者ありたり。然るにこの度の偉功により、彼らの観察が如何に誤謬も甚だしきものなりしかを証明すると共に、航空部隊の訓練の状況が如何なるものかを知らしめたり。

列国注視の中に皇軍の活躍目覚しく、「ソ」聯は我陸軍の武力に恐れ、米国は我空軍（筆者注：日本には「空軍」は最後までなかったので、宮野の言う空軍は、陸海軍航空部隊のことを指す）

の偉功に瞠若せしならん。彼等は今や牙を剥くの勇気を失いたるべし。

　余は艦隊修業に於いて戦艦さえも空軍に対して殆ど無力なるを知り、今又、事変により空軍の威力の卓越せるを認識せしめらる。航空将校が空軍万能を叫ぶも故なきに非じ。

　太平洋の制空を狙う米海軍の優秀なる空軍を向うに廻して、吾人は益々我空軍の発展を計り優秀なる機を得ると共に、不断の努力と訓練により、技倆卓越せる航空士を生まざるべからず。〉

　これに対しては特に欄外に、やはり友成少佐の朱筆で、「目先の華々しきのみを思わず海上武人たる本分を自覚し、教務に精励せよ」と、宮野の飛行機かぶれをたしなめるかのようなコメントが付けられている。「海上武人」のところに特に傍点がふってあるところを見ると、やはり航空の分野は海軍ではまだ異端視されていたことがわかる。兵学校教官に航空畑の人が少なかったこともあり、生徒が大きな声で「飛行機、飛行機」と言うことに対して、必ずしも快く思われないような空気があった。海軍の主流はまだまだ大艦巨砲、事変で航空部隊が目覚しい働きを見せたとはいえ、中国は海軍にとっては本来の敵ではない。仮想敵である米海軍との決戦が起きれば、最後の勝敗は巨砲を搭載した戦艦同士の海戦で決するものというのが、日本海軍の伝統的な考え方であった。その考え方によれば、飛行機などは、決戦前に敵艦隊の勢力を漸減させるための補助手段に過ぎないのだ。そんな飛行機に対する認識が過小評価であったことは、大東亜戦争の結果が証明しているところだが、しかし、「大艦巨砲」にはそれまでの長い歴史の積み重ねがあったのに対し、飛行機の歴史はこの時点で

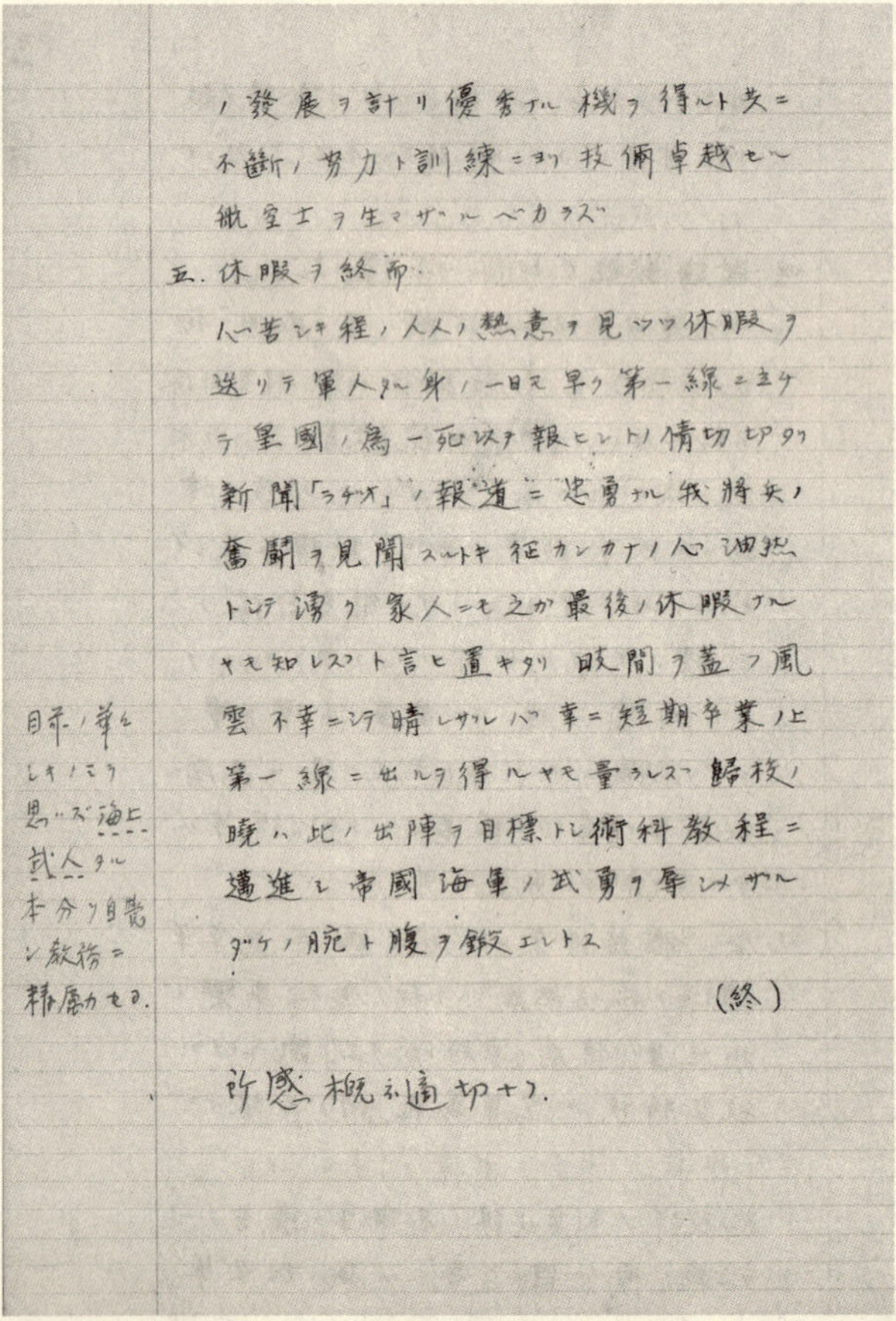
ノ發展ヲ計リ優秀ナル機ヲ得ルト共ニ
不斷ノ努力ト訓練ニヨリ技倆卓越セル
航空士ヲ生マザルベカラズ
五．休暇ヲ終ヘテ．
心苦シキ程ノ人々ノ熱意ヲ見ツツ休暇ヲ
送リテ軍人タル身ノ一日モ早ク第一線ニ立チ
テ皇國ノ為一死以テ報ヒントノ情切ナリ
新聞「ラヂオ」ノ報道ニ忠勇ナル我將兵ノ
奮闘ヲ見聞スルトキ征カンカナノ心油然
トシテ湧ク　家人ニモ之ガ最後ノ休暇ナル
ヤモ知レズト言ヒ置キタリ　時局ヲ蓋フ風
雲不幸ニシテ晴レザレバ幸ニ短期卒業ノ上
第一線ニ出ルヲ得ルヤモ量ラレズ　歸校ノ
曉ハ此ノ出陣ヲ目標トシ術科教程ニ
邁進シ帝國海軍ノ武勇ヲ辱シメザル
ダケノ腕ト腹ヲ鍛エルトス
（終）

日本ノ華々シキノミヲ思ハズ海上武人タル本分ヲ自覚シ教務ニ精励セヨ.

所感概ネ適切ナリ.

宮野の昭和12年夏休暇の日記より（左ページも）。
飛行機かぶれを教官にたしなめられている

日本人ノ本心ハ忠誠ナリ故ニ戦場ニ敵
ト相對峙セルトキノ日本將兵ハ全テ忠烈ノ士
ナリ

四　我海軍航空部隊ノ活躍ニ就テ
我海軍航空部隊ノ活躍ハ眞ニ感激ノ極
ナリ今日迄屢犠牲者ヲ出シタル航空部隊
ニ對シ世人ノ中ニハ之ヲ操縱者ノ技術未
熟ノ故ナリトスル者アリタリ然ルニ此度ノ偉
功ニヨリ彼等ノ觀察ガ如何ニ誤謬モ甚シキ
モノナリシカヲ證明スルト共ニ航空部隊ノ
訓練ノ狀況ガ如何ナルモノナルカヲ知ラシメ
タリ列國注視ノ中ニ皇軍ノ活躍目覺シ
ク「ソ」聯ハ我陸軍ノ武力ニ恐レ米國ハ
我空軍ノ偉功ニ瞠若セシナラン彼等ハ
今ヤ牙ヲ剝カレ勇氣ヲ失ヒタルベシ
余ハ艦隊修業ニ於テ戰艦サヘモ空軍
ニ對シテ殆ド無力ナルヲ知リ今又事變ニ
ヨリ空軍ノ偉力ノ卓越セルヲ認識セシメラル
航空將校ガ空軍萬能ヲ叫ブモ故ナキ
ニ非ズ
太平洋ノ制空ヲ狙フ米海軍ノ優秀ナル
空軍ヲ何フニ迎フ吾人ハ益々我空軍

はまだきわめて浅いものでしかなく、ここで宮野の飛行機熱をたしなめた教官の頭が、必ずしも古いというわけではなかった。

兄の応召

短い夏休みを終え、宮野が江田島に帰って五日後、長兄・真一もいよいよ陸軍に応召する。〈さあ来た。二十九日午前十時、輜重《しちょう》四へ入隊だ。待ちに待った日が、今ぞ来た。章次君（注：次男）も要三君（注：三男）も来ていない。宮崎（注：その夫）も判らない。多分来ているだろうと思う。北山君も来た。大阪だ。山田安重君は善通寺（中略）。夕方、八尾に帰る。手廻しのよいことだ、ちゃんと旗も提灯ものぼりも出来ている。腹の加減がまたおかしいので養生第一。ビールも酒も断然止めることにする。夕食後、歯の治療だ。行くまでに出来ないと一寸困る〉（宮野真一日記・八月二十五日）

九月二日、北支事変は「支那事変」と改称された。多くの日本人にとって、中国大陸での戦争は、もはや他人事ではなくなっていた。宮野真一の日記にあるように、それまでごく日常的な生活を送っていた大勢の市井の青年たちが、召集されて大陸へ出征していった。いきなり私事になるが、ちょうどその頃、九月九日に双子で生まれた筆者の父の兄弟は、事変の勝利を祈念して「勝蔵」、万歳にちなんで「萬蔵」と名付けられた。

海軍も、空母派遣と渡洋爆撃に続いて、事変勃発直後（七月十一日）に大分県の佐伯基地で編成した第十二航空隊、長崎県の大村基地で編成した第十三航空隊を、上海公大《クンダ》飛行場に進出させ、九月十九日の第一次南京空襲を皮切りに、中国空軍と激しい戦いを繰り広げていた。相対的に装備の劣る中国空軍に対し、わが海軍戦闘機隊はそのつど一方的とも言える戦果を挙げたが、一方、敵戦闘機の戦意は旺盛で、戦闘機の護衛なしに出撃した中攻隊や艦攻隊からは大きな犠牲も出ていた。

戦闘機隊も、十二年九月二十六日に十三空分隊長・山下七郎大尉（兵五十七期）が、敵中に不時着し、捕虜になった（終戦後、中国軍によって処刑される）のを始め、十三空分隊長・大林法人大尉（兵五十五期・十二年十二月二十二日）、十二空分隊長・潮田良平大尉（兵五十七期・十三年一月七日）、金子隆司大尉（兵五十九期・十三年二月十八日）、十三空分隊長・田熊繁雄大尉（兵五十八期・十三年二月二十五日）、十五空飛行隊長・南郷茂章大尉（兵五十五期・十三年七月十八日）らの指揮官が一年ほどの間に戦死、間瀬平一郎空曹長（操練八期・十二年十一月八日）ら多くのベテラン搭乗員も失って、前線では早くも、空中指揮官の不足が露呈しつつあった。

この時期、分隊長、分隊士を務めていた海兵五十五期から六十二期にかけては、一期あたり数名ほどしか、戦闘機搭乗員を養成してこなかった。正確に言えば、五十五期・六名、五十六期・三名、五十七期・五名、五十八期・六名、五十九期・六名、六十期・八名、六十一期・四名、六十二期・七名。要するにこれだけしか、内地、外地の戦闘機隊において、空中指揮官たる正規将校はいない。よく言えば少数精鋭だが、戦いが長期にわたり、消耗戦の様相を呈してくると、それで間に合うものではないのは明らかであった。しかし、戦闘機指揮官を大量に養成しようとも、兵学校自体の定員の中での話になるから、そうすぐに実行に移せるものではない。六十五期の入校時の鬼の一号、六十二期の新庄直久中尉（十三年八月三日）や、入校後最初の海軍記念日で編隊アクロバット飛行を披露し、宮野たちを感激させた「源田サーカス」の三番機、永徳彰一空曹（十三年四月十三日）も、支那の空に散った。

航空大熱望

兵学校に話を戻すと、十一月一日から十二月十一日までの間に、六回に分けて、呉航空隊で六十五期生の航空実習が行なわれた。航空実習では、呉空の教官・教員との練習機による同乗飛行や、機上作業練習機に搭乗しての航法などの機上作業の体験とともに、将来、航空方面に進む者を選考するための適性検査が行なわれた。

〈先に聯合艦隊派遣修業の時は「やはり艦がよい。俺は艦船希望だ」と言っていた者が、この航空実習を受けるや「これからは航空の時代だ。俺は断然、航空機志望に変更だ」と言い出す始末で、適性検査調書に、「航空大熱望」と書き込んだ者がきわめて多かったようである。〉（『回想録』）

宮野もこの時、生まれて初めて飛行機で空を飛んだ。その感激はいかばかりであったかと察するのだけれど、残念ながらこの時の宮野の言葉は残っていない。ただ、飛行機、それも戦闘機に進みたいという気持は、これでいっそう強固なものになったに違いない。

航空実習の間の十二月一日には、定期の人事異動で、期主任指導官・山屋少佐が横須賀海軍航空隊教官に転出し、後任には山内秀夫中佐が発令された。また、二日には「馬術事件」などで思い出浅からぬ校長・出光中将が退任し、四日、新校長として住山徳太郎中将が着任した。

そして、何となくあわただしいままに昭和十二年は暮れてゆき、十二月二十六日から、六十五期生にとって最後となる冬期休暇が与えられた。例年、二十日間許可されていた冬期休暇だったが、この時は事変の影響で、翌年一月五日までの十一日間に短縮された。

宮野は、休暇早々に願い出て、同期生数名とともに、呉海軍工廠で竣工を間近（十二月二十九日）に控えた空母蒼龍《そうりゅう》を見学している。蒼龍にはすでに乗組員もほぼ揃っており、事変後初めて竣工する新鋭空母として、その意気はすでに天を衝く勢いであった。宮野には、見るものすべてが珍しかったが、艦の構造、性能や装備もさることながら、特に印象的だったのは、三月に見送ったばかりの六十四期の少尉候補生たちが、副直勤務（当直将校の補佐）や甲板候補生（甲板士官―軍紀風紀を取り締まる―の補佐）として、ガンルーム士官の中核を担うほどの勢いで活躍していたことである。

〈忙し気に活動する元気一杯の姿は頼もしく、且、羨ましく感ぜられたり。本艦にては全て候補生を初級士官同様に取り扱わるる由、従って候補生としても勤務に張りがあり、興味深

くして忙しさを忘るるとのことなり〉（宮野善治郎日記）

自分がこれまで学んだことで、卒業後、このように立派な働きができるのかどうか、宮野は不安を覚えた。そして、後に控える内地巡航、遠洋航海で気合を入れて総仕上げをしなければ、と決意を新たにした。また、ある候補生の、「兵学校時代の普通学の知識は、全ての勤務において自信の根源になる。そこが特務士官、准士官とわれわれとの差だ」との、やや気負った言葉に、「そうか、それならもっと勉強しておけばよかった」と、〈聊《いささ》か後悔の気味あり〉（日記より）。後で触れるが、八尾では神童とまで言われた宮野も、全国から俊秀が集まる兵学校での成績は、実のところ、ここまであまり上位のほうではなかった。

蒼龍見学を終えた宮野は、正月準備に忙しい実家に帰省した。一週間ほどのあわただしい帰省の間に、宮野は例によって、瀧谷不動尊に詣で、毎朝、氏神・渋川神社に参拝している。早朝の渋川神社では、子供たちが箒を持って境内を掃き清めていた。宮野が聞くと、彼らは竜華小学校の児童たちで、毎朝輪番で境内の掃除をしているのだという。子供たちが無心に神域の掃除をしている姿に宮野は感激し、〈成人も教えらるるところ大なり〉と日記に記している。

明けて昭和十三年の元旦、宮野は、後輩六十七期の馬場政義生徒らとともに、母校八尾中学の拝賀式に参列した。

〈九百の健児と共に戦捷の新春を祝し、校歌の大合唱裏に剛健質実の八尾中魂を偲ぶ。式後、校長先生の訓話あり、古賀先生の戦死を知る。（筆者注：古賀辰雄・数学教諭・予備役陸軍歩兵中尉。昭和十二年九月十日応召、中支派遣藤山部隊。十一月十四日戦死。四十五歳）先生戦死の状況は実に勇壮にして鬼神を哭かしむるものあり。頭部に敵弾を受けつつ部下の制止を斥けて奮然突進し、鉄兜に七弾を蒙り遂に倒れられたり。而して生前常に曰く、「余死するとも母校に三千の教え子あり。必ず余が仇を報じ呉るるならん」と。正に然り。当日拝賀式に参列せる陸海軍生徒のみにても十数名を数う。先生の仇を討つには余等陸海軍生徒にて充分なり。又当日は、柔道教師草野先生出征の吉日に当たり、総員之を停留場に送る〉（日記より）

前回の夏休暇の時には、出征兵士を送る銃後の人たちの熱狂に、宮野は「これでこの先もつのか」と一抹の不安を覚えたものだが、今回の帰省では、町も人も、比較的冷静に事変と向き合っているように思えた。例年のように、年末年始に町に出てくる酔っ払いの姿が見られないのが印象的であった。休暇中、何人かの「赤（共産主義者）」たちが検挙されるのも見たが、〈法の手が逸早く差し伸べられ、未然に害毒を防ぎたるものなり〉と受け止めている。

休暇を終えると、六十五期生には、卒業前の総仕上げとも言える、各種訓練や実習が待ち構えていた。一月下旬の瀬戸内海安下庄付近での水雷実習、呉の潜水学校における潜水艦見学、二月下旬の豊後水道南方海域での艦砲射撃実習。この間に、卒業アルバムに載せるための一号生徒だけの写真も撮った。

ところで、この頃、すでに飛行学生を卒業して中尉となっていた六十二期生たちが、次々と実施部隊に出て初陣を飾っていた。四元（のち志賀）淑雄中尉の回想――。

「十三年一月三十日附で、第十三航空隊に転勤を命ぜられました。『陸軍がこんな戦争を始めるから、とばっちりで海軍からも犠牲が出るんだ、俺は出番があって有難いけどな』などと思いながら、九六戦に乗って、済州島経由で二月十八日、南京に着任しました。しかし、着いたその日に、私の分隊長になるはずだった金子隆司大尉が出撃したまま還って来ず、戦死されてしまいました。金子大尉は私が兵学校に入った時の最上級生、飛行学生の時も教官で、飛行学生時代に髪を切れ、切らないで逆らってぶん殴られたことがあったので、向こうも気にしているだろうし、今度はかわいがってくれるかな、と思っていたんですが……。着いて一週間後の二月二十五日、南昌空襲に参加したのが私の初陣でした。指揮官・田熊大尉以下、戦闘機十八機が中攻三十五機を護衛して、私は戦闘機隊の第二中隊長として九機を率いることになりました。相次ぐ消耗に、他に指揮官となるべき士官搭乗員がいなかったんですね。

南昌上空に着くと、敵の高角砲がポンポン撃ち上げられました。そして、二小隊長の新井友吉一空曹機が私の前に出てきて、ダダダーッと機銃発射、敵機発見の合図です。するともう、中攻隊のことも、田熊大尉のことも、列機のことも、私の頭の中から消えてしまって、ただ夢中で突っ込みました。で、敵戦闘機を追うんだけどもなかなか撃つチャンスがなくて、そのうち誰かに追いかけられた複葉のE15が、私の目の前を下から上に横切りました。すかさずそれを撃つと、大きな翼が吹っ飛んだ。墜とした！　と思ったら、胸がスーッと落ち着いていきました。あの感覚は生まれて初めてで、その後も味わったことがありません。一機墜として、ようやく周囲を見渡す余裕が出てきました。空戦をしているうちにだいぶ高度が下がっていたので、そろそろ上空へ上がろうと思ったら、ピピピ……という機銃の発射音が聞こえ、同時にカーンと被弾した音が響きました。今度はその敵機と格闘戦です。そこでひねり込み、というのを思い出して二、三回まわって、敵機の後ろに回りこみ、これは撃てる、という時に、ダイブで逃げられてしまいました。

この日は、田熊大尉が帰ってきませんでした。これは明らかに私の責任だと、今でも自責の念に駆られています。初めての空戦で、何をどうしていいのかもわからなかった。私の三番機、越智寿男一空も帰りませんでした。

南京に帰還して、撃墜一機、被弾一発と報告しました。しかし翌日、整備員が言うのには、『分隊士、参考までに申し上げますけど、被弾一発じゃなくて二十八発でしたよ』……まさかそんなにやられているとは自分でも気がつかないぐらい、舞い上がっていたんですね」

当時の戦闘機乗りは、少数精鋭であったこともあり、まさに一騎当千の搭乗員が揃っていた。昭和七年二月二十二日、第一次上海事変で、日本で初めて空中戦で敵機を撃墜した生田乃木次大尉の二番機を務め、その技倆と、気に食わないことがあれば上官にも平気で盾突く豪傑ぶりで海軍部内にその名を轟かせていた黒岩利雄。同じく腕と奇行で海軍戦闘機隊の名物男であった赤松貞明。やはり第一次上海事変以来の古豪・森貢。編隊アクロバット飛行チームの草分けで、「源田サーカス」と並び称された「岡村サーカス」の新井友吉。のちに空技廠のテストパイロットとなり、零戦の試作機である十二試艦戦二号機で殉職する奥山益美。赤松はのちに、日米開戦当時の三空で、森は空母飛鷹《ひよう》に乗り組み、二〇四空と協同作戦を行ったソロモンで、それぞれ宮野善治郎と一緒に戦うことになる。

「彼ら操練出身の下士官搭乗員は、本当にすばらしかった。私を殺さないように守ってくれ、指揮官として育ててくれました。

黒岩なんか、私が指揮所の折椅子にふんぞり返っているところへすうっと寄ってきて（航空隊の指揮所の折椅子には、下士官兵は座れないことになっていた。下士官兵は木の長椅子に座る）、『分隊士』『何や』『童貞ですか』と、性教育までしてくれる。

南京に行って三、四ヵ月たった頃、南昌空襲で、低空を逃げる単葉のE16を追いかけ回したことがありました。敵はしぶとくてなかなか墜ちない。もうすぐ敵の飛行場だ、早く墜とさなければと焦っていたら、上空から誰かがピューッと降下してきて、そいつを一撃で墜としてしまいました。この野郎！　俺がもう一息で墜とすところだったのに、と思いながら基地に帰って、『誰だ、あれは』と聞くと、『私です、すみません』と名乗り出たのは奥山益美二空曹。しかし、見事な攻撃でした、気風《きっぷ》のよい優秀な男でしたよ。その後、十二試艦上戦闘機二号機の空中分解事故で殉職してしまいましたが……」（四元中尉談）

兵学校卒業

江田島に話を戻そう。卒業を間近に控えた六十五期生の寝室へは、少尉候補生の軍服、軍帽、軍帽入れ、毛布、衣嚢、行李、柔・剣道衣、剣道具など、卒業後すぐに必要になる品物が、次々と運び込まれていた。

兵学校生徒が卒業すると、少尉候補生として八雲、磐手の二隻の練習艦に分乗、内地巡航、遠洋航海でさらに鍛え上げられる慣わしになっていた。候補生の遠洋航海のコースとしては、北米、欧州、豪州の常設コースがあったが、六十五期生は特に、南米コースが予定されていた。ところが、支那事変の激化で国際情勢が複雑になってきたことから、南米遠航は急遽、取りやめになり、期間を短縮してシャム（現在のタイ）方面に行くことになった。未知の南米大陸に期待をふくらませていた六十五期生は、皆がっかりした。

三月十六日は卒業式である。十五日、荷造りのすんだ荷物が、江田内に入った八雲、磐手に積み込まれ、午後には、卒業生と、式に参列するために江田島に来た父兄たちを交えてのお茶の会が、校長官舎の庭園で行なわれた。

いよいよ卒業式。御名代宮久邇宮《くにのみや》朝融王《あさあきらおう》殿下乗艦の御召艦大井は午前九時四十分、江田内に入港、殿下は十時十分、表桟橋に上陸、住山校長に先導され、親任官を従えつつ、道路の両脇に並ぶ関係者の奉迎を受けて、大講堂にお入りになる。まずは式典に先立って、大講堂一階修身講堂で、卒業生代表が御前講演を行った。卒業生代表、すなわち席次トップ（クラスヘッド）は卜部《うらべ》章二であった。

海軍では、卒業成績の順位がハンモックナンバーと呼ばれて、後々にまでついてまわり、進級や配置などに影響を与える。任官後の勤務成績や病気などにより、順位が入れ替わることはあるものの、たとえば同階級の同期生が同じ作戦に参加したとして、順位が一つでも上の者が、「先任」者として指揮をとることになる。下の者は「後任」ということになり、先任者の指揮に従わねばならない。先任、後任をはっきりさせることは、常に指揮系統を明確にしなければならない軍隊においては必要なことであったが、日常生活でも、たとえば士官室の食卓の並びかた一つとっても先任順に席が並ぶことになっていた。

この物語に登場する主な同期生のハンモックナンバーを挙げてみると、木村章・九番、牧野正敏・十番、冨士信夫・十七番、蓮尾隆市・三十三番、萩原一男、四十六番、美坐正己・五十八番、若尾晃・百番、指宿正信・百八番、高野裕・百二十四番、宮野善治郎・百三十二番、鈴木鐵太郎・百六十五番、牧幸男・百七十四番、徳川凞・百八十六番（全百八十七名）……となる。残念ながら、宮野のハンモックナンバーはあまり上のほうではない、というより、下から数えたほうが早い。しかし、ハンモックナンバーは、軍の組織の中での序列をつける目安にはなっても、のちの実戦における働きぶりや部下の信望を量るものでは決してなかった。

「戦闘ニ於ケル精神力ニ関シ所信ヲ述ブ」と題した卜部による御前講演が終わると、大講堂で卒業式が挙行された。式場演壇中央には殿下の御座があり、そのすぐ向かって右側に御下賜品卓。後方には供奉官、海軍大臣代理、校長、副官が立った。校長席には卒業証書の載った机。演壇下には、御座に向かって、卒業生、専修学生、下士官兵、雇庸人、卒業生の父兄が順に並び、その後方に軍楽隊が位置をとる。式場両側には、特別参加の親任官、高等官、兵学校・練習艦隊の職員、高等官夫人、従道小学校（兵学校内に設けられた、教官、職員の子弟のための小学校）児童、新聞記者たちが並んでいる。

十一時五分、殿下が御座につき、校長が校長席に立つと、式次第により卒業式が始まった。卒業生代表、専修学生代表が演壇右側の階段から壇上に上り、殿下に一礼ののち校長より卒（修）業証書を授与され、ふたたび殿下に一礼して演壇をおりて席に戻る。証書の授与式はこれで終わりで、引き続き優等卒業者の御下賜品拝受が行なわれる。軍楽隊の「誉れの曲」が流れる中、優等卒業者・卜部章二、渡部俊夫、鯉淵不二夫、新田善三郎の四名は、菊の御紋章の入った恩賜の短剣を拝受する栄に浴した。卒業式はこれで終了、三十分足らずの簡素な式であった。

式が終わると、卒業生たちはただちに寝室で、兵学校生徒の礼服から少尉候補生の軍服に着替えて、殿下を奉送する位置についた。軍服の襟には、候補生を示す金筋が誇らしく輝いていた。正午、殿下がふたたび御召艦大井に乗艦、ここに六十五期生卒業の公式行事はすべて滞りなく終わる。講堂で前途を祝す茶菓の会が催され、そして午後二時半、いよいよ宮野たち六十五期生が、四年間住み慣れた江田島に別れを告げる時刻が来た。

第一生徒館前から表桟橋に通じる道路の両脇に、見送りに並んだ六十六期生から六十八期生までの在校生と、「後はしっかり頼んだぞ」「やります！」などの言葉と敬礼を交わしながら、兵学校の正門である表桟橋へ。ここで住山校長以下、角田監事長、生徒隊監事、指導官、教官らに最後の敬礼をした後、表桟橋に横付けしている内火艇に乗艇、帽を振りながら、沖合いに停泊中の八雲、磐手に向かった。八雲、磐手ともに、もとは日露戦争で活躍した、常備排水量一万トン近い装甲巡洋艦で、それぞれ艦齢三十八年を経て、今は練習艦として使われていた。

六十五期の候補生たちが乗艦すると、練習艦隊の出港である。練習艦隊の旗艦は八雲（四月二十日磐手に交替）、司令官は、のちの第一艦隊司令長官・高須四郎少将であった。八雲（艦長・前田稔大佐）には九十四名、磐手（艦長・一瀬信一大佐）には九十三名の新候補生が乗組んだ。宮野の乗艦は磐手であった。

午後四時。候補生たちは艦の思い思いの場所に陣取って、江田島の風景に名残を惜しむ。錨が揚がり、両艦は静かに動き出す。艦の周囲には、事業服に着替えた六十六期生以下の在校生が、総員でカッターを漕ぎ寄せていた。カッターは、しばらく両艦を追って並走してきたが、やがて漕走をやめると、全員が帽子を振って六十五期生を見送った。六十五期生たちも、大きく帽を振ってこれに応えた。八雲、磐手の二隻は、最初の目的地、舞鶴に向けて航海を始めた。静かな春の夕刻であった。

宮野善治郎大尉。昭和 16 年、開戦を控え、高雄基地で撮影した一枚。満 25 歳

八尾中学校の卒業記念
アルバムより。満16歳

〔右上〕大正7年、3歳の頃の宮野善治郎（左）。大阪府中河内郡竜華町大字植松（現八尾市植松）で生まれた。〔右〕大正11年、6歳。京都の衣笠小学校に入学。のち、八尾の竜華小学校に転校する

昭和9年4月1日、海軍兵学校に入校（65期）。後ろから2列目の中央に、和服姿の宮野がいる。現役合格組は制服を着ているが、浪人組は和装である

海軍兵学校入校、初めての制服姿(昭和9年)

昭和12年、一号生徒の頃。母・アサ（右)、妹・美津子（左)、甥・宮崎守正と、八尾の大川写真館で撮った一葉

宮野兄弟。左から長男・真一、次男・章二、四男・善治郎、三男・要三（昭和12年頃)

休暇で帰郷、和服姿の宮野

遠洋航海の途中、入港した上海で、出征していた兄・真一と会う。練習艦磐手艦上にて（昭和 13 年 4 月）

昭和13年11月、少尉任官。戦艦伊勢艦上で。宮野は伊勢では、はじめ上甲板候補生、次いで運用士を務めていた

昭和14年夏、戦艦伊勢乗組の同期生と。左から藤田柏郎、本図真砂夫、宮野、高澤秀夫の各少尉

昭和14年、宮野は飛行学生を命ぜられ、霞ヶ浦航空隊で飛行訓練を受ける。写真は翌15年初め、九三中練の前でポーズをとる宮野中尉

昭和15年夏、大分空で戦闘機を専修した65期の面々。前列左から若尾晃、平野稚郎、蓮尾隆市、後列左から宮野、牧野正敏、指宿正信、牧幸男の各中尉

昭和 15 年初夏、背広姿で上陸（外出）。別府にて。左から宮野、蓮尾隆市、中野遜。中野はこの直後の 7 月 3 日、空中接触事故で殉職する

昭和 15 年 9 月、大分空での戦闘機専修課程修了。後列左から、若尾晃、宮野、牧野正敏、蓮尾隆市、牧幸男、指宿正信の同期生 6 名。前列左端、分隊長・鈴木實大尉、右から 2 人目、飛行隊長・八木勝利少佐

宮野は昭和 16 年 4 月、十二空附となって、初めて戦地に出た。折椅子右から分隊長・鈴木實大尉、分隊士・宮野中尉。前列左端・中瀬正幸一空曹、以下鈴木分隊の搭乗員が並ぶ。宮野以下、搭乗員は皆、制式の「鶯の目」型飛行眼鏡ではなく、鈴木大尉が上海で買ってきたイタリア製のゴーグルをつけている

昭和 16 年夏、漢口基地の十二空搭乗員たち。前列右端・宮崎儀太郎一飛曹。2 列目左から蓮尾隆市中尉、佐藤正夫大尉、鈴木實大尉、右端、向井一郎大尉。3 列目左から 2 人目・大石英男一飛曹、続いて羽切松雄一飛曹、山下小四郎飛曹長、3 人おいて、山下丈二中尉、宮野中尉。後列右から 5 人目、坂井三郎一飛曹

昭和 16 年 5 月 26 日、天水の敵飛行場攻撃に出撃すべく、運城基地に整列する十二空搭乗員たち。一番手前が指揮官・鈴木實大尉、前列中央に宮野の姿があるが、この日の初陣はならなかった

●昭和十三年三月〜十四年九月

第三章　四面海なる帝国を　艦隊勤務

遠洋航海

三月十六日夕、江田内を出港した練習艦隊は、十七日には関門海峡を抜けて日本海に出た。その日の朝から早速、候補生は「候補生天測起し」で、毎朝四時半に叩き起こされることになる。十八日午前、舞鶴入港。これは、十九日に卒業式が行なわれる海軍機関学校四十六期生の、新機関少尉候補生六十九名を乗艦させるためであった。二十日には宮津に回航して、東京築地の海軍経理学校を卒業（二十六期）した新主計少尉候補生二十名を収容、これで各科候補生が揃い、練習航海の陣容が整ったので、高須司令官に伺候した。兵学校、機関学校、経理学校の三つを「海軍三学校」と称し、それぞれ兵科、機関科将校と主計科士官を養成していたが、海兵六十五期、海機四十六期、海経二十六期のように、同年同月に卒業、候補生となるクラス同士を、海軍ではコレス（対応期）と呼んだ。候補生には、年額六百七十円

（月五十五円八十三銭）の俸給が支給される。これは、一等下士官と同じぐらいの額であった。「練習航海」は、その語感から想像されるようなのどかなものでは全くなかった。「総員起し」後の釣床（ハンモック）くくり。新品のハンモックは帆布が固く、それを決められた時間内にギリギリとくくり上げるのは大変である。天測（太陽あるいは星の高度を測定することにより、海上での自分の位置を出す作業）に始まって砲術、航海、水雷、運用術、一通りの実習をこなさなければならない。その忙しいことは、目が回るぐらいであった。

練習艦隊は、候補生たちを訓練しながら日本海を北上、朝鮮半島の羅津、青森県大湊を経て今度は太平洋側を南下、三月三十一日、横須賀に入港、浮標（ブイ）に前後して繋留した。翌四月一日、第一回の石炭搭載。八雲、磐手は、「いわきの煙はわだつみの龍かとばかりなびくなり」という行進曲「軍艦」の歌詞そのままに、石炭を燃やして動くフネであった。白の煙管服、首にはタオルを巻きつけ、作業手袋を着用する。四日に参内が予定されているので、炭塵で顔が汚れるのを防ぐため、総員、顔に白粉をペンキのようにコッテリと塗り、防塵眼鏡をかけたものものしい姿。

〈〇七〇〇から一二〇〇まで、途中二回の中休みのほか、全員汗まみれ炭塵まみれになって、各艦に横付けされた石炭船内にうず高く積まれた石炭の山を、艦内の炭庫に移したのである〉（『回想録』）

四月四日、皇居「千種の間」で陛下に拝謁した六十五期生は、六日、曳船に乗り込んだ横須賀鎮守府軍楽隊が演奏する「愛国行進曲」に送られて、遠洋航海に向け出港した。伊勢湾神社泊地、佐世保に寄港、佐世保では一緒に遠洋航海を行なう研究軍医科、薬剤科士官を乗艦させ、まずは大連に向かう。

大連では、四月十六、十七日と半舷ずつに分かれて日露戦争戦跡と町を見学し、艦に残った組は、続々と詰めかける多くの艦内見学者の案内や接待に大わらわの一日を送った。候補生室を開放し、蓄音機を鳴らし、見学者、特に女学生に対してはガンルーム士官そこのけで、候補生たちが接待を相務めた。この時の見事な接待ぶりが大連女学校の一女学生のハートを捉えてしまい、一人の候補生に対してのちのちまで、熱いラブコールが届き続けたというのが、戦後も六十五期生の間で語り草になっていた。蓄音機といえば、こういうことがめっぽう好きで得意な宮野が、乗艦者の接待でも活躍したであろうことは想像に難くない。

十七日、大連駅から二十時発の南満州鉄道の汽車に乗り、満州国の首都新京へ。この時、食堂車に入れ替わり立ち替わり訪れる候補生たちが、列車に用意されていた飲食物を、翌朝の到着までに全部食い尽くしてしまったと伝えられている。ついに飲み物も食べ物もなくなり、卓上のソースをグラスに注いで、名残り惜しそうに舐めているものもいた。候補生は決められた場所以外でおおっぴらに酒を飲んではいけないことになっていたが、車中で酔っ払ってウエイトレスを追いかけるという武勇談を残したものもいた。

新京では満州国皇帝溥儀《ふぎ》に謁見、本式の中華料理の招宴。次々と運ばれてくる料理を、最初は皆、欲張って自分の皿にたくさん取って食っていたが、だんだん満腹になるにしたがい食べるペースが落ちてくると、なおも出てくる美味そうな料理に、「最初にセーブしとけばよかったなあ」と、あとでめいめいに語り合った。宴が終わって奉天見学、二十日には大連に戻り、「アットホーム」（艦開放）を行なって在留邦人との最後の交歓ののちに、練習艦隊は次の目的地、旅順に向けて出港した。この日、旗艦が八雲から磐手に変更になり、高須司令官以下司令部職員が宮野のいる磐手に乗艦してきた。

旅順、青島、上海、台湾、東沙島（東シナ海プラタス島）、バンコク。六十二期のオーストラリア、六十三期のアメリカ、六十四期のヨーロッパコースなどと比べるとドサ回りの感は否めなかったが、それでも、候補生たちにとっては行く先々で見るものすべてが珍しく、どこへ行っても歓待の宴席が設けられ、外交官でもあらねばならない海軍士官としての勉強には大いに役に立った。もちろん、その間、厳しい訓練は休むことなく続けられ、停泊地では石炭搭載の重労働も行なわなければならない。何事にも順位をつける海軍のこと、試験も定期的に実施された。

その間、四月二十七日から三十日にかけて入港した上海では、宮野は、出征してちょうど上海にいた長兄・真一と、前年度夏休暇以来の再会をしている。その時に兄弟で撮った数葉の写真が残っているが、磐手に面会に来た陸軍輜重兵上等兵の真一は、海軍少尉候補生の善治郎よりもはるかに威風堂々としていて、長兄の貫禄を感じさせた。この時、善治郎・二十二歳、真一・三十三歳。どんな会話が交わされたのか、残っているものは何もないが、前年からの兄弟間のわだかまりは解けていたのだろうか。上海には、磐手、八雲の練習艦隊のほかに、第三艦隊旗艦の軍艦出雲、そして朝日が停泊していて、さながら明治海軍の博覧会のようであった。上海出港後の五月二日からは、服装が白の第二種軍装に替わっている。

台湾の宴席で、アルコールの度が過ぎて失態を演じた候補生がいて、兵科候補生全員に禁酒令が出たり、同じく台湾で、もぎたてのバナナの味にびっくりしたり、バンコクでもまた、宴席でアルコールをがぶ飲みしてひっくり返るものがいたり、いろんな思い出を残して、練習艦隊は、今度は針路を東にとり、パラオ、トラック、サイパンへ。五月二十八日には赤道を通過、六十五期にとって初めての赤道祭。

〈満面に髯をたらした赤道神が赤鬼、青鬼を従え、高い足駄を履いてマストの上から甲板上に降臨する。艦長は赤道神から恭しく赤道通過のための鍵を受け取って、甲板上につくられた赤道の扉を開く。赤道神になった下士官兵の最先任者である先任衛兵伍長は、日頃は頭の上がらない艦長にこの日ばかりは深々と頭を下げさせて、得意満面である。伝令の、「只今赤道通過」の声を合図に、盛大な赤道祭となる。この日ばかりは無礼講、踊りに唄に浪花節にと、乗組員たちはこれまでひそかに今日のために練習してきた成果を存分に披露する。我々は甲板上のあちらこちらに陣取って、生まれて初めて見る赤道祭の光景に惜しみない拍手を送った。赤道を無事通過し、午後は休業となった〉(『回想録』)

パラオでは、台湾のバナナと同じように、生のパイナップルの美味さに一同驚いたり、航海中最後の石炭搭載が行なわれたり、洋上では三日間にわたって定期考査が実施されたり、サイパンでは事前に知らされていなかった敵前上陸訓練が行なわれたり、そうこうしているうちに、三ヵ月半におよんだ練習航海も終わりに近づく。朝鮮も台湾も当時は日本の国土であり、南洋群島も日本が統治していたので、結局、遠洋航海とは言っても、訪問した本当の意味での外国はシャム王国だけであった。六月十七日、ふたたび旗艦が八雲に変更された。ひと回り逞しくなった候補生たちを乗せて、練習艦隊が横須賀に帰港したのは、六月二十九日のことであった。内地は梅雨の最中で、横須賀軍港は雨に煙っていた。

戦艦伊勢乗組

遠洋航海を終えた六十五期の少尉候補生は、航海中に病気にかかった一名をのぞく百八十六名全員が、内地に帰港した六月二十九日付で聯合艦隊の各艦に配属された。いよいよ同期生が離れ離れになって、実施部隊で候補生としての後期の訓練が始まるわけである。ずっと後、戦争が激しくなった時期に兵学校を卒業した七十二期生からは、飛行機搭乗員要員は卒業後すぐに飛行学生を命ぜられたが、この時期はちがう。飛行機をどれほど希望していても、それはまだお預け、まずは一人前の海軍士官となるべく、潮ッ気を存分に吸い込む配置につけられる。

宮野は、磐手の椛島千蔵、曽木義雄、武田茂樹、丹羽廣、元良勇、山田忠男、八雲の清水治夫、柴田勝、高橋重夫、大宮稚郎、三浦忠夫、山崎正八郎、横溝幸四郎らと十四名で、戦艦伊勢乗組を命ぜられた。伊勢の艦長は、のちに第二航空戦隊司令官として勇名を馳せ、ミッドウェー海戦で空母飛龍と運命を共にして戦死した山口多聞大佐（兵四十期）であった。山口艦長は前年十二月一日に着任して以来、「人の和」と「闘志旺盛」をモットーに、ガッチリと全乗組員の心をつかんでいた。宮野たちが、横須賀から練習艦磐手に運ばれて、志布志湾に投錨する伊勢に着任したのは七月五日。艦内は、一日に行なわれた第一艦隊短艇橈漕競技で、出場した三つのクルーが一、二、三位を独占して、湧きに沸いている時であった。

聯合艦隊は、すでに後期の訓練に入っていた。聯合艦隊の訓練は、一月中旬から五月中旬までの前期、主に個艦や小部隊による訓練と、六月中旬から十一月上旬までの後期、主として艦隊全体の訓練に分かれていて、艦は、その年度の訓練が終わると、母港に帰って人員の異動、交替や艦の整備などを行なう。

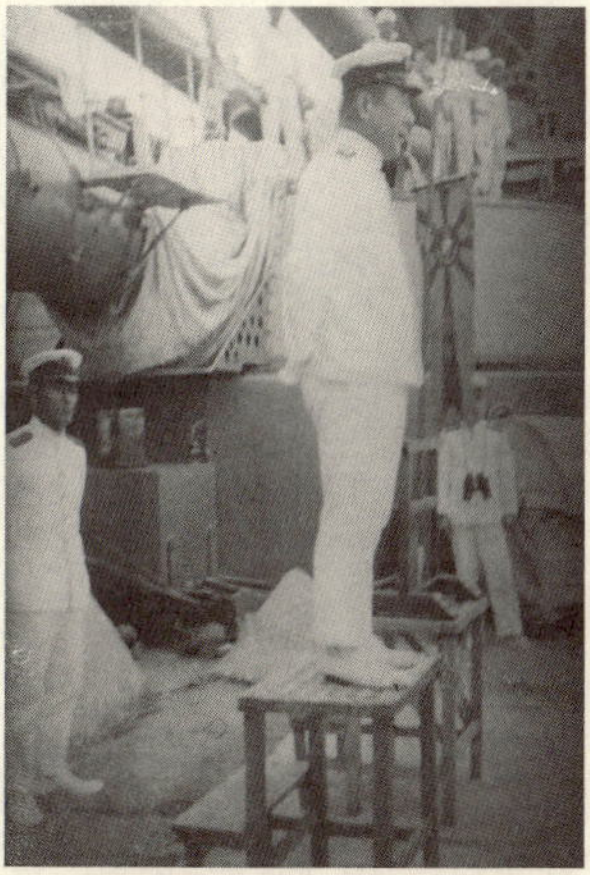

戦艦伊勢の甲板上で訓示を
行なう艦長・山口多聞大佐

伊勢は、艦長の人望そのままに、実にのびのびとした雰囲気の働きやすい艦《ふね》であった。「この艦長のためなら」という空気が自然に流れ、宮野も着任早々から、山口大佐の名艦長ぶりに心酔していたと伝えられる。

伊勢に限らず、聯合艦隊の各艦には、准士官以上の公室として、「士官室」「第一士官次室《じしつ》」「第二士官次室」「准士官室」があった。士官室には副長以下分隊長以上の士官が入り、第一士官次室は、通称ガンルーム、各科分隊士以下の若手中少尉および候補生の公室で、宮野たちが入ったのはこの部屋である。ガンルームに入る士官のうち、兵科の最先任者をケプガンと呼んでいたが、多くの艦では、六十五期生兵学校入校時の「鬼の一号」、六十二期生がケプガンを務めていた。伊勢のケプガンも、やはり六十二期の磯部慶二中尉（昭和十九年六月六日、駆逐艦水無月《みなづき》艦長として戦死）であった。しかし一般に、「鬼」も任官して中尉にもなると、兵学校生徒の頃と比べると格段にリファインされて、新着任者の元四号生徒に対し、何くれとなく気を配ってくれたという。第二士官次室は兵から累進した海軍の主のような特務士官（特務大尉、特務中尉、特務少尉）、准士官室はその手前の階級、各科兵曹長の居室であった。

戦艦に配乗されると、おのおのに配置が割り当てられる。分隊長以上の配置は辞令で決まるが（しかし、分隊長として着任した者も、何分隊長になるかは艦の都合次第である）、それ以下の配置は、乗艦してから割り当てられる。

宮野は、まずは副長附《づき》上甲板候補生を拝命した。甲板士官は、艦の軍紀風紀の総元締の役回りで、甲板候補生はその補佐を行なう。「総員起し」前から「巡検終り」の後まで、一日中艦内をぐるぐる駆け回り、艦内の整理整頓、兵員たちの士気の鼓舞、軍紀風紀の高揚に努めるのが仕事である。伊勢のような大きな艦では、甲板士官も、上甲板士官と下甲板士官のふた手に分かれていた。艦にはそれぞれ、特別短艇員（カッター漕ぎの猛者が揃い、溺者救助や輸送に当たったり、艦隊競技に艦を代表して出場する）のクルーがいて、多くの場合、甲板士官および候補生がチャージ（艇指揮）を務めていた。宮野もほどなく、特別短艇員のチャージを命ぜられる。短艇訓練のため、起床は毎朝四時。荒くれ者揃いのクルーの先頭に立って、雨の日も風の日も、漕ぎに漕ぐ。これは、傍目からは大変そうであるが、宮野にとって実にやりがいのある、また性に合った仕事であった。

当時の伊勢艦上の空気を、山田忠男は次のように記している。

〈艦長は山口多聞大佐、運用長は兵学校で運用の教官であった河野康中佐であった。運用長には兵学校時代と同様にチャージで絞られると一同覚悟していたが、杞憂に終わりホッとした。しかし、予期せぬ相撲で存分に鍛えられることになった。

着任してみると、四番砲塔の左舷《ひだりげん》には鉄枠帆布製の二十五メートルプール（二コース）があって、艦隊水泳競技を目前に、選手が盛んに水しぶきをあげて練習していた。また、その反対側（右舷《みぎげん》）には、土で作った土俵があって、相撲部員が盛んにぶつかり稽古をしていた。海軍では相撲が盛んで、毎年海軍記念日には、東京の水交社に天皇陛下の行幸を仰ぎ、式典終了後、相撲協会による天覧の紅白試合が行なわれたほどで、各艦の対抗意識も強かった。

艦上での稽古は表面が毛羽だったマットレスを広げて、その上で行なわれていたが、伊勢では当時、艦隊唯一と言われた土の土俵が使われていた。この土俵こそ、相撲好きの河野運用長が艦長の許可を得て作らせたもので、新着任の候補生も早速、この土俵で鍛えられることになったわけである。

伊勢でのもうひとつの思い出は、外泊を許されない候補生のために、教育の一環として行なわれた一泊旅行のことである。

われわれが乗艦してから、しばらくして艦隊は休養地別府に入港した。その翌早朝、初級士官指導官福地少佐（副砲長）、ケプガン磯部中尉に引率されて、各科候補生一同は初級教育の旅に出発した。豊後竹田で下車して「荒城の月」で有名な岡城址を見学、次いで広瀬中佐を祀る広瀬神社に参拝して先輩の偉業を偲んだ。さらに足を阿蘇に伸ばして、噴火口をのぞき、その晩はふもとの温泉で一泊した。兵学校を卒業して初めての旅館泊まりとあって、夜の宴会で皆が大騒ぎしたことは忘れられない。

〈外泊のできない候補生も、「教育の一環」のおかげで外泊し、皆満足して翌日帰艦した〉

山口多聞艦長は、初級士官教育に熱心で、しばしば候補生全員を集めては想定問題を出し、それを候補生に答えさせた。武田茂樹の回想によれば、ある時、「今仮に、駐在武官である諸君が欧州方面より日本商船で帰国の途中、たまたま日米開戦となり、インド洋上で米艦から停船命令を受け、臨検されることになったとする。諸君はその時、私服を着ていたが、船客名簿や個室の軍装などから海軍士官とわかることは明白である。臨検の内火艇が近づいてくる。A候補生、君ならその場合どうするか。B候補生、君は」……という具合である。

ある候補生は、「戦闘中ではないが、捕虜となって連行される公算が大きい。それは武人として耐えがたいから、自決します」と言い、別の候補生は、「無抵抗で死ぬのは情けない。鉄棒でも使って敵の一人でも殴り殺して戦います」と言った。「それらは犬死にだと思います。無駄な抵抗にとどまらず、一般乗客に迷惑をかけるかも知れません。商船だから臨検だけで済むかも知れません。たとえ連行されても致し方なく、ここは我慢して後日、情報を送るなどの方法で役に立ちたい。何もかも不可となった時に、自ら措置を決めても遅くないと思います」と答えた候補生もいた。

山口艦長は、候補生たちの意見を、終始だまって頷きながら聞いていた。一人一人の意見にはいっさい論評を加えず、ただ、「諸君は今後、どんな場面に遭遇するかも知れない。潔く死ぬべき場合もあり、また、生き残るのが当然の場合もあるだろう。しかし、死すべきか生き抜くべきか、迷った場合には死を選ぶべきである。潔く死ねば武人として間違いはない」と結んだ。

〈私としては、この問題に正解が与えられず、拍子抜けの気がしないでもなかったが、同時に何かすっきり回答を得たような気がして、それがわずか数ヵ月、身近に仕えた私の山口艦長に対するもっとも強い思い出になった〉と、武田茂樹は記している。

昭和13年7月、阿蘇山にて（少尉候補生）

少尉任官

昭和十三年十一月十五日、宮野たち六十五期の少尉候補生は揃って少尉に任官する。少尉の俸給は、年額八百五十円、月に七十円八十三銭で、これは帝国大学を出た勤め人の初任給とほぼ同じであった。

同日、山口多聞大佐は少将に進級、軍令部出仕となり、代わって同じ姓で海兵も同期の山口儀三郎大佐が艦長として着任してきた。十二月の定期異動で艦の幹部も多くが入れ替わり、運用長は河野中佐から大野周中佐に交代する。ガンルームの新少尉たちにも転勤が申し渡され、それぞれ新たな任地に巣立っていったが、宮野は、山田忠男、横溝幸四郎と三人で、伊勢に残ることになった。そして新たに、川嶋辰雄、木村章、本図真砂夫、藤田柏郎、高澤秀夫の同期生たちが伊勢に着任してきた。

この異動で、宮野は新たに、運用士兼第十五分隊士を命ぜられた。運用科は、艦内の備品一切を管理、運用する縁の下の力持ちで、戦闘時には艦の応急処置（ダメージコントロール）なども任せられる重要な配置である。運用士は宮野と、商船学校出身の山崎正義予備少尉のダブル配置、実務をつかさどる掌《しょう》運用長が毛利喜八特務中尉であった。運用科では、他分隊所管のものをのぞく短艇なども所管しており、宮野は引き続き、特別短艇員のチャージを務めた。

分隊長を補佐する分隊士としての仕事も、分隊員の下士官兵に関する書類の整備、保管、進級の停年計算、善行章（下士官兵の制服の右腕、官職区別章――階級章――の上に付けられるへの字型のマーク。通常、三年の勤務ごとに一線が付与される）付与、給料の増俸時期、叙勲時期の計算など、部下の一人一人の身上を左右する重要な仕事が盛りだくさんで、気が抜けないものであった。海軍では、分隊をひとつの家族に見立てて、分隊長は父、分隊士は母であるとされていた。またそれとは別に、毎日一定時間（昼四時間、夜二時間）の副直将校勤務（当直将校を補佐して艦内の日課、作業を取り仕切る）と、停泊中の定期便などに艦から出す内火艇の艇指揮も、ガンルーム士官の大切な任務である。総じて、ガンルームの初級士官は忙しい。その忙しさも、一人前の責任を負わされての忙しさであるから、兵学校生徒の頃の忙しさとはまったく異質なものであった。

この年、新たに導入された短期現役技術士官（当時は造兵科）の一期生も、艦務実習を兼ねて乗艦してきた。その中の一人、東大を出て造兵中尉となった風見博太郎が、当時の伊勢士官名簿を保管している。風見の父は、近衛内閣書記官長でのちに法相も務めた風見章。博太郎はエンジン技術者で、海軍の現役を二年で終えた後は中島飛行機に入社し、戦後はプリンス自動車で日本自動車工業界の草分けの一人となる人である。

名簿によると、艦長は別として、この年度の伊勢の士官室士官は、副長中島千尋中佐、機関長根本金次機関中佐以下二十六名、それに加えて、実習を兼ねて乗り組んできた技術士官もふくめ、ガンルーム士官五十六名、特務士官および准士官が計三十四名乗っている。准士官以上は百十七名に達するが、これだけ合わせても伊勢の全乗組員の一割にも満たず、実際に艦を動かすのはその他九割強の下士官兵であった。

任官すると、晴れて背広（海軍隠語でプレーンと言う）を着て外出することができ、酒を飲んだり、いわゆるエスプレー（芸者遊び）など、夜の遊びのほうも一人前に認められるということで、皆、背広をはじめ、帽子や靴なども任官を前に誂えた。士官は、制服も私物になるので、今までの候補生の短ジャケットに代えて士官服を新調しなければならない。帝国海軍というところは、英国海軍をお手本にしているだけに身だしなみには厳しく、特に士官は、妙にお洒落にもうるさいところがあった。

事変の激化で、六十五期からは礼服を作るのが見合わせられたので、六十四期以前のクラスと違って礼装一式の月賦には悩まされずにすんだが、少尉の俸給が約七十円（別に勤務に応じて加俸がつく）なのに対して背広の誂えは百二十〜三十円。洋服は英国地で腕のいい職人に仕立てさせろとか、私用の外出であっても洋服の時は必ず帽子を被れ、着物の時は袴を付けよ、とか、汽車は二等車（今のグリーン車）、宿や料理屋はその土地で一番高級なところを利用しろなどと、士官たる者の体面を維持するのもなかなか大変であった。

兄弟の苦労の末にやっと兵学校を出た宮野のような者も、同期生の徳川熈のような将軍家の孫も、任官すれば同じように一人前の士官として扱われ、それにふさわしい行動や、一流の身だしなみを要求されるわけである。機会平等といえばこれほど平等なこともあるまいが、宮野の生い立ちからすると、最初はちょっと違和感も覚えたことだろう。

同じ目線の高さで

違和感、と言えば、これも英国海軍をお手本にしたことによる、士官と特務士官、准士官、下士官兵の待遇や生活の差のあまりの大きさにも、宮野にとっては納得できかねるものがあった。

ずっとのちに改められるが、海軍の当時の制度では、兵から累進したベテランの特務士官であっても、戦闘時の軍隊の指揮権は兵学校出身の兵科将校の下に置かれていた。たとえば、古参の特務中尉と兵学校出身の若い少尉がいるとして、戦闘時には、特務中尉は少尉の指揮下に入らねばならない。これは、軍の指揮系統を定めた軍令承行令という法規によるものであった。士官と特務士官だけでなく、機関科、主計科その他各科士官や、商船学校などを出た予備士官との関係でも、「指揮権」の上では兵学校出身士官は絶対的な優先順位をつけられていた。

士官と特務士官に限って比べても、同じ尉官の階級であっても、例えば第二種軍装（白）の特務士官の肩章の金筋は兵学校出身士官の半分の太さで、第一種軍装の袖章の上には金属の桜マークが三つ並んでいるなど、一目見ただけで区別がつくような差を設けていた。それでも、准士官以上になれば、生活の上では士官同様の待遇を受けるが、士官と下士官兵では、同じ艦にあっても住むところが違えば食い物も全然違う。士官室やガンルーム、第二士官次室には従兵という名の従僕がいて、士官の日常生活の雑用一切を言いつけることができる。茶を所望するのにも、「お茶を入れてください」ではなく、「従兵、茶を持ってこい」などと言う。

元は河内の庶民である自分と、自分の部下である下士官兵と、どこがどう違うと言うのか。自分はたまたま教育の機会に恵まれただけで、軍人としての経験も実力も、古参の特務士官や下士官にはまだ遠く及ばない。他の同期生と比べても、世の中にもまれ、苦労してここまで育ってきた分、宮野には、自分と部下との関係を、謙虚に省みる視点が備わっていた。
「立場は違っても、同じ人間やないか」、宮野は、士官としての自分の立場は承知しながら、その待遇に、ただあぐらをかいていることはできなかった。士官は下士官兵と一緒に酒を飲んだり、私的な付き合いをしてはいけないという不文律があったが、彼は、自ら進んで下士官兵の輪の中に入っていき、同じ目線の高さで彼らと接した。「今度の運用士はちょっと違うぜ」、いきおい、彼がチャージを務める特別短艇員のクルーの結束も固くなる。
同期生の高澤秀夫（昭和五十八年歿）は、その手記に、
〈(宮野とは）昭和十四年、伊勢のガンルームで一緒だった。彼は特別短艇員のチャージで、その仕事に熱中していた。艇員と一心同体となり、今で言うプロ野球の監督兼コーチの心境で努力し、競技では優勝にこぎつけた〉
また、同じく同期生の武藤正四は、
〈昭和十四年の春、聯合艦隊カッター（短艇）レースの時、戦艦の甲板で出番を待っている彼を見かけたが、言葉をかける暇もなく過ぎてしまった〉
と書き残している。「軍艦伊勢出版委員会」が戦後、編纂した『軍艦伊勢』（下巻）によると、短艇競技は三月三日、有明湾で行なわれ、伊勢からはガンルーム選抜の第一士官クルー

（艇指揮・大野中佐）、下士官兵の兵科第一クルー（艇指揮・島内少佐）、特務士官、准士官選抜の第二士官クルー（艇指揮・芦田機少尉）の、合計五隻の短艇が参加した。伊勢の艦内新聞「いせ新聞」を見ると、宮野は、兵科第一クルーの艇指揮と、第二士官クルーの艇員をかけ持ちしていたことがわかる。

宮野が艇指揮を務める下士官兵の兵科第一クルーは、予選ではトップだったが、決勝では由良、金剛のクルーに先行されて三位に終わった。兵科第二クルーは五位であった。しかし、准士官以上では、第二士官クルーは五位に終わったものの、第一士官クルーは見事優勝、高澤が「優勝にこぎつけた」と記しているのはこのことを指しているのであろう。

この伊勢ガンルーム時代に、宮野は本格的に酒の味を覚えた。しかも、呑んでみたらめっぽう強かった。姉・そのを始め、家族の誰もが「善ちゃんがお酒を呑むなんて……」と意外そうな顔を見せるが、この時期以降に宮野と関りあいをもった人の多くは、宮野イコール酒豪、というイメージを持っている。

しかし、宮野の酒は、ただ強いだけでなく、その場の空気を楽しくさせる、たちのいい酒であった。呑むと決まって、自慢の喉を披露したりハーモニカを吹いたり、兵学校以来の芸達者ぶりを見せた。一緒に呑む者同士の心をつなぐ不思議な雰囲気をかもし出す、楽しい酒であった。

飛行学生を命ず

昭和十四年三月二十二日、伊勢は鹿児島を出港し、北支海域に向かった。途中訓練を重ねつつ、青島に入港。青島居留民団の歓迎のもと半舷上陸が許され、残ったものが分担して外舷塗装を行なったというから、さほど緊迫した作戦行動ではなく、どちらかと言えば、加算取りのための遠足といった趣であった。しかし、この時、外舷作業中の奥田勝次二等水兵が誤って海に転落、殉職し、しかも四月七日、呉に帰港した頃に艦内で青島土産らしいチフスが発生、百名が罹患するハプニングにも見舞われた。伊勢は、チフス患者を艦内に抱えたまま、五月二日、三日に行なわれた聯合艦隊の戦技に参加するが、それが終わるとすぐに三ツ子島（広島県）の検疫錨地に係留され、艦内の消毒作業員をのぞいて、全乗組員が検疫病棟に隔離、消毒と検便を繰り返す騒ぎとなる。消毒解除になり、乗組員が帰艦できたのは五月二十五日のことであった。

六月に入ると、聯合艦隊の昭和十四年度後期の訓練が始まり、八月下旬には、本州南方海上で青軍《あおぐん》、赤軍《あかぐん》に分かれての大演習が行なわれることになっていたが、折から発生した台風のために急遽、演習は中止され、艦隊は紀州沖に避難した。八月三十日、聯合艦隊司令長官・吉田善吾中将の後任として、山本五十六中将が親補《しんぽ》される。

山本中将が、和歌浦湾に待機していた聯合艦隊旗艦・戦艦長門に着任し、吉田中将と交代したのが九月一日。この日、ヨーロッパでは、ドイツ軍のポーランド侵攻により、第二次世界大戦が始まった。

同じ日、宮野にとって待ちに待った辞令が届いた。「海軍練習航空隊飛行学生ヲ命ス」。宮野は内心、「やった！」と思ったに違いない。六十五期の少尉のうち、九月一日付で飛行学生を命ぜられたのは七十名。うち三名が、いかなる理由からか九月九日付で飛行学生を免ぜられているので、この時点で航空に進んだ者は、同期生のうち三分の一強にあたる六十七名であった。宮野は、特別短艇員のチャージを高澤秀夫に託し、新任士官としては異例ともいえる一年半もの長きにわたって勤務した、思い出深い伊勢を後にした。結果的に、伊勢は、宮野が戦死するまでの間に、もっとも長く勤務した任地になった。

●昭和十四年九月～十六年八月

第四章　空征く心誰か知る

飛行学生～支那事変

霞ヶ浦航空隊着任

飛行学生を拝命した宮野は、数日後、霞ヶ浦海軍航空隊に着任した。同時に飛行学生を命ぜられた同期生たちも、それぞれの前任地から九月十一日までに参着し、第三十二期飛行学生となった。第二十一駆逐隊附として子ノ日《ねのひ》に乗っていた若尾晃、潜水母艦剣埼《つるぎざき》に乗っていた指宿《いぶすき》正信、戦艦陸奥乗組の蓮尾《はすお》隆市、敷設艦沖島《おきのしま》の牧幸男、空母赤城からは牧野正敏、などなど、この一年半の艦隊、実施部隊勤務でひとまわり逞しくなった懐かしい顔が揃った。その後、陸上機専修と水上機専修とに分けられ、陸上機専修の四十七名は、筑波海軍航空隊百里原分遣隊、水上機専修の二十名は鹿島海軍航空隊で、それぞれ練習機教程の飛行訓練を開始した。陸上機専修に決まった宮野が、真新しい飛行服に身を包み、三式初歩練習機の前席で、飛行学生として初めて百里原の空を飛んだのは、九月十四日のことであった。

宮野善治郎の生涯で、この飛行学生時代の資料はほとんど残っていない。操縦教程中は三人一部屋で暮らしていたが、誰が同室であったか、また、受け持ち教官の名前など、たどるすべがないのが残念である。

百里原は、その名の通り、見渡す限り何もないような僻地であったが、念願かなって飛行学生になった彼らにとっては、空を飛べることこそが嬉しく、訓練が厳しいとか、遊びに行くところがないなどと不平をもらすものはいなかった。訓練終了後の自由な時間、親しい者同士で部屋に集まっては、人生論、女性論を戦わせたり、ハーモニカや笛に興じた。それは、一人前の士官として認められた上での、兵学校時代とはひと味ちがった合宿生活のようなものであった。

飛行訓練は一日二回程度、一回当りの飛行時間は十五分から三十分ほどである。練習機は二人乗りで、後席には教官（准士官以上）や教員（下士官）が同乗する。操縦桿を預けられても、なかなか言われた通りにはいかず、後ろから教官の「愛の鞭」が飛んでくることもしばしばであった。はじめは思うに任せなかった飛行機の動きも、だんだんコツがつかめてくると、飛行機が言うことを聞いてくれるようになる。適性や体調の良し悪しで多少の前後はあったものの、ほぼ一ヵ月半で、単独飛行が許されるまでになった。宮野の航空記録は残っていないが、防衛省防衛研究所に、同期生で、その後も戦闘機乗りとして宮野と似た道をたどった蓮尾隆市の航空記録が残っている。それによると、蓮尾が初めて単独飛行を許されたのが十月二十八日、飛行回数は四十一回目であった。

約二ヵ月、飛行時間にして三十時間足らずの初練教程を終え、十一月十四日、三十二期飛行学生（陸上機専修）は霞ヶ浦海軍航空隊での中練教程に移る。ここで乗る飛行機は、「赤とんぼ」の愛称で知られる九三式中間練習機であった。翌十五日には、全員が揃って中尉に進級した。新任中尉の俸給は年額千二十円、月額八十五円、それに月六十円の航空加俸がついた。

中練の訓練が始まって間もない十一月末、永野善久中尉（昭和十八年二月二日、中攻隊の七〇五空分隊長として戦死）が、事故で左腕を骨折し、入院治療が長引いたので、結局、二期あとの三十四期飛行学生に編入された。

「マーチャン」

霞ヶ浦での訓練は厳しいものであったが、飛行学生は士官であるから、ちゃんとした士官としての待遇を受けていた。飛行場では、下士官兵の練習生と同様に鍛えられ、ヘマをやれば連帯責任で飛行場を走らされることもあったが、訓練が終われば、学生と練習生とではまったく別の生活が待っている。そのへん、海軍ははっきりとしたものであった。学生は三人一部屋の私室があてがわれ、毎週、土曜の午後から日曜まではプレーン（背広）を着て、自由に外出（海軍では「上陸」という）ができる。

昭和 14 年 9 月、飛行学生となる。霞ヶ浦海軍航空隊百里原分遣隊にて

土曜午前の日課が終わると、皆、いそいそと身だしなみを整えて、バスで常磐線荒川沖駅へ。霞ヶ浦海軍航空隊の陸上機班も、鹿島海軍航空隊の水上機班も、同じ列車で東京方面に向かい、日曜夕刻の同じ列車で帰隊するのが恒例になっていた。

宮野は、週末ごとに蓮尾隆市、若尾晃、冨士信夫、馬場隆二、中野遜《ゆずる》、武藤正四ら同期生と連れだって、東京に出かけた。蓮尾は東京府立四中、若尾は横浜一中、冨士は東京八中のそれぞれ出身で、東京の地理に不自由はなかった。宮野には大阪者にありがちな、東京への偏狭な対抗心などはみじんも感じられず、東京へ行く時の宮野は本当に楽しそうで、どこへ行ってもその場にすぐになじんだ。東京に出て、まず最初に行く先は、たいてい銀座。それも、松屋の裏通り、当時の町名では木挽町《こびきちょう》で美人三姉妹が切り盛りしている、

「マーチャン」という喫茶店であった。

〈この店は、昼は喫茶、夜は酒もサービスする。上野駅についてすぐ、あるいは上野駅へ行く前に、ここに集まることが多かった。集まったら座を陽気にする若尾君、宮野君に比べて、蓮尾君の苦みばしった黒ん坊が、意外に女性、それも長姉マーチャンにもてていたようだ。ある日、蓮尾君と私は、酔いが回りすぎて、店のソファーで寝てしまったことがある、そんな気のおけない店であった〉(冨士信夫)

〈この店を、最初に見つけたのは木村章で、「皆ナイス(美人)で感じがよく、ノーチップ制、ぼらないし、あそこなら安心して愉快に飲めるよ」と推奨したのがきっかけとなり、たちまち学生間にマーチャン党が増えていった。

長姉が乙羽信子によく似ており、かつて「マーチャン」の愛称で鳴らした赤坂のフロリダダンスホールのナンバーワン、彼女の名を店の名にしたという。次女が銀座ダンスホールのナンバーワン、三女がフロリダのナンバー五だったとか。名ダンサーの三姉妹が、時局で斜陽のダンスに見切りをつけて、この店に転じたと聞いている。他に女の子が二、三人いて、マーチャンを始めとして、われわれの青年士官ぶりが気に入ったのか、大いに歓迎してくれるし、われわれも居心地がよく、またあそこに行けばクラスの何人かは必ずいるということもあって、われわれ飛行学生の、東京でのたまり場になっていた〉(武田茂樹)

時には十数名の同期生がここに集い、ほとんど貸切のような感じで、即席のクラス会が始まることもあった。もちろん、宮野はこういう場には必ず姿を見せていた。皆、店内のあっちで飲み、こっちで談じ、店のほうが「誰にいくらもらうかわからなくなっちゃった」ということもあったが、皆が自分が飲んだと思われる額を自己申告で払ったら、勘定より多かった、という逸話も残っている。

〈散っていった者にとっても、われわれ生き残った者にとっても、マーチャンは飛行学生時代の忘れられない懐かしい思い出の店である〉（武田茂樹）

土曜にマーチャンに集えば、日曜は浅草で映画を見たり、レビューを見たりする。こんな週末が、翌昭和十五年四月、霞ヶ浦での中練教程が終わるまで続く。支那事変は泥沼化していたが、まだまだ街は華やかで、元気盛りの飛行学生たちが遊びに困るようなことはなかった。この時期は、宮野にとっても、いちばん楽しい青春の一時期であったかも知れない。

最初の殉職者

飛行訓練は順調に進んだ。中練教程を終えるまでの飛行時間は、おのおの約百三十時間に達していた。しかし、操縦技倆の検定も一段落し、機種別の発表も近づいて、学生たちがそんな話題で持ちきりだった四月二日、飛行訓練中に、六十五期生から最初の殉職者が出た。

この日、宮野は、林親博中尉と同期生同士のペアを組んで、特殊飛行、計器飛行の訓練をしていた。雲が低く、不安な天候であった。一通りの訓練を終えて、前席の林が飛行場に向かって降下を始めた時、風向が変わった。連続離着陸訓練も並行して行なわれ、空中には何機もの飛行機が飛んでいる。風向が変わったのに気付いて着陸をやり直した機と、気付かずにそのまま飛んだ機が一瞬、交錯した。見る方向によって、目撃した同期生の証言も食い違うが、離陸しようとしていた今坂秀夫中尉操縦の飛行機が、着陸しようとしていた中島巽中尉（のち蒼龍艦攻分隊長として真珠湾攻撃に参加）の飛行機と、高度約十メートルで空中接触した。中島機はかろうじてバランスを保って無事、着陸したが、今坂機は、ゆるい螺旋を描いて、そのまま霞ヶ浦飛行場北東端の桐林に墜落した。空中にいた宮野も林も、気付かないほどの一瞬の出来事であった。

飛行機は原型をとどめており、後席の谷口良秋（のち結婚して入来院、十七年十月二十六日、隼鷹艦攻分隊長として南太平洋海戦で戦死）は重傷を負ったものの助かったが、今坂は、病室に運ばれた時にはすでに事切れていた。佐世保中学出身、謹厳実直そのものながら朴訥なユーモアがあり、同期生に愛された快男児であった。今坂の殉職が、同期生たちに与えたショックは大きかった。数日後、彼らは連れ立って今坂機の墜落地点に赴いて、祈りを捧げた。桐の木に、馬場隆二が腰の短剣で、「故今坂大尉殉職の地」の文字を刻んだ（「大尉」とあるのは死後の進級）。つい先ほどまで、ピンピンしていて冗談を言い合った仲間が、ある時、忽然といなくなる。これから先、嫌というほど味わうことになる飛行機乗りの宿命を、最初に噛み締めた出来事であった。

今坂の殉職からほどなく、中練教程は終了し、あとはそれぞれ、決められた機種別の専門分野（実用機専修区分）に従って延長教育（実用機課程）を受けることになった。操縦、偵察もこの時分けられた。宮野と銀座仲間で仲のよかった馬場隆二は、希望がかなわず偵察に決まった。馬場は一瞬、悔しそうな表情を見せたが、すぐに気を取り直して、「よし、俺は偵察をモリモリ勉強するぞ！」と言って白い歯を見せた（しかし、馬場は、同期の新名正雄とともに、この年八月二十三日、夜間編隊飛行訓練中に乗機九七艦攻が墜落、殉職した）。

宮野は、希望通り戦闘機専修と決まった。飛行学生のほぼ全員が戦闘機を希望する中、戦闘機に決まった者は、皆そうであった。わが意を得たり、と思ったに違いない。戦闘機の操縦訓練を受けることになったのは、宮野善治郎、若尾晃、蓮尾隆市、牧野正敏、指宿正信、牧幸男、中野遜、大宮稚郎、以上八名であった。おとなしく、ふだん喜怒哀楽を表に見せない牧野正敏も、この時は本当に嬉しそうな笑顔を見せた。

四月十二日、飛行学生の卒業編隊飛行が行なわれ、十七日、伏見宮博恭王のご差遣を仰いで、第三十二期飛行学生の卒業式が、霞ヶ浦海軍航空隊で挙行された。前年九月、飛行学生となった六十七名中、殉職した今坂、負傷した永野、谷口、途中で学生を免ぜられた二名をのぞく六十二名が卒業式に参列した。そのうち、陸上機専修の高井貞夫（のち中攻）、水上機専修の木村章（のち戦闘機に転換）が、優等卒業生として恩賜の銀時計を拝受した。卒業式が終わると、今度は実用機課程を修めるべくそれぞれの任地に向かう。実用機訓練の航空隊は、大分（艦戦）、宇佐（艦攻、艦爆、偵察）、館山（水上機操縦）、横須賀（水上機偵察、近藤潔のみ）に分かれていた。

大分空での実用機訓練

大分空の飛行隊長は、戦闘機生え抜きの八木勝利少佐（兵五十四期）、先任分隊長は、支那事変初頭、龍驤戦闘機隊分隊士として、九五式艦戦四機を率いて中国空軍戦闘機二十七機と交戦、うち九機を撃墜する偉勲をたてて当時の第三艦隊司令長官・長谷川清中将から感状を受けた鈴木實大尉、そして直接の受け持ちではないが、分隊長として、菅波政治《まさはる》大尉（六十一期）、六十五期とは縁の深い六十二期の四元淑雄大尉（この年九月に結婚、姓が志賀となる）が配され、その他の教官、教員も歴戦のベテラン搭乗員が揃っていた。

ここでは、複座の九〇式練習戦闘機での慣熟訓練ののち、単座の九五艦戦で、一人前の戦闘機乗りとなるべく、約五ヵ月にわたって、概ね百時間強の操縦訓練を受けることになる。編隊飛行、特殊飛行、空戦、射撃、爆撃訓練。複葉の旧式戦闘機とは言っても、九〇練戦、九五艦戦とも、本物の戦闘機であることに違いはなく、その力強さと操縦のシビアさは、これまで慣れ親しんだ九三中練とは全く別物であった。特に、一人で乗る九五艦戦のエンジンの大きさ、それによる着陸時の前下方視界の悪さは、学生たちを戸惑わせた。

飛行機では半人前でも、中尉となれば一人前の海軍士官である。大分空でも、週末に自由に上陸（外出）できることには変わりはない。大分の町と航空隊の間を流れる川で魚釣りをしたり、大分の近場の料亭に行くこともあったが、ここでの彼らの遊び場は、もっぱら別府であった。別府には温泉や料亭はもちろん、今でいうダンススタジオのようなところも揃っていて、娯楽には事欠かなかった。

延長教育中の身であっても、搭乗員には、正規の俸給のほかに、航空加俸をはじめ、本俸と同じくらいかそれ以上の加算がつくので、なりたて少尉の頃とちがって、週末の遊びに不自由することもない。中尉の宮野たちの本俸は月額八十五円だが、加算がついて二百円近くの月給になる。芸者を上げて飲んで騒いで、朝まで泊まって三十円ほど。皆、明日をも知れぬ命と思い、金に執着するものはいなかった。もし、給料日前で軍資金が足りなくなっても、お互いに融通しあって、同期生が支払いで恥をかくようなことはさせないのが、戦闘機乗りの気風であった。

なお、四月二十九日付の論功行賞で、「支那事変における功により」宮野に勲六等瑞宝章と二百三十円の賜金が授けられ、支那事変従軍記章が授与されている（実際の授与は昭和十七年）。これは主に、伊勢に乗組んで北支海域の警備行動についたことによるもので、特に勲功らしい勲功をたてたわけではない。同日付で、兄・宮野真一陸軍輜重兵《しちょうへい》上等兵には、金四百円が授けられた。やはり、階級は低くとも、現地にいるものの方が多くもらえたもののようである。余談だが、この賜金は国債の形で授与され、毎年決まった日に決まった金額を半券を切って受けとるようになっていたが、宮野家に残された兄弟名義の国債を見ると、昭和二十年までは換金されているものの二十一年から十数年分の半券はついたままで、敗戦によって空証文になってしまったことがわかる。

大分空の分隊長・鈴木大尉、四元大尉ともに、スマートかつ洒脱な、絵に描いたような海軍士官、海軍戦闘機隊を代表すると言って過言ではないナイスボーイ(海軍隠語で男前のこと)として知られ、別府の芸者衆の人気を二分していた。芸者のことを、やはり海軍隠語でエスと言った。エスはSingerの頭文字のSである。海軍では、若い士官が女性問題で身を誤らないように、エスプレーを奨励している節があった。

鈴木大尉は、今も別府でいちばん大きな温泉ホテルとして知られる杉乃井、四元大尉は楠町にあった、大正三年創業の料亭なるみ(昭和四十年移転後、六十一年廃業)と、それぞれ主たる縄張りはあったが、いずれにせよよくモテた。

余談だが、海軍の躾教育では、「素人の女性に手を出すな、遊ぶのは玄人相手にせよ」ということが厳しく言われていて、モテたというのは、もっぱらプロ?の、エスの女性たちの間からである。鈴木大尉、四元大尉とも、サイレントネイビーの伝統をそのままに、戦後は自らの戦争体験、ことに勲功について語ることにはきわめて慎重であったが、その重い口も、別府でモテた話となると別であった。

「私もモテたほう、いや、実際モテたんだけど、四元君にはかなわなかったなあ。お座敷で一緒に飲むと、エスがみんなあっちに行っちゃうんだから」(鈴木大尉談)

「東京出身の鈴木大尉はやることなすこと粋に見えて、自分の田舎者さ加減を嫌というほど感じさせられた。どっちがモテたって?……それは間違いなく鈴木さんでしょう」(志賀―旧姓四元―大尉談)

宮野たちは、戦闘機の操縦だけでなく、そんな遊び方や女性との接し方についても、問わず語らずのうちに、先輩たちからいろんなことを教えられた。当時の別府には菊奴という、名だたる戦闘機乗りたちを手玉に取った名妓《めいぎ》もいて、その話だけで短編がひとつ書けてしまうぐらいだが、脱線はやめておこう。

大分空には、宮野たち海兵六十五期の三十二期飛行学生よりわずか二ヵ月半遅れで、後輩六十六期の三十三期飛行学生も実用機専修課程でやってくる。これは、支那事変で陸上機搭乗員の消耗が激しくなったために急遽、艦隊勤務を切り上げて飛行学生を命ぜられたもので、陸上機専修のみ三十名が筑波航空隊で中練教育を受けた。海兵六十六期の残りの飛行学生は、三十四期生となった。三十三期飛行学生の戦闘機専修者は、六十六期クラスヘッドの坂井知行（十七年十一月三十日戦死・ソロモン）、そして日高盛康、藤田怡与蔵、山下丈二（十七年八月二十七日戦死・ニューギニア）、原正（十五年十月十六日、大分空で殉職）の五人で、三十二期が中練の時には中尉になっていたのに対し、三十三期はこの時まだ少尉であった（中尉進級は十一月十五日）。日高盛康は、大分の料亭に、宮野たち一期先輩の飛行学生と遊びに行ったことが、六十六年を経て、米寿を超えた今も懐かしい思い出として残っているという。

昭和15年初夏、大分空時代、背広で上陸（外出）。若尾晃（右）と

戦闘機仲間の死

猛訓練のうちに春が過ぎ、梅雨に入り、暑い夏がやってきた。ちょうどこの頃、のちに零式艦上戦闘機となる十二試艦上戦闘機が、中国・漢口での実戦配備に向け、横須賀海軍航空隊で急ピッチで準備が進められているところであったが、延長教育中の宮野たちは新型戦闘機のことなど、知る由もない。

訓練が進むにつれ、一人ひとりの練度の差がはっきりと見られるようになる。三十二期飛行学生の戦闘機乗りの中では、中野逊の技倆がきわだった冴えを見せていた。空戦技術はもちろん、超うるさ型で知られた飛行隊長・八木勝利少佐が、「中野は鳥がとまるように着陸するね」といつも誉めていたほど、操縦のセンスには恵まれていた。ところが、クラス随一と自他ともに認めたその中野が、訓練中の事故で殉職するという悲運に見舞われた。

七月三日。暑い日だった。一番機・佐藤正夫中尉（六十三期・教官）、二番機・牧野正敏中尉、三番機・中野逊中尉で空戦訓練中、追躡攻撃の最中に、高度千五百メートルで一番機と三番機が空中衝突したのである。時に十二時五十分。二機とも背面錐揉みに陥って、別府湾に、目撃者の証言では、墜落というよりフワフワと落下するように墜ちていったという。佐藤中尉はからくも落下傘降下で助かったが、中野は脱出することができず、飛行機とともに海に沈んだ。遺体が発見され、引き上げられたのは翌々日、七月五日のことであった。

先の今坂の殉職に続いて、ここでまた中野を失ったことは、宮野たちに大きな衝撃を与えた。昭和十五年の六十五期クラス会会報に、宮野が寄せた中野の追悼文がある。宮野が書いたまとまった文章としては、これがおそらく、現存する最後のものである。

〈故中野大尉の追悼を文するに当り、生を現世に亨けて二十四年の短き生涯を、帝国国防の一礎石と捧げて神去りし悲しくも雄々しき君の半生を偲び哀惜の念を禁ずる能はず。

紺青の空に　銀翼撥止と振れて　閃光二つに折れ　君は沈みぬ　莞爾と笑みし姿

愛機を翅って　君は飛びぬ　彼の雲の果て

中野と俺とは割合に縁が深かった。兵学校時代から憧れていた飛行学生を幸運にも拝命してから、先ず百里原の初練時代続いて霞ヶ浦の中練教程と共に同室の誼を得た。どうせ俺のことだから別にしてやった等言うことは全くなく、概ね世話を掛けるのが関の山だったけれど、愛しまれる者ほど早く死ぬというがそうかも知れぬ。事操縦に関しては我々の期では中野の右に出るものは無かったと俺は確信する。同室のおかげで俺等よく彼の言葉から操縦のヒントと云うか、自分の手抜かりを見出して内心感謝し又讃嘆したものだ。一見裕然としていて繊細な神経の働きを有していた。何だか無関心の様な態度でいて抜目のない心の準備と注意深さを持っていた。全く飛行機乗りとして申分のない畏敬すべき素質の保有者であったと思う。惜しいものだ、全く惜しい！

彼の肌触り円満と言う感じ。百里原、霞ヶ浦、大分と通じて彼が同室の者に怒った顔を見せたことは一度もない。俺達が些細なことで議論めき口角に泡粒を出すときでも彼は皮肉そうな微笑に頬を曲めるのが関の山、お陰で俺達も馬鹿さ加減に気が付く始末。特に大分に来てからの何だかこう老成した感じ、ジェントルマンライクと言いたい様な、それでいて何だか世を捨てた様な風がある。

矢張り人間死ぬ前には何処か聖者めいてくるものらしい。中野の思い出もっとあるのだがさて書けない。では諸兄我々戦闘機仲間のホープであった故中野大尉（注：死後、大尉に進級）の為に冥福を祈って下さい。我々も彼を失ったけれど残る六人で彼の分を取り返す積りで頑張りませう〉

文中、「残る六人」というのは、戦闘機専修の八名中、中野が殉職し、宮野とは伊勢でも一緒だった大宮稚郎が、実用機課程修了を目前にしながら艦攻操縦に回され、宇佐海軍航空隊に転勤を命ぜられ（八月二十日）たからである。

中野遜の殉職については、他の同期生の追悼文もいくつか残っている。その中から、戦闘機仲間の若尾晃、牧幸男、二人の書いた文章を、『回想録』から少し長いが引用する。宮野の文と合わせて読めば、当時の航空隊の雰囲気や同期生の結束が、多少とも理解できるのではないだろうか。

〈人間の生死というものは本当に紙一重の差しかない。ことに飛行機乗りは、笑顔で飛び出して再び還らざることは常に覚悟して居らねばならぬ。しかし、今が今まで目前で愉快に談笑していた友が、忽然としてこの世から姿を消してしまったときの気持は、全く言うに言われぬ空虚な寂しいものである。呼んでみても答えてくれぬ、その人にとってはこの世における総ての終末とも云うべき絶対的な死というものを犇々《ほんぽん》と身に感じてくる。中野はかくして我らの許より去ってしまった。

同室の三人（若尾、指宿、中野）が仲良く、前日とは打って変わった好天気を謳歌しつつ飛行場に向かったのは、忘れもせぬ昭和十五年七月三日だった。「よい天気よい天気、と何か出そうだな」と中野。「よい天気海も空も一緒くた、上手えもんだろう」と俺、「よし、この暑さアイスクリームなんぞ食いたくねえ、どうだ、はっはっ」と中野。「やった、やった」と指宿。而して少時の後、この句が彼の辞世になろうとは。

もしこの世の中に運命の神というものがあるとするならば、我々はあらん限りの呪いの言葉を発せずにはいられない。中野と云っただけで、我々は、いつも柔和な微笑を浮かべている温顔をして子供のような、しかも悟りきった聖者のような瞳を思い出す。（中略）

飛行学生時代の彼は、正に鶏群中の一鶴とも云うべき存在で、操縦術に関しては常に我々を驚嘆せしめ、寧ろ自分等は羨望嫉妬するほどであった。飛行学生は何かへまをやると罰金を徴収され、それにより冬の寒い日など熱い飲み物を呑む規則になっていた。多数の学生中、遂に罰金を一回も徴収されず卒業したのは、中野と高井ただ二人だけだったと覚えている。

霞ヶ浦卒業後、我々八名は大分空に転勤し、いよいよ戦闘機の実用機教程に入った。戦闘機はもっとも体力を必要とする機種であるので、宜しく節制を守り規律ある生活をつづけ、真摯なる研究によりこの非常時に応ずるとともに、聖恩に報い奉らざるべからずと固く誓い合った。

中野はこの点をもっとも強調していた。彼の日常生活は全く秩序正しい規律のあるもので、毎朝我々が目を覚ます頃はすでに彼は体操を終わり、大分神社に参拝し起きがけの一服を吹かして居る時で、我々はよく中野を目覚まし時計の代用品にしたものだった。夜も九時頃には高いびきが聞こえていた。

上陸の時は、皆打ち揃って別府に行った。童心に帰って遊動円木やピンポン等に打ち興じ、或いはカメラを撮して歩いたりした。夜は観音寺の静かな温泉宿に心行くまで手足を伸ばし、一週間の疲労をいやすのが定りになっていた。彼は静かな淡々たる境地を愛していた。静養により新鋭の気を養うためであったと思うが、一度戦闘機を駆れば勇猛果敢な彼が別人のように、清浄なる空気と静寂のしじまに一望別府湾を見渡す観海寺ののんびりとした雰囲気をこの上もなく好んで、口癖のように、「俺はこんな気持が一番好きだ」と言っていた。

彼はハンチングが好きであった。ぴったりと身についた背広にハンチングをかぶり、ステッキを携行しだしたのも彼であった。そんな時の中野は、本当に瀟洒たる若紳士に見えた。

中野は柔しい一面、実に肌ざわりのよい人間であった。彼が一人居ればそこには決して気まずい雰囲気は存在しなかった。而して事一度戦闘機に関する話となると、彼の云うところ

は概ね我々より一歩進んだ段階にあって、教官から教示を受けているように思えることが再三であった。（中略）

中野の肉体は永久に我々の周辺より離れ去ったけれど、彼の精神は永遠に、我等六十五期戦闘機乗りの存続する限り我々の中に生きているものと信ずる。中野よ、安らかに冥せ。〉

（若尾晃・十七年一月二十五日戦死）

〈七月三日（水）

（状況略）中野は飛行機とともに海底にあり。付近海面一帯を捜索すれども片影を見ず。直ちに飛行訓練中止、死体捜索にかかる。付近水深約六十米、本隊の曳船と佐伯空の曳船で掃海、午後五時頃中野の航空図が浮き上がる。その他手がかりなし。（中略）

中野遜中尉殉職。海中より引き揚げられた佐藤機

どうも飛行機の事故と云うやつは気持が悪い。死んだ本人が一寸前まではピンピンして冗談等云っているからだ。中野も昼食の時は愉快なことを云って皆を笑わせた。飛行場に行く時、俳句を作って曰く、

この暑さアイスクリームなんぞ食いたくねえ

これが彼の辞世になるとは、天無情と嘆くのは俺

一人ではあるまい。（中略）

明日は中野の遺族が来られる。たぶん両親だろう。何と云って慰めればよいか、俺は苦しい。

七月五日（金）

午前五時掃海開始、午後五時佐藤中尉機引き上げに成功カメラに収む。午後十時中野中尉機揚収、死体は飛行機内にきれいに収まっていた。午後十一時病室にて納棺、二昼夜も逆に海底にあったものだから血が頭に下がっていて顔が赤黒い。しかしよくよく見れば中野だとわかる。遺族を呼ぶ。引き続き通夜。

七月六日（土）

三時間ばかり寝て午前四時起床、通夜。午前中は本日の葬儀事務で忙しい。午後三時半海軍葬儀、儀仗兵の撃つ空砲三斉射とともに、英霊永久に帰らず。五時隊発、別府火葬場へ。午後八時半焼き終わる。骨を拾う。十時半帰隊。

士官室で隊長、分隊長、教官の各中尉および学生（牧野、蓮尾、若尾、指宿、宮野、牧、大宮、および六十六期五名）集まって呑みだす。色々の意味のこもった酒だった。皆したたかに酔う。〉（牧幸男・十九年九月二十九日公務死）

大村空での錬成

昭和十五年九月十九日、三十二期飛行学生戦闘機専修課程の延長教育修了。一人前の戦闘機乗りとなった六人が、いよいよ実施部隊に、また練習航空隊の教官として、離れ離れになる日がやってきた。指宿正信は大分空に教官として残り、若尾晃は霞ヶ浦海軍航空隊附兼教官へ。宮野善治郎、蓮尾隆市、牧幸男、牧野正敏の四名は、いずれも前線に送り出す戦闘機搭乗員の最後の仕上げを行なう錬成部隊の大村海軍航空隊（長崎県、現・長崎空港近く）で、九六艦戦での訓練を、一〜二ヵ月間受けることになった。大村空では、もはや学生ではないので、宮野たちも分隊士として、隊務をこなしながらの錬成である。初めて操縦する低翼単葉の九六艦戦は、それまで乗っていた複葉の九五艦戦に比べると、心がときめくほど、はるかに近代的でスマートな戦闘機であった。スマートなだけでなく、その運動性能のよさは、当時の世界水準から見ても群を抜いていた。

だがその少し前、試作機のまま中支・漢口に進出していた第十二航空隊の十二試艦上戦闘機が、七月二十四日、紀元二六〇〇年の末尾の零をとって、零式艦上戦闘機（零戦）として制式採用される。零戦は、九六戦よりもさらにスマートな低翼単葉、引き込み脚、従来の七ミリ七機銃二梃に、二十ミリ機銃二梃を加えた重武装、長大な航続力を持つ、新時代の戦闘機であった。零戦で編成された十二空戦闘機隊は、八月十九日以来、重慶の中国軍拠点を爆撃する中攻隊を護衛して数次の出撃をしたが敵を見ず、九月十三日、四度目の出撃となる重慶空襲で、進藤三郎大尉（兵六十期）率いる十三機が三十三機の中国空軍戦闘機と交戦、その二十七機を撃墜（日本側記録。中国側記録によると、実際には撃墜十三機、撃破十一機、中国側戦死十名、負傷八名)、わが方の損失ゼロという、一方的勝利が報じられ、九月十五日付の新聞各紙の一面トップを飾っていた。もちろん、修了まぎわの大分空にあって、宮野たちもそのニュースに心を躍らせたにちがいない。時代は、急激に動こうとしていた。

大村空では、各人、九六艦戦で三十〜四十時間程度の飛行訓練を受けた。ここまで来ると、空戦でも何でも、一通りのことはできるようになる(蓮尾隆市の航空記録では、大村空を出るまでの飛行時間二百六十八時間十五分)。ここでさらに適性を見極められた上で、順にお座敷がかかって実戦部隊に異動することになった。十一月一日付で、蓮尾隆市が、当時の支那戦線最前線、漢口にあった第十二航空隊、牧幸男が、援蒋ルート遮断作戦のためハノイにあった第十四航空隊、牧野正敏は空母龍驤《りゅうじょう》へ、それぞれ転勤を命ぜられる。十二空、十四空の主な使用機は、最新鋭の零戦。龍驤は、鳳翔とともに第三航空戦隊を編成し、十六機の戦闘機が配備されていたが、まだ九六艦戦であった。一人、大村空に取り残された形の宮野に、鹿屋海軍航空隊附の辞令が出たのは、同期生たちより半月遅れの十一月十五日であった。海軍では当時、教育を卒えた飛行学生同期出身の士官搭乗員を、前線に出す組と残す組、概ね半々に配置する習慣があったが、しばらく内地に居残りとなった宮野は、ちょっとがっかりしたことだろう。

鹿屋空で初めて零戦に

　鹿屋空は陸攻を主力とする部隊であったが、当時、戦闘機一個分隊が付属し、分隊長は、大分空で教えを受けた六十期の鈴木實大尉、宮野はその分隊士であった。東京府立一中出身の鈴木大尉と宮野は、勤務の上でも酒の上でも、たいへんウマが合った。鈴木はその後、二〇二空飛行隊長として豪空軍のスピットファイア隊に対し、一方的勝利を収めた零戦隊を代表する名指揮官として知られるが（最終階級中佐）、戦後はレコード業界に身を投じ、キングレコード営業本部長兼洋楽本部長として、カーペンターズやトム・ジョーンズを日本に紹介するなど、洋楽ブームの仕掛人の一人になった人である。宮野の後輩、八尾高校の生徒であった大月みやこを歌手デビューさせたのも鈴木で、「八尾中学、八尾高校出身でかかわりを持ったのはあんたで三人目だよ」と、鈴木は生前、筆者に語ったことがある。

　鹿屋空戦闘機隊の使用機は九六艦戦であったが、やがて零戦も配備されることになり、十六年三月上旬頃、宮野は部下搭乗員を率いて、鈴鹿の航空廠に零戦三機を受領に赴いた。〈飛行機整備の両三日、彼は私のいる鈴鹿空に滞在した。久しぶりの再会を喜び、二人で痛飲放談した。これが彼と会った最後である〉（武藤正四手記）

　この頃、初めて零戦を目の当たりにした搭乗員はそれぞれ、「スマートな姿、素直な操縦感覚、いっぺんに気に入った」（進藤三郎大尉）、「初めて乗った時、こんな安定した飛行機もあるんだなと思いました。九五戦や九六戦で操縦桿から手を離して飛ぶなんて考えられませんが、零戦は手を離してもまっすぐ飛んでくれる。エンジンも信頼性があるし、空中性能もいいし、実にいい飛行機でした」（鈴木實大尉）、「振動は少々気になりましたが、上昇力は抜群で、これは速いなあ、と思った。安定性がよくて座席も広く、風防をかぶるので中は静かで風圧もなく、乗り心地は最高でした」（羽切松雄一空曹）、「横空で試作機を最初に見た時、すごい美人の前に出て萎縮してしまうような気がするほど、美しい飛行機でした。もう、一目惚れですよ。しかし、乗ってみたらこれが意外にじゃじゃ馬で……。実戦に使えるまでに仕上げるには、相当苦労しました」（三上一禧《かつよし》二空曹）

と、当時の印象を語ってくれたが、さて、零戦は宮野の目にはどう映ったのだろうか。

鈴鹿で飛行機を領収すると、鹿屋への帰り途に大阪上空を通ることになる。故郷に錦を飾るつもりも幾分かあったのだろう、この時、宮野は、母校・竜華小学校と八尾中学の恩師、関係者に、「ほんとは内緒のことなんやけど……」と、八尾上空を飛ぶということを電話で伝えた。実際、独断で郷土訪問飛行など、本当はしてはいけないことになっていたのである。

宮野から知らせを受け、竜華小学校の吉田茂教諭は、「郷里の人が飛んでくるから」と授業を中断して、子供たちに校庭で出迎えさせた。吉田教諭も、宮野と同じ八尾中学の出身であった。

小学校四年生になっていた辻田裕は、この時、三機編隊で高安山を越えてきた戦闘機の一番機が編隊を離れ、低空で竜華小学校、八尾中学の上空を何度か旋回したのを憶えている。ふだん見慣れた、阪神飛行学校（現・八尾飛行場）で眠そうな爆音を立てて飛び、時々田んぼに落っこちる複葉練習機とは全然ちがって、単葉のいかにも精悍な飛行機であった。先生の呼びかけに応じて、子供たちは歓声を上げ、ちぎれんばかりに手を振った。しかし辻田には、それが四つの頃から憧れていた宮野善治郎中尉が操縦する飛行機だったとは、その当時は知る由もない。

飛行機が西の空へ見えなくなると、先生は、児童たちに教室へ戻るように促し、ふたたび何事もなかったかのように授業を続けた。

いっぽう、八尾中学では、「ほんとは内緒」という宮野の言葉をそのまま受けて、生徒に知らせることも、外に出て手を振ることもしなかったらしい。「あの時は残念なことをした。善ちゃんに悪かった」と後悔の念を、宮野が戦死した後、遺族に伝えた人がいた。

十二空時代、漢口基地にて。分隊長鈴木實大尉（右）と

宮野が鹿屋空で訓練を重ねている間に、十二空の蓮尾隆市は、同期の戦闘機乗りの先陣を切って、初陣に臨んだ。

十一月四日、漢口に着任した蓮尾中尉は、先任分隊長・横山保大尉（兵五十九期）を補佐する分隊士となった。横山大尉は、後年、「飛行学生では同期の鈴木實が「よく事故で死ななかったと不思議なぐらい」と述懐したように、操縦技倆は抜群とは言えなかったが、個性の強い部下たちの心をガッチリとつかむリーダーとしての資質は、海軍戦闘機隊でも屈指の指揮官の一人であった。十二空戦闘機隊は、九月の零戦初空戦以来、漢口を拠点に、重慶、成都と、従来の戦闘機では考えられなかった遠距離進攻を重ね、つねに一方的な戦果を収めていた。

〈横山隊長に手をとり足をとり、果てには人生勉強まで、昼となく夜となく、師にぴったりと喰いついた彼に、私は心中、うらやましかった。彼ほどの人物なればこそ、見る人もそれがわかるのであろうと、ひそかに思ったものである。当時、飛行場の指揮所で休憩している時、蓮尾君は私にこう心境をもらした。「俺は、今が一番充実しているように感ずる。ただ戦闘だけのことではない、たとえば人生全般のことについても、今ならどんな場面でも、何とか誤りなく判断が下せるような心境だ」と〉と、翌十六年四月一日付で十二空附偵察分隊士として着任した同期の美坐正巳は手記に書き残している。

蓮尾の航空記録を見ると、十一月六日から早速、零戦での操縦訓練に入り、戦地でありながら、三週間にもわたってじっくりと慣熟飛行を行なっている。十一月末現在の総飛行回数は五百四十九回、飛行時間二百九十五時間三十五分。そして十二月二日、重慶空襲（横山大尉以下九機）を皮切りに十二日、成都空襲、十七日、衡陽空襲、十八日、吉安空襲と続き、三十日の成都空襲では、協同で敵機十八機を地上で炎上させ、十一機を撃破する戦果を挙げた。

正月をはさんで十六年一月六日に催された研究会で、蓮尾は、

一・電話の連絡は取り得るも、会話不明瞭なる現状においては簡単なる符字を定めこれを

活用するの要あり。

二・地上銃撃において目標一箇所に集結しある場合は、小隊縦陣の順撃にて可なるも、今回の如く目標引込線に散在しある場合は要すれば小隊を解散し単機銃撃による方が、時間的にも地上砲火に対しても有効ならん。

三・天候偵察機、目的地の天候ならびに敵状の報告に際してはよく指揮官の意図を推察して緩急の度を誤らざるを要す。時期を失せる報告は役に立たず。

……と、堂々たる意見を述べた。

蓮尾の出撃は、さらに、一月十四日、重慶空襲、二十三日、宜昌基地対岸攻撃（九六艦戦）、三十一日、二月五日南鄭攻撃、三月十四日、成都攻撃および宜昌対岸攻撃、二十日、遂寧攻撃と続く。敵飛行場や陣地からの対空砲火は熾烈であったが、もはや零戦に対抗してくる敵機はなく、零戦が飛んでいる限り、制空権はわが方にあった。ハノイの十四空では、二月二十一日の昆明空襲で零戦一機（蝶野仁郎空曹長・操練十五期）を初めて、地上砲火で喪失していたが、十二空では零戦における戦死者はまだ出ていなかった。

最前線の十二空零戦隊へ

昭和十六年四月十日、待ちに待った転勤命令が宮野に届いた。

〈十日附異動

い。

中尉　宮野善治郎

第十二航空隊附〉

最前線部隊への転勤である。たった三行の辞令であったが、宮野は嬉しかったにちがいない。

海軍では、少なくとも現役の士官は、戦地に赴く時にも「出征」という言葉はあまり使わず、普通に「転勤」と言った。もちろん、旗や幟を立てて町会挙げての壮行会などはやらない。たいていの場合、誰にも見送られずにいつもと変わらずに出発する。これは、ちょっとキザだが、常在戦場の心意気を示す、一種の海軍流のダンディズムでもあった。

鹿屋空分隊長・鈴木實大尉も同時に十二空分隊長を命ぜられ、宮野とともに漢口に着任した。中仮屋國盛三空曹（乙八期）ら、鈴木分隊の下士官兵搭乗員も一緒で、一個分隊丸ごとの抽出であった。前年十一月、宮野たち六十五期の三十二期飛行学生よりわずか二ヵ月遅れで卒業した、後輩六十六期、三十三期飛行学生の山下丈二中尉も、同日付で高雄海軍航空隊から十二空に来た。

十二空飛行隊長は、前年、横須賀海軍航空隊飛行実験部員として、零戦の前身である十二試艦上戦闘機の官試乗（海軍側初飛行）を担当した真木成一《まきしげかず》大尉（兵五十七期・兼分隊長）、先任分隊長に、転出した横山大尉に代わって鈴木大尉が就き、宮野は、鹿屋空から引き続いて、鈴木大尉の分隊士を務めることになった。

十二空には、大分空時代の教官、佐藤正夫大尉（兵六十三期）も分隊長でおり、同じく六十三期の分隊長・向井一郎大尉、一足早い戦場生活で一回り逞しくなった蓮尾中尉、宮野の直前に着任していた偵察分隊士（偵察員）の美坐中尉らもともに、宮野を出迎えた。下士官兵搭乗員も、杉尾茂雄（乙五期）、中瀬正幸（同）、佐伯義道（特練一期・操練二十七期）各一空曹ら、後々まで宮野と一緒に戦うことになる、働き盛りの猛者たちが揃っていた。隊長・真木大尉は、戦後の回想で、

〈十二空戦闘機隊は、零戦常用九機、補用三機の四個分隊計四十四機で、搭乗員は飛行隊長以下、准士官以上八、下士官兵三十六名で、定数と員数はキッチリ同じ。各自愛機を持ち贅沢とも言える時代であった〉（零戦搭乗員会会報「零戦」十四号、昭和六十年四月）

と記している。

その後の大東亜戦争で戦闘機搭乗員の大半が戦死したこともあって、十二空での宮野のことを記憶する人は、もはやほとんど現存しないが、鈴木實は、平成十三年に九十一歳で亡くなる直前まで、宮野の話題になると、懐かしそうに目を細めるのが常であった。

「宮野は酒が強かったなあ。宮野といえば酒、です。飛行作業が終わると夜は町に飲みに出かけるんだけど、彼は基地に帰ってからも飲み続けて、夜通し飲んでることもあったらしい。朝、飛行場に酒臭い息をぷんぷんさせながら出てきて、こっちが『大丈夫か』と心配するのに、『大丈夫、大丈夫』と、平気な顔をして試飛行に上がっていくんですよ。その印象が強いですね。でも、明朗快活ないい男でしたよ。彼がいると、いつもその場が和気あいあいと

した空気になったものです」（鈴木談）

十二空鈴木分隊の搭乗員が並んで撮った記念写真がある。（本書151ページ下に掲載）鈴木のアルバムにも、宮野家のアルバムにも大切に貼られていたこの写真を見ると、鈴木の言う「和気あいあい」さが伝わってくるように思える。下士官兵の服装は官給品だが、士官の服装は自前である。鈴木大尉は、飛行服は赤坂溜池の洋服屋で誂え、飛行帽も日本橋高島屋あたりで作らせた特注品をかぶっていたぐらい、今で言うお洒落な分隊長であったが、飛行眼鏡についても、上海や青島あたりのオートバイ屋などで、いいのがあると買ってきて使っていた。この写真を見ると、鈴木大尉だけ、制式の「鷲の目」型飛行眼鏡をつけているが、宮野中尉以下、鈴木が上海で分隊全員に、自腹で買いそろえてきたイタリア製の、変わった形のゴーグルをつけている。このようなちょっとしたことが、分隊の結束を高めるのにたいへん役に立った。

アルバムの写真には名前が書かれていないので定かではないが、前列向かって左端に中瀬正幸一空曹、右端に大石英男一空曹、いずれも成都空襲の際、在地敵機を焼き払おうと、敵飛行場に強行着陸を敢行したことで知られる名物搭乗員の顔が見える。後列はどれが誰だかわからないが、小島保二空曹、武本正実二空曹、井出末治二空曹、秀寿二空曹、中仮屋國盛三空曹、昇地正一一空、中沢茂一空、松本善平一空、あわせて十二名が（真木大尉の「一個分隊十一名」の回想と一名の誤差はあるが）、鈴木分隊の搭乗員であった。

『大空のサムライ』などの著書で知られる坂井三郎（当時・一空曹）も、当時、十二空の隊員であった。晩年、士官と下士官兵の「差別」のあり方を告発し、下士官兵を粗略にした士官たちを容赦なく糾弾し続けた坂井であったが、生前、筆者に、

「後から来た中尉には、威張り屋でとんでもないのがいたけど、宮野中尉は偉ぶることなく、いわゆる〝行き足のある〟（元気のいい）分隊士で好感が持てました。十二空のムードメーカーのような存在でしたね」

と語っている。

初陣ならず

だが、宮野が着任した頃には、中国空軍との戦闘も一段落し、重慶、成都への散発的な空襲は行なわれたものの、すでに歴戦の蓮尾中尉とちがって、宮野にはなかなか出番が回ってこなかった。蓮尾隆市の航空記録では、宮野が着任した後も、五月二十日、二十二日、成都空襲（二十二日、SB爆撃機二機協同撃墜、地上掃射でE－15戦闘機十機炎上の記録あり）、六月十四日、重慶空襲、二十二日、成都空襲（地上で二機、炎上・撃破）、八月三十一日、成都空襲に参加するなど、十二空でのべ十四回の出撃を経験したことが記載されている。その間、五月二十日に木村美一一空曹、六月二十三日には小林喜四郎一飛（一等飛行兵。注：六月一日より下士官兵の階級呼称変更、航空兵、航空兵曹→飛行兵、飛行兵曹となる）が敵地上砲火により被弾、自爆し、十四空の蝶野空曹長以来、戦闘における零戦の損失が三機となるなどの犠牲も出た

が、宮野がこういった遠距離進攻に参加した記録は、十二空戦闘行動調書などからも見つからなかった。主に、基地の上空直衛に任じていたのだろう。偵察機の美坐正巳中尉の手記にも、

〈卒業以来初めての同じ勤務場所が、漢口の十二空。昭和十六年春から夏まで、戦闘機より出撃回数の多い私は三日に一日出撃、宮野君は毎回、私を見送り迎えてくれた。いっぽう、彼の戦闘機乗りとしての修業は、名パイロット横山保大尉の指導のもとに着々進められていた。しかし日が暮れてからは陽気な粋人に一変、いつも楽しませてくれて感謝感激であった〉

とある。

ただ、鈴木實のアルバムに、五月二十六日天水の敵飛行場攻撃のさいに運城基地で撮影したとされる、出撃直前の搭乗員たちの写真が貼られていて、そこには宮野が写っている。この日、敵信傍受でもたらされた情報により、鈴木大尉率いる零戦十一機は、誘導の九八式陸偵一機とともに運城を発進、天水に向かった。十二空戦闘行動調書によると、宮野をのぞく鈴木分隊総員の名前があり、先任順で考えると当然、宮野が入るべき二小隊長の位置に武本二空曹がいて、しかも二小隊だけ一機欠けた二機編成になっているので、整列したあと、出撃直前に宮野の飛行機が何らかのトラブルで出撃を取りやめたか、離陸直後に故障で引き返したか、どちらかであろう。

「天水に行ってみると、敵は一機も見当たりません。我々の来襲を察知して、空中に避退し

昭和15年5月26日、中国大陸上空を飛ぶ零戦。前方の、胴体に二本線の指揮官標識が記された機体は鈴木實大尉乗機。手前は中仮屋三空曹機。（撮影・大石英男一空曹）

運城基地で、作戦要領のブリーフィングのひとコマ。立って説明しているのは鈴木實大尉、その左でマスクをしているのが宮野。マスクは、砂塵よけのため

ていたようです。しばらく敵機が戻ってくるのを待ちましたが、あきらめて帰る途中、五機の敵戦闘機と遭遇、たちまち全機を撃墜しました。そして、念のため天水飛行場に戻ってみると、いるわいるわ、十八機の敵機が着陸してまさに燃料補給の真っ最中なんです。それっと低空に舞い降りて、一機一機、丹念に銃撃を加えて、全機炎上させて帰ってきました」（鈴木實大尉談）

この日の戦闘に対し、支那方面艦隊司令長官・嶋田繁太郎大将より、鈴木大尉としては二度目となる感状が授与された。宮野にとっては、千載一遇の初陣のチャンスを逃すことになったわけで、切歯扼腕の思いであったにちがいない。

漢口の夏は暑かった。当時の漢口を経験した旧軍人なら、「落雀の候」という時候の挨拶を憶えていることだろう。「電線で、雀が熱くて足踏みをしていた」という実見談から、「電線に止まった雀があまりの暑さに焼けて落ち、それを食った犬が口にやけどをした」という法螺話まで、漢口の夏の暑さにまつわる懐旧談は多い。そんな暑さの中、宮野が戦運にめぐまれないまま、支那大陸での海軍航空隊の作戦は終わろうとしていた。九月十五日、十二空と十四空は解隊され、零戦隊は内地に引き揚げることになる。前年九月の初空戦から一年間で、零戦隊の挙げた戦果は撃墜百三機、地上撃破百六十三機に達していた。中攻隊の、敵戦闘機による被害が激減したこともあわせ、零戦の投入は、まずは大成功であった。

●三空・昭和十六年八月〜十七年三月

第五章　時こそ来たれ令一下
大東亜戦争勃発

第三航空隊編成さる

十二空の解隊を前に、漢口基地には慌ただしい空気が漂っていた。九六艦戦で基地の上空直衛任務に当っていた、元山《げんざん》海軍航空隊分隊長の黒澤丈夫大尉（のち少佐）は、

「ようやくわが隊にも零戦が配備されることになり、八月初めの頃から徐々に零戦を空輸して訓練を始めました。ところが、私が内地で零戦を受領して漢口に戻ろうとした時に、受け取った零戦を鹿屋空に置いて、輸送機で漢口に帰れという電報が届いたんです。八月二十五日、漢口基地に帰ると、元山空戦闘機隊には、『第三航空隊（略称・三空）に編入される予定であるから、至急準備して、三空を編成する鹿屋基地に移動せよ』との命令が待っていました」

と回想する。黒澤は戦後、郷里の群馬県多野郡上野村村長となり、昭和六十年八月十二日

に起こった日航ジャンボ機墜落事故のさいは、墜落現場が村内の御巣鷹山だと知るや、救難に遺体収容に、水際立った陣頭指揮を見せ、その名が一躍、全国に知られることになる人である。平成十七年六月の任期満了をもって満九十一歳で退任するまで、村長を十期四十年、その間、全国町村会長を七年務め、地方自治に力を尽くした。（平成二十三年十二月死去）

元山空戦闘機隊の内地帰還に続いて、九月一日付で、宮野と蓮尾が、第三航空隊分隊長に発令され、鹿屋基地に異動した。同期の鈴木鐵太郎中尉も、三空偵察分隊長として、元山空から着任する。海兵卒業から三年半、中尉の六十五期生にも、そろそろ分隊長になる順番が回ってくる頃であった。鹿屋基地にはいろんな部隊が間借りしていて、ごった返していた。

「私が鹿屋基地に着いた時には、受け入れる側の第三航空隊の本部もまだ設置されていませんでした。それでいったん、中攻隊に便乗して元山空に帰り、身の回り品の整理をして、五日ほどして再び鹿屋基地に帰ってくると、鹿屋空の一室に第三航空隊本部の看板が掲げられていました」（黒澤大尉談）

第三航空隊は、十六年四月、中攻隊として開隊し、七月にはハノイに進駐したが、九月一日付で、日本海軍では初の戦闘機を主体とした特設航空隊として改編された。司令は生粋の戦闘機乗りの亀井凱夫大佐（兵四十六期）、副長兼飛行長・柴田武雄少佐（兵五十二期、十月十五日中佐。正式辞令は飛行長のみだが、副長が欠員のため、隊内での配置は副長を兼ねることになる）、飛行隊長兼分隊長・横山保大尉（兵五十九期）、戦闘機分隊長は先任順に黒澤丈夫大尉、向井一郎大尉（いずれも兵六十三期）、稲野菊一大尉（兵六十四期）、蓮尾隆市中尉、宮野善治郎中尉

（いずれも兵六十五期、十月十五日大尉《だいい》に進級）、それに偵察分隊長・鈴木鐵太郎中尉（兵六十五期、十月十五日大尉進級）という陣容であった。

亀井司令は、戦国時代の武将、「槍の新十郎」の異名を持つ亀井茲矩《これのり》を祖とする、鳥取県亀井藩主の分家の子孫で、八歳の時、東京の森鴎外（亀井藩の典医の息子である）の家に預けられ厳しくその薫陶を受けた人。昭和二年、戦闘機搭乗員の留学第一号として空中戦闘研究のために英国に派遣され、翌年に帰国すると「空中戦闘教範草案」を編纂、海軍戦闘機隊の指標を作った第一人者。柴田少佐は、その亀井司令が大尉の頃、昭和四年度の大村海軍航空隊で、若い中尉分隊士として亀井大尉のもとで空中戦闘の研鑽を重ね、亀井の「教範草案」を実践に基づいてさらに磨き上げた実力者であった。飛行隊長横山大尉は、十二空以来の零戦のエキスパートで実戦経験豊富な、新しい零戦隊の飛行隊長として、もっともふさわしい一人と言えた。柴田飛行長は、戦後の回想に、

〈その実力と自信と風格は、横山君が酒を飲んで気分が出た時よく歌う、〝姓は横山、名は保〟にもピッタリと現れていた。そしてその威勢と貫禄に、私はいつも圧倒されていた。私は、勇

三空先任分隊長・黒澤丈夫大尉

敢で緻密で慎重で零戦の経験豊かなすばらしい飛行隊長に恵まれたことを、深く天に感謝しなければならなかった〉

と記している。なお、飛行隊長の辞令だけでは列機を率いて空中の指揮をとることは原則としてないが、「兼分隊長」がついていれば、分隊長として列機を持つことになる。三空が鹿屋基地にいた一時期、柴田は、宮野と蓮尾、二人の若手分隊長とともに、鹿屋に居を構えていた横山大尉の自宅に何度か遊びに行っている。横山宅には、支那事変の戦功で授与された感状が、額に入れて掛けられていた。

分隊長は原則として、作戦飛行の際にはそのまま中隊長として空中指揮をとることになっており、三空は、戦闘機六個中隊（零戦・定数五十四機、補用十八機）、偵察機一個中隊（九八式陸上偵察機・定数九機）を擁する強力な航空隊となった。搭乗員も、若年搭乗員もおいおい転勤してくるが、多くは支那事変での実戦経験者、中でも基地航空隊の歴戦の搭乗員で占められていた。赤松貞明、小泉藤一《ふじかず》、工藤修の各飛曹長に中瀬正幸一飛曹、武藤金義、尾関行《ゆき》治《はる》二飛曹らの名前は、戦後出版されたさまざまな空戦記でも大きく取り上げられ、広く知られている。ちなみに当時、海軍航空隊では一個小隊三機を戦闘の最小単位とし、三個小隊九機で一個中隊という編成が標準になっていた。場合によっては一個中隊が六機になったり、分隊士クラスが中隊長を務めることもあった。

宮野の三空への転勤と同日付で、同期の若尾晃が霞ヶ浦空から、牧幸男が十四空から、それぞれ台湾の高雄海軍航空隊分隊長に発令され、十月一日付で台南海軍航空隊（略称・台南空もしくは南空）が編成されると、二人揃って台南空分隊長を命ぜられた。台南空は常設航空隊として開隊されたが、三空と同じく戦闘機主体の航空隊で、司令・齋藤正久大佐（兵四十七期）、副長兼飛行長・小園安名中佐（兵五十一期）、以下、飛行機隊は三空と全く同様の編成で、飛行隊長兼分隊長・新郷英城大尉（兵五十九期）、分隊長・淺井正雄大尉（兵六十三期）、戸梶忠恒大尉、瀬藤満壽三大尉（ともに兵六十四期）、若尾晃中尉、牧幸男中尉（いずれも兵六十五期、十月十五日大尉進級）、偵察分隊長・美坐《みざ》正巳中尉（同）と、人事も三空によく似せて配置されていた。搭乗員の粒ぞろいなことに関しても、決して三空に劣ることはなかった。

高雄基地に集結した三空の零戦

　この時期、空母龍驤に乗っていた牧野正敏は九月二十七日付で臨時瑞鶴《ずいかく》分隊長（第五航空戦隊）を命ぜられ、十一月十日、正式に瑞鶴分隊長となる。指宿正信は四月一日から第一航空戦隊の空母赤城に乗っていた。六十五期の戦闘機乗り六人のうち、四人は基地航空隊、二人は母艦航空隊と、全員が第一線部隊勤務になった。が、このあわただしい動きが、間近に控えた対米開戦に備えるためだということは、当時の彼らには知る由もない。

目的不明の着艦訓練

〈編成替えはいかに急いでも時間がかかる。各方面から集まってくる隊員をまとめて、新しい戦闘機隊を編成し、機材を分配、整備して訓練を開始したのは九月中旬からであった。新しい搭乗員や零戦が初めての搭乗員には、まず、零戦に慣熟することから始めなければならない。だが、そんな暇も乏しく、上層部ではすでに、我が部隊の使用方法が定まっていた。われわれには、「航空母艦龍驤と春日丸で着艦訓練をせよ」との命が下りてきた。〉（黒澤丈夫大尉手記）

何のための訓練か、搭乗員には知らされないまま、基地航空部隊なのに母艦発着艦の訓練が始められた。隊長・横山大尉はじめ母艦乗組の経験のある搭乗員もいたが、先任分隊長の黒澤大尉も、宮野や蓮尾も、母艦の経験はそれまでまったくなかった。高速で疾走する狭い飛行甲板に着艦するのは、かなり難しいことである。龍驤、春日丸（特設空母、のち大鷹《たいよう》と改名）ともに、日本海軍が保有する航空母艦の中でもとびきり小さな艦であった。未経験者にいきなりの着艦は無理なので、まずは鹿屋基地での定着訓練（母艦着艦を想定して、飛行場の決まった位置にピッタリと接地できるようにする訓練）から。

幸い、零戦は従来の九五艦戦、九六艦戦のような艦上戦闘機と比べると、座席を高く上げられることもあって前方視界がよく、一週間ほどの定着訓練を経て、十月上旬から中旬にかけ、開聞岳の南西洋上で龍驤と春日丸で実際の発着艦を訓練して、全員が母艦への発着艦ができるようになった。

蓮尾隆市の航空記録によると、九月二十三日、二十六日（二回）、二十七日、二十八日、二十九日と、六回の定着訓練を経て、十月十日、発接艦および接艦をもう一回（母艦より発艦、飛行甲板に軽く二度接艦して、そのまま飛んで飛行場に帰還）、十一日、接艦一回ののち着艦、さらに発着艦をもう一度。十二日、発着艦、十三日は発着艦を二度、十四日、発着艦一回ののち収容訓練（次々と着艦する飛行機を円滑に収容し、母艦のエレベーターを使って速やかに飛行機を格納庫に入れる）、そしてもう一度発艦して訓練は終わりである。

宮野と同期の分隊長・蓮尾隆市大尉

黒澤丈夫の航空記録では、定着が九月二十三日、二十六日（二回）、二十七日、二十八日、二十九日、十月三日、四日（二回）、五日、九日（三回）の十二回、着艦は、龍驤、春日丸と鹿屋基地の用務飛行もあわせて、十月十日に着艦三回、十一日、十二日、十三日、十四日、そして十六日、龍驤で着艦収容訓練とあり、さすがに蓮尾より二期先輩、飛行時間も五百時間以上多い（開戦時点で黒澤大尉・

千百八十九時間三十五分、蓮尾大尉・六百四十二時間三十五分）だけに、多少の余裕が感じられる。もちろん、宮野は、飛行時間において蓮尾と大差なかったはずであるから、蓮尾とほぼ同様の訓練を受けたであろう。この発着艦訓練が、宮野にとってはのちに思わぬ役に立つことになる。三空に続いて編成された台南空でも、同様の着艦訓練が行なわれた。

着艦訓練が終わると、三空は台湾の高雄基地に移動を命ぜられ、飛行機隊は十月二十三日、広い高雄基地に移った。高雄基地は、千二百メートル滑走路一本に千メートル滑走路三本を持つ、当時としては立派な飛行場であった。基地では、先住の高雄海軍航空隊とは別のバラックに居を構えて、本格的な訓練が始まった。この頃になると、それまで詳細には知らされなかった三空の立場や任務が、分隊長クラスにまでだんだん知らされるようになった。三空は、やはり着艦訓練を終えて台南基地に戻ってきた台南空とともに、第二十三航空戦隊（略称・二十三航戦、司令官・竹中龍造少将・兵三十九期）を編成して第十一航空艦隊（司令長官・塚原二四三中将・兵三十六期）の麾下に入り、来るべき南西方面進攻作戦の制空部隊であるということであった。

燃費試験と黎明編隊訓練

三空、台南空は切磋琢磨しつつ訓練に励んだ。台湾における実施部隊が揃ったので、飛行隊長が司令部に呼ばれて、作戦計画の説明を受けることも多くなってきた。ことここに至れば、対米英開戦は必至であった。三空、台南空は開戦劈頭《へきとう》、中攻隊を護衛して、フィリピンにある米航空戦力を壊滅させるのだという。しかし、宮野たち分隊長クラスの間では、時局を語り合うことをあえて避けるような空気が流れていた。実戦は訓練の延長であり、その反復にすぎない。まずは目の前の訓練に全力を尽くし、安心して開戦に踏み切れるだけの練度に持っていくのが、実行者である分隊長の仕事であった。

そんな中、最初に問題になったのが、航空母艦からの発進である。在比米軍機は主にルソン島南部に配置されていて、台南、高雄の日本海軍基地からの距離はおおむね四百五十浬《カイリ》（約八百三十キロ）である。これは、単座戦闘機の進出距離としては、世界に類を見ない長大な距離であった。三空、台南空の戦闘機隊がフィリピンに進攻するにあたって、十一航艦司令部では、龍驤、瑞鳳《ずいほう》、春日丸の三隻の小型空母を使用し、比島近海から発艦させる計画を立てていた。

十月上旬、鹿屋基地で比島作戦の図上演習が行なわれたが、演習規約で零戦の行動半径が三百六十浬とされていた。支那事変での奥地攻撃の実績があるにもかかわらず、司令部では、零戦の航続力について懐疑的であったのだ。漢口から重慶、成都へ攻撃をかける際には、宜昌の中継基地を燃料補給に使うことができたのに対し、台湾・フィリピン間は海ばかりである。司令部の危惧もやむを得ないことであったのかも知れない。宜昌から成都までは約三百八十浬であった。だが、この空母使用に対し、現場指揮官たちから異議が出た。

「今までの長距離進攻の経験から、台南、高雄からなら、マニラに進撃して十五分空戦を行なっても、余裕を持って帰投できる。母艦から発艦すると言っても、予定されている三隻の小型空母から全機同時発艦は不可能で、先発の中隊は後発の中隊が格納庫から出され、準備を整えて発艦して集合するまで空中で長く待つことになり、その間、燃料を無駄に多量に消費する。さらには、母艦が敵潜水艦等の攻撃を受ける危険もあるし、攻撃部隊（中攻隊）との連携もとりにくい。これらを考慮して、われわれ三空戦闘機隊は、高雄から発進して攻撃させてくれるよう強く要望しました」（黒澤大尉談）

三空からの要望に対して、十一航艦側からは、「作戦計画は、聯合艦隊司令部とともに十分に検討、立案したものである。基地から直接進撃可能というなら根拠を示せ」と言ってきた。そこで、三空飛行長・柴田中佐の提案で始まったのが零戦の燃費試験である。

燃費は搭乗員の操縦方法や技倆によっても違ってくるが、全力での出撃になるから、限られた名人だけがよい結果を残しても意味がない。そこで三空では、若年搭乗員にももっとも要領よく巡航飛行するためのプロペラの回転数、ガソリンと空気の混合比をなるべく薄くするための空気調節、飛行高度、速力などを教え込み、増槽《ぞうそう》（落下タンク・正式には落下増設槽）に百リットルの燃料を積んで離陸させ、飛行高度四千メートル、計器速度二百ノット、プロペラ回転数千八百で正味一時間、増槽の燃料で飛行させ、巡航時の一時間の燃料消費量を正確に求めた。

黒澤丈夫の航空記録では十月二十一日、二十九日、蓮尾隆市の航空記録では二十一日、二十二日に、それぞれ燃費試験を行なった記録が残っている。台南空でも、同様の試験を行なった。結果は、どの機体、搭乗員でも、燃料消費を毎時九十リットル以下に抑えて、片道五百浬の長距離進攻が可能だとの結論に達した。柴田中佐は、このデータをもって、「比島作戦において空母の使用を廃止する意見具申」をまとめ、三十一日、二十三航戦司令官・竹中少将と、十一航艦参謀長・大西瀧治郎少将に報告した。

燃費について明確なデータが出せたことは、搭乗員にとっても大きな自信になったし、十一航艦が空母使用を取りやめる根拠にもなった。これによって、三隻の空母をより有効に使えるという副産物も生じた。

十一月上旬になると、三空の分隊長クラスにも、機動部隊の空母によるハワイ・真珠湾攻撃について知らされることとなった。ここで、もう一つの問題が生じた。時差の関係で、夜が明けてから出撃したのでは、在比米軍による待ち伏せ攻撃を受ける可能性が指摘されたのである。

〈できれば、攻撃機隊は敵戦闘機の反撃の少ない中で爆撃したい。それには、夜明け間もない頃の爆撃が望ましい。だが、それを掩護する戦闘機隊にとっては、夜間に発進して攻撃隊と編隊進撃することが極めて困難だ。いかに対処すべきかと種々思案工夫の結果、航空灯を点灯したままの一式陸攻の両翼に、各々六機の零戦に編隊を組ませて夜間進撃し、陸攻が誘導して夜明けとともに戦闘機隊を攻撃隊の上空近くで集合させるというものであった。この案は、薄暮飛行で実験してみると、少し訓練すればできるということになり、その方向で訓

練することになった〉（黒澤大尉手記）

黎明《れいめい》出撃の都合上、一個中隊の編成は六機に改められ、十一月三日、最初の黎明編隊訓練が行なわれた。それから数日、射撃訓練や中隊単位の訓練を行なったのち、八日には初の中攻隊との黎明合同訓練が始まる。しかし、特別な夜間飛行の装備など何もない単座戦闘機にとって、暁闇《ぎょうあん》の中での離陸、集合、編隊飛行は難しく、この日、空中衝突で光増政之一飛曹（乙五期）、中澤栄一飛（操四十八期）が殉職した。光増は、すでに千時間を超える飛行時間があり、十五年八月十八日、漢口基地に来襲したSB爆撃機九機のうち五機を小隊協同で撃墜、九月十三日には、零戦初空戦で二機の敵戦闘機を撃墜するなどの経験を積んできた中堅搭乗員で、小隊長としての活躍が期待されていた矢先の無念の最期であった。

黎明合同訓練は十一月十七日にも行なわれ、そこでは心配された事故もなく、これなら自信を持って作戦に臨めるとの手応えを搭乗員たちはつかんだ。並行して、米戦闘機隊との空戦を想定して九機対九機、十八機対十八機の編隊空戦訓練も続けられ、開戦に向け戦闘機隊の練度は急ピッチで仕上げに入ろうとしていた。高高度の酸素マスク使用の訓練や、弾丸のコストがかさむのでのちにはほとんど行なわれなくなった主翼の二十ミリ機銃の実弾を使っての射撃訓練も行なわれた。本来は空中指揮を執る立場にない飛行長・柴田中佐までもが、指揮官全滅といったいざという時に備えて、古くからの部下、中原常雄飛行特務少尉を相手に空戦訓練をやったり、吹き流し射撃で腕を確かめたりした。

一分隊抽出と新人補充

そんな折、十一月二十二日、三空、台南空の各一個分隊が、マレー方面の陸軍上陸作戦支援のため、サイゴンに分派されることが決まった。比島方面の作戦とともに、シンガポール占領を目指すマレーおよび蘭印方面の作戦も、日本にとって重要な案件であった。こちらは主として陸軍の担当であったが、同方面に展開する陸軍第五飛行集団の主力戦闘機は旧式の九七式戦闘機で、シンガポール爆撃、英国東洋艦隊攻撃を予定していた海軍の第二十二航空戦隊も、元山空、美幌空（いずれも九六陸攻三十六機）、鹿屋空派遣隊（一式陸攻二十七機）の中攻隊だけ、海軍の戦闘機は一機も配備されていなかった。

マレー攻略の主力部隊はマレー半島のシンゴラに、また一部はパタニ、コタバルに上陸するが、主力部隊の上陸成功は、作戦遂行の絶対条件である。少なくとも上陸の間、シンゴラの輸送船団の泊地上空の制空権を確保する必要があるが、それには、陸軍の九七戦ではあまりにも心もとなく、陸軍の現地司令部の要請で、急遽、海軍の零戦隊がその方面に抽出されることになったのである。

稲野菊一大尉(のち少佐)の手記によれば、マニラ空襲のために猛訓練を行なっている現在、転出する分隊長を指名することは忍びない、という亀井司令の言葉で、黒澤大尉、向井大尉、稲野大尉、蓮尾大尉、宮野大尉の五人の分隊長でクジを引き、結局、「幸か不幸か」稲野大尉が引き当ててしまったという。転出兵力は、三空から稲野大尉以下零戦十四機、九六艦戦五機、九八陸偵三機、台南空から戸梶大尉以下零戦十三機、九六艦戦四機、九八陸偵三機で、それぞれの原隊の指揮下を離れ、第二十二航空戦隊司令部附戦闘機隊と呼ばれることになった。指揮官として山田豊中佐（兵四十九期）、飛行長・所茂《も》八郎《はちろう》少佐（兵五十一期）が発令され、正規の特設航空隊に準じた扱いとなった。二十二航戦戦闘機隊は、開戦から十七年三月までの短い期間であったが、英国空軍を相手に、地味ながら獅子奮迅の戦いぶりで日本軍の序盤の快進撃を支えた。その後、鹿屋海軍航空隊に吸収され、さらに二五三空となってラバウル方面で末期の航空戦に至るまで活躍を続ける。

三空にとっても台南空にとっても、一個分隊の抽出は大きな痛手であったが、新たな搭乗員の補充も行なわれていた。両隊ともに、宮野たち六十五期生の後輩、六十六期出身の戦闘機搭乗員はいなかったが（六十六期は主に母艦部隊に配属されていた）、十一月中旬になると、三十五期飛行学生を卒えたばかりの六十七期生が大分空から転勤してきた。三空には川添利忠中尉、山口定夫中尉、台南空には川真田勝敏中尉、笹井醇一中尉の二名ずつである。宮野の八尾中学の後輩、馬場政義中尉は、分派された二十二航戦司令部附戦闘機隊のほうに配属になった。時期を同じくして、やはり実用機教程を修了したばかりの下士官兵搭乗員たちもやって来た。彼らの飛行時間はおおむね二百時間から三百時間程度で、第一次の作戦にはまだ使えないが、部隊で錬成しつつ、いわば次の矢として準備されるべき搭乗員たちであった。

当時、第十二期飛行練習生（丙二期）を卒業してすぐに三空に配属された伊藤清一飛曹長、戦後加藤と改名）の回想――。

「着任してみたら、周りはみんな旧い搭乗員ばかりで、われわれは腕に、新米搭乗員の印の赤いリボンをつけさせられました。今で言う初心者マークですね。毎日、編隊飛行、空戦、射撃と猛訓練を続けましたが、実戦にはなかなか連れて行ってもらえませんでした」

伊藤はその後、二年近くにわたって三空（十七年十一月、二〇二空と改称）に在籍、

分隊長・向井一郎大尉

大分空で35期飛行学生を修了した、戦闘機専修の搭乗員たち（中後列）。前列左端は教官・日高盛康中尉。中列左より栗原克己、川真田勝敏、笹井醇一、２名おいて山口定夫、後列左端・渋谷清春、右端・馬場政義各中尉

のち、昭和十八年にはオーストラリア・ポートダーウィン空襲で豪軍のスピットファイア戦闘機を相手に活躍（当時の飛行隊長は鈴木實少佐）、通算して三十二機の敵機を撃墜破し、十八年十一月、司令・内田定五郎中佐より善行表彰を受ける、三空でも屈指の実績を残した搭乗員だが、その伊藤でも、最初はいわば二軍スタートを余儀なくされるほど、当初の三空はベテラン揃いであったのだ。

運命の夜明け

十一月末になると、いよいよ開戦必至の気運が高まってきた。陸偵が隠密裏に比島の要所を高高度からカメラに収めてきて、情報分析の結果が届けられると同時に、ルソン島の模型が届いて、空から見た敵地の様子を搭乗員に覚えさせた。

こうして十二月七日午後、三空では総員集合が令され、亀井司令より明八日、米英仏蘭と開戦することを知らされた。三空は台南空とともに、比島方面の敵航空兵力撃滅戦の主力となる。訓練どおり、飛行機隊は夜間発進して中攻隊を援護しつつ、敵のクラーク基地周辺の攻撃に出撃することが、全隊員に達せられた。発進予定時刻は〇二三〇（午前二時半）。隊長・横山大尉からは、出撃参加搭乗員に、これまでに行なってきた厳しい訓練の成果は、明日の第一撃で存分に発揮すべきであること、今夜は十分に休養をとり、入浴後、なるべく早く就寝するようにということが伝えられた。

夜になって、台南基地から、天候偵察のため、陸攻四機が二派に分かれて発進した。第二天候偵察隊の二番機には、島田航一・十一航艦航空乙参謀が搭乗し、ルソン島、バタン島の南西百四十浬まで南下して天候偵察を行なった。作戦地域の天候は、戦爆連合の夜間進撃が可能であると判断された。しかし、わが偵察機の動きを察知した米軍は、八日午前零時十五分、マニラからイバ、クラークの両基地に対し、全機十五分待機（命令があれば十五分で出撃できる状態）を下令したことが、高雄通信隊の敵信班の通信傍受により明らかになった。同時に、米軍は、日本側天候偵察機の使用電波を妨害し始め、午前一時には、偵察機邀撃のため、戦闘機六機が発進したことが傍受された。

「その夜、私は先任分隊長として出発前の飛行機の整備点検を監督するため、翌朝二時の起床を予定して早めに床に入ったが、強敵との死闘を思うとなかなか眠れない。早く眠らねば、早く眠らねば、と思うが、心が昂ぶって眠れず、己の修養不足を嘆きながら浅い眠りに落ちていった」

と、黒澤大尉は回想するが、宮野にしても、同じような気持であったことだろう。黒澤や宮野が浅い眠りにつく頃、南雲忠一中将率いる、空母赤城、加賀、蒼龍、飛龍、瑞鶴、翔鶴を基幹とする機動部隊はハワイ北方海面にあって、米海軍太平洋艦隊が在泊している真珠湾を奇襲するべく、発艦準備を整えているところであった。クラスの指宿正信大尉（赤城）、牧野正敏大尉（瑞鶴）ともに、真珠湾空襲の第一次発進部隊に小隊長として出撃することになっていたが、その時は互いの動向を知るすべもない。三空の蓮尾、宮野、台南空の若尾、牧、そして機動部隊の二人。期せずして、六十五期の戦闘機乗りが全員、開戦初日の大作戦に参加することになった。そして、蓮尾と牧をのぞく四名にとっては、これが初陣であった。

黒澤大尉が予定通り、午前二時に起床して外に出てみると、基地は一面の濃霧に包まれていた。「これでは離陸は無理だ」、心配しながら飛行場に行くと、整備員はすでに作業にかかり、試運転の爆音が轟々と響いていた。しばらくすると、司令や副長、宮野ほか分隊長も指揮所に集まってきた。各方面に問い合わせると、台南も高雄も濃霧で、すぐには晴れそうにない。犠牲者を出してまで訓練し、準備を重ねた黎明出撃も、この霧の前には実行不可能であった。

明るくなってからの出撃では、白昼、敵の待ち構える中へ突入することになり、苦戦はまぬがれまい。敵の大型爆撃機・ボーイングB－17による先制爆撃を受ける懸念もある。じりじりとした空気が流れるが、そんな一同の焦燥をよそに、霧は一向に晴れる気配はない。いたずらに時間ばかりが過ぎ、運命の夜明けを迎えた。

そこへ、ラジオが開戦を伝え、行進曲「軍艦」とともに機動部隊のハワイ空襲の大戦果を派手に伝えるニュースが流れた。「やったな」という思いと、「一番槍を越されてしまった」という思いが、霧の中、搭乗員たちの胸に交錯した。

九時近くになって司令部より、「霧は十時近くには晴れる見込み。各隊は離陸可能となったら発進して、予定の攻撃を実行せよ」との命令がくだった。攻撃目標は、三空はイバ、台南空はクラークの、それぞれ敵飛行場である。

昼間進撃に変更となったため、進撃の隊形を、横山大尉の指揮中隊（六機）を先頭に、黒澤大尉、中原常雄飛行特務少尉がそれぞれ中隊長を務める第一大隊（十二機）がすぐ後方に位置し、向井大尉、小泉藤一飛曹長の第二大隊（十二機）がその右、宮野が率いる中隊八機に、台南空から高雄基地に分派された牧幸男大尉の中隊九機を合わせた第三大隊が左後方、蓮尾大尉の六機が後衛中隊としてしんがりの位置につくことと決めなおした。

十時過ぎ、霧が切れ、青空が見え始めた。太陽はすでに高く上っていた。敵機の先制攻撃に備えて、川添利忠中尉以下三機の九六艦戦が基地の上空哨戒に上がった。搭乗員整列、司令から出撃が命じられ、十時半過ぎから順次、編隊で離陸を開始した。指揮所の信号柱には、日露戦争の日本海海戦における大勝にちなんでＺ旗一旒《いちりゅう》が掲げられていた。戦闘機隊が発進を完了したのは十時五十五分。上昇して低い雲の層を抜けると、それまでの霧がうそのように、上空は快晴であった。各隊、所定の位置に編隊を組み終わると、指揮官・横山大尉は高度を四千メートルの巡航高度にまで上げ、高雄空第一飛行隊、鹿屋空の一式陸攻五十三機をはるか右に見ながら、予定のコースに向けて一路、南進をはじめた。

戦闘機五十三機もの大編隊での進撃は、日本海軍ではかつて例のないことであった。まさに威風堂々、空を圧する勢い。

「私は、この祖国の興亡を賭けた大戦争において、零戦に搭乗して参加している己の冥利を思って、何度か列機に見えないように、そっと感激の涙をぬぐった」（黒澤大尉談）というのが、全搭乗員に一致した思いであったに違いない。

比島空襲

時を同じくして、新郷大尉率いる台南空戦闘機隊三十四機と、高雄空第二飛行隊の一式陸攻二十六機、一空の九六陸攻二十七機も、クラークに向け進撃していた。三空では飛行隊長の指揮中隊とは別に、二個中隊ずつの三個大隊にプラス後衛中隊の編成であったが、台南空は、新郷大尉、浅井大尉がそれぞれ二個中隊を率いる二個大隊のシンプルな編成であった。

三空では途中、宮野中隊の第二小隊長で、宮野が片腕と恃む工藤修飛曹長が脚故障、宮野の直接の三番機・松本善平一飛が機銃故障で引き返すアクシデントがあったが、午後一時半すぎ、日本海軍の精鋭による戦爆連合の大編隊は、イバ、クラークの敵飛行場上空に殺到した。

ここに、日本側にとってひとつの僥倖《ぎょうこう》があった。海軍航空隊の攻撃に先立って、午前十時半、陸軍重爆隊がルソン島北部のバギオ、ツゲガラオを爆撃しているが、そのために空中避退していた米軍のB-17爆撃機三十五機が、反撃の台湾爆撃の準備のために全機、クラークに着陸したばかりのタイミングだったのである。米戦闘機隊は、三個飛行隊（二個飛行隊十八機）が日本機邀撃《ようげき》のため、十二時四十分までに離陸、その他一個飛行隊はクラーク、別の一個飛行隊はデルカルメン飛行場で地上待機していた。

「空の要塞」と呼ばれる米軍の新鋭大型爆撃機B－17が集結しているクラーク基地上空に、新郷隊（台南空）の零戦三十四機（出撃三十六機中、二機が引き返す）と五十三機の中攻隊が到達した時、上空には敵戦闘機の姿はなく、米側が警戒していたにもかかわらず、その虚を衝いた形で、攻撃は奇襲になった。一時三十五分、九六陸攻隊、続いて一式陸攻隊が爆撃を開始した。台南空の次席搭乗員（下士官兵搭乗員のナンバー2）で、この日の出撃に参加した田中國義一飛曹は語る。田中は、支那事変では九六戦を駆って、十三機の敵機を撃墜（うち協同二機）したベテラン搭乗員であった。

「私は隊長・新郷大尉の二番機でした。この日は、確か高度六千か七千メートルで進入したと思います。中攻隊が二隊に分かれて飛行場をクロスに爆撃、大きな土煙が上がるのが見えました。爆撃が終わるのを待って地上銃撃に移ろうとしたんですが、はるか下のほうで敵戦闘機が、キラッキラッと太陽の光を反射して、反航してくるのが見えました。敵だ！　と隊長に知らせたけど、隊長はわからない。そのうち、お前、行け、と言うから前に出て突っ込んでいくと、途中で隊長が出てきてわかったと。しかし、その時にはもう、他の小隊が攻撃に入っていて、なんと手の早いやつがいるなあ、と思いましたよ。それから、第一中隊から順に、地上銃撃に入りました」

クラーク飛行場では、空襲警報の直後に爆弾が投下され、地上の施設のほとんどが破壊された。また、デルカルメン飛行場もあわせて地上の敵機は銃爆撃で大半が破壊炎上し、第二十戦闘飛行隊（P－40×十八機）は、四機が離陸に成功したに過ぎなかった。中攻隊によってクラークに投下された爆弾は、六番（六十キロ）爆弾ばかりで合計六百三十六発であった。

いっぽう、零戦五十一機の横山隊（三空と台南空一個中隊）は、一時三十五分に中攻隊と合同し、一時四十分、イバ飛行場上空に到達した。ここでは数機の敵戦闘機が待ち構えていたが、横山中隊がその一機を撃墜、残る敵機は逃げ散っていった。その直後、高雄空の一式陸攻二十七機が六番（六十キロ）爆弾三百二十四発を飛行場に投下し、一分後、鹿屋空の一式陸攻二十六機が二十五番（二百五十キロ）爆弾二十六発、六番（六十キロ）爆弾百六十二発を投下している。

イバ飛行場の爆撃が終わり、中攻隊が帰途につくと、横山隊は、宮野中隊を上空制圧に残して、小泉中隊第一小隊、牧中隊は地上銃撃を繰り返した。イバの敵はクラークほどではなく、また、空中に他に敵機の姿を見なかったので、各中隊はそのままクラークに向かう。ここでも、宮野中隊は、高度四千メートル付近で上空制圧の任にあたり、他の中隊は、地上銃撃を繰り返した。零戦の二十ミリ機銃は、地上にある敵機を撃破するにも絶大の威力を発揮し、敵機は次々と炎を上げた。

「私は、バンク（翼を左右に振る）して編隊を解き、クラークで爆撃を免れた大型機に向かって降下して銃撃を加えました。すると、敵は待ってましたと言わんばかりに、対空砲火を撃ち上げてきました。まるで、赤いアイスキャンデーが、私に向かってくるようでした。一撃目で、一瞬、ガーンと衝撃が響いて、敵弾が命中しました。引き上げて、恐る恐る機体を見ると、急所は外れたらしく、燃料漏れもない。そこで二度目の銃撃に入りましたが、また一

発やられた。三度目の銃撃の途中で二十ミリ機銃弾がなくなり、また一発食らいました」（黒澤大尉談）

一方的な空戦

味方機がクラーク飛行場を銃撃している間、制空隊の宮野中隊は、数次にわたって敵戦闘機P－40と遭遇、空戦に入った。初の米軍機との空戦、宮野にとっても初陣である。宮野の胸中を、今となっては確かめるすべはない。が、目の前に敵がいる限り、死に物狂いで戦うしかないのだ。これまでの人生、鍛えたことも勉強したことも、辛かったことも楽しかったことも、すべてはこの瞬間のためにあった。

故障で二機欠けた宮野中隊は、はからずも二機ずつの三個小隊、計六機になっていたが、その二機の小隊ごとに巧みに列機と連携し、P－40に反撃の機会をまったく与えなかった。小島二飛曹が宮野機の後方をしっかりとカバーしている。宮野は難なくOPL照準器の光枠の中に敵機を捉えると、左手のスロットルレバーについている機銃の発射把柄をぐっと握った。それは、幾度となく繰り返した空戦訓練と、同じ動作であった。宮野機の機銃が火を噴く。七ミリ七機銃の豆を炒るような軽快な発射音と、ドッドッドッと重い衝撃をともなう二十ミリ機銃の発射音。曳痕弾が敵機を包み、一人のアメリカ人の命が消えた。この時、宮野は幼少期から親しんだ、長瀬川の鮒釣りでの忍耐と集中の情景を思い出していただろうか。

空戦に入ってからあっという間に、第一小隊（宮野大尉、小島保二飛曹）は二機（うち一機は不確実）、第二小隊（岡崎正喜二飛曹、倉内隆三飛曹）は一機、第三小隊（岡本重造一飛曹、橋口嘉郎三飛曹）も二機、計五機のＰ－40を撃墜した。宮野以下、中隊の各機には、敵弾は一発も当たらなかった。かすりもしなかった、と言ってもいいであろう。宮野中隊に関して言えば、まさに一方的な空戦であった。

世界の最強国と思われていた米国の戦闘機がこの時、空戦をしている搭乗員自身が意外の念をもつほどに弱かった。他の中隊にも向かってくる敵機はあったが、地上銃撃しているところを上空から襲われて苦戦を強いられた台南空・若尾中隊など、一部の例外はあったものの、向かってきたそれ以外の敵機は、空戦らしい空戦もできないままにことごとく撃墜され、あるいは逃げ帰った。黒澤大尉の回想――。

「地上銃撃を終えて、高度をとろうと上昇している途中、高度四千メートル付近で、一目で敵機とわかるＰ－40がこっちに向かってきました。上昇中だから、スピードは落ちています。私は、もう泡食いましてねえ、プロペラピッチを最低にして、エンジンをふかして馬力を出そうとするんですが、間に合わない。またたく間に私に近づいてきて、格闘戦に入ろうとした。そしたらやってみますとね、零戦のほうが格闘戦の性能がずっといいわけですよ。たちまちにして敵機の後ろについたんですが、撃とうとしたら敵は急降下、こっちはもともとスピードが落ちてしまっているから、逃げられてしまいました。

アメリカと戦争をやると聞かされた時は、遠洋航海（黒澤ら海兵六十三期の遠洋航海の行き先はアメリカであった）でこの目で見ているだけに、あのアメリカとやるのかと不安でした。十二月八日はおそらく三空の搭乗員の三分の二は戦死するだろうと思ってたんですが、まさかP－40あたりがあんなに性能が悪いとは思わなかったですね。帰ってきたら、みんなの意気は大変なものだった。敵があんなものなら世話ないって」

カーチスP-40戦闘機

やはり一機のP－40を撃墜（新郷大尉と協同）した前出、台南空の田中國義一飛曹は、

「敵機は向かってはきましたが、実際に空戦になってみると、たいしたことはなかったですね。あれは旋回半径が大きくて、鈍重ですからね。心配したほどのことはありませんでした」

と回想している。P－40は、十二・七ミリ機銃六梃をもつ、米陸軍の新鋭戦闘機であったが、機体強度とそれによる降下時の加速、急降下速度は零戦よりすぐれていたものの、旋回性能では格段に劣っていた。ましてや旧式のP－35などは零戦の敵とはなりえなかった。

のちにまとめられた（昭和十七年七月二十七日）三空の戦訓所見では、P－40の性能などについて、

1．急降下における速力の増加および上昇は零戦に比し

大である。

2. 水平速力は零戦に比し＋十ノット〜二十ノットならん

3. 旋回性能不良にして垂直旋回においては自転作用起し易し。

4. 縦の戦闘においては7字型になり、頂点における味方の射撃容易なり。

5. 急降下より機首を起さんとする際、味方の射撃容易なり。

6. 高高度における性能不良。

7. 後方視界不良。

8. 空戦は拙劣にして水平面の空戦は特に弱し。

9. 避退法は急反転ダイブを以てす。

10. 編隊空戦は行わず各機連絡は極めて不良にして単機戦闘を行う。

……などと記されている。

単座戦闘機の機銃は前に向かってついているので、敵機の後ろについたほうが勝ちである。側方攻撃や上方攻撃など、さまざまな攻撃法があるから、勝つための手段は他にもあるが、少なくとも敵戦闘機の後方についている限りは、他の敵機に狙われない限り、やられることはない。のちには軽量で小回りは利くが急降下速度に制限のある零戦の特性と、運動性能は悪いが急降下性能のよい自らの機体強度の利点を把握して、一撃離脱の戦法で優位に立ち向かってくることもあったP－40だが、この時は無知のなせるわざか、その多くが無謀にも零戦に対して格闘戦を挑んできたために、次々と撃墜されていったのである。

比島上空を制圧すること四十分、午後二時二十五分、中隊ごとに分かれていた横山隊はふたたび集合し、堂々の編隊を組んで、五時十分までに高雄基地に帰着した。帰還した搭乗員が整列し、横山大尉から戦果が報告されると、基地は湧き立った。さっそく、格納庫前で用意されていたテーブルで、祝杯が上げられた。新郷隊も、同じ時刻に戦場を離れ、午後五時までにほとんどが台湾南部の恒春基地に着陸、燃料補給の上、台南基地に帰ってきた。台南基地のほうが高雄より、フィリピンからは若干遠かったためである。

この日、横山隊は、敵戦闘機十五機と空戦、宮野中隊の五機をふくむ十機（うち不確実三機）を撃墜、地上銃撃で二十二機を撃破、あるいは炎上させた。新郷隊は、二十数機の敵機と交戦、その十二機を撃墜（うち不確実四）、一機を地上に衝突させ、地上銃撃で二十五機を撃破炎上したと報告した。宮野の同期生は、若尾大尉が一機撃墜（不確実）、一機撃破、牧大尉は、中隊協同で、地上で飛行機九機、ドラム缶二百、燃料車一台を炎上させるなどの戦果を挙げている。蓮尾大尉は、中隊協同で二機のP－40を撃墜（不確実）した。中攻隊の爆撃による戦果もあわせて、開戦初日で在比米航空兵力の約半分を撃滅し、クラークおよびイバ両基地の基地機能を失わせた。六十五期の台南空偵察分隊長・美坐正巳大尉機（大原猛飛曹長操縦）がクラーク、デルカルメン、桑原一郎一飛曹機（上別府義則二飛曹操縦）がイバと、二機の九八陸偵が、この日の戦果を上空から確認した。

「われわれ戦闘機隊員には、さらに大きな戦果があった。それは、敵搭乗員の技倆と敵機の

性能を大方知り得たことで、このことがその後の戦闘に対して自信と勇気を与えた効果は計り知れないと思う」(黒澤大尉談)

両隊の損害は、三空は、向井中隊の伊藤文雄三飛曹(状況不明・地上砲火か?)、蓮尾中隊の吉井三郎三飛曹(敵戦闘機と交戦中)がそれぞれ行方不明、台南空では、牧中隊の廣瀬良雄三飛曹が地上砲火で撃墜され、瀬藤中隊の中溝良一飛曹長、若尾大尉の直接の二番機・河野安次郎二飛曹、三番機・青木吉男三飛曹、若尾中隊三小隊長の佐藤康久一飛曹が、いずれも敵機との空戦中に行方不明となるなど、計七機が還ってこなかった。牧中隊の小池義男一飛曹は、敵地上砲火に遮風板を射貫かれ、破片で右眼失明の重傷を負って、のちに搭乗員を免ぜられた。戦捷気分の中、これまでともに訓練を重ねた最愛の列機を失った小隊長、中隊長には、心に重いシコリが残った。これが戦争なのだ。中でも、宮野中隊とは対照的に、初陣で自らの中隊九機のうちの三機を、地上銃撃の不利な態勢から敵戦闘機との交戦で失った若尾大尉の表情は冴えなかった。

比島上空制圧

真珠湾攻撃ばかりがクローズアップされがちな開戦劈頭の一段作戦だが、開戦の主目的は、南西方面の資源(特に燃料)地域の占領確保であった。その意味では、奇襲をやりっぱなしの機動部隊の作戦よりも、台湾から順次、駒を進めて、比島からマレー半島、蘭印の広大な地域を制空権下におさめるという、三空、台南空をはじめとする基地航空部隊の作戦こそが、緒戦における主作戦といえた。

作戦を効果的に遂行するには、敵に立ち直りの暇を与えてはならない。比島への空襲は、翌九日も続けるはずであった。が、前日に続いてこの日も台湾は濃霧に覆われ、しかもそれが晴れるのが遅い時間になったために、攻撃は見送られた。敵機来襲の報に、黒澤大尉以下、向井大尉、蓮尾大尉、宮野大尉など、零戦、九六戦あわせて二十二機が追撃に向かったが、敵を見ず引き返してきたという記録が防衛庁にあるが、現存する黒澤、蓮尾の航空記録には該当する記述がない。この日、台南空では、一直・佐伯義道一飛曹以下三機、二直・若尾大尉、川真田勝敏中尉以下、坂井三郎一飛曹ら九機の零戦が、味方輸送船団の上空哨戒に出ている。

十二月十日、三空、台南空はふたたび可動全機をもって、マニラ方面の敵航空兵力撃滅のため出撃した。三空は横山大尉率いる指揮中隊九機、黒澤大尉、蓮尾大尉が第一大隊としてそれぞれ一個中隊六機を率い、向井大尉が六機、宮野大尉が七機を率いて第二大隊、という三十四機の編成に、今回は、誘導機として九八陸偵三機が随伴した。台南空は、新郷大尉、瀬藤大尉以下二個中隊十七機（うち一機は引き返す）が、ルソン島北部のビガン上陸部隊護衛に陸偵一機とともに出撃し、別に、浅井正雄大尉、若尾晃大尉、牧大尉以下三個中隊二十二機が、美坐大尉の陸偵とともに、デルカルメン飛行場攻撃のため出撃している。一空、高雄空の中攻隊も、それぞれの目標を目指して出撃した。この日の搭乗割は、三空では八日の搭乗割に入った搭乗員ばかりの編成だが、台南空では、海兵六十七期の笹井醇一中尉、本吉義雄一飛など、新たな戦力の名前が見える。ただし、笹井中尉以下、台南空淺井隊の四機は、離陸後、機体故障や体調不良（上平啓州一飛曹）で引き返している。

一空の九六陸攻二十六機は、午後二時、マニラ湾上空に達し、キャビテ湾内の艦船、キャビテ海軍工廠を爆撃した。この攻撃で、キャビテは基地としての機能を完全に喪失してしまった。

高雄空の一式陸攻二十七機は、台南空淺井隊と合流、午後一時四十五分にデルカルメン上空に進入したが、基地が密雲に閉ざされていたため、目標をマニラ港の艦船に変更し、輸送船四隻に直撃弾を与えている。

台南空淺井隊（十八機）は、デルカルメン上空で邀撃してきた敵戦闘機と交戦し、その五機を撃墜（うち不確実二）。その後地上銃撃に移り、在地の飛行機二十機を炎上撃破した。地上銃撃中に、淺井大尉の二番機、比嘉政春一飛が敵戦闘機に撃墜され、藤村春男一飛は、帰投中天候不良のため海上に不時着水、顔面を負傷した。

ビガン上陸部隊護衛に向かった台南空新郷隊（十七機）は、午後二時二十分まで二時間余にわたってビガン上空を哨戒した。この隊は、クラークに逃走するB－17一機と遭遇し、苦心の末、やっと撃墜した。台南空の戦闘行動調書には、この戦果は、豊田光雄飛行特務少尉（発射弾数六十一発）、菊池利生一飛曹（同五百七十発）、山上常弘二飛曹（同七百三十発）、和泉秀雄二飛曹（同二百五十六発）、野澤三郎三飛曹（同七百二十五発）の五機による協同撃墜と記録されている（新郷隊、それ以外の機の発射弾数はゼロとなっている）。これは零戦による最初のB－17撃墜となったが、燃料タンクに防弾装備の施されているB－17は、弾丸が命中してもなかなか火を吐かず、逆に針鼠《はりねずみ》のように装備された十二・七ミリ機銃でしたたかに反撃してきて、野澤機に二発の被弾があり、零戦搭乗員たちにその難攻不落ぶりを強く印象づけた。

　横山大尉の指揮する三空の零戦三十四機は、一時四十分、マニラ上空に進入、空中に敵機の姿を認めなかったので、ただちにニコルス、ニールソン両基地の地上銃撃に入った。敵の防御砲火は、前回にも増して熾烈なものであった。そこへ一時四十五分、米戦闘機約四十機が来襲し、たちまち激しい空中戦が繰り広げられた。日米初の、大部隊同士の空中戦闘である。敵機は、多くはP－40で、日本側記録によると、中には旧式のP－26も認められた。敵の戦意はきわめて旺盛で、果敢に空戦を挑んできたが、ここでも敵戦闘機は零戦の敵ではなく、返り討ちにあって次々と墜ちていった。

　劣位からの反撃になったにもかかわらず、零戦隊の強さは、米戦闘機の比ではなかった。飛行機の性能もさることながら、搭乗員の練度も、すでに支那事変の戦火をくぐり抜けてきた歴戦の搭乗員を擁する日本側のほうがはるかに勝っていたと言えそうである。中でも、この日の宮野の働きは目覚しかった。敵影を認めるや、宮野はただちに地上銃撃を中止して、直率の小隊（小島保二飛曹、松本善平一飛）を率いて敵戦闘機の只中に突っ込んでいった。宮野の小隊は、横山大尉の指揮中隊と協力しながら、五機を撃墜（うち不確実一）したのである。

空中から敵機があらかた消えると、横山隊は引き続き、地上銃撃を行なった。前回の攻撃で、航続力に自信を持った零戦隊は、弾丸の続く限り、攻撃の手をゆるめず、戦闘時間は先ほどの空戦とあわせて一時間以上に達した。ここで宮野は、飛行中の敵飛行艇二機（戦闘行動調書ではPBF－5と記録）を、小島二飛曹、松本一飛と協同で撃墜している。

激戦で零戦隊は散り散りになり、小隊ごと、あるいは単機で、めいめいに帰途についた。途中天候が悪化し、赤松貞明飛曹長は日本軍が占領したバタンガスに、横山大尉、昇地正一三飛曹、小林勝太郎一飛が海上あるいは海岸などに不時着したが、搭乗員はいずれも陸軍部隊や、不時着機に備えて台湾南方海上に配備していた救助船に救助された。しかし、宮野の二番機・小島二飛曹が悪天候の中で行方不明となった。その最期を確認した者はいなかったが、高雄基地西方のボーコ島の海岸に不時着する昇地機と別れたあとに、密雲の中で機位を失したものと思われた。開戦前、三空では十一航艦に、少なくとも二十隻の救助船の配置を要請していたが、実際に用意できたのは十隻で、これが要請通りに配備されていれば、小島はあるいは助かったかも知れなかった。

四時二十分までに、零戦二十七機と陸偵二機が恒春に、五時半までに、黒澤大尉と陸偵一機が高雄に、それぞれ帰着した。翌十一日、各地の不時着搭乗員が高雄に帰ってきた。その報告を集計すると、三空戦闘機隊の戦果は、撃墜四十六機（うち不確実四）、地上撃破三十四機に達した。戦闘機隊としては、空前の大戦果であった。空戦の戦果確認は、誤認や重複を含みがちになるものだが（米側記録では、この日の被撃墜は十三機という）、それを考慮してもなお、台南空の戦果とあわせて、十二月八日、十日の二度の攻撃で、在比米軍の大部分を壊滅させたものと判断され、事実そうであった。三空の損失は、小島二飛曹と、宮野中隊と同様、激しい空戦を繰り広げた向井中隊の三小隊長・手塚清春一飛曹（敵弾を受け自爆）の零戦合わせて二機（戦死二名）、不時着沈没二機、大破一機で、挙げた戦果と引き換えに考えれば、長距離進攻、しかも悪天候に見舞われてこの程度の損失で済んだのは奇跡的とも思われた。しかし、被弾機も十六機を数えており、無傷で帰還したものは八機に過ぎなかった。宮野機にも、二発の弾痕があった。

緒戦の二度にわたる大戦果に、搭乗員の士気はますます高まったが、直接の二番機、それも鹿屋空、十二空以来ずっと同じ分隊で苦楽をともにした小島二飛曹を、空戦が終わってから天候のために行方不明にさせてしまったことは、宮野に深い喪失感を味わわせた。小島は操練四十二期出身、操縦歴は宮野より一年半以上古い中堅搭乗員であったが、「最後まで俺についていてくれたら、殺さずに済んだのに……」と、宮野は、悔やんでも悔やみきれなかっただろう。「列機の最期を見届けるほど辛いものはないが、見届けてやれないのはもっと辛い」――、ある歴戦の元搭乗員が筆者にもらした述懐である。

一日おいて、十二月十二日、三度目の比島空襲が行なわれた。十日の不時着水で横山大尉が負傷したため、この日、三空戦闘機隊の指揮官は黒澤大尉が務めた。黒澤大尉以下七機の指揮中隊、蓮尾大尉以下九機の第一中隊、宮野大尉以下九機の第二中隊、以上二十五機の零戦に、誘導偵察機一機は、午前八時十五分、高雄基地を発進。台南空は、新郷大尉、牧大尉の率いる二個中隊十六機と、淺井大尉、若尾大尉率いる二個中隊十三機の、零戦二十九機に陸偵一機が、八時十分に、台南基地を発進した。戦闘行動調書を見ると、三空は相変わらずベテラン主体の搭乗割なのに対し、台南空では、渋谷清春中尉（牧中隊）、笹井醇一中尉（若尾中隊）、海兵六十七期出身の二人の新鋭が小隊長として加わるなど、積極的に若手を出そうとする傾向が見える。

この日のマニラ周辺は雲が低い、視界のきかない天候で、そのために攻撃も徹底を欠いた。台南空は、クラーク付近に突入するも密雲にはばまれ、マニラに向かったがそこでも天候が悪く、やっと雲の切れ目を見つけた新郷中隊がイバ飛行場を銃撃、六機を炎上撃破した。時を同じくして中攻隊がイバ基地に爆撃を加え、渋谷中尉の小隊がそれを掩護したが、前二回と比べると反撃してくる敵機もなく、少し拍子抜けしたような格好であった。この時、新郷中隊の坂井三郎一飛曹機が、地上銃撃中に被弾してビガン飛行場に不時着している。

三空では、宮野中隊第三小隊（竹中義彦一飛曹）が途中、三機中どの機かの酸素吸入器の故障で、小隊ごと主隊と離れ、低空で敵基地の偵察にあたったが、残る二十二機は各中隊に分かれてマニラ周辺の目標に向かった。しかし、厚い雲と雨にさえぎられ、黒澤中隊はイバに向かったものの、そこでも先の台南空新郷中隊と中攻隊による銃爆撃で、地上の敵機はすべて炎上中であった。宮野中隊も、マニラ突入を果たせず、やむなく小隊ごとに分かれてマニラ湾内を索敵、宮野の小隊だけが、湾内の一隅に飛行艇が係留されているのを見つけ、これを銃撃、六機を炎上させた。宮野小隊三機が銃撃に入ろうとした時、思いのほか激しい敵の防御砲火に遭い、二番機岡崎繁雄二飛曹機に五発、三番機松本善平一飛機に二発の被弾があった。

この日、もっとも空戦らしい空戦をしたのは蓮尾中隊である。黒澤中隊、宮野中隊の上空掩護に回っていた蓮尾中隊九機は、敵戦闘機P－35八機を発見、ただちに空戦に入り、これも一方的な戦いで、全機（蓮尾、中島文吉二飛曹、昇地正一三飛曹の第一小隊が三機、久保一男飛曹長、大住文雄一飛曹、田尻清一飛の第二小隊が二機、杉尾茂雄一飛曹、中納勝次郎二飛曹、増山正男一飛の第三小隊は四機）を撃墜した。やや消化不良ながらも一応の戦果を収めた三空戦闘機隊は午後二時までに全機が高雄基地に帰ってきた。

ダバオ進出

十三日は、黒澤、宮野は非番であったが、向井大尉以下零戦十八機と陸偵一機がクラーク、デルカルメン飛行場攻撃に出撃、前日撃ちもらした敵機二十一機を地上で撃破している。もはや、反撃してくる敵戦闘機はなかった。この日が初陣であった坂本武一飛（操五十六期・のち飛曹長）は、「地上に並ぶ練習機二機を銃撃、炎上させたのが初陣であった。二十ミリ、七ミリ七とも目標に吸い込まれるように命中し、照準器も不要と思われるほどだった」と回想するが、敵の地上砲火も激しく、鈴木金雄二飛曹が未帰還、大住文雄一飛曹が被弾、不時着するという被害を出した。

大住一飛曹は、重傷を負って戦場を離脱し、ようやくビガン上空まで飛び、飛行場の陸軍機を巧みに避けて胴体着陸したが、着陸と同時に意識を失った。その沈着な不時着ぶりは陸軍部隊の賞賛を浴び、原隊に復帰後、亀井司令より、三空では初となる特別善行章一線が付与された。善行章は、下士官兵の軍服右腕の官職区別章（階級章）の上に付く「へ」の字型のマークで、大過なく勤めていれば三年に一線、付与される。特別善行章は、その善行章の頂点に、士官の襟章（階級章）と同じ金属の桜をつけたものだが、こちらは、常人にない戦果を挙げたとか、部隊の危機を未然に防いだなど、文字通り「特別」な働きがなければ付与されない。いわば、武勲顕著な軍人に与えられる金鵄《きんし》勲章の約束手形のようなものであった。

攻撃後、陸偵隊がマニラ周辺の飛行場をくまなく偵察した結果、残存米軍機は約二十機にすぎないことを確認している。ここまでに、撃墜破したと報告された敵機は約三百機、これは、開戦前に予測されていた在比米軍機の総数を上回っていた。日本側の損害は、直接戦闘によるもの陸攻一、零戦十二、直接戦闘以外の事故、不時着等は陸攻七、零戦五、総計二十五機。不時着機の搭乗員の大半は救助されていた。

第十一航空艦隊司令長官・塚原二四三中将は、十三日の攻撃をもって、比島航空部隊の大部分を撃滅したものと判断し、航空部隊全力による大規模なマニラ周辺基地の攻撃を取りやめることにした。

十四日も、中原常雄飛行特務少尉以下、三空の零戦九機が、中攻隊を援護してマニラ攻撃に出撃、十五日にも、黒澤大尉以下零戦十五機が同様にデルカルメン、ニコルス両飛行場を攻撃、地上で四機を炎上させたが、在比米航空部隊は抵抗する能力をすでに失っていた。

戦局全般を見ても、十二月十日、中攻隊が英国東洋艦隊の戦艦プリンス・オブ・ウェールズ、レパルスを撃沈、海と空からの反撃の恐れがなくなったことで上陸作戦は順調に進み、航空部隊が前進すべき基地が着々と確保、整備されつつあった。

三空が次に進出を予定するのは、比島ミンダナオ島のダバオ基地であった。ダバオは開戦後まもなく、日本軍が占領したが、広いミンダナオ島には、他にも敵の基地が残っていた。開戦以来、ダバオ方面の制空を担ってきたのは空母龍驤の九六艦戦隊（隊長・相生高秀大尉・兵五十九期）と水偵隊のみで、司令部としては、一刻も早く零戦隊を進出させ、さらに南方の敵航空兵力を壊滅させたかったのである。

ダバオ基地は狭い上に地面の状態が悪く、そのまま使える状態ではなかった。ようやく基地の受け入れ態勢が整い、三空が零戦の整備を急がせて向井大尉の率いる先遣隊（向井大尉、宮野大尉の二個分隊十二機と誘導偵察機二機）をダバオに進出させたのは十二月二十三日。先遣隊は早速、基地の上空哨戒に当たるとともに、近く攻略予定のセレベス島メナドの敵水上機基地や付近の敵基地を索敵攻撃してまわった。宮野は十二月二十七日、零戦七機と偵察機一機を率いてゴロンタロ基地攻撃に向かうが、今やこの方面にも零戦に立ち向かう敵機の姿はなく、地上銃撃で格納庫九棟を炎上させたのみであった。

二十九日、宮野は満二十六歳の誕生日を迎えた。この日、亀井司令以下、三空の本隊もダバオに進出してきた。隊長・横山大尉も、負傷が癒えて復帰した。同時に、この日進出してきた第二十一航空戦隊司令部（司令官・多田武雄少将・兵四十期）の指揮下に入ることになる。

黒澤大尉は、ダバオに来た時の印象を、

「予想以上に基地が悪く、これで一式陸攻が離着陸できるだろうかと心配した。この進出以来、われわれ三空はセレベス島東岸沿いに、台南空はホロ島に進出して、ボルネオ島の東岸沿いに上陸部隊を援護しつつ別行動で南下することになったが、基地は一般に田舎の小さな飛行場で、困難な離着陸を強いられた」

と回想する。緒戦期には、可動全機での全力出撃を旨としていた零戦隊だが、この頃には少数機で神出鬼没、敵機のいそうなところにはどこへでも出かけていき、まさに虱潰《しらみつぶ》しに敵を殲滅していった。それもこれも、ひとえに零戦の長大な航続力のたまものであった。わずか二個航空隊、実勢六十機足らずの零戦隊が、広大な東南アジアの制空権を、完全に掌握していた。少兵力で広大な戦線を支え続ける危うさに誰も気が付かないほど、零戦隊は強かったのだ。

メナド空挺作戦支援

椰子の生い茂る、赤道に近い異国の地では、うっかりすると季節感がわからなくなってしまうが、三空では亀井司令自ら杵をふるって、迎春準備の餅つきが行なわれた。昭和十六年

ダバオ基地での迎春準備。昭和16年大晦日、餅をつく亀井司令

は大晦日のダバオ上空哨戒で暮れて、新しい昭和十七年が明けた。激しい戦闘に明け暮れた日々であったが、破竹の快進撃に、誰の顔も明るかった。年が明けると早速、次のメナド攻略作戦の打ち合わせ結果が伝えられ、三空は船団の上空直衛と落下傘部隊を援護する任務につくことになった。これは、予定されているボルネオ島のタラカン石油基地の占領作戦にともない、タラカンに睨みをきかせる位置にあり、オランダ軍の拠点のあるセレベス島メナドを占領しようとするものであった。メナドには、占領でき次第、三空が進出することになった。

一月九日、宮野が倉内隆三飛曹を引き連れて基地上空直衛をしているところへ、落下傘部隊を乗せた十一航艦輸送部隊の九六式陸上輸送機が続々と着陸してきた。落下傘部隊は、横須賀鎮守府第一特別陸戦隊（横一特）、司令は堀内豊秋中佐（兵五十期）であった。

一月十一日、日本初の空挺作戦となるメナド攻略が実施される。三空戦闘機隊がのべ二十六機、五直に分かれて上空哨戒をする中、二十七機の輸送機（森富士夫少佐）から、三百三十四名の陸戦隊の精鋭が、標高七百メートル付近の高地にあるランゴアン飛行場に落下傘降下した。宮野は、二直の零戦九機、陸偵一機を率いて敵陣地を銃撃、落下傘部隊の前進を援護している。一直で落下傘部隊の降下を見届けた黒澤大尉の回想――。

「落下傘部隊の搭乗機の編隊は、ちょうど私が三機を率いて哨戒中に東北方面から進入してきた。この時、味方水偵との同士討ちがあって、輸送機一機が墜とされてしまった。暗い思いに沈んでいると、眼下では落下傘降下がはじまって、落下傘が降りて陸戦行動が開始されたように見えた。降下は成功と思われたので、所定の哨戒時間が終わると帰途につき、ダバオ湾付近で強いスコールを突っ切って基地について状況を報告した。電波通信が発達した今思うと、トランシーバーで連絡して、どこの敵を攻撃しろと命じてくれたら敵の銃火を少なくしえただろうにと残念だが、当時の戦闘機電話は故障が多く、性能も悪くて連絡しえなかった」

落下傘部隊は、敵の地上砲火で犠牲を出しながらも飛行場を制圧、同じ日、これに呼応して佐世保鎮守府聯合特別陸戦隊千八百名がメナド北西海岸に上陸。翌十二日にも第二陣七十四名が輸送機十八機で降下し、午後には市街もふくめて占領してしまった。ボルネオ島タラカン石油基地も、この日、日本軍の手に落ちた。

横一特の戦死者は、副官・染谷秀雄大尉（兵六十一期）以下三十二名、負傷三十二名であった。染谷大尉は、二期後輩の三空の黒澤大尉に、「メナドではいい宿舎を用意しておいてやるからなあ」と笑顔で出撃していったが、降下途中で顎のあたりを撃たれて聴覚をなくしたらしく、敵前で、隊員と別に落下傘で降ろされた銃器の梱包を取りに行こうとして立ち上がり、集中砲火を浴びて戦死したとのことであった。余談だが、この日から六十二年半が経った平成十六年、靖国神社で行なわれた「零戦の会」慰霊祭で、九十歳の黒澤丈夫は、染谷大尉の弟、昭男氏と再会、兄の戦死状況を伝えることができた。

占領を受けて、三空戦闘機隊は、一月十四日から十九日にかけて順次、メナド基地に進出し、十五、十六日には次の目標であるアンボンを攻撃している。この間、宮野は要務連絡のため、ダバオ基地から輸送機便で上海に飛んだ。六十五期の同期生、山崎正八郎大尉の手記より――。

〈開戦の翌年一月、私は遅れて潜水学校を卒業、伊号第百二十三潜水艦水雷長に発令された。艦の所在不明のまま、とりあえず潜水母艦長鯨の在泊するダバオに向かうべく、まず上海に飛んだ。たまたま連絡のためフィリピンから来ていた宮野君と上海の飛行場で会うことができ、彼の帰り便で台湾、マニラ経由ダバオへと便乗させてもらった。その際、「おい山崎、今、イロイロの上空を飛んでいるぞ！」と大声で操縦室から宮野君が教えてくれた。フィリピンのこの変わった地名イロイロと、宮野君との奇遇の思い出が懐かしい〉

この時の宮野の用向きは定かではない。最終目的地が上海であったのか、たまたま立ち寄った上海で山崎と会ったのか、それもよくわからない。宮野がダバオに戻ったのがおそらく一月二十日頃、続いて、三空主力のいるメナドに移動し、二十七日にはメナド郊外カカス基地の上空哨戒に、松本善平一飛とともに上がっている。

昭和17年1月27日、地上銃撃中に被弾、
片翼で帰還した森田勝三飛曹とその乗機

宮野がメナドに帰ってくる直前の一月二十一日、三空では、ケンダリー飛行場索敵攻撃に出撃した森田勝三飛曹が、地上銃撃中に主翼に被弾、左主翼の日の丸中央部付近から先を吹き飛ばされ、片翼の愛機を巧みに操縦し、三時間かけてメナドに帰還するという出来事があった。森田三飛曹は乙飛九期、前年十月に飛行練習生を卒業、十一月に三空に配属されたばかりのまだ十九歳の若鷲であった。三空写真班撮影の、ちぎれた主翼も生々しい乗機、X－107号機の前に立つ森田の写真は、宮野のアルバムにも貼ってあるし、黒澤の手元にも残されている。

同期生・若尾晃大尉死す

ちょうどその頃、台南空は、タラカンに続いて占領予定の、ボルネオ島バリクパパンの攻略作戦に携わっていた。バリクパパンは、タラカンと並ぶ産油地帯である。上陸部隊は陸軍の坂口支隊で、海軍第四水雷戦隊の巡洋艦那珂《なか》以下、駆逐艦十隻などに護られて二十一日にタラカンを出港、二十四日未明に上陸を敢行し、二十五日にはこの地区を制圧した。この間、連合軍も、米駆逐艦四隻が泊地にわが輸送船団を急襲したり、オランダ潜水艦が待ち伏せていたり、連日B－17爆撃機をもって攻撃を仕掛けてきたりと、相当な抵抗を加えてきた。
宮野のクラスの戦闘機仲間・台南空分隊長の若尾晃大尉は、一月十六日、戦闘機隊を率いてホロ島からタラカンに進出、攻略部隊の上空哨戒に任じていた。二十五日、バリクパパンにB－17七機が来襲、上空哨戒第四直の小隊長であった若尾は列機三機を率いてこれと交戦、午後一時過ぎ、被弾して空中分解、自爆した。宮野と兵学校以来、大空への夢を一緒に育んできた、いちばん仲のよかった同期の桜が、早くも散った。四機のうち、さらに四番機・関明水三飛曹も行方不明となった。この若尾の最期の空戦の模様は、期せずして上陸部隊を掩護していた水雷戦隊各艦に乗り組んでいた同期生たちに目撃されている。
〈四水戦（第四水雷戦隊）は、護衛部隊主力として輸送船団を護衛して、バリクパパン湾内に入った。上空にアメリカのB－17が数機飛来し、爆弾を船団に投下していった。それに対し零戦が追跡し、繰り返し繰り返し攻撃を行なった。その際、零戦一機が残念ながら墜ちたが、搭乗員が機外に脱出した様子も見えなかった。翌日、その飛行機に若尾君が乗っていたことを知った〉（駆逐艦夏雲水雷長・小林英一大尉回想）
〈一三〇九対空戦闘が発令された。敵四発重爆七機が来襲した。高角砲の仰角が制限一杯となってどうすることもできなかったが、味方船団に爆弾は命中せず、損害はなかった。この四発重爆（B－17）を見つけた味方戦闘機が、がっちりと編隊を組んだ"空の要塞"に向かって、左上から右上からと食い下がった。敵が四方八方に滝のしぶきのように機銃を撃ち続ける様子が、曳痕弾で鮮やかに見える。味方戦闘機がシューという間に見えなくなる。やられたかと思う間もなく反対側から攻撃する。四つの黒い塊に一本の淡い線を引いたように、戦闘機は迫っては去り、去っては迫る。それはまさに、肉弾相打つ格闘であった。気力と体力の続く限りの攻撃を繰り返していた。おそらく互いに一瞬の隙が死につながるだろう。ついにこの状態のまま、私の目に当てていた十二センチ双眼鏡の外へ消えていった。この遠ざかって果てた零戦の指揮官機に、クラスの若尾晃大尉が搭乗していたことを、翌二十六日、知らされた〉（駆逐艦夕雲砲術長・鹿山誉大尉回想）

〈一三一〇、敵重爆七機、空の要塞来る。船団近くに投爆と思う間に、頭上にいたりて、我に投爆、一大音響とともに、大水柱四本奔騰、艦側七十メートル、マストより高く壮絶なり、甲板に断片散在したり。兵一名、かすり傷を負う。小癪な奴、高度八千メートルぐらい、なかなか弾丸が届かない。我が戦闘機一機、執拗にこれを追う。後電により、この機は空中分解し、その後の情報不明、級友若尾大尉の操縦するものにして、その生死を気遣う〉（駆逐艦夕立航海長・椛島千蔵大尉戦闘日誌）

横浜一中出身の若尾は、スポーツ万能で明朗闊達、社交的な生粋の〝浜っ子〟であった。深酒することも激することもなく、クラスの誰にも好かれ、その早すぎる死が惜しまれた。

戦闘さえなければ、南の島の夕刻には、嘘のような静寂な一瞬が訪れる。空中分解が現認されてはいたが、台南空では、クラスの陸偵分隊長・美坐正巳大尉をはじめ、士官室の全員が、諦めきれずに夕食を待った。戦死者が出ると、食卓の主が一人二人と欠けてゆく。戦場の常とはいえ寂しいものだなあと、何日か前につぶやいていた若尾が、ついに帰ってこなかった。

〈若尾は、夢を十分に叶えてくれた世界の名機・零戦に乗り、奮戦の末大空に散ったのである。もって瞑すべきであろう〉

手強かった「空の要塞」ボーイングB-17爆撃機

と、若尾の妹・小百合を妻にした同期の駆逐艦乗り、阿保正直大尉は追悼の言葉を『回想録』に書き残している。そうとでも思わなければ、残された者の気持は行き場を得られないだろう。阿保は、義兄でもある若尾の死を悼んで、人に依頼して若尾晃軍装の石膏の胸像を作り、それに模して石工が石材に胸像を刻んだ。この石像は、今も横浜にある若尾の墓石の傍らに安置されている。中学五年の早生まれで兵学校に入校した若尾は、満二十五歳の誕生日を迎えたばかりであった。

B－17は、実際のところ、零戦にとっては敵戦闘機よりもずっと手ごわい相手であった。日本の飛行機とちがって防弾装備がしっかりしているので、こちらの機銃弾が命中してもなかなか墜ちず、しかも針ねずみのように旋回機銃を装備しているので死角が少なく、射点につくまでが一苦労であった。三空の戦訓所見（日時不明）の中に、「現用二十ミリ弾薬包を以てB－17装備の十五ミリ鋼板に対し距離百メートルにおいて実験射撃を実施せる処、各弾薬包共に表面炸裂をなし微疵をも与えず、速やかに十五ミリ程度鋼板貫通可能の弾薬包の配給を必要とす」

という一文があるが、機銃弾が命中しても、急所に当たらない限りはこたえない。「見たら攻撃しないわけにはいかないし、攻撃してもなかなか墜ちないし、まったくやっかいな敵」（台南空・田中國義一飛曹談）であった。若尾大尉戦死の戦訓は、台南空で、敵の機銃や防御が比較的手薄な上、にスピードの相乗効果で機銃弾の威力増大も期待できる正面攻撃の戦法として生かされ、のちには大きな戦果を挙げることもできたが、B－17に始まってB－24、B－29と続く米四発重爆撃機には、日本海軍戦闘機隊は最後まで苦戦を強いられた。

蘭印航空撃滅戦

三空が進出したメナド基地では、アンボン、ケンダリー（セレベス島）の上陸作戦支援が主任務となったが、敵戦闘機による反撃はほとんどなく、時おり、大型機数機の攻撃や、飛行艇に遭遇する程度であった。上陸作戦はおおむね順調に進み、亀井司令以下本隊は一月二十五日にケンダリー基地に、続いて柴田飛行長率いる派遣隊がアンボン基地に、それぞれ進出できた。宮野の分隊も、本隊に少し遅れてケンダリーに移った。ケンダリーの飛行場は広大で、搭乗員は皆、ひさびさに安心して離着陸できる飛行場にめぐり会った思いがした。ケンダリーには中攻隊も進出してきたが、なお余裕のある広さであった。

いったん動き出した作戦は、どこかでつまづかない限り、どんどん前へ進んでいく。南方要域攻略作戦の終局の目的は、蘭印を攻略し、すみやかに石油資源を獲得することであった。比島とマレー半島の攻略は順調に進んだが、これらは蘭印攻略の拠点づくりの意義が大きく、まだこれからジャワ島攻略占領という大仕事が残っていたのである。

この頃、いよいよ窮地に追い込まれた敵が戦力を結集して、海でも空でも反撃を強化してきた。敵側は、スラバヤ周辺の三つの飛行場にP－40、P－36等、百機近い戦闘機を集結させていると観測された。これを受けて、十一航艦司令部では、この際、戦爆連合で一挙にジャワ東部、スラバヤ周辺の敵航空兵力を撃滅することを決め、三空主力はその作戦に備えて、より地理的に有利なバリクパパンに移動することになった。一月末現在、三空には四十一機、台南空には三十機の零戦があった。緒戦以来、内地から零戦も搭乗員も補充がなく、また搭乗員も下痢やマラリアにやられるものが多かったので、この二ヵ月ほどで航空隊の戦力そのものはかなり低下していたと言える。

二月二日、横山大尉率いる三空の三個中隊（中隊長は横山大尉、黒澤大尉、蓮尾大尉）二十七機、予備機三機と誘導偵察機二機は、バリクパパンに進出。

「着いてみると、ジャングルの一角を切り開いて作ったバリクパパンの基地は狭く、台南空

の三十機も並んでいて大混乱していた」(黒澤大尉談)

今回は、向井分隊と宮野分隊はケンダリーに残され、アンボン上空哨戒にあてられた。戦運に恵まれなかった、と言えるだろう。翌三日、一時的に台南空司令・斉藤正久大佐の指揮下に入った三空主力部隊二十七機は、スラバヤ上空で敵戦闘機の大編隊と激突、緒戦以来の大規模な空中戦を展開したのである。

零戦隊と中攻隊の戦爆連合による航空撃滅戦となったこの作戦では、各隊の集合は行なわず、時刻を定めてスラバヤ上空に突入するよう、あらかじめ打ち合わせがなされていた。スラバヤ上空はすっきりと晴れていた。高雄空一式陸攻二十六機はスラバヤ飛行場、鹿屋空一式陸攻二十七機はマジュン飛行場(スラバヤ西方約八十浬)、一空九六陸攻十九機はマラン飛行場を爆撃、全機帰還。横山大尉指揮の三空零戦二十七機、陸偵二機はスラバヤ上空で数十機の敵機と空戦に入り、また、黒澤中隊、蓮尾中隊は地上銃撃を敢行、敵戦闘機三十五機(うち不確実二)、飛行艇四機を撃墜、地上、水上で二十一機炎上の戦果を報じた。

「この日、私は赤松貞明飛曹長に、危ないところを助けられました。私が、例によって水上の飛行艇を銃撃して上昇中、スピードが落ちているところにP-40が向かってきた。撃たれる寸前に、クイックロールを二回うって、そいつは前へつんのめっていったんですが、こっちもクイックロールを二回もやると極端にスピードが落ちて、フラフラになりました。そこへ赤松機が駆けつけて、そいつを墜としてくれたんですよ。

しかし、うかつに銃撃に入っちゃいけないということを痛感しましたね。一段作戦中は、

ケンダリー基地の三空零戦隊の列線

昭和 17 年 1 月、メナド基地より出撃前に集合する三空戦闘機隊。飛行服姿で整列する搭乗員の列外の三種軍装は横山大尉、前列左より 3 人目・赤松貞明飛曹長、4 人目・黒澤大尉、5 人目・杉尾茂雄一飛曹、7 人目・蓮尾隆市大尉、10 人目・宮野大尉

わりあい簡単に地上銃撃を命ぜられましたし、われわれも、空中に敵がいなければこん畜生！　と銃撃に入っていきましたが、敵もだんだんそれに備えるようになってきたし、そのための被害も出ましたからね」（黒澤大尉談）

三空の損失は、山谷《やまや》初政二飛曹、昇地正一三飛曹、森田勝三飛曹の零戦三機と、宮野の同期生、偵察分隊長・鈴木鐵太郎大尉（操縦・森田稔一飛曹）の陸偵一機であった。

山谷二飛曹（操四十期）は、昭和十五年九月十三日の零戦初空戦で、単独で三機、協同で一機を撃墜、初陣を飾った横空仕込みの若手のホープ、昇地三飛曹（操四十八期）も開戦以来、主な作戦にはほとんど参加して、成長いちじるしい搭乗員であった。森田三飛曹（乙九期）は、わずか四ヵ月前に飛行練習生を卒業、つい二週間前に奇跡の片翼帰還をなし遂げたことは前述の通りである。その際に上申された特別善行章の付与を待たずしての最期であった。

鈴木大尉は、山形県立寒河江中学校出身。兵学校で修正しきれなかった東北なまりに愛嬌があり、クラスでは、純真で人を疑うことをしない、根っからの善人として通っていた。三空に配属される前、支那事変中は元山空にあって、昭和十六年六月の重慶夜間爆撃では照明隊二機を率いて出撃、爆撃隊とピッタリ息を合わせて絶妙の照明弾投下を行ない、大きな戦果を挙げさせるなど、縁の下的な仕事ながら、「いいセンスの持ち主」と称されていた。緒戦期の大戦果を陰で支えた鈴木の功績はのちに聯合艦隊司令長官より全軍に布告され（昭和十八年一月一日、機密聯合艦隊告示〈布〉第十一号）、二階級進級、海軍中佐に任ぜられる栄誉に浴した。

同じ日、三空とは別に、淺井正雄大尉の率いる台南空零戦十七機、陸偵一機はマジュンに突入、撃墜二、地上撃破四。同じく台南空の、新郷英城大尉以下零戦十四機、陸偵一機はマランに突入、空戦で日高義巳二飛曹と野澤三郎三飛曹がB－17一機、双発飛行艇一機を協同撃墜、地上銃撃で五機のB－17をふくむ七機を炎上させた。台南空の損失は、地上銃撃を切り上げる時に他機から遅れてしまい、送り狼の敵戦闘機に撃墜された小林京次一飛（操五十五期）の一機であった。

この日のスラバヤ周辺空襲では、敵は零戦隊がどこから飛来したのかわからず、南方から母艦で来襲したものと錯覚したというぐらい、完全な奇襲であった。

三空戦闘機分隊士・山口定夫中尉

宮野は蚊帳の外に置かれてしまったが、在バリクパパン航空部隊による航空撃滅作戦はなおも続き、二月五日、新郷大尉指揮の台南空零戦二十七機、陸偵一機と山口定夫中尉指揮の三空零戦十一機、陸偵一機は、高雄空陸攻十八機とともにスラバヤを空襲、空戦で戦闘機四、飛行艇一を撃墜、その他所在敵機を地上銃撃で炎上させ、別働隊の蓮尾大尉指揮の零戦十機、陸偵一機はバリ島デンパサル上空で空戦、P－40戦闘機十一機撃墜（うち不確実二）を報じている。

その後も零戦隊は、スラバヤ方面基地攻撃、船団上空哨戒、バリ島泊地上空哨戒などで休む間もないような活躍を続けるが、二月九日には、ケンダリー基地を発進した三空の中瀬正幸一飛曹が、船団上空哨戒後、占領間近のセレベス島マカッサルで陸戦の進捗状況を偵察していたところ敵装甲車を発見、これに銃撃を加えたが、運悪く敵弾を受け自爆した。

中瀬一飛曹は乙飛五期を二番の成績で卒業した俊秀で、零戦登場以来ずっと、十二空の中心搭乗員の一人として活躍、横山大尉の信任も厚く、頭と腕と度胸を兼ね備えた、海軍戦闘機隊の至宝と目された搭乗員であった。中瀬は、予科練時代からある女学生と交際していたが、彼女の姉が当時は不治の病であった肺結核に罹り、「彼女と一緒になれば、肺の病気がうつるかも知れない。そうなると、搭乗員として役に立てなってしまう。彼女をとるか、搭乗員としての任務をとるか、悩んだ末に断腸の思いで」（同期生・角田和男談）彼女と別れた。しかし、そんな苦悩は周囲には微塵も見せなかったという。

六十年以上が経った今日の価値観からは、中瀬の選択がどのように評価されるかわからないが、少なくとも当時、このことは、中瀬とごく親しかった同期生の中では、感銘をもって受け止められていた。まさに戦闘機乗りであることに己のすべてを賭けた男であった。

二月十五日、英国の東洋支配の要であったシンガポール陥落。同日、三空黒澤分隊は占領後間もないマカッサルに分派され、台南空一個中隊とともに台南空飛行長・小園安名中佐の指揮下に入ってバリ島攻略部隊の上空哨戒や掩護に当たる。バリ島攻略そのものは無事に成功したが、二月二十日、大槻留吉一飛（操練五十六期）が上空哨戒中の空戦で戦死している。

周囲をことごとく占領され、あるいは占領されようとしている中、ジャワ方面の敵はなお頑強で、さらに戦力を立て直しては抵抗を続ける。二月十九日にも、新郷大尉以下、台南空の零戦二十三機が、スラバヤ上空で敵戦闘機P－40三十機と空戦、十七機撃墜（うち三機不確実）の戦果を報じた。

二十日、バリ島デンパサルを占領するや、三空黒澤分隊と台南空の主力はそちらに移動、さらにスラバヤ、ジョグジャカルタ等の攻撃に従事した。二十二日、敵機の爆撃で、八幡猪三郎三飛曹（操四十四期）が爆死している。このあたりになると、日本軍の占領地域の拡大につれて三空も各地に分散され、全体像を順を追って詳述することは煩瑣に過ぎるようになる。

ともあれ、二月における三空の正面作戦を担当したのは主に黒澤大尉の分隊で、向井大尉、宮野大尉の分隊は、制空権を握る上では重要だが、少し正面からは外れたところを歩いている感があった。この時期にアンボン基地で向井大尉が詠んだ、

〈けふもまた　逝きし友あり　黙々と
　働く部下の姿貴し〉

という短歌が残っている。

第一段作戦終結

二月二十三日、向井、宮野両分隊は、占領なったチモール島クーパンに駒を進める。クーパンは、第一段作戦の最終の進出基地であった。ほどなく、三空本隊も順次、クーパンに進出、三月八日までに集合を終える。

〈われわれは、南下の最終駅に着いたのである。基地に降り立って、仮の指揮所に集まってきた搭乗員たちの顔は明るかった。(中略)夕方になると、南十字星が美しく輝いている。天幕の食堂で、われわれは、ささやかな祝宴をひらいた。日に焼けた顔、ひげづら、白いマフラーも戦塵にまみれてその苦闘を物語っている。よくついてきてくれた。よく頑張ってくれた。生死をともに戦ってきたものにしかわからない、今日のこの喜び! しかし、この嬉しい祝宴の中にあって、われわれは、心の中に一抹の寂しさ、悲しさを抱いていた。それは、今までの戦闘で、いまだ帰らざる戦友たちのことが、その面影が、いつまでも消えることなく、胸に残っていたからであった〉(隊長・横山大尉手記)

開戦に先立つ十六年九月、山本聯合艦隊司令長官統監のもと海軍大学校で行なわれた「海大図演」(図上演習)では、ここまでに零戦百六十パーセント、中攻四十パーセントの損耗が予想され、人員機材の補充が必要と見込まれていたが、三空は、わずか八パーセントの損失で第一段作戦を乗り切ることができた。

さて、ケンダリーから、アンボン、クーパンと、行くところ行くところでめぼしい敵がおらず、髀肉の嘆をかこっていた宮野は、二月二十四日の敵空母捜索攻撃でひさびさに作戦飛行に参加するものの、ここでも会敵はしていない。三月二日、小スンダ列島偵察攻撃に、倉内隆三飛曹と大菅潔二飛を率いて三機で飛んだ際、ようやく地上に敵の倉庫とドラム缶を見つけて銃撃したぐらいであった。

蘭印攻略部隊を空から援護してきた三空の任務は、一応クーパンで終結したが、そこに進出してみると、豪州北部のポートダーウィン方面から、時おり、爆撃機少数機による奇襲攻撃があって、人員機材に被害が出ることがあった。三空のクーパン進出に先立ち、二月十九日、一航戦(赤城、加賀)、二航戦(蒼龍、飛龍)を基幹とする機動部隊は、総指揮官・淵田美津雄中佐直率の艦攻八十一機(爆装)、蒼龍飛行隊長・江草隆繁少佐指揮の艦爆三十六機、赤城飛行隊長・板谷茂少佐指揮の零戦三十六機、合計百八十八機の大編隊をもってダーウィンを空襲、航空基地施設、港湾施設などに壊滅的な打撃を与えたが、広大なオーストラリア大陸にはいくつかの基地が散在しており、一度の攻撃で敵航空兵力を殲滅するには至らなかったのである。

クーパンから東南東の方角にあるダーウィンまでの距離は、概ね四百五十浬。台湾から比島までの進出距離よりもやや短く、零戦の行動圏内に十分入る位置にあった。ダーウィンの南にはブロックスクリーク、その西にウィンダムの敵基地が、また、南西方向に飛べば、ダーウィンへ行くのと同じくらいの距離のところに、ブルームの水陸両用航空基地がある。三空戦闘機隊としては、これらの基地を取り急ぎ叩いておく必要があった。

昭和17年初旬、ケンダリーの指揮所でトランプに興じる三空士官。右から2人目・黒澤丈夫大尉、3人目・柴田武雄中佐

まだ三空全力がクーパンに集合を終えていない三月三日、豪州進攻の先鋒として、戦闘機一個中隊でブルームを攻撃することになる。クーパンにいたのは、向井分隊と宮野分隊であったが、両分隊長とも、二月のスラバヤ方面での大きな作戦に参加できなかっただけに、やる気まんまんであった。先遣隊指揮官、飛行長・柴田武雄中佐の作戦説明が終わるやいなや、「私が行きます」「いや、私の分隊にやらせてください」と、二人の分隊長が先陣を争った結果、柴田中佐の鶴の一声で三日のブルーム攻撃には宮野が行くことと決まり、向井分隊は、その翌日、ダーウィンの偵察攻撃に向かうことになった。

柴田中佐は、のちに宮野大尉戦死後の二〇四空司令を務める人だが、作戦命令を部下に下すことについては、独自の哲学を持っていた。

〈デリケートな問題であるが、私は決して「撃滅すべし」とは命令しなかった。撃滅できなかった場合、部下は命令違反になるからだ。――そして、戦うための人的要素のうち、もっとも根本的な生命を大事にすることに関して（軽いとか重いとかの問題ではなく、極言すれば死んでは戦えなくなるという意味で）公然と声を大にして訓示した〉（柴田武雄回想）

ブルーム空襲

三月三日午前七時五分、宮野の率いる零戦九機、陸偵一機はクーパン基地を発進した。この日の搭乗割は以下の通り。

第一小隊　宮野大尉、倉内隆三飛曹、松本善平一飛
第二小隊　工藤修飛曹長、岡崎正喜一飛曹、松木進二飛曹
第三小隊　岡本重造一飛曹、橋口嘉郎三飛曹、松本安夫一飛
誘導偵察機（操）林晃一飛曹、（偵）長沢忍一飛

二小隊長の工藤飛曹長は大分県の産で乙飛二期出身、宮野と同年齢だが、海軍に入ったのは宮野より三年早い昭和六年、飛行練習生卒業が昭和十年四月で、こと飛行機の操縦に関しては宮野よりも五年も先んじている。支那事変初期以来歴戦の搭乗員であった。開隊と同時に三空に着任してからは宮野の分隊士として、最後任の戦闘機分隊長である宮野を支え続けた。三小隊長の岡本一飛曹（徳島県出身）も、年齢は宮野より一年若いが、昭和八年、志願兵として海軍に入り、昭和十一年三月に操練三十一期を卒業、工藤飛曹長と同様、支那事変初期から長い実戦経験を持つベテランで、宮野の信頼も厚い先任搭乗員であった。宮野の一小隊を先頭に、工藤小隊が左後方、岡本小隊は右後方につく。彼らがついている限り、宮野は戦闘に入ってからのことは、まったく心配する必要がなく、いかに有利な態勢で戦闘に臨むよう列機を誘導するかという、指揮官としての仕事に集中することができた。

九時半、ブルーム上空に到達した宮野中隊は、空中にPBY飛行艇二機とB－24爆撃機一機を認めるや、襲いかかってこれを撃墜。続いて、水上基地に係留されていた飛行艇十七機と地上基地に翼を並べていたB－24二機とロッキードハドソン爆撃機五機にかわるがわる銃撃を加え、その全機を炎上させた。

敵の地上砲火はすさまじく、誘導偵察機を除く全機が被弾している。宮野機にも、六発の被弾があった。その際、工藤飛曹長機が、宮野がちょっと目を離した隙に、空中から消えてしまった。工藤の二番機、岡崎二飛曹も、操縦席に飛び込んできた弾片で負傷、松本安夫一飛は、帰途、海上に不時着し、友軍に救助された。攻撃を終えて集合しようとしたところ、敵輸送機一機と遭遇、倉内三飛曹と松本善平一飛がこれを撃墜している。

ブルーム上空で高度をとって、宮野は、工藤機の姿が見えないことに気が付いた。帰途の燃料がぎりぎりになるまで待ってみたが、工藤は現われなかった。あるいは先に帰っているのかと淡い期待も抱きながらクーパン基地に帰投したが、やはり工藤は帰っていなかった。行方不明時の状況や列機の証言から、敵水上機を銃撃中に敵砲火に被弾、墜落したものと思われた。

海軍航空隊では、戦死者が出た場合、「自爆」あるいは「未帰還」「行方不明」と記録される。一般に、「自爆」はその最期が確認されたもの、撃墜されたのは敵の戦果ではなく、自ら潔く死を選んだものとする意味合いの用語である。「未帰還」「行方不明」は、隊によって基準があいまいなものの、最期が確認されていないものである。最期が確認されていないも

昭和17年3月3日、宮野隊の銃撃で炎上するブルーム敵飛行艇基地

のは不時着してどこかに生きているかも知れないし、万が一の場合、敵軍の捕虜になっている可能性も考慮しないといけないわけで、当然のこととして、「自爆」とされたほうが、遺族への公報も早く届く。しかし、「自爆」と認定するには准士官以上の現認証明書が必要で、下士官兵の列機が仮に確認していても、「自爆」とはならない。今回の場合、出撃した准士官以上は宮野と当の工藤飛曹長だけなので、「自爆」としてやりたくても、宮野が見ていない限りは、現認証明書が出せないのであった。やむなく宮野は、工藤飛曹長の行方不明の事実証明書（本来、分隊士が書いて分隊長名で提出する）を自分で書いた。無念だったであろう。

ついでに言うと、敵機撃墜の戦果も、准士官以上の見認証書がなければ原則として単独（個人）の戦果としては認定されない。准士官以上なら、自分が撃墜したという見認証書を自分で書けるが、下士官兵搭乗員が「撃墜した」という戦果が公式に記録されるためには、准士官以上がその状況を見ている必要があったのである。逆に言えば、下士官兵搭乗員が撃墜を主張しても、准士官以上がそれを見認していなければ、単独で撃墜戦果としては記録されない。これは、戦後出版されたいわゆるエース本などで、搭乗員一人一人の撃墜記録をめぐって混乱が生じる元ともなっているが、そもそも日本海軍では、戦果を搭乗員個人のものに帰するという発想そのものがなかった。

意外の念をもつ向きもあるかも知れないが、支那事変後期にはすでに「編隊協同空戦」ということが言われており、個々の撃墜戦果も、編隊としての戦果を集計するための一要素に過ぎなかったのである。戦後の搭乗員の回想と、記録されている撃墜戦果がたいてい一致しないのはそのためである。もちろん、撃墜機数そのもので搭乗員を讃えるような制度も習慣も、当時の日本海軍にはなかった。ことの良し悪しはともかく、そういう制度であったと理解するほかはない。

話が脱線したが、工藤飛曹長もその功はのちに聯合艦隊司令長官より全軍に布告され、二階級進級の栄に浴した。死後、何ヵ月も経ってから、戦死日にさかのぼって進級したことになるわけだが、これは本人の栄誉よりもむしろ、遺族に対する年金や勲章の等級、それに伴う一時金などの額に大きな影響を及ぼすものであった。

〈機密聯合艦隊告示（布）第四号
布告

第三航空隊附　海軍飛行兵曹長　工藤修
戦闘機隊小隊長トシテ比島東印及豪州方面作戦ニ従事攻撃参加十四回常ニ勇戦奮闘ス特ニ
昭和十七年三月三日小隊長トシテ長駆『ブルーム』ヲ攻撃シ部隊トシテ敵機四機ヲ撃墜
二十四機ヲ炎上セシメタリ
仍テ茲ニ其ノ殊勲ヲ認メ全軍ニ布告ス
昭和十八年一月一日
聯合艦隊司令長官　山本五十六〉

片腕とも操縦の師とも仰ぐ工藤飛曹長を行方不明にしてしまったことは、宮野にとって大きな心の痛手であった。ここまで、常に一方的な戦果は挙げてきているものの、いかんせん、三空零戦隊が担当する空域は広大に過ぎた。戦闘につぐ戦闘で、わが方は櫛《くし》の歯が欠けるように搭乗員が欠けてゆき、零戦の可動機も少なくなっていくのに対し、敵は、一つの拠点を叩き潰しても、またすぐにどこかで勢力を盛り返して反撃を試みてくる。宮野は、敵の全体の力の底知れなさと、味方の、強さと表裏一体にある脆さを、いやでも認めざるを得なかった。この時期あたりから、宮野が戦争の先行きに厳しい観測を持ち始めた節がうかがえる。

工藤飛曹長や、先に戦死した中瀬一飛曹をはじめ、支那事変からこの時期までの零戦の喪失は、その多くが地上銃撃中の対空砲火によるものであった。前出、七月二十七日付の三空戦闘所見でも、

三空第一段作戦戦死者の合同慰霊祭。昭和17年3月、クーパン基地にて

クーパン基地の一隅に立てられた、戦没搭乗員の遺骨なき墓標

〈戦闘機の地上銃撃を以て之が主任務とせる攻撃命令ありたるも、戦闘機用法上甚だ遺憾とする所なり〉

とある。三空としては、不急不要の地上銃撃を慎むとともに、編隊がより緊密に行動し、単機の功を急がないことを改めてこの時期、搭乗員に徹底させた。

この後、三空零戦隊と高雄空一式陸攻隊による豪州攻撃が続くことになるが、宮野の三空での出撃はこれで終わりである。三月八日、あちこちに分散していた三空各分隊はクーパン基地に集合、ここで編成替えが行なわれることになり、大半の搭乗員に順次、転勤命令が出る。飛行隊長・横山保大尉は海兵同期の相生高秀大尉と交代して内地（大村空飛行隊長）へ、黒澤大尉をのぞく向井、蓮尾、宮野各分隊長にも転勤命令が来た。宮野の次の任地は、四月一日付で木更津で新たに編成される第六航空隊であった。

第六章　命を的に戦う我は

MI、AL作戦

善ちゃんの帰郷

昭和十七年三月後半、宮野はひさびさに内地に帰ってきた。おそらく輸送機便で、上海、大村を経由してきたことと思われるが、宮野は、木更津に着任する前に、八尾の実家に帰省している。

宮野の親友・辻田三雄の甥、辻田裕はこの時、小学校五年生で、まもなく六年生になるころであった。おさらいすると、辻田裕の父、辻田潔が宮野善治郎の兄・真一と同級生の親友同士、父の次弟・義治も宮野の三兄・要三と同級生、三弟・三雄が宮野善治郎と小中学校の同級生で無二の親友という、家族ぐるみの付き合いで、兵学校時代にも休暇の際は、親しく行き来していた間柄である。

辻田裕は、四歳の時以来の宮野ファンであったが、家の近くに昭和九年に開かれた阪神飛行学校があり、飛行機が飛ぶのを始終、間近で見ていたこともあって、飛行機には淡い憧れを抱いていた。阪神飛行場は昭和十五年、陸軍が使用するようになり、大正飛行場と名付けられ、十七年当時は周辺の農地を収用して大拡張工事が行なわれている最中であった。

ある晩、裕は、「宮野君の弟が帰ってきた。戦争の話、聞きに行くか」と、三歳下の弟と一緒に、父・潔に連れられて宮野家に行った。宮野の家は、間口に比べて奥行きが深い。玄関を入ると、すでに叔父・三雄は宮野家に来ていて奥の部屋で話が弾んでいるらしく、何人もの大人たちの声が聞こえてきた。潔が、

「子供を連れて来てますねん、飛行機好きやから、戦争の話、聞かせてやってくれんやろか」

と宮野家の誰か（妹・美津子か？）に来意を伝えると、玄関を上がったところにある三畳間に通された。灯火管制で電球の傘に黒いカバーがかけられ、部屋は薄暗かった。待つほどもなく、「善ちゃん」に戻った和服姿の宮野が、上機嫌で出てきた。宮野を中心に、自然に一座の輪ができた。

「俺の乗っている飛行機はレイ（零）戦と言ってな、これはもう素晴らしい飛行機なんや」

と、宮野は、子供たちにもわかりやすいように、身ぶり手ぶりを交えて空戦の話をした。辻田兄弟は固唾を呑む思いで、目を輝かせてそれを聴いた。宮野の態度は堂々としていて、ドンと肚の据わった大人の風格が感ぜられた。辻田は、「レイ戦」という戦闘機の名前を聞くのは、これが初めてであった。いつか竜華小学校の上を飛んだスマートな引込脚の単葉機

が、今、目の前にいる人が操縦するその「レイ戦」であったなどとは思いもよらなかった。のちに触れるが、零式艦上戦闘機の制式名称が一般国民に発表されるのは、まだずっとずっとあとのことである。

「非常に兵隊さんぽくないというか紳士的というか、気負いの感じられない穏やかな話しぶりでしたが、敵機の後ろ上方から一連射、前に出て反転してもう一撃、とか、子供心にも臨場感あふれる話でした。しかし、撃ち墜とした手柄の自慢話のようなのはなかったですね。『レイシキ戦』は、紀元二六〇〇年の零なんやでとも教えてくれました。ひとしきり話してもらって、あとは大人同士の話、ということで父は残り、私は、ええ話を聞かせてもらったと内心満足しながら、弟を連れて夜道を家に帰りました」(辻田裕談)

おそらくこの頃、宮野に縁談が持ち上がっている。相手は、長兄真一の妻の妹で、高等女学校を出た知的な美人であった。お互いに、満更でもなかったらしい。が、トントンと話を進めるには、宮野の身が多忙にすぎた。

第六航空隊編成

八尾には何日も滞在せず、宮野は木更津基地に赴任した。木更津基地は房総半島中ほどの東京湾に面したところにあり、千六百五十メートル、千五百メートル、千二百メートル、九百メートルの四本の滑走路が交差する。中攻隊が使っているだけあって、広々とした飛行場であった。

第六航空隊は、太平洋方面の次なる作戦に投入する基地航空部隊を増強するため、新たに編成された戦闘機主体の特設航空隊で、司令・森田千里中佐（兵四十九期）、飛行長・玉井浅一少佐（兵五十二期）、飛行隊長兼分隊長は新郷英城大尉（兵五十九期）、戦闘機分隊長・宮野善治郎大尉、牧幸男大尉、偵察機分隊長・美坐正巳大尉、飛行機定数零戦六十機（二十六航戦首席参謀・柴田文三中佐の覚書では四十五機）、陸偵八機（同覚書では六機）という陣容であった。宮野以下、三名の分隊長は、いずれも六十五期の同期生である。六空は三月十一日頃から編成準備に入り、二十八日頃から人員も逐次到着、四月一日に正式に開隊すると、木更津海軍航空隊（定数陸攻二十七機）、三沢海軍航空隊（定数陸攻二十七機）とともに、第二十六航空戦隊（司令官・山県正郷少将・兵三十九期）を編成した。

六空初代飛行隊長・新郷英城大尉

第一段作戦は想像以上に順調に運んだが、次の第二段作戦をどうするのか、海軍部内でも議論が分かれるところであった。

山本聯合艦隊司令長官は、早期の戦争終結を目指して、積極的な一連の作戦構想を抱いていた。太平洋方面ではハワイを攻略して米艦隊を撃滅し、印度《インド》洋方面ではセイロン島を攻略して、出撃してくる英艦隊を撃滅するというものである。印度洋には機動部隊を差し向け、まずは四月五日にコロンボ、四月九日にはツリンコマリを空襲、その間、英巡洋艦コンウォール、ドーセットシャー、および空母ハーミスを撃沈、所在英国海空軍の戦力を壊滅させたが、次にハワイ攻略に先立って、ミッドウェーを占領、米空母部隊を誘い出してこれを一挙に撃滅しようと企てた。これは、うまくいけばいいが、米海軍太平洋艦隊の拠点であるハワイに近く危険な上に、敵艦隊が出てくるかどうかも不透明、占領後の補給と防衛も困難な、リスクを伴う作戦であった。

いっぽう、海軍軍令部は、堅実な長期不敗態勢を作るために、サモア、フィジーとニューカレドニアを攻略確保して、米豪間の海上交通と航空路を遮断する作戦（FS作戦）を考えており、ミッドウェー作戦には消極的であった。が、結局、聯合艦隊に押し切られる形で、四月五日、軍令部はミッドウェー作戦案を承認する。この時軍令部は、北からの脅威に備えるために、アリューシャン列島西部の要地を攻略することを提議し、聯合艦隊もこれに同意した。六空が編成されたのは、まさにこの第二段作戦のためであった。

三空の時もそうだったが、新しい部隊を編成するのは忙しい。航空隊は飛行機だけで動くわけではないから、整備員や兵器員、主計科、看護科など、搭乗員の数倍におよぶ人員と、それに必要な機材や備品も揃えなければならない。分隊長以下の配置は隊で決めるので、人員の把握、割り振りも大変な仕事であった。

六空の編成時には、木更津に零戦が六機しかなかったと伝えられるが、四月九日から十二日にかけ、新しい零戦が逐次、木更津に空輸され、二十日から二十五日にかけて若年搭乗員の訓練用に中古の九六艦戦も大分空から運ばれて、四月二十六日現在、零戦二十九機、九六艦戦十四機（首席参謀のメモではさらに偵察機として十三試双発陸上戦闘機三機）が揃った。飛行機の領収はその後も続けられ、四月三十日から五月一日にかけて、さらに零戦十機が届けられた。

搭乗員は、三空、台南空で第一段作戦を経験した歴戦の搭乗員が中心になっていたが、多くは、前年末と三月に飛行練習生を卒業したばかりの若い搭乗員であった。中でも、三月に大分空で飛練十七期の実用機教程を卒えた丙種飛行予科練習生三期生出身の搭乗員が多くを占めていた。柴田二十六航戦首席参謀の覚書によると、四月二十六日現在、おおざっぱに言って、実戦経験者二十四名、新人三十二名という割合である。戦線が拡大の一途をたどっていたこの時期としては、よく集めたと言えるだろう。

話は前後するが、木更津の佐久間旅館で二十六航戦の合同宴会が行なわれ、宮野が六空で訓練や機材集めに奔走しようとしていた四月九日、空母瑞鶴戦闘機分隊長としてセイロン島ツリンコマリ空襲に参加したクラスの戦闘機乗り、牧野正敏大尉が戦死した。横浜二中出身。長身痩躯、宮野や先に戦死した若尾晃とは反対に口数は少なく、同期生の中でも「逸話がないことが逸話」と言われるほどおとなしく目立たない男だったが、腕力は特に強く、秘めたる闘志は誰にも負けなかった。

牧野の戦死時の状況について、同期の冨士信夫大尉が、一期後輩六十六期の瑞鶴戦闘機分隊士・塚本祐造中尉（のち少佐）に聞いた回想が残っている。

「四月九日のツリンコマリ空襲の時、牧野さんは第一中隊長として零戦六機を、私は第二中隊長として六機を率いて一緒に出撃しました。任務は敵飛行場制圧で、もし地上に敵機がいたら銃撃するよう、特に牧野さんから命令を受けました。敵は、五日のコロンボ空襲によって、ツリンコマリ攻撃を予期していたらしく、上空にはホーカー・ハリケーンなどの戦闘機を上空直衛機として配備し、われわれが上空に差しかかると、いきなり上方から攻撃してきました。

敵機の攻撃を受けた一中隊と二中隊はすぐ分離しましたが、その時私は、飛行場にキラリキラリと光る飛行機の姿を見たので、かねての命令に従い地上銃撃に向かいました。地上からの機銃射撃は猛烈で、アイスキャンデーのように見える曳痕弾が、全部自分のところに向かってくるように見えました。

銃撃を終えて、低空でジャングル上空を避退した後も曳痕弾は左右に飛んできましたが、この時ほど零戦のスピードが遅いと思ったことはありません。その後、高度を上げ敵戦闘機数機と空中戦を交えました。

このようにして、飛行場攻撃と空中戦を終えて母艦に帰投してはじめて、牧野さんと三番機が未帰還であると知りました。敵機の攻撃を受けるとすぐ、私の中隊は牧野さんの中隊と分かれて、出撃時の命令どおり飛行場攻撃に向かってしまったので、牧野さんがどのように空中戦を行なったのかわかりませんが、私がすぐ飛行場攻撃に向かわないで牧野さんと一緒に敵機と空中戦をしていたらと思うと、私は牧野さんに相すまぬことをしたと感じています」

当時、庶務主任として瑞鶴に乗り組んでいた門司親徳主計中尉（主計科短現六期。のち主計少佐。特攻生みの親といわれる大西瀧治郎中将の副官を務める）は、

「コロンボ攻撃で、瑞鶴から（飛行機搭乗員としては）初の犠牲を出したが、ツリンコマリ攻撃でも未帰還機が出た。戦闘機の牧野大尉と松本一飛が帰ってこなかった。コロンボ空襲の前の日、軍歌演習の終わった後、牧野大尉は坪田（義明・海兵六十二期）大尉と並んで、飛行甲板を行ったりきたり、散歩していた。黄金色の鰯雲がだんだん色あせていくのを私は眺めていたが、人気のなくなった甲板を二人で歩いているのが印象的だった。

牧野さんは痩せ型の一見おとなしそうな戦闘機乗りだった。酔うと決まって、

♪あゝこの天地この山上に

明日は屍をさらそとまゝよ

という歌を歌っていた。あの人は、今どこにいるのだろう。飛行機とともに肉体は無残に叩きつけられているのかも知れない。しかし、そう思っても、実感はわかず、牧野さんは空のどこかに生きているような気がして仕方がなかった」

と回想する。

東京初空襲

六空に話を戻す。

新機材の受領や整備、隊員の受け入れ、訓練などに追われ、まだ隊の形が整いきっていない四月十八日のこと。午前六時半頃、東経百五十五度上、日本本土太平洋岸からおよそ七百浬の哨戒線に配備されていた監視艇・第二十三日東丸が、空母二隻（エンタープライズ、ホーネット）を基幹とする米機動部隊を発見、「米軍飛行機三機、更に米空母二隻見ゆ、北緯三十六度東経百五十二度十分」を打電後まもなく消息を絶った。この米空母部隊は明らかに日本本土攻撃を企図しているものと思われたが、海軍軍令部では、敵艦上機の航続距離からいって、米軍機による空襲は翌十九日になると予想した。十一航艦では、麾下《きか》の中攻隊を六空の戦闘機隊に護衛させて敵空母攻撃に向かわせることとし、飛行隊長新郷大尉と宮野大尉の二個中隊（各九機）を急遽、編成して待機に入らせた。

日本側は、敵空母から発艦してくるのが、まさか陸軍の双発爆撃機であるとは思いもしなかった。それは、日本人の発想にはまずあり得ない戦法だった。米側は、十八日夜、日本本土に五百浬の距離まで近づいて攻撃隊を発進させる予定であったが、日本の監視艇に発見されたために急遽予定を変更して、午前中に六百五十浬の遠距離から、ドーリットル陸軍中佐率いるB－25双発爆撃機十六機を、空母ホーネットから発艦させた。米爆撃隊は、日本本土を襲った後、そのまま日本列島南岸沖を飛び抜けて支那大陸に不時着することになっていた。

爆撃隊を発進させた米空母部隊は、日本側攻撃部隊の捕捉圏内に入ることなく、そのまま踵《きびす》を返して一目散に引き揚げていった。

そうとは知らず、日本側の攻撃隊は待機状態のままである。正午過ぎ、木更津基地で発進準備をしていた宮野たちは、東京湾をへだてた対岸の、横浜、川崎方面で爆煙が上がるのを見た。B－25は幾手かに分かれ、低空で東京、横浜、名古屋、神戸を爆撃して飛び去った。邀撃の暇もなかった。

この時、横須賀海軍航空隊は一応、敵襲に備えて、樫村寛一飛曹長、五日市末治一飛曹、宮崎勇三飛曹の零戦三機を上空哨戒に上げていた。宮崎勇（十一志・丙三期、のち少尉）の話。

「敵機が来るかも知れない、というのははっきりしていましたが、空母からだから、来るのは艦上機という思い込みがあったんです。出発する前に飛行長から注意を受けて、今海軍機で飛んでいるのはお前たちだけだ、ただし、味方陸軍の双発戦闘機が二機、試飛行をしているから気をつけろと言われました。

それで、高度四千メートルで哨戒中、なるほど双発機二機が飛んでいるのが見えたから、あれが陸軍機だな、と。ところが、横浜の本牧岬の高射砲陣地が、それに対してポンポン撃ちだした。あれれ、味方を間違えて撃ってるぞ、と思い、基地を無線で呼び出してみるけど、ガーガーピーピー雑音ばかりで何も聞こえない。当時の零戦の無線機はそんなものです。

横須賀ではフネ（空母龍鳳《りゅうほう》に改造中の潜水母艦大鯨《たいげい》）が火事になってるし、おかしいと思ったんですが、とにかく状況がわからんので基地に着陸すると、『あの双発機はアメリカ機だ！』

びっくりして再び発進しましたが、もう間に合いませんでした。そのうち、よその隊の戦闘機も上がりだしたけど、後の祭りでした。あれは悔しかった。味方の双発機が飛行中なんて聞かされていなかったら、あのまま追いかけて必ず墜とせたのに。B-25というのは、のちにマーシャルで毎日のように来ましたが、必ず墜とせる飛行機なんです。残念でたまらんかったですよ」

敵機来襲を受けて、間髪を入れず、中攻二十九機が雷装して出撃、新郷大尉率いる六空戦闘機隊十二機もこれを護衛して、燃料の続く限り敵艦隊を捜索したが、ついに敵影を見ず、夜になってむなしく引き返してきた。六空では翌十九日も、新郷大尉以下十八機を敵機動部隊攻撃の陸攻隊とともに出撃させたが、すでに敵艦隊はわが哨戒圏内からはるかに遠ざかっていた。この十八日、十九日の六空の搭乗割は、残念ながら「第六航空隊飛行機隊戦闘行動調書」には出撃機数以外、残っていない。宮野も出撃したという話はあるが、記録としては残っていない。

この空襲による日本側の物質的損害は、のちのB-29による本土空襲などに比べると軽微なものであったし、多くの戦記本にも「被害はたいしたことはなかった」と書かれているが、実際には死者八十八名、重傷者百五十四名、家屋全焼百二十六、半焼五十九、全壊四十一、半壊四十に達しており、その他に空母改造中の大鯨の被弾などもあって、これを「たいしたことはなかった」というのは、当時の新聞発表の受け売りのようで、その表現には疑問が残る。人的、物質的被害も、敵味方に与えた精神的影響もきわめて大きな、初めての本土空襲であった。
これを機に、ミッドウェー作戦に強く反対していた大本営海軍部第一課は、作戦の実施に積極的になり、陸軍部もこの直後、ミッドウェー島攻略に陸軍部隊を派遣することを決めた。

ミッドウェー、アリューシャン攻撃作戦決定

六月上旬のミッドウェー作戦に向けて、すべてが動き始めた。六空は、機動部隊各艦に便乗してミッドウェー作戦に参加し、占領が成功したら、ここの基地航空部隊になることが正式に決まった。海上作戦に参加するため、六空の零戦全機にクルシー（無線帰投装置）が装備されることになり、その改修も急ピッチで進められた。

ところが、この作戦参加の方法について、司令、飛行長と飛行隊長の間で意見が対立する。森田司令と玉井飛行長は、母艦に積んでミッドウェーに進出させるのは古参搭乗員だけとし、新人搭乗員は木更津に残して錬成訓練を行なう、という方針を打ち出したのに対し、隊長新郷大尉は、台南空での第一段作戦における経験から、若い搭乗員もミッドウェーに連れて行き、実戦を通じて学ばせることとして、全機全力をもって進出することを主張した。

慎重論をとる司令、飛行長と積極論を展開する飛行隊長、両者の意見の溝は埋まらず、新郷大尉は元山空に転勤を命ぜられ、五月八日、志半ばにして六空を去ることになる。後任の飛行隊長兼分隊長には、一期後輩（兵六十期）の兼子正大尉が発令された。兼子大尉は中尉

六空飛行隊長・兼子正大尉（写真は昭和15年、十二空時代）

時代の支那事変初頭、龍驤戦闘機小隊長として上海上空の空戦に参加、その殊勲は新聞にも大きく報じられ、闘志あふれる名指揮官の一人として、広く国民にその名を知られていた。操縦技倆は抜群とは言えなかったという同期生や元部下の証言もあるが、空戦度胸は天下一品で、部下を魅きつける人間的魅力にあふれていた。

ミッドウェー作戦には、聯合艦隊の決戦兵力のほぼ全力が投入されることになった。が、この作戦には、目的と実行の間に大きな齟齬が潜んでいた。本来、山本聯合艦隊司令長官が主目的と考えていた米空母の誘出、捕捉撃滅については作戦要領の最後に「海軍は有力なる部隊を以て攻略部隊を支援援護すると共に、反撃のため出撃し来ることあるべき敵艦隊を捕捉撃滅する」の一項があるのみで、実施部隊の司令部は、作戦の主目的は同島の攻略であるとの強い先入観を持っており、山本長官の意図は徹底していなかったのである。ミッドウェー作戦そのものはよく知られている通り、結果的に日本側の大敗北に終わるが、その悲劇のもとは、ひと言で言えば「作戦の主目的の混迷」にあった。

空母赤城、加賀、飛龍、蒼龍を主力とする第一機動部隊（南雲忠一中将指揮）によるミッドウェー島攻撃に始まる攻略作戦（MI作戦）と同時に、軍令部案から出たアリューシャン攻略作戦（AL作戦）も実施されることになり、第四航空戦隊の空母龍驤《りゅうじょう》、隼鷹《じゅんよう》を主力とする第二機動部隊（角田覚治少将指揮）がそちらに差し向けられることになった。角田少将は、宮野たちが兵学校時代の教頭兼監事長である。第二機動部隊はアリューシャン東部の米軍拠点、ダッチハーバーを空襲、同時に陸海軍部隊がアリューシャン西部のアッツ、キスカ両島を占領する。後から見れば無駄足とも思える作戦だが、アメリカの領土自体を攻略するという意味では、これが大東亜戦争全期間を通じて唯一の機会となる。

空母隼鷹。建造中の日本郵船の橿原丸を海軍が買収・改造した空母で、処女航海がアリューシャン作戦であった

龍驤は、小型空母ながら歴戦の艦、隼鷹は、日本郵船のサンフランシスコ航路に使われる予定であった大型客船橿原丸を、建造途中で海軍が買収、空母に改造した艦で、防御力と速力はやや劣るものの、正規空母に近い飛行機搭載能力を持っていた。できたばかりの隼鷹は、なんと処女航海がこの大作戦という、ぶっつけ本番の作戦参加であった。

六空の戦闘機隊も、一部は隼鷹に搭載されてアリューシャン作戦終了後、南下してミッドウェー島に上陸することになり、その指揮官として宮野が選ばれた。五月十八日、宮野以下十二名の搭乗員は、それぞれ零戦に搭乗し、四航戦の戦闘機隊が訓練中の大分県佐伯《さいき》基地に進出した。空母の飛行機隊は、作戦時以外には、陸上機地で錬成を重ねるのが常であった。この時点では、分隊長の宮野以外の搭乗員に、作戦のことは知らされていない。

佐伯では、隼鷹飛行隊長兼戦闘機分隊長の志賀淑雄大尉が宮野たちを迎えた。志賀大尉は宮野の三期先輩にあたる海兵六十二期、この物語にもしばしば登場する、かつての「鬼の一号」四元生徒その人である。志賀は、支那事変で六機の中国軍戦闘機を撃墜し、真珠湾攻撃からラバウル攻略まで、加賀戦闘機隊先任分隊長として、第一段作戦のいわば表舞台で出撃を重ねてきた。しかし、「何となく反りが合わなかった」(志賀大尉談)艦長と事あるごとに衝突し、ちょうど六空における初代飛行隊長・新郷大尉のように、加賀が内地に帰るやいなや隼鷹に転勤が発令されていたのである。本人曰く、

「華やかな第一線空母から商戦改造空母へ、艦長も予備役の大佐(石井芸江大佐・兵三十九期)で、誰が見ても明らかな左遷」であった。

隼鷹戦闘機隊の定数は十八機であったが、当初の配備予定は九六戦で、しかも一個分隊だけの編成であった。「いまどき九六戦で戦ができるか」と怒った志賀大尉は、鈴鹿の航空廠へ行って、監督官が、加賀から受領に来たと思い込んでいるのを幸い、全機零戦で揃えて佐伯に帰ってきたという。

「飛行長の崎長《さきなが》少佐が、『エッ、うちは九六戦だよ』とびっくりしていましたね。『持ってきたんだからいいでしょ』と澄まして答えて、そのままアリューシャン作戦に行きました」

(志賀大尉談)

隼鷹も、新造艦ということもあって、作戦に参加できる搭乗員がまだ揃いきっていなかっ

た。一個分隊なので、固有の搭乗員は志賀大尉をふくめ九名しかいない。分隊士にはベテランの北畑三郎飛曹長（操二十一期）、先任搭乗員には澤田万吉一飛曹（操三十六期）がいて、その他の搭乗員も平均的に操縦経験はあったが、いかんせん戦力として弱体であった。

隼鷹に便乗してゆく六空も、十二名の搭乗員のうち、准士官以上は分隊長の宮野一人、分隊士はいない。母艦への発着艦経験者は、宮野大尉、岡本重造一飛曹（先任搭乗員）、尾関行治一飛曹、上平啓州一飛曹ら、三空、台南空で開戦前に発着艦訓練を受けた四名のみで、あとはミッドウェー島進出時に、発艦だけできればあとは何とか、という若い搭乗員である。志賀も宮野も、一抹の不安を覚えたのではないだろうか。ちなみに、六空の整備員は隼鷹には便乗していない。

六空搭乗員・尾関行治一飛曹。志賀淑雄のアルバムには「典型的なる戦闘機乗り」とある

着艦ができないので、隼鷹の搭乗員に飛行機の収容を任せ、六空の搭乗員は陸路、呉軍港に錨泊している母艦に向かうことになった。ここで多少の時間の余裕ができたのであろう、宮野はこの晩、別府の海軍指定料亭「なるみ」に遊びに行っている。

南半球のオーストラリアを空襲して帰ってきたと思ったら、今度は北の果てアリューシャン。その上、太平洋の絶海の孤

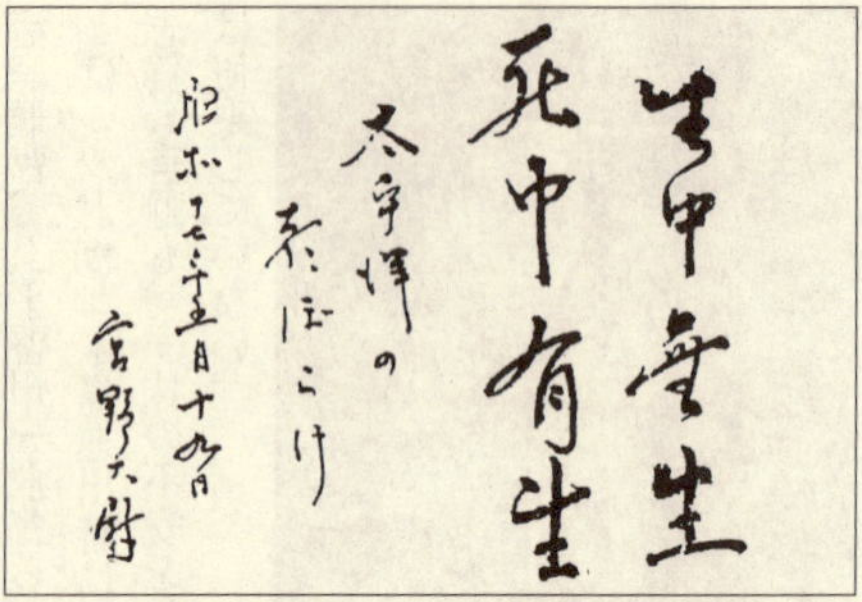

宮野がアリューシャン作戦に出撃前、別府の料亭「なるみ」に残していった色紙

島ミッドウェーへ。任務とはいえ、えらいところへ飛ばされることにはちがいない。これが、懐かしい内地での最後の夜、という思いが去来したのではないか。「なるみ」で夜を明かした宮野は、店を出る時に店主・高岸源太郎の求めに応じて、

〈生中無生
　死中有生
　太平洋の朝ぼらけ
　昭和十七年五月十九日
　　宮野大尉〉

と色紙に揮毫した。いつもの几帳面な字とはちょっと違う、かつて兵学校合格の喜びを手帳に記した時に似た、酔ったような字面である。それが宿酔いのせいか、目の前に迫った大作戦に気分が高揚していたせいか、今となっては知るすべもない。

北の果てアリューシャンへ

十九日、六空隼鷹派遣隊の搭乗員は汽車で呉に向かった。車窓から見る五月の瀬戸内海は

美しかった。が、要塞地帯が近づくたびに、車掌に窓の鎧戸をおろさせられるのには閉口した。

呉軍港の隼鷹の格納庫には、すでに隼鷹戦闘機隊の手で運び込まれた六空の零戦が並べられていた。隼鷹の固有の搭載機にはDⅡ、六空戦闘機隊にはUの部隊識別記号と百番代の機番号が、それぞれの垂直尾翼に鮮やかに記されていた。宮野がかつて乗り組んだ戦艦伊勢は、艦内が狭苦しく居住性のわるい艦だったが、隼鷹は客船改造の空母だけあって、艦内は広く、何もかもがゆったりとしていた。

人員物件を積み終えた隼鷹は、五月二十日、呉を発ち、徳山で燃料を搭載ののち二十二日に出港すると、瀬戸内海を西に針路をとった。この時、飛行甲板には出せるだけの飛行機が整列させられてあった。狭い関門海峡を通過する時、沿岸の住民たちが、手に手に日の丸の旗を振って見送ってくれたのが、晴れがましくも印象的であった。

〈やがて艦隊は日本海に出た。この時点において、それまで南方へ行くと言われていたのに、いったいどこへ向かうのかと思いつつ、

「晴れの門出だなぁ……これで内地とも当分お別れだ。いや、ひょっとすると、これが最後の見納めになるかも知れない」――私は一種の晴れがましさと、寂しさの入り交じった複雑な感情におそわれ、美しい内地の山々との別れを惜しんだ。〉

と、六空戦闘機隊の谷水竹雄一飛（丙三期）は、手記に書き残している。

隼鷹はやがて、日本海に入り、北東に針路をとった。「合戦準備」が令せられ、搭乗員は

整備員と一緒になって、飛行機や機銃の手入れ、機銃の弾帯作りをしたり、敵機敵艦の識別訓練などに専念した。訓練を続けながらの北上、天候は、次第に荒れ模様になってきた。

二十三日、「搭乗員総員集合」がかかり、右舷の艦橋前に整列した搭乗員たちは、艦長石井大佐より作戦命令を達せられる。それは、搭乗員たちを驚かせるに十分の、壮大な作戦であった。

「今回の作戦はミッドウェー島攻撃の第一機動部隊の支援のため、第二機動部隊としてアリューシャンのウラナスカ島、ダッチハーバーの攻撃に向かう。

わが隊は、アッツ島、キスカ島へ上陸する陸海軍の輸送船団も支援し、上陸完了後は陽動隊として敵機動部隊を引きつけ、第一機動部隊の攻撃作戦を容易にするための囮部隊となる。

作戦終了後ミッドウェーに向かい、六空戦闘機隊をミッドウエーに上陸させる予定である。

なお上陸日をN日、攻撃日はNマイナス三日とする」

五月二十五日、隼鷹は、本州最北端の海軍基地、大湊に入港した。大湊湾には、空母龍驤をはじめ、巡洋艦、駆逐艦、輸送船など多数の艦船がひしめいていた。

ここで、「臨時隼鷹乗組」の辞令を持って、隼鷹に助っ人として乗り組んできた搭乗員たちがいる。山本一郎一飛曹（操五十期）、佐々木原正夫二飛曹（甲四期）、田中喜蔵三飛曹（操四十六期）、河野茂三飛曹（操五十一期）、堀口春次三飛曹（同）の五名で、いずれも五月七日から八日にかけて戦われた史上初の空母対空母の戦い「珊瑚海海戦」で、被弾損傷して内地に帰り、目下修理中の翔鶴乗組の戦闘機搭乗員たちであった。

「隼鷹は、新造空母だけど搭乗員が揃わなかったんですね。そこで、翔鶴はどうせ一、二ヵ月は出られない、ということで貸し出されたんでしょう。今でいうアルバイトですよ」

（佐々木原二飛曹談）

彼らはこの作戦が終了すると、全員が再び翔鶴に復帰しているので、臨時雇いであることには違いはないが、アルバイトだろうがパートタイマーだろうが、開戦以来、機動部隊で実戦経験を積んできたパリパリの若手搭乗員の加入は、隼鷹にとっては大いに心強いものであった。

大湊の沖合いであわただしい一夜を過ごした隼鷹は、早くも翌二十六日、角田覚治少将座乗の旗艦龍驤に続いて出港した。両空母を護衛するのは第四戦隊の重巡摩耶、高雄に、珊瑚海海戦から帰ったばかりの第七駆逐隊の潮《うしお》、曙《あけぼの》、漣《さざなみ》の三隻の駆逐艦。その後尾に、タンカーの帝洋丸がついた。出港後、隼鷹では再び搭乗員総員が集められ、「N日は六月七日なり」と伝えられた。すなわち、ダッチハーバー攻撃はNマイナス三で、六月四日となったのである。同時に、隼鷹と六空の実戦経験者による搭乗割が発表になり、搭乗配置のない若い搭乗員たちは、戦闘配置として通信科の補助暗号員を命ぜられた。

北の海は霧が深く、「霧中航行用意」の艦内放送が何度も流された。海上はミルク色のベールにさえぎられ、探照灯の灯りがぼんやり明るく見える程度で、僚艦の姿もまったく見えない。先行する龍驤が、八百メートルの長さで曳く浮標の立てる白波と、浮標につけられたドラの音だけが頼りである。見張りの当直にでも立とうものなら、霧の湿気をふくんで、ものの数時間で体がぐっしょりと濡れてしまう。視界がきかず衝突の危険があるが、電波を出せば敵に傍受されて位置が知れてしまうため、無線封止は大前提である。まだレーダーも装備されていなかったから、濃霧の中での航海の苦労は筆舌に尽くしがたいものがあった。

緊張のままに幾日かが過ぎ、ある日、艦内放送が、「本艦のマストに鷹がとまった」と伝えた。神武天皇東征の故事によれば、これは吉兆である。しかも艦の名前も隼鷹、これは幸先がいいわいと、艦内に思わず歓声があがった。谷水一飛が飛行甲板に上がってみると、確かに一羽の鷹が戦闘マストにとまっている。

こんな広い大海の中で、どこから飛んできたのだろうか、
〈思わず語りかけてやりたい衝動に駆られた〉

と、谷水一飛は手記に記している。

この季節、北に向かうにしたがい、夜がどんどん短くなる。夜半に薄暗くなったと思うと、午前二時にはもう夜が明け始める。白夜に近かった。そのため、一日の食事が四度になった。

「勝てると思いますか？」

元は一等船室になるはずであった隼鷹の士官室で、宮野は、志賀大尉と夜毎に遅くまで話し込んだ。今までの戦闘の話、クラスメイトの話、女性の話、いろいろと話は尽きなかった。

かつては恐ろしかった鬼の一号生徒が、だからこそなのか、互いに一人前になって再会してみると、他のどのクラスよりも親密な仲になれた。志賀は宮野に弟のような親しみを感じていたし、宮野も志賀には、「先輩！」と、娑婆の学生のように話しかけた。

ある晩、宮野は、雑談の合間にふと真顔になって、

「先輩、この戦争、勝てると思いますか？」

と聞いた。志賀は、端正な面立ちを一瞬、こわばらせた。宮野は、続けた。

「P－40なんか、何機来たって問題じゃないんです。でも、敵は、墜としても墜としても（新しい飛行機を）持ってくるのに、こちらは、飛行機も搭乗員も補充が全くないんですよ。台湾を出る時は四十五機揃えて行ったのに、新郷さんの隊（台南空）など最後は二十何機。搭乗員に下痢やマラリアも出ますが、何しろ飛べる飛行機が間に合わんのです。それで内地に帰ったら飛行機の奪い合いで、今回の十二機を揃えてくるのも大変でした。今に搭乗員だって足りなくなりますよ。――先輩、こんなことで勝てますか」

志賀は、思わず考え込んだ。志賀自身はこれまで、機動部隊で連戦連勝を重ねてきて、戦局の行く末を深刻に考えたことがなかったのである。いや、アメリカの国力の強大さについては理解しているつもりであったから、考えないようにしていた、と言ったほうが正しいのかも知れない。

少しの沈黙の後、

「いや、勝たなきゃいかん、しっかりしようぜ」

と答えて、志賀は話をそらせた。

「何でダッチハーバーみたいな田舎のところへ、貴様も不満だろうけど、問題はミッドウェーだよ。いかにして犠牲を出さずに向こうまで行くかということだ」

戦後半世紀あまりが経っても、この時の宮野の、戦場での経験に基づいた切実な言葉は、志賀の心に鮮やかに残っていた。

「……当時、搭乗員で戦争の見通しについて、そこまではっきりと悲観的なことを言うものは珍しかった。彼には先を見るセンスがあったんですね。私は思わず答えに窮してしまいましたが、内心、物事を冷静に見ている、偉い奴だと感心しました」（志賀大尉談）

戦闘圏に入る前、隼鷹の搭乗員室では、下士官兵搭乗員の出陣前の酒宴が催された。何しろ寄せ集めの隊であるから、こういうことでもなければ、所属原隊が違うもの同士が親しく語り合うこともない。来る作戦に向けて一体感を持ち、士気を高めるためには、時にはこんな機会も必要であった。本来、下士官兵の宴に士官が参加することは原則としてないが、この時、宮野は、志賀大尉とともにビールを従兵にかつがせて、搭乗員室に出向いている。

「宮野大尉は、歌を唄ったり、空になったビール瓶を笛のように器用にホーホー吹き鳴らして、八木節など披露されていました。いや、芸達者なにぎやかな人だなあと思いましたね」

（佐々木原二飛曹談）

ダッチハーバー空襲

六月一日、いよいよ戦闘圏が近くなり、戦闘機隊は上空哨戒の任務についた。米側も、合計二十機のPBYカタリナ飛行艇を、日本艦隊索敵のために飛ばしていた。この日も天候はやはり荒れ気味であった。宮野は、尾関行治一飛曹と二機で哨戒に上がったが、敵を見ずに着艦している。宮野は、半年前、開戦を控えた三空での着艦訓練しか空母着艦の経験がなかったが、危なげなく着艦をやり遂げた。翌二日の佐々木原二飛曹の日記――。

〈敵飛行艇に発見されたらしい。飛行艇らしき感度（注：電波のこと）極めて大にして、一時緊張す。上空哨戒二時間。緯度五十度の樺太と同緯度に行くのだから寒さも激しいが、太陽も、つい十日前まで居た赤道のつもりとはまるきり違って午前二時頃日が出て午後十時頃日没である。然し真の闇は約一時間であとは薄明である。だから殆ど戦闘機隊は待機していなければならぬ。眠る時間はあまりない。冬の飛行服を着て待機室で頑張る〉

二日も、宮野は岡本、上平、尾関各一飛曹を率いて上空哨戒に上がっているが、視界も悪く敵機を見つけていない。三日、何とか無事に攻撃地点に着いた四航戦は、日本時間の午後十時二十五分、隼鷹から志賀大尉の率いる零戦十三機、九九艦爆十四機を、米軍の北の拠点、ダッチハーバーに向け発艦させた。隼鷹戦闘機隊の編成は、一中隊長・志賀大尉、二中隊長・宮野大尉で、宮野小隊のみ三機編成であとは二機ずつに小隊が分けられた。内訳は、隼鷹隊六名、臨時乗組三名、六空四名である。一時間後、龍驤から零戦三、九七艦攻十四が発進した。

白夜の黎明をついて発進した隼鷹戦闘機隊は、午後十一時十五分、阿部善次大尉（兵六十四期）率いる艦爆隊と合同、目標に向かうが、十一時二十七分、敵PBY飛行艇一機と遭遇、北畑三郎飛曹長、佐々木原正夫二飛曹の小隊が本隊と分離してこれを攻撃する。

結局この出撃では、濃霧のために、隼鷹から出た残る全機が引き返している。天候のためとはいえ締まらない結果に、角田司令官はいたく不満の様子であったという。

敵機を攻撃に向かった北畑小隊は、その後、たまたま出会った龍驤の攻撃隊と合流し、二機で掩護を全うした。この時の模様は、佐々木原二飛曹が克明に日記に書き残している。

〈六月四日

七日のアッツ・キスカ上陸作戦の先鋒を切って、我が四航戦がダッチハーバー空襲の火蓋を切ることになり、獲物は幾何ぞと勇躍発艦、針路に入る。

六月三日二〇四五（注・午後八時四十五分）に起床したのであるが、二二四五（同十時四十五分）母艦を出て、暁闇と霧の北洋を夜目にもしるく航空灯をつけて編隊を崩さず北へ北へと進む。進撃約十五分、右側方を通過する飛行機を発見、中隊より分離してこれに後方より攻撃に移る。近づくと明らかにコンソリデーテッドPBY5型飛行艇、雲高五百の海上を約四百の高度で味方（艦隊）方向に近接しつつある。

気づかれぬように後下方より一番機の後より撃ち上ぐ。照準器（の光枠）が明るすぎて照準が出来ぬ。反転して第二撃、今度は二十粍を撃ちっ放す。この時小隊長は前方に回りつつあり。二撃後右側方へ出たら二十粍の射弾を受け、夜目にも曳光が鮮やかに自分の飛行機の周囲に飛ぶ。危険と見て急速後方に離脱。一撃の時は敵は撃たなかった。

次いで三撃を後方より海面を這うようにして撃ち上げる。今度は二十粍が艇体へ命中するのをそのまま撃ちながら二十米まで近接。急速に右に翼端すれすれに交わる。真暗な中にも霧に浮かぶ翼端浮舟（フロート）がくっきりと見えた。

敵機は黒煙を吐きつつ遂に雲中に遁入す。一番機これを追えども撃墜に至らずして取り逃せり。残念。

一番機について飛行しウラナスカに向かう途中、龍驤艦攻隊の後方より来たるに合同し、進む。我が中隊の反転するのとすれ違ったが、一瞬離れてしまって、やむを得ずそのまま進撃を続く。

佐々木原正夫二飛曹（甲４期）

次第に東の方明るくなり北方が朝焼けしているのを見る。僚機の番号を判別し得るようになり遂にウラナスカ島に到達す。

艦攻隊に先行してダッチハーバー上空に進撃、偵察すると、敵飛行艇一機発見、全速銃撃に移る。突如猛烈な敵弾を被り、弾幕の中を突破、島の東端に出て息を吐く。

付近に峻険なる岸壁立ち並び、寒気も激し

けれど、白雪頂上より覆いて北海の要港D港は谷間の如き位置にあり。予想外に家屋立ち並びて軍事施設島内一杯に立ち並び、新建築多し。大格納庫、重油タンク、無線電信所、倉庫、工場群等、目標は多々あり。
水平爆撃隊の針路に入りて上空へ接近すれば、弾幕空中三〇〇〇米に展開し、壮烈なり。島内三ヶ所より猛烈な爆煙天に沖し、工場群に全弾命中、火災を生じ真紅の焔海面を彩る。水平爆撃隊の投弾終了まで島周囲を高度千米で四十分間旋回、空中偵察を続く。時々射弾を受く。谷間を通る自動車を発見、急降下銃撃を浴びせれば炎上す。
敵機は一機の戦闘機とてなく、我が戦闘機わずか三機の制圧下に味方艦攻の爆撃完了〉
佐々木原二飛曹は、帰途、敵潜水艦二隻を発見、これに銃撃を加えて、午前二時五十五分、味方艦隊上空に戻ってきた。雲が低く垂れこめ、霧も深くて隼鷹がなかなか見つからない。かろうじて龍驤が見つかったので、バンクの合図で隼鷹への連絡を要請すると、三時二十八分、ようやく遥か霧の中から隼鷹の出す信号用の黒煙を発見、なんとか帰艦することができた。着艦してみると、プロペラに一発、右翼に一発、敵弾が命中した痕があった。特に右翼の一発は、補助翼の連結部分を貫通しており、あと数ミリでもずれていたら危うく致命傷になるところであった。

龍驤艦攻隊は、爆撃を終えての帰途、ダッチハーバー西方のマクシン湾に、敵駆逐艦五隻を発見（実際には八隻）、龍驤にその旨を打電する。角田司令官はすかさず、この敵艦隊に向けて第二次攻撃を命じた。隼鷹からは先ほどの第一次攻撃で引き返したもののうち、調子の悪い零戦三機をのぞいた零戦六機（一小隊隼鷹隊・志賀大尉、二小隊六空隊・宮野大尉の三機ずつ二個小隊）、九九艦爆十五機（阿部大尉）の編成で、龍驤からも零戦九機、九七艦攻十七機、それに加えて高雄、摩耶の九五式水偵各二機も、三番（三十キロ）爆弾二発ずつを積んで発進した。

隼鷹隊は午前五時四十五分、発艦を開始したが、龍驤隊は、先ほどの攻撃から帰ったばかりで出撃準備に手間取り、発艦がやや遅れた。この時も、一時間以上飛行して敵地上空に進入を試みたが、厚い雲と霧に阻まれ、攻撃隊は進撃を断念せざるを得なかった。その行き帰り、隼鷹・六空の戦闘機隊は敵PBY飛行艇それぞれ一機を発見、これを攻撃して黒煙を吐かせている。龍驤攻撃隊も引き返した。運の悪いことに、高雄、摩耶から発進した四機の水偵だけが、通常の哨戒飛行中であった米戦闘機P－40二機と遭遇、高雄の一機が撃墜され、もう一機が被弾不時着水している。どうも、事が思うように運ばなかった。

水偵がP－40と遭遇したことで初めて、日本側は、ダッチハーバー西方に米戦闘機基地があることを知った。

再度の空襲

六月五日。もとの作戦計画では、この日、第二機動部隊はダッチハーバーの手前にあるアダック島の無線基地を攻撃することになっていたが、艦隊後方の天候が悪化したことと、ダッチハーバー方面の天候に回復のきざしが見られたことから、再度ダッチハーバーを攻撃することとなった。洋上は、一時は艦隊の速力を九ノットに落とさざるを得ないような悪天候であったが、龍驤から二機の艦攻を天候偵察に飛ばしたのち、龍驤から零戦六機、九七艦攻九機を午前十一時四十分、隼鷹から零戦五機、九九艦爆十一機を十一時五十分に発進させた。位置は、ダッチハーバーの南西、約百八十浬の地点であった。この直前、第二機動部隊は、「すみやかに南下、第一機動部隊に合流すべし」との命令を聯合艦隊から受けている。しかし、角田少将はこれを一時無視し、攻撃後南下することにしたのである。

隼鷹の戦闘機隊は、一小隊・志賀大尉、山本一飛曹、二小隊・宮野大尉、尾関一飛曹、三小隊は北畑飛曹長の一機である。戦闘機が少ないのは、後述のように、調子のよい整備の行き届いた零戦が揃わなかったから、艦爆隊の機数が少ないのは、悪条件の中、技倆未熟な搭乗員は母艦に残し、熟練者のみで確実な戦果を挙げたいという、艦爆隊指揮官阿部大尉の意見によるものであった。とは言え、ベテランだけだといくらも数がいないので、搭乗割には経験のないペアも組み入れざるを得なかった。

隼鷹隊は、高度二千メートルで南から進撃、遠回りして北西方面から進入した龍驤隊より二十分早く、十二時五十五分、ダッチハーバーに突入した。が、そこで、戦闘機隊指揮官にして攻撃隊総指揮官である志賀大尉機が、エンジンに不調をきたして引き返す。

「発艦してほどなく、私の飛行機のエンジンが、パン、パン、とミスファイアを始めた。それをだましだまし、指揮官の責任上、何とか敵地上空までは行きましたが、これでは戦闘は不可能なので、あとを宮野大尉に託して反転しました。

……隼鷹の戦闘機は当初、九六戦が配備される予定だったので、整備員は九六戦用に揃えられ、零戦を完全に整備できる者が少なかった。それと、受領した零戦自体、燃料の混合比などが暑いところ向けに調整されていて、寒いアリューシャンでは調子が出なかったんですね。これは私の失敗でした」（志賀大尉談）

艦爆のうち一機が、志賀機を誘導するため、爆弾を捨てて引き返した。一人乗りの戦闘機と違って、二人乗りの艦爆には航法を担当する専門家の偵察員が乗っているからである。残る艦爆隊十機は陸上目標と一部は在泊艦艇に急降下爆撃を敢行、米本土から運ばれたばかりの油を入れた重油タンクや格納庫、倉庫などを破壊、炎上させ、港内に係留されていた宿泊艦ノースウエスタンに損傷を与えた。この攻撃による米軍の戦死者は四十三名、負傷者五十名という。アリューシャン作戦で隼鷹が挙げた、初の戦果らしい戦果であった。

いっぽう、艦爆隊と別行動をとった宮野以下四機の戦闘機隊は各小隊ごとに分かれ、三十分以上にわたって索敵に努めたが、空中に敵機の影を見ず、午後一時半に集合、帰途につく。

一度はよくなったかに見えた天候が、また急激に悪くなってきた。悪天候下の帰還に備えて、艦爆隊は、三機、四機、三機の三群に分かれた。この時点ですでに、戦闘機隊と艦爆隊は離ればなれになっている。艦爆が先行し、戦闘機がそれを追うような形になった。

一時四十五分、戦闘機隊がウラナスカ島西端南方の海上に敵駆潜艇を発見、低空に舞い降りて銃撃を加えている頃、ウムナック島の敵秘匿飛行場上空を、それと知らずに飛んだ艦爆隊は、たちまち敵P－40戦闘機九機の攻撃を受けた。艦爆は、爆弾を落とせば空戦の真似事もできる。必死の反撃で敵機三機の撃墜を報じたが、艦爆二機が撃墜され、一機は被弾して帰投中、海面に不時着、この機の二人の搭乗員は助からなかった。

戦闘機隊が、ウラナスカ島南方でP－40六機と遭遇したのは午後二時のことである。北畑飛曹長と尾関一飛曹は艦爆隊を追うこととして、宮野と山本一飛曹が二機でこれに空戦を挑んだ。宮野にとっては比島以来、恐れるに足りないP－40ではある。しかし、この時は、おや、と思うぐらい手強かった。零戦の数が少ないと見てとったか、敵の戦意は旺盛で、宮野と山本は意外な苦戦を強いられた。宮野はようやく敵機に回りこんで一機を撃墜、山本も同じく一機を撃墜したが、宮野機は不覚にも敵弾三発を受けていた。危ういところであった。

宮野たちが空戦している間、北畑飛曹長、尾関一飛曹の二機は、低空を飛ぶ艦爆三機と合流する。二時十五分、この五機の編隊に、十数機のP－40が襲いかかり、たちまち激しい空中戦が繰り広げられた。多勢に無勢、しかし、北畑、尾関ともに支那事変以来の歴戦の搭乗員、敵戦闘機に墜とされるような男たちではなかった。それぞれ一発、二発の被弾はあったものの、この二機で各二機ずつ、計四機を撃墜し、艦爆も一機撃墜を報じている。だが、この空戦ではぐれてしまった岡田忠夫三飛曹（操）、杉江武二飛曹（偵）の若いペアが搭乗する艦爆一機が、機位を失して帰艦できなかった。杉江二飛曹は、艦隊配乗の搭乗員の中ではこの時点でもっとも若い、甲飛五期生であった。

アメリカの領土を攻撃されて、敵も黙ってはいなかった。龍驤、隼鷹の攻撃隊が発進してまもなく、アラスカ半島のコールド・ベイを発したB-17二機が低空で艦隊上空に飛来する。一機は龍驤を狙って五発の爆弾を投下したが命中せず、もう一機は高度が低すぎて、爆撃できずにそのまま艦隊上空を飛びぬけようとしたところを、高雄の防御砲火に撃墜された。

〈本艦舷側すれすれにその残骸、海中に両脚浮遊しをり、海面にガソリン浮かぶを見たり〉

（佐々木原二飛曹日記）

B-17に続いて、双発爆撃機B-26五機も魚雷を抱いて出撃、夕刻、日本艦隊を発見する。ちょうど、帰ってきたダッチハーバー攻撃隊のほとんどが着艦した時刻であった。一機は龍驤を狙い、右舷《みぎげん》から飛行甲板すれすれに魚雷を投下するが、距離があまりに近かったので、魚雷が艦の上を飛び越えて、左舷《ひだりげん》方向に水しぶきを上げた。他の機が投下した魚雷も、幸い、一発も命中しなかった。

激戦の痕跡

エンジン故障で一足先に帰っていた志賀大尉は、艦橋に立って、攻撃隊が帰ってくるのを待っていた。母艦の周囲は雲高三十メートル、相変わらず霧が深く、上空哨戒の戦闘機でさえ母艦を見失うほどであった。そんな中、上空哨戒に上がっていた六空の岡本重造一飛曹、上平啓州一飛曹は、わが艦隊に触接する敵PBY飛行艇を各一機、撃墜している。

現地では夕刻の午後三時過ぎ、攻撃隊が、ほとんど単機ずつ、バラバラになって帰ってきた。零戦も艦爆も、ほとんどの機体に弾痕があった。

「激戦があったな」

と、志賀の心は騒いだ。着艦した艦爆隊の阿部大尉は、真っ青な顔をしていた。これは余談になるけれども、隼鷹飛行隊長兼戦闘機分隊長の志賀大尉と、艦爆分隊長の阿部大尉は、海兵では志賀が二期上のクラスになるが、実はこの二人は兵学校以来、犬猿の仲であった。ちょっとしたきっかけはあったようだが、そもそも性格がまったく合わず、戦後も互いのことを決してよくは言わなかった。

阿部が艦長に報告するのを聞きながら、志賀は、

「何だ、たいした戦じゃないじゃないか。肝っ玉の小さい奴だな」

と思った。しかし、阿部には阿部の言い分がある。戦闘機隊は、肝心の時、いつもそうだ。護衛とは名ばかり、敵機を撃墜したり余計な地上銃撃をすることにかまけて、ちっとも敵戦闘機から艦爆隊を守ってくれないじゃないか。……この戦闘機と艦爆の意識の差は、なかなか埋まるものではなかった。

この時期、戦闘機による他機種の掩護方法は、必ずしも確立していたとは言えない。戦闘機隊としても、敵機がまだそれほど強くなかった支那事変から第一段作戦までの、まず敵機撃滅ありきの意識を切り換えられずにいた。

敵戦闘機による脅威が増してくるにしたがい、実際にこれでは、護衛される側の不満が募ってくるのは当然である。第一段作戦の比島、蘭印方面の戦いでも、敵機撃滅を優先する三空の横山大尉、攻撃隊を守ることを第一義に考える台南空の新郷大尉、二人の戦闘機飛行隊長の護衛方法が正反対で、「明日の戦闘機指揮官は新郷大尉」と聞くと搭乗員の間では歓声が上がったと、中攻隊指揮官・足立次郎大尉（海兵六十期、のち少佐）が書き残している。

航空戦が激しくなるにしたがい、攻撃隊をいかに守りつつ戦果を挙げるか、ということがますます大きな問題になってくる。結果的にこれが、宮野の運命をも左右することになる。志賀大尉と阿部大尉、二人の指揮官の反目と対立は、いわばそのほんの萌芽にすぎなかった。

少し時間を巻き戻す。隼鷹攻撃隊に続いてダッチハーバー上空に達した龍驤攻撃隊の九七艦攻は、弾薬庫を目標に爆弾を投下したが、ことごとく目標をはずしてしまい、かろうじて、目標をそれた爆弾が対空機銃の銃座に損害を与え、四人の米兵を死傷させただけにとどまった。

個別の目標を狙える九九艦爆の急降下爆撃とちがい、九七艦攻による水平爆撃は、編隊を組んで、特別な訓練を積んだ偵察員の乗る嚮導機《きょうどうき》をリーダーに一斉に投弾し、その中の一発が目標に命中すればよいという爆撃方法だが、悪天候と技倆不足が重なっては、いかんともしがたかった。

戦闘機隊は海軍基地に機銃掃射を行なったが、対空砲火は意外に強烈で、一機が燃料タンクを撃ち抜かれて、かねてからの打ち合わせ通り、ダッチハーバー東方の無人島（アクタン島）に不時着した。しかし、この零戦は、湿地帯であることに気付かずに脚を出して着陸しようとしたために、ツンドラに脚をとられて転覆、搭乗員の古賀忠義一飛曹（甲三期）は戦死してしまう。古賀はまだ十九歳の若者であった。

のちに米軍が、ほとんど無傷のこの零戦を発見、飛行可能な状態にまで修復し、さまざまなテストを通じて神秘のベールをはがしていくことになる。これによって、零戦の弱点が白日のもとにさらされ、敵はそれに対して有効な対抗策を打ち出してくるのだが、まさかこれがそんな大事につながるとは、その時の参加搭乗員や四航戦司令部は誰も予想だにしていなかったに違いない。

予定の作戦を終えた第二機動部隊は、いよいよ最終目的地のミッドウェーへ、六空戦闘機隊を揚げるために南下を開始した。しばらくして、搭乗配置がなく補助暗号員に回されていた若い搭乗員たちは、説明もないまま電信室への立ち入りが禁止された。彼らの間から、不満の声が上がった。志賀や宮野ら、分隊長以上にのみ、電信室で傍受した戦況が知らされた。まずは南進を急ぐしかなかった。

慢心に緩んだ大作戦

この頃、中部太平洋ではとんでもない事態が発生していた。

ミッドウェー海戦。

作戦の詳細はあえて省くが、聯合艦隊の総力を挙げたこの大作戦に、すでに述べた如く、六空はミッドウェーでの艦隊決戦終了後はそこの駐留戦闘機部隊になるため参加していた。

五月十八日、宮野たち隼鷹派遣隊を送り出した六空では、第一機動部隊各艦に派遣される人員機材と、輸送船で送られる人員、基地物件の準備に追われていた。二十日現在、六空の戦力は、隼鷹の十二機十二名をふくめて零戦三十三機（定数マイナス二十七機。九六戦は全機還納）、搭乗員は技倆A級（あらゆる状況で作戦可能なもの）二十五名、B級（状況により作戦可能なもの）なし、C級（一部制限により作戦可能なもの）三十一名、D級（錬成を要するもの）なし、以上六十一名であった。別に、陸偵搭乗員として、操縦員六名、偵察員十名が配されていた。

各科を合わせた六空全体で言うと、今回の作戦でミッドウェー島に進出する第一次進出員は、准士官以上四十三名中三十名（うち北方作戦は宮野大尉一名のみ）、下士官兵七百二十三名中三百四十名（うち北方作戦十一名）、計三百七十名であった。そのうち、戦闘機搭乗員は、准士官以上六名（兼子大尉、宮野大尉、牧大尉、川真田中尉、森崎予備少尉、渡辺直飛曹長）、下士官兵三十名が各母艦に、三月に飛練十七期（丙三期前期組）を卒えて配属された柳谷謙治一飛、杉田庄一二飛ら、下士官兵の新人搭乗員ばかり二十名が輸送船慶洋丸に分乗する。陸偵と残りの基地要員、そして中村佳雄二飛ら、五月に飛練十八期（丙三期後期組）を卒えて配属になったばかりの五名の搭乗員は木更津に待機し、ミッドウェー占領後、第二次進出員として出ることになっていた。

森田司令以下、第一次進出員の本隊は、いったん岩国基地に落ち着いたのち、五月二十三日から二十五日にかけ、各母艦に収容された。

内訳は、赤城に森田司令と兼子飛行隊長、岡崎正喜一飛曹、倉内隆三飛曹、杉野計雄一飛など搭乗員九名に零戦六機、加賀に玉井飛行長と牧大尉、佐伯義道一飛曹、日高義巳二飛曹、島川正明一飛、玉井勘一飛、竹田彌一飛ら九名九機、飛龍に渡辺直飛曹長以下三名三機、蒼龍には森崎武予備少尉、澤田十郎三飛曹、永峰三郎二飛の三名三機、計二十四名二十一機、あと二十名が慶洋丸である。結局、司令、飛行長と衝突して六空を去った新郷大尉の案が採用された形になった。

日露戦争で、東郷平八郎司令長官率いる聯合艦隊がロシア・バルチック艦隊を撃滅した日本海海戦より三十七年目の海軍記念日にあたる昭和十七年五月二十七日、第一機動部隊各艦は広島湾を出撃した。翌日、翌々日にかけて、支援部隊、主力部隊と称する大艦隊も、続いて瀬戸内海を出港した。〈守るも攻むるもくろがねの浮かべる城ぞ頼みなる〉という行進曲「軍艦」の歌詞そのままに、まさに威風堂々。しかしその内実は、ハワイ作戦の時とちがって、非常に心もとないものであった。

艦の乗組員は南方作戦の疲れが癒えず、しかも飛行機隊搭乗員の補充交替が完了したばかりで、その訓練内容は基礎訓練の域を脱していなかった。戦闘機隊の訓練も、単機空戦と単機射撃を実施しただけで、編隊空戦は一部の熟練者にとどまり、それも三機対三機まであるる。艦攻、艦爆も合わせて、開戦直前の練度には程遠く、戦力の低下は目に見えていた。水上艦艇も同様。機動部隊の総合力そのものが、知らぬ間に大きく目減りしていたのである。

それでいて、鎧袖一触であったこれまでの戦果への過信が緊張感を欠如させ、機密保持にも作戦にも緩みを生じさせていた。

日本側は、敵の動向を探るため、二式大艇で真珠湾を偵察、米空母の存在を確認するK作戦を計画したが、これは、中継地点になるはずであったフレンチフリゲイト礁に敵水上艦艇や飛行艇がいたために、燃料補給ができなくて中止された。また、ハワイとミッドウェーの中間海域に十一隻の潜水艦を配置したが、時すでに遅く、ハワイを出撃した米機動部隊は、そこを通過してミッドウェー北東海域に進出した後で、何らの有力な情報も得ることはなかった。

ところが、米海軍は日本海軍の暗号書Dをほとんど解読し、全力をもって反撃態勢を整えていた。エンタープライズ、ホーネット、ヨークタウン、三隻の空母を中心とする米機動部隊は、日本艦隊を虎視眈々と待ち構えていた。

司令部の怠慢とスケープゴート

それでも、戦力において勝る日本艦隊は、戦いようによっては勝てたかも知れない。しかし、過信、慢心で緩んだ作戦には、あちらこちらにほころびの種が潜んでいた。

一つは、六月四日、機動部隊のはるか後方にいた山本聯合艦隊司令長官座乗の旗艦大和で、敵空母らしい呼出符号を傍受しながら、先任参謀黒島亀人大佐が「機動部隊の赤城でもこれを傍受しているだろう」と握りつぶし、機動部隊に伝えなかったこと。実際は、機動部隊ではこの敵電波をとっていなかった。

もう一つは、作戦目的が「島の攻撃・攻略」か「敵機動部隊の誘出・撃滅」かということが実施部隊に徹底されていなかったこと。第一機動部隊の航空作戦は、上陸予定のN日マイナス二日の六月五日に開始されることになっていた。この日、ミッドウェー島攻撃に出撃した攻撃隊指揮官・友永丈市大尉は、戦果が不十分と見て「第二次攻撃の要あり」と打電、機動部隊でも、それに応じて、敵艦隊攻撃のために準備していた第二次攻撃隊の兵装を転換する騒ぎになった。これは、作戦目的が明確にされていれば避けられたはずの事態であった。

次に、索敵と情報の分析。

当初の予定では、艦攻のうち十機を索敵に回し、万全の索敵態勢をとって臨むはずだったが、機動部隊司令部の状況判断の甘さから、索敵機の機数を大幅に減らし、しかも発進時刻を遅らせてしまっていた。

空母加賀と戦艦榛名《はるな》、第八戦隊の巡洋艦利根、筑摩から出した索敵機は七機（うち九七艦攻二）、一段索敵で七本の索敵線である。これはあまりにも少なかったし、しかも、索敵機発進は対潜哨戒機を出した後のことで、付近に敵空母は存在しないという先入観に支配されていたととられても仕方のない生ぬるさであった。

その上、各索敵線で発進が遅れがちになり、特に利根四号機の発進は三十分も遅れてしまう。その、遅れて発進した四番索敵線の利根四号機（機長兼偵察員・甘利洋司一飛曹・甲二期）が、予定索敵線から北に百五十浬もはずれた方角で、十隻の敵艦隊を発見するのである。さらに約一時間後、粘り強く触接《しょくせつ》を続けた同機はついに「敵空母らしきもの」一隻の発見を報じてきた。

「らしきもの」という表現については、確認しているうちに撃墜されると元も子もないので、それらしきものを発見したらまずそう通報するように、偵察員は教育されているのである。「まず第一報を入れよ、その解釈は司令部が考える」というのが、洋上索敵の大前提であった。

低速の甘利一飛曹の水偵が、敵戦闘機や防御砲火を避けつつ、ここまで触接を続けられたのは大変な努力の賜物であった。（甘利機が予定コースを大幅に外れていたことについては、甲飛同期生の小西磐少尉が戦後、精密な類推を試みている。これは甘利の航法ミスではなく、日米の記録を照合すると、この時、利根航海士が天測で出して、搭乗員に伝えた出発位置そのものに誤りがあり、実際の出発点から索敵線を引けば、甘利機のコースとピタリ一致するという）

戦後書かれた戦記では、敵艦隊発見の殊勲を讃えられるべき甘利機に対し、赤城飛行隊長・淵田美津雄中佐（のち大佐）が、奥宮正武中佐とともに著した『ミッドウェー』をはじめ、あたかも同機の出発の遅れが決定的な敗因であったかのような記述が幅をきかせている。甘利一飛曹を、まるで役立たずの未熟者のような書き方をしているものもある。しかしこれは、〈甘利をスケープゴートに仕立てて、作戦失敗の責任をかぶせるために狙い撃ちにした、悪質な欺瞞〉（飛行科予備学生六期の水偵搭乗員・戸澤力大尉手記）なのであった。

敵艦隊発見の一報から数十分遅れて、南雲司令長官は、ふたたび第二次攻撃隊の雷装を命じる。一刻を要する戦いの最中に、機動部隊のとった行動は、ことごとくとろくさいものであった。南雲中将はもともとは水雷屋だから、航空戦についてはいわば素人である。その判断の鍵を実質的に握っているのは、航空参謀・源田實中佐であった。艦隊の隊員たちが、自らの機動部隊を公然と「源田艦隊」と呼ぶほど、その影響力は強大であった。その源田中佐が、大切な時に判断を誤った。陸用爆弾でも命中しさえすれば敵空母機の発着艦を封じることはできる、あの時、兵装転換などさせずに即座に攻撃隊を出しておけば……というのは、戦後延々と言われ続けている繰り言である。

甘利機の話題に隠れて見落とされているのが、甘利機の北隣り、五番索敵線を飛んだ、筑摩一号機（機長・都間《つま》信大尉・兵六十六期）の失態である。同機は甘利機より先に、敵機動部隊のちょうど上空を通過しながら雲の上を飛行していて発見できず、しかも敵艦爆と遭遇しながら報告もせず、索敵機としての任務をいわば放棄していたのである。

加賀を発進し、二番索敵線を担当した、九七艦攻としては唯一の索敵機の機長、吉野治男一飛曹（甲二期、のち少尉）は、今も憤りを隠さない。

「雲の上を飛んでいて、索敵機の任務が果たせるはずがない。私のこの日の飛行高度は六百メートルです。低空を飛んで、水平線上に敵艦隊を発見した瞬間に打電しないと、こちらが見つけたときには敵にも見つけられていますから、あっという間に墜とされてしまう。敵に遭えば墜とされる前に、どんな電報でもいいから打電せよと私たちは教えられていました。たとえば、『敵大部隊見ゆ』なら、『タ』連送、『タ』『タ』『タ』そして自己符号。それだけ報じれば、もう撃ち墜とされてもお前は殊勲甲だと言うんですよ。それなのに、雲が多くて面倒だからと雲の上をただ飛んで帰ってくるなんて、言語道断です。本人は生きて帰って、戦後そのことを人にも語っていたのですから、開いた口がふさがりませんね」

甘利機に続いて敵艦隊との触接に成功した利根三号機（九五式水偵）、筑摩五号機（零式水偵）は、ともに未帰還となっているだけに、筑摩一号機のとった行動は、悪く言えば敵前逃亡ととられても仕方のないものであった。

四空母炎上

……いくつもの過失や怠慢がほころびとなり、それがついに大きく裂ける時が来た。

日本の機動部隊が第二次攻撃隊の準備に追われている間に、ミッドウェー島を発進した敵機が相次いで来襲していた。赤城から邀撃に上がった六空の兼子大尉はB－17二機（うち協同一）、岡崎正喜一飛曹はB－26双発爆撃機二機（協同）、倉内三飛曹はB－26二機（うち協同一）を、それぞれ撃墜している。

蒼龍乗組の原田要一飛曹（八志・操三十五期）はこの日、上空哨戒の戦闘機小隊長として、二番機岡元高志一飛曹（操四十三期）、三番機長澤源蔵一飛（操五十期）をしたがえて、暁闇をついて発艦した。上空からミッドウェー島攻撃隊の発進を見送り、所定時間を終えて一旦着艦、艦橋脇の飛行甲板で朝食の握り飯を食べ始めた頃、対空戦闘のラッパがけたたましく鳴り響いた。原田は語る。

「落下傘バンドをつける間もなくふたたび愛機に乗り発艦すると、水平線すれすれに敵機の大群が見えました。これは雷撃機だと直感、一発も命中させてなるものかと、各艦から発艦した戦闘機は一斉にそれぞれに襲いかかりました。当時のわれわれの常識では、艦にとっていちばん怖いのは魚雷、ふつう、二百五十キロ爆弾ぐらいで軍艦が沈むことはない、ということになっていましたから、急降下爆撃機のことはまったく念頭にありませんでした。無線が通じないので、上空直衛の間、母艦からの命令や連絡は一度もなく、自分の目で見える範囲で対処するしかありませんでした」

戦闘機隊は敵雷撃機のことごとくを撃墜、わずかに放たれた魚雷も巧みな操艦により回避される。弾丸を撃ちつくした原田一飛曹は敵襲の合間を見て着艦。愛機には、敵の機銃弾で無数の弾痕があり、使用不能と判断されて即座に海中に投棄された。一服する間もなく、またも敵襲で予備機に乗り換えて発艦。敵はふたたび雷撃機、原田は列機とともに敵機の後上方から反復攻撃をかける。

「その時、三番機の長澤が、私の目の前で敵雷撃機の旋回銃の機銃弾を浴び、火だるまとなって戦死しました。あれは、私の誘導が悪かった。私が一機を撃墜して次のを狙う時に、内地で訓練している時と同じようにスローロールを打って連続攻撃をかけようとして、二番機、三番機もそれにならってきたんですが、それが敵に大きく背中を見せる形になってしまった。それで、敵が私を狙って撃った機銃弾が、同じコースを遅れて入ってきた列機に命中したんです。……本当に、列機がやられるのを見るほど辛いものはありません」

長澤機の最期を見届けた原田が、気を取り直して周囲を見渡すと、そこには信じられない光景が広がっていた。

つい先ほどまで威容を誇っていた加賀、赤城、蒼龍、三隻の空母から空高く立ち上る火柱。零戦隊が海面すれすれの敵雷撃機を攻撃している間に、上空から襲ってきた急降下爆撃機の投下した爆弾が、相次いで命中したのである。母艦の格納庫では、作戦の混乱による雷装、爆装の転換作業で信管をつけたままの魚雷や爆弾がごろごろしており、それらが次々に誘爆を起して大火災になった。

原田要一飛曹（八志・操35期）

最初に被弾したのは加賀である。

索敵任務を終えた吉野一飛曹の九七艦攻が味方艦隊を水平線上に認める位置まで帰って

きたところ、はるか前方を、小型機が一機また一機、低空を東の方向に飛んでゆくのが見えた。味方機ではない。吉野は胸騒ぎを感じた。

「加賀の上空に着いて着艦の発光信号を母艦に送ると、間もなく着艦OKの旗旒信号があり、着艦しました。七時五分頃と思います。着艦できたということは、この時点では飛行甲板は空の状態ということです。報告のため艦橋の下まで行くと、艦橋から飛行長が、『敵機の編隊が近づいている。報告は後にしてくれ』と大声で言うので、そのまま艦の後部、飛行甲板の下にある搭乗員室に向かいました」（吉野一飛曹談）

搭乗員室に入るところの、飛行甲板脇のポケットに、仲間の搭乗員が大勢出ていた。口々に、吉野が着艦する直前に敵雷撃機の攻撃を受けたが、敵の雷撃技術は拙く、魚雷は全部回避したこと、敵機の殆どを上空直衛の零戦が撃墜したことなどを、興奮状態で話してくれた。

「搭乗員室に入って、飛行服を脱いでいると、突然、対空戦闘のラッパが鳴り響き、搭乗員室の真下にある副砲が、轟音を上げて発射されました。敵雷撃機の来襲です。私は、飛行服の下に着ていた白い事業服のまま、あわてて先ほどのポケットに飛び出しました」（吉野一飛曹談）

対空機銃は懸命に応戦している。すると、機銃指揮官が、指揮棒を上空に向けて、何かを叫んだ。見上げると、敵急降下爆撃機が雲の間から突っ込んでくるところであった。初弾が、艦橋に近い飛行甲板に命中した。時に、七時二十三分。艦橋が炎に包まれ、艦長は即死したと伝えられるが、この時、艦橋の近くにいて奇跡的に助かった艦攻隊分隊士・森永隆義飛曹長（乙四期）は、「天皇陛下万歳」を叫ぶ艦長・岡田次作大佐の声を確かに聞いたと言う。

加賀には四発の爆弾が命中したが、そのうち一発が艦橋下の搭乗員待機所を直撃して、そこにいた艦爆分隊長・小川正一大尉（兵六十一期）をはじめ、六十五期の艦攻分隊長・福田稔、三上良孝両大尉が戦死するなど、大勢の搭乗員が命を落とした。便乗していた六空の牧幸男大尉も、ミッドウェーの空を飛ぶことのないまま、顔面と左右の手に再起不能に近い大火傷を負った。

米軍の搭乗員は、ほとんど全てが飛行経験二年未満の、未熟な若いパイロットであった。撃墜された米軍搭乗員の戦死者の六割は、満二十三歳以下の若さであったという。しかし、その若者たちが、日本艦隊に目に物を言わせようと、本気で、死にもの狂いで戦いを挑んできたのである。日本側の少なくとも艦隊司令部は、気迫の面においてまず、この米軍搭乗員たちに遠く及ばなかった。

ミッドウェー海戦における各艦の戦闘行動調書は、艦が沈没したこともあって実に不完全なものである。そのため、加賀の戦闘行動調書には記録が残っていないが、この時、加賀からは六空の佐伯義道一飛曹が邀撃戦に参加している。

佐伯は、昭和八年五月、佐世保海兵団に入団、本人によれば十一月より、特修練習生（特練）一期生として、横須賀海軍航空隊で小隊長要員としての教育訓練を受けたのち、操練二十七期生とともに操縦訓練を受けたという、珍しい経歴の持ち主であった。特練は、せっかく卒業して各部隊に配属になっても、階級が追いつかず小隊長を務める機会が事実上ないことなどから二期で打ち切られ（三期生は募集のみで教育中止）、その理念は昭和十二年に発足した甲種飛行予科練習生に引き継がれた。人数も少なく、その制度自体がほとんど知られていない。

第一段作戦では、台南空第四分隊の先任搭乗員として活躍、マッカーサーが搭乗予定の輸送機を、諜報により地上銃撃で炎上させ、そのために戦後、進駐軍に行方を追われたというエピソードも残っている。

「数年前に家内を亡くして、それから急に、昔のことを全て忘れてしまったんですが……。南方から木更津の六空に凱旋して、ミッドウェー海戦の時は加賀に乗っていました。上がったのは邀撃戦です。急降下爆撃機が来る上空のほうで空戦をしました。そのうち母艦がやられて、下を見ると全部燃えてるわけですよ。やがて燃料が切れたので『天皇陛下万歳』と叫んで海の上に着水しましたが、まさか助かるとは思わなかった。波間に浮かびながら、いつの間にか眠っていました。夕方、何か物音がすると思って目を覚ましたら、すぐ近くに一等駆逐艦がいて、甲板からつかまれ、つかまれ、と声をかけられました。ロープで引き揚げられて、飛行服や時計、持っていた短刀など、全部駆逐艦のビームに載せて、ふんどしまで着替えさせてもらいました」（佐伯一飛曹談）

加賀の被弾から二分後、赤城、蒼龍にも相次いで敵艦爆の爆弾が命中した。

旗艦赤城の被弾は二発で、爆撃そのものによる被害は比較的少なかったが、一弾は後部飛行甲板を貫いて下甲板で爆発し、舵機故障を引き起こした。やがて、火災が敵機動部隊攻撃のために用意されていた九七艦攻に引火、誘爆を起こし、大火災となる。

赤城に便乗した六空司令森田中佐は無事で、十二名の搭乗員にも死者は出なかったが、邀撃を終えて着艦、待機中の倉内隆三飛曹が負傷した。

蒼龍も、加賀、赤城と同様の運命をたどった。蒼龍偵察機分隊長として、新鋭の十三試艦爆（のちの彗星）二機を所管していた大淵珪三大尉（のち少佐、兵六十六期。戦後、本島自柳《もとじまじりゅう》と改名、平成十七年歿）は語る。

「利根索敵機の敵発見の報を受け、午前五時半に十三試艦爆二〇一号機（操・飯田正忠一飛曹、偵・近藤勇飛曹長）を敵艦隊触接のため発艦させました。私は、その次の直で出ることになっていました。私の飛行機の操縦員は、染谷岩夫一飛曹です。

すでに、敵の艦上機らしいものが、入れ替わり立ち替わり攻撃に来ていました。飛行長・楠本幾人中佐に、おい分隊長、そろそろ出番だぞ、と言われて、航空図に必要事項を書き込んで、飛行服に着替えようとしたところでバーンとやられたんです。

敵の急降下爆撃機は、雲量四～五の雲をうまく利用して爆撃を加えてきました。艦首に第一弾、続いて第二弾が飛行甲板中央に命中しました。私は発着艦指揮所にいましたが、爆風で飛ばされて転倒しました。幸い雨衣をつけていて、露出部分がなかったので負傷はありませんでしたが、雨衣の背中は黒焦げになっていました」

初弾の命中が七時二十五分。三発の命中弾が艦内の誘爆を呼んで、蒼龍は大火災となった。艦長・柳本柳作大佐は、七時四十五分、「総員退艦」を下令した。

蒼龍では、便乗した六空の搭乗員は、三名とも母艦発着艦の経験がなかったので、一人も邀撃戦には上がっていない。艦にいながらにして爆撃を受け、永峰三郎一飛（丙三期）が戦死、澤田十郎三飛曹（丙三期）が負傷し、森崎武予備少尉（飛行科予備学生七期）も顔と手に大火傷を負い、搭乗員の生命である目にも傷を負った。

最初に沈んだのは蒼龍であった。生存乗組員は午後三時までに、駆逐艦濱風《はまかぜ》、磯風に移乗を終えたが、四時十二分、蒼龍は艦首を上げ後部から沈んでいき、八分後、水中で大爆発を起した。柳本艦長は、艦と運命をともにした。

加賀は、味方魚雷で処分されることになった。

「私は海に飛び込んで二時間後、駆逐艦萩風に救助されました。夕日の沈む頃、萩風は加賀に近づきました。加賀の、艦首から艦尾にかけての格納庫は焼け落ちて、ほんの数時間前までの威容はまったくありません。それでも上甲板以下はしっかりしていて、元は戦艦として建造された面影をとどめていました」（吉野一飛曹談）

吉野を救助した萩風と舞風の二隻の駆逐艦が、一本ずつの魚雷を加賀に放った。この時、静止状態の、しかも味方艦を処分するのに、舞風の魚雷は命中しなかったという少々お粗末な余談が残っている。午後四時二十六分、加賀沈没。救助された加賀乗組員たちは、挙手の礼でこれを見送った。すでに単なる鉄塊と化して沈んでゆく加賀の姿に、吉野は涙も出なかったという。

赤城は機関部には何らの損害もなかったが、鎮火の見込みがなく、夜になって艦長・青木泰二郎大佐は「総員退艦」を命じた。第四駆逐隊の駆逐艦嵐、野分、萩風、舞風から一本ずつの魚雷が発射され、翌朝、赤城も海面から姿を消した。

たまたま、魚雷回避のため転舵して、他の三隻と離れていたために無傷で残った飛龍は、ただ一隻で反撃を試みた。飛龍は第二航空戦隊の旗艦であったが、司令官は、宮野善治郎が敬愛してやまないかつての伊勢艦長・山口多聞少将であった。

加賀、赤城、蒼龍の被弾から約三十分後の午前七時五十七分、飛龍では小林道雄大尉（兵六十三期）率いる艦爆十八機を、一部（五機）は陸用爆弾を積んだまま、六機の戦闘機とともに敵空母攻撃に発進させる。この艦爆隊の一部は敵空母の攻撃に成功、六弾を命中させ（実際には三発）、大破炎上を報じたが、帰艦できたのは戦闘機三機、艦爆五機に過ぎなかった。

十時二十分、艦爆隊が艦隊上空に帰ってくる。十時三十分、友永大尉率いる艦攻十機（雷装）、戦闘機六機の、後世言われるところの「友永雷撃隊」が、司令官以下の見送りを受けて発進。飛龍艦攻隊の丸山泰輔一飛曹（のち少尉、甲三期）は、

「周りで三隻の空母がボーボー燃えている中でね、山口司令官はわざわざ艦橋から降りて、われわれ出撃搭乗員三十六名、一人一人の手を両手で握って、仇を取ってくれと見送ってくれました……」

と回想する。進撃高度三千メートルで飛ぶこと一時間、敵艦隊発見。友永大尉が「トツレ」（突撃準備隊形作レ）を下令する。雷撃隊は友永大尉の第一中隊五機と、橋本敏男大尉（兵六十六期）の第二中隊五機に分かれ、敵空母を挟撃する態勢に入った。この敵空母は、わずか数時間前に艦爆隊の命中弾で大破したはずのヨークタウンであったが、驚異的な復旧作業により、日本側が新手の米空母と誤認するほどの快走を続けていた。

敵戦闘機や対空砲火の反撃は熾烈を極めたが、結果的に、友永中隊が敵戦闘機を引きつける形になり、射点につく前に五機全機が撃墜されたものの、橋本中隊が雷撃に成功、二本の魚雷命中を報じた。

飛龍では、なおも残存機を集めて第三次攻撃の準備に入った。

「帰艦すると、艦橋のあたりは騒然としていました。報告もそこそこに、搭乗員室で戦闘配食の握り飯を食べ始めました。考えてみたら、朝から何も食べていなかったんです。ところが、一息つこうとしたその途端に対空戦闘のラッパが鳴って、来たな、と思ったらダダダーンと爆弾が命中しました。あとは他の三隻と同じ運命です」（丸山一飛曹談）

蒼龍戦闘機隊の原田要一飛曹は、蒼龍が被弾したために唯一無傷でいた飛龍に着艦していたが、被弾の直前、整備のできた零戦で、上空哨戒のためただちに発艦するよう命じられた。

「早く上昇して敵機を墜とさなければ、と気は焦るばかり。高度が五百メートルに達した頃、ふと後を振り返ると、飛龍にも火柱が上がるのが見えました。その時私は、日本は負けた、

と思って目の前が真暗になりました」（原田一飛曹談）

原田は、期せずして第一機動部隊を最後に発艦した搭乗員となった。原田は燃料が切れるまで上空哨戒に任じ、夕闇迫る海面に不時着水、四時間の漂流ののち、探照灯を照らして生存者を探していた駆逐艦巻雲《まきぐも》に、奇跡的に救助された。

日が暮れて敵機の空襲がやむと、飛龍には駆逐艦が横付けして、ホースで飛龍の弾火薬庫に注水を始めたが、やがて機関が停止、日付が変わった六月六日未明、山口司令官は艦の処分を決定する。

「生存者総員飛行甲板へ、という命令で上がっていきましたが、機銃のポケットには焼け焦げた死体がごろごろしていて、ものすごい臭気を放っていました。飛行甲板の真ん中は焼け落ちて、まるで大きな盥《たらい》のようになっていました」（丸山一飛曹談）

総員退艦の命令が出て、丸山たち生存者は、夜明け前に短艇で駆逐艦に移乗、飛龍は自ら艦に残った山口司令官、艦長加来止男大佐を乗せたまま、味方魚雷で処分された。

「遠ざかってゆく飛龍を見ながら、女々しいとは思いましたが、止めどもなく涙が溢れてくるのを抑えられませんでした」（原田一飛曹談）

実際には飛龍はその後しばらく浮かび続けていて、後方の主力部隊から状況偵察に飛来した空母鳳翔《ほうしょう》の九六艦攻がそれを発見、しかも飛行甲板上には生存者の姿もあって聯合艦隊司令部があわてることになるのだが、この時、機関室からやっとの思いで脱出し、飛龍沈没後は短艇で漂流、米軍に救助され捕虜になった萬代《ばんだい》久男機関少尉（海機五十期。平成十六年歿）

の話によると、萬代たちが飛行甲板に上がった時には艦橋に人影は見えず、司令官も艦長もすでに自決していたのではないかという。山口司令官は、かつて伊勢艦長時代に、「迷った時は死を選べば武人として間違いはない」と若手士官に教えていた通り、事ここに及んで、自ら死を選んだのである。

飛龍に便乗していた六空唯一の准士官搭乗員、渡辺直飛曹長は、飛ぶこともないままに、誘爆の中で戦死した。便乗者の悲しさ、部隊きってのベテラン搭乗員の無念の最期であった。六十五期の飛龍艦爆隊分隊長・山下途二大尉も、敵空母攻撃の際に戦死した。

四隻の主力空母が炎上している頃、輸送船団の間接掩護に任じる第二艦隊と行動をともにしていた空母瑞鳳《ずいほう》では、戦闘機分隊長・日高盛康大尉（兵六十六期）が、飛行長から、予想外の命令の内意を伝えられた。瑞鳳は、潜水母艦高崎を改造した小型空母で、この時、零戦六機、九六戦六機、九七艦攻十二機を搭載していた。零戦六機は、この作戦のために、出撃の直前になって積み込まれたものであった。

「主力空母がやられたので、瑞鳳と鳳翔の搭載機全機と、戦艦、巡洋艦搭載の水上偵察機全機を爆装させ、敵機動部隊攻撃に向かわせる、日高大尉の零戦六機がこれを護衛する、と飛行長に言われました。これは大変なことになった、鈍足の水偵に爆装させても、むざむざ敵に墜とされに行くようなものだと思いましたが、しばらくしてその話は沙汰止みになりました」（日高大尉談）

ミッドウェー海戦は、日本側は主力空母四隻と巡洋艦三隈が沈没、母艦搭載の全機、二百八十五機（戦史叢書の推定）と水偵二機を失った。対して、米側の損害は、大破して漂流中の空母ヨークタウンが、日本の伊号第百六十八潜水艦の雷撃に止めをさされて、駆逐艦一隻とともに沈没、飛行機喪失百五十機であった。

六月五日、ダッチハーバー攻撃を終えた四航戦は、聯合艦隊命令で南下を開始した。南下を始めた時点ではまだ飛龍が健在で、これと合流して敵機動部隊に反撃をかけるつもりだったのである。しかし、アリューシャンからミッドウェーまでは、いくら高速を出しても三日はかかる。戦機を失うのは明らかであった。その上、残る飛龍も被弾するに及んで、四航戦の南下はその意味を失った。聯合艦隊はミッドウェー作戦の中止を決定し、六日夕、ふたたび四航戦に北上を命じた。七日、アッツ、キスカ両島に無血上陸が成功。惨敗の中でのささやかな成功であったが、これがのちに、戦局に何ら寄与しないまま玉砕の悲劇を生むもとになる。

アッツ、キスカの占領を受けて、それを迎え撃ってくるであろう敵艦隊にそなえて、四航戦はふたたび南下を始める。隼鷹の佐々木原二飛曹の日記には、

〈六月八日　ジグザグ進撃
六月九日　反転南下　ジグザグ進撃
六月九日　毎日、南下したり北上したり、西進東漸を繰り返す〉

アリューシャン作戦終了後に撮られた隼鷹戦闘機隊搭乗員の記念写真。翔鶴から臨時に乗り組んだ5名の他、ミッドウェーで撃沈された一、二航戦の搭乗員の姿も見える。前列左から、長谷川二飛曹、吉田一飛、佐々木原二飛曹（翔鶴）、堀口三飛曹（翔鶴）、田中喜蔵三飛曹（翔鶴）、真田一飛。中列左から、山本一飛曹（翔鶴）、北畑飛曹長、飛行長・崎長少佐、飛行隊長・志賀大尉、小田一飛曹（蒼龍）、澤田一飛曹。後列左から、三田一飛曹（蒼龍）、谷口一飛曹（赤城）、田中二郎一飛曹（蒼龍）、岡元一飛曹（蒼龍）、久保田二飛曹、四元二飛曹、河野三飛曹（翔鶴）

とある。十日には、宮野が単機、上空哨戒に上がっている。

六月十四日、四航戦は、ミッドウェーから第一機動部隊の生存者を収容した駆逐艦と、洋上で合流した。

〈一、二航戦の生き残り搭乗員駆逐艦より移乗し来る。状況書くに及ばず〉（佐々木原日記）

隼鷹には多くの搭乗員が収容されたが、中には小田喜一一飛曹（蒼龍・操十八期）、三田巌一飛曹（蒼龍・甲二期）、谷口正夫一飛曹（赤城・操五十一期）、田中二郎一飛曹（蒼龍・操三十九期首席）、岡元高志一飛曹（蒼龍・操四十三期）などの戦闘機搭乗員もいた。隼鷹戦闘機隊と、彼ら一、二航戦の戦闘機搭乗員が、艦橋脇の飛行甲板で並んで写った写真が残されている。一見、普通の記念写真だが、写っているメンバーを見ると、この戦いの一端がうかがえて興味深い。下士官兵搭乗員は、隼鷹に収容された時点で仮入隊ということになり、一応隼鷹戦闘機隊の隊員ということで一緒に写真に収まったのであろう。同様の六空戦闘機隊の記念写真もあるが、こちらには隼鷹の搭乗員は一人も写っていない。

六空再建、二号戦配備

敗残の艦隊の大部分は、六月十八日、柱島の聯合艦隊錨地に帰ってきた。一、二航戦の生き残り搭乗員は、敗戦隠匿のため、鹿児島県の笠ノ原、鹿屋両基地で軟禁生活を送らされることになった。輸送船慶洋丸に便乗していた若手搭乗員や基地要員は、トラック島を経由して二十五日に横須賀に帰ってきた。第一機動部隊各艦に搭載していた零戦をすべて失ったので、その時点での六空の保有兵力は、木更津にあった零戦三機と、隼鷹に搭載している十二機、それに九六戦三、九九艦爆三（うち一機は横空より貸与。偵察機訓練用）に過ぎなかった。

敵艦隊に備えて北太平洋を遊弋していた隼鷹が大湊に入港したのは、六月二十四日のことである。ちょうど一ヵ月におよぶ長い航海であった。ここで宮野以下六空派遣隊は十二機の零戦を手離して隼鷹に残し、陸路木更津へ帰ることになった。木更津にはすでに司令以下、負傷者をのぞく隊員たちが揃っていたが、飛行機は前記の通りで、また一から建て直しを計らねばならなかった。搭乗員も、〈（負傷者をのぞく）二十名は直ちに作戦に従事し得るも三十名は零戦の経験なき若年搭乗員にして、当隊に於いても（ミッドウェー）進出前は未だ九六戦のみを以て訓練せしのみにして〉（二十六航戦柴田首席参謀覚書）なお一層の訓練を要する状態であった。

六空を降ろした隼鷹は、被弾、故障した零戦九機を大湊空に運び、修理、機銃の軸線整合、コンパスの自差修正ののち、二十九日に飛行機を収容、日本海から関門海峡を通過して呉に向かった。その間、二十七日には大湊空で、ＡＬ作戦戦没者の告別式が行なわれている。七月一日、飛行機隊は隼鷹を発艦して岩国空へ。艦が呉に入港したのは七月三日。五日には、隼鷹と、収容した蒼龍などの搭乗員たちの合同宴会が行なわれている。隼鷹の搭乗員にはそのまま八日までの休暇が与えられたが、撃沈された一、二航戦の搭乗員は、鹿屋、笠ノ原に送られ、やはり軟禁生活を余儀なくされることになる。

太平洋の只中での作戦行動を終えて、ひさびさに内地に帰ってきてみると、見るものすべてが懐かしく、またまぶしく見えた。七月六日の佐々木原二飛曹日記。

〈朝九時の汽車で広島へ行く。広島は流石に大都会だけあって非常に賑やかで、繁華街を通ると何となく嬉しくなる。色々に美しい人が大勢流れる如く路一杯に歩いていて、内地のよさをしみじみと感じられ。希に入る人ごみに銀座を思い出した〉

木更津に帰った宮野たち六空幹部は、休暇どころではなかった。まずは戦力を再構築し、来る任務に備えて訓練を積まなければならない。六空には、とりあえず元山空にあった零戦七機が配備（六月二十七日）され、続いて、大湊から零戦三機、九六戦三機が運び込まれた。

アリューシャン作戦から帰って以降、手紙は出したが、宮野が八尾の家に帰った形跡は認められない。縁談のこともあって、兄・真一と母・アサが木更津へ面会に行く旨の手紙を出したが、宮野からの返事は、「今は時機がよくない。追って連絡するから次の機会にして欲しい」というものであった。結局そのまま、宮野はラバウルに行ってしまう。この時、弟に会えなかったのは、真一にとって終生悔いの残るところとなった。

ミッドウェー作戦の失敗で、大本営海軍部はＦＳ作戦を二ヵ月延期して、十七年九月中旬に実施する方針を内定した。ＦＳ作戦は、フィジー、サモア両諸島とニューヘブリデス諸島、およびニューカレドニアを攻略して米豪を遮断する、軍令部が当初主張していた作戦である。七月一日には、そのための訓練目標が、六空など二十六航戦の各航空隊に達せられた。

すでに海軍航空隊はラバウルに拠点を置き、台南空（戦闘機）、四空（中攻）、横浜空（飛行艇）などからなる二十五航戦が、ニューギニア・ポートモレスビーの敵要地への攻撃を繰り返していた。さらにＦＳ作戦を進めるための基地航空部隊の前進基地として、ソロモン群島のガダルカナル島に飛行場を建設することになり、ミッドウェーに投入される予定であった門前鼎《かなえ》大佐、岡村徳長少佐の二個設営隊二千五百七十一名と陸戦隊二百四十七名が、トラック島から急派された。設営隊がガダルカナルに上陸したのは七月六日。そこから、飛行場建設に向けての突貫作業が始まる。

二十六航戦首席参謀・柴田文三中佐のメモによると、七月十日、六空に新型の零式二号艦上戦闘機（A6M3、略称二号戦、のち三二型と呼ばれる）十機が配備された。

二号戦は、緒戦で活躍した従来の一号戦二型（A6M2b、のち二一型）の翼端折り畳み機構部分をカットして、両翼を各五十センチ短くして角型に整形したのが、外観上もっとも目立った変更だが、発動機も一号戦の「栄」一二型（離昇出力九百四十馬力）から、過給器を二速式に換装し、離昇出力を千百三十馬力にアップした「栄」二一型に変えられていた。その他、プロペラの変更、従来、片銃六十発（実際には弾丸詰まりを防ぐため五十五発）と少なかった二十ミリ機銃の弾丸を、同じドラム式弾倉ながら片銃百発を積めるようにするなど、零戦としては初の大きな改造型である。

性能面では、最高速度が、高度四千五百五十メートルで二百八十八ノット（時速約五百三十三キロ）から高度六千メートルで二百九十四ノット（五百四十四キロ）へとわずかに上がり、ロール率、急降下制限速度が向上するなどの改良が見られたが、水平面の旋回性能や

主翼端を切り落とした形の二号零戦（三二型）。
六空がラバウルに進出した当時の主力機種だった

航続力はやや犠牲になった。

新しい二号戦の性能は、宮野のように一号戦で敵戦闘機と戦ってきた搭乗員にとっては、概ね歓迎できるものであった。最初は零戦得意の格闘戦を挑んできた敵戦闘機も、それでコテンパンにやられて懲りたのか、今では格闘戦を避けるようになっていた。実際の空戦で単機同士の一騎討ちという場面はもはや起こりにくく、搭乗員が真に必要としていたのは「スピードと高空性能、突っ込みの速さ、そして携行弾数」（志賀淑雄談）だったのである。二号戦は、それら搭乗員の要望する要素を、ある程度満たしていた。現場の搭乗員とすれば、自分の部隊に配備された飛行機で戦うほかはない。欠点をあげつらうよりもまずは特性を把握し、それを使いこなすことが搭乗員に課せられた使命であった。

しかし、二号戦は当初、新しい発動機の故障が多く、なかなか生産が上がらなかったらしい。七月末に配備予定だった八機も、実際に受領したのは翌月にずれこんでいる。

ベテランと新人と

この間、あわただしく人事異動も行なわれている。AL、MI作戦から帰った搭乗員のうち、谷水竹雄一飛、杉野計雄一飛の二人が特設空母春日丸（のち大鷹《たいよう》と改名）に転勤、佐伯義道一飛曹や安達繁信二飛曹も六空を去る（安達は翌年、宮野戦死後の二〇四空に戻って活躍している）などの入れ替りがあり、隊長兼子大尉も、客船出雲丸を建造途中に改造した空母飛鷹《ひよう》装員（七月三十一日、同艦が竣工と同時に飛行隊長）に転出する。飛鷹は隼鷹と同型艦で、その戦闘機隊搭乗員は、ミッドウェーで沈んだ蒼龍の搭乗員が主力になっていた。兼子大尉の後任の六空飛行隊長兼分隊長には、空技廠飛行実験部から、海兵五十九期の小福田租《みつぎ》大尉が着任した。

小福田大尉は明治四十二年生まれで当時三十三歳。支那事変初期、空母龍驤で初陣を飾って以来、十二空で中支、十四空で南支と戦い歩き、しかも教官、飛行実験部員（テストパイロット）と一通りの経歴を積んできた、少佐進級一歩手前の、海軍戦闘機隊では有数の実力者であった。これほどバランスよく、各配置を渡り歩いた士官搭乗員は、他にあまり例を見ない。

小福田はまた、いかつい中にも洒落心のある人であった。飛行服の時につけるマフラーも、定番の白のほかに水色のものを愛用していたというし、中尉時代、霞ヶ浦航空隊教官兼分隊士として着任した際、練習生たちに、

「お前たち、大の男が褌の洗濯なんかするんじゃない。裏表を返して一週間使ったら棄ててしまえ。顔にクリームぐらいつけよ、飛行帽には香水をたっぷりと振りかけておけ。搭乗員はいつ死ぬかわからぬ、そんな時、汗臭い匂いや、血なまぐさい匂いを出すのは恥だ。普段から身だしなみをよくしておけ。航空加俸はそのためにあるんだ。搭乗員は宵越しの金など持つな」

……と訓示したエピソードが、角田和男（乙五期）の著書『修羅の翼』に残されている。部下の信望も厚く、申し分のない飛行隊長であった。

ミッドウェーで重傷を負った牧幸男大尉は病院船氷川丸、次いで佐世保海軍病院に入院、七月二十五日付で六空分隊長の職を解かれ、呉鎮守府附となる。代わって、これまで分隊士を務めていた六十七期の川真田《かわまた》勝敏中尉が、内部昇格の形で分隊長に発令された。これで、六空飛行機隊は、戦闘機第一分隊長（兼飛行隊長）・小福田大尉、第二分隊長・宮野大尉、第三分隊長・川真田中尉、偵察分隊長・美坐大尉という陣容になった。二十六航戦では、もう一人の戦闘機分隊長（古参）の着任を人事局に要請していたが、叶えられずに終わっている。

新しい搭乗員も続々と着任してきた。准士官以上では、六月に飛行学生三十六期を卒えたばかりの海兵六十八期、田上健之進中尉、久芳《くば》一人中尉、金光武久満《たけくま》中尉の三人の新鋭に加えて、平井三馬飛曹長（乙二期）、相根《さがね》勇一飛曹長（乙五期）のベテランが着任、それぞれ分隊士の任務を割り当てられた。ミッドウェー海戦で、蒼龍に乗って負傷した森崎武予備少尉は、怪我からの復帰に時間がかかったが、飛行長附の飛行士となった。

下士官兵では、先任搭乗員・江馬友一一飛曹（操二十二期）、松村百人一飛曹（操二十九期）ら数名のベテラン搭乗員のほか、七月二十七日には、大分空の飛練二十一期を二日前の二十五日に卒業したばかりの甲飛六期、乙飛十一期、丙飛四期の新人搭乗員が大勢着任してきた。大分から木更津まで、直行しても汽車で二日がかりの旅程であった。

この時着任した新人搭乗員は、甲飛六期は星野浩一、福田博、杉山英一、丸山武雄、高垣進平各三飛曹、乙飛十一期は滝田晟、木股茂、長田敏夫各一飛、丙飛四期は大原亮治、今井釤次郎、木元胖、小林友一、栄清吉、根本兼吉、林登各二飛。皆、戦地勤務を希望する中で、任地は木更津と聞いてがっかりする者も多かったが、戦闘機の補修訓練は卒えたものの、大分空では、甲飛六期のグループは九六艦戦、乙飛十一期、丙飛四期のグループは複葉の九五艦戦で訓練を重ねてきたので、零戦の操縦経験のある者はいない。六空としても二十六航戦としても、古参搭乗員が欲しいのは山々であったが、すでにこの時期、後詰の搭乗員が絶対的に足りなくなっていたのだ。

わずか九～十ヵ月前、三空や台南空が編成された当時は、搭乗員の階級は下士官が主で、一個中隊九機の中に、中隊長を兼ねる分隊長と小隊長を兼ねる分隊士、准士官以上二人がいるのが標準的な編成であったが、この時の六空では、兵の階級の搭乗員が過半数を占めるという、戦闘機の実戦部隊としてはおそらく前代未聞の編成になっていた。対戦相手の米軍戦闘機搭乗員は全員が士官であるのとは対照的である。

米軍搭乗員が士官なのは、敵地上空に進攻して捕虜になる可能性の高い搭乗員には、捕虜への処遇を定めたジュネーブ条約との関連上、士官の階級を持たせたほうが有利との判断があったためとも言われているが、日本海軍の人事制度では、搭乗員の錬成コースによっては、下士官どころか最短で二等飛行兵の階級で実戦部隊に配属される。

二十六航戦参謀のメモなどを見ると、上層部ではこの若年搭乗員主体の編成には大いなる危機感を抱いていたようであるけれども、二十歳前後の彼らはいたってやる気満々、元気いっぱいであった。

「将器」

この物語の冒頭に登場する二十一歳の大原亮治二飛は、宮野の分隊に配属され、分隊の先任搭乗員・岡本重造一飛曹に引率されて、木更津の滑走路脇に張られた訓練用のテントで宮野と初めて会った。

「ずいぶんスマートな分隊長だな」

と、大原は思った。宮野は、新人搭乗員の着任の申告に対しても、まったく偉ぶることなく、ごく自然に接した。それは、上官が部下に接するというより、兄が弟に接するような態度であった。実際、男兄弟のいちばん下であった宮野だが、五歳以上も年の離れた新人搭乗員たちは、自分が育てていかねばならない弟のようなものであった。「男が男に惚れる」というのか、大原は、一目でこの自分の新しい分隊長の、いわば大ファンになった。

……とは言え、軍隊において大尉と二等飛行兵の階級の差は大きい。自分から気安く声をかけることなどできるはずもない。飛行訓練の離着陸のたびに、テントに置かれたケンバス製の折椅子に座った宮野大尉に敬礼、報告して、宮野が「よし」と答える、それだけである。それだけの機会が、大原には嬉しかった。

指揮所での宮野は見るからに活発でありながら、部下に対して荒い言葉を投げたり、怒った顔を見せたりすることはなかった。もちろん、部下を殴るようなことも決してなかった。部下たちは宮野をごく自然に慕い、宮野が訓練飛行から戻ってくると、先を争って冷たい飲み物を届けたりした。

「九六戦に少し乗った後、すぐに零戦に回りました。これまで乗ってきた飛行機とは違って、馬力は強いし安定感もいい。風防があるので操縦席も静かで、すごいな、と思いましたね」

（大原二飛談）

大原は、最初は久芳一人中尉の三番機として搭乗割が組まれ、編隊訓練に入った。久芳中尉は、実に人当たりのいい好青年であった。が、その間も大原は、飛行場で宮野の姿を見かけるたび、「今日は分隊長、機嫌がよさそうだぞ」とか、「おや、今日は疲れた顔をしてるぞ、何かあったのかな」などと、知らず知らずのうちに目で追って観察していたという。

宮野としても、新人の中でも特に元気で空中での勘がよく、地上においても目端がきいて同年兵のリーダー格、という大原のことは早い時期から目に留まっていたのだろう。呑み込みが早くて細心かつ大胆なところ、筋を通す性格、いい意味での要領のよさ、そして視力・体力など、大原には、戦闘機乗りとして、さらに言うなら指揮官の列機として必要な資質がすべて備わっていた。

九月も後半にさしかかった頃、宮野は大原に、

「今日からお前は俺の三番機だ」

と告げる。その時の気持を大原は、

「本当に嬉しかった。この隊長になら、どこまでもついて行ける。それでやられても悔いはない、とさえ思いました……」

と回想する。

「この隊長のためなら」と、部下を喜んで死地につかしめる人間的魅力、これを「将器」という。戦闘機隊指揮官たる者の条件は、ただ操縦がうまいだけ、敵機の撃墜機数が多いだけではない。年齢や飛行時間でもない。この頃の宮野には、本人が持っていた素質にこれまでの実戦経験が加わったこともあってか、会った瞬間に部下の心を理屈抜きに掌握してしまう、戦闘機隊の将たる器が自然に備わっていた。

大原亮治二飛。右腕に二等飛行兵の官職区別章、左腕に飛練卒業の特技章をつけている。宮野の最愛の列機であった

ガ島進出準備中に米軍上陸

時間を戻す。

六空では、飛行機の補充が進むにしたがい、訓練の激しさも増していった。

七月二十九日には、大林融一飛（丙三

期）が事故で殉職。同じ日に、六空をふくむ二十六航戦各航空隊にガダルカナル島基地進出の内報が出され、七月三十一日、それが正式に発令される。設営隊による突貫作業がようやく実を結んで、八月上旬には、飛行場の使用が可能になる見込みであった。

二十六航戦（六空、木更津空、三沢空）は、この年の春以降、ラバウル方面にあって疲労している二十五航戦（台南空、四空、横浜空）と、秋には交替することになっていた。二十六航戦が木更津からラバウル、さらにガダルカナルへ進出し、二十五航戦が木更津に帰ってくるわけである。

八月一日付、十一航艦の「基地航空部隊兵力配備変更要領案」という軍機書類には、六空戦闘機隊の一部（一個分隊基幹）は造成次第、ガダルカナル基地へ、残りの全兵力は九月上旬、ニューアイルランド島カビエン基地に進出予定であること、台南空は九月下旬と十月上旬、中旬にかけて二便に分けて木更津に直行、〈飛行機及び物件はなるべく現地に残置し六空に転換〉する予定であることなどが書かれている。

木更津の六空でも、八月三日、元山空より二号戦六機を受け入れたり、四日、二十五航戦、二十六航戦の幕僚が、交代についての会議を持ったり、急ピッチで準備が進められていた。

しかし――。

八月七日、機動部隊に護られた米海兵師団が、突如として、ガダルカナル島北側対岸で横浜海軍航空隊が水上機基地を置いていたツラギ、次いでガダルカナル島に上陸を開始した。ミッドウェー海戦大勝の勢いに乗って、米軍が企図した第一作戦計画（ウォッチ・タワー作

昭和17年8月6日、ラバウル東飛行場に進出した二空戦闘機隊。手前の双発機は輸送機として使われていた二空所属の一式陸攻。後方に並ぶ零戦は二号戦である

戦）によるもので、米軍はここを足がかりに、漸次、陸上航空基地を北上させることを企てていた。

　ちょうど設営隊の苦労が実を結び、八月五日には長さ八百メートル、幅六十メートルの滑走路が概成し、零戦の進出可能と報告されたばかりである。

　当時、この方面（南東方面と呼称）には、第八艦隊、二十五航戦などと、陸軍第十七軍がいた。二十五航戦は、ツラギに横浜空主力（飛行艇七機、水上戦闘機九機）を派遣し、主力はラバウルにあった。兵力は、台南空の零戦二十四機、陸偵二機、四空の九六陸攻三十二機、横浜空の飛行艇四機、それに、六日に特設空母八幡丸（のち雲鷹《うんよう》と改名）でラバウルに着いたばかりの第二航空隊（司令・山本栄中佐。第八艦隊付属、十月一日二十六航戦に編入）の、零戦十五機

（飛行隊長代理兼分隊長・倉兼義男大尉・兵六十三期）、九九艦爆十六機（同・井上文刀大尉・神戸高等商船学校—第一期予備将校航空術講習員、昭和九年八月一日現役任用、海兵五十九期と六十期の中間）であった。そのうち、二空戦闘機隊は十五機全機が新型の二号戦で、一号戦に比べて航続力が足りないため、ラバウルから五百六十浬（約千キロ）も離れたガダルカナルに行って帰ってくることはできなかった。

もっとも、二号戦はたまたま実戦投入がこの時期となっただけで、もともと、ガ島進攻のために作られた飛行機というわけではない。二空にとっても、あくまでラバウルは仮の宿で、当初はそこからガダルカナル、さらにニューカレドニアに進出する予定になっており、ゆくゆくはシドニーに渡って豪州を占領することも視野に入れられていて、その目的上、ガダルカナル往復ができないからと言って責められるべき筋合いのものではない。（六空も、二空と相携えてガダルカナルからフィジー、さらにはメルボルンに進出するという、結果的には画餅に帰する壮大な計画であった）

聯合艦隊司令部では、ソロモン群島方面を敵の主たる反攻ルートのひとつとして考えていたが、その時期は翌十八年秋以降のことと判断していたので、敵のツラギ、ガダルカナル上陸はまったく寝耳に水の状態であった。しかし、敵が上陸部隊を揚げたことは、これに随伴する敵機動部隊を補足撃滅する好機であると判断した。

ツラギからの敵来攻の急報を受けて、台南空飛行隊長中島正少佐率いる零戦十七機、および四空の一式陸攻二十七機は、敵機動部隊を目指して、午前七時五十五分ラバウルを発進。予定海域に敵空母が発見できなかったので、目標を敵輸送船団に変更して十一時十五分、ツラギ上空に突入する。ブーゲンビル島の沿岸監視員の通報で日本側攻撃隊の動きを察知した米側は、空母サラトガ、エンタープライズ、ワスプに搭載のグラマンF4Fワイルドキャット戦闘機計六十二機をもってこれを邀撃、激しい空中戦が繰り広げられた。台南空零戦隊は、F4F四十三機、SBD五機、中型機一機、計四十九機の撃墜を報じた（米側記録では、F4F十一機、SBD一機）が、わが方も零戦二機、陸攻五機を失っている。急な出撃で魚雷が用意できなかった陸攻隊は、各機二十五番（二百五十キロ）爆弾四発ずつを抱えて高度三千五百メートルから緩降下爆撃を試みたが、一発の爆弾も敵艦に命中させられなかった。かつて漢口の十二空で、宮野の部下であった台南空先任搭乗員・坂井三郎一飛曹は、この日の空戦で重傷を負っている。

これとは別に、井上文刀大尉の指揮する二空の九九艦爆九機が、戦闘機の護衛なしに、ツラギ沖の敵船団攻撃に出撃した。航続距離の短い艦爆は、ツラギまで飛ぶとラバウルまでは帰って来られない。攻撃終了後は途中のショートランド上空で迎えに出た飛行艇と合流、不時着水をしたところで搭乗員だけを救助してくるという捨て身の作戦であった。この艦爆隊は、猛烈な対空砲火を冒して敵船団に爆撃を敢行、米側資料によると駆逐艦一隻に命中弾を与えたが、戦闘で三機を失い（敵砲火で一機、敵戦闘機により二機）、残る六機は帰途についたものの、うち三機は行方不明となり、指揮官井上大尉は途中の島岸に不時着。予定通りショートランドで不時着、救助されたのは二機、搭乗員四名に過ぎなかった。

またこの日、ラバウルには、ポートモレスビーよりB－17爆撃機十三機が来襲、二空の十五機を主とする零戦のべ二十八機が邀撃し、一機撃墜を報じている。これ以後の二空（のち五八二空）の戦いぶりは、戦闘機分隊士・角田和男飛曹長（のち中尉）が戦後、著した『修羅の翼』に詳しいが、二空はラバウルに着いた翌日から、本来の用途とは別の激戦の渦中に、否応なく放り込まれることになった。

初戦で九九艦爆の過半を失い、その補充もままならないので、九月二十七日には空母大鷹で運ばれてきた旧式の複葉機、九六艦爆三機を加えて対潜哨戒や天候偵察にあてたり、戦闘機隊は随時、台南空の編成に組み入れられて出撃したり、二空のまさになりふり構わぬ戦いがここから始まる。

八月七日、暗くなるまでに約一万名の米海兵隊がガ島に上陸し、八日午後半ば頃には、飛行場は米軍に占領された。ツラギの守備隊も激しく戦ったが、ついに全滅した。

飛行場奪回への苦闘

翌八月八日、台南空の零戦十五機と雷装した四空、三沢空の一式陸攻二十三機が昨日の雪辱を期して出撃するが、またも敵機動部隊を発見できず目標を変更、約十機のF４Fによる邀撃と熾烈な防御砲火をかいくぐってツラギ沖の敵艦船を強襲した。三沢空は前日、この戦線に加わったばかりであった。敵は前日と同じく、日本側攻撃隊の動きを事前に察知しており、輸送船団の外側に巡洋艦、駆逐艦を配して一斉回頭による回避運動を行なった。この時、上空哨戒中の敵戦闘機はわずか三機に過ぎなかった。陸攻隊は超低空で雷撃を敢行、大戦果を報じたが、米側資料によると、輸送船一隻を炎上、廃船にし、駆逐艦一隻を中破させただけであった。わが方は、陸攻隊が全滅に等しい十八機未帰還、五機被弾、零戦一機が自爆、一機が未帰還という大きな損害を出した。損害の大部分は、主として敵防御砲火によるものであった。海兵六十五期の三沢空陸攻隊分隊長・池田擴己大尉、四空陸攻隊分隊長・藤田柏郎大尉も戦死した。

この日の深夜、第八艦隊司令長官・三川軍一中将は、重巡洋艦五、軽巡洋艦二、駆逐艦一、計八隻を率いて米輸送船団攻撃のためひそかにガダルカナル島近海に進入した。図らずも、七日、八日の空戦で二十一機の戦闘機を失ったことを理由に、敵機動部隊がはるか南方海上に退避しており、しかも敵艦隊の主要な指揮官が会議で戦列を離れていて統一指揮官のいないところに突入する形になった八艦隊は、ほぼ一方的な砲雷戦で、遭遇した敵艦隊のうち重巡四隻を撃沈、重巡一、駆逐艦二隻を大中破させるという大戦果を挙げた。米艦隊の戦死者は千名余、わが方の損害は重巡鳥海に敵の二十センチ砲弾が命中、戦死者三十四名を出したほかは、衣笠で一名が戦死、青葉が敵機銃弾で小火災を起したのみであった。この海戦を「第一次ソロモン海戦」という。戦果の上では大勝利であったが、この時、八艦隊は結局、本来の目標であった敵輸送船団には一指も触れずじまいであった。

八月八日、海軍軍令部は、錬成中の二十六航戦を主力とする「第六空襲部隊」を臨時に編成、ガ島奪回に向けてラバウル方面に派遣することを決定。また大本営は十三日、今後の南東方面作戦についての作戦要領として、「ポートモレスビーの攻略作戦を既定計画に基づきすみやかに実施するとともに、ソロモン海戦の成果を利用してガ島飛行場の奪回」を骨子とする陸海軍中央協定を指示した。これにともない、とりあえず精鋭といわれた陸軍の一木支隊約二千四百名をガ島に急送し、同島を奪回占領することになった。一木支隊先遣隊約九百名は、駆逐艦六隻に分乗し、八月十八日、ガ島に上陸した。敵兵力を過少に判断していた同隊は攻撃を急ぎ、二十一日、予想外に頑強な敵の反撃の前に、八百名近くが戦死して敗退した。

一方、米軍は占領した日本軍飛行場をヘンダーソン飛行場と命名し、十九日に完成させる。そして早くも、二十日には米海兵隊のF4F十九機とSBD艦爆十二機が進出してきた。さらに二十二日、二十七日の両日で陸軍航空部隊のP－400戦闘機十四機が進出、以後、空母エンタープライズのSBD十一機、海兵隊のF4F、SBD各一個飛行隊が増援されるなど、米軍としても十分ではないが着々と航空兵力を増強していた。

昭和16年9月、宮野は三空分隊長となる

昭和16年12月8日、開戦劈頭、比島攻撃に出撃すべく整列する三空隊員たち。中央、敬礼する飛行服の後ろ姿は飛行隊長・横山保大尉。答礼する一種軍装姿は司令・亀井凱夫大佐

高雄基地、格納庫前に並ぶ三空零戦隊の勇姿

ケンダリー基地、指揮所でくつろぐ宮野大尉

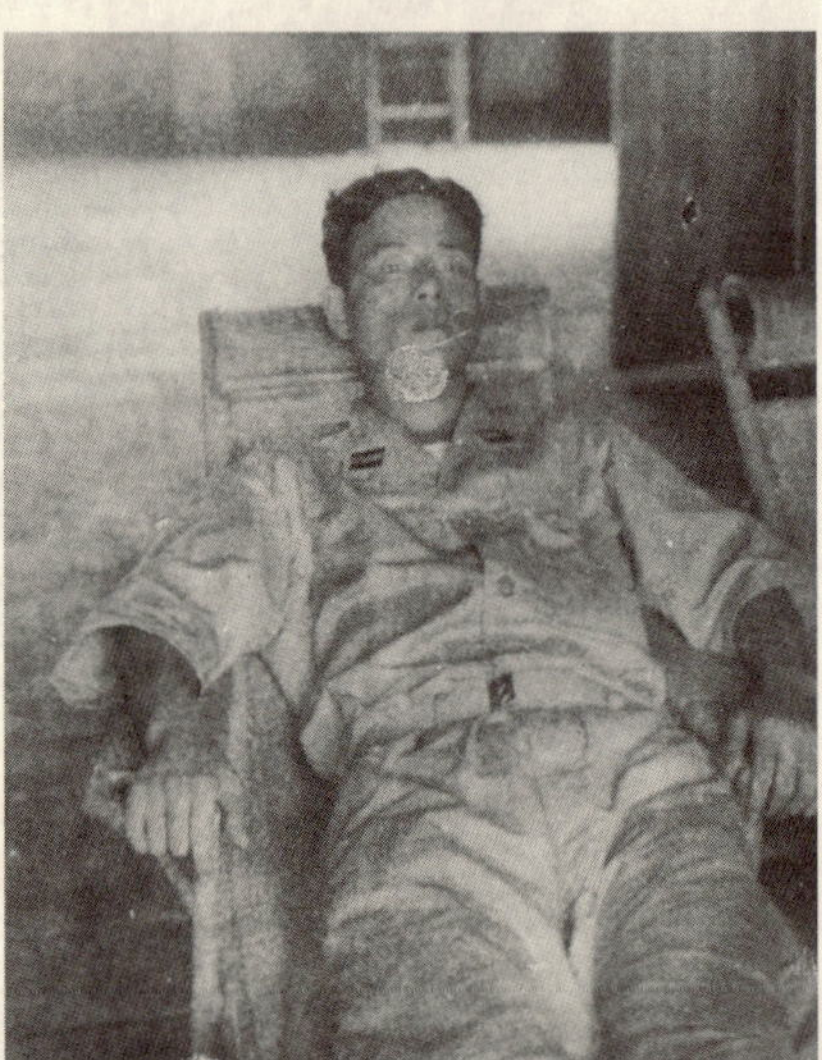

〔左ページ下〕昭和17年2月、ケンダリー基地の指揮所でけん玉に興じる、左から蓮尾隆市大尉、向井一郎大尉、宮野大尉

昭和17年2月(おそらく2日)、ケンダリー基地を出撃する宮野大尉搭乗機。機上で敬礼するのが、宮野善治郎その人である

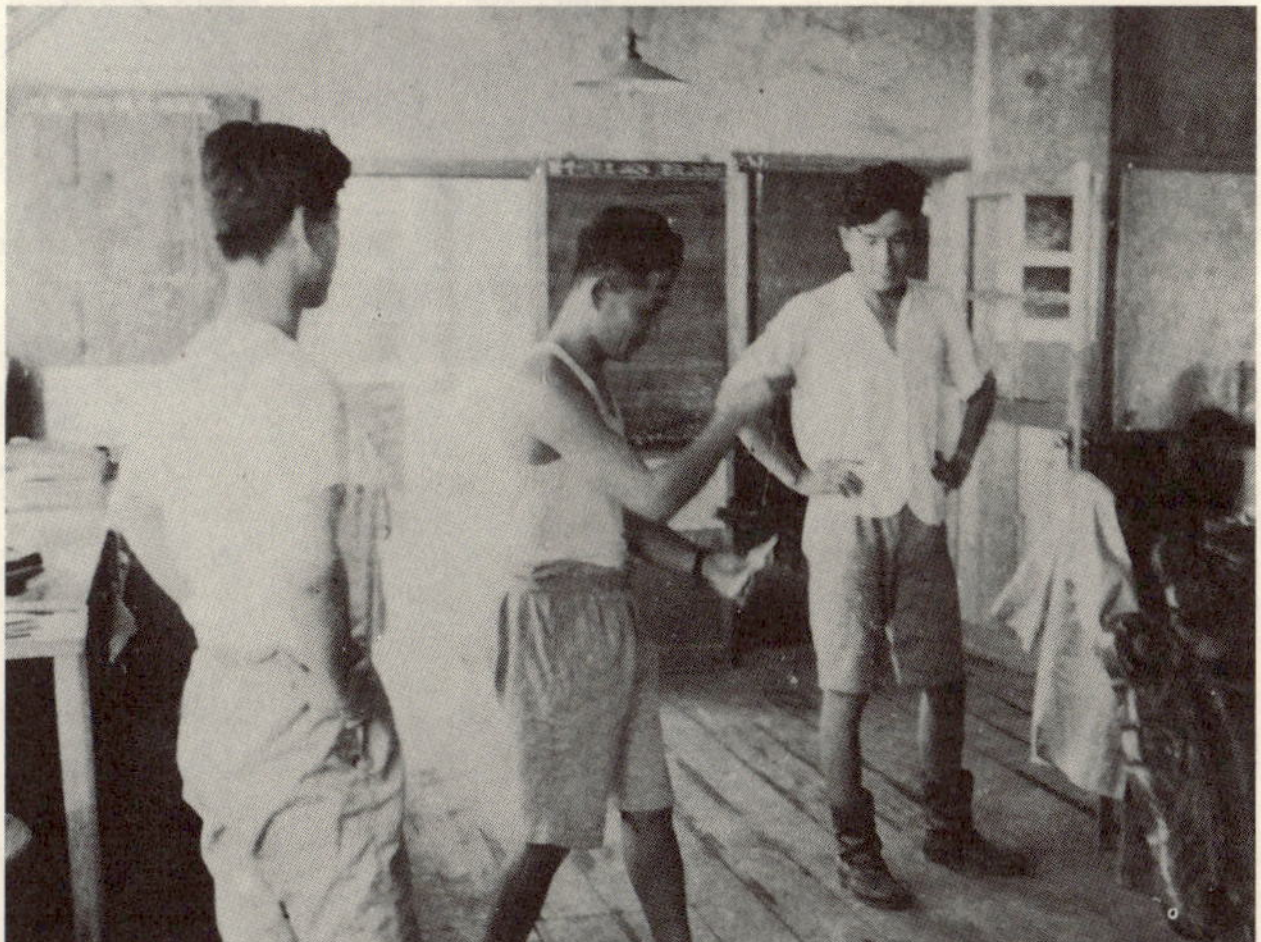

ケンダリー基地上空を飛行する三空零戦の3機編隊。流し撮りがピタリと決まっている

昭和17年夏、ラバウル進出を目前に控えて。六空分隊長

昭和 17 年 6 月、AL 作戦で空母隼鷹に便乗した六空搭乗員。前列左より米田康喜三飛曹（丙 2 期）、上平啓州一飛曹（甲 1 期）、宮野大尉、隼鷹飛行長・崎長少佐、岡本重造一飛曹（操 31 期）、尾関行治一飛曹（操 32 期）、不詳。後列左より神田佐治一飛（丙 2 期）、不詳、佐藤源七三飛曹（丙 3 期）、谷水竹雄一飛（丙 3 期）、加藤正男一飛（丙 3 期）、矢頭元祐一飛（丙 3 期）

昭和 18 年 4 月、「い」号作戦の頃の二〇四空零戦隊の列線。二号戦、一号戦が混在しているが 4 桁の機番号も注目されよう。機番号は白、胴体日の丸後ろの帯は黄色で描かれていた

〈ルンガ沖航空戦①〉昭和18年6月16日、ブカ基地を発進する二五一空戦闘機隊。前で敬礼しているのが指揮官・大野竹好中尉、前列左より坂上忠治上飛曹、林喜重中尉、橋本光輝中尉、大木芳男飛曹長、大宅秀平中尉、磯崎千利少尉、以下、本書巻末の編成表通りに並んでいる

〈ルンガ沖航空戦②〉前日、ラバウル基地で整列する五八二空艦爆搭乗員。後方に並ぶのは九九艦爆

〈ルンガ沖航空戦③〉ブイン基地で、出撃前の訓示をする総指揮官・進藤三郎少佐（左）。整列する搭乗員は、前列左から榎本政一一飛曹、竹中義彦飛曹長、鈴木宇三郎中尉（以上五八二空）、宮野善治郎大尉、森崎武予備中尉、日高初男飛曹長。これが宮野、森崎の姿をこの世にとどめた最後の一枚である。（五八二空庶務主任・守屋清主計中尉撮影）

〈ルンガ沖航空戦④〉まさに出撃せんとする、五八二空飛行隊長・進藤三郎少佐乗機（零戦二二型甲）。機体の黄帯２本は指揮官標識

〈ルンガ沖航空戦⑤〉ブイン基地、離陸滑走に移った
進藤少佐機。尾翼の機番号は173（守屋主計中尉撮影）

〈ルンガ沖航空戦⑥〉宮野善治郎大尉機、最
後の離陸（零戦三二型・守屋主計中尉撮影）

●六空—二〇四空・昭和十七年八月～十二月

第七章　銀翼つらねて南の前線

ソロモン・東部ニューギニアの激闘Ⅰ

六空先遣隊ラバウル進出

米軍がヘンダーソン飛行場を完成させる二日前、木更津基地からは、小福田大尉率いる零戦十八機が、木更津航空隊の中攻三機に誘導され、六空の先陣を切ってラバウルに向け発進した。これは、単座戦闘機としては前例を見ない長距離移動であった。この時の零戦は、柴田首席参謀の覚書によると、全機が新鋭の二号戦であった。

先遣隊として進出する搭乗員は二十名（技倆A七名、B三名、C八名、D二名）。零戦が十八機なので、うち二名（中根政明二飛、矢頭元祐二飛）は、誘導機の中攻で移動する。准士官以上は小福田大尉、田上中尉、平井飛曹長の三名で、小福田大尉と先任搭乗員・江馬友一一飛曹の二名だけが明治生まれの三十歳代、他にベテランの松村百人一飛曹や岡崎正喜一飛曹、松本早苗二飛曹などもいたが、あとは二十歳そこそこの若い搭乗員である。宮野や大原二飛は居残りになり、錬成を進めて別途進出することになった。

この日、指揮所の幕舎でブリーフィングの後、出発前に撮影された二十名の搭乗員の記念写真が残っている。

「戦地に赴く者たちの面構えを見てやってください。いざ、やらんかな、戦わんかなの意気がみなぎっているでしょう」

……と、八十五歳の大原亮治は今も目を細める。確かに、この写真を見ると、若い搭乗員も含めて、全員の気迫に圧倒される思いがする。戦後六十周年の戦没者追悼式典で小泉純一郎首相が言ったように、「心ならずも戦地に赴く」者など、ここには一人もいなかった。

十八機の二号零戦は、大勢の隊員に見送られて、北に向かって離陸滑走を始めた。が、その中の一機、星野浩一三飛曹（甲六期）機の速度が上がらず、滑走路のエンド近くで急ブレーキを踏んで機体が回され、脚を折ってしまう。ガクッと傾いた主翼の角型が、大原二飛の目に鮮やかに映った。初陣を前に星野もあがっていたのだろう、プロペラピッチを「高」にしたまま、自動車でいえばトップギアで発進するという初歩的なミスであった。

先遣隊はその日のうちに硫黄島に飛び、十九日に十二機、二十日に五機が次の中継地、サイパンに向けて発進するが、硫黄島でも狭い飛行場での離陸時に滝田晟一飛（乙十一期）機が事故で飛行機を壊してしまう。残り十六機の零戦は、二十二日、トラックに進出、さらに二十三日、カビエン基地に到着し、ここで、先に二十六航戦司令部の輸送機や、輸送船鳴門丸で到着していた整備員たちの出迎えを受けた。三十一日にはラバウルに進出し、二空司令

六空第一陣、先遣隊として木更津基地を出発。後列左から、小福田租大尉、平井三馬飛曹長、江馬友一一飛曹（先任搭乗員）、松村百人一飛曹、岡崎正喜一飛曹、松本早苗二飛曹、橋本久英一飛、神田佐治一飛、中野智弌一飛、藤定正一二飛、山根亀治二飛、中根政明二飛（陸攻便乗）、加藤正男二飛、田上健之進中尉、前列左から、星野浩一三飛曹、大正谷宗市三飛曹、西山静喜一飛、滝田晟一飛、村上繁次郎一飛、矢頭元祐二飛（陸攻便乗）。バックの機体はユンカース Ju88

山本栄中佐の指揮下に入る。山本中佐は数日前からデング熱を発症し、高熱にうなされている状態だった。ともあれ、六空先遣隊が木更津を出てから半月近い道のりであった。

柴田首席参謀の「覚書」によると、八月二十一日現在の六空兵力は、先遣隊搭乗員二十名、零戦（二号戦）十六機（他に一機、硫黄島基地で破損）、本隊（木更津）搭乗員・戦闘機隊四十一名（A二、B十、C二十九）、他に三名入院中（注：実数より二名程度少ないように思われるので、その後の転入者もあったのかも知れない）、偵察機隊五組（A三、B二）、零戦一号戦十一機、二号戦四機、九六戦六機、九八陸偵二機、輸送機として九六式輸送機、九七艦攻が各一機。八月下旬までに二式陸上偵察機三機が配備予定。〈若年搭乗員多数に対し、少数の機材と教員をもって鋭意訓練中にして、九月下旬、概ね作戦可能の練度に達する見込み〉とある。

第二次ソロモン海戦

六空先遣隊がカビエンに到着した翌日、八月二十四日には、のちに第二次ソロモン海戦と呼ばれる空母対空母の戦いが起こった。

二十日、索敵機がガ島南東約二百五十浬に敵空母部隊を発見、聯合艦隊司令部では、この敵は北上して一木支隊第二梯団を攻撃するものと判断し、内地からソロモン方面に向かっていた近藤信竹中将の第二艦隊と南雲忠一中将の第三艦隊に急速南下を命じた。第三艦隊は、従来、第一航空艦隊に戦艦、巡洋艦、駆逐艦を加えて臨時に編成していた第一機動部隊を建制化、航空戦隊を再編成したものである。

二十三日朝、ガ島に向かっていた一木支隊第二梯団の輸送船団は、ガ島北方海域で敵哨戒機に触接され、引き返すことを余儀なくされた。

二十四日、第三艦隊は朝の索敵で敵空母を発見できなかったので、空母龍驤を軽巡一隻、駆逐艦二隻とともにガ島攻撃に分派、艦攻六機（爆装）、零戦十五機（うち直掩六機、制空隊九機・指揮官納富健次郎大尉・海兵六十二期）を出撃させる。龍驤隊は十二時三十分頃、ガ島飛行場上空に突入、爆撃を敢行。零戦隊はその前後に敵戦闘機約十五機と交戦、おおむねその全機を撃墜したと報じた。わが方は零戦二機、艦攻三機が自爆し、零戦、艦攻各一機が被弾不時着している。

一方、龍驤は敵索敵機に発見され、午後一時五十七分、空母サラトガの攻撃隊（SBD艦爆三十機、TBF艦攻八機）の同時攻撃を受け、夕刻、ガ島北方約二百浬の地点で沈没した。支那事変以来歴戦の空母のあっけない最期であった。上空直衛の零戦七機は奮戦し、SBD六機、TBF四機の撃墜を報じたが、米側記録によるとサラトガ攻撃隊に被害はなく、全機が無事に帰艦したという。

その後の索敵で、「敵大部隊見ゆ。我《われ》戦闘機の追躡を受く」と打電して消息を絶った索敵機の位置を推定して、第三艦隊本隊は十二時五十五分、空母翔鶴、瑞鶴から、零戦十機、九九艦爆二十七機の第一次攻撃隊を発艦させた。翔鶴戦闘機隊四機・指揮官は重松康弘大尉（兵六十六期）、瑞鶴戦闘機隊六機は日高盛康大尉（同）、翔鶴艦爆隊十八機・関衛《まもる》少佐（兵五十八期）、瑞鶴艦爆隊九機・大塚禮次郎大尉（兵六十六期）である。

翔鶴飛行機隊戦闘行動調書によると、攻撃隊は午後二時二十分、敵機動部隊を発見、艦爆隊は急降下爆撃に入るが、敵は電探（レーダー）で日本側の動きを察知しており、五十三機ものグラマンF4Fを上空に上げ、待ち構えていた。

ただでさえ難しい艦爆隊の直掩で、戦闘機の機数が十対五十三ではどうにもならない。

瑞鶴臨時分隊長・日高大尉は、この日が初陣であった。日高は、瑞鶴分隊長に発令された同期の宮嶋尚義大尉が発着艦訓練未修のため、その代わりに一時的に瑞鳳から引き抜かれ、臨時に瑞鶴に乗っていた。

「初めて敵のグラマンを見た時、薄水色の塗装が鮮やかで、きれいな飛行機だな、と思いました……」（日高大尉談）

空中で見る飛行機の姿は、たとえ敵機であっても美しい。これは、空戦経験のある多くの搭乗員に共通する述懐である。しかし、いくら美しくとも敵は敵、出会えばこちらを殺そうと牙を向いてくるのだ。

多勢に無勢、無我夢中の空中戦。艦爆隊の掩護どころではなかった。瑞鶴の日高大尉、都地肇三飛曹、恵川好雄一飛が各二機、翔鶴の重松大尉、村中一夫一飛曹、小町定三飛曹が合わせて四機（うち一機不確実）の撃墜を報じたが、瑞鶴の坂井田五郎二飛曹、大久保敏春二飛曹、牧野茂一飛曹、翔鶴の林茂一飛の四機が自爆戦死、小町三飛曹は機位を失し、燃料が尽きて不時着水（のち駆逐艦に救助される）した。

艦爆隊は敵戦闘機の猛追と激しい防御砲火の中を果敢に突入し、翔鶴隊はエンタープライズの飛行甲板に三発の二百五十キロ爆弾を命中させるも、十八機中十機が撃墜される。サラトガに向かった瑞鶴の九機は、一発の命中弾も与えられないままに八機が撃墜され、残る一機も被弾して不時着水するという大きな犠牲を出した。

さらに、第二次攻撃隊（艦爆二十七機、零戦九機）が午後二時に発進したが、母艦と攻撃隊の連絡の不行き届きから敵を発見することができず、ついに取り逃がしてしまう。第二次攻撃隊の帰艦は夜間になり、艦爆四機が機位を失して行方不明、一機が不時着水する。何とも尻切れ蜻蛉《とんぼ》のような締まらない幕切れであった。

この海戦で、日本側は空母一隻と飛行機五十九機（零戦三十、艦爆二十三、艦攻六）、百名近い多くの搭乗員を失った。米側の損害は、空母一隻が中破したほかは、飛行機二十機を失ったにすぎなかった。

日高盛康大尉。瑞鳳艦上にて零戦（一号戦：二一型）と

ガ島上陸を狙った一木支隊第二梯団の輸送作戦も、二十五日、船団が敵機の攻撃を受け、失敗に終わった。ガ島飛行場が占領できない限り、人員物資の輸送は身軽で速力のある駆逐艦による急速輸送、いわゆる鼠《ねずみ》輸送に頼らざるを得なくなった。

二十六日には、三沢空と、数日前に戦列に加わったばかりの木更津空の一式陸攻十六機が台南空分隊長・笹井醇一中尉（兵六十七期）率いる零戦九機の掩護のもと、ガ島飛行場を爆撃。零戦隊はＦ４Ｆ十数機と約三十分間にわたって空戦を繰り広げ、撃墜十機（うち不確実一機）の戦果を報告したが、指揮官笹井中尉、結城國輔中尉（兵六十八期）、熊谷賢一三飛曹（乙九期）の零戦三機が未帰還となり、陸攻二機が自爆、被弾不時着二機、被弾九機、零戦一機が不時着大破という損害を出した。

笹井中尉は、宮野の二期後輩、海兵出身の分隊長クラスとしてはいちばん若い（当時、同じ中尉の階級でも、六十八期はまだ分隊長にはなっていない）搭乗員で、飛行時間も戦死時点で六〜七百時間ほどであったが、比島作戦、南西方面作戦からラバウル進出にかけて常に台南空にあり、その卓越した素質と部下の心をつかむ人間的魅力も相まって、部隊としても個人としても、これまで抜きん出た戦果を挙げ続けていた。兵学校の席次は六十七期生二百四十二名中百五十二番と、宮野と同じく上位の方ではなかったが、兵学校での成績と、指揮官として、また搭乗員としての能力はまったく別、ということを実証してみせた。笹井の功はのちに全軍に布告され、二階級進級の栄に浴した。

機密聯合艦隊告示（布）第三十六号

第二五一海軍航空隊附　海軍中尉　笹井醇一

戦闘機隊指揮官又ハ中隊長トシテ比島、東印度及東部『ニューギニア』方面等ノ作戦ニ従事シ攻撃参加七十六回単独敵機二十七機ヲ撃墜シ友軍機ト協同敵飛行機百八十七機ヲ撃墜十六機炎上二十五機ヲ撃破セリ

仍テ茲ニ其ノ殊勲ヲ認メ全軍ニ布告ス

昭和十八年十一月二十一日

聯合艦隊司令長官　古賀峯一

（注：台南空は十七年十一月一日付で二五一空と名称が変わっている。未帰還なので戦死認定が遅れ、その間は形式上「分隊長」の職を解かれ、隊附という扱いになっていたのであろう）

ソロモン航空兵力増強

ラバウル・ソロモン方面の航空戦は熾烈を極めてきていた。ガ島奪回に向けての航空攻撃だけでなく、陸路、攻略作戦を開始したニューギニア・ポートモレスビー方面の敵航空兵力にも対抗しなければならなかった。にも関わらず、わが方の基地航空兵力は、台南空と二空の零戦約三十機、陸攻約三十機程度に過ぎない。六空先遣隊の零戦十六機はカビエンにあって、もう一息でラバウルに達するが、それでも到底まかなえるものではない。聯合艦隊司令部は、兵力増強の措置をとらざるを得なくなった。

まずは、八月二十八日、翔鶴飛行隊長・新郷英城大尉の率いる翔鶴、瑞鶴の零戦二十九機、艦攻三機を、ラバウルの南東百六十浬に位置するブカ島に急造された飛行場に派遣、また、南西方面艦隊に属していた二十一航戦（鹿屋空、東港空）を南東方面艦隊に編入、九月一日には、チモール島クーパン基地を拠点にする宮野の古巣、二十三航戦三空戦闘機隊の一部（飛行長・榊原喜與二少佐指揮の二十一機、搭乗員二十七名）のラバウル派遣が発令される。

投入された部隊は、環境に慣れる暇もなく、概ねその翌日から作戦に駆り出された。八月二十九日、ブカ基地の空母零戦隊二十二機は、ラバウル基地からの陸攻十八機と合同してガ島飛行場を空襲。敵機八機と交戦、四機撃墜（うち一機不確実）を報じたが、零戦、陸攻各一機が自爆。この日の空戦で、前に日記を引用した翔鶴戦闘機隊・佐々木原正夫二飛曹は、零戦一機がグラマンF4Fに追躡されているのを発見、この敵機の側方から一撃で撃墜している。追躡されていたのは、瑞鶴臨時分隊長の日高大尉である。

「ルッセル島あたりから逐次高度を上げて八千メートルでガ島上空に突入することになっていました。ところが、私の機は酸素マスクの故障で、高度を上げることができず、編隊を離れて単機、高度三千メートルでヘンダーソン飛行場の上空にさしかかりました。今思えばわれながら大胆不敵ですが……。その時、いきなり目の前を曳痕弾が飛んだんです。ふり返るとグラマンF4Fがついている。射撃のうまい奴なら一発で墜とされていたところです。それで、格闘戦に持ちこんで二、三回回ったんですが、敵機に後ろに回りこまれて、尾部にバンッと被弾した。F4Fは手強かったですよ。もう駄目かと思ったところに、佐々木原機が駆けつけてくれて、あっという間にその敵機を墜としてくれました。見事な攻撃でした。私の飛行機は油圧系統をやられて、尾輪が出ないまま、かろうじて着陸することができました」（日高大尉談）

八月三十日には、陸軍川口支隊の一部がガ島タイボ岬に上陸することになっていた。これを支援するため、第一次攻撃隊として空母部隊零戦十八機が午前九時四十五分、ガ島飛行場を空襲、積乱雲の上下でP－400二十機、F4F数機と交戦した。この空戦で敵機十二機撃墜（うち不確実二）を報じたが、わが方も指揮官新郷大尉機をふくむ九機が未帰還、宮野と同期の指宿正信大尉機が不時着した。未帰還になった搭乗員の中には、瑞鶴の住田剛一飛曹（操二十六期）、翔鶴の中本公一飛曹（操三十一期）、田中喜蔵三飛曹（操四十六期）ら、宮野とかつて何らかの接点のあった歴戦の搭乗員が名を連ねていた。

この頃、敵は零戦との格闘戦に入ることをなるべく避け、上空からの一航過で日本軍の爆撃隊を攻撃離脱し、零戦に追跡された場合はただちに他の一機が救援できるように二機一組をもってする戦法をとっており、わが方の被害も急速に増えていた。急降下速度の劣る零戦で敵機を捕捉することは、容易なことではなくなってきていた上に、二十九日の日高大尉の例でもわかるように、いざ格闘戦になっても、F４Fは意外に手ごわかった。

零戦の好敵手、グラマンＦ４Ｆワイルドキャット

指揮官新郷大尉は、被弾してガ島エスペランス岬に不時着水して、敗残のわが設営隊員に救助されている。第二次攻撃にはラバウルの陸攻十八機、零戦七機と空母の零戦六機が参加、ガ島ルンガ岬沖で敵高速輸送駆逐艦コルボーンを撃沈した。三十日夜と三十一日、九月一日にもガ島空襲が企図されたが、悪天候にはばまれて実施できなかった。

六空先遣隊ガ島攻撃に参加

小福田少佐以下、六空先遣隊十六機がラバウルに到着したのは、まさにそんな時期であった。着いた翌日、九月一日の船団上空直衛に始まって、ラビ攻撃の陸攻隊直掩、ポートモレスビー攻撃陸攻隊直掩、ラバウル基地上空哨戒と休む間もない出撃が続き、九月十一日からはガ島攻撃の陸攻隊直掩にも投入される。六空の進出を受けて、ブカ基地にあった空母部隊の零戦隊はラバウルに帰投し、九月四日、艦攻とともに母艦に収容された。わずか一週間の派遣で、二十九機の零戦は十五機に減り、しかも環境劣悪な基地で、ほとんどの搭乗員がマラリアやデング熱にやられていた。

航空作戦に投入されたのは陸上基地の航空部隊だけでない。ショートランド基地に配備されていた水上機部隊（八月二十七日、R方面航空部隊編成）までもが、敵機と遭遇するリスクを冒して、米輸送船団攻撃に駆り出されている。兵学校で、宮野と大阪漫才のコンビを組んだ水上機母艦讃岐丸《さぬきまる》分隊長（零式水上観測機）・高野裕大尉は、九月八日、四機を率いてガ島タイボ岬付近に上陸を始めた敵船団の夜間爆撃に向かい、目標上空で敵艦爆二機と交戦、被弾して自爆、戦死した。出撃を見送った同期の水上機母艦國川丸《くにかわまる》分隊長・武田茂樹大尉に、

「輸送船の爆撃なんてたいしたことないよ。南方じゃ何度かやったしね。それよりこのところしばらく、夜間飛行をやっていないので、その方が心配だよ」

と語ったのが高野の最後の言葉になった。

ガ島への陸軍部隊の輸送は、駆逐艦によるいわゆる鼠輸送、大発（木造の輸送用舟艇）による蟻《あり》輸送によって行なわれ、四個大隊からなる川口支隊は、八月二十九日から九月四日までの間にタイボ岬に上陸、他の一個大隊もエスペランス岬に上陸した。川口支隊の飛行場攻撃に呼応する航空作戦は、九月九日から十二日まで、連日実施された。

六空先遣隊が初めてガ島攻撃に参加したのは、九月十一日のこの作戦である。前月下旬に輸送船りをん丸で横須賀を発った六空第二陣、分隊長川真田勝敏中尉（兵六十七期）以下十四名の搭乗員と基地員もすでに九月三日、カビエンに到着しており、また、前日までに、六空には輸送船第三図南丸《となんまる》で、一号戦十機、二号戦十機が補充されている。さらに翌十二日には空母雲鷹が運んできた一号戦十二機が戦列に加わって、協同作戦をとる二空戦闘機隊との間で機材、搭乗員をやりくりしながら、何とかガ島進攻ができる態勢が整いつつあった。

九月十一日、小福田大尉以下六空戦闘機隊九機は、二神季種《ふたがみすえたね》中尉（兵六十八期）以下二空戦闘機隊の三機とともに陸攻隊を援護してガダルカナル飛行場上空に突入、爆撃を終えた陸攻に襲いかかってきたグラマン四機を追撃、その後、ルッセル島の南でB-17一機を発見、これを攻撃したが戦果はなかった。

この空戦で、一機はぐれてしまった村上繁次郎一飛（丙二期）は、未帰還とだけ記録されているが、その数奇な行方が、平成十六年、群馬県在住の坂口春海氏の現地取材で明らかになった。

それによると、完全に機位を失してしまった村上機は南西方向に飛び続け、燃料が尽きて不時着水、あてどもなく漂流を始める。三日後、ガワに打ち上げられ現地人と友人になった村上は、応援を受けて四つの島を渡る。イワからカヌーを新調、大日本帝国村上丸と名付けて船出し、最後まで生きる執念を失わず、ラバウルに帰るべくまずは友軍がいるはずのブナ（ニューギニア）を目指すが、十月八日、キタバで豪軍沿岸監視員二名と銃撃戦となり、射殺された。

村上の遺体のポケットから、ひと月近く、のべ百キロ以上におよぶ孤独な旅の記録を綴った日記が発見、押収され、その日記は八ページの英語訳とともにオーストラリアの公文書として残っている。村上の死を島の人たちは悲しみ、墓を作って懇ろに葬った。今も現地では知らぬもののないエピソードだという。村上は高知県出身、言葉の通じない現地人とも肌で通じ合える快男児であった。

六空本隊の出陣迫る

先遣隊がラバウルで作戦行動を始めた頃、内地では、六空本隊の進出準備が、着々と進められていた。この頃の宮野について、いくつかの回想がある。

ちょうどこの時期、八尾中学の同級生で海兵六十四期の児玉武雄大尉は、病を得て横須賀海軍病院に入院していた。

「入院中、宮野君が見舞いに来てくれたことがありました。木更津から横須賀へ、飛行機で一飛びで来たと言っていましたね。何を話したか、今となっては思い出せませんが、でもこれが、彼と会った最後になりました」(児玉大尉談)

またある日、マーシャル群島のルオット基地にいた同期生の千歳海軍航空隊陸攻分隊長・安藤信雄大尉が、新機材受領のため木更津に帰ってきた。安藤と宮野は、機種が違うこともあり、飛行学生の霞ヶ浦航空隊以来、再会するのはこれが最初で、しかも最後の機会になった。

〈佐久間旅館に行ったところ、宮野君と久しぶりに会うことができた。二人だけでなく、他にもう一人か二人いて、一緒に飲んだ。その時私が何気なく、「これが内地の見納めかも知れない」とつぶやくと、彼は顔色を変えて怒った。「貴様、冗談にもそんなことを言うな。そんなことを言ってると本当に見納めになるぞ。俺はそういう例をいくつも知っているよ」と声を荒げて言ったことを覚えている。毎回クラス会に出席するご遺族にお会いするたび思い出す〉(安藤大尉回想)

……激戦地への進出を控えて、宮野は自分に言い聞かせていたのではないか。戦地行きが近いということは、隊員の家族もうすうす気付いていたのであろう、木更津に面会に来る家族も多かった。そんな中、大原亮治二飛は九月十日頃、「母危篤」の知らせを受けた。地元の村長から司令に宛てた電報が届いたという。宮野大尉に印鑑をもらい、「そうか、お母さん、気の毒だな。ゆっくり休んで来いよ」という言葉をもらって、とるものもとりあえず、一週間の休暇をもらって宮城県の実家に帰ると、案に反して母はピンピンしていた。兄が、出陣前の弟を母に会わせたいための嘘を、村長に頼んだのであった。無事とあらば結構なこと、一週間も休むと進級にも影響するからと大原は三日で木更津に戻った。

九月も後半になると、宮野は大原を固有の列機として、仕上げの訓練飛行に励んでいた。

「訓練を終えて木更津基地に戻る時に、宮野大尉は東京湾の、ボートの帆柱すれすれの超低空で派手な分列をして、びっくりしたことがありました。言葉で言うよりも行動で示すというか、俺について来い、そんな感じでしたね」（大原二飛談）

飛行機の補充も進み、宮野はしばしば、鈴鹿の航空廠へ零戦の受領に赴いた。

「ある時、宮野大尉について鈴鹿に行くと、格納庫に初めて見るずんぐりした戦闘機が置いてありました。のちの雷電《らいでん》です。対敵爆撃機の迎撃戦闘機として作られたものということでした。さっそく、許しを得て、宮野大尉と見学させてもらいました。操縦席も広くて、ためしに座席の後ろから胴体にもぐり込んでみたら、なんと背が立つんですよ。これは大きな飛行機だな、しかし精悍で強そうな戦闘機だなと思いました。宮野大尉も、『格闘戦には向かないかも知れないが、そこは使い方だよ』と、かなり気に入った様子でした」（大原二飛談）

大原は戦争末期に横須賀海軍航空隊で、実際に雷電に搭乗して戦うことになるが、突っ込んだ時のスピードが零戦とは比べものにならないほどよく、確かに使い方次第ではたいへんすぐれた戦闘機であったという。

内地とラバウルの間は、輸送船のほか、輸送機便でもつながっていた。輸送機に乗ると、早ければテニアン経由で翌日に、遅くともテニアン、トラック経由で翌々日にはラバウルに着くことができる。六空司令・森田中佐は、九月の後半、現地司令部との打ち合わせと先遣隊の戦いぶりを視察するため、一度、ラバウルに行って数日で木更津に戻ってきている。

三菱局地戦闘機雷電。鈴鹿でこの飛行機を見ていたく気に入った宮野は、司令を通じてラバウルへの実戦配備を具申したが、叶えられずに終わった

当時、六空戦闘機隊搭乗員のライフジャケットの背中には、たとえば「U戦　宮野大尉」と、白い塗料で大きく縦に書かれていた。「U戦」は六空の飛行機の尾翼に記された部隊識別記号Uにちなんだ略称で、ほかの例では、たとえば三空なら「X戦」二空なら「Q戦」、台南空なら「V戦」と書かれていた。

前線視察から戻った森田司令は、総員を集合させると、壇上で訓示をした。

「ラバウルにおいて、わが六空先遣隊は勇戦奮闘しておる」

「勇戦」と「U戦」をかけた洒落である。威儀を正して整列していた搭乗員たちはそれに気づくと思わず、顔を見合わせてクスクス笑い出した。大原二飛は、「あのぶつくさ親父が面白いことを言うなあ」と感心した。

隊員たちは戦意旺盛であったが、二号戦の航続力に対する不安と、若年搭乗員が主体であるため、司令部レベルではかなり気をもんでいた様子が、二十六航戦柴田首席参謀の覚書からも読み取れる。二十六航戦では上層部に対し、九月五日付で以下のような要望と所見を出した。

〈一・六空本隊進出前、遅くとも九月二十日までに同隊に二号零戦最少限三十機（やむを得ざれば右のうち九機以内二号戦）を供給され度。

（注）今次当方面作戦順調を欠きし一要因は戦闘機の不足、特に二号零戦問題に原因する長距離進攻零戦の不足なり。敵は逐次補充優勢なるに対し我は少数機を以て而も連日全機を直掩使用やむなきの状況なりき。

二・略（偵察機の件。できれば艦偵を配備して欲しいとの希望）

三・略（二十五航戦、二十六航戦の交代、充員の件）

四・右の25SF、26SF交代の際は南空（台南空）のみは引揚げ時機を六空本隊進出後（十月中旬頃）まで延し、同隊内地帰還の際は新着任AB級搭乗員の大部を六空に転勤のこととと取り計らわれ度。

（注）六空搭乗員の大部は新搭乗員にして、交代時戦力急低下の憂あり。〉

直掩戦闘機隊への厳しい批判

かつて例を見ない遠距離進攻に、ラバウル方面の零戦隊は連日、苦戦を強いられていた。ラバウルからガダルカナル島までは五百六十浬、零戦でふつうに飛んで三時間半の距離である。空戦になるとエンジンの全力を出すので、巡航時よりもはるかに多くの燃料を食う。長大な航続力を誇る一号戦でさえ、ラバウル直航だと、ガ島上空で空戦ができるのは十五分程度、しかも帰りの燃料を積んだ重い状態で戦わざるを得なかった。

「覚書」によると、

〈〇戦一号　三機あれば三機使える。攻撃最長距離五百浬（海上ならば四百五十浬）、「レコード」はダバオ―タラカン五百五十浬（十五分空戦）

二号　三機あれば二機使える位。攻撃最長距離三百五十浬、無理すれば四百浬〉

……とあるが、前進基地として急造されたブカ島からでも、ガ島まで片道四百浬はあり、帰りにブカに寄って燃料補給を受けるとしても、ガ島上空を制圧できるのは、一号戦で三十分程度であった。何より、往復七時間以上、命がけの飛行を強いられる搭乗員の疲労は並大抵のものではなかった。やっとの思いで生還しても、そこにはマラリアやデング熱といったもう一つの敵が潜んでいて、搭乗員の体力を容赦なく奪っていった。

ラバウル方面には、方々から戦闘機隊が集結しつつあった。六空先遣隊に続いて、すでに発令されていた三空戦闘機隊二十一機が九月十七日ラバウルに、同じ頃、伊藤俊隆大尉（兵六十期）率いる鹿屋空戦闘機隊九機がカビエンに到着する。九月二十日現在、ラバウル方面にあった使用可能機は、一号零戦四十五機、二号零戦二十六機、陸攻三十六機、艦爆五機、陸偵一機、大艇六機である。米側は、十七日時点でF4F二十九、SBD二十六、TBF五、P-400三という戦力だから、この時点で数の上では、日本側の方が実は優勢であった。

ラバウルでは、戦闘機、艦爆用に東飛行場、陸攻用に西飛行場（ブナカナウ飛行場）を使用していたが、過集中の状況で、ガ島までの距離もあまりにも遠いので、ブカよりもさらにガ島に近いブーゲンビル島ブインに基地設営を始めた。

陸軍川口支隊は、九月十三日、飛行場攻撃に失敗していた。九月十三日、十四日にはそれぞれガ島への攻撃が行なわれたが、台南空の高塚寅一飛曹長（操二十二期）、松木進二飛曹（甲四期）、羽藤一志三飛曹、佐藤昇三飛曹（ともに乙九期）が十三日に、二空のベテラン真柄侼一一飛曹（操二十八期）が十四日に戦死した。それから二十六日まで、悪天候のためガ島攻撃は実施されていない。逆に、ポートモレスビーからラバウル、ラエ、ブナなどの日本軍飛行場に来襲する敵機の数は増えていった。

九月二十七日、零戦三十八機、陸攻十七機の戦爆連合で、ひさびさのガ島空襲が行なわれた。倉兼義男大尉以下、二空の戦闘機十二機も直掩（直接掩護）隊として参加した。翌二十八日にも、零戦四十機、陸攻二十五機で空襲を反復した。この日は、小福田少佐率いる六空戦闘機隊二十四機と鹿屋空戦闘機隊八機が、制空隊として参加している。この両日の攻撃で、陸攻七機が自爆または未帰還、四機不時着、全機被弾、零戦一機自爆、四機未帰還という大きな損害を出した。ガ島飛行場周辺は対空砲火が急速に整備され、日本機との戦い方のコツをつかんだ敵戦闘機も、陸攻直掩で思うように動けない零戦隊に対し、有利な戦闘を仕掛けてきた。

二十八日夜、第五、第六空襲部隊の各隊分隊長以上を集めて、両日のガ島空襲の研究会がラバウル基地で開催された。ここで、戦闘機隊が自分たちを満足に守ってくれないことに対してかなり鬱憤がたまっていた陸攻隊からは、

〈fc（戦闘機）隊進入路判断を誤り、直掩fc隊ますます遅れ、開き過ぐ。flo（陸攻）隊とfc隊の連絡密接を欠く。flo隊はfc隊の全力直掩を希望せるに対し、5AB（第五空襲部隊・台南空主体）並びに二fc隊（二空戦闘機隊）の此が実施態度は受動的……fc隊の直掩意気込みの欠如、fc隊の直掩技倆伴わず〉（柴田首席参謀覚書）

……と、戦闘機隊に手厳しい批判の言葉が浴びせられている。二空戦闘機隊は二十八日、ブカ基地に進出していて倉兼大尉は研究会に出られなかったが、台南空と二空の戦闘機隊指揮官は、攻撃隊から不信任決議を出されたに等しいような緊迫した会議であった。

研究会での検討結果にもとづき、翌二十九日の攻撃では新戦法がとられた。零戦二十七機、陸攻九機がガ島に向かって敵戦闘機の邀撃を誘い、陸攻はガ島の手前六十浬付近で反転、零戦隊はそのままガ島上空に殴りこみをかけるというものである。この作戦は成功し、零戦隊は敵戦闘機約三十機と空戦、F4F十一機とSBD一機撃墜を報じ、わが方の損害は未帰還

一、被弾不時着一であった。

十月一日には若干の編成替えがあり、草鹿任一中将が第十一航空艦隊司令長官として、南東方面の基地航空部隊の総指揮官となり（十二月、南東方面艦隊司令長官を兼任）、第八艦隊付属であった二空が、六空と同じ二十六航戦に編入された。

その日現在の海軍戦闘機搭乗員の実数は、航空本部の「搭乗員現在員調」によると、以下のようになっている。（カッコ内は、その内、司令部勤務や療養などで搭乗配置についていないもの）

中佐八（四）、少佐十三（二）、大尉三十九（五）、中尉二十八、予備大尉二、予備中尉〇、予備少尉八、士官・予備士官計九十八名。

飛行特務大尉〇、飛行特務中尉二、飛行特務少尉十二、飛行兵曹長三十六、特務士官・准士官計五十名。

一飛曹百四十九、二飛曹八十八、三飛曹百四十八、兵三百七十一、下士官兵計七百五十六名。

総計九百四名。

存外の少なさである。たったこれだけの人数で、最前線の七つの基地航空隊、五隻の母艦航空部隊から練習航空隊を含む内地の航空部隊まで、すべてをまかなっていたのだ。余裕などあるはずもなかった。

宮野、ラバウルへ

宮野大尉以下、木更津に残っていた六空戦闘機隊主力が、空母瑞鳳に乗って横須賀を出港したのは、九月三十日のことである。飛行機は、クレーンで母艦に搭載された。搭乗員は二十七名（士官二、予備士官一、准士官一、下士官七、兵十六）。瑞鳳に搭載された六空の戦闘機は、予備機もふくめて一号戦十三機、二号戦十九機、計三十二機で、二十七機が発艦してラバウルに向かい、残った五機はトラック島に陸揚げされ、別途ラバウルに空輸されることになっていた。

十月二日には司令や本部要員を乗せた九六式輸送機が木更津基地を発進する。偵察分隊長・美坐正巳大尉の率いる九八陸偵三機も、輸送機に随伴して進出の予定であったが、防弾工事で重量が増加し、第一中継点の硫黄島まで飛べず、増槽を改修してから改めて進出することになった。首席参謀覚書には、〈九八偵駄目〉と、苛立ちを隠せないような殴り書きが残っている。

偵察分隊には、双発の二式陸偵三機もあったが、〈八月末供給の予定のものが今尚発動機がごねておる。九八陸偵よりはまし。十三試艦爆（注・のちの彗星）配備の希望を出すも、艦隊が先になっておって、月五、六機程度で（こちらまで）回ってこない〉（同）と、補充は思うようにいかなかった。偵察分隊のラバウル進出ははるかに遅れて十二月。飛行機は、海軍の陸上偵察機が性能が不足している上に生産が間に合わず、当面は陸軍の百式司令部偵察機の貸与を受けることになる。

航海中、宮野が目を通していたはずの、「南太平洋探査記録」(昭和十六年一月二十一日現在・秋本貫一調べ)という資料がある。これから行くことになる各地のことをこと細かに調査した一覧表である。それによるとラバウルは、

〈飲料水・天水を用う。井戸なく降雨少なく水に乏し。
気候・ポナペ程度。涼し。
猛獣毒蛇・山奥に食人種、鰐、火喰鳥、毒蛇等棲息す。大蜥蜴、大蝙蝠、小鳥多し。
衛生・支那人街やや不潔。
家屋・官庁、大会社、税関倉庫、その他大家屋百戸以上。一般に木造二階建多し。
邦人・十四人(注・昭和十五年十一月現在)
土人(人口)と対日感情・二千人、良好。
白人・戦前二千人以上。
支那人等・八百人。〉

というような場所であった。今の時代なら人種差別と言われそうだが、当時のこの種の書類では、「山奥に食人種」というのは人口ではなく「猛獣毒蛇」の類に分類されている。

十月七日。瑞鳳は、トラック島とラバウルの中間の海域に達した。いよいよ、発艦。二十七名の搭乗員のうち、母艦の発着艦の経験があるのは、宮野大尉以下五名のみ、実戦経験があるのも、この五名だけである。発着艦訓練をしていないと、発艦はできても、着艦す

上空から見たニューブリテン島ラバウルの全景。

ることは難しい。もし途中で機体が故障したり、天候に阻まれたりした場合、ふたたび母艦に戻ってくることは、事実上不可能であった。

初めての発艦に不安を覚えた大原二飛が、宮野に「大丈夫ですか」と聞くと、宮野は、

「大丈夫」

と、こともなげに答えた。ぶっきらぼうな答えだが、その言葉の裏には、これまでの猛訓練に耐えてきた列機への信頼が感じられた。

「飛行甲板に、零戦がずらりと並べられました。宮野大尉機が先頭で、私はその三番機ですから、かなり前の方です。飛行甲板の前端まで数十メートル、三点姿勢の操縦席に座ると、目の前には海しか見えませんでした。大丈夫かな、と思いながらエンジンをいっぱいに吹かして発艦すると、艦を離れた瞬間、飛行機はグッと沈み込みましたが、何とか無事に浮かび上がりました」（大原二飛談）

とりあえず、全機が無事に発艦することができ

た。母艦の姿がだんだん小さくなり、やがて見えなくなった。周囲は見渡す限りの大海原、経験の浅い若い搭乗員たちには、指揮官機の航法だけが頼りである。

ラバウルを目指して南下した宮野隊は、ニューアイルランド島の手前に立ちはばかる雲の壁にぶつかった。引き返すことは最初から想定されていないので、雲の上を飛ぶか下を飛ぶか、迂回するかしか選択肢がないが、宮野は雲の下を飛ぶことを決断した。

高度数百メートル、雲と山の稜線のわずかなすき間を飛び抜けている間に、一機の零戦が編隊から脱落していった。庄司吉郎二飛（丙三期）であった。庄司機は、燃料を増槽から胴体タンクに切り換える操作が遅れたか、たまたま空気を吸い込んでベーパーロックになったかで、エンジンが止まってしまったものと思われた。庄司機は海上に不時着、彼の小隊長、相根勇一飛曹長が燃料ぎりぎりまで上空監視にあたったが、庄司は不時着直後は海上に浮かんだ翼の上に立ってマフラーを振っていたものの、機体が沈んで泳ぎだしたあと、姿が見えなくなった。報告を受けてラバウル基地から捜索に向かった平井三馬飛曹長の報告によると、不時着地点には、それを示す油が浮かんでいたが庄司の姿は見えず、代わりにフカがたくさん泳いでいるのが見えたという。

さらに、悪天候のニューブリテン島手前で雲の下に降りる時、編隊最後尾にいた細野政治三飛曹と川上荘六二飛（ともに丙三期）が、ついて来られなくなって脱落した。記録では、「天候不良のため操縦を誤り戦死」とあるが、細野機と川上機は翼を接触させたとも伝えられている。二十七機中三機もが、戦う前に失われたのは、宮野にとっても残念であったに違いない。

大半の搭乗員にとって、初めての戦地、初めての南方である。この日、ラバウルに進出した二十四機の搭乗員の一人、中村佳雄二飛（丙三期）は、

「ラバウルに着いてまずびっくりしたのは、着陸して滑走していると、現地人が両脇の椰子の木の陰から物珍しそうにこっちを見てるんですが、とにかく真っ黒で男も女も腰巻ひとつ。初めて見るものだから、これは変わったところに来たなあ、と思いましたね」

と回想する。二十四名中、平成十八年現在、大原二飛、中村二飛、柳谷謙治一飛（丙三期）の三名が健在である。

ラバウルに到着すると、報告もそこそこに、宮野は比較的熟練した搭乗員八機を率いて、不時着機捜索に向かった。日が暮れるぎりぎりの時間まで探してみたが、何も発見することはできなかった。若年搭乗員主体ということで、上層部が抱いていた不安が半ば的中した形になった。

増援部隊直衛、最終直の悲劇

六空の新たな拠点となるラバウル東飛行場は、ニューブリテン島の北東部に位置し、煙を吐く活火山、通称花吹山《はなぶきやま》と擂鉢《すりばち》をかぶせたような休火山、通称西吹山が向かい合う湾の、少し花吹山近くに奥まったところの海べりにあった。そこから湾のいちばん奥にかけては市街

地が広がり、街にはけっこう活気があった。湾の反対側、西吹山を越えてずっと西に入った山の上に、ブナカナウ飛行場、通称西飛行場があって、主に陸攻隊が使用していた。湾は天然の良港になっていて、多くの軍艦や輸送船が在泊していた。

ラバウルには、台南空・向井一郎大尉（兵六十三期）や三空・山口定夫中尉（兵六十七期）ら、宮野と旧知の搭乗員が相当数いた。殺風景な戦場で、知った顔と出会ってホッとしたかも知れないが、宮野のことだから、開戦以来、たいして変わらない主要メンバーの顔ぶれに、戦力の限界を感じて考えるところがあったかも知れない。

ともあれ、宮野隊と、その直前にラバウルに着いた六空本部の進出で、ようやく六空戦闘機隊は二空司令の指揮下を離れ、一人前の航空隊の体裁を整えることができた。十月九日現在の各航空隊を合わせた零戦の使用可能機数は、一号戦四十三機、二号戦三十六機であった。

十月八日には、宮野以下、到着したばかりの搭乗員を中心に、のべ四直（各一時間半）二十一機で、地形偵察も兼ねた上空哨戒を行なう。それとは別に、森崎予備少尉以下六機が二直に分かれ、昨日の不時着機の捜索に出かけたが、やはり手がかりは得られなかった。この日、ブカ基地に前進していた岡崎正喜一飛曹（機番号U－167）、中野智式《ともいち》一飛（U－164）、藤定正一二飛（U－158）の三機は、輸送船団の上空直衛中、敵SBD艦爆二機を発見、二機とも撃墜（うち不確実一）している。九日午前には、ラバウル基地に空襲警報が出され、久芳中尉以下三機が追撃するが、敵を見ず引き返してきている。

ガ島をめぐる攻防戦は、日米両軍の本格的な決戦の様相を呈してきていた。ガ島奪回は、当初大本営が予想したほど容易なことではなかった。この頃、駆逐艦によるガ島への増援輸送はなおも続けられていたが、明るいうちにガ島に着くと敵機の格好の目標になるので、日が暮れてから着くようにしないといけない。上空直衛の戦闘機は、日が暮れるまでこれを護衛しなければならなかった。十月十一日には水上機母艦日進、千歳まで投入しての大規模な輸送作戦が計画されていたが、そこで、六空主力はよりガ島に近いブカ島に進出することになり、九日午後には二十一機の移動を終えた。

上陸作戦を成功させるべく、十一日の作戦は、これまでになく念の入った大きな作戦となった。まず攻撃隊は、零戦隊が進攻して敵戦闘機を誘い出し、次いで陸攻隊が敵機の着陸時を狙って爆撃するという二段戦法をとる。

第一次攻撃隊の零戦十七機は、誘導の陸攻隊九機がルッセル島付近で反転した後、ガ島飛行場上空に突入した。四十五分後、予定通り、零戦三十機の護衛のもと、陸攻隊四十五機が突入。しかし、敵はわが攻撃を事前に察知して避退していたため、予想されたような大規模な空戦は起こらず、わずかに第一次攻撃隊が敵機五機と交戦、一機撃墜、第二次攻撃隊が五機撃墜（うち不確実三）を報じたのみであった。陸攻隊の爆撃も密雲にさえぎられ、効果不明であった。

日進、千歳は、重火器と三百余名の上陸部隊を搭載して、駆逐艦六隻の緊密な護衛のもとにガ島への輸送を実施した。六空戦闘機隊二十一機は、一直三機（田上健之進中尉指揮）、二直三機（相根勇一飛曹長指揮）、三直九機（川真田勝敏中尉指揮）、四直六機（宮野大尉指揮）に分かれてブカ基地を発進、午前七時五十五分から日が暮れる午後四時五十分にかけて上空哨戒を務めた。ブカ基地には夜間着陸のための施設はなく、最終直の戦闘機隊は、日没ぎりぎりまで上空哨戒を行ない、駆逐艦の脇に不時着水して搭乗員だけ救助されることになっていた。

このもっとも危険な任務に、宮野は進んでつくことになった。

一直は無事に所定時間の哨戒を終えて二直と交代したが、ここで急に天候が悪化し、二直の相根飛曹長、川上繁登一飛（丙三期）、平野重夫二飛（丙三期）の三機はそれっきり行方不明になった。平野は一ヵ月前の輸送船便で進出したが経験は浅く、乙飛五期のベテラン・相根飛曹長も川上一飛も、ラバウルに四日前に来たばかりであった。

三直は無事に任務を終えることができたが、日没に重なる四直では、またも大きな犠牲が出た。日没ぎりぎりの時間、上空はまだ明るくとも、海面は真暗に近い。夜間の海面高度を目測で判断するのは困難である。上空からは比較的静かに見えた海も、実際にはかなりうねりが大きかった。海面というのは一見、陸上よりも安全に不時着できそうに思えるが、高速でぶつかれば同じことである。

この日の四直は六空の中でも選りすぐりの搭乗員を主体に編成されたが、それでも夜間の不時着水は至難の業であった。一小隊一番機の宮野は無事に着水したが、不時着時の衝撃で照準器に額をぶつけ、怪我をした。宮野の二番機・岡本重造一飛曹と二小隊一番機・久芳一人中尉は、波頭に激突して即死したのか気を失ったのか、沈む機体から脱出することができなかった。宮野の三番機、尾関行治一飛曹も額に負傷、結局、無傷で救出されたのは二小隊二番機・鈴木軍治一飛曹、三番機・倉内隆二飛曹のみであった。

開戦以来、三空、六空を通じて、宮野分隊の先任搭乗員として苦楽をともにした岡本一飛曹の戦死は、宮野には片腕をもがれたに等しい衝撃を与えたことだろう。一日にして零戦九機と、せっかくここまで鍛え上げた搭乗員を五名も、それも空戦でなく悪天候と不時着水で一挙に失ってしまった。悲報を受け、指揮所の幕舎では森田司令が、折椅子に身を沈めて涙を流していた。無理を承知で命じなければならない指揮官の苦衷が、部下たちにも痛いほど感ぜられた。この日はデング熱で出撃できなかった飛行隊長・小福田大尉は、〈戦争というものの無駄とむなしさを考えさせられる一日であった〉と手記に記している。しかし、この犠牲は、これから始まる六空戦闘機隊の苦闘の、いわば序章に過ぎなかった。

サボ島沖夜戦

この日、十月十一日はまた、上陸作戦を支援するため、海上からも五藤存知《ありとも》少将率いる重巡青葉、古鷹、衣笠の第六戦隊と駆逐艦吹雪、初雪が、ガ島飛行場砲撃の命を受けていた。たった三百余名の上陸部隊を重火器とともに送り込むのにしては、手間がかかりすぎとも言える。作戦計画では、日進、千歳の揚陸部隊と入れ替わりに、青葉以下が突入することになっていたが、この手の込んだ作戦そのものが、のちに重大な齟齬をきたす原因となった。

「ガ島飛行場からの敵機の空襲を避けるためには、ソロモン富士と呼ばれるコロンバンガラ島付近で日没を迎え、帰りは夜が明ける前に、その地点まで退避している必要がある。そこがひとつの分岐点であったんです。それで、ソロモン富士に日が落ちるのを見て、そこから突っ込んでいく途中、今までに見たことのないようなものすごいスコールに遭遇しました。『セントエルモの火』といって、雷雲が出て電位差が大きくなると、一種の尖端放電でマストのてっぺんなどに青白い光を発することがありますが、この時はそれが特に激しく現われました。艦首から檣楼トップ、後部マスト、その間に張られている電纜《でんらん》と、ちょうど満艦飾のように艦全体が青白く光って、こんなに凄いのはめったに見ることができません。セントエルモというのは大航海時代の船の守り神の名前で、西洋では吉兆とされています。だけど私は、都落ちする源義経一行の乗った船を沈めようと、平家一門の亡霊が波間に現われた芝居の船弁慶を思い出して、何か不吉な感じがしました」（青葉航海士・武田光雄少尉・兵七十期談）

あまりに激しい嵐に、艦隊は之字《のじ》運動（ジグザグ運動）を中止した。速力は三十ノットのままである。そのため、当初の計画よりも約二時間も早く、作戦海面に到着してしまった。

スコールが通り過ぎ、冷たい風が吹いてきた。

そこに、見張員が、「怪しい艦《ふね》が見えます」と報告してきた。揚陸を終えて戻ってくるはずの、日進、千歳かも知れないと、そこで司令官の判断に迷いが生じた。艦影は敵であった。

敵と気付いて「総員配置ニ付ケ」が下令されるのとほぼ同時に、敵艦からの猛射を受けた。米軽巡ヘレナの放った十五センチ砲弾が、初弾から青葉に命中、艦橋内をビリヤードの玉のように跳ね回り、五藤司令官以下の下肢をなぎ払った。武田少尉（のち大尉、平成十八年歿）も、太股に弾片が命中し、重傷を負った。

「サボ島沖海戦」と呼ばれるこの夜の海戦で、日本側は敵の正確な電探射撃の前に応戦の暇もなく、古鷹、吹雪が撃沈された。

輸送そのものは成功したが、そのために、海に空に払った犠牲は大きかった。第一段作戦の頃とは、敵の強さがまったく違っていた。

旺盛な戦意

十二日にも、六空は、輸送任務を終えて避退する日進、千歳の上空直衛を三直、のべ十五機で行なっている。大原亮治二飛は、この日、一直六機（指揮官・田上中尉）の二小隊三番機として出たのが初めての出撃となった。

出発前、二小隊長・平井三馬飛曹長は、大原に、「いいか、上空哨戒というのは、ただふらふら飛んでるだけじゃないんだぞ。敵を見つけようとキョロキョロするな、探照灯のごとくゆっくりと左右を見渡せ」と注意を与えたが、この時は何事も起こらずにすんだ。

大原や中村佳雄二飛ら、いちばん数の多い十五志（昭和十五年志願兵）、丙飛出身の若い搭乗員は、地上にあっては食卓番や、さまざまな雑用も大切な仕事であった。ふつうの艦船や陸上部隊、航空隊でも他の部署なら新兵がやる仕事だが、航空隊の搭乗員室では、海軍に入ったばかりの新兵というのはいないから、軍歴の若い方から雑用もしなければならない（士官室やガンルームには従兵がつくから話は別である）。中村二飛は、

「ラバウルに行ったはいいけど、その頃はまだ古い搭乗員が大勢いて、私らみたいな若いのは、なかなか作戦に出してもらえませんでした。とにかく名前を売り込んで連れて行ってもらおうと、小福田隊長や宮野大尉、先任下士官らの弁当を運んだり、風防磨きや飛行機の手入れ、いろいろやりましたよ。出撃の時に持っていく空襲袋、あれは古い落下傘の布を切って、若い搭乗員が縫って作るんですが、あれに食料品とかサイダー、ポケットウイスキーなんかを詰めて古い人に持っていったりね……」

と回想するが、いかに犠牲が出ようが、搭乗員の士気にはいささかの陰りもなかった。「実戦に出たい」というのは全員に共通した願いであり、彼らの天を衝くような旺盛な戦意の前には、戦闘に出れば死ぬかもしれないなどというのは、それほど大きな問題ではなかった。十五志には元気な搭乗員が多く、中でも新潟県出身で張り切り者の渡辺清三郎二飛など、風呂場で皆と体を流しながら、胸を張って「今や十五志が中堅だからな！　数で来い、数で！」などと威勢がよかった。

十月十三日。大原がブカ基地で朝食の食卓番を終えて、海辺の烹炊所で洗い物をして幕舎

に帰る途中、突然B－17爆撃機六機、続いてもう五機の空襲を受けた。
「目についた防空壕に飛び込もうとしたら満員で入れず、二つ目の防空壕にもぐりこんだところで、ダダダーン、と来たんです。事変の経験のある人が誰か、『出るな！　時限爆弾だぞ』と言うのを聞きました。間もなく、轟音とともに爆弾が爆発して、助けてくれ、という声が聞こえてきました。外に出てみると、今までいた防空壕の裏手に十メートルほどの大穴が開いて、近くの壕の一つが崩れていました」（大原二飛談）
　さっそく救出作業が始まったが、昨日の大原の一番機、平井飛曹長と、六空通信長・佐々木大尉はすでに絶命し、他にも二人の搭乗員が下半身が生き埋めになって人事不省に陥っていた。飛行場にもたくさんの穴が開き、列線の零戦が数機、破壊されていた。その傍らでは、零戦を発進させるべくエンジンを始動させようとして避難の遅れた整備科分隊士・白方整曹長が、右大腿部を吹き飛ばされて戦死していた。上空哨戒に上がっていた松本早苗二飛曹以下三機と、敵襲を受けて発進した星野浩一三飛曹以下三機がこれらの敵機を追ったが、有効な攻撃を加えることができなかった。昼前にもう一機のB－17が来襲、滝田晟一飛以下三機が邀撃に上がったが、これも取り逃がした。
　ガ島進攻に向けて建設が進められていたブーゲンビル島ブイン基地が、ようやく完成しつつあった。これによって、ガ島までの進出距離が三百二十浬（約六百キロ）と、ラバウルからより二百四十浬も近くなり、二号戦でも余裕をもってガ島攻撃に参加できるようになる。二号戦の航続距離の問題は約二ヵ月で、現地で実質的に解決された。空襲の余韻のさめやらぬブカ基地からは、田上中尉以下十五機の零戦が、ブイン基地に進出した。この日、大原二飛は、西山静喜一飛（操五十四期）の誘導で、他の一機とともに、他機に先駆けてブインに飛んだという。

ブイン基地には、すでに小福田大尉が試験着陸に成功し、八日には二空の角田和男飛曹長（乙五期）以下九機が船団護衛の帰りに夜間着陸していた。角田飛曹長は「夜間着陸の設備が貧弱で驚きましたが、新しい滑走路はラバウルと違い、快適に着陸できました」と語るが、ここ数日の雨で、日本製や敵の分捕り品など規格がまちまちの鉄板がところどころに貼られただけの急造の滑走路は、すっかりぬかるんでいた。十五機の零戦のうち、半数近い七機が、着陸時に滑走路の軟弱な地面に脚を取られ、滑走路両脇に並んだ設営隊員が固唾を飲んで見守る中、機体を回されたりひっくり返ったりして破損した。一番乗りで着陸した大原は、接地した時に、軟弱な地面に敷かれていた丸太を尾輪で引っかけてしまい、丸太がはねてガラガラと大きな音がして驚いたと回想する。

ブインは、ブカ同様、ラバウルのような病院や慰安所はもちろん、きちんとした建物の宿舎さえない、文字通りの最前線基地であった。飛行場から一キロ半ほど離れた海岸の椰子並木沿いに数十張りの幕舎が張られ、そこが隊員たちの宿舎やその他の施設にあてられていた。殺風景なことこの上なく、しかも基地の防備体勢も完備しておらず、敵の空襲に対してはもっぱら見張員の目視に頼るほかはなかった。

最前線・ブイン基地。幕舎が隊員の宿舎や他の施設にあてられていた

この日（十月十三日）の夜、海上では、栗田健男中将率いる第三戦隊の戦艦金剛、榛名、駆逐艦六隻が夜陰に乗じて四十分間にわたってガ島飛行場を砲撃、飛行場を火の海にし、所在小型機の半数を破壊した。翌十四日も、二度にわたる航空攻撃と、重巡鳥海、衣笠による夜間砲撃を行なっている。ガ島の敵航空基地はこの二度の艦砲射撃で焼き払われ、航空燃料と爆弾が一時、極端な不足をきたした。

十四日には、ブイン基地から田上中尉以下六機ずつが二次に分けて輸送船団上空哨戒に出撃、ブカでは昨日戦死した平井飛曹長らが荼毘にふされた。昼なお暗いジャングルの中で布に包まれ、ガソリンをかけられた枯れ木の上で、焔と煙に包まれる戦友たち。デング熱でふらふらしている小福田隊長や宮野も、この葬儀に参列した。隊員たちは言葉もなく、涙さえもなく、異臭とともに骨になってゆく戦友を見送った。

その日のうちには宮野大尉以下十八機の零戦がブインに進出、十五日には二直、のべ十八機で船団を護衛している。出撃記録を見る限り、宮野の十一日の不時着水での負傷はさほど深刻なものではなかったようである。船団は、ガ島泊地で敵機の激しい攻撃を受けたが、揚陸に成功した。この時点で、ガ島の日本軍兵力は約二万近く、対する米軍は二万三千、その大部分は戦闘に疲れ、マラリアに悩まされた海兵隊であった。戦局は、ほぼ拮抗していた。日本軍の反撃を受けて、米軍も積極的な動きを見せていた。太平洋艦隊司令長官ニミッツ大将は南太平洋部隊指揮官ゴームリー中将を解任し、その後任に勇猛果敢で知られるハルゼー中将を任命した。同時に米機動部隊もガ島方面に出動、十六日には前日、ガ島北岸に日本軍が揚陸したばかりの食糧、弾薬が米駆逐艦二隻の艦砲射撃で灰燼《かいじん》に帰した。まさにボクシングのような殴り合いであった。

十六日、六空では川真田中尉以下十二機が攻撃隊とともに敵機動部隊を捜索に向かったが発見できず、ガ島上空で味方上陸部隊を攻撃中のB－17四機と交戦、うち一機に相当な損害を与えている。

二航戦のルンガ泊地敵船団攻撃

敵の艦砲射撃を機に、聯合艦隊は、敵空母との激突に備えてソロモン群島北方にあった空母隼鷹、飛鷹の第二航空戦隊にガ島ルンガ泊地の敵輸送船団攻撃を命じた。二航戦では、翌十七日、二隻の空母からそれぞれ零戦九機、艦攻九機、計三十六機を出撃させることになり、十六日の夜、搭乗員に命令が伝えられた。

しかし、八十番（八百キロ）陸用爆弾を抱えた艦攻の水平爆撃では、スピードも遅い上に、定針《ていしん》といって目標に投弾するまでの数分間、水平直線飛行をしなければならず、敵戦闘機がうようよいるはずのガ島上空では、それは自殺行為に等しかった。十六日の晩、無謀な命令に搭乗員室で荒れる隼鷹艦攻搭乗員たちに、翌日の戦闘機隊指揮官、飛行隊長・志賀淑雄大尉は、「われわれ戦闘機隊は、何があってもお前たちを守りきる」と大見得を切ってなだめた。しかし――。

十月十七日午前三時三十分、総勢三十六機の攻撃隊は母艦を発進。途中、隼鷹の艦攻一機が故障で引き返す。こともあろうにこの一機は、爆撃のリーダーとなるべき嚮導機《きょうどうき》（機長・大多和達也飛曹長）であった。残る三十五機は、隼鷹艦攻隊（指揮官・伊東忠男大尉）、飛鷹戦闘機隊（兼子正大尉・六空の初代飛行隊長）、飛鷹艦攻隊（入来院良秋大尉）、隼鷹戦闘機隊（志賀淑雄大尉）の順に編隊を組んで、一路ガ島に向かった。艦攻隊の伊東大尉と入来院大尉は、宮野と同期の海兵六十五期出身、伊東大尉は、二・二六事件当時の内閣総理大臣・岡田啓介大将の親戚であった。

ミッドウェー海戦の時に辛酸をなめた二航戦の母艦搭乗員が、大勢新しい二航戦に移ってきていた。その中の一人、飛鷹戦闘機隊の原田要一飛曹は、掩護の対象を入れ替えるようなこの編隊の布陣が疑問に感じられたという。志賀大尉が、そのへんの事情を記憶している。

「それまで、二航戦としての打ち合わせや合同訓練は一度もなかったですね。それと、源田参謀の発案で、飛行機隊は発艦したら艦長の指揮を離れ、二航戦としての序列に従って行動することになっていました。

だから、大見得を切った手前もあって自分の艦の艦攻隊を直掩したかったんですが、戦闘機隊は六十期の兼子大尉の方が私より先任なので飛鷹が前、艦攻隊は同じ六十五期でも伊東大尉の方が入来院大尉より先任なので隼鷹が先、と順番が入れ替わってしまったんです」

（志賀大尉談）

艦攻隊の高度は四千メートル、戦闘機隊はそれぞれ、その五百メートル後上方に位置していた。ソロモンの空と海はあくまで青く、太陽は強くまぶしかった。ガ島上空に差しかかる頃、前方の左上方五百メートルほどのところに、断雲が近づいてきていた。「いやな雲だ」と、原田一飛曹の胸に不安がよぎった。

その頃、隼鷹の志賀大尉は、高度六千メートル付近に出ていた層雲が気になって、その陰に敵戦闘機がいるのではないかと、列機を引きつれて雲の上に出てみたが、何も見つからなかった。その間に、嚮導機不在の隼鷹艦攻隊は定針を誤り、伊東大尉は敵地上空で爆撃のやり直しを決める。続いて入った飛鷹艦攻隊は、嚮導機がいるのでそのまま投弾する。隼鷹艦攻隊が大きく旋回してもとの爆撃針路に入った時、艦攻隊の側に戻ろうとした志賀大尉は、断雲の影から、キラッキラッと太陽の光を反射させて、ずんぐりとした機体を身軽に切り返す数機のグラマンＦ４Ｆの姿を見た。あっと思う間もなく、敵機は、一目散に艦攻隊に向けて突っ込んできた。

「『しまった！』と見る間に、たちまち艦攻の二番機が左翼から火を噴き、一番機（伊東大尉機）も右翼付け根から火焔を吐き出しました。しかし、艦攻隊は燃えながらも編隊を崩さない。私は何ともいえない気持で、それを目で追っていきました。もしもあの時、グラマンが襲ってきたら、私もやられていたでしょう。艦攻隊はそのまま投弾して、先に二番機がグラッと傾いて、墜ちていきました。グラマンは、確か九機ぐらいだったと思います（実際には二十八機が上がっていた）。一撃をかけて逃げていく敵機を追いかけて、いちばん後ろのやつに一撃しましたが、艦攻隊が気になって、最期を確認しないままに反転しました」（志賀大尉談）

先に投弾して敵戦闘機の奇襲をまぬがれた飛鷹艦攻隊の丸山泰輔一飛曹は、

「帰投針路に入って後ろを振り返ったら、爆撃針路に入ろうとする隼鷹艦攻隊がグラマンにたかられて、次々に燃えて墜ちてゆくのが見えました。それが、昔のカメラの、マグネシウムのフラッシュを焚いた時のような閃光を発して燃えるんですよ。赤い炎じゃなくて、白く明るく輝いて、キラキラと粉を吹くように……。光と白煙を吐きながら、次から次へと墜ちてゆく。何とも悲壮な光景でした」

と回想する。

飛鷹戦闘機隊先任搭乗員・原田要一飛曹は、一撃を終えて前方に急上昇するグラマンの中から、一機だけわが戦闘機隊の後方に回り込もうとする敵機を認めた。

「私はしんがり小隊長ですから、『このヘナチョコになめた真似をされてたまるか』と、目もくらむばかりに操縦桿を引き、機首を向けたんですが、出港以来の疲れのせいか、一瞬、失神してしまったんです。G（重力加速度）には強い方だったんですがね……。気がつくともう、目の前にグラマンが向かってきていました。私はとっさにこの敵機と刺し違える決心をして、下腹にぐっと力をこめて、左手のスロットルレバーについた引き金（発射把柄）を握りました。互いの曳痕弾が交錯し、あっと思った時にはガーンという衝撃とともに、左手が引き金からはじき飛ばされました。飛行服の左腕のところに卵大の穴が開き、風防や計器板に血しぶきが飛び散りました」（原田一飛曹談）

操縦桿を足にはさみ、右手と口でゴムの止血帯を巻きつけ、ふと見ると、敵機は白煙を引きながら、はるか下方の島影に吸い込まれていくところであった。原田は不時着を決意し、眼下の椰子林にすべり込むが、椰子の木にぶつかって片翼が吹き飛び、墜落状態で転覆した。操縦席に閉じ込められる。やっとの思いで脱出した原田は、重傷で意識が朦朧とする中、不時着した隼鷹艦攻隊の生き残り、佐藤寿雄一飛曹とともにジャングルの中をあてどもなくさまよい、奇跡的に友軍に救出される。傷は化膿して悪化の一途をたどり、マラリアやデング熱も併発して半死半生の状態で、舟艇に乗せられてガ島を脱出したのが十一月五日、意識が戻ったのは約一週間後、トラック島の第四海軍病院であった。

九十歳となった現在、長野県で幼稚園を経営している原田の左腕には、今もその時のすさまじい銃創が残っている。

この日の攻撃で、隼鷹艦攻隊六機が撃墜され、二機が不時着。飛鷹艦攻隊も対空砲火で一機自爆、一機が不時着。これほど大きな犠牲を出したにもかかわらず、爆撃による戦果はゼロであった。その後、飛鷹は機関故障で戦列を離れ、入来院大尉以下、飛鷹艦攻隊は隼鷹に洋上で乗り換え、二十六日の南太平洋海戦に参加することになる。

指揮官の仕事

二航戦がガ島上空で大きな損害を受けている頃、六空戦闘機隊は宮野以下のべ十五機、三直に分かれて輸送船団上空直衛、三機がブイン基地上空哨戒を行なっている。基地上空哨戒については、原則として一個小隊三機で行ない、その三機が発進後は、令なくして別の三機を即時待機（戦闘準備を完了し、即座に発進できる状態）で待機させることが、「第六航空隊戦闘準則」で決められていた。

十月十九日、六空戦闘機隊は、二直に分かれてガ島飛行場上空制圧のため出撃することになった。一直は宮野大尉以下九機、二直、川真田中尉以下九機。宮野にとっては初のガ島進攻戦である。宮野の乗機は二号戦であった。

出撃前のブイン基地で、宮野は、実戦では初めて三番機を務めることになった大原亮治二飛に注意を与えた。

「いいか、今日は必ず会敵する。空戦になるから絶対に俺から離れるな。俺が宙返りしたらその通りにやれ、お前は照準器は見なくていいから、俺が撃ったら編隊のまま撃て。すべて訓練と同じ要領だ。わかったな、しっかりやれよ」

午前六時に発進した宮野隊は、八時十五分、ガ島上空に到着、一時間二十分にわたって上空を制圧した。ブイン基地ができて、二号戦でもこれだけの長い時間、敵地上空に滞空することができるようになったのである。八時五十五分、グラマンF4F五機が、宮野隊に空戦を挑んできた。

「雲の下から出てきたグラマンが、ちょうどいい態勢で前に出てきました。私は初めて星のマークを見て驚いちゃって、あっと思いましたよ。宮野大尉は、『いいか、離れるなよ』とでも言うようにチラッとこちらを振り返り、グラマンに向かっていきました。宮野機の二十ミリ機銃が火を噴いたと見るや、私も夢中で引き金を握りましたが、気がつくと、この一撃で一機は火達磨《だるま》、もう一機も黒煙を吐いて墜ちていきました。いやあ、すごいと思いましたね」（大原二飛談）

水際立った宮野の攻撃に、不利な戦いと見たか、残る敵機は、蜘蛛の子を散らすように逃げていった。尾関行治一飛曹と玉井勘一飛は、B－17二機を発見、攻撃したが戦果はなかった。九時三十五分、戦場離脱。ほどなく、二時間半遅れで発進した二直の川真田隊がガ島上空に達する。川真田隊はグラマンF4F九機と交戦、川真田中尉と高垣進平三飛曹（甲六期）が、それぞれ一機を撃墜している。川真田中尉の戦果は、二十ミリ機銃弾を一発も使わず、七ミリ七機銃弾八十五発だけで仕留めたものであった。

宮野がラバウル方面に進出して以降の六空戦闘機隊の戦闘行動調書を通読して、他隊と比較してきわだって特徴的なのは、指揮官機の撃墜戦果がいちばん多いことである。

「敵発見の後、部下を有利な態勢に誘導すること、退け《ひ》時には全機をまとめて無事につれて帰ってくるのが指揮官の仕事。自分で敵機を墜とす必要はありません。はじめの一撃は自分がかけますが、あとは上空に上がって全般を見ます。自分がグルグル格闘戦に入ると、何が何だかわからなくなりますからね」

と、宮野の十二空時代の分隊長、鈴木實（最終階級中佐）が戦後、筆者に語ったように、指揮官機の役目は部隊全体としての戦果を挙げつつ、味方の被害を最小限に抑えることで、必ずしも自分で敵機を撃墜することではない。この物語に登場する飛行隊長クラスの名だたる指揮官も、その多くは個人戦果などあまりなく、あっても小隊長クラスの「墜とすのが仕事」の時代に挙げたものがほとんどである。一例を挙げると、零戦初空戦の指揮官、真珠湾攻撃第二次発進部隊の制空隊指揮官として知られる進藤三郎少佐（兵六十期）の単独戦果は、通算して撃墜確実二、不確実一、小隊協同撃墜一、以上が全てである。

しかし、海軍に入って二年少々、搭乗員として実戦配備されて数ヵ月という若年搭乗員が過半を占める六空にあっては、指揮官が敵機撃墜の、いわば手本を示すしかなかったのであろう。戦死までの六空・二〇四空における宮野の単独撃墜は、記録され、あるいは判明しているものだけで十機（プラス小隊協同一機。それ以前の戦果はのぞく）に達する。

編隊飛行の神業

宮野が二機のグラマンを撃墜したのと同じ日、用務でブインに上陸した駆逐艦村雨《むらさめ》砲術長・鹿山誉大尉の回想が残っている。

〈駆逐艦村雨は、高速船団のガダルカナル輸送に引き続き、第二師団総攻撃に必要な輸送任務を終えた後、ブイン飛行場の防空に協力することとなった。十七年十月十九日、村雨は飛行場前の海岸に錨泊、私は陸上砲台との協議のため一人で上陸した。飛行場は、ガダルカナル作戦の要求に応じて造り始めたものであった。

去る九月八日、村雨の護衛のもとに輸送船國川丸から上陸した第四建築部派遣隊の小川設営隊が急速設営にとりかかったが、連日の悪天候のために作業は困難をきわめ、ついに陸軍の援助を得て概成した。

十月八日（注：十三日の間違いか?）、初めて零戦十五機が進出したが、着陸時に七機が大破した。十月十五日には戦闘機二十五機、艦爆十五機が進出してガ島方面の作戦を開始した。滑走路は、こんなところでよく飛べると思われるほどの凸凹で、凹部は鉄板で覆っている。

戦闘機が三機着陸するのを見ていたが、グラグラと大きく動揺し、一機は三回もやり直しをしていた。この滑走路の両脇には、零戦、艦爆、陸攻と、置き場もないぐらいに着陸時に大破した飛行機が並んでいた。

本部は小さなテントの中に、二〇四空司令森田千里中佐、第二分隊長の宮野君、髪を伸ばした同郷（徳島県）の川真田勝敏君がいた。誰も皆、苦労の様子が顔に表われていて、海上部隊が文句を言えるところではないと思った。これが、宮野君と会った最後である〉（鹿山大尉回想）

こんな状況の中で、六空戦闘機隊は連日のガ島攻撃に出撃した。二十日には川真田中尉以下十五機がグラマン十二機と空戦、川真田中尉、金光中尉、田上中尉、鈴木軍治一飛曹、大正谷宗市三飛曹、中野智弌一飛、加藤正男二飛、藤定正一二飛がそれぞれ一機撃墜（計八機）を報じたが、玉井勘一飛（十五徴・丙二期）が行方不明になった。二十一日は宮野大尉以下十二機が出撃、ガ島上空でグラマン五機と遭遇したが、敵は勝負を嫌って空戦にはならなかった。続いて二十二日にも、デング熱がようやく癒えた小福田大尉以下十二機が発進するも、積乱雲に阻まれて引き返してきている。二十二日には陸軍第二師団（仙台）がガ島に総攻撃をかける予定であったが、陸軍の都合で翌日に延期となる。

防衛庁所収の二十二日の二〇四空戦闘行動調書によると、一中隊長・小福田大尉、二中隊長・宮野大尉で、大原二飛や島川正明一飛の名前がないが、実際には両名ともにこの日は出撃しており、記録の方に不備がある可能性が高い。大原は宮野の三番機、島川はその二小隊である。

当時、六空をはじめ基地航空部隊では、戦闘機同士の無線は雑音がひどくて使えず、使えないものなら降ろして少しでも機体を軽くしようと、指揮官機以外は無線機も積んでいなかった。キャノピー後部にある無線アンテナ支柱は木製であったが、無線機を降ろした機体はこれも鋸で切ってしまっていた。もちろん上空では、エンジンの爆音や風切り音で、いかに大声を張り上げたところで聞こえっこない。したがって、指揮官と列機の意思の疎通は、バンクや手信号に頼らざるを得なかった。

「この日は天候が悪く、ずっと雲の上を飛んでいましたが、ブイン基地を発進して一時間半、大きな積乱雲に行く手を阻まれました。突破しようとしばらく雲の手前を飛び続けましたが、どうにもならないので、指揮官は引き返す決断をしました。小福田大尉と宮野大尉が、それぞれの中隊を率いて六機ずつ、二手に分かれて帰ることにしたようです。宮野大尉は、真剣な表情で、バンクして下を指差す合図をすると雲の下に降下していき、われわれも三機編隊の密集隊形のまま、それに続きました。ニュージョージア島にぶつかるのを避けるため、進路は南にとりました。

土砂降りのスコールの中、ペラが海面を叩きそうな超低空でしばらく飛びましたが、私は隊長機の翼端を見るのに精一杯、雨で外が見えないので風防を開けたぐらいで、計器を見る余裕はありませんでした。大丈夫かな、大丈夫かなと思いながらスコールを抜けると、突然、右方向に島が見えたんです。私は、雲の下に入る前にコンパスで見た方角、二百七十度のまま飛んでるものだと錯覚していて、一瞬、あ、これはニューギニアだ、これはとんでもないところに来てしまったと思いました。燃料の都合もありますから、迷ってしまうと致命的です。

すると、宮野大尉はおもむろに右後ろの私を振り向いて、落ち着き払った様子で舌を出し、それを指差しました。『あ、ベラベラだ!』……私が思っていた針路とは、いつの間にか大きく外れていました。いやー、すごい、隊長についてきてよかったと思って心底ホッとしましたね。顔がほころんでくるのが自分でもわかりましたよ。隊長はちゃんと計算してわかって飛んでおられたんでしょうが」(大原二飛談)

冗談みたいな話だが、舌を出してベロベロやるのがベラベラ島、丸く指で輪を描くのが、上空からは真ん丸に見えるコロンバンガラ島、口を開けて指差すのが燃料関係など、搭乗員の間では手信号が幾通りも定められていた。無線も通じずに編隊を組んで飛ぶのは神業のようであったが、彼らにとってはそうするよりほかにコミュニケーションの手段はなく、それが当たり前のことでもあった。同じ条件にあった六空の僚隊、二空の角田和男飛曹長は、

「列機は、若い搭乗員もみんな飲み込みが早くて勘がよく、私が中隊を率いて行く時など、私のちょっとした動き、たとえば手を頭上で縦に振っただけでスッと単縦陣になったり、敵機を発見したら片バンクをちょっと振るだけでサッと戦闘隊形に入ったり、実に息の合った動きをしてくれたものでした」

と当時を振り返る。

乱戦の中で

二十三日にも、陸軍の総攻撃を支援するべく、ガ島上空制圧が実施されることになった。

指揮官は小福田大尉、第二中隊長は金光中尉で、六機ずつの二個中隊編成である。大原二飛は、この日は小福田大尉の三番機として出撃することになった。十九日の空戦で、目の前で簡単に敵機が墜ちてゆくのを見た大原二飛は、今度は自分でもやってみたい衝動に駆られていた。

「この頃は、正々堂々来るなら来い、と敵地上空をぐるぐる旋回しながら、敵機が上がってくるのを待つ、という戦い方でした。この日は、ほとんど同高度でグラマンF4F十数機と会敵しました。小福田大尉が攻撃するのを見て、『俺もやりたい、やりたい』と、ふと見るとすぐに墜とせそうなところにグラマンが一機いる。私は隊長に無断で編隊を離れてそいつを追いかけましたが、どういうわけかスピードが出ません。『しまった！　増槽を落とすのを忘れてた！』、空戦の時は、空気抵抗を減らすために燃料コックを翼のタンクに切り換えて、増槽を落とすのが鉄則ですが、あがっていてそれを忘れていたんです。増槽を落としてやっと敵機に追いついて、苦心惨憺してそいつを撃墜しましたが、気がつけば四、五機の敵機に囲まれていました。そこで、皆が助けに来てくれて大混戦になってしまいました。この日はグラマンも格闘戦を挑んできましたね。私はGで目から火花が散るほど操縦桿を強く引いて、敵機の攻撃から逃れましたが、ふと見ると頭上に零戦が一機、煙を噴いて墜ちてゆくのが見えました」（大原二飛談）

大原の一機のほか、小福田大尉が一機（不確実）、坂野隆雄二飛が二機、合計四機のグラマンを撃墜したが、もっともまずい乱戦で、わが方も金光中尉、鈴木軍治一飛曹、高垣進平三飛曹、福田博三飛曹の四機の犠牲を出し、大原にとっては何とも苦い初撃墜となった。基地に帰ると大原は、小福田大尉から、無断で編隊を離れたことに対して大目玉を食った。

同じ日、ガ島攻撃に出撃した鹿屋空戦闘機隊もグラマンF4Fと交戦、宮野の八尾中学の後輩で、直接、宮野の薫陶を受けて戦闘機乗りになった分隊長・馬場政義中尉と光永八郎二飛（丙三期）が戦死している。馬場は、先述のように八尾中学開校以来の秀才といわれ、中学四年から進んだ兵学校も、六十七期生二百四十二名中三十五番という優秀な成績で卒業していた。馬場は、成績が優秀なだけでなくその人柄からも、周囲の人々に深く愛されていた。八尾中学の教頭を務めた川西久吉が、母校の同窓会誌に寄せた追悼文がある。

高垣進平三飛曹

〈（馬場は）教卓の真正面の組長の席を四年間占めていて、私と常に向かい合っていました。今でも、彼のふっくらした顔、余裕を持って勉強しているシンボルである、ニコヤカな顔、端正で、しかも活気溢れる態度が、鮮やかに印象づけられています。四年修了後、海兵に進学し、卒業後海軍士官の、あのりりしい白手袋、短剣姿で母校を訪れました。その後太平洋戦争に酣《たけなわ》の際、「飛行将校として南方に飛びます」と、がっちりした姿を教員室に現しました。まさに国難に赴く気持だったのでしょう。これが永遠の別離になってしまいました。ガダルカナルの空に惜しくも散ってしまったのでした。戦死の公報が入って、鞍作《くらつくり》の自宅で葬儀の行われました際、どうしてもあきらめきれず焼香の場をいつまでも去るに忍びませんでした。本校としても、わが国としても、惜しみても余りある人物を無惨にも一片の鉄塊の犠牲としたのでした。時勢とは申せ、運命が余りにも此人に冷酷だったのです。大きな目に見えぬ運命が幸不幸をもたらし、人力では如何ともし難いのを痛感します〉

同じ方面の作戦に参加しながら、鹿屋空はカビエンに本隊を置き、宮野もラバウル進出後ほどなくブカ、ブインに移動したので、この二人が戦地でまみえる機会はついに訪れなかった。自分が熱心に勧誘して同じ道をついてきた後輩の死を、宮野はどのように受け止めたのだろうか。

十月二十四日、陸軍の総攻撃がようやく実施された。夜九時、現地陸軍部隊は「敵飛行場占領」を打電する。一報を受け、ラバウルでもブインでも、付近を遊弋中の母艦部隊でも、ドッと歓声が沸いた。さっそくガ島に進出すべく、二神季種《ふたがみすえたね》中尉（兵六十八期）以下二空戦闘機隊の零戦五機、鹿屋空の三機が、午前四時三十分、ラバウルを発進、ブカで燃料補給の上、現地に向かう。しかし、二神隊が発進した後になって陸軍部隊から、「飛行場占領は誤り。今夜七時突入の予定」との電報が届いた。誤報だったと言われても、無線が通じないので、出撃した戦闘機隊を引き返させることはできない。二神隊は、着陸しようとしたところを待ち構えていたグラマン編隊に奇襲包囲攻撃を受けた。二神中尉、石川四郎二飛曹、森田豊男三飛曹、生方直一飛（各二空）が未帰還（石川二飛曹は米軍捕虜となり生還、平成十六年歿）。鹿屋空の熊谷鐵太郎一飛曹、日隈明司二飛曹、河崎勝彦三飛曹（二機撃墜）は無事帰還できたが、二空で帰ってきたのは長野喜一一飛（三機撃墜、一機不確実撃墜、被弾三）のみ。誤報というにも度が過ぎた大誤報であった。

南太平洋海戦始まる

また、十月二十六日には、日米機動部隊の大規模な激突が起こっている。敵空母部隊が付近にいるということで、数日前から索敵機が敵を求めて飛んでいたが、互いになかなか敵を見つけることができず、気分的に少しだれた感があった頃に、突如、という感じで日米ほぼ同時に、相手艦隊を発見したのである。

「南太平洋海戦」と呼ばれるこの戦闘で、日本側は米空母ホーネットを撃沈、エンタープライズに損傷を与え、飛行機七十四機を失わしめたが、翔鶴と瑞鳳が被弾、飛行機九十二機と搭乗員百四十五名を失った。海兵六十五期の宮野のクラスでも、入来院良秋大尉（飛鷹艦攻分隊長・隼鷹から発艦）、鷲見五郎大尉（翔鶴艦攻分隊長）、山田昌平大尉（翔鶴艦爆分隊長）が敵空母攻撃のさいに戦死、水上機搭乗員で重巡筑摩飛行長の齋藤仁大尉が敵機の爆撃による直撃弾で戦死した。

この物語のこれまでの登場人物、証言者のうち、志賀淑雄大尉（隼鷹飛行隊長）、日高盛康大尉（瑞鳳戦闘機分隊長）、吉野治男一飛曹（翔鶴艦攻隊索敵機）、丸山泰輔一飛曹（隼鷹艦攻隊雷撃機）、佐々木原正夫二飛曹（翔鶴戦闘機隊）、小町定三飛曹（同）らがこの海戦に参加している。

〈太陽は大分高く上がって午前七時頃！　突如前衛部隊より敵艦上機四機見ゆとの報あり、「スハ」と緊張す。と同時にすみやかに敵雷撃機来襲の煙幕各艦より展張され、直衛待機は次々発艦し行く。あたふたと出てきた隊長（注：新郷英城大尉）が「敵空母発見」と黒板に大書す。敵の艦上機が我艦隊に来襲して来た以上は近海に敵空母が居るに違いない。

制空隊予定戦闘機は大部分直衛に我先にと舞上がって行ったため、四機しかいない（注：当初は七機の予定であった）。今は仕方がない。

敵の位置「百二十五度二百十五浬」、雷撃隊は逸早く準備を整え、第一次攻撃隊は急速に発艦して行った。（中略）

自分は一次攻撃隊制空隊に行く予定だったが他に乗って行かれたので、二次制空隊に行くことになった。

一次攻撃隊が発艦して行く時、艦橋で見送ったが、事態の切迫に思わず「頼む頼む」と叫んで見送り、帽を力の限り振った。敬礼をしながら攻撃に発艦して行く機上の勇士の姿は、実に此の一戦に突撃する頼もしいまでの自信に満ちていた。敵がいくら来ようとも、我飛行

機隊が出発して征途に進撃を開始したからには、もう絶対にこちらの勝だと勇む〉（佐々木原二飛曹日記）

瑞鳳零戦隊の苦闘

翔鶴、瑞鶴、瑞鳳の第一航空戦隊から発進したのは、零戦二十一機（翔鶴四、瑞鶴八、瑞鳳九）、九九艦爆二十一（瑞鶴）、九七艦攻二十（翔鶴）、計六十二機であった。攻撃隊が発艦した直後、瑞鳳は、索敵に飛来した敵ＳＢＤの投下した爆弾を飛行甲板に受けた。

瑞鳳戦闘機隊指揮官・日高盛康大尉は、この模様を上空から見ている。

「その時私は、海軍技術士官として飛行機事故で殉職した兄の形見のライカⅡ型を、私室に置いて出ていました。瑞鳳から爆煙が上がるのを見て、しまった、持ってくればよかったな、と思いましたが、後の祭りでした」（日高大尉談）

進撃する途中、敵空母ホーネットより発進したＳＢＤ艦爆十五機とすれ違った。わが方の高度は三千メートル。敵は右前方二千メートル、発艦してから間もないと見えて、まだ編隊も組めずにバラバラに飛んでいるようであった。高度差千メートル、距離もよし、日頃の射撃訓練でやっている通りの絶好の条件である。が、日高大尉は、「任務は直掩」と、その敵機をやり過ごした。

さらに十分後、今度はエンタープライズから発艦したＦ４Ｆ、ＴＢＦ艦攻各八機、ＳＢＤ

米海軍の艦爆、ダグラス SBD ドーントレス

米海軍の艦攻、グラマン TBF アベンジャー

三機と遭遇した。先ほどと全く同じ条件である。日高隊はちょうど太陽を背にして優位な態勢にあった。日高の脳裏を、ミッドウェーの悲劇がよぎった。「今ならこの敵をやっつけても攻撃隊に追いつける」、そう思った次の瞬間には、日高は攻撃開始のバンクを振って、訓練通り、敵機が自機の右主翼前縁、先端から三分の一の位置にさしかかったところで切り返し、敵編隊に突入していった。

奇襲を受けた敵機は、次々と火を噴いて墜ちていく。敵戦闘機は、攻撃隊をかばっているつもりか、くるくると旋回するばかりでなぜか反撃してこなかった。一撃ののち、高度をとって全体を見渡す日高大尉の目に、墜落した敵機が、海面にピシャン、ピシャンと水しぶきを上げるのがいくつも見えた。またたく間に十四機を撃墜（米側記録ではＦ４Ｆ三機撃墜、一機損傷、ＴＢＦ四機撃墜）。

Ｆ４Ｆの戦意のなさに比べて、ＴＢＦの旋回機銃は意外に命中精度もよく、侮れないものがあった。一撃目で高木鎮大三飛曹が被弾し自爆、続いて松本善平三飛曹も同じく旋回機銃

瑞鳳艦上の零戦。左端の尾翼記号ＥⅢ-117は日高大尉の乗機。
南太平洋海戦直前、昭和17年10月の撮影（撮影・日高盛康）

にやられ、自爆している。光元治郎一飛曹機も被弾大破した。しかも思いのほか空戦に時間をとられ、一段落した時には攻撃隊の姿はもはや視界から消えていた。

日高が上空でバンクを振って列機を集合させると、日高機は増槽をつけたままだったが、列機の中には増槽を落としてしまった者もあり、機銃弾を撃ち尽くした者もいた。日高隊は、味方攻撃隊を追うことをあきらめざるを得なかった。

この時の日高隊には、さらに追い撃ちをかけるような、隠れた出撃時の不手際があった。通常、母艦から発進する時は、母艦の現在位置をプロットしたチャート（航空図）を、航海士が指揮官に渡すものだが、急な出撃にチャートが間に合わず、日高大尉はチャートが受け取れないまま発艦していたのである。

飛行甲板の上に、いわゆる島型艦橋がある母艦ならそういうことは起りにくいが、瑞鳳の艦橋は飛行甲板の下にあるので、飛行機隊との連携がとりづらい欠点があった。ともあれ空戦には勝利したが、今度は戻るべき母艦の位置がわからない。クルシー（無線帰投装置）のスイッチを入れてみたが、空戦時にかかったＧ（荷重）のせいか、針が回るばかりで、故障していて使えない。日高が列機に手信号で聞いてみても、クルシーが故障していない者はいなかった。

母艦部隊は、ここへ来る前にトラック島で、無線通信やクルシーを使っての帰投訓練を相当やってきていた。クルシーが使えればドンピシャリで帰れるという自信をつけた上での実戦であったが、肝心のクルシーが使えないのではどうしようもない。日高大尉は、機首を反方位に向けた上で、万一の場合の損失を分散できるよう、列機を小隊ごとに散開させた。日高・光元二飛曹の第一小隊、内海秀一中尉と川崎正男一飛曹の第二小隊、河原政秋飛曹長・近藤政市一飛曹・中村泰弘二飛の第三小隊である。

そのうち、第三小隊は、ちょうど敵艦隊攻撃から帰投途中の艦攻隊と合流できて早々に瑞鶴に帰還。日高の第一小隊は、索敵の要領で四角い空域をだんだん広げながら飛ぶということをしてみたが、味方艦隊は見つからず、そのうちどうも針路が西に寄っているような気がして、日高は駄目でもともとと、思い切って九十度変針してみた。

すると——。盛んに艦位を知らせる瑞鶴からの無線電話の声が、レシーバーを通じて日高の耳に届いた。多くの基地航空隊ではなおざりにされ、使い物にならなかった無線だが、母艦部隊にとってはなくてはならないものである。日頃の訓練の成果もあって、この海戦では無線が大きな役割を果たしている。

電信ではなく無線電話の声が聞こえるということは、味方艦隊は近くにいるに違いない。だが、もとの位置がわからなくては、艦位を教えられてもどうにもならない。日高大尉は、電話で瑞鶴に、黒煙を上げてくれるよう要請した。艦隊としても、黒煙を上げることは敵機に発見される恐れがあるので、指揮官によっては躊躇する状況である。しかし幸い、ほどなくして左前方、水平線上に黒煙が高く上がるのが見えた。味方駆逐艦が展張した黒煙であった。光元一飛曹は、それを見ると喜んで、バンクを振りながらすっ飛んで行ったという。

日高、光元の二機とも、何とか無事に、唯一被弾のなかった瑞鶴に着艦することができた。午後一時過ぎのことである。発艦してからすでに八時間あまり、燃料の残量は三十分を切っていた。二機とも、空戦の時に増槽を落とさなかったのが幸いであった。日高と光元が帰還できたのは、増槽をふくめた零戦の長大な航続力の賜といえた。

しかし、残念なことに、内海秀一中尉、川崎正男一飛曹の第二小隊は、待てど暮らせど還ってこなかった。川崎一飛曹は乙飛六期のベテランで、日高としては、内海中尉には川崎がついているから大丈夫との思いがあったが、二機とも、空戦時に増槽を落としていて、燃料不足になったのかも知れなかった。

内海中尉は海兵六十八期、仙台一中出身で、東北訛りの抜け切らない純朴な好青年であった。空戦で自爆した松本三飛曹は、十二空から三空にかけての歴戦の搭乗員で、特に大東亜戦争初頭の三空時代には宮野善治郎の直接の列機を務めていた。日高大尉はここで失った部下たちへの思い絶ちがたく、戦後六十余年が経ったいまも、彼らの写真を肌身離さず持ち歩いている。

翔鶴・瑞鶴飛行隊の激闘

日高隊の空戦で、味方空母に向かう敵攻撃隊を蹴散らし、それによる損害を未然に防ぐことができたが、このために、ただでさえ少ない攻撃隊掩護の戦闘機が九機減って十二機になり、敵空母上空に待ち構えていた数十機のグラマンとの交戦で苦戦を強いられることになった。

翔鶴戦闘行動調書によると、宮嶋尚義大尉率いる戦闘機隊は雷撃隊の雷撃前に六機、雷撃後に二機のグラマンと空戦、四機撃墜を報じたが、半澤行雄飛曹長（乙五期）が行方不明となり、ほか一機が燃料が尽きて不時着水した。「雷撃の神様」村田重治少佐（兵五十八期）指揮の翔鶴雷撃隊は、グラマン十四機の攻撃をかいくぐって、猛烈な対空砲火の中、雷撃を敢行、敵空母に四本、巡洋艦に一本、駆逐艦に一本の魚雷命中を報じたが、二十機中、指揮官機をふくむ十機が撃墜され、六機が燃料切れで不時着水、帰投した四機も全機が被弾という大きな損害を出した。六十五期の鷲見大尉が戦死したのはこの時であった。

瑞鶴戦闘行動調書によると、白根斐夫《あやお》大尉（兵六十四期）指揮の戦闘機隊はグラマン三十数機と空戦、うち十四機の撃墜を報じたが、小山内末吉飛曹長、星谷嘉助三飛曹が戦死、一機は不時着水、白根大尉以下三機は二航戦の空母隼鷹に着艦した。高橋定大尉（兵六十一期）以下二十一機の艦爆隊は、グラマン二十数機の攻撃を受けながらも敵空母を攻撃し、六発以上の命中を報じたが、艦爆の自爆、未帰還も十二機を数え、五機が不時着水、帰艦できたのは四機に過ぎなかった。石丸豊大尉（兵六十六期）は、ホーネットに一弾を命中させたが、すさまじい対空砲火に被弾、後席の偵察員が戦死するも、なんとか味方艦隊上空にたどり着く。そこで力尽きて不時着水し、駆逐艦夕霧に救助されるが、「ズイカク」と一言発して事切れたと伝えられている。石丸大尉は、兵学校、飛行学生ともに恩賜で卒業した俊秀で、「零戦の会」の現会長・岩下邦雄大尉（兵六十九期）の実兄である。艦爆に対しても艦攻に対しても、敵防御砲火は熾烈を極め、輪形陣の全艦が一斉に回避しながら砲火を指向するほど、統一指揮がなされているように認められた。

機動部隊は第一次攻撃隊を発進させた後、ただちに第二次攻撃隊の準備にかかり、翔鶴から零戦五機（新郷大尉）、艦爆十九機（関衛《まもる》大尉）、瑞鶴から零戦四機（重見勝馬飛曹長）、艦攻十六機（今宿滋一郎大尉）を各艦ごとに発進させた。第二次攻撃隊も各隊ともグラマン十数機の邀撃を受け、さらに対空砲火で、自爆・未帰還艦爆十、艦攻九、不時着水零戦二、艦爆二、艦攻一という大きな損害を出した。米空母エンタープライズと戦艦サウスダコタに装備された新型のエリコン二十ミリ機銃、ボフォース四十ミリ機銃の威力にはすさまじいものがあった。

翔鶴戦闘機隊の佐々木原二飛曹は、上空からわが攻撃に被弾、気息奄々としている敵空母を見て、機上で万歳を叫んだ。佐々木原の日記を見ると、この海戦で翔鶴戦闘機隊もちゃんと無線を使っていたことがわかる。

〈クルシーを入れてみると、味方の母艦群より連続信号を発信してくるのが受信された。然し未だ母艦は見えず、又その位置も判らなければ測定も出来ぬ。クルシーが破壊されているのだ。諦めて電話に切り換えたが感度なく、電信にダイヤルを切り換えると間もなく感度あり、総戦闘機（サクラ）及び制空隊（ツバメ）に呼びかけているのが聞こえた。シメタ！　と受信に掛る。右手の操縦桿を左手に持ち、レシーバーを完全に装着して、ダイヤルを調節して聞こえるのを右膝の上の記録板に書きとめる。

「サクラサクラ我の位置、出発点よりの方位二十八度九十五浬速力三十ノット、針路三十三度。一三三五」

次いでサクラサクラと連送して来る。直ちに母艦の位置を計算、会合点時間を計測する〉

翔鶴より索敵に発進していた吉野治男一飛曹は、途中、敵艦上機と遭遇したほかは敵影を見ず、午前八時頃、母艦上空に帰ってきた。

「着艦セヨの信号で着艦コースに入り、艦尾近くに達してまさに着艦寸前、突然、母艦の着艦用誘導灯が消え、飛行甲板が大きく左に傾きました」（吉野一飛曹談）

上空では、敵急降下爆撃機が、まさに攻撃態勢に入っていた。翔鶴はそれを回避するために右に転舵したのである。吉野の目前で、翔鶴はたちまち、おびただしい水柱と煙に覆われた。翔鶴には三弾が命中、幸い、攻撃隊を出した後でミッドウェーの時のような誘爆は起さずにすんだが、瑞鳳に続いて発着艦が不可能になった。吉野機をはじめ、攻撃や上空直衛から生還した飛行機は、すべて瑞鶴に着艦せざるを得なくなる。同じ頃、艦隊前衛の重巡筑摩も、敵の爆弾四発を受けた。

隼鷹飛行隊三次の攻撃

いっぽう、機動部隊本隊の西方にいた前進部隊の空母隼鷹は、敵との距離二百八十浬で零戦十二（志賀淑雄大尉）、艦爆十七（山口正夫大尉）の第一次攻撃隊を発進させる。

「断雲の間から、いきなり一隻の空母が現われ、飛行甲板からグラマンが二機ぐらい、発艦するのが見えました。『あ、いいぞ、あれに行くんだな』と、艦爆が単縦陣で降下していく上を、戦闘機のほうがスピードが速いのでつんのめらないようにエンジンを絞って蛇行運動しながら、ついて行きました。とにかく、艦爆はどっちに行く？　敵戦闘機は？　と考えながら、対空砲火なんか全然目に入りませんでしたね。そして、いくつかの断雲をぬけて、あっと思ったら戦艦の真上に出てしまったんです。『あれ、戦艦だ』、艦爆の三浦尚彦大尉機についていったはずだったんですが、雲の中ではぐれたんでしょう。三浦機がいつ火を噴いたのかもわかりませんでした。あっという間に高度七十メートルぐらいにまで下がったと思います。大きな煙突が目の前に現われて、てっぺんに金網が張ってあるのがはっきりと見えましたよ」（志賀大尉談）

しかし、志賀は意識しなかったが敵の防御砲火は隼鷹隊に対しても衰えを見せず、艦爆隊十七機のうち九機が撃墜されている。

隼鷹ではさらに、第二次攻撃隊として臨時に着艦していた瑞鶴の白根大尉以下零戦八機と、入来院大尉以下艦攻七機を発進させる。入来院大尉の雷撃隊は、敵空母に魚雷三本、巡洋艦に一本の命中を報じたが、入来院大尉機ほか一機が撃墜され、艦攻隊の全機が被弾した。ミッドウェー海戦の時、飛龍雷撃隊で敵空母ヨークタウンに魚雷を命中させた丸山泰輔一飛曹は、この攻撃でもホーネットに魚雷を命中させている。

「雷撃というのは、サッカーと同じで、チームプレーです。あっちから攻め、こっちから攻めして初めてゴールできる。私の魚雷が命中したといっても、単機で攻撃したのではうまくいくはずがありません。これは、敵戦闘機や対空砲火を引き付けてくれて戦死したみんなの力なんですよ」（丸山一飛曹談）

瑞鶴だけになった一航戦でも、零戦五（小林保平中尉）、艦爆二（堀健二一飛曹）、艦攻六（田中一郎中尉、爆装・八百キロ通常爆弾）の第三次攻撃隊を発進させる。ここまでくると、もはや敵の反撃もまばらになっていた。

隼鷹は続けて、帰ってきたばかりの第一次攻撃隊の生き残り可動機を集めて、零戦六機、艦爆四機からなる第三次攻撃隊を編成した。総指揮官は志賀大尉、艦爆隊は、第一次攻撃で山口、三浦両大尉が戦死したので、初陣の加藤瞬孝中尉があたることになった。

初めての戦闘で、すさまじい防御砲火をくぐりぬけてやっと生還した加藤中尉は、報告の声もしどろもどろで、まだショックから立ち直っていなかった。搭乗員待機室で奥宮正武・二航戦参謀から「加藤中尉、もう一度願います。今度は君が指揮官をやってもらいたい」と伝えられた加藤中尉は、「えっ！　また行くんですか」と、びっくりして立ち上がった。

「加藤中尉はトンちゃんの愛称で親しまれている、かわいい男でした。驚いている彼に、『トンちゃん、戦争だぞ、俺がついてるから、攻撃がすんだら、戦闘機を誘導せずにまっすぐに帰ればいいから』と励まして出撃したんです」（志賀大尉談）

隼鷹第三次攻撃隊はホーネットに全弾命中を報じ、艦爆隊は志賀大尉に言われた通り、一目散に母艦へ帰っていった。すでに夕闇が迫っていた。志賀大尉が列機をとりまとめ、クルシーのスイッチを入れると、母艦からの電波が入ってきた。発進前、志賀は海兵で一期先輩の通信長佐伯洋大尉に、「無線封止なんて言って電波を出さなかったら、帰ってきたらぶっ飛ばすぞ」と言い置いて出てきたが、通信長の律儀さがしみじみ有難く思えた。故障しやすいクルシーが生きていたのも、幸運であった。

ぶつからないよう開距離で、しかしはぐれないようガッチリと編隊を組んだまま、針の指し示す方向に飛ぶこと一時間あまり、周囲はすでに暗闇に包まれている。突然、クルシーの針がパタッと倒れた。志賀が下を見ると、真暗に見える海面に、パッと母艦の中心線のランプが、縦一線に灯った。隼鷹であった。

南太平洋海戦は、結果的に、日本海軍の機動部隊が米海軍の機動部隊に対して互角以上にわたり合った最後の海戦となったが、ここで多くの練達の搭乗員を失ったことは、以後の作戦に重大な影響を与えることになった。しかもこの日、第二師団を主力とする陸軍第十七軍のガ島総攻撃は失敗に終わり、飛行場を奪回して航空消耗戦から脱出しようと企図していた基地航空部隊の作戦も振り出しに戻ってしまう。ガ島周辺の制空権は、わが戦闘機隊が制圧している数時間をのぞき、ほぼ米軍に握られていた。陸軍兵力や食糧・弾薬を送ることさえままならず、戦術としてもっともまずい、戦力の逐次投入、各個撃破の悪循環に陥っていた。

ブイン基地に前進していた六空にとっても、ガ島上空制圧に船団上空哨戒に、あるいは艦爆隊直掩に、十月はめまぐるしく過ぎていった。三十日には宮野以下十二機が、二空の艦爆六機（指揮官・吉川慧海予備中尉）を直掩してルンガ泊地の敵艦船攻撃に向かうが、宮野としては不覚にもグラマン五機の奇襲を受け、滝田晟一飛（乙十一期）が未帰還、松村百人一飛曹が左背に弾片を受け負傷するなど、三機が被弾する損害を受けた。

十月三十一日現在の基地航空部隊の飛行機は、一号零戦二十七機、二号零戦二十四機、陸攻六十四機、艦爆十機。このほか、機関故障で戦列を離れた空母飛鷹の零戦十六機、艦爆十七機が派遣隊としてブインに残されており、その他、輸送機、飛行艇と陸偵が若干数あった。基地航空隊は飛行場の狭いのには慣れているが、ブイン基地の狭さは母艦の狭さとも勝手が違ったらしく、母艦から来た部隊は、着陸時によく木の根に翼を引っかけたりして飛行機を壊した。

制度改変と兵力再編

十一月一日付で、海軍の制度上、かなり大きな改訂が加えられた。

まず、下士官兵の階級呼称の変更。従来、下から四等兵、三等兵、二等兵、一等兵、三等兵曹、二等兵曹、一等兵曹であったのが、陸軍式に合わせて、この日から二等兵、一等兵、上等兵、兵長、二等兵曹、一等兵曹、上等兵曹と呼ばれることになった。各科の兵種は、たとえば、二等水兵とか、一等飛行兵曹とか、上等機関兵曹とか、呼称の中に入ることには変わりがない。飛行科で言えば、三等飛行兵曹がなくなり、上等飛行兵（上飛）、飛行兵長（飛長）、上等飛行兵曹（上飛曹）という呼称が新たに増えた。

次に、航空隊名の変更。外戦部隊の航空隊は、従来、国会審議を経て予算の通った常設航空隊は、正式には編成地の地名に海軍がつき、たとえば台南海軍航空隊、鹿屋海軍航空隊などと呼ばれ、戦時に臨時に編成された特設航空隊は、「海軍」が入らず第三航空隊、第六航空隊などと呼ばれていた。それでは、移動の激しい現状にそぐわず、航空隊の任務もわかりづらいということで、外戦部隊については、数字・海軍・航空隊の呼称で呼ばれることとなったのである。（二五二空―旧元山空戦闘機隊は、これに先立って九月二十日付で改称されているなどの例外もある）

新しい航空隊名は、百位が機種（一：偵察機、二、三：戦闘機、四：水偵、五：艦爆または艦攻、六：母艦機、七：陸攻、八：飛行艇、九：哨戒機、一〇：輸送機。ただし、五〇〇、七〇〇、九〇〇番台航空隊に、戦闘機が付属することもある）、十位が所管鎮守府（〇〜二：横鎮、三、四：呉鎮、五〜七：佐鎮、八、九：舞鎮）、一位は奇数が常設航空隊、偶数が特設航空隊、という区分となった。

横須賀鎮守府所管の戦闘機特設航空隊である六空は、第二〇四海軍航空隊（略称二〇四空）と改称された。ラバウル方面にいた他の航空隊も同様に、台南空―二五一空、二空―五八二空、鹿屋空戦闘機隊―二五三空、四空―七〇二空、横浜空―八〇一空、三沢空―七〇五空、木更津空―七〇七空、鹿屋空陸攻隊―七五一空などと部隊名が改められた。ちなみに、それぞれの読み方は、「ふたまるよんくう」「ふたごおいちくう」「ごおやあふたくう」「ふたごおさんくう」「ななまるふたくう」「はちまるいちくう」「ななまるごくう」「ななまるななくう」「ななごおいちくう」となる。

部隊の識別標識もいくつかの部隊で変更になり、六空のUは二〇四空のT2に変わった。作戦の都合上、全機いっぺんに塗り替えることはできないので、順次改変されることになる。零戦の機体そのものの色も、六空進出時には緒戦期と同様のライトグレーであったが、それでは海上で上空から見た時など、あまりにきれいに目立ちすぎるということで、その前後か

昭和17年11月1日付で六空は二〇四空と改称、
尾翼の部隊記号がUからT2に変更された

ら逐次、機体上面に緑色の迷彩が施されるようになっていた。部隊記号と機番号は、白い文字で入れられた。迷彩塗装はラバウルの航空廠や現地に派遣された工員たちの手によって行なわれたが、スプレーの吹き付け方が、メーカーでやるようにきれいにはできず、表面もザラザラであった。

「これでは空気抵抗が大きくなるんじゃないかというので、われわれ搭乗員も整備員と一緒になって暑い中、油のついたウエスで表面を一生懸命磨いたものです。それでも何となくザラザラしたままでしたが」（大原飛長談）

また同日、定期の進級があり、六空司令・森田中佐が大佐、飛行長・玉井少佐が中佐、飛行隊長・小福田大尉が少佐、飛行士・森崎予備少尉が予備中尉にそれぞれ進級（五八二空司令・山本栄中佐も大佐、艦爆隊長井上大尉は少佐）、下士官兵も進級の年限のきた者はそれぞれ進級した。

ここで、先述の階級呼称の変更もあいまって少々ややこしいことになる。たとえば操練、丙飛出身の、十四志（昭和十四年六月志願兵）の島川正明一飛や西山静喜一飛、十五徴（昭和十五年一月徴兵）の柳谷謙治一飛や橋本久英一飛は、実質の進級はせずに階級が一等飛行兵から飛行兵長になり、十五志（昭和十五年六月志願兵）の中村佳雄二飛や大原亮治二飛、渡辺清三郎二飛らは、二等飛行兵からひとつ進級して同じく飛行兵長になる。十四志でも、横須賀海兵団出身の一飛は二飛曹に進級している。なお、この時から、上飛曹をのぞく下士官兵搭乗員のうち、第一搭乗配置（常時搭乗配置のある搭乗員。航空隊司令・副長、整備長、機関科の飛行隊士などは第二搭乗配置となる）にある者については、原則として半年で一階級進級することになった。

搭乗員とは直接関係がないが、この際の官階改正で、兵科将校と機関科将校の一元化が、形だけだが行なわれ、それまで機関科将校を呼ぶ時は海軍機関少尉とか機関大佐とか言っていたのが（最高位は機関中将）、単に少尉とか大佐と呼ばれるようになった。ただし、予備士官については、依然として予備少尉、予備中尉などと呼ぶ。予備士官の階級呼称から予備がとれて、階級章や帽子の徽章がコンパスマークから桜へ、正規将校なみに改正されたのは、翌昭和十八年六月三十日のことであった。

制度変更を機に、南東方面艦隊では、部隊の兵力を整理する方針を決めた。戦力を消耗した二十五航戦（二五一空、七〇二空、八〇一空）を内地に帰し、二十六航戦（二〇四空・ブイン、五八二空・ラバウル、七〇五空・ブナカナウ、七〇七空・同）に、二十五航戦から機材の大部分と搭乗員の一部を引き継がせて、名実ともに主力部隊とした。それに加えて、カビエンに二十一航戦（二五三空、七五一空）が陣を敷き、十一月九日には二十二航戦の二五二空も、空母大鷹でラバウルに進出した。二五二空は、台南空が使っていた施設をそのまま引き継いだ。そして、十一月中旬には、戦闘機、艦爆各十六機が定数であった五八二空が、戦闘機三十六機、艦爆二十四機に大増勢されている。

戦闘機の敵は悪天候

ガ島に対する増援輸送は間断なく続けられていた。戦闘機隊は連日の船団護衛に駆り出されていたが、ちょうどこの時期、ソロモン群島一帯は雨季に入っていた。ソロモンは、海洋性の熱帯性気候で、四〜十月は乾季で南東の貿易風が吹き、雨は比較的少ないが、逆に十一〜三月の雨季には、サイクロンが起こることが多いため、晴れる日が少なく、最高気温や最大降雨量はこの時期に記録される。

有視界飛行しか事実上できない当時の戦闘機にとって、悪天候は、時に敵機以上の強敵であった。この時期、六空戦闘機搭乗員の戦死者の過半数は、敵機との空戦で撃墜されたものではなく、悪天候によるものである。

十一月二日、小福田少佐以下九機が増援輸送部隊の上空警戒に向かうが、悪天候に阻まれて帰ってきている。翌三日は、川真田中尉以下九機がやはり輸送部隊の上空警戒に出撃することになった。

川真田中尉は、半月前、十月十六日の艦爆隊直掩の際、帰投が日没近くになったが悪天候で基地が見つからず、六空の要請で照射された陸軍の探照灯の光芒を頼りにようやく着陸したということがあり、天候には殊のほか気を遣っていた。二日の夜、命令を受けた川真田中尉は、緊張した面持ちで、わざわざ搭乗員の幕舎にやってくると、出撃予定の搭乗員たちと入念なブリーフィングを行なった。

三日午前三時五十分、暁闇の中を離陸した川真田隊は、予想通り、厚い雲の壁にぶつかった。五時二十分、イサベル島北東側でこれ以上の進撃を断念した川真田中尉は、列機を小隊ごとに分散させて、雲の中に入った。六時五十分、発進した零戦のうち七機がブイン基地に帰還したが、川真田中尉と二番機の竹田彌飛長（十五徴・丙二期）は、待てど暮らせど帰ってこなかった。輸送船団の護衛も大切だが、三機の撃墜記録を持つ気鋭の分隊長と、中堅の技倆を持つ搭乗員をこんな形で失うのは、いかにも惜しいことであった。

陸軍第十七軍は、次のガ島総攻撃のために、一万三千五百名からなる第三十八師団の主力を、十一月十三日未明、十一隻の輸送船団でガ島に上陸させることにした。これに備えて、基地航空部隊は零戦隊による航空撃滅戦を発令したが、六、七、八、九日と、天候不良が続いて思うに任せなかった。十日になってようやく、小福田少佐、宮野大尉以下二〇四空の零戦十二機と岩城万蔵飛行特務中尉（操練十三期）率いる飛鷹零戦隊六機がガ島上空に進攻したが、敵機は避退しており、グラマンF4F二機、B－17一機を攻撃したのみである。

十一日には、宮野大尉以下六機が、兼子正大尉率いる飛鷹零戦隊十二機とともに、艦爆九機を護衛してガ島上空に突入、敵機約三十機と交戦、二十四機（うち不確実五）の撃墜を報じ、敵輸送船一隻に損傷を与えたが、飛鷹零戦隊の吉原勇二飛曹、森田利男二飛曹（ともに乙十期）が戦死した。なお、この日の戦闘に付与された、海軍功績調査部の行動評点は「特」になっている。

十二日早朝にも、九日に進出したばかりの二五二空十二機（菅波政治大尉・兵六十一期）などの零戦三十機が、雷装の陸攻十九機を護衛してルンガ泊地の敵艦船を攻撃、米側資料によれば、重巡サンフランシスコ、ほか輸送船三隻に損傷を与えたが、陸攻十二機が自爆または未帰還、五機不時着、無事に帰投できたのは二機のみ。同じ一機の喪失でも、戦闘機なら搭乗員一人の戦死ですむところ、陸攻は一機あたり七名もの搭乗員が乗っているので、十二機で八十四名。これほどの消耗戦になると、戦死者の数も膨大なものであった。

「私が確認した敵艦は十二隻。これに向かって陸攻隊はぐんぐん高度を下げてゆき、海面すれすれで突撃します。われわれは、その上空千メートルのところで、陸攻隊の上を覆うような形で突っ込んでいきました。すると、敵艦からはものすごい対空砲火が撃ち上げられて、弾着で海面が瞬時に泡立つほどでしたよ。それが、艦ごとにちがう色の着色弾を使っているから、白、黒、赤、青と実にきれいでしたね。

陸攻隊は次々と火を噴いて、一機、二機と墜ちてゆく。そして、われわれ零戦隊の後方にも、グラマンF４Fがついて攻撃してくる。私はその中の一機を夢中で追いかけ、低空でようやく撃墜した時には、敵飛行場の手前まで来てしまっていました。敵機が地面に激突した瞬間、対空砲火が猛烈に撃ってきました。初陣でえらい戦争になった。これは性根を据えて行かんとえらいことにな、と思いました。しかし、自信はつきましたよ」（二五二空搭乗員・宮崎勇一飛曹―のち少尉談）

この日、零戦隊は、敵機二十機以上の撃墜を報じているが、激戦になればなるほど、戦果の誤認や重複がかさなって、報告された戦果が実際に墜ちた敵機の数の数倍に膨らんでしまうことが常であった。もっとも、これは敵味方、お互い様のことではあった。

第三次ソロモン海戦

同じ日（十一月十二日）の深夜、戦艦比叡、霧島、軽巡一、駆逐艦十四からなる挺身攻撃部隊は、ガ島飛行場砲撃のため、ルンガ泊地沖に突入した。米軍は、すでにある日本軍が造った飛行場のほかに、新たな飛行場の建設も軌道に乗せていた。十月十三日の金剛、榛名の戦果をもう一度、という、いわば二匹めのドジョウ的な作戦であったが、さすがに敵も同じ手に引っかかることはなく、巡洋艦五、駆逐艦八からなる警戒部隊を配置していた。目標地点を目前にして両艦隊は激突、三十分にわたって砲撃戦を繰り広げ、わが方は軽巡一隻、駆逐艦四隻を撃沈、重巡二、軽巡一、駆逐艦三隻に損傷を与えたが、比叡が大破、駆逐艦三隻を失い、他に軽巡一、駆逐艦六が損傷を受けている。

十三日、母艦、基地の航空部隊各隊は、舵が故障して行動の自由がきかずにサボ島のまわりを回っている比叡の上空直衛に交代で出かけた。その数、のべ四十二機というが、例によって戦闘行動調書に不備があるらしく、生存者の記憶と残された記録は必ずしも一致しない。

二〇四空ではこの日、記録にあるのは森崎予備中尉以下六機のみ、それも比叡を発見できずに帰ってきたとされているが、その搭乗割には入っていない大原飛長、中村飛長ともに、上空から確かに比叡を見た記憶が残っている。

「私が見た時はうすい煙がまっすぐに立ち上り、比叡は三十度ぐらい傾いて、駆逐艦へ人員の移乗を始めているところでした」（大原飛長談）

「私は機関兵で海軍に入って、海兵団を出て最初に配属されたのが比叡でした。飛行機を志願せずにあのまま乗っていたら、今頃あそこにいたんだな、と感慨がありましたね」（中村飛長談）

比叡はその夜、キングストン弁を開いて自沈し、大東亜戦争における日本戦艦初の喪失となった。戦艦による飛行場砲撃が実施できなかったので、十三日未明の輸送船団によるガ島揚陸は十四日に延期されることになった。揚陸の露払いとして、十三日夜、ガ島近海に忍び込んだ重巡鈴谷、摩耶は九百八十九発の主砲弾を、ガ島の新旧飛行場に叩き込んでいる。米側資料では、この砲撃で艦爆一機、戦闘機十七機が破壊され、戦闘機三十二機以上が損傷したというが、飛行場が使用不可能となるには至らなかった。

夜が明けて十四日になると、敵空母からの艦上機が日本艦隊に襲いかかり、重巡衣笠が撃沈される。二水戦司令官・田中頼三少将率いる駆逐艦十一隻の護衛を受けた十一隻の輸送船団は、日の出とともにショートランド泊地を出撃、ガ島に向かう途中に敵索敵機に発見され、終日、敵機の空襲を受けた。上空直衛の零戦のべ三十六機、水上機部隊の零観十四機による掩護もむなしく、輸送船六隻が沈み、一隻は被弾して引き返した。駆逐艦部隊の活躍で、四千八百二名の乗船者と乗組員を救出、積極果敢な田中少将は残る四隻の輸送船を四隻の駆逐艦で護衛し、十五日未明、タサファロング泊地に進入、輸送船四隻全部を海岸に擱座させた。夜明けと同時に輸送船は海空からの激しい攻撃を受け、すべてが火災を起した。第三十八師団約二千の将兵は無事上陸できたものの、軍需物資の多くは灰燼に帰した。

十四日の船団上空直衛では、飛鷹飛行隊長・兼子正大尉が敵戦闘機と空戦中に被弾、自爆し、二五二空飛行隊長・菅波政治大尉も、空戦終了後、単機で敵地方向に向かったまま行方不明になった。兼子大尉はかつて六空の飛行隊長であり、菅波大尉は真珠湾攻撃時の蒼龍戦闘機先任分隊長、いずれも歴戦の、部下からの信望も厚い指揮官であった。

二〇四空は、宮野以下六機が一直として、小福田少佐以下六機が二直として出撃している。早朝に発進した宮野隊は、B－17一機を攻撃したのち、低空を飛ぶ敵艦爆二機と遭遇した。

「艦爆は後方に旋回銃があって、後上方からだとそれにやられるケースが多いので、前下方からの攻撃がセオリーとされていました。それで、われわれは皆、前下方に回り込もうとするんだけど、敵機は海面すれすれを逃げるので、入るに入れない。攻めあぐねていると、業を煮やした宮野大尉がサッと上にあがって、後上方からダダダーッと一撃で一機、墜としちゃったんです。あとで宮野大尉から、あんなにモタモタしてたら駄目だ、前下方攻撃と言ったって、敵があんなふうに高度を下げたら仕方がないだろう、二十ミリ一発で墜ちるんだから、臨機応変にやれと言われましたよ」（大原飛長談）

結局、敵艦爆は二機とも撃墜したが、星野浩一二飛曹（甲六期）が戦死した。午後遅くに発進した小福田隊は、船団に来襲する敵艦爆約十五機を攻撃、二機（うち不確実一）を撃墜するも、わが方も松本早苗一飛曹（操四十二期）が自爆、長田敏夫二飛曹（乙十一期）が未帰還となった。この日は他にも、二五三空の大倉積上飛曹（操三十六期）、日隈明司一飛曹（甲五期）、田中實一飛曹（操五十四期）が戦死している。

長田敏夫二飛曹（写真は一飛当時）

この日の夜、戦艦霧島と重巡愛宕、高雄、ほか軽巡一、駆逐艦九からなる艦隊がガ島飛行場砲撃に向かう途中、ガ島とサボ島の間の狭い水道で、新鋭戦艦ワシントン、サウスダコタ、駆逐艦四隻の米艦隊と遭遇。一時間の砲撃戦で、敵駆逐艦三隻を撃沈、サウスダコタ、駆逐艦一隻に損傷を与えたが、わが方も霧島と駆逐艦二隻が撃沈された。ガ島飛行場砲撃はまたも達せられなかった。

十一月十二日から十四日にかけての一連の戦闘は、第三次ソロモン海戦と名付けられた。払った犠牲は大きかったが、今回も海空全力を挙げての船団輸送はほぼ失敗に終わった。

以後、十一月下旬までは、雨季ということもあって、たまにブイン、ショートランドに来襲する敵機を邀撃するぐらいで、大きな進行作戦は行なわれていない。だがその間、十八日のB－17、ロッキード双発爆撃機の邀撃戦で、後藤彦治飛長（丙三期）が戦死、敵機を一機も撃墜することができずに、宮野機も一発の敵弾を受けている。

三号爆弾

ちょうどこの頃、十一月三日に戦死した川真田中尉の後任の分隊長として、同じく海兵六十七期の渋谷清春中尉が二〇四空に転勤してきた。一年前の開戦直前に、いちばん若い分隊士として台南空に着任した渋谷だが、緒戦ですでに相当な実戦経験を積み、その後、元山空戦闘機隊─二五二空で分隊長も務めて、今やコールマン髭を生やし、堂々たる指揮官の貫禄を漂わせていた。若いながらもその風格は、部下も思わず惚れぼれするほどであったという。「この人なら」と誰もが認める「将器」を備えた、期待の分隊長であった。

渋谷中尉の二〇四空での実戦デビューは十一月二十八日に行なわれた輸送船団上空護衛で

昭和16年、大分空で、飛行学生35期生（海兵67期）と教官・教員。前列左より虎熊正飛曹長、中島三教一飛曹、馬場政義少尉。中列左より山口定夫、山口馨（サングラス）、栗原克己、渋谷清春、岩崎信寛。後列左より川添利忠、荒木茂、川真田勝敏各少尉。撮影は笹井醇一少尉。中島一飛曹を除く全員が、その後戦死または殉職している

ある。この日、早朝から午前中いっぱいにかけて、飛鷹戦闘機隊四機（一直）、宮野以下二〇四空四機（二直）、渋谷中尉以下四機（三直）と交代で船団護衛にあたったが、渋谷隊が船団上空に到着してから十五分後、敵B－17五機が来襲する。

渋谷隊は、敵大型爆撃機に対するために、新たに供給され始めた三号爆弾をおのおの二発ずつ、翼下に吊り下げていた。三号爆弾は、重量三十キロ、敵機上空で投下すると、一定秒時ののちに時計式時限信管発火装置が働いて、空中で炸裂、傘状に放出された弾子が、上空から網をかぶせたように敵編隊を包み込んで撃墜するという兵器であった。各弾子の重量は約二十グラム、総数約二百個、弾子の散布角度は約百度で、弾子には黄燐を内蔵して、敵機の燃料タンクに火をつける構想で、一発必中を狙った

ものではないが、爆弾が敵機に直撃した場合には、着発の信管が作動するようになっていた。昭和十四年に開発に着手、十七年秋にようやく実用化されたものである。基本的には敵の前上方より真向かいに接近して投下するが、彼我の相対速力が大きい上に専用の照準器もなく、うまく効果を上げるためには非常な熟練を要した。

渋谷中尉、人見喜十飛長、吉松要上飛曹(飛鷹隊)、黒澤清一飛長の四機は、敵編隊の前上方から接近すると、三号爆弾計八発を投下、すれ違いざまに爆弾が炸裂して、黄燐の弾子が蛸の足のように広がったが、わずかに狙いが外れたか、落伍する敵機はいなかった。

この攻撃で、味方船団への爆撃はとりあえず回避できたので、なおも切り返して、今度はかわるがわる機銃で攻撃、有効弾を与えることができたかに見えたが、結局、一機も撃墜することができなかった。

三十日にも、B-17一機が来襲、森崎予備中尉以下六機が邀撃に上がり、うち三機が三号爆弾と機銃で攻撃を加えたものの、敵機は遁走している。

この日の夜、ガ島に糧食を輸送中の二水戦の駆逐艦八隻が、ガ島とサボ島の間の海峡で、米麦を入れたドラム缶を切り離そうとした直前、待ち構えていた米艦隊と遭遇、砲雷戦の結果、駆逐艦一隻の喪失と引き換えに米重巡一隻を撃沈、重巡三隻を大破させたが、糧食輸送は失敗している。島の日本兵は飢えに瀕し、ガ島は「餓島」となりつつあった。

一方でニューギニア方面のマッカーサー軍は、十一月中旬にブナ南方に上陸、付近に三箇所の航空基地を建設しており、ニューギニア方面の第一線も戦線維持の危機に瀕していた。

ブナ飛行場群や敵船団攻撃なども零戦と艦爆で連日行なわれたが、ガ島戦で消耗した戦力では思うような戦果は挙げられなかった。かえって、ラバウルやブイン、ニューギニアのラエ、ブナ等の日本側拠点に対する敵爆撃機の来襲は、その頻度を増していった。

B－17への体当たり

六空―二〇四空では、これまでに遭遇したB－17に対しては、十月五日に二機を撃墜して以来、損傷を与えることはあっても、その全てを取り逃がしていた。零戦隊が開戦当初から苦手にしていたB－17だが、このままではいけない、という思いは誰の胸にもあった。
「B－17は装甲が厚くて、攻撃しても、こちらの機銃弾が命中しているのが見えるのに、それがパンパンッと表面で炸裂するばかりで、なかなか致命傷には至らない。そこで、宮野大尉の発案で、B－17攻撃の研究ということで、訓練をやりました。まずはB－17の大きさが問題で、われわれは大型機といっても九六陸攻や一式陸攻しか見ていないので、射撃する時の距離感がつかめないんですな。そこで、零戦二機が標的役となって、翼端と翼端の間が敵機の大きさになるように編隊を組み、それを別の二機が前下方から模擬襲撃を行なうんです。敵機の翼の付け根にある燃料タンクが弱いということで、これを狙って照準器に入れるという想定です。とにかく、敵機の大きさに惑わされて遠くから撃って避退しがちなところ、さらに近寄って攻撃、ぎりぎりで敵の腹の下をくぐって後ろへ出ると。私はその訓練の一回目

に上がりました」（大原飛長談）

十二月一日のことである。宮野や大原たちが訓練を終えて降りてくると、入れ替わりに、神田佐治飛長、杉田庄一飛長らのグループが同じ訓練のために離陸した。「戦闘行動調書」には、神田、杉田、人見各飛長の三機が邀撃に上がったとあるが、大原の記憶によると、四機が二機、二機に分かれてある距離まで離れたところで反転、会敵することになっていた。神田と杉田が反転する時、杉田が遥かかなたに一機のB－17を発見した。本物の敵機である。訓練より実戦、というわけで二機は、このB－17に突進すると、訓練の想定通りに前下方より攻撃を加えた。相対速度が相当あるので、見る見るうちに敵機が眼前にかぶさってくる。まず神田機が一撃、続いて入った杉田は、事前の注意に忠実に、敵機にぎりぎりまで接近すると、主翼付け根を狙って全銃火を開いた。発射弾数は二機合わせて二十ミリ機銃百六十発、七ミリ七機銃八百三十発と記録されているから、攻撃時間はそれぞれほんの数秒である。ここで一瞬、杉田の避退動作が遅れた。機体を左下方にひねって敵機の腹の下にもぐろうとしたところで、杉田機の右主翼の翼端と垂直尾翼とが、敵機の右主翼とぶつかったのである。敵機は、右翼を切断されて墜落していった。杉田は、かろうじて機体の安定を取り戻すと、ブイン基地にすべり込んできた。

「杉田が着陸したのを見ると、方向舵がほとんど潰れていました。杉田は、これが彼の性分なんですが、エンジンを切るなり、『やった、やった』と操縦席から飛び降りてきました」（大原飛長談）

仮想敵役の二機は、ぐるぐる回っても神田機と杉田機が現われないので、あの野郎、敵を見失うとは何事だと怒って帰ってきたらしいが、ちょうどその頃、基地では、二〇四空になって初めてのB－17撃墜に沸いていた。

この撃墜は、銃撃による効果もあっただろうが、直接的には体当たり、というより空中衝突によるものである。普段から、空中衝突や接触は搭乗員の恥として強く戒められていた。降りてきた時には大はしゃぎだった杉田も、いざ小福田隊長に報告する段になって、ふとわれに返ったらしい。ニコニコと笑いの止まらぬような顔をしている神田飛長とは対照的に、杉田は神妙な面持ちであった。

「叱られると思っていたのか、緊張して真っ赤な顔をしているので、墜とし方はどうでもよい、敵をやっつければ勝ちだと誉めてやった」（小福田少佐回想）

杉田の顔が、パッと輝いたという。杉田は新潟県の生まれ、大原たちと同じく十五志の兵隊であったが、大原より三年半も若い大正十三年七月生まれで、当時まだ十八歳の紅顔の少年であった。

空中衝突とはいえ、ここでB－17を撃墜できたことは、以後の戦いにおける搭乗員の気持を楽にした。殊勲の杉田のもとへは、小福田少佐から一升瓶が届けられ、その晩は皆で大いに盛り上った。

ちなみに、十二月一日現在の作戦可能機数は、ラエに零戦七、艦爆八、ラバウルに零戦九、艦爆十五、陸攻十六、カビエンに零戦十七、陸攻十、ブインに零戦八、陸攻十、計零戦四十一、艦爆二十三、陸攻三十六に過ぎない。ガ島ヘンダーソン飛行場には、十一月下旬現在で、三本の鋼鉄製マットを敷きつめた滑走路に、B－17八機をふくむ百二十四機の飛行機を配備していた。小福田少佐は戦後の回想で、この時期の状況を、次のように記している。

〈昭和十七年秋、私たちがブインに進出した頃は、まだ敵の戦闘機に対し、十分な自信と実績を持っていた。たとえば、二十機対二十機なら必ず勝てる。味方が六割ぐらいの場合なら互角の勝負、というのが、当時の私たちの自信であり、目安であった〉

ガ島航空撃滅戦は、まさに航空消耗戦であった。疲労と消耗は、熟練搭乗員の相次ぐ戦死と交代要員の未熟、それによる全体の戦力低下の悪循環を呼んでいた。零戦の生産量と搭乗員の養成は、この消耗戦にまったく追いついていなかった。搭乗員の交代はおろか、休養すら与えられない。ソロモンは搭乗員の墓場となりつつあった。

ムンダ基地上空哨戒

ガ島の次回総攻撃は、十二月下旬に行なわれることになった。そのため、日本側としてはガ島にさらに間合いを詰め、陸軍航空部隊をふくめて展開できる航空兵力を増大し、兵力を安全にガ島に送り込むため、中部ソロモンに新しい飛行場を建設していた。

その一つは、ニュージョージア島のムンダ基地である。ガ島から百七十浬（約三百十五キロ)、十一月下旬に着工、十二月十四日に長さ千メートル、幅四十メートルの滑走路と、戦闘機三十機分の掩体が完成、わが航空部隊の最前進基地となった。
万が一にも敵に取られたくない大切な最前進基地である。二〇四空は、十二月十日からほぼ連日のようにムンダ基地の上空哨戒を始め、それが年内の主な任務となっている。敵と会わないことのほうが多かったが、気が抜けない仕事であった。ガ島の敵機によるわが方への空襲も本格化してきて、十日には、B－17十一機と双発双胴のロッキードP－38五機がブインに来襲、艦船が攻撃されている。警報を受けて森崎予備中尉以下六機が邀撃に上がり、敵数機に相当な打撃を与えたと報告されたが撃墜はなく、飛鷹の田中二郎上飛曹（操三十九期）と二〇四空の建部登迪飛長（丙三期）が自爆戦死した。建部は、小柄でにぎやかな男であった。これが、二〇四空と、因縁深いP－38の初対決となった。

十二月十六日、小福田少佐以下九機が、ムンダ基地上空哨戒に出かけた時のこと、来襲したB－17五機と交戦、戦訓通りに次々と前下方から翼の付け根を狙い撃ちにし、二機を撃墜（うち不確実一）、相当数に命中弾を与えるという戦果を挙げた。

十八日、双発機が基地上空に飛来、待機していた大原飛長は、準備のできていた零戦に飛び乗ると、間髪を入れずにこれを邀撃に上がった。

「追いかけて近づいてみたら、この飛行機は味方陸軍の百式司令部偵察機でした。偵察に行くんだろうと思って編隊を組んだら、操縦員が敬礼してきました。それで、無線はないのでどこに行くのかとチャートを開いて見せたら、向こうもチャートを開き、ガ島の写真を見せてここに行く、と。それで、ご無事で、のつもりで敬礼したところへ、離陸してきた宮野大尉と柳谷飛長がスーッと前に出てきて前方攻撃を始めたんです。私はあわててバンクしてそれを止めて、三機で編隊を組んで帰りました。着陸すると、宮野大尉が『お前は何をしていた？』と言うので、ことの顚末を答えたら、『馬鹿野郎！　おどかしやがって。あんな奴にはな、人の飛行場の上空を通過するなと言ってやれ』と叱られました」（大原飛長談）

以後、年内には、十二月十九日、日高義巳上飛曹以下四機が訓練飛行中にショートランド基地に来襲したB－17七機、P－38八機と空戦、数機に命中弾を与えたのと、二十八日、ブイン基地に来襲したB－17一機を渋谷中尉以下六機で邀撃、撃墜した空戦、あとは二十九日、渋谷中尉以下九機がムンダ基地上空哨戒中、B－24一機を発見、攻撃したぐらいで、連日の出撃はあっても比較的地味な日々が続く。

この間、二〇四空にはいくつかの動きがある。一つは宮野のクラスの美坐正巳大尉率いる偵察分隊が、陸軍百式司令部偵察機（二型）の貸与を受け、ようやくラバウルへ進出してきたこと、もう一つは、新たな搭乗員たちの着任である。

偵察隊はブインへは進出せず、司令部附のような形でラバウルに置かれたが、早速、百式司偵の俊足を生かしてガ島方面の偵察任務についた。偵察隊には乙飛五期を首席で出た大原猛飛曹長や偵察練習生を昭和九年に卒業した大ベテラン・木下晟一飛曹長など、二千時間近い飛行経験を持つ優秀な搭乗員が揃っていた。

この時期、新しく着任した戦闘機搭乗員は、野田隼人飛曹長（乙四期）、日高初男飛曹長（操二十四期）、五日市末治上飛曹（操三十二期）ら若干のベテラン搭乗員と、甲飛六期の坪谷八郎二飛曹、白川俊久二飛曹、乙飛十一期の今関元晴二飛曹、田中利男二飛曹、丙飛四期の中澤政一飛長、村上孝之飛長、六期の八木隆次飛長ら若手搭乗員、合わせて二十数名であった。転入者が来ると、その身上調書が隊に回ってくる。二〇四空では、それを搭乗員皆で回覧に供していたが、この時の新着任者の中には、「尊敬する人物」の欄に「海軍大尉宮野善治郎」と書いている者がいた。

●二〇四空・昭和十七年十二月〜十八年三月

第八章　見よ壮烈の空戦に

ソロモン・東部ニューギニアの激闘Ⅱ

中澤飛長の「戦陣日誌」

新着任者の一人、中澤政一飛長は、十二月十七日、一式陸攻に便乗して木更津を発つ日から、「戦陣日誌」と題する詳細な日記をつけている。両親と早くに死に別れた中澤は、警視庁練馬警察署の巡査から昭和十五年、海軍を志願したという変わり種で、大原亮治と同じく丙飛四期を卒えた搭乗員。向こう気が強く、のちに邀撃戦で、ランニングにねじり鉢巻きという格好で飛び上がっていたというように、一見、ちゃらんぽらんに見えるが実に感性豊かな男であった。搭乗員の転勤、ラバウル・ブインへの進出の状況や心情について、中澤日記より引用してみる。

〈十二月十七日

待望の日は遂に来た。内地最後の一夜を木更津の下宿で明かした七時、一式陸攻に便乗征途に就く。飛行服なし軍服の下に下着類を相当着ていたのだが、高度三千メートル位は堪え難い寒さであった。

水平線の遥か彼方、内地の陸影が消ゆる頃、流石に深い憂愁に似た気持を禁ずることが出来なかった。

あゝ今こそ死して悔ゆる気は更にない。皇国の為、一死もって永遠の発展に殉じよう。赤道付近になると千メートル位の高度にても冬服にては暑さを感ぜるようになり、いよいよ故国遥けきを感じた。

内地付近で見られない海水の色の美しさ、もくもくと湧き上がるように聳え立つ積乱雲。故国日本に生を受けし我が身にとりて全てが美しき詩の如く感ぜられた。

中澤政一飛長（のち二飛曹）。克明な日記を残した

二時三十分、南洋群島中の南端テニアン飛行場に着陸、隣は有名なサイパン島だ。

此処で本日は一泊の予定。飛行機から降りると南国の強烈な日光が照りつけ、全身から汗が滝の如く流れ、あまりの急変に身体にだるさを感じた程だった。だが島の美しい緑は枯れ切った内地の樹木とは比較にならぬ新鮮な感じだ。バナナの木、椰子の林、名も知らぬ熱帯の植物草木が眼を楽しませるに充分だ。
最前線から休養に来ている攻撃機の搭乗者の中に予科練の同期生が数人いた。親しい交際もしない人たちだったが、顔を知るだけで懐かしかった。
その夜はテニアンの飛行場で美しい星空を仰ぎながら予科練の友相田兵長が持って来てくれたブドー酒を呑みながら十時頃まで語り合った。〉
〈十二月十八日
早暁起床、五時五十五分再び中攻に搭乗、ソロモン諸島の最北端なるカビエン飛行場に向かう。十二時半カビエンに着陸、此処に来て初めて今迄の気分を一掃した。本当に戦場に来たのだ。目に入るもの、椰子の林、物々しい防空壕。椰子林中にカムフラージュされた味方の大型攻撃機、真黒に焼けた戦友先輩の戦う姿。
日に二度は敵からも攻撃に来るという。激戦の跡が生々しい。
此処ではカナカ土人が協力して働いていた。ヨイショヨイショ等日本語で飛行機を運ぶ姿は、本当に画かれた雑誌等で見た色、姿等と少しも変りがなかった。赤銅色ではない本当の黒色には一驚を禁じ得なかった。
兵隊は彼等を使って種々の用をさせている。此処ではホマレ一箱（注：煙草）と椰子の実一つが交換される。土人もチャッカリしていてなかなかだまされない。（後略）〉
〈十二月十九日
ラボール（注：ラバウルに同じ）着、二日宿泊、九七飛行艇に便乗二十一日ショートランド島に着く。同夜は飛行艇基地に宿泊、翌日陸軍高射砲隊にて食事をなす。戦闘機乗りというので彼等はこの席に待遇を良くしてくれた。此処で貰った椰子の味は忘れられない美味さであった。生水の呑めない南方戦線では此の芳香高い果汁が最上の飲料水である。翌朝ボーイングB－17の敵襲を受け初めて敵機の姿を見た。〉

〈十二月二十七日（注：二十八日と思われる）

味方中攻隊の直接援護並びにムンダ基地上空哨戒の令を帯びて〇八三五発進せり。（中隊長・森崎中尉、日高飛曹長二番機、中澤飛長一八五号）

〇九三〇ムンダ上空着、味方高射砲の砲煙により敵襲を知る。然れども下方二千メートル付近に雲多き為、飛行場に対する視界不良、断雲の切れ目より味方中攻の炎上自爆せるを見る。敵影ついに発見するに至らず帰途に就く。一一三〇ブイン着、無電により敵P38により掩護中攻撃墜さるを聞く。申し訳なし。

待機中の渋谷中尉の中隊B－17型二機撃墜、訓練中の寺尾二飛曹（の飛行機で）整備兵一名（関谷兵長）、ペラにより戦死せり。〉

〈十二月三十日

ムンダ哨戒す。敵襲なし。

偵察機搭乗員の撮影せるガダル島写真により壮大なる敵航空兵力の配備を知る。精密なる兵器により大型機小型機共瞭然に見ゆ。来るべきガダル航空撃滅戦に対する闘志の湧然として起るを禁ずるあたわず。〉

〈十二月三十一日
熱帯第一線に於いて搭乗員総員にて盛大に十七年を送る。キリンビールで二十四歳（注・数え年）を迎える。〉

二人の指揮官

十二月二十九日は宮野の満二十七歳の誕生日である。そして大晦日、ブイン基地では、褌一丁にねじり鉢巻きの搭乗員たちが総出で餅つきを行なった。激戦の続いた昭和十七年が暮れ、新しい年が始まった。宮野をはじめ、多くの搭乗員にとっては、これが生涯最後の正月となった。

正月と言っても戦地のこと、しかも季節が日本とは逆の南半球である。正月らしい正月は望むべくもないが、二〇四空では松の木に椰子の葉を飾った門松を立てて新年を祝った。

六空―二〇四空の進出以来二ヵ月半、ブイン基地周辺は逐次整備されていた。海岸沿いの椰子並木沿いには、幕舎のほかに木造の建物も造られていて、ちょっとした町の雰囲気も漂ってきた。隊員たちはここをブイン銀座と呼んだ。幕舎の裏、入江の水辺には、水中に高い柱を設けて作った水上厠《かわや》が設けられていた。床の穴からは、海底まで澄み切った水面が見え、色とりどりの熱帯魚が群れをなして泳いでいた。ここで用を足すのは乙なものであったが、時々、眼下を大きなワニがすぃーっと泳いでゆくようなスリルを味わうこともあった。

ブイン基地の搭乗員宿舎は、幕舎に仮設ベッドを置いただけの粗末なものであった。ジャングルの中なので湿気がひどく、隊員たちはよく体を壊した。安静にしないといけない場合でも、三十八度ぐらいの熱ならたいてい無理して飛ぶので、なかなか完治しなかった。熱帯マラリアを媒介する蚊は、日中でもお構いなく人を刺し、刺された後は我慢ならないほどに痛痒く、そこがすぐ化膿して疱瘡のようになった。蝿もおびただしく、食事の時に真黒にたかった蝿を追い払うのも一苦労である。朝漁った魚が、昼飯の食卓に上る時にはもう蛆がわいているほどであった。

ただでさえ快適とは言えない生活環境に加えて、敵は、神経戦を狙って、夜間一機ずつ交替で、ほとんど一晩中頭上を飛び回っていた。飛び回るだけならいいが、時々思い出したように爆弾を落すので、おちおち熟睡することもできない。夜間戦闘機はまだないので、邀撃して叩き墜とすこともできない。たまに敵の矛先が対岸のバラレ基地に向かうと、「お隣は今晩お客様らしいね」とゆっくりすることもできたが、連日の出撃と睡眠不足、それに追い討ちをかけるようなマラリア、デング熱などの風土病に、隊員たちの疲労は蓄積していくばかりであった。それでも、

「毎日、戦争するのがわれわれの仕事ですから、いつになったら帰してくれるんだ、などとは思わなかった。戦後の本で、ラバウル、ソロモンの搭乗員は死ななきゃ内地に帰れない、なんてことさらに書いてあるけど、そんな悲壮な気持ではありませんでしたよ。戦闘機乗りのモットーは〝見敵必墜〟、消極的な戦いをする者は一人もいませんでした」

と大原飛長が回想するように、零戦隊の士気はまだまだ旺盛であった。

二〇四空の士気の高さは、小福田少佐と宮野大尉、二人の指揮官の人柄と、率先垂範の姿勢によるものも大きい。

小福田は、まず部下ありきの考え方に徹していた。司令部からの指示よりも、いかに部下を大切にして有効に戦わせるかの方を常に優先した。しかも、ふつう、少佐の飛行隊長ともなると、大きな作戦を指揮して出撃することはあっても、上空哨戒や邀撃戦に上がることはあまりなかったが、小福田はどんな作戦でも率先して飛び上がっていった。小福田が宮野に、「おい分隊長、今度は俺が行くぞ、君は休めよ」……などと言うのを、部下はしょっちゅう耳にしている。

酷暑の島でも、指揮所で飛行服に身を包み、白いマフラーをきりっと結んで待機する小福田の姿は、部下を奮い立たせるに十分な、侍大将の風格があった。

記録からは日付が特定できないが、ある日、小福田がブイン基地の指揮所で士官たちとトランプをやっていたら、見張が「敵襲！」と叫んだ。小福田は、近くでたまたまエンジンのかかっていた一機に飛び乗ると、颯爽と離陸して行った。整備員が何か叫んだようだったが、耳に入らなかった。敵機は初めて見るP-38が二機。双胴の姿が異様で、まるで凧が飛んでいるかのように見えた。間合いを詰めて敵機を照準器に捉え、ぐっと引き金を握ったが弾丸が出ない。いったんかわして二度目の引き金を握ったがこれも駄目。そのうち敵機は四機に増え、不利と見た小福田は雲の中に避退した。着陸して整備員を呼んで質すと、この飛行機はエンジンの積み替えをすませて試運転中で、機銃はまだ整備していなかったとのこと。

「だから発進される時に申し上げたのですが……」

との答えに、小福田は怒るに怒れなかったという。しかし、「勇将のもとに弱卒なし」、こういう闘志あふれるエピソードの積み重ねが、部下の心をつかんでゆくのである。

宮野も、六期先輩のこの隊長には、教えられるところが大きかったであろう。

二〇四空の宿敵、ロッキードP-38ライトニング

これもある日の邀撃戦でのこと、敵襲の報に、真っ先に零戦に駆けていったつもりの大原亮治飛長の目に、自分よりも先を走る宮野大尉の背中が見えた。

「列機として分隊長に駆け足で負けるわけにはいかないと思って、百メートル競争のような全力疾走で宮野大尉を追い越しました。必死で走りましたよ……。追い越したところで、宮野大尉が、『こら、大原。息切れして飛行機に乗ったら駄目だぞ！』と、走りながら声をかけてくれました。『ハイ！』と右手を上げて、そのまま飛び上がりましたが、息が上がって見張りをおろそかにするなよ、というような意味合いだったんでしょう。言葉は荒っぽくても、そのひと言には実に思いやりがこもっていました」（大原飛長談）

ブイン基地では、士官室と搭乗員室は四十～五十メートルほどしか離れておらず、目と鼻の先にあった。宮野は、伊勢乗組時代と同じように、従兵にビールをかつがせて搭乗員室に始終やって来ては、下士官兵搭乗員の輪の中に進んで入っていった。

「戦闘で、今日はやられたという時は、『何をお前らしょぼしょぼしている。元気出せ！明日は仇をとろうぜ、な！』、それからみんな車座になって、宮野大尉という人はそうやって飲みながら、あれはこうだぞ、とか、お前、あれはまずいぞ、ということをビシッと言ってくれるんですよ。怒って言うんじゃなくて。『お前、あんなことするなよ』『隊長、わかってます、わかってます』『わかればいいんだ。まあ飲め』。作戦上のことで、『あんな動きをしたらすぐ墜とされるぞ』とか、叱られることはあっても、感情的に馬鹿呼ばわりされたり、怒られたりしたことは一度もないですね。時には搭乗員が、『隊長、しょぼしょぼするな、俺たち頑張るからさあ』なんて逆にハッパをかけたりして。戦果が挙がったら挙がったで、『おう、今日はやったな』って、やっぱり来るわけですよ」（大原飛長談）

若い搭乗員、中でも威勢のいい渡辺清三郎飛長など、酔っ払ってここぞとばかりに、「おい隊長、近頃少し威張りすぎるぞ」などとくだを巻くこともあったが、宮野は泰然として、「よし、その元気でな、でも死なないようにしろよ」と、やさしく言葉をかけた。部下思いで、かと言って決して猫かわいがりをするのではなく、締めるべきところはピシッと締めた。
「他の士官なら、日常の暮らしや戦いの中で、必ず一度はわれわれ下士官兵搭乗員に対して階級の差を感じるような嫌な面を見せるものですが、宮野大尉にはそれが全くなかった。嫌なところが一つもなかったんです。部下の心を捉えて離さない人だった。人の心をつかもうとしているんじゃなくて、自然に引きつけられるというか。そう言えば、森崎中尉に対しても、森崎中尉、とは呼んでも、正式に森崎予備中尉、と呼ぶのは聞いたことがありません。そういう心遣いはされていたんだと思いますね」（大原飛長談）
「宮野大尉は、まず俺がやる、俺がやるからお前たちもやってくれ、それから、死ぬな、絶対にやられるなよ、俺について来いよ、そういう姿勢の人でした。多くの指揮官は、自分は危険から遠ざかっていて、そんな人に限って部下に無茶な命令を出したりするものですが、宮野大尉はそういうところは微塵もありませんでした。誰とでも分けへだてなく、下士官兵も分隊士も、海兵出も予備士官も、全く同じように接してくれる、あの人のいいところはそこでしたね」（中村飛長談）
　宮野は、搭乗員たちのまさによき兄貴であった。いっぽう小福田少佐となると、何しろ宮野より兵学校もだいぶ古く、若い搭乗員たちよりひと回りほども年長であったこともあって、宮野にはない貫禄があった。何回かに一度は宮野とともに搭乗員室に現われたが、軽口を叩けるような雰囲気ではなく、おい、○○来い、と呼ばれた搭乗員が、ハッと立ち上がって隊長の前で正座をするような感じであった。飛行隊長と分隊長の姿勢の差というか、重みの差というか、ともかくこの二人の指揮官の間には、いい意味での役割分担ができていた。

進出当時は若年者主体で上層部を心配させたが、その若年搭乗員も徐々に戦場に慣れ、この時期の二〇四空は、小福田、宮野を両輪に、渋谷中尉や田上中尉、森崎予備中尉らが脇を固めて、戦闘機隊としての形を確固たるものにしつつあった。

羅春、武允、乳振点

昭和十八年の元旦、敵も多少は遠慮したのか、ブイン基地への空襲はなかった。おかげで、二〇四空の隊員たちはこの日ばかりはゆっくりと過ごせた。が、後方のラバウル基地には未明にB-17数機が来襲している。ラバウルにいた五八二空司令・山本栄大佐の日記。

〈元旦や宿舎の庭に蝉が鳴き

元旦の暁破る　弾丸の音

〇三〇〇〜〇四〇〇、敵大型数機来襲、熾烈なる地上砲火により相当の損害を与えたると認む。fc×12追撃、内一機（長野喜一飛長）B-17に三撃、増槽を落下せしむ〉

五八二空は、前年十一月の編成替えで増勢され、飛行隊長に進藤三郎大尉（兵六十期）、分隊長に六十六期のクラスヘッド・坂井知行大尉、その他支那事変初期の「片翼帰還」で有名な樫村寛一飛曹長（操二十四期）などが着任していたが、坂井大尉が着任三日目の十一月三十日に戦死するなど、二〇四空と同様の苦しい戦いを続けていた。

昭和17年11月29日、ラバウル基地における五八二空隊員たち。前列左から3人目・長野喜一飛曹、右端・平林真一飛長、2列目左より浅野満興予備少尉、坂井知行大尉、飛行長・八木勝利少佐、飛行隊長・進藤三郎大尉、鈴木宇三郎中尉、輪島由雄少尉、角田和男飛曹長。3列目左より山本留蔵二飛曹、2人おいて八並信孝一飛曹、竹中義彦上飛曹。坂井大尉は翌11月30日に戦死、残る搭乗員もほとんどが戦死し、終戦まで生き残ったものは4名のみである

元旦に来襲した敵機のうち一機は、その後の敵信傍受で、ニューブリテン島スルミ沖で消息を絶ったことが明らかになる。そこで、山本大佐の一句。

「元旦や　敵まで呉れる
　落としだま」

十一航艦首席参謀・三和義勇大佐も、

「落し弾　落したはづみに　落されて
　ヘルプヘルプと泣く暴淫具」

という狂歌を詠んだ。「暴淫具」は、言うまでもなくボーイングにかけた、いかにもネイビーらしい洒落である。

話は脱線するが、山本大佐の日記には、激戦の中にあっても風流心を失わない、一種独特の味わいがある。山本は、のちに特攻隊を初めて出した二〇一空司令を務めるが、実に部下思いの情に厚い司令であった。部下に無

五八二空司令・山本栄大佐（左）と角田和男飛曹長（昭和18年6月撮影）

理な命令をくだす際には大きな眼にいっぱい涙をためながら訓示するのが常であったし、従兵が出した食膳の魚に蛆がわいていて、他の士官たちが顔色を変えるような場面でも、従兵をとがめるどころか、「新鮮な魚にわく蛆虫はきれいなんだよ」と平気な顔をして、そのまま蛆ごと平らげるような心遣いを見せた。

山本大佐は、戦の無聊を慰める意味もあってか、日記の随所に横文字を漢字に直した「ネイビー当て字」とでも言うべき珍語（?）を残している。例を挙げると、

羅春（ラバウル）、乳振点（ニューブリテン）、武加（ブカ）、華美園（カビエン）、乳愛留蘭童（ニューアイルランド）、仙乗寺岬（セントジョージ岬）、防厳美留（ボーゲンビル）、部員、武殷、武允（いずれもブイン）、羅江（ラエ）、羅美（ラビ）、武奈（ブナ）、婆抜、晩愚奴（いずれもバングヌ）、岳海（ガッカイ）、猪威勢留（チョイセル）、部良良部良（ベララベラ）、古倫晩柄（コロンバンガラ）、乳情事屋、入城寺屋（いずれもニュージョージア）、伊佐辺留（イサベル）、毛野（モノ）、都楽（トラック）、寝損岬（ネルソン岬）、漏須美（モレスビー）、我足可也（ガダルカナル）といった具合である。羅春、武允など、これらのうちのいくつかは半ば公用語としても使

われていたが、ほとんどは駄洒落の類である。苦しいながらも、この頃はまだ、気分的には多少の余裕があったのかも知れない。

が、余裕があったと言ってもそれはあくまでも後に比べれば、のことである。十二月二十三日、ムンダ基地に進出した二五二空の零戦二十四機は、間断のない敵の空襲にあっという間に壊滅、途中五機の補充を受けたにもかかわらず、六日後の二十九日には残り三機だけになり、ラバウルに後退している。わが方は、せっかく作ったムンダ基地を常駐基地として使用することをあきらめざるを得なくなった。

ガ島奪回ももはや不可能であるということで、陸海軍の認識が一致した。十二月三十一日の御前会議でガ島撤退の方針が決定され、一月四日、ついに大命が下された。

新艦爆隊護衛戦法

撤退の方針が定まっても、現に島にいる部隊への補給は続けなければならない。一月二日、ガ島への増援輸送を行なう輸送船団の上空哨戒に、二〇四空は二直に分けて出撃している。哨戒高度は四千メートル、二直目の宮野以下七機が船団上空に到着してから一時間後、来襲したグラマンF4F戦闘機、SBD艦爆計十二機と空戦に入り、宮野が二機を撃墜したのをはじめ、日高飛曹長、大正谷一飛曹、藤定飛長、杉田飛長が各一機、川田二飛曹と西山飛長が協同で一機、計七機を撃墜した。船団に被弾が一発あったが、航海には差支えがなかった。

この日、二〇四空偵察隊は、百式司偵二機を敵艦船捜索に出しているが、連日、ガ島に、ニューギニアに、広範囲を駆け巡って情報をもたらす偵察機の働きぶりも、戦闘機隊に決して劣るものではなかった。

敵に制空権を握られつつあったムンダ基地の上空哨戒も毎日続けられていたが、一月四日夜、ムンダは敵巡洋艦艦隊の艦砲射撃を受けた。二十六航戦では急遽、二〇四空戦闘機隊と五八二空艦爆隊をもってその敵艦隊を攻撃する命令をくだした。

敵に向かって肉薄急降下して爆弾を投下する艦爆隊は、敵防御砲火による被害を受けやすい上に、鈍足で敵戦闘機の格好の餌食にもなり、出撃のたびに大きな損害を被っていた。特に、爆撃終了後、避退するところを敵戦闘機に捕捉され、撃墜される例が目立っていた。戦闘機隊の士気の高さに反し、「出ればやられる」艦爆隊の士気は、ともすれば沈滞しがちであった。消耗の多さに搭乗員の補充が追いつかないのか、予備士官や、戦闘機隊ではまず見られない予備下士官の姿もあった。

そこで今回の攻撃では、小福田少佐、宮野大尉らが研究した新たな艦爆隊護衛戦法が実施されることになった。その方法とは、戦闘機隊を直掩隊と遊撃隊に分け、まず艦爆隊が急降下に入る前に遊撃隊が敵機を排除し、直掩隊の一個小隊は艦爆と一緒に降下し、爆弾投下後、海面すれすれに避退する艦爆隊の上空五百メートル付近で待機する一個小隊と合流して、傘のように艦爆隊を守って帰投させる、というものである。

総指揮官・宮野大尉以下戦闘機十四機は、午前四時三十分、千頭栄生中尉（兵六十八期）率いる艦爆四機とともにブイン基地を離陸した。艦爆の腹には、それぞれ黒光りする二十五番（二百五十キロ）爆弾一発ずつが抱かれていた。戦闘機隊は、巡航速度の遅い艦爆隊の上空をバリカン運動（二組の編隊が、バリカンの刃の動きのように左右から交差して飛ぶこと）をしながら進撃する。

午前七時、敵艦隊発見。敵艦隊上空には、グラマンF4F戦闘機十機、水上機二機が警戒に当たっていた。ここで、かねての打ち合わせ通り、戦闘機隊は直掩隊と遊撃隊に分かれ、森崎予備中尉、野田飛曹長、日高飛曹長の三個小隊九機は、遊撃隊として先行する。直掩隊はさらに二手に分かれ、尾関上飛曹、川田二飛曹、坂野飛長の三機は艦爆隊とともに行動し、宮野と大原飛長の二機は、艦爆隊の避退コースの露払いに向かった。

艦爆隊が敵艦に向けて急降下を開始する。その針路を邪魔する敵水上偵察機一機を尾関上飛曹が、飛行艇一機を坂野飛長が、それぞれ撃墜する。

宮野と大原が高度を下げて、爆撃を終えた艦爆が避退してくるのを待っていると、やがて一機の艦爆が、グラマンに追われているのが目に入った。位置は我のやや左上。宮野大尉が手信号で大原に「行け！」と命ずる。大原はすぐさまそれを追い、たちまち撃墜。敵艦隊の方向を振り返ると、宮野機が別のグラマンの後ろにピッタリとついているのが見えた。大原は、もう一機のグラマンを後下方からの攻撃で撃墜、さらに前方をガ島方面に逃げて行くもう一機に喰らいつく。内心に猛然と闘争本能が燃え上がり、大原は逸りに逸っていた。敵機は、上空哨戒の交替時期で燃料に余裕がないのか、逃げるばかりで反撃してこない。単機で自由に敵機を追えるチャンスなどめったにないから、大原は意識しながら深追いをした。

「私はすっかり調子づいて、この敵機を追いかけました。そのうちガダルカナル島上空に着いてしまったんですが、眼前に二千メートル級の山がある。グラマンは、反撃する様子を見せないままに上昇を始めました。周囲を警戒しながら間合いを詰め、ちょっと遠いけど七ミリ七で威嚇射撃。驚いたグラマンが左へ旋回したので距離がだいぶ詰まりました。もっと近寄ったところで二十ミリをぶっ放そうと、敵機の頭を押さえるように七ミリ七をまた撃つと、今度は右に切り返し、おかげでこちらがスピードが出すぎてグラマンの上でつんのめる形になって、一瞬、敵機を見失ってしまったんです。翼を左に傾けて行方を探してみたけど見当たらず、おかしいなあと思っていたら、とうとう山を越えて敵の飛行場が見えるところにまで来てしまった。こん畜生、銃撃してやろうと思いながらよく見たら、飛行場には濛々と砂塵が上がって数機が離陸を始めるところでした。それで、これは大変、長居は無用と、急いで反転して帰途につきました」(大原飛長談)

この攻撃で、艦爆隊は敵艦二隻に直撃弾、一隻に至近弾を与えたと報じたが、戦闘機隊の新直掩法も功を奏せず、爆撃終了後の空戦で一機が自爆、一機が行方不明となり、指揮官千頭中尉以下四名が戦死、残る二機にも被弾があった。戦闘機隊は、宮野が一機、大原が三機(うち不確実一)のグラマンF４Fを撃墜、さらに尾関、坂野の水上機撃墜の戦果を加えて、撃墜六機（うち不確実一）となった。撃墜不確実とされた大原の追った三機目の敵機も、尾関上飛曹が山に墜ちたのを見届けており、概ね確実であった。森崎予備中尉以下九機の遊撃隊は、敵を追い払うのみで空戦には入らず、戦闘機隊に被害は出なかった。

同じ日、ブイン基地にはB－17五機とロッキードP－38七機、それに日本側記録によれば、グラマン・スカイロケット双発戦闘機六機（米側記録に該当なし）が来襲、松村百人上飛曹以下六機が邀撃に上がり、「G双戦二機（内不確実一）、P－38一機（不確実）」撃墜の戦果を報じている。

これまで、零戦隊とほぼ互角の戦いをしていたグラマンF4Fだが、不利な態勢と見るとさっさと逃げてしまうこともあり、戦意旺盛な零戦搭乗員にとっては「ドーンと来い！」という感じで、それほど怖い相手とは感じられていなかった。もっとも、落語の古今亭志ん生語録にもあるように、「人の噺を聞いて、こいつは俺よりまずいなと思ったら、それは大体自分と同じぐらいの芸。俺と同じぐらいかな、と思う時は相手の方がちょっと上で……」という、それと同じことが言えるのかも知れない。

連日の強行軍

早朝の出撃から帰った宮野には、続いて、ポートモレスビー攻撃の陸攻隊を直掩するため、ブインから至急ラバウルに移動するべく命令がくだった。ブインからガダルカナルまで行ったその日にまた、ラバウルに移動し、翌日黎明、今度はニューギニアの敵の要衝・ポートモレスビーへ攻撃に行くという、これまでになかった強行軍。攻撃隊の直掩をする戦闘機が、一大拠点であるはずのラバウルにも不足していたのだ。しかし、命を受けた搭乗員は淡々としたものであったという。その日のうちに、宮野以下、五日の出撃に参加した搭乗員七名を含む十二機が、ラバウルに飛んだ。

ひさびさのラバウルだったが、ゆっくりしている暇はない。宮野は、翌日の総指揮官、五八二空飛行隊長・進藤三郎大尉や陸攻隊との打ち合わせに臨んだ。進藤は、海兵では宮野より五期先輩の古手の大尉で、昭和十五年九月十三日、重慶上空の零戦初空戦で指揮官を務め、真珠湾攻撃の際には第二次発進部隊制空隊指揮官となるなど、実戦部隊ひと筋の歴戦の飛行隊長であった。

「宮野大尉とはそれまで面識はありませんでしたが、いい分隊長という噂はかねてから耳にしていて、名前は知っていました。ハキハキとものを言う、背の高いスマートな男、という印象でしたね。二〇四空と私の五八二空は、ブインとラバウルに交替で進出していたのですれ違いが多く、その後もあまり会う機会はなかったんですが……」(進藤大尉談)

六日午前六時、進藤大尉率いる五八二空の零戦十八機と、宮野大尉率いる二〇四空の零戦十二機がラバウル東飛行場を発進、上空で、西飛行場を発進した約二十機の一式陸攻と合流し、一路ポートモレスビー方面へ向かった。

「ところが、スタンレー山脈の手前は雲に覆われていて、高度を上げても越えられない。宮

野大尉は何度もバンクしながら、ゆっくり右旋回を始めました。引き返す合図です」（大原飛長談）

五十機もの編隊が回れ右して、ラバウルへ引き返す途中、大型の四発機が下方をすれ違っていった。大原が、「偵察に行く九七大艇かな」と思って宮野に手信号で報告すると、宮野も「了解」と右手を挙げた。が、その飛行機が陸攻隊の真下に来た時、突然、ババーッと閃光が走った。

「赤い曳痕弾が陸攻隊に吸い込まれていくのでよく見たら、そいつは敵のB－24でした。向こうもとんでもないところに入ってしまって、先制攻撃のつもりだったんでしょう。撃ってこなければわれわれも見過ごすところでしたが……」（大原飛長談）

五八二空飛行隊長・進藤三郎大尉（のち少佐）。ラバウル基地にて

この小癪な野郎！と、二〇四空の十二機と、五八二空の二中隊（中隊長・鈴木宇三郎中尉―兵六十八期）九機が一斉に攻撃に入った。敵機はぐんぐん高度を下げて逃げようとする。宮野中隊はその前下方に回りこんで、反航攻撃に入った。宮野機が猛然と敵機に突っ込み、翼の付け根に機銃弾を叩き込む。続いて入った大原が、正面から撃ち合ってかわした時に、零戦が一機、敵機に

気を取られすぎて高度の判定を誤ったのか、プロペラで海面を叩き、パッと水しぶきが上がるのが見えた。あ、これは駄目かな、と思いながら注視していると、その零戦は幸い、海に突っ込まずに上昇してきた。大原の記憶では、それは、転勤時の身上調書に、「尊敬する人物　海軍大尉　宮野善治郎」と書いた搭乗員であった。それが何という名の搭乗員であったか、大原も失念しているし、戦闘行動調書を見る限りではよくわからない。

「とにかくこの時は、みんなでコテンパンにやっつけたんです。B－24はエンジンと燃料タンクから白煙を引いて、高速のまま海面にぶつかりました。二、三度バウンドして翼は飛び、エンジンも方向舵もバラバラになって大きな水しぶきを上げました」（大原飛長談）

ほどなく敵機は水没する。編隊を組んで帰投しようとした大原がふと海面を見ると、大きなゴムボートが浮かんでいた。大原はその上を旋回してみたが、誰も乗っていない。おかしいと思ってよくよく見れば、ボートの陰に生き残った敵の搭乗員が隠れていた。生きて帰ればまた空襲に来る敵、こいつをこのまま帰す手はない。大原は、超低空でゴムボートを照準器に入れると、左手の機銃の発射把柄を握った。

船団護衛の苦闘

宮野以下十二機は、ラバウルに一泊して、一月七日にはブインに帰る。八日は宮野は作戦に出ていないが、列機の大原飛長はレンドバ島上空制圧（十機）に、田上中尉の列機として参加している。この日は小福田少佐以下六機も輸送船団上空哨戒に出撃、また、ブイン北方に現われたB－17五機を追撃して松村百人上飛曹以下九機が出撃、二機に黒煙を吐かせたが、川田彦治二飛曹（十四志・丙二期）が行方不明になっている。

九日、十日も船団護衛、レンドバ島上空制圧、ガ島タファサロング増援部隊上空哨戒と多忙に過ごした二〇四空は、十日、上空哨戒を終えた小福田少佐以下六機と、ブインから直接来た野田飛曹長以下六機をムンダ基地に前進させ、十一日はこの十二機とブインを発進した田上中尉以下六機をもって早朝から船団を護衛。別にブイン基地を発進した日高初男飛曹長以下八機は、ガ島近くでわが船団に向かう敵グラマン戦闘機二十四機、艦爆十二機と遭遇、激しい空戦に入る。数十分におよぶ空戦の末、編成順に日高飛曹長二機（内協同二）、中根飛長二機（内協同二）、五日市上飛曹一機、木股飛長三機（内協同一）、坪屋二飛曹一機（不確実）、黒澤飛長四機（内不確実協同一）、島川飛長二機（内不確実一）、福田飛長三機（内協同一）の戦果を報じたが、横空生え抜きの空戦の名人・五日市上飛曹が燃料タンクに被弾後、行方不明となった。

十三、十四日も基地および船団上空哨戒、十五日には、ガ島増援部隊上空哨戒に野田飛曹長以下六機、田上中尉以下九機が交替で、また、駆逐艦嵐上空哨戒に日高飛曹長以下六機、コロンバンガラ島に向かう輸送船団護衛に小福田少佐以下六機と森崎予備中尉以下五機が交替で出撃し、やはりコロンバンガラへ向かう別の船団護衛に、宮野以下四機が出撃している。別に、ショートランドに来襲した敵機邀撃に、大正谷一飛曹以下六機も発進しており、

中澤政一飛長（のち二飛曹・戦死）が陣中でつけていた遺品の日記帳より。高度 500 メートルから見たラバウル基地の図。飛んでいる零戦は二号戦

105

中澤日記より、ブイン基地（上）、ブカ基地（下）の図

カビエン基地（上）、ムンダ基地（下）の図

二〇四空にとって大車輪の一日だったが、その中で田上隊と宮野隊は相次いで空戦に入った。

午前五時、船団上空に到着した田上隊九機は、来襲してきたグラマンF4F十九機、艦爆九機、P-39戦闘機八機と交戦、二十五分間の空戦で、坪屋二飛曹一機（不確実）、中澤飛長二機（内不確実二）、尾関上飛曹一機、西山飛長三機（内不確実一）、福田飛長二機（内不確実一）を報じるも、指揮官田上中尉（兵六十八期）、藤定正一飛長（丙三期）、木元畔飛長（丙四期）が未帰還になった。

午後の哨戒直で出た宮野隊四機は、神田佐治飛長がエンジン故障で引き返して三機となり、午後四時十分、船団上空でグラマンF4F約十六機、艦爆約八機、P-38約八機を発見。十倍以上の敵機と十五分にわたって空戦を繰り広げ、宮野と寺尾真二飛曹がグラマン各一機を撃墜、栄清吉飛長（丙四期）も一機を不確実撃墜したが、栄飛長は行方不明になり、寺尾二飛曹も被弾、大火傷を負い、落下傘降下して一時行方不明になったところ、付近にいた水雷艇鵯《ひよどり》に救助された。ただ一機、ブインに帰った宮野機にも数発の被弾があった。

この日の空戦について、中澤飛長の日記が残っている。

〈我此の日初陣に敵グラマン二機を撃墜せり。然れども中隊長田上中尉遂に帰らず。空戦中下方に落下傘二傘降下中を見る。戦闘当初のもの中隊長と思考されるも判然とせず。藤定、木元飛長も帰らず、悲痛断腸の思いなり。敵は相当編隊戦に長ずるを痛感す。グラマンは零戦に比し性能殊に上昇力に於いて劣る。敵は遠方射撃に長ずるにより避退は充分余裕を見て早期にせねばならぬと体験す。

（中略）

六機基地に帰るも被弾なきもの二機のみなり。我も又、三十六ミリ（原文ママ）にプロペラ射貫、左翼に二発十三ミリ、右翼に一発、計四発の被弾あり。内三発は前方射撃なるを見てもペラの被弾は心寒きを感ぜるものあり。前方射撃はなるべく避けるを可とす。

第五直、宮野大尉の指揮する四機、赤き南の陽光水平線に没せんとする頃離陸、同じく中水道に於いて敵機と交戦、苦戦の後帰投す。

四機を撃墜（ママ）するも栄飛長戦死、愛機と共に南海の花と散る。土浦以来同じ道を歩むる君、今なきを想えば、戦闘機搭乗者運命のはかなきを身に沁みて感ず。

二番機寺尾二飛曹、一機撃墜後被弾により火災を生じ、落下傘にて降下、右足に被弾、顔面手足に火傷するも重傷に屈せず大洋を漂流中、駆逐艦（ママ）に救助され、萬死の中に生を得て基地に帰る〉

この日、戦死した田上中尉と藤定飛長は、前年八月の六空第一陣としてラバウルに進出した搭乗員で、これまでに田上中尉は五機（うち協同二）、藤定飛長も三機（うち協同不確実二）の撃墜戦果を挙げていた。舞鶴鎮守府に籍を置く藤定には京都で小学校の先生をしている許婚がいて、彼女の話をしては周囲を羨ましがらせていた。柳谷謙治飛長とは宿舎のベッドも隣同士で、特に気の合う戦友であった。

「俺が死んだら必ず遺品整理をしてくれ」と言い交わしていた柳谷は、運命の残酷さを呪い、泣きながら遺品整理をした。

木元飛長、栄飛長はともに丙飛四期で、大原飛長や中澤飛長の同期生であった。木元の東北弁を、大原は今も懐かしく思い出すという。

〈一月十七日　昨夜は敵機の来襲あり、戦給品のビールに酔って我は知らずに朝まで眠る。飛行場に二発命中、三機に被害あり。早朝B－17一機来襲せるも、戦闘機の舞上がるを見て慌てて変針遁走す〉(中澤政一日記)

戦闘機搭乗員にとって、命の危険は空戦や天候だけではない。無事に帰ってきてホッとするような時にも、悪魔は潜んでいた。一月十七日午後、零戦九機が野田飛曹長の指揮でガ島に向かう輸送船香久丸をはじめとする船団護衛に出撃、敵を見ずにブイン基地に引き返してきたところ、着陸の際に、丸山武雄二飛曹(甲六期)機が滑走路の窪みに脚をとられて転覆した。丸山は、意識ははっきりしていたが首の骨を折っており、治療の甲斐なく四日後に戦傷死した。小柄で純真、ニキビづらもあどけない若者であった。

撤収が決まって、ガ島をめぐる動きも慌しくなってきた。それに加えて連日の敵機来襲で、ブインの二〇四空は多忙をきわめていた。一月十九日、輸送船阿蘇丸の上空哨戒を三直計二十二機で務めた時のこと。中村佳雄飛長は、宮野大尉率いる一直七機の搭乗割に入っていた。

「私の飛行機のエンジンの調子が悪くなって戦場を離脱、尾関上飛曹がついてくれて引き返す途中、フラフラと雲の上を飛んでいると、はるか下のほう、雲の合間にグラマンの二機、二機の四機編隊が反航するのが見えました。ハッと思って、何も考えずにいきなり攻撃に入ってしまったんです。

敵機は何も知らずに巡航速度でスイスイ飛んでいるから、訓練で曳的（吹流し）を撃つのと一緒です。端っこの奴を狙ってバラバラッと撃ったら、バッと火を噴いて、そのまま墜ちていきました。尾関さんがあわてて来てくれたけど、その時には残りの三機は急降下して逃げてましたね。

帰ってから、尾関さんにヤキを入れられました。突然いなくなったと思ったら勝手な真似しやがって、お前、何で戦場離脱したかわかってるのかと。

でも、敵を墜とせる時というのはそういうものです。格闘戦で墜とす、というのは全くないとは言わないけれど、まずない。敵も必死ですからね……」（中村飛長談）

二十日には、ブイン基地はB－17十五機、P－38四機による比較的大規模な空襲を受ける。森崎予備中尉以下零戦十七機がこれを邀撃、P－38二機（うち不確実一）、B－17一機（不確実）を撃墜。森崎は、この日、午後の輸送船上空哨戒にも、八機を率いて出撃している。

一月二十三日、駆逐艦大潮、輸送船第二東亜丸の上空哨戒に、日高飛曹長以下六機と、渋谷中尉以下九機が、二直に分かれて出撃。二直目の渋谷隊は、船団上空で敵グラマンF4F約二十機と空戦、五機の撃墜（うち不確実一）を報じたが、渋谷中尉と福田作市飛長（丙三期）が戦死した。渋谷中尉は分隊長としてその将器を期待されながら、着任後わずか二ヵ月の残念な最期であり、福田飛長も、着任後まだ日が浅かったが、一月十一日の初出撃以来、五機（うち協同、不確実各二）の撃墜戦果を挙げており、二〇四空期待の有望株であった。

帰還した列機の報告によると、この二機は、大きく左に上昇旋回中を、左下方より撃ち上げてきたグラマンに撃墜されたという。これは確かに、高度こそこちらが優位であるものの、どちらに逃げても逃れようのない、絶体絶命の位置関係である。敵機の十二・七ミリ機銃は、零戦の二十ミリ機銃とちがって弾丸の直進性がよく、発射弾数も多いため、零戦があまりできないような遠距離からの側方射撃を得意としていた。ブイン基地ではさっそく、こんな態勢になった時の対処方法について、研究会が開かれた。そこでは、絶対にこうすべし、という結論は出なかったが、大原飛長はずっと後、F４Uコルセアに側下方より撃ち上げられた時、その直前を垂直降下するという捨て身の方法で避退したことがあった。ふだんの空戦訓練でやる格闘戦の「ひねり込み」は、実戦でその通り使うことはまずないが、このように離脱する時などには応用がきくものであった。

戦闘行動調書の記載では、空戦のなかったこの日の一直になっていて、記録と記憶が矛盾するが、八木隆次飛長は戦後、

「一月二十三日が私の最初の戦闘だった。帰ってから敵機を何機見たかと聞かれて、一機も見ませんでしたと答えたら怒られた。二小隊二番機で、一番機について宙返りをした記憶があった。一番機が誰だったか忘れた（注：記録によると大正谷一飛曹）。弾丸は一発も撃っていなかった」

と回想している。初陣で気が舞い上がっている時に、敵機の姿など、なかなか見えるものではなかった。戦後、航空幕僚長を務めた山田良市空将（兵七十一期、大尉）の研究によると、空戦で撃墜された古今東西の戦闘機搭乗員の八割は、敵機の姿に全く気付かないまま墜とされたと推定されるという。しかし、そうやって初陣をくぐり抜けた若武者が、経験を積むほどに強くなり、敵が見えている限りはまずやられることがなくなるのである。

ガ島撤退準備の航空撃滅戦

ガ島からの撤退を成功させるための航空撃滅戦が、始められようとしていた。一月二十日から二十三日まで、毎晩、陸攻十機程度でガ島飛行場を夜間爆撃、二十五日には、ひさびさの戦爆協同による大規模な作戦が行なわれる。

二十五日朝、陽動隊陸攻十八機の誘導のもと、ラバウルより五八二空（進藤大尉以下十八機）、二五三空（伊藤俊隆大尉以下十八機）、ブインより二〇四空（小福田少佐、宮野大尉以下二十二機）の各零戦隊が出撃した。陸攻隊の爆撃と見せかけて敵戦闘機を誘い出し、戦闘機同士の空戦でこれを撃滅しようという作戦である。途中で五八二空が天候不良のため引き返したが、残りは、ルッセル島南方十五浬地点で陸攻隊と分かれてガ島上空に突入した。

だが、案に反して敵の反撃は少なく、二〇四空はグラマンF4F三機と交戦、そのうちの一機を撃墜したのみ。他隊と合わせても、F4F二機撃墜確実、B－25、SBD、P－39各一機、P－38二機それぞれ撃墜不確実を報じただけで、零戦隊は空戦で未帰還一機（福留次男飛長）、天候不良で未帰還一機（二五三空岩元真一飛曹・甲五期）、エンジン不調による不時着機（未帰還）一機と、帰途天候不良のための不時着機三機、さらに、ぬかるんだブイン飛行場に着陸時六機が大破するという大きな損害を出した。陸攻一機も未帰還となった。

二五三空分隊士として着任したばかりの中島三教《なかしまみつのり》飛曹長（操二十九期）は、この日、第二中隊第三小隊長として、二番機前田勝俊一飛曹、三番機入木畩次二飛曹を従えていた。中島は当時二十八歳、支那事変初期より十三空で数次の南京空襲に著功があり、のち十二空、赤城と渡り歩いて幾度となく死線をくぐりぬけ、功六級金鵄勲章に輝く海軍戦闘機隊きってのベテラン搭乗員であったが、開戦時には大分空で教員配置についていたので、対米戦の戦場に出るのはこれが初めてであった。

「いよいよガダルカナルが見えてきて、高度を上げ始めました。ところが、六千メートルより上がろうと思ったらエンジンの調子が突然悪くなって、ブスブスと息をつき始めました。これはいかん、と思って列機に先に行け、と合図するんだけどもどうしても離れない。そこで二機を連れたまま、もと来た道を引き返しました。ふと攻撃隊の行った先を見ると、空戦しているのが見えました。それを見て、おう、やっとるやっとる、と。

しかし、私の飛行機はエンジンが駄目になって、だんだん高度が下がってくるんですよ。そして、間もなくムンダの飛行場が見えるというところで、とうとうプスッと止まってしまったんです。

もうこれは不時着するしかない。それまで、零戦は海に落ちたらすぐに沈むから海には降りるなと教えられていましたが、私は今までの経験からそんなことはないと、そこで、島の海岸近い海に降りたんです。すると、やっぱりすぐには沈まない。それ見ろ、上手に着水したら沈まないじゃないか、これは帰ってみんなに教えてやらんといかんと思いましてな、そのうち沈んできたけど十分に時間はありました。そしてバンドを外して翼の上に出て、海に飛び込んで、約三百メートル、泳いで岸にたどり着きました。列機はしばらく旋回していましたが、やがて帰っていきました。私の零戦は、海が浅いから全部は沈まず、尾翼の一部が海面から出ているのが見えました」

中島三教飛曹長（操29期、写真は昭和13年、南京にて。三空曹時代）

中島飛曹長が不時着したのは、ムンダ近くのガ島寄りにあるウィックハムという島であった。中島が海岸で服を脱いで乾かしていると、二、三人の現地人が、「ニッポンバンザイ」を連呼しながら近づいてきた。一度は拳銃を抜いて構えた中島であったが、彼らの友好的な態度につい気を許し、ムンダに連れて行くという言葉を信じてついて行くと、そこに待っていたのは沿岸監視隊の英軍大尉であった。現地人たちは態度を豹変させ、中島を後ろ手にして押さえつけ、中島が持っていた拳銃を奪うと英軍将校に渡した。中島は、現地人にいわば売られたわけである。

中島は、武勲顕著なだけでなく、大分空先任教員時代には三十五期飛行学生（兵六十七期）を受け持ち、戦死した笹井醇一、川真田勝敏、渋谷清春各中尉ら中堅指揮官を、一人前の戦闘機乗りに育て上げた功績もあった。この時期のラバウル、ブインには中島の教え子が多い。

不時着地点は列機によって確認されているので、翌二十六日には、二五三空斎藤三郎中尉以下六機と二〇四空野田飛曹長以下六機を、二十七日には二五三空剣持揚一中尉以下十二機を、飛行艇とともに捜索に出したが、不時着した機体は見つかったものの中島飛曹長本人は見つからず、ついに未帰還、戦死認定という運びになった。

「生きて虜囚の辱めを受けず」というのは、陸軍大臣の東条英機が陸軍部内向けに達した「戦陣訓」の教えに過ぎず、海軍はこれには縛られない。海軍には、「俘虜査問会規定」というものもあって、捕虜になり得る前提に対し、陸軍ほどコチコチに固まった考えがあったわけではない。しかし、一般的な日本人の通念とすればやはり、捕虜になるのは恥であった。考えてみると、捕虜のなり方、なった時の心得など、海軍のどこでも教えてこなかった。

囚われの身になった中島は、そのことを恥じて、幾度か自殺を試みたが果たせず、後にガダルカナル、ニューカレドニア・ヌーメア、ハワイを経て、米本土の収容所に送られた。収容所では真珠湾攻撃の特殊潜航艇で捕虜第一号となった酒巻和男少尉（兵六十八期、平成十一年歿）、ミッドウェー海戦で遺棄された空母飛龍から脱出、漂流中を米軍に拾われた萬代久男機関少尉（前出・海機五十期）、のちに直木賞作家となる艦爆搭乗員・豊田穣中尉（兵六十八期、平成六年歿）らと一緒になり、敵国本土で終戦を迎えることになる。戦後、帰国した中島は、戦死認定と進級、叙勲は取り消されたが、いったん合祀したものの取り消しはできないとの建前から、靖国神社には祀られたままになっているという。中島は、九十二歳になった今も九州に健在である。

一月二十七日には、陸軍の一式戦五十九機と軽爆九機がガ島に進攻、撃墜六機の戦果を報じたが、P－38がルッセル諸島ブラク島付近まで送り狼として追跡してきて、わが方も五機を失った。陸軍航空部隊は二月一日にも進攻したが、その後はガ島への進攻作戦は実施していない。

一月二十八日、宮野大尉以下十五機が、ルッセル島攻略部隊の上空哨戒に出撃、敵を見ず任務を完遂。二十九日にも、松村上飛曹以下六機がコロンバンガラ島へ向かう味方輸送船団の上空哨戒に出かけている。同じ日の夕刻、ブイン基地はB－17七機の空襲を受けた。

〈暮色飛行場に迫る頃、B－17七機の敵襲を受く。気付きたる時すでに遅く、指揮所前に五百キロ爆弾二個、及び待機所付近に無数の小型爆弾の洗礼を受く。上平飛長、三澤二飛曹、為に戦死す。惜しみて余りあり、爆弾の脅威を切実に知らしめる。木股二飛曹又、試飛行中エンジン故障により滑走路端に墜落、燃え上がる愛機と共に昇天す。青春二十歳前途春秋に富める少年航空兵出身の君を失いて愛惜尽くるなし〉（中澤飛長日記）

爆死した上平飛長は丙飛三期、三澤二飛曹は甲飛六期。事故死した木股二飛曹は乙飛十一期。いずれも二十歳そこそこの若い搭乗員であった。

木股二飛曹の事故は、着陸時にエンストして、飛行場に入る寸前に椰子の木に主脚をひっかけ、もんどりうって火災になったものだった。大原が、寺尾真二飛曹や数名の同年兵らとともに駆けつけると、木股は逆さまになった操縦席で黒焦げとなって死んでいた。皆で遺体をかかえて取り出そうとするが、肩バンドが首に引っかかって外れない。やむを得ず、寺尾が「同年兵、許せ！」と言うや、持っていた円匙（大型のスコップ）で、木股の首を切断した。すると胴体が、ドサッと音を立てて落ちてきた。

「木更津にいた時、木股のお母さんが京都から面会に来て、運悪く本人が不在だったので、私と木元胖が迎えたことがありました。木股のお母さんに旅館に招かれ、『息子に会うのと同じ』と大ご馳走をしてもらって感激したものです」（大原飛長談）

二十九日夕刻には、味方陸攻隊三十二機もツラギ南東二百四十浬を北西進する敵艦隊を雷撃、翌三十日昼間の十一機による雷撃と合わせて、米重巡洋艦シカゴを撃沈、駆逐艦一隻に損傷を与えている（レンネル島沖海戦）。二十九日の攻撃で、七〇一空飛行長檜貝襄治少佐は敵艦に突入戦死、わが方の自爆、未帰還十機であった。

一月三十日の中澤飛長の日記――。

「昨夜味方中攻隊雷撃によりツラギに集結せる敵戦艦一隻轟沈大巡一隻撃沈す（ママ）。加藤（孝男・乙十一期）二飛曹病院船にて内地に帰る。搭乗員の数も機材も漸次少なくなりつつあり、我部隊は今後そのいずれも補充なしと聞く。（中略）病気にて斃るるもの多し。戒心もって健康を全うせん。あゝ想えば故国を離れてより二ヶ月にならんとす。郷愁に皆気分もうずく無理からざる事。天涯孤独なる我にして何か想う事ある故に」

「ケ」号作戦

基地航空部隊のガ島進攻は、二十九日、三十日、三十一日とも、天候不良で実施されていない。このようにガ島航空撃滅戦が不十分なまま、二月一日、四日、七日の三次にわたる撤収作戦（ケ号作戦）が、駆逐艦を大動員して夜間、行なわれた。

基地航空部隊零戦隊は、ラバウルに派遣されてきた空母瑞鶴戦闘機隊の応援を受けて、二月一日の撤収開始から輸送部隊の上空警戒に当たるとともに、二日以降はガ島南方で発見された敵機動部隊に対して、陸攻隊とともに出撃待機した。ショートランド基地の水上機部隊も、輸送部隊の上空警戒、前路警戒、夜間の魚雷艇掃討などに大活躍している。

米軍側は、日本側の行動をガ島への増援作戦と誤判断していた。空襲と魚雷艇による攻撃は受けたが、それによる損害は予想以上に少なく、駆逐艦一隻が沈没、二隻が損傷を受けたにとどまった。撤収作戦そのものは、天佑神助と言われたほどの大成功を収めた。収容した人員は、戦史叢書によると一万二千八百五名におよんだ。米軍は、二月八日朝になって、ガ島エスペランス岬付近に放置された日本軍の舟艇や補給品を発見して、初めて撤収を知ったという。

ここで、ガ島撤収作戦中の戦闘機隊の主な動きを見てみる。

二月一日、進藤大尉率いる五八二空戦闘機隊二十一機が、納富健次郎大尉率いる瑞鶴戦闘機隊ラバウル派遣隊十九機とともに五八二空の艦爆十五機（指揮官・北村典生大尉・飛行科予備学生四期、十七年十二月一日現役編入）を掩護してガ島北方の敵艦隊を攻撃、巡洋艦二隻を撃沈、迎撃してきたグラマンF4Fのうち十九機（うち不確実三）を撃墜したと報じたが、零戦三機、指揮官機をふくむ艦爆五機を失った（イサベル島沖海戦）。米側資料によると、実際の損失は駆逐艦一隻沈没と飛行機八機であった。

この日の朝、二〇四空は、ブインに来襲したB－17四機を森崎予備中尉以下十二機で邀撃、一時間半かけてその全機を撃墜するという快挙を成し遂げた。

「この時は天候がよかった。爆撃を終えたB－17はイサベル島の方に逃げていきました。その先に雲がかかっていたんですが、この雲に敵機が入ったらその出鼻を押さえてやろうと先回りしました。それで、思った通りにB－17が目の前に現われたので、前方から突き上げて、ぶら下がるような形で二十ミリを撃ち込んだんです。その敵機は、胴体と翼の付け根が火の玉のようになって墜ちていきました。残る敵機も、ガ島の方向に逃げるのを、全機撃墜するまで追いかけました」（大原飛長談）

零戦隊の損失はなく、苦手のB－17に対してようやく、胸のすくようなワンサイド勝ちを収めることができた。この空戦に対して海軍功績調査部がつけた行動評点が「C」というのは、いささか点が辛すぎるように思われる。

一日は別に小福田少佐以下十一機が、午後、三時間半という異例の長さで船団上空哨戒に任じている。

二月四日の第二次撤収作戦の時には、二〇四空からは森崎予備中尉以下十二機が船団上空哨戒に出撃、敵機七機と交戦し、うち四機の撃墜を報じている。五八二空は野口義一中尉以下二十四機が出撃したが、空戦なく、無事任務を果たしている。この日もっとも激しい空戦を演じたのは瑞鶴戦闘機隊で、午後一時、十七機をもってブイン基地を出撃、四次にわたる空戦で、敵戦闘機、艦爆計二十五機の撃墜を報じた。わが方は、重見勝馬飛曹長（操二十期）が未帰還、アリューシャン作戦で宮野と一緒であった佐々木原正夫上飛曹（十七年十一月一日進級）が被弾、不時着水した。米側記録による損失機数は十機であった。

「あの時、私は戦闘機一機、艦爆一機を撃墜しましたが、味方戦闘機が空戦で散らばって、船団上空には私一機になった時に、敵戦闘機、艦爆あわせて三十機ぐらいが来襲したんです。そこでも一機墜としましたが、最後に正面から撃ち合って相撃ちになりエンジンをやられて急降下、敵が追ってきてバリバリ撃ってくるのを、下から駆逐艦が対空砲火で追い払ってくれて、助かりました。

そのまま海上に不時着、ジャーンと跳ねてしまって、その衝撃でOPL（照準器）に顔をしたたかぶつけてしまいました。二度目の着水の時、海に放り出されて、気がついたら海の中。明るい方向に向かって必死で泳いだら浮かび上がりました。

周囲を見渡すと、私の墜とした敵機の搭乗員もプカプカ泳いでいましたね。それに大きなフカも寄ってきて、びっくりしました。慌ててマフラーを長くたらしたら、いなくなりましたが（フカは、自分より体の大きなものには襲ってこないと言われていた）。

しばらくたって、敵の爆弾の至近弾を受けて、グルグル回りながら修理していた駆逐艦に拾われました。助けられた時、私の顔は腫れ上がって、お岩さんみたいでしたよ。

――しかし、助けられてからも大変でした。士官室に入ってそのまま眠り込んでいたら、夜中にいきなり大砲の音。飛び起きて甲板に出てみると、敵の魚雷艇がいる。それを探照灯で照らして大砲を撃つ、すると敵は魚雷を放って逃げる。雷跡が夜光虫を散らして、夜目にもくっきりと光って見えます。艦はその間を、雷跡と平行に避けてゆく。

魚雷艇は四隻ぐらい、そいつを追いかけまわして、本当は向こうの方が速力はあるんだけども、撃ちまくられて全力で逃げているから、エンジンが焼けちゃってヒョロヒョロになっています。それで、逃げ遅れたやつに駆逐艦がガリガリッと乗っかって、すごいなあと思いましたね」（佐々木原上飛曹談）

二月七日の第三回撤収作戦では、宮野大尉が十五機を率いて船団護衛に向かったが空戦はなく、交代で出た鈴木宇三郎中尉以下十五機（鈴木中尉が下痢でムンダに不時着したため角田和男飛曹長が指揮）は、戦爆連合の敵機約三十機と遭遇、三機（うち不確実一）を撃墜したが、操練三十七期出身のベテラン、武本正実上飛曹が敵艦爆の旋回銃に被弾、自爆した。
八日朝には小福田少佐以下十五機が、ガ島を撤収する輸送部隊が敵の哨戒圏外に出るまで護衛、ここにガ島撤退の「ケ」号作戦は終了した。

今度内地に帰ったら……

ガ島撤退を機に、日本軍はそれ以上の進攻を諦めざるを得なくなり、中部ソロモンおよび東ニューギニアの戦略的位置づけも、進攻拠点から防衛拠点に変わった。いかにこの戦線に防衛態勢を固めるかが当面の課題であった。

聯合艦隊は、十八年二月八日から十二日にかけて、瑞鶴飛行機隊派遣隊の復帰を命じ、また、基地航空部隊についても兵力整理を行なった。

その結果、南東方面所在の基地航空兵力は、二十一航戦を基幹とする第一空襲部隊（二五三空、七五一空）と、二十六航戦を基幹とする第六空襲部隊（二〇四空、五八二空、七〇一空、七〇五空）にひとまず集約された。一月に使用可能になったバラレ基地にあった二五二空は二十二航戦に復帰、内地に転進する二〇一空と交代でマーシャルに移動することを命ぜられ、一個分隊九機のみをバラレに残し、主力は二月二十三日、ラバウルを後にした。

そして、第一空襲部隊はカビエンに司令部を置いて東部ニューギニア方面、第六空襲部隊はラバウルに司令部を置いてソロモン方面の作戦を、それぞれ分担することになった。

これとは別に、瑞鳳飛行機隊零戦二十機、艦攻八機は二月十八日トラックを出て十九日ウエワクに進出、二十七日零戦十九機と艦攻七機でカビエンに移動した。

もっとも、最前線で戦う搭乗員にとって、司令部の机上で兵力部署がどうなろうと、日常の生活にも戦いにもさほどの変化はない。

この時期のブインの気候はあたかも内地の初秋のようであった。夜半に激しいスコールがあるが、天候が悪いと敵機の夜間定期便も来ないので、蚊帳の中で雨音を聞きながら郷愁に浸ることもできた。

二月五日には海岸で、ダイナマイトを海中に投げ込み、浮かんできた魚を総出で海に入って手づかみにした。その晩はビールの戦給品も出て、一晩中にぎやかに飲んでいた。六日には下士官兵の考課表のための身体検査が行なわれている。大原亮治や杉田庄一、中澤政一たち十五志の搭乗員は、順調に行けば五月一日付で下士官（二等飛行兵曹）に任官の予定であったが、

〈任官せばMとの事も真剣に考えねばならない。今頃は如何にして過ごして居らん？〉（中澤飛長日記）

などと、内地に残してきた意中の人を想い、おぼろげな自分の将来を思い描くこともあった。身近な誰彼が次々と戦死してゆく、朝、笑いあった戦友が夕方にはもうこの世にいないような毎日を過ごしていても、

「生きて帰れるとは思っていない。でも、自分がやられるなんて思ってもみない」（大原飛長談）

のが、彼らに共通した心情であった。

宮野も同じ思いだったのであろう、この時期、兄・真一宛に、「今度内地に帰ったら結婚したい」という手紙を書き送っている。相手は、前年、第一段作戦から内地に帰った時に話のあった、真一の妻の妹であった。八尾の家族たちは、宮野が凱旋して祝言を挙げる日を心待ちにしていた。

年頃の健康な青年ばかり、しかもその多くが独身者である航空隊では、女性の話、結婚の問題は、自分たちの人生観にもかかわる外せない話題であった。大原飛長は宮野に、「オイ大原、お前が嫁さんもらう時は俺が世話してやるからな」と言われて照れ笑いしたことを記憶している。それが希望的観測に過ぎないとしても、生きて帰って平和な所帯を持つことは彼らの夢であった。

二月十一日は紀元節、総員で宮城を遥拝し、天皇陛下万歳を唱和した。司令官・山県正郷中将の、「人の世は悠久なる天地に比する時、実に微々たるものにして、享楽のみに過すなれば何等禽獣と異なるところなし」という訓示の後は、ジャングルで航空隊の大演芸会が行なわれた。

〈愉快を極む。一等を取りたるは我が戦闘機隊神田二飛曹を長とするオーケストラなり。夜、青白き月光を椰子林の葉陰より眺めながら、戦給のビールを楽しみつつ戦友と深夜まで語り

合う。物欲より脱したる現在の気持は実に清々しい〉(中澤飛長日記)
十二日にはブインに内地からの輸送船が入り、隊員たちは久しぶりの玉葱、キャベツ等新鮮な野菜を口にした。こういうことも、楽しみの少ない戦場での暮らしを大いに潤すものであった。

たのもしき二号戦

二月十三日、小福田少佐以下十二機は船団上空哨戒に出撃、敵を見ず。同じ日、ブイン基地に来襲した敵機を邀撃、一度目の日高初男飛曹長以下十二機は逃げられたが、二度目に上がった松村百人上飛曹以下九機は、B-24六機(三機ずつ二個小隊)とそれを護衛するP-38四機、P-40七機、合わせて十七機と空戦に入った。九名の搭乗員は、松村上飛曹、仁平哲郎二飛曹、あとは全員飛長で、柳谷謙治、橋本久英(以上十五徴)、中澤政一、小林友一、山本一二三、大原亮治、中村佳雄(以上十五志)である。

〈見張距離三〇〇〇〇米にて発見、直ちに第一小隊三番機として舞上がる。

まさに飛行場に入らんとする敵編隊群に対し、第一撃を前下方より敢行すれば飛行場直前にて左九十度に変針、海中に投下する爆弾ものすごし。

必殺の意気により殺到する零戦の群れにより本部前上空に於いて敵二小隊二番機早くも火を吐きて墜落す。撃墜せる敵機より二名、落下傘にて海中に降下するを見る。

コンソリデーテッドB-24爆撃機

後に聞くところによれば地上部隊、設営隊は狂喜し涙するものありと聞く。（中略）

我も又、敵四発大型機B－24に対し猛烈に後上方より攻撃を反復繰返す。そのうち、遂に我々一緒に攻撃なし居りたる僚機は敵弾により自爆す。この時、敵も漸く黒煙を機尾より吐きつつ次第に高度を下げ始めたるにより、一層猛烈に攻撃したるところ、ショートランド島友軍陣地上空に於いて遂に発火せしめ、水上機基地前面の珊瑚礁上に撃墜、更に上空より銃撃を加えてこれを炎上せしむ。（中略）

親友山本は遂にP－38の為に戦死す。何時の日か必ず余の手にて仇を報いん。善戦せる山本よ安らかに眠れ。熱涙禁じえず。

我の一一二号機右翼被弾一発〉（中澤飛長日記）

この日、P－40二機を撃墜した大原飛長は、

「B－24がいかに墜ちにくいか、つくづく見せつけられる思いがした。B－24には相当、弾丸が当たっているのにこたえなかった。小型機を攻撃して大型機の上に覆いかぶさるようになると大型機が撃ってくる、大型機を攻撃に行くと小型機が来る。その連携が敵ながら見事で、見習わなければと思った」

と回想する。

戦果はB-24三機、P-40二機、P-38四機をそれぞれ撃墜、わが方の損害は、山本一二三飛長（丙六期）が自爆、被弾三機。山本は、一月六日に実戦デビューしたばかりで、その成長が期待されていた矢先の戦死であった。空戦が終わって、敵機が墜ちるのを目の当たりにした地上部隊から、祝意とともに金一封が届けられたが、二〇四空ではその志だけを受け取った。

〈二月十四日　昨日の惨敗にも屈せず九機編隊よりなるB-24に、新鋭ボートシコルスキー（F4U）十二機、P-38数機の直衛を配せる敵襲を受く〉（中澤飛長日記）

敵は、ソロモンの制空権を握ろうと積極的な攻撃をかけてきた。この日、二〇四空から邀撃に上がったのは宮野大尉以下十三機。一時間以上におよぶ追撃戦で、B-24二機、F4U二機、P-38四機を撃墜、全機が無事帰還した。戦闘行動調書によると、宮野の二番機・矢頭元佑二飛曹、三番機・杉田庄一飛長。大原飛長や中澤飛長も搭乗割に入っている。

〈我一号戦なるにより、飛行場上空に到るも追いつかず。味方は盛んに攻撃を加え居るも敵はB-24一機、及びP-38数機を失うるを意とせず、編隊を固く組んで帰途につく。ショートランド島付近上空にてやっと第一撃を加うるを得、爾後反復攻撃を繰り返すも、敵ながらボートシコルスキー相互支援見事にして撃墜するに至らず。

イサベル島付近に至る時、味方はわずか数機となるも敵B-24漸く編隊に遅れ、高度を下げ始むるにより、僚機と共になおも攻撃を続ける。我エンジン一時停止、左脚パイプに被弾両車輪出るにより帰途につくも、やがて敵はいよいよ編隊を離れ高度を下げ落下傘にて搭乗員六名落下傘降下するを後上方より攻撃、遂に撃墜す〉（中澤飛長日記）

ボートシコルスキーF4Uコルセア

二〇四空には一号戦と二号戦、二種類の零戦が混在していたが、この日の中澤の日記に見るように、二号戦の方が邀撃戦には有利で、搭乗員に人気があった。若い搭乗員の目には、優美な一号戦の長い主翼より、二号戦の短く角型に切り落とした形の翼端の方が、いかにも力強く俊敏に見えてたのもしかった。

空戦の勝負は「初動」で決まる。一号戦の方が縦の格闘戦でやや小回りが利く美点はあったが、もはやソロモンの空では単機同士の格闘戦など現実にはほとんど起こらず、それよりも、馬力が強くて突っ込みがよく、しかも高速時の横操作の軽快な二号戦の方が、多くの場合、有利に敵と戦うことができた。六空進出当初はラバウル、ガ島間の往復に航続力が足りないことが指摘されたものの、ブイン、ムンダという前進基地が稼動しているこの時点では、その懸念は過去のものである。上層部や技術者の机上の心配をよそに、二〇四空の搭乗員たちは二号戦を愛機として使いこなしていたのだ。

この頃目立って増えてきた敵の四発爆撃機、B－24は、垂直尾翼が二枚あってB－17とは少し印象の異なる機体であったが、B－17同様に高速、重武装、重装甲で、零戦にとっては撃墜しにくい相手であった。双発双胴のP－38戦闘機は、旋回性能こそ零戦に劣ったが、特に高高度性能にすぐれ、高速で、零戦に劣らない航続力を持っていた。初めのうちは、零戦との格闘戦に巻き込まれて次々と撃墜され、「ペロ八」というあだ名がつけられたが、そのうち、高高度性能と優速を生かして、高高度から高速で降下してきて一撃離脱、急上昇する戦法をとるようになり、零戦にとってしだいに手ごわい敵機となっていった。独特の逆ガル型主翼を持つF4Uは、形は大きく見えたが零戦よりもはるかに優速で、高高度性能も高かった。しかし、実際に対戦した搭乗員には、「高速で逃げられたら追いつかないが、ダッシュが悪くて、空戦になると比較的捕捉しやすい」（大原飛長談）という印象を与え、こちらが初動を誤らなければそれほど怖い相手ではなかった。

二月十四日の空戦で撃墜されたP－38の搭乗員が一人、捕らえられてブイン基地に運ばれてきた。前日の空戦で、同年兵・山本一二三飛長をP－38に撃墜されて気が立っていた大原飛長は、アゴでも一発喰らわせてやろうと、仲間とともに捕虜のいるところへ行ってみた。

「ところが、本部前の木につながれているのは、実にかわいい少年なんですな。森崎中尉は英語ができたので何か話していましたが、見ていたらかわいそうになって、殴る気がしなく

なりましたよ」（大原飛長談）

ミシガン大学を卒業後、飛行学校を出て応召された二十二歳の陸軍少尉とのことで、紅顔の美青年であったが、彼も軍人、こちらの訊問には一切答えず、そのうち輸送機でラバウルに後送された。

〈宿舎に帰りて内地より届きたる新聞を見る。一月二十三日付東京日日新聞第一面筆頭にソロモン方面戦闘、十五日自分の参加せし戦果の発表あるを見る。誰も余の参加を知らずといえども心豊かさを感ず〉（中澤飛長日記）

四ヵ月ぶりのラバウル

ガ島撤退も一段落して、それからしばらくは小休止のような時期が続いた。二〇四空戦闘行動調書によると、基地上空哨戒、船団上空哨戒、ムンダ上空哨戒、キエタ上空哨戒と、連日の出撃はあるものの、空戦は二月十四日以降三月三日まで記録されていない。

二月二十六日、ブインにいた二〇四空零戦隊は、ラバウルにいた五八二空零戦隊と交代し、四ヵ月ぶりにラバウル基地に転進した。その前日付で、二十六航戦司令官は山県中将から上《こう》坂香苗《さかかなえ》少将に交代している。

殺風景な最前線、ブイン基地から来てみれば、ラバウルは気候温和、風光明媚な自然公園のように見え、まるで内地に帰ったかのような錯覚を抱かせるほどであった。幕舎に簡易ベッドのブインの搭乗員宿舎とちがい、ラバウルでは、占領前に白人が使っていた洋館住宅を搭乗員宿舎にあてている。航空廠や海軍病院といった軍の施設はもちろん、業者が経営する士官用、下士官兵用、それぞれの慰安所の施設も完備しており、久しぶりに見る女性の姿は、彼らにはまばゆいばかりに美しく感ぜられた。

海兵六十五期出身者は、この頃、その多くが分隊長クラスで前線に出ている。艦隊や潜水艦で戦死する者も目立って増えてきた。飛行機搭乗員では、七〇五空分隊長・永野善久大尉が二月二日、七〇一空分隊長・白井義視大尉が二月十七日、それぞれソロモンの空に散った。

ラバウルにも、同期生が常に何人かいた。

〈十七年秋から十八年夏にかけて、在ラバウルの八十一警備隊に勤務している時に、宮野が訪ねてきてくれた。背の高い美男子だった。あの頃のラバウルの航空部隊の仕事は大変だった〉（第八十一警備隊分隊長、中山〈のち武次〉四郎大尉回想）

ラバウル基地の二〇四空偵察分隊には、美坐正巳大尉がいた。美坐とは、兵学校時代同じ分隊になることはなかったが、飛行学生卒業後、漢口の十二空で一緒になったのを始め、開戦時には三空と台南空の僚隊同士、その後ふたたび六空で一緒になるなど、ほぼ全期間を通じて宮野とともにあった。同じ二〇四空でも、戦闘機隊と偵察隊は指揮所も搭乗員宿舎も別になっていたが、士官室は同じである。

美坐は姫路中学校の出身、同じ関西人ではあったが、動の宮野に静の美坐、性格は正反対であった。正反対のタイプであるがゆえに、この二人はとてもウマが合った。

内地の部隊とは違い、ラバウルでは、出撃のない時、非番の時、軍規を逸脱しない範囲内で、夜は夜明けまでの自由時間が黙認されている。

官邸山の上のほう、ラバウル第八海軍病院のそばに、クラブと称する士官慰安所があった。料亭とちがって芸者はおらず、「長官用」と称する少女をはじめ、業者の募集に応じて来た慰安婦の若い女性が大勢働いていた。玄関を入ると、板張りの広間に数名で酒を飲めるテーブルがずらりと並び、両脇に個室が並んでいる。広間の突き当り、板壁の中央には、当時少年少女雑誌の挿絵画家として有名で、海軍報道班員としてラバウルに来ていた林唯一（一八八五―一九七二）が描いた「笹井中尉B‐17撃墜の図」と題する乱暴なタッチの、三×五メートルほどもある大きな壁画が飾られていた。宮野はここに、美坐と連れ立ってよく出かけた。

下士官兵搭乗員も、杉田飛長をはじめ、元気なのがしょっちゅう、群れをなして、士官用とは別の下士官兵用慰安所に出かけていった。士官用慰安所で働く女性の多くが沖縄出身者だったのに対し、下士官兵用は朝鮮半島の出身者が多かった。基地周辺の広場では、毎晩のようにどこかの部隊が映画上映をやっていて、大原飛長のように慰安所の空気が好きでない者は、そちらに行くことが多かった。映画は、戦意高揚映画よりもむしろ「ふるさと便り」や普通のドラマ映画が多く、中には「私には夫がある」などと妖しげなタイトルのものもあった。ただ、野外映画会は、空襲警報のサイレンが鳴ると中断されてしまうのが難点であった。

宿舎に残っている者は残っている者で、連夜の酒盛りが繰り広げられている。宮野はこちらの方へも、相変わらず、従兵にビールをかつがせてちょいちょい顔を見せた。

この頃、宮野はまた、寸暇を惜しんで手記の執筆に打ち込んでいた。

〈長い空戦の経験を後に残しておいてやろうと思って書いているんだと、言葉少なに語り、そして見せてくれたが、それはそれまでに見たこともない生々しい具体的な戦法の語りであった〉（美坐大尉回想）

ダンピールの無念

ガ島攻防にわが方が苦戦している時、東部ニューギニアにおける敵の反撃も活発になりつつあった。この戦線を維持するため、ラエ、サラモア地区への兵力増強の必要が生じ、陸軍第五十一師団をラバウルからラエに輸送することになった。この輸送作戦は、八十一号作戦と呼ばれる。海軍は陸軍航空部隊と協力して、輸送船団の上空直衛に当たることになった。

陸軍輸送船七隻、海軍運送艦一隻と護衛の駆逐艦八隻からなる輸送船団は、約七千名の陸軍部隊を乗せて、二月二十八日深夜、ラバウルを出港、三月二日の朝にはフィンシュハーフェン東方海域に達した。天気は快晴で、上空直衛の担当は午前海軍、午後陸軍となっていた。

午前七時五十分、船団の南方から敵機の大編隊が現われた。最初に来たのは、高度三千メートルの中高度から水平爆撃のB－17十三機。その上、高度五千五百メートル付近にP－38二十二機がかぶさるようについていた。この時、船団上空には、二〇四空宮野大尉以下十二機、二五三空飯塚雅夫大尉以下十四機、計二十六機の零戦がいた。零戦隊は、これらの敵機に一斉に攻撃を開始、宮野隊は、ほぼ同高度にあったP－38隊と激しい空戦に入った。八時五分には、カビエンに派遣されていた瑞鳳零戦隊、佐藤正夫大尉以下十五機も空戦場に到着するが、敵機は続々と増えて八時十分には総数約七十機にも及んでいる。

敵は、見事な連携プレーを見せた。B－17の上空にはP－38等の戦闘機を配し、零戦隊がそれらに気を取られているうちに、十三機の英国製双発機ブリストル・ビューファイターが低空から進入、艦船を銃撃し、次いでB－25、A20などの双発爆撃機が二十五分にわたって超低空爆撃をした。これは、爆弾を魚雷のように超低空で投下し、海面に反跳させて艦船の側部に命中させる、「反跳爆撃」（スキップ・ボミング）という新戦法であった。米陸軍第五航空軍がポートモレスビーで訓練を重ね、この日、初めて実戦に使われたものである。上空で空戦中の零戦隊が気付いた時には、もう遅かった。低空に降りて防ごうにも、P－38が攻撃してくるので防ぎようがなかった。

〈我も又、多数の敵戦闘機と空戦、苦戦、味方船団の悲惨なる状況を目撃しながら如何ともし得ざる、真に断腸の思いあり。（中略）実戦を経ること数度、常に生死の境にあるも、今日の如き凄惨なる人類の争闘を体験するは初めてなり。航空機の艦船に対する威力を改めて

西山静喜二飛曹

認識す〉（中澤飛長日記）

ちょうどミッドウェー海戦と逆の形で、零戦隊は完全に裏をかかれてしまった。二時間半後にラバウルを出撃した、第二直の森崎予備中尉以下九機が戦場に到着した時には、すでに敵機は引き揚げた後であった。わが方は輸送船七隻、海軍運送艦一隻、駆逐艦三隻が撃沈され、午後にはさらに駆逐艦一隻が撃沈される。上陸部隊の半数以上に当たる三千六百名以上もの将兵が戦死し、輸送作戦は完全な失敗に終わった。このため、以後のニューギニア方面の作戦は、重大な支障をきたすことになる。

「ダンピールの悲劇」（米側呼称・ビスマルク海海戦）と呼ばれる、この日の空戦による戦果を問うても仕方がないが、二〇四空では、宮野大尉一機、中澤飛長三機（協同、うち不確実一）、中根政明飛長一機、杉山英一飛長一機、山根亀治飛長二機など、全て敵戦闘機で合計九機の撃墜を報じている。海軍功績調査部による行動評点は「B」となっている。わが方は、西山静喜二飛曹が未帰還、矢頭元佑飛長は空戦で敵弾二発を背中に受け不時着水、駆逐艦に救助されたが、ついに幽明境を異にした。

〈被弾一発左翼にあり。分隊長より暴虎の勇をせざるよう注意を受く。あまり深追いをなし、敵多数に囲まれ危うかりしを宮野大尉により危機を脱す〉（中澤飛長日記）

戦死した西山二飛曹は操練五十四期、台南空から六空（二〇四空）に来て、前年八月の第一陣の一員としてラバウルに進出以来、六機（うち協同、不確実計三）の撃墜戦果を挙げている歴戦の搭乗員、丙飛三期の矢頭飛長も、六空開隊以来の、今となっては古参の一人であった。

瑞鳳戦闘機隊もB－17三機、P－38一機を撃墜したが、壇上滝夫上飛曹（甲一期）が空戦中被弾して自爆、牧正直飛長（丙三期）はB－17に体当りして戦死している。牧飛長の体当り撃墜はのちに聯合艦隊司令長官より全軍布告され、二階級進級の栄を受けた。

ルッセル島攻撃

日本軍をガダルカナルから追い落として、勢いに乗る米軍は、二月二十一日、ガ島よりもラバウル、ブインに近いルッセル島に上陸を開始、またたく間に飛行場を作り上げた。

三月六日、二十六航戦では、高畑辰雄大尉率いる五八二空艦爆隊十二機をもってルッセル島の敵陸上施設を攻撃することとし、野口義一中尉の五八二空零戦十八機、宮野大尉の二〇四空零戦十七機がこれを護衛することになった。

十一時四十分、攻撃開始。戦闘機隊は艦爆隊を覆うようにバリカン運動をしながら降下に入る。艦爆隊は、四機が二十五番（二百五十キロ）爆弾各一発、残る八機は六番（六十キロ）爆弾各二発を搭載していた。五八二空戦闘機隊の一部は、艦爆に呼応して、地上施設や海岸にあった舟艇を銃撃している。この銃爆撃で敵見張所ほかの陸上施設を炎上させ、相当数の舟艇に損害を与えたと認められた。

攻撃が終わって避退するところに、グラマンＦ４ＦとＰ－39混成の敵戦闘機十数機が襲いかかり、五八二空の艦爆一機（岩井田弘飛長、竹下薩男二飛曹）が撃墜される。二〇四空宮野隊は艦爆隊の直掩に徹し、空戦に入らなかったが、敵戦闘機にやられたものか、丙飛三期の加藤正男飛長がルッセル島付近に不時着、そのまま未帰還になった。加藤飛長は六空開隊以来の搭乗員の一人で、グラマン一機撃墜の功を持っていた。

五八二空樫村寛一飛曹長は、なおも執拗に攻撃してくる敵機に単機、低高度で格闘戦を挑んだが、降爆のさいに振り放された二番機・福森大三二飛曹と明慶幡五郎《みょうけいばんごろう》飛長が駆けつけた時にはすでに遅く、衆寡敵せず樫村機は海中に突っ込んだ。支那事変「片翼帰還」の勇士の、あっけない最期であった。列機二機が最期を見届けているが、准士官以上の目撃者がいなければ自爆の現認証明書が出せない。未帰還の扱いでは遺族への公報も遅くなるからと、五八二空司令・山本大佐は、苦肉の策として、当日、搭乗割に入っていなかった角田和男飛曹長が出撃したことにして編成表を作り直し、角田に現認証明書を書かせた。しかし、この策はなぜか通らず、樫村飛曹長は未帰還と認定され、現在防衛省に所収されている五八二空戦闘行動調書では、編成表はメイキングされたまま、樫村の欄には「未帰還」と朱字が入っている。

小福田少佐の戦訓所見

「ダンピールの悲劇」、第一次ルッセル島攻撃の後、日本側としても次に打つ手に困ったのであろう。戦線はまたしばらく膠着状態に入る。戦闘機隊が連日の船団上空哨戒や基地上空哨戒、訓練飛行などで忙しいのは相変わらずで、偵察隊も活発に状況偵察に飛び回っているが、二〇四空の空戦の記録は、三月二十八日まで途切れている。もっとも、戦闘行動調書の「敵ヲ見ズ」の羅列を見ればわかるように、派手な空戦ばかりが戦闘機隊の任務ではない。「敵ヲ見ズ」の任務の地味な積み重ねの上に、何回かに一度、敵機と当たる、というのが実態に近いと言えるだろう。

三月は、海軍の定期の人事異動の時期である。二〇四空では、司令・森田千里大佐、飛行隊長兼分隊長・小福田少佐が内地に転勤となり、新司令には森田大佐よりも五期先輩の杉本丑衛大佐（兵四十四期）が、三月一日、二十六航戦附を経て十日、司令として発令された。小福田少佐は内地帰還後、横須賀海軍航空隊附、厚木海軍航空隊飛行隊長を経て、空技廠飛行実験部員となる。杉本大佐は開戦時、空母龍驤艦長、その後、空技廠飛行実験部長を務めた人である。

〈三月六日　隊長小福田少佐内地に栄転、九六輸送機にて帰還さる。昨夜は相当に送別の宴にて飲む。（中略）

本隊の航空幹部は殆ど内地に還られるという噂を聞く。詳らかならず。

だが、小さな感傷は婦女子のなす事で、男子のすることに非ず。断じて頑張らねばならな

い。まったく、最近の敵は侮り難き攻勢に出ている。忘れじ幾多戦友の自爆、戒心いよいよ軍務に励まん〉（中澤飛長日記）

実はこの時期、宮野にも内地転勤の内示があったという話がある。中澤飛長が記す「噂」も、そのことを指しているのかも知れない。同期の武藤正四大尉は、〈（宮野は）一緒に戦っている隊員を残して帰還するのは忍びないとて、最前線にとどまったとも伝え聞いている〉（『回想録』）という。ともあれ、宮野は引き続き二〇四空に残ることになった。

小福田少佐は三月六日の輸送機便で、ラバウルを発った。宮野は感慨無量だったであろう。小福田の転出で、二〇四空飛行隊長のポストはしばらく空席になり、宮野がただ一人の戦闘機分隊長として、事実上、空中総指揮官の立場になった。

これまで五ヵ月、前線で苦楽をともにしてきた小福田少佐は、宮野のよき師であり、理解者でもあった。実戦の経験を通じて二人が話し合い、学んできた戦訓は、小福田が帰国後、五月三日付で横須賀航空隊に提出した「戦訓による戦闘機用法の研究」という所見にまとめられ、今後の航空作戦の参考資料として役立つことになる。その「小福田少佐所見」から、目だった部分を抜粋してみる。

一、南東方面敵空軍の状況（十八年三月現在）

最近南東方面に現れたる敵空軍の状況概ね次の如し

（イ）敵は陸海軍戦闘機の優秀機を挙げて南東方面に注入しつつあるものの如く、此の方面に現るる敵戦闘機形式は「グラマン」（F4F）、「ボートシコルスキー」（F4U）、P－38、P－39、P－40等数種に及びあり。

（ロ）最近此の方面に「ボートシコルスキー」出現す。機体の大きさ、我が九七艦攻程度に見え、最高速、零戦二号艦戦より三十ノット以上優秀なる如し、前記米戦闘機中最優速なり。尚本機は高高度性能も亦良好なり。

（ハ）（省略）

（ニ）P－38及び「ボートシコルスキー」は高高度性能優秀にして、空戦不利と判断せば「ドンドン」高度を上げ八千～九千メートルに上昇し、零式艦戦を以てしては戦闘成立せざるに至ること屡《しばしば》なり。而して我が方に於いて敵の本戦法に誘致せられんか、下方敵攻撃機隊掩護隊は、悠々其の目的を達成して帰途に就くの現象を呈出す。敵は高高度性能の向上に関し特に意を用いつつあるものの如し。

（ホ）敵戦闘機隊は編隊戦闘に意を用い、特に小隊内に於いては絶対に分離せざる如く指導しあるものの如し。「ムンダ」基地に於ける敵戦闘機の銃撃を見るも、二機編隊中銃撃をなすは中一機のみにして、他の一機は必ず上空にて支援警戒し、決して銃撃を行わざるを建前とす。

（ヘ）敵戦闘機中（特に「グラマン」）には、我が戦闘機に対し下方よりする「ブラ下り射撃」、或は前方若しくは側方射撃を実施し、而もその精度侮り難きものあり。

（ト）（チ）（省略）

二、戦法

（イ）攻撃隊援護法

(一) 支那空軍に対する場合と異なり、米空軍戦闘機（特に「グラマン」）に対しては圧倒的多数の掩護戦闘機を附せざる限り、掩護の万全を期待し得ず。而して爆撃任務を有する陸攻二十七機に対し完全に之を掩護せんが為には、現状に於いて戦闘機九十九機を必要とし、概ね左の如き隊形となす要あり。（以下省略）

（ロ）船団上空直衛法（省略）

（ハ）対重防御重爆撃機攻撃法

(一) 敵重防御重爆撃機は依然として撃墜困難なり。而して之が攻撃法は、薄き斜前下方攻撃を最良とするも、最近敵は直掩隊を攻撃隊の斜前上方近距離に配備する如き戦法を採用するに至りたるを以て、本攻撃法は極めて困難となりたり。之が対策に関し至急研究を要す。

尚敵一機を略確実に撃墜し得る機数は六〜九機（各機四撃程度）と判定せらる。

(二) 三号爆弾（省略。照準器もなく投下は山勘となるので効果を期しがたいということ）

三、配員並に教育訓練（省略）

四、将来戦闘機計画上の参考事項（順序不同）

（イ）零戦は総合性能概ね優秀にして、現状に於いて南東方面出現の米空軍戦闘機に対し特に遜色を認めず。今後共艦戦に於いては均衡のとれたる性能を附与し、徒に極端に走らざる様戒むる要ありと認む。

（ロ）二号零戦は特に高速時横操作軽快なる為空戦上極めて有利なり。将来戦闘機計画に当り、格闘戦性能検討に際しては、速力、上昇力、翼面荷重、馬力荷重の他、横操作の軽快性（慣性能率、補助翼の利き及び重さ）に関しても考慮の要あるものと認む。

（ハ）南東方面に於けるが如く高温多湿の地域に在りては発錆に依る「ブレーキ」の咬み付き多く、為に事故頻発し搭乗員の死傷、機械の損耗少なからず、作戦に影響する所極めて大なるものがあるを以て、将来機の設計に当り留意の要あるものと認む。

（ニ）酸素瓶の件（省略）

（ホ）二十ミリ機銃携行弾数は多々益々弁ずべきは勿論なるも、左の理由に依り一銃概ね百五十発程度にて先ず差し支えなきものと認む。

（一）現在B－17に対する零戦の前方攻撃は、各種の理由に依り五～六撃なるを普通とし、一撃の発射弾数は十五発程度をなるを理想とす。十五発以上発射するは遠距離よりの乱射にて、有効なる攻撃と称し難し。

（二）対戦闘機戦闘に於いては対大型機の場合に比し、稍多量を要するも、概ね百五十発程度にて差支えなきものと認む。

（ヘ）二十ミリ機銃は二号銃となり、一段と其の威力を増大せるも、欲を言えば発射速度不足なり。

弾丸威力の検討に当り、一弾の威力を尊重すべきは勿論なるも、累積威力も又無視すべきに非ず。同一場所になるべく多数の命中弾を得ることは極めて重要な要素にて、米戦闘機の十三ミリ機銃が侮り難きものあるは一にこの点に誘因す。(後略)

(ト)高高度性能の向上に関し更に一段の研究努力を払う要あり。米空軍は高高度性能に関し相当力を入れるものの如く、P-38及び「ボートシコルスキー」に対しては現状に於いてすでに零戦を以てしては持て余し気味なり。(後略)

(チ)戦闘機と雖も将来機に対しては防禦を考慮するを要す。空戦に於いて戦闘機の被撃墜機の大半は火災に依るものなり。故に火災を防止するを得ば現状を以てして戦闘機の戦闘能力は驚異的に向上すること些かの疑念なき所にして、将来機に対しては可及的防禦を施す如く研究の要ありと認む。「戦闘機の防禦は技術的に不可能なり」と頭から決めてかかり、研究を怠る如きことあらば、将来必ず悔を残すことあるべし。

(リ)局戦に対しては上昇力を最も尊重し、航続力は少なからざるを要す。零戦の局戦的用法に於いて最も痛感せるは上昇力なり。(以下略)

ブンブン荒鷲中尉と宮野飛行隊長

小福田少佐の転出と入れ替わりに、内地から、海兵六十八期の川原茂人中尉が、他六名の搭乗員とともに着任してきた。おそらく三月七日か十二日の輸送機便である。

川原中尉は、海兵五十九期、六十二期、六十五期、六十八期と受け継がれた「鉄拳の系譜」のまさに正統な継承者とも呼べる、はち切れんばかりに元気のみなぎる青年士官であった。出陣前、別府の海軍料亭「なるみ」に立ち寄った川原は、

〈あるなら出て来い米英機
　俺が居るのを知らないか
　　故川原大尉
　ブンブン荒鷲中尉〉

と、揮毫を残している。「故川原大尉」というのは、戦死して一階級進級することを前提に、覚悟を示した署名、「ブンブン荒鷲」というのは、当時流行していた「荒鷲の唄」（東辰三作詞作曲、昭和十三年レコードB面として発売、昭和十五年、波岡惣一郎の歌唱で再発売され大ヒット）の歌詞、「ブンブン荒鷲ブンと飛ぶぞ」からとったものである。

大原飛長は、川原中尉に強烈な思い出があった。大原が飛行練習生の戦闘機専修で大分空にいた頃、川原中尉ら三十六期飛行学生も一緒に訓練を受けていた。ある時、体育の訓練で剣道をしていて、教官がいないのを幸い、大原たちが適当に手を抜いてやっていると、それが気に食わなかったのか、剣道着を着た川原が「お前たち気合が入ってない！　総員整列！」と一喝した。

「我々は四十～五十人、四列に並ばせられました。前から順番に殴られるから、私はいちばん最後に並びました。川原さんは背の大きくない人で、時には背伸びをしながら、一人一人に往復ビンタをしていきました。ふつう、十人も殴れば手も痛くなって力も弱くなるんです

が、十人やっても衰えない。それどころか、二十人、三十人殴ってもかえってビンタは強くなってくる。この分では最後でもひどい目に遭いそうだと思っていたら案の定、私の前で『お前はいちばん最後におってから!』と、最後の力をふりしぼって殴られました。痛いよりも、これは大した馬力のある士官だな、と感心しましたね。それで、着任してこられて、『おい、頼むぞ』『ハイ、あの折はお世話になりました』というわけで、その後、川原中尉とも何度か飛ぶ機会がありました」(大原飛長談)

川原中尉の初出撃は、三月十四日の船団上空直衛であった。六機で出撃、敵機とも遭わずに帰還してきたが、丙飛四期、大分空で大原と一緒に殴られた一人の今井釤次郎飛長が、哨戒中に行方不明になった。なぜどのようにいなくなったのか、今井の最期を誰も見た者はいなかった。

〈三月十四日　今井飛長駆逐艦上空哨戒に出たるまま未帰還。同期生もだんだん減る。新たに内地より新鋭七名を向かうるも搭乗員四十名はいささか寂しき感あり〉(中澤飛長日記)

三月十五日、宮野は正式に、二〇四空飛行隊長兼分隊長に発令された。隊内での立場は変わらないが、以後、部下が宮野を呼ぶ時は、今までの「分隊長」ではなく「隊長」になる。開戦時にはいちばん若い分隊長であった海兵六十五期出身者も、そろそろ飛行隊長のポストにつく時期にさしかかっていた。練習航空隊は別として、実施部隊の飛行隊長としては、小井手護之大尉（翔鶴）、蓮尾隆市大尉（二八一空）に続いて、クラスでは宮野が三人目である。

飛行隊長になって五日目の三月十九日、敵船団攻撃隊直掩のため、零戦二十一機が早朝より列線に並べられていた。いよいよ出撃の刻限が近づいた時、敵B－24一機が来襲、十数発の焼夷弾を投下、列線近くにも数発が落ちた。

〈この時、防空壕に入らず、列線に残って空をにらんでいた宮野隊長は、列線に落ちてくすぶっている焼夷弾を拾い上げ、遠方に放り投げました。その勇敢さには、まったく驚きました〉（相楽孔上整曹がのちに宮野の兄・真一に送った手紙より）

この時期、ニューギニア東海岸・ブナ付近のオロ湾は、敵の重要な補給路の拠点となりつつあった。敵はここを足がかりに、ラバウルのあるニューブリテン島を窺っていた。三月二十八日、オロ湾に集結する敵艦船攻撃の命令が下され、二五三空の零戦二十七機、二〇四空の零戦十二機が、五八二空の艦爆十八機を護衛して出撃することになった。二〇四空の指揮官は川原中尉、二番機は川岸次雄飛長で、大原飛長はその三番機についた。川岸飛長は、前年十二月に二〇四空に来た搭乗員で、実戦の経験はまださほどない。出撃前のラバウル基地で、川原中尉は大原に、「大原、俺は戦場がよくわからないから、カバーしてくれな」と声をかけた。

「敵艦隊からは凄い対空砲火を撃ってきて、火の玉がぐんぐん迫ってくるように見えた。それをかいくぐるように川原中尉が突っ込んでいくのを見て、勇ましい人だなあと思いましたよ。艦爆が降下するのに合わせて高度を下げていくと、爆撃を終えた艦爆を狙って、敵戦闘機が待ち構えていました。だからこの時は、高度数百メートルでの空戦です。凪もなく海は凪いでいたので、水面に飛行機が映って見えました。私はP－40二機を撃墜しましたが、火を噴いてもんどり打って墜ちた敵機の水しぶきを浴びたほど、低く降りていました」（大原飛長談）

艦爆隊は巡洋艦一、駆逐艦一をそれぞれ撃沈、大型輸送船一を大爆発させたと報じたが、指揮官五八二空分隊長・宮坂雄一朗大尉（兵六十六期）以下三機を失い、八機が被弾した。二〇四空零戦隊は敵戦闘機約三十機と交戦、大原飛長の二機をふくむ六機の撃墜を報じている。

ニューギニアとソロモン、両方面の敵を相手にしないといけないから忙しい。川原中尉は、翌々日には十二機を率いてブインに進出、三月三十一日のムンダ方面敵機邀撃に出撃している。

そして四月一日。同じ十二機で、五八二空零戦隊二十機（指揮官は川原と同期の鈴木宇三郎中尉）と合同して今度はルッセル島上空の航空撃滅戦に参加、グラマンF4F約三十機と空戦となり、川原中尉一機、川岸次雄飛長一機、山根亀次飛長一機、神田佐治二飛曹三機、渡辺清三郎飛長二機、坪屋八郎二飛曹一機、橋本久英飛長一機、今関元晴二飛曹一機、計十一機の撃墜を報じたが、初めて敵の一機を撃墜した川原中尉と、杉山英一二飛曹（甲六期）が未帰還になった。五八二空も全機協同で二十一機（うち不確実二機）の撃墜を報じ、一木津留美二飛曹（丙四期）が未帰還になっている。

この日は他に、飯塚雅夫大尉率いる二五三空二十六機も出撃、報告された各隊合わせての戦果は四十七機に及ぶが、米側記録では損失は六機のみである。日本側は、先の三名と二五三空の清水日出夫一飛曹（乙九期）、小野清一飛曹（丙二期）、川畑一郎二飛曹、田中泉二飛曹（ともに甲六期）、泉義春飛長（丙四期）、水野末男上飛（丙六期）の合計九機を失った。

初めての出撃から約半月、敵戦闘機と二度目の空戦での川原中尉の戦死は、何とも惜しまれた。杉山二飛曹は前年十月、宮野とともにラバウルに進出した時のメンバーで、敵戦闘機一機撃墜の記録が残っている。「川原さんは、勇ましすぎてやられたのかも知れないな……」とは、六十三年後の大原飛長の述懐である。

優しき隊長の声

中澤飛長の三月十四日の日記にもあるように、二〇四空の戦闘機搭乗員は櫛の歯が欠けるように減っていきいささか寂しい状況であったが、三月から四月上旬にかけて着任した搭乗員も十二名いる。

その中には、この物語でのちに登場する渡辺秀夫一飛曹（十二志・丙二期）、辻野上豊光一飛曹、鈴木博一飛曹（ともに甲五期）ら、すでに実施部隊で経験を積んできた中堅どころの名前がある。彼らの加入は、搭乗員たちの士気をふたたび奮い立たせた。

四月三日、二〇一空から着任してきた渡辺秀夫一飛曹（のち飛曹長・平成十四年歿）の話。

「前にいた二〇一空もいい部隊でしたが、二〇四空はとびきりいい雰囲気の部隊でした。宮野大尉は思いやりがあっていい隊長でしたし、隊全体が、まるで一家団欒のように仲がよかった。

出撃から帰ってくると、夕方から夜遅くまで、毎晩のように酒を飲む。前線でもビールは潤沢にあって、特に搭乗員は大事にされているから、酒保から届けさせて好きなだけ飲めるんです。一晩にビール二十本ぐらいは飲んでいました。ただし、戦給品以上に飲むのには金がいる。そこで、時には司令や飛行長を招待して、その人のツケで届けさせたこともありました。

夜中に主計兵を起こして、すき焼きが食いたい、おはぎが食いたいというと、言われた通りに作ってきてくれる。

搭乗員は総員起しで起きなくてもよく、次の日の出撃に間に合うように起きればいいんです。翌日は、やっぱり酒は残っていますね。一人で立っていられないようなのもいて、そういうのは整列の時、整備員に体を支えてもらう。で、おぶってもらって飛行機に乗る。ところが、操縦桿を握ると、とたんにシャンとするんです。離陸して、大丈夫かな、とふり返ると、さっきまでフラフラしてた奴が、ピッタリ一メートルの距離を置いてピシッとついてくる。

どんなに二日酔いでも大丈夫でした。みんな一騎当千、自分がやられるなんて思ってもいない。戦友が戦死しても、自分だけはやられないと思っているのが戦闘機乗りです。空戦になったら敵を墜としてやる、それだけでした。士気は本当に高かったですね」

当時の搭乗員の空気を伝えるエピソードをもう一つ。海軍では、下士官兵の長髪は原則として認められていなかったが、飛行帽をかぶっていると外からは見えないということで、二〇四空の搭乗員の多くは髪を伸ばしていた。大原飛長をはじめ、多くの搭乗員がやっていたのは、散髪の時に髪の毛を直径一センチぐらい残して刈って、残したところだけ長く伸ばすという髪型(?)で、これは、「蜘蛛の糸」のように、いざという時はこの世に引っぱり上げてもらおうという縁起担ぎだが、不精を決め込んで全体を長く伸ばしている者もいた。

ある日、副長(兼飛行長)・玉井浅一中佐が搭乗員を整列させて、訓示の終りに突然、「帽子取れ」と言った。髪を伸ばしているのがばれれば怒られる、そう思いながら、搭乗員たちは恐る恐る帽子を取った。玉井中佐は搭乗員の頭を見渡すと、中でも髪をボサボサに伸ばしてい

昭和18年、ブイン基地の特設舞台で行なわれた演芸会

る杉田庄一飛長に、「あとで俺のところに来い」と命じて、解散させた。杉田が叱られるつもりで、神妙な面持ちで副長室に行ってみると、玉井中佐は、「おい杉田、伸ばすんなら手入れぐらいしておけ」とだけ言って、ポマードを一瓶、渡してくれたという。

宮野隊長本人はというと、士官だから大っぴらに、普通に髪を伸ばしていた。航空隊では時々、部隊の指揮官に分からず屋がいたり部隊の空気に明らかな緩みが見られたりすると、発作的に断髪令が下されたりもするが、志賀淑雄少佐が戦後述懐したように、「髪を切ったからってそれが飛行機乗りに何の関係があるんだ、だらしない奴は、髪を刈ってもやっぱりだらしないよ」……なのであった。とは言え、余談になるが、のちに志賀少佐が飛行長を務めた三四三空では、二十年春以降、士官も含めて搭乗員総員の頭を坊主頭にさせ、切った髪の毛を司令・源田實大佐が「遺品」として保管していた、そんな例もあるにはあった。

戦地での宮野は、飛行服を着る時以外は、防暑服、半ズボンにカンカン帽、足元は茶色や白のハイソックスに、飛行靴かジャワで買った革のサンダル、という一風変わった、しかし何とも言えずスマートなスタイルで、異彩を放っていた。

「話をする時に半身に構えるのがくせだったが、それが実にしぶくて、男でもほれぼれするほどであった」（八木飛長回想）

という話もあるが、宮野は遠くから見ても、一座の中でこの人が指揮官と、一目でわかるような華があった。

兵器員の先任下士官・池田正上整曹（七志）によると、宮野は大きな作戦の時は必ず、毎朝早く起き出して飛行場へ足を運んでいた。整備中の整備員のところにやってきて、整備員一人一人に声をかける。「頼むぞ」、そのひと言には慈愛がこもっていた。宮野の態度はごく自然で、上官と部下、搭乗員と整備員という垣根も、軍隊特有の押し付けがましさも微塵も感じられなかった。高温多湿の南方特有の気候の中、連日出撃を重ねる飛行機を整備して、稼動機を揃えるのは大変であったが、「この隊長のためなら」という気持は、整備員をも奮い立たせた。

六空開隊時から機関科車両班に属し、二〇四空解隊後もラバウルに留まった小谷野伊助機関兵長（のち上機曹、十六徴）は、

「宮野大尉は人品がいい、心持の優しい人でした。飛行機の列線の前は車で横切ってはいけないことになっていて、私はやむを得ずそれをやって玉井副長に大目玉を食ったことがありましたが、宮野大尉に怒られたことはありません。どんな時にも感情的に人を叱らず上手に諭す、人の気持をやわらげるような雰囲気のある人でした」

と、往時をふり返る。

宮野はまた、兵器員や看護兵など一般の基地員にも、病気で入室中の部下にも、機会あるごとに必ず声をかけていた。宮野に声をかけてもらったことが嬉しくて、それが戦後六十年経っても忘れられないという元部下は多い。

●二〇四空飛行隊長・昭和十八年三月〜五月

第九章　雲染む屍

「い」号作戦・山本長官死す

「い」号作戦始まる

話は少し遡るが、三月三日の「ダンピールの悲劇」は、わが海軍にとって、深刻な問題として上層部に受け止められていた。艦船の損害のほとんどが、海軍機の哨戒時間内に撃沈されたということもさることながら、これまでどちらかと言えば軽視してきた米陸軍機の威力を見せつけられたことと、南東方面に配備していたわが航空兵力が、敵と比べて相対的に弱体であることが明白になった点が大きかったと言われる。

今、敵航空兵力に痛撃を与えて勢力を優位に持っていかねば、今後陸海軍がこの方面でますます苦戦を強いられるのは明白であった。が、南東方面に展開している各航空隊（二〇四空、二五三空、五八二空、七〇五空、七五一空）を合わせても、作戦可能な飛行機は零戦九十機をふくむ約百六十機に過ぎない。

聯合艦隊《れんごうかんたい》司令長官山本五十六大将は、第三艦隊（機動部隊）司令長官小澤治三郎中将に、麾下の全空母機を率いてラバウルに進出することを命じた。第三艦隊の進出航空兵力は、瑞鶴、瑞鳳、隼鷹、飛鷹搭載の、零戦百三機、艦爆五十四機、艦攻二十七機、計百八十四機であった。

この作戦は、いろは四十八文字の最初の一字にあやかって「い」号作戦と名付けられた。山本長官は、この作戦の重要性を明示するために、ラバウルで自ら陣頭指揮に当たることとし、参謀長・宇垣纏少将以下、司令部幕僚のほとんどを率いて、四月三日、トラック発、ラバウルに進出。山本長官の将旗は、旗艦武蔵からラバウル市内に設けられた臨時の司令部（十一航艦司令部と同一建物）に進められた。明治五年に海軍省が創設されて以来七十一年の歴史の中で、艦隊の最高指揮官がその司令部を前線の陸上基地に置いたのは今回が初めてのことであった。

とはいえ、空母部隊と基地航空隊を合わせても、その機数は三百五十機足らずで、これは真珠湾攻撃時の六隻の母艦の搭載機程度に過ぎない。大規模な空襲を継続的に行なうには心もとない戦力であったが、しかし、これで何とかするしかなかった。

「い」号作戦の実施は、四月七日から十四日までで、延べ零戦四百九十一機、艦爆百十一機、陸攻八十一機、計六百八十三機が出撃している。総合戦果は巡洋艦一、大型駆逐艦二、輸送船十八、計二十一隻を撃沈、輸送船八隻を大破、輸送船一隻を小破、飛行機百三十四機撃墜

（うち不確実三十九）、十五機以上を地上撃破と報告された。わが方の自爆、未帰還は零戦十八、艦爆十六、陸攻九の計四十三機。

だが、実際の戦果は報告されたよりもはるかに少なかった。米側資料では、この期間、ソロモン、ニューギニア戦線を通じて、喪失したのは駆逐艦一隻、油槽船一隻、輸送船二隻、飛行機二十五機に過ぎない。小さな成果とは言えないまでも、このために払った犠牲と比較すると、作戦が成功したとは言いがたい。大体、真珠湾攻撃はともかくとして、山本長官とその司令部が主導した作戦が成功したためしはほとんどないのであった。

二〇四空出撃（X作戦）

二〇四空零戦隊が出撃したのは、上空哨戒を別にして、四月七日のルッセル、ガ島上空制圧（X作戦・宮野大尉以下二十六機）、十二日・ポートモレスビー攻撃陸攻隊直掩（Y作戦・宮野大尉以下二十四機）、十四日・ラビ飛行場攻撃（戦闘行動調書では、ミルネ湾敵艦船攻撃）陸攻隊直掩（Y1作戦・宮野大尉以下二十一機）の三回である。

七日、ラバウルよりブカ基地に進出した二〇四空二十七機は、ルッセル島からガ島上空で敵戦闘機約十機と交戦、野田隼人飛曹長、白川俊久二飛曹、小林友一飛長がそれぞれ一機、日高義巳上飛曹、今関元晴二飛曹が協同で二機、計五機を撃墜、村田真飛長（丙三期）が自爆戦死した。

〈この日早朝三時起床、新しい褌、新しい純白のマフラーを飛行服の下に着た決死、生還を期せざる身は、総員落下傘バンドをつけず、基地総員の歓呼激励の声を後にスコールをついて離陸、ブカ基地に進撃を開始す。時に午前六時、遥か下方、雨に煙る基地を見下ろせば、去来する胸中何物かを禁じ得ず。

七時ブカ着陸、燃料補給。ここで二五三空と会し制空隊の陣容は整う。（中略）

十二時四十五分、敵機数十機を下方に発見す。制空隊の任務は敵飛行場上空を制圧し、攻撃隊に十分なる爆撃を上げせしむるにあり。少数の敵機は相手にせず悠々高射砲の弾幕の中を制圧するも、敵は離陸せず、少数の敵機は三中隊により撃壊さる。（中略）

初陣の村田、制空中に戦死（P－38）、火炎となりて敵中に自爆す。

親しき彼との生前の交際を想うにつけ、涙なきを禁じ得ず、空中勤務者（ママ）として雲散る屍はかねて期するところなれど、

椰子の葉繁る飛行場

今日も戦の夜は更けて

「い」号作戦で零戦の出撃を見送る山本五十六聯合艦隊司令長官。右端の人物は宇垣纏参謀長

して眠ってくれ。きっと仇に報いてやるぞ〉（中澤飛長日記）

腸に沁みる様にこの歌が感ぜられる。村田よ、ガ島上空で散れたことをせめてもの喜びと

　仰ぐは南十字星

帰らぬ戦友を偲ぶ時

飛行機隊の出撃時、山本長官は白の第二種軍装に身を固めて、帽を振って見送った。瑞鳳戦闘機隊の岩井勉飛曹長（乙六期、平成十六年歿）は、

「長官は幕僚を後ろに従えて、一人、列線のそばまで出てきて見送ってくれていました。私ら戦闘機はいちばん最初に離陸するんですが、攻撃隊を待って上空を旋回しながら下を見ると、最後の一機が離陸するまで見送る長官の姿が見えました。長官の見送りで感激とか、士気が上がるとか、そら、そういうことは確かにありましたなあ」

と、その時の印象を語っている。

全体としてはこの日、零戦百五十七機、九九艦爆六十六機が攻撃に参加、村田飛長を含む零戦十二機、艦爆九機が自爆あるいは未帰還となっている。戦死した戦闘機搭乗員の中には、二月二十七日に大分空で飛行学生三十七期の戦闘機教育課程を卒えたばかりの隼鷹戦闘機隊・射手園四郎中尉（兵六十九期）もいた。六十九期といえば、宮野たち六十五期が卒業してから兵学校に入校したクラスである。射手園は、六十九期の戦闘機搭乗員として最初の戦死者となった。この日の戦闘は、「フロリダ島沖海戦」と呼ばれることになった。

十一日には零戦七一機と九九艦爆二十一機でオロ湾在泊敵艦船攻撃が行なわれているが、二〇四空の戦闘機は、尾関上飛曹以下九機でフィンシュハーフェンに向かう輸送駆逐隊の上空哨戒を行なったのみである。

二度目の出撃（Y作戦）

十二日は、ラバウルから陸攻隊を直掩してポートモレスビーへ。この日も各隊合わせて零戦百三十一機、陸攻四十三機が出撃している。二〇四空は宮野大尉以下二十四機。三機で一個小隊、二個小隊六機で一個中隊の四個中隊編成である。ニューギニア東岸に差しかかった頃、第四中隊第二小隊長の神田佐治二飛曹機が突然、エンジンオイルが漏れる故障があり、神田機は三番機の中澤飛長に付き添われて引き返す。しかし、ラエ付近でついにエンジンが焼きついて停止、洋上に不時着水した。神田は幸い、七時間の漂流ののち救助され、潜水艦でラバウル基地に帰還することができた。

モレスビー上空に進撃した残り二十二機の零戦隊は、敵戦闘機十六機と空戦、斉藤章飛長、黒澤清一飛長、坂野隆雄飛長がそれぞれ一機、尾関行治上飛曹と中根政明飛長が協同で一機、計四機を撃墜、不時着した神田二飛曹機以外は、全機無事帰ってきた。しかし、出撃に先立って、早暁、敵機来襲の報があり、四月三日にラバウルに着任したばかりでまだ実戦の経験が一度もなかった杉原繁弘飛長（丙二期）が勇躍、単機で邀撃に上がったが、杉原は機体の故障か何らかの理由により、基地からシンプソン湾を隔てたガゼル岬付近の海上に不時着、そのまま戦死してしまった。

ちょうどこの作戦の期間中に、岡本報道班員が撮影した二〇四空零戦隊の列線の写真が残っている。緑色の応急迷彩を施した二号戦、一号戦がずらりと並び、垂直尾翼には、部隊標識のT2と機番号が、二段に分けて白く鮮やかに画かれている。機番号は戦闘機の場合、百番台の三桁の数字が記入されるのが常であったが、この頃になると数字の割り当てが追いつかなくなったのか、いちばん手前の機体など、千番台の機番も見受けられる。日の丸の後方には、黄色い直線の識別標識が画かれ、指揮官機はそれが二本。二十六航戦で僚隊の五八二空では、その識別標識がやはり黄色の∧型の線になっている。

支那事変当時の十二空など、隊によっては撃墜マーク（搭乗員のではなく、その機体の）が画かれていることもあったが、二〇四空ではそんなことはやらなかった。

「撃墜マークを入れる、入れないは整備員がやることで、部隊の上層部から命じることではないと思います。搭乗員は皆、隙あらばすっ飛んでいって墜としたいという気持を持っている。しかし、そのために苦戦することもある。宮野隊長は、搭乗員室で酒を飲みながら、『うちは部隊で何百機も協同撃墜しているんだから、一機、二機の単独戦果で自慢するな』とよく言っていました。部下が撃墜を逸って深追いすることに、隊長は釘を刺したんだと思います。私は、自分のことを言われているような（笑）気がしていました」（大原飛長談）

五八二空でも、二空としてラバウルに進出した当初は、「尾翼の機番号の下に、黒いペンキで星形の撃墜マークを記入したが、マークが増えるのにどうしても優越感を覚え、直掩任務の時など、敵機を深追いしすぎて本来の任務がおろそかになる弊害があるので、多い機でも三つ入った頃にやめさせた」（五八二空分隊士・角田和男飛曹長談）

なお、この頃にはすでに、二号戦（三二型）で五十センチ短縮して角型に成形した主翼を一号戦（二一型）と同じ長さに戻し、翼端の折り畳み機構を復活、外翼内に新たに四十五リットル入りの燃料タンクを増設した航続性能向上型、二二型（形式名は三二型と同じA6M3）の配備が始まっているが、具体的な配備日時や機数については判然としない。

四月上旬、トラック島で撮影された瑞鳳戦闘機隊の二一型（部隊標識A1―3）の写真を見ると、塗装は従来の灰色のままだが、ラバウル進出の直前に急遽、迷彩を施すことになり、隊長・佐藤正夫大尉以下、搭乗員総出の作業で、スプレーによって思い思いの形に緑色の塗料が吹き付けられた。「い」号作戦でラバウルに集結した零戦は、二一型、三二型、二二型が渾然となっている。また、二〇四空には偵察隊として二機の百式司偵があり、この期間中も連日の偵察飛行に活躍している。

最後の攻撃と残された不安（Y1作戦）

四月十四日は、「い」号作戦の総仕上げとして、零戦総勢百二十七機、陸攻三十七機、艦爆二十三機で、ニューギニア・ミルネ湾在泊敵艦船およびラビ飛行場を攻撃。宮野大尉率いる二〇四空零戦隊二十一機は、ラビ飛行場と艦船の攻撃に向かう陸攻隊を直掩（Y1作戦）、来襲した三十四機の敵戦闘機と三十分にわたって空戦。野田隼人飛曹長一機、尾関行治上飛曹二機（うち不確実一）、岡崎靖二飛曹一機（不確実）、柳谷謙治飛長二機（うち不確実二）、中村佳雄飛長一機、杉田庄一飛長一機、斎藤章飛長一機、中根政明飛長一機、田中勝義飛長一機（協同）の計十一機（うち不確実三）の撃墜を報じ、全機無事に還ってきた。七日、十二日の出撃では、海軍功績調査部の行動評点は「C」だが、十四日だけ「B」となっている。別の零戦七十五機と艦爆二十三機は、ミルネ湾在泊艦船を攻撃（Y2作戦）。ラビはミルネ湾の内懐に位置しているので作戦空域は同じだが、陸攻隊が南から北に、ミルネ湾を横切ってラビ飛行場を爆撃しているのに対し、艦爆隊は陸攻隊とクロスするように西から東へ、山岳地帯から一気にミルネ湾に急降下するコースをとっている。この戦闘で、南太平洋海戦の時、瑞鳳で日高盛康大尉の二番機を務めた瑞鶴戦闘機隊の光元治郎飛曹長（乙六期）が未帰還になった。

おそらくこの日、瑞鳳戦闘機隊分隊長・日高大尉は、飛行場の列線で、宮野とばったり出会っている。日高は兵学校も飛行学生も宮野の一期後輩で、飛行学生の時は大分空で一時期一緒になっている。それ以来、二年半ぶりの再会であった。東京育ちで華族の日高から見た宮野は、都会的というよりどちらかと言えば朴訥とした印象なものの、世間慣れした大人の雰囲気が感じられた。肌合いもまったく違っていたのだろう、「尊敬してたが近寄りがた

「い」号作戦中の昭和18年4月14日、ニューギニアの東端、ミルネ湾攻撃（Y２作戦）に出撃のため整列する直前の瑞鳳戦闘機隊。右から河原飛曹長（後ろ向き）、大友上飛、川畑一飛曹、日高大尉、長田一飛曹（後ろ向き）、岩井飛曹長（横向き）、村岡二飛曹、佐藤飛長、山本飛曹長、大野一飛曹（サングラス）、森田一飛曹、松井飛長。手前のシルエットの人物は、右が山本五十六大将、左は南東方面艦隊司令長官・草鹿任一中将

かった」（日高大尉談）宮野が、この時は親しく声をかけてきた。二言、三言の立ち話、細かな言葉のやりとりは日高も覚えていないが、別れ際に宮野が、

「母艦乗りはいいなあ、たまに出てきてすぐに帰れるんだからなあ。俺たち基地部隊は毎日（が出撃）だよ」

と言ったことははっきりと記憶している。

「その通りだ」と日高は思った。母艦戦闘機隊は海戦になるとその消耗は半端ではない。その上、このところしょっちゅう、陸上基地に駆り出されては少なからず戦死者を出している。それでもなお、日高の目には、「二〇四空は大変だなあ」と映っていたのである。

作戦が終わって、十七日午前、ラバウルの第八根拠地隊司令部で研究会が開かれた。この研究会では、作戦経過の検証から戦果の集計や損害の分析、わが基地における被害防止（いくら燃やされても燃料爆弾を山積み……以ての外である、頭の切り替えを要す、など）などが話題とされ、その中で戦闘機隊の戦力の低下が問題とされた。さしもの零戦も、この頃には、敵機と互角になったと認めざるを得なかった。報告された戦果から、一定の成果は挙げえたものと考えられたが、わが方の損失も当初の想定を越えた大きなものであった。実際の戦果を省みれば、戦局を挽回するには程遠く、「泰山鳴動して鼠一匹」的な成果しか挙げていないのは先に述べた通りである。

飛行機隊の戦果報告の大きさについて、五八二空戦闘機分隊士・角田和男飛曹長は、

「四月七日、X作戦からラバウル基地に帰投した際、山本長官に対する母艦戦闘機隊指揮官・納富健次郎大尉の報告を聞いて、そのあまりにも現実離れした勇ましい勝報に、これは自分が見てきたものと違う、と思いました。私は決して勝ち戦だったとは思わない。こと空戦に限れば、完全にこちらの被害のほうが大きかったのではないかと思っていたので、これでは上層部の判断を誤ることになるのではないかと心配でした」

と回想するが、事実、その通りになったようであった。

「い」号作戦が終わる頃、宮野と同期の偵察分隊長・美坐正巳大尉はデング熱に倒れ、内地帰還を命ぜられた。

〈時の副長兼飛行長・玉井浅一中佐曰く、「宮野が寂しがるだろう。気を落とさなければよ

いが」と〉（美坐大尉回想）

美坐は四月十五日付で一五一空分隊長、二十日付で横須賀鎮守府附となり、それから二ヵ月半の療養生活を送ることになる。終戦時は海軍少佐、第五航空艦隊参謀。美坐の転勤で、宮野には、身近で対等に語り合える航空隊の同期生がいなくなった。

山本長官の前線視察

作戦を終えて、山本五十六聯合艦隊司令長官は、幕僚を引き連れ、ブイン方面に激励視察に赴くことになった。山本はこれまで、指揮下の艦船部隊や航空兵力を惜しみなく投入して犠牲を積み重ねながら、ガダルカナル奪還が果たせなかったことについて、自責の念にかられているようであったという。ラバウルへ行く前日には、トラック島泊地の旗艦武蔵で、留守番役として残ることになった藤井政務参謀と将棋を指しながら、「味方の本陣が、だんだん敵の第一線に引き寄せられていくというのは、大局上、芳しいことじゃないよ」と語ったという山本も、実戦に赴く部下たちの姿を間近で見るうちに心が動いたのだろう。最前線で健闘を続ける将兵の労をねぎらい、今もブイン周辺で防備を固める第十七軍司令官百武晴吉中将以下の陸軍将兵を慰問することは、宇垣纒参謀長が練っていた構想に、長官自身が積極的に参加を申し出たものであった。

長官一行の予定が、第八艦隊と南東方面艦隊司令部より、ブインの第一根拠地隊司令官と二十六航戦司令官、ショートランドの十一航戦司令官と九五八空司令、それに最初の到着地であるバラレの守備隊指揮官に無線で通知されたのは四月十三日のことである。予定によれば、四月十八日、まず一式陸攻二機に分乗してバラレに飛び、そこから駆潜艇で往復してショートランド基地を視察、さらにバラレから陸攻でブインに渡り、その日のうちにラバウルに帰ることになっていた。敵が日本側の交信を傍受し、暗号を解読して、長官機を撃墜するべく待ち構えているなどということは、戦後になるまで知る由もなかった。

当時、ブインには始終、爆撃や偵察にガ島から敵機が飛来していたが、ラバウル・ブイン間の飛行に危険を感じるような状況ではなかった。しかし、聯合艦隊司令長官に万一のことがあってはと、第三艦隊司令長官・小澤治三郎中将と十一航戦司令官・城島高次少将などは、今回の視察には慎重な姿勢を見せ、もし長官が行かれるならば、母艦の戦闘機全機で護衛すると聯合艦隊司令部に申し入れたと伝えられる。

だが、聯合艦隊司令部はその申し出を断わり、母艦部隊を十六日にはトラック島に帰してしまう。せっかくラバウルに進出していた五八二空の戦闘機十八機も、同日ブインに帰す。五八二空角田飛曹長は、十八日に山本長官がブイン方面に行くことが決まっていながら、さしあたっての作戦もないのになぜ五八二空戦闘機隊が十六日にブインに帰されたのか、今もって腑に落ちないという。

山本長官一行の護衛を命ぜられたのは、二〇四空であった。十七日午後三時頃、司令杉本丑衛大佐が聯合艦隊司令部と同居している南東方面艦隊司令部に呼ばれ、そこで命令を受けている。指定された機数は六機。これは万一に備えるとすればいかにも少ない機数である。二〇四空の隊員たちに伝わる話によると、宮野大尉は可動機全力、二十機での護衛を司令に進言し、司令から南東方面艦隊司令部を通じて聯合艦隊司令部に上申したものの、山本長官が「大切な飛行機をたかが護衛のために二十機も割くのは心苦しい」とのことで、それには及ばずと却下されたという。

この巡視飛行の全てを立案したとされる南東方面艦隊航空乙参謀・野村了介少佐は、機数について、

〈自分は十八機と計画したが、ラバウルの戦闘機隊の整備が間に合わず、当日になって九機しか出せないということになり、聯合艦隊司令部と相談して、ソロモンの敵も弱ったようだし、ブインには味方の零戦もいるのだから九機でもよかろうと決めた。九機が離陸後、二小隊長がエンジン故障で引き返し、列機も一緒に引き返したので六機になった〉

と戦後、手記に記しているが、二〇四空の「二十機出す」という申し出を断ったのは司令部、その当事者は野村少佐である。この日の搭乗割は最初から六機で、故障機が引き返した事実はなく、しかも「ブインの味方零戦隊」には、後述のように長官機到着時刻の上空哨戒すら命じていないのだから、これは参謀の責任逃れの作文に過ぎない。かつては編隊アクロバット飛行の「野村サーカス」一番機として令名を馳せた野村少佐だが、参謀としての識見、状況判断には疑問符がつくところであった。

六機の護衛戦闘機

六機の護衛戦闘機の搭乗割が伝達されたのは、十七日夜のことであった。中隊長兼一小隊長・森崎武予備中尉、二番機・辻野上《つじのうえ》豊光一飛曹、三番機・杉田庄一飛長。二小隊長・日高義巳上飛曹、二番機・岡崎靖二飛曹、三番機・柳谷謙治飛長。その場では、「山本長官の直掩であるとは知らされていなかった」（八木飛長回想）が、司令室に呼ばれた六人の搭乗員は、杉本大佐から、翌日の任務は聯合艦隊司令長官の護衛であり、その責務の重いことを伝えられた。

この搭乗割を決めるにあたって、司令や飛行長、宮野の間でどのような言葉が交わされたか、今となっては確かめるすべはない。だが、搭乗割を見る限り、二〇四空としても、この任務を儀礼的なものと捉えていた節がうかがえる。

儀礼的たる所以はのちに譲るとして、六機のプロフィールを、ごく表面的にだが整理してみよう。

森崎予備中尉は、飛行科予備学生七期。神戸高等工業学校在学中に召集されて昭和十五年四月、海軍に入る。六空に配属され、蒼龍に乗り組んで参加したミッドウェー海戦で重傷を負い、顔の右頬や手にまだケロイドが残っていた。十七年十月、宮野とともにラバウルに進出以来半年あまり、実戦の経験はすでに十分に積み、操縦技倆も平均以上であったが、負傷の後遺症で視力がよくなく、薄いサングラスを常用していた。空戦に入っても敵機が見えな

山本五十六長官機の直掩に当たった二〇四空の6機の護衛戦闘機搭乗員たち。上段は第1小隊、下段が第2小隊で、それぞれ右から1番機、2番機、3番機の順

森崎武予備中尉

辻野上豊光一飛曹

杉田庄一飛長

日高義巳上飛曹

岡崎靖二飛曹

柳谷謙治飛長

かったり、船団上空哨戒でも味方船団が発見できないということが時々あったという。辞令上は二〇四空附、隊内での配置は飛行士だが、この時点で二〇四空戦闘機隊の准士官以上としては、宮野大尉、森崎予備中尉、野田飛曹長、日高（初男）飛曹長しかいないので、実質的にはナンバー2の位置にいた。単独での敵機の撃墜記録はここまでない。森崎は満二十五歳の誕生日を目前にしていた。

日高上飛曹は十一志、巡洋艦足柄乗組で英国への航海を体験したのち搭乗員を志し、操練四十八期生として霞ヶ浦海軍航空隊に入隊。昭和十五年一月に操縦練習生を卒えており、この日の六機の中ではいちばん搭乗歴が長かった。開戦時は台南空にあって第一段作

がもない。なの戦に参加、開戦初日のマニラ空襲では脚故障で引き返し、無念の涙を呑んだが、十七年二月三日のマラン空襲の際は、野澤三郎三飛曹と協同で、B－17一機、双発機一機を撃墜した。その後六空に転じ、九月にラバウルに進出、これまでに敵戦闘機三機の協同撃墜が記録されている。航空記録は現存しないが、この時点で六人の中では唯一、千時間を超える飛行時間があったはずである。当時二十四歳。

辻野上一飛曹は甲飛五期、十七年一月に大分空の実用機課程を卒えている。千歳空－二〇一空でマーシャル方面にあって九六戦に搭乗、二〇四空には十八年四月三日に着任したばかりであった。おそらく宮野の眼鏡にかなったのであろう、四月十二日のY作戦、十四日のY1作戦では宮野の直接の二番機として参加している。空戦経験はこの二回、戦果はまだない。当時二十一歳。

岡崎二飛曹は甲飛六期、十七年七月の飛練卒業。二〇四空でラバウルに来たのは十一月。これまで船団上空哨戒には幾度となく出撃しているが、大きな空戦にはあまり縁がなく、四月七日X作戦、十二日Y作戦、十四日Y1作戦で急に頭角を現わした感のある搭乗員であった。Y1作戦では、敵戦闘機一機の不確実撃墜を報じている。当時二十歳。

柳谷飛長は、昭和十五年徴兵で海軍に入り、丙飛三期を経て飛練十七期を十七年五月に卒業、その後ずっと六空－二〇四空にあって、十七年十月にラバウルに進出後は相当の実戦の場数を踏んでいる。戦闘行動調書には、Y1作戦時の撃墜二機（うち不確実1）が記録されている。徴兵で入ったので、同年の志願兵より年齢は上で、満二十四歳になっていた。

杉田飛長は、二〇四空で数の多い十五志の隊員の中でも最も年少の大正十三年生まれで、この時まだ十八歳と九ヵ月。だが、戦闘機乗りになるために生まれてきたような男で、その元気で向こう見ずなところは比類がなかった。十七年十二月一日、B-17一機を空中衝突で撃墜（協同）したのを始め、十八年一月二日、四月十四日と一機ずつの敵戦闘機を撃墜した記録がある。同年兵の大原飛長は三年半も年長にあたるが、杉田にはその年の差を感じさせないほどの貫禄があった。

なぜ、この六人が選ばれたのか。

航空記録がほとんど現存しないので、搭乗員の技倆を直接計るものさしはないが、飛行時間をそれぞれの教程で同クラスの搭乗員と比較して推計すれば、森崎予備中尉・六百時間弱、日高上飛曹・千時間強、辻野上一飛曹・六百時間強、岡崎二飛曹、柳谷飛長、杉田飛長で四百〜五百時間というところであろう。飛行練習生や飛行学生を卒業して、新たに実施部隊に配属される時の飛行時間は約二百時間、隊長の宮野大尉でも千百〜千二百時間ほどのはずだから、いずれも、当時第一線に出ていた戦闘機搭乗員としては、まず中堅どころと言える。

指揮官を誰にするか、これは、士官搭乗員は宮野と森崎しかいないのだから、二者択一である。聯合艦隊司令長官の前線巡視となれば、当然、宮野が行くのが順当であろう。しかし、宮野はこの日の指揮官を森崎に譲った。飛行隊長自ら行かなくてもよいという判断である。

「宮野隊長の気性から言って、必要なら自分が行く人ですから、危険はないと判断したんでしょう」（中村飛長談）

宮野も、最初は「二十機つけましょう」と進言したぐらいであるから、当然「私が行きます」とは言ったであろう。が、司令部が六機でいいと言うし、おそらく司令、飛行長からも隊長が出ることはない、休んでよし、と言われたのであろう。しかしそれでも、押して宮野が行くと言えば宮野が指揮官になったはずである。

ではなぜ森崎に、ということを考えながら、二〇四空戦闘行動調書を繰ってみると、あることに気づく。それは、森崎が、三月十九日、敵船団攻撃隊直掩の三中隊長として出撃して以降、一ヵ月近くにわたって搭乗割に入っていないことである。理由はアミーバ赤痢であった。短期間の入院ののち、指揮所には出ていたものの、なかなか作戦に出られる状態にはならなかった。マラリアやデング熱、アミーバ赤痢などの風土病で搭乗員が半月や一月、出撃を休むことはよくあって、大原飛長もこの時期、やはりマラリアで休んでいる。ともかく森崎は「い」号作戦でも一度も出撃の機会を得なかった。大きな作戦は全部、宮野が指揮官で、森崎がつくべき中隊長の任には野田飛曹長、日高初男飛曹長、時には尾関上飛曹があたり、森崎としても内心、忸怩たるものがあったのではないか。

大作戦が終わり、病気が快方に向かった今、陸攻の護衛ぐらいは自分が行って隊長の負担を軽くしようという自発的な意思があってもおかしくはないし、司令、飛行長、宮野としても、「い」号作戦で出番のなかった森崎に、せめてここで花を持たせてやろうという気持になったとしても不思議ではない。もちろんこれは、危険空域で空戦を行なうことを前提にした判断ではない。「儀礼的」たる所以がここにある。それでも、四月三日、長官一行が飛行艇でラバウルに来た際、カビエンまで出迎えて随伴、護衛したのが二〇四空の杉原進平一飛曹、斎藤章飛長、井石時雄飛長の三機であったことと比べれば、充実した陣容ではあった。長官一行を乗せる七〇五空（旧三澤空）の陸攻にしても、一番機の機長にはマレー沖海戦を経験したベテラン・小谷立飛曹長（乙四期）を配しているものの、士官搭乗員は一人も乗っていない。大げさな大名行列ではなく、通常の輸送任務とさほど変わらない感覚だったのであろう。

そして、危険はないものとして、このところ過重な出撃が続いている野田飛曹長、日高初男飛曹長、尾関上飛曹の三人のベテランを休ませるとすれば、二小隊長を務めるべき上飛曹クラスの搭乗員は日高義巳上飛曹しかいない。列機も、二機の撃墜記録を持つ大正谷宗市一飛曹や八機の撃墜を記録している大原飛長は病気療養中、七機を撃墜している神田二飛曹は不時着して潜水艦で帰ってきたばかり……。となると、残った搭乗員の中から、実戦経験は少ないながらこのところ頭角を現わしてきた甲飛出身の辻野上一飛曹、岡崎二飛曹が選ばれたのも理解できるし、丙飛出身で階級こそ兵長だが、前年秋からそれぞれ十分な実戦経験を積み、この方面の空域を熟知している柳谷飛長、杉田飛長が選ばれたのもごく自然な成り行きである。

この日、出撃可能であったはずの搭乗員のうち、彼ら以上に実績のある搭乗員は他にもいて、必ずしもベストメンバーとは言えないかも知れないものの、編成のバランスはよくとれて、外観上も実質的にもまずは過不足のない、順当な搭乗割と言えるだろうか。

しかし、そんな日本側の判断は、敵を知らぬ自己満足に過ぎなかった。米側は〇七四五（午前七時四十五分）バラレ着という山本長官一行の予定をすでに察知していて、米軍戦闘機の中でもっとも航続力のあるロッキードP－38をブイン上空に向かわせる手はずを整えていたのである。

四月十四日早朝、日本側の無線を傍受して山本長官一行の詳細な視察計画を知った米太平洋艦隊司令長官・ニミッツ大将は、麾下のハルゼー中将に連絡し、ノックス海軍長官とルーズベルト大統領に山本長官機撃墜の承認をとりつけた。ガダルカナルにいるソロモン地域航空部隊司令官・マーク・A・ミッチャー海軍少将から、P－38を使用し、待ち伏せるという返電が届いた。ニミッツは、最終的な命令をくだした。

「復讐作戦」と名付けられた山本長官機撃墜作戦の指揮官に選ばれたのは、米陸軍第三三九戦闘機中隊長のジョン・ミッチェル少佐。ミッチェルは第三三九、一二、七〇の各中隊から、自身をあわせて十八名のパイロットを選んだ。十七日、ラバウルで護衛戦闘機隊六人の搭乗割が申し渡されていた頃、ガ島ヘンダーソン飛行場でも、P－38出撃パイロットに翌日の任務が伝えられた。

狙うは敵の大将のみ。米軍の作戦は単純かつ巧妙なものであった。ミッチェル以下十四機の制空隊が零戦と戦っている間に、別働隊四機がまっしぐらに山本長官機を狙う。別働隊の編隊長は、トーマス・G・ランファイア（米語ではランピアと発音する）大尉であった。

徹夜で大型増槽をつける作業を終えたミッチェル隊は、十八日午前五時二十五分（日本時間）、ガ島ヘンダーソン飛行場を離陸する。ランファイア隊の一機は離陸時にパンク、制空隊の一機は増槽の故障で引き返したため、ブーゲンビルへ向かうP－38は十六機となった。

一方、そんなこととは露知らぬ山本長官一行は予定通りに行動、ラバウル東飛行場から五時四十分にまず戦闘機隊が発進し、続いて六時五分、山本長官を乗せた陸攻一番機、宇垣参謀長を乗せた陸攻二番機が離陸する。山本は、トラックでもラバウルでもずっと白の第二種軍装で通していたが、前線将兵への配慮か、この時は草色の第三種軍装を着ていた。高度三千メートル。この日は特に視界がよく、快適な飛行であるはずだった。

「一番機の左後ろに二番機がつくのが普通だが、長官機の右後ろに二番機（参謀長機）がついていたと思う。その右後ろに、零戦は三機、三機でついた。敵機がもし来るとすれば海側からなので、海岸側を警戒していたということ。ところが――」（柳谷飛長談）

ブーゲンビル島、もうすぐブイン基地が見えるかというあたりで、日高上飛曹が、予期に反してジャングルの方向から回り込んでくる敵機を発見した。敵機の方がやや早くわが編隊を発見したらしく、P－38はすでに攻撃態勢に入っていた。零戦隊は直掩の常識通り、長官機の上空五百メートルほどのところに位置していたが、敵機はこちらの意表をついて、低高度から突き上げてきた。長官機を守ろうと、森崎予備中尉、日高上飛曹機が突っ込んでいき、列機もそれに続いた。時に七時十五分。

「私もすぐに追いついた。威嚇射撃だから当たらなかったかも知れないが、一発、追い払って引き起こした。次の攻撃態勢に入った時には長官機は煙を噴いていました……」（柳谷飛長談）

敵機は、零戦には脇目もふらずに二機の陸攻に襲いかかった。零戦はそれを阻止しようと、一瞬、激しい攻防が繰り広げられた。高度が低く、敵機の機動が急なので、零戦隊は有効な直掩ができなかった。第一、機数が圧倒的に足りなかった。やがて長官機は浅い角度でジャングルに撃墜され、ひと筋の黒煙が天に上った。参謀長機も、海上に撃墜された。全てはあっという間の出来事であった。

柳谷飛長は、ブイン基地の上空、百五十メートルの低高度で二十ミリ、七ミリ七の機銃を撃って急を知らせ、また空戦場に戻っていったが、用の済んだ敵機は早々に戦場を離脱しようと引き返す。柳谷はその中の一機を追いかけ、ついにショートランド島南端で撃墜した。

伏せられていた（？）長官巡視

ところで、この日、ブインには十六日にラバウルから帰されたばかりの十八機をふくむ五八二空戦闘機隊の零戦二十数機がいたが、長官機到着予定時刻に上空哨戒もしていない。

いや、邀撃には上がったが、それは長官機が来ると知ってのことではなく、南東方面艦隊や二十六航戦司令部から命ぜられたものではなかった。五八二空司令・山本栄大佐の日記は、その前後、おそらく意図的に事務的な調子で書かれていて（山本機遭難のことは伏せてある）、ブイン基地にあった二十六航戦司令部など上層部がどんな判断をしていたかは判然としないが、その時刻に敵機が、空戦の意思を持って来るかも知れないという意識はなかったことだけは確かであろう。

五八二空戦闘行動調書によると、十五日は二機、十六日、十七日と続けて、P－38各一機がブイン基地に飛来、十五日は零戦三機、十六日は四機、十七日は五機でこれを追撃するも取り逃がしている。時刻は、十七日は不明だが、十五日は七時二十五分、十六日は五時三十分。つまり、山本長官機到着予定時刻に近い時間帯に、現に敵機が来ているにもかかわらず、「これはいつもの高高度での偵察飛行であることが明白であったため」（五八二空飛行隊長・進藤三郎大尉談）、特段の対策は必要ないとされていた。十七日夜には、ブイン基地は敵爆撃機による激しい爆撃を受けている。ブインには二十六航戦司令官・上坂香苗少将もいたが、それでも戦闘機隊に特別な警戒や長官機の奉迎などを指示した形跡はない。儀礼的にもあらかじめ上空に戦闘機を飛ばせておけば、あるいは違う結果になったのかも知れないが、いずれにせよ最高指揮官がこんな前線まで飛んでくること自体が、いわば非常識なのであった。

長官巡視の件は、五八二空では電報ではなく、十七日午後、山本栄司令がラバウルでの

「い」号作戦研究会を終えてブインに戻ってきた時、開封日時指定の封書を持ち帰り、庶務主任・守屋清主計中尉（主計科短現九期・岡山県在住）が預かって、指定時間に開封して司令に渡される形で知らされた。この書類に、長官一行の詳しい行動日程が記されていた。山本司令は、飛行隊長・進藤大尉にはそのことを伝えている。進藤大尉は、「長官が何もわざわざこんなところまで来なくても、俺たちは頑張ってやってるのになあ」と思った。威儀を正して出迎えないわけにはいかないが、「い」号作戦があろうがなかろうが、毎日、戦い続けている現場としては、聯合艦隊司令部の思いつきで人騒がせなことをしてくれるな、というのが率直な感想であった。

五八二空では、長官機が着陸の際、パンクでも起したら大変だと、手空きの艦爆搭乗員を滑走路上に一列横隊に並べ、滑走路の邪魔物を拾って歩かせた。散水されていた？という話（柳谷飛長が着陸した際に土煙が上がらなかったという回想からか）もあるが、それは物理的に不可能なことであり、行なわれていない。

司令の指示が偵察飛行のP－38邀撃中に行なわれたものか、戦闘機分隊士・角田和男飛曹長は、山本長官が巡視に来ることも、指揮所で出迎えの準備をしていることも、滑走路の清掃のことも、知らされていなかったという。

「十八日朝は、いつものようにブイン基地の戦闘指揮所の末席に腰かけ、待機していました。五時二十五分、櫓上の見張員から、P－38一機、高度六千西南方との報告があり、ただちに待機の自動車に飛び乗り、ドアにぶら下がる三、四人の搭乗員と一緒に列線に走りました。

ラバウル基地の指揮所で報告を行なう、
左から角田和男飛曹長、大槻進二飛曹、
明慶幡五郎飛長（昭和17年末の撮影）

とても追いつけないのはわかっていますが、すでに発動されている飛行機に飛び乗り、一応全速力で追跡しました」（角田飛曹長談）

しかし、高速を高高度で飛ぶP－38は、たちまち視界の外に飛び去った。着陸し、報告を済ませた角田が指揮所に上がり、ふたたび待機に入っていると、六時二十分、またもやP－38一機、高度六千、と見張員の大声が響いた。いつもは敵の偵察は朝の一回だけなので、「おかしいな、敵さん、何を考えてるのだろう」と思いながら、列機とともにふたたび追撃、例によって三十分ばかりで上空から追い払っただけで着陸、報告を済ませて指揮所で休息していた。

五八二空戦闘行動調書では、〇七四五とあるが、角田の記憶では七時頃、またしても「敵P－38六機〇〇度（南西方）、高度六千こちらに進む」の声が見張所から届いた。角田飛曹長は、ただちに指揮所から駆け降りながら、指示の方向を振り仰いだ。六機のP－38は相当な開距離で、おそらく全速のため編隊が乱れたと思われる形のまま飛行場上空に差しかかるところであった。この時は角田を先頭に十機近くが離陸しているが、やはり頭上に敵機を発見してから発進したのでは追いつかず、敵機は東方に逃れ去った。角田は列機とともにしばらく飛行場上空を哨戒し、他に機影を認めなかったので着陸した。

だがちょうどその時刻、ブイン基地からほど近い空域で、山本長官機一行は敵P－38の襲撃を受けていたのだ。だとすると彼らは、五八二空が取り逃がした六機は、おそらくミッチェル少佐の制空隊の一部であろう。だとすると彼らは、五八二空戦闘機隊約十機の注意を自分たちに引きつけ、十分に陽動の任務を果たしたと言える。五八二空としても肝心の邀撃に上がる戦闘機搭乗員に、長官機の予定が知らされていないのだから、これ以上手の打ちようがなかった。敵は長官一行の予定を分単位で把握して来ているのに、味方戦闘機はそのことを知らないというのは、奇妙な図式である。

山本司令の日記には、

〈〇七三〇頃モイラ岬附近にてP－38十二～二十四と味方flo×二、fc×六の空戦あり。当隊fc×二、敵P－38六機を追撃せしも逃す〉

とあって、この日の記述はそれだけで終わっている。

角田が三たび指揮所に腰を下ろして三十分も休まない頃、一機の零戦が突然、海岸寄りから二十～三十メートルの高度で飛んできて、滑走路上空で全銃火を撃ちながら高速で飛んだ。見張からの報告もなかったので、驚いた角田が指揮所の前に出てみると、零戦は左に小回り

して緊急着陸、見事に指揮所前に停め、搭乗員は二十〜三十メートル駆けてきて指揮所を見上げ、

「長官機が空戦中です。応援頼みます」

と、言葉は丁寧だが、血相を変えて怒鳴りつけるようにひと言叫ぶと、すばやく引き返し、また飛び上がっていった。列線にいた五八二空の零戦四機が急いで後を追ったが、角田は、

「空戦時間はそう長いものではない。もう戦いは終わっている」と判断して上がらなかった。

〈それにしても、朝からP-38が出没しているこんな前線に、何で長官機が飛んで来られたのか、不思議に思って、電報綴りのところに近寄った。

毎朝、着電、傍受電、ともに一度、目を通していたのだが、見落としがあったのか。見落としがあったとすれば私の責任は重大である。敵機を見失っても、命令はなくとも、安全のために上空哨戒は続けるべきだった。

しかし、やや不機嫌そうに椅子に掛けたままの司令は、私の意図を察したかのように、

「分隊士、電報はないよ」

と、ひと言、声をかけてきた。やむを得ず、私は電報綴りを見直すのをやめた。

司令は続いて、独り言のように、

「古い暗号書を使ったのじゃあないかな」

と呟いたのを、はっきりと覚えている。

……十五分か二十分ぐらいして、追々戦闘機が着陸してきた。指揮官・森崎中尉の、まっ

たくしょんぼりした姿が気の毒でならなかった。それに引き換え、二小隊長（先ほど危急を知らせに着陸してきた搭乗員である）の、食ってかからんばかりの形相が印象的だった。〉（角田飛曹長手記）

厳重な箝口令

護衛戦闘機は全機、無事であった。六機のうち、ブインに着陸したのは五機、岡崎二飛曹は長官機の急を告げるべくバラレに降りていた。

角田はその時、気の毒に思いながらも、「二〇四空の直掩隊はどうして身を挺して長官機を守ることをせずに、空戦に入ってしまったんだろう」と疑問に思った。戦闘機、艦爆の混成部隊で艦爆の直掩任務が多かった五八二空では、「直掩機は盾となれ」と繰り返し教え込まれていたからである。直掩隊には酷だが、そんな見方も現実にはある。六人の搭乗員は、「長官機を守りきれず、生きて帰ってきた」現実を、噛み締めないわけにはいかなかった。

報告を受けて、五八二空飛行隊長・進藤大尉が墜落地点の確認に飛んだ。ジャングルの中から、黒煙が高く上がっているのを、進藤は確認している。山本長官の最期であった。一番機の乗員は全員戦死、海に落ちた二番機に乗っていた宇垣参謀長と、艦隊主計長・北村元治少将、主操縦員・林浩二飛曹の三人だけが奇跡的に助かった。のちに発見された山本長官の遺体には、背中から心臓にかけての盲管銃創、下顎からこめかみへの貫通銃創があり、これらが致命傷となって機上で戦死したものと思われた。

山本長官の死は極秘とされ、搭乗員には厳重な箝口令が言い渡された。この空戦で、直掩機は六機（うち不確実三）の撃墜を報じているが、実際に撃墜されたP－38は一機である。米側では、山本長官機を撃墜したのはランファイア大尉の殊勲とされ、ランファイアは海軍十字章を授与された。ところが、僚機（二番機）のレックス・バーバー中尉が、戦後一貫して「山本機を撃墜したのは自分である」と主張、軍の公式記録の書き換えを求めて訴訟を起し、連邦高裁まで争っている。バーバーは主張を容れられないまま二〇〇一年、八十四歳で死去したが、それは、日本側の当事者にとってはどうでもいいことであろう。宇垣参謀長搭乗の二番機を撃墜したとされるホルムズ中尉も、二〇〇六年、八十八歳で亡くなった。

余談だが、この日、山本長官機一行が出発した後を追うように、二十一航戦司令官・市丸利之助少将を乗せた二〇四空の九六式輸送機が一機、護衛戦闘機もつけずにラバウル基地を発進、無事ブインに到着している。その時、一瞬、長官機が無事到着したかと錯覚した隊員もいた。この輸送機の電信員であった青木蔵男二飛曹（十三志・偵練四十九期）は、海軍下士官兵出身航空隊員の会であった「特空会」（平成十六年解散）の会報、「特空」六十四号に、

〈ブイン基地では長官機が遅れていて、間もなく事件を知って大変な騒ぎであった。たまたま陸攻二番機の林二飛曹が、重傷だったので私の飛行機でラバウルに至急引き返し、病院に

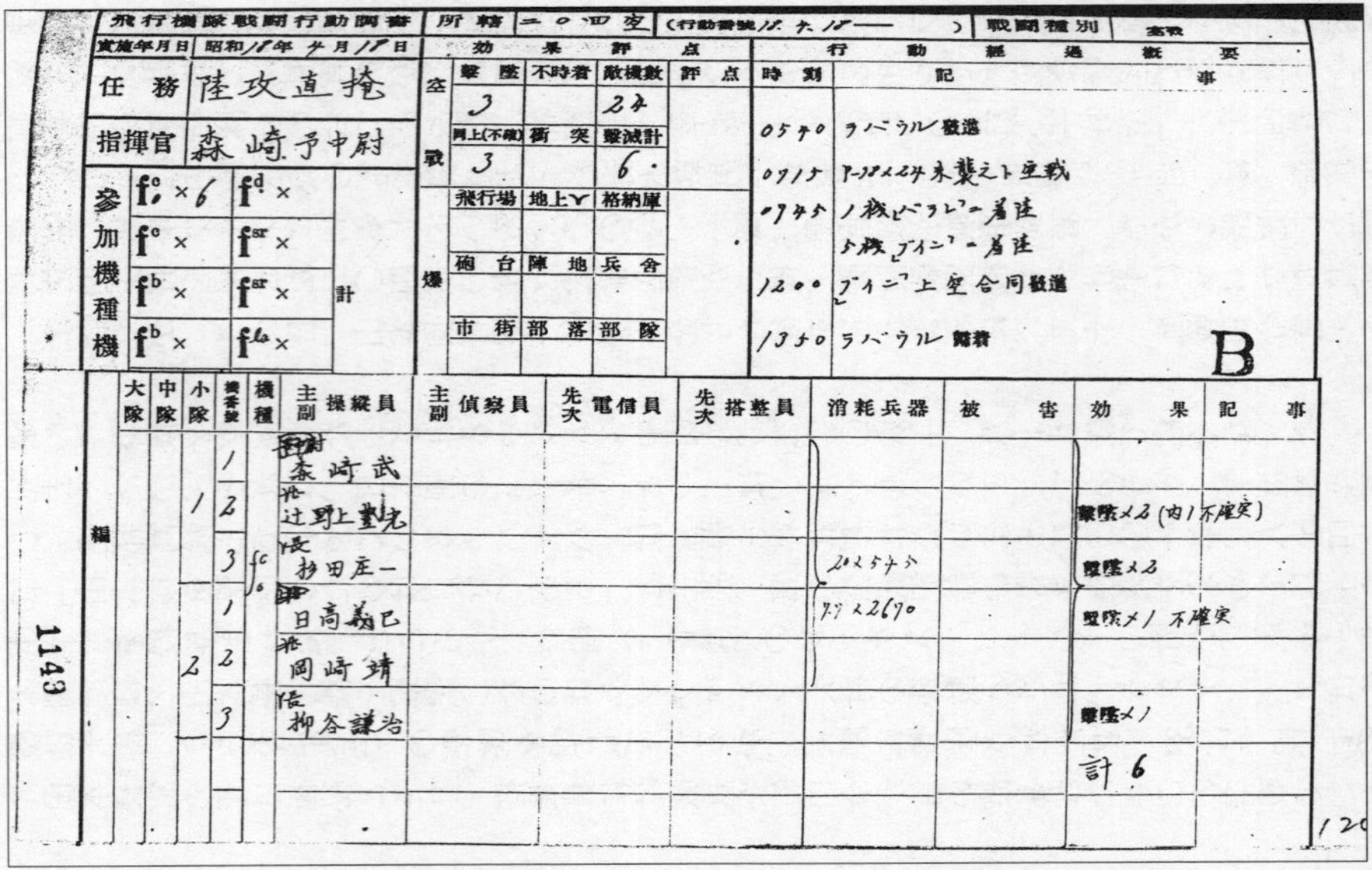
飛行機隊戦闘行動調書　所轄　二〇四空　（行動番号18.4.18――　）　戦闘種別

実施年月日　昭和18年4月18日

任務　陸攻直掩

指揮官　森崎予中尉

参加機種機　f^c×6

効果評点　空戦　撃墜 3　敵機数 24　同上(不確) 3　撃滅計 6.

行動経過概要

時刻	記事
0540	ラバウル發進
0715	P-38×24来襲之ト空戦
0745	1機バラレニ着陸
	5機ブインニ着陸
1200	ブイン上空合同發進
1340	ラバウル歸着

B

中隊	小隊	機番号	機種	操縦員	消耗兵器	効果記事
	1	1	f^c_0	森崎武	20×570 7.7×2690	
		2		辻野上豊光		撃墜×2（内1不確実）
		3		杉田庄一		撃墜×2
	2	1		日高義巳		撃墜×1 不確実
		2		岡崎靖		
		3		柳谷謙治		撃墜×1
						計6

1143

120

山本長官護衛機の戦闘が記された昭和18年4月18日の「二〇四空飛行機隊戦闘行動調書」

搬送された。帰着後、司令からこの事実を口外してはならないと厳命されたのを記憶している〉

という手記を寄せている。

もはや、一切の希望的観測は持てそうになかった。指揮所で報告を済ませた森崎予備中尉以下六機には、やがて、ラバウルへの帰還が命ぜられた。戦闘行動調書には、

〈一二〇〇ブイン上空合同

一三五〇ラバウル着〉

と簡単に記録されているのみだが、彼らの胸は千々に乱れていたことだろう。

ラバウル基地は、いつもと変わらないたたずまいであった。すでに長官機遭難の情報は届いていて、森崎予備中尉の報告に、杉本司令と宮野は悲痛な表情でうなずくだけであった。司令は六人に「ご苦労」と沈んだ声で言うと、このことは他言無用であるということを、厳しい調子で言い渡した。最高指揮官が前線で不慮の死を遂げたとなると、全軍、全国民の士気に与える影響は計り知れない。山本長官の死は、まずは徹底的に秘匿されることになったのである。

箝口令を敷かれたのは米側のパイロットも同じだったが、こちらの方は暗号解読の機密を漏らさないための処置で、その後は英雄として扱われる。

「六機の悲劇」の真相

ところで、山本長官遭難の責任問題はどう扱われたか。
結論から言うと、この件で、南東方面艦隊、二十六航戦司令部など、責任の中枢にいる者で処分を受けたものはいない。現場の二〇四空司令はもちろん、森崎以下六人の搭乗員が査問に付されることも、懲罰を言い渡されることも、軍法会議にかけられることもなかった。それどころか、四月十八日の「陸攻直掩」任務に対する海軍功績調査部の行動評点は、Y1作戦と同じ評価の「B」となっていて、表面上、むしろ空戦で戦果を挙げたことが、殊勲として認められたような形になっている。長官機を守りきれなかったことを咎めだてすると、計画を立案した参謀やそれを認めた司令部など、上層部にも累が及ぶせいかも知れない。もちろん、進級にも影響はなく、司令、副長以下、生き残った者たちはのちのち、定期にきちんと進級している。

直掩任務についた六機の戦闘機搭乗員は、その後も続く激戦で、終戦までに、被弾して右手を失った柳谷以外の五人全員が戦死する運命が待っているが、これはよく言われるように懲罰的に出撃を強いられたものでは決してなかった。当事者は責任感からそういう意識を持つことがあったかも知れないが、記録の上で、この六人の出撃回数が他の搭乗員と比べて特別に多いということはない。戦闘行動調書から具体的な数字を拾ってみると、山本長官遭難の翌四月十九日から宮野や森崎が未帰還になる六月十六日まで（日高上飛曹、岡崎二飛曹、柳谷飛長は戦死あるいは重傷を負った六月七日まで）の作戦参加回数は、

◇山本長官機護衛の六機（階級は四月現在）

森崎予備中尉・二十二回、日高上飛曹・十五回、辻野上一飛曹・二十五回、岡崎二飛曹・十八回、柳谷飛長・十回、杉田飛長・二十一回。

◇その他の搭乗員（一部抜粋・同）

宮野大尉・二十回、尾関上飛曹・十一回、渡辺秀夫一飛曹・二十回、神田二飛曹・十五回、橋本久英飛長・十八回、渡辺清三郎飛長・二十八回、大原飛長・十九回、中村飛長・十九回、中澤飛長・二十回。

……六人よりも多い出撃を記録している者もいて、全体としてもとりたてていうほどの差はないのがわかる。あえて言うなら、その後の二〇四空全体の出撃そのものが過重であったのだ。

とは言え、森崎に花を持たせるつもりが裏目に出て、宮野は、自分が行かなかったことを悔やんだに違いない。指揮官の判断はまさに、「行く道、来る道、戻る道、通り直しの出来ぬ道」（志賀淑雄少佐談）……なのであった。

「この時に、もう生きては帰れないと、森崎中尉の腹は決まったと思います。そして宮野大尉は、そんな森崎中尉に対して非常に責任を感じておられたようです。海兵出と違って、慰めてくれる先輩、後輩のいない予備士官の森崎さんに、何とか自重させようと苦心されてた

んではないかと思いますね」（大原飛長談）

事実、これから先、ことあるごとに森崎をかばう宮野の気持は、搭乗員だけでなく二〇四空の誰もが強く感じ取っている。

六人のただならぬ気配に、二〇四空の搭乗員の中には、何ごとかを感じ取った者もいたし、最後まで気がつかない者もいた。

中村佳雄飛長は、

「普通なら、報告後はすぐに宿舎に帰ってくるのに、あの時はずいぶん手間どっていた。彼らは絶対に口外しなかったが、顔色でわかった」

と言うし、八木飛長は、一ヵ月ほどたってトラック島に零戦の受領に飛んだ時になって、初めて知ったと回想している。

大原飛長は、十八日夜、杉田飛長の告白でそのことを知った。

「私たちの宿舎は、占領前に白人が住んでいた洋館で、私と杉田、中村、八木、坂野、渡辺清三郎、同年兵ばかりの六人が同部屋で寝起きしていました。夜、暑くて眠れないので建物の前の涼み台で涼んでから部屋に入る習慣になっていたんですが、部屋に入る前に、杉田が思いつめたような表情で話しかけてきました。その日、帰ってきてから様子がおかしいので、うすうす気づいてはいましたが……」（大原飛長談）

「大原……」「何だ？」「お前、黙ってろよ、実はな、今日長官機を護衛して行ったんだが、長官機がやられた。ブインに着くちょっと前、あと五、六分のところで、P－38の攻撃を食ってやられたんだ」

「やはりそうだったか」と大原は思った。杉田は、なおも続けた。

「いや、驚いた。こちらが何が何だかわからないうちに攻撃されてしまった。ブインでは、長官が来られるというので、全機列線に並べて長官の到着を待っていた。だから上空哨戒も出していなかった。三々五々着陸して報告したら、すぐに捜索機が飛び立った。それで一機がジャングルで煙を出していて、もう一機は海岸の方で不時着水していると確認されたんだ。全員集められて、着剣した衛兵の見守る中、絶対に口外するなと言い渡された」

部屋の中では何も言わなかったが、杉田は黙っている重みに耐え切れなかったのであろう、ここで大原にだけ、ことの次第を打ち明けたのだ。話し終わると、いくらか気が晴れたか、杉田はいつもの不敵な面構えに戻っていた。大原は語る。

「数日後（四月二十二日）、ラバウル東飛行場で一式陸攻が着陸するのを見ていたら、杉本司令に、『おい、大原、この椅子を早く片付けろ』と言われました。急いで散らばっている椅子を並べ終わったら、『よし、お前はもういいからあっちにいってろ』。私は戦闘機の待機所に戻りましたが、よほど偉い人が来たのかと思って、気になって様子を見ていました。すると、乗用車が何台も陸攻の方に行き、しばらくして陸攻から何か小さな白いものが出てくるのが見えた時にハッとしました。『長官がお戻りになったのだ！』。車は指揮所には寄らずに司令部の方向に走って行きました」

トラックの戦艦武蔵には、四月二十五日の午後、後任の聯合艦隊司令長官として、古賀峯一大将が着任した。山本の死は部内にも秘されていたので、古賀の赴任は、表向き横須賀鎮守府司令長官の前線視察ということにされていた。

山本長官機の遭難について、暗号が解読されていたのではないかという疑念が起るのは当然であった。四月二十日、草鹿中将の前線視察を装い、百式司偵一機を森崎予備中尉以下十八機の零戦が護衛してガッカイ島を偵察するとともに、敵戦闘機を誘い出して一挙に撃滅せんとする作戦がたてられたが、大将を討ち取った敵がそんなちゃちな手に乗ってくるはずもなかった。天候にも阻まれた零戦隊はブインに着陸、そこで作戦は中止と決まり、むなしくラバウルに帰ってきた。またも余談になるが、この日の搭乗割には日高初男飛曹長、日高義巳上飛曹、日高鉄夫飛長と、日高姓の搭乗員が三人も入っている。「六機」の中では、森崎と日高のほか、辻野上、柳谷の計四機が参加していた。

二十二日には宮野以下十一機が陸攻隊を直掩して出撃するが、これも天候不良のためブインで引き返している。同じ日、野田隼人飛曹長以下九名の搭乗員が、新機受領のため飛行艇でトラックに派遣された。「六機」のうち、岡崎二飛曹と柳谷飛長の二名がこれに加わり、二十四日に新しい零戦とともに戻ってきている。

横山飛行長着任

それからしばらくは、連日、何らかの出撃はあるものの、空戦らしい空戦は、単機のB－17を追撃したことぐらいしか記録に残っていない。目立つのは、ラバウルからブイン、バラレへ輸送機が行くのに、三機～五機程度の護衛戦闘機がつくようになったこと、四月末からは、交替でバラレ基地に進出、上空哨戒や直掩任務についていることぐらいである。宮野は、二十五日・ガッカイ島攻撃陸攻隊直掩、二十六日、ガッカイ島攻撃艦爆隊直掩、三十日・ルッセル島攻撃、五月三日、ムンダ方面敵機邀撃に、それぞれ指揮官として出撃しているが、いずれも敵機とは出会っていない。

その間、五月一日には定期の下士官兵の進級があり、そこでほとんどの下士官兵搭乗員が一階級進級する。十二志の渡辺秀夫一飛曹や甲飛五期の辻野上一飛曹が上飛曹に、甲飛六期の岡崎二飛曹は一飛曹に進級し、柳谷、橋本ら十五徴と、大原、

昭和18年中旬頃、二〇四空の下士官搭乗員たち。前列左より大原亮治、大正谷宗市、中村佳雄、後列左より橋本久英、杉田庄一、坂野隆雄。大原、中村をのぞく４名は、その後戦死した

杉田、中村、中澤、渡辺清三郎など十五志の飛長は、揃って二飛曹に進級、晴れて下士官になった。十一志の日高義巳上飛曹や十四志の神田佐治二飛曹はそのままである。

大原は、軍需部で新しいライフジャケットをもらってくると、その背中と左胸の名札布に「大原二飛曹」と、ちょっと得意な気持で書き込んだ。

マラリアで休んでいた大原飛長（五月一日二飛曹）は、四月二十三日から復帰、定位置である宮野の右後方、三番機を守っていた。出撃前はいつも、大原は宮野に航空弁当を届ける。経木に包まれた弁当は、巻き寿司のことが多かったが、稲荷寿司や玉子焼きが入っていることもあった。「隊長、弁当を持ってきました」「おゥ、今日のは旨いか」「旨いかどうかわかりません」といった会話があって、出撃。所定任務を終えて、敵機の哨戒範囲外まで引き返したあたりで、宮野がごそごそと弁当を取り出し、操縦席の前にあるOPL照準器の脇に広げるのが見える。それを確認してから、列機も編隊を開いて弁当を広げ始める。操縦桿を足にはさんで、弁当を使う。雨季の明けたソロモン群島は、ガダル街道の島々が連なって見えて、戦争をしていることを忘れるほど美しかった。ホッとするひと時だが、食べながらも常に見張りは怠れなかった。

四月下旬には、かつて三空で宮野の飛行隊長であった横山保少佐が、二〇四空飛行長としてラバウルに着任してきた。

〈横山少佐、ただ今より飛行長としての指揮をとる。諸君の大部分の者は、開戦以来蘭印方面よりこのラバウルに転戦し、連日奮闘していることはまことにご苦労である。緒戦のあの華々しい戦闘にくらべ、今日では毎日が苦しい戦闘を続ける結果となっている。私が内地を発つ時に言われてきたことは、必ず搭乗員も零戦も、ラバウルの前線へ送り出すということだった。この内地からの増援兵力が到着するまで、もう少し頑張ってくれ〉（横山少佐手記）

しかし、ラバウルの戦況の厳しさは、横山の想像以上のものであった。ふたたび横山少佐の手記より――。

〈私が赴任した時は、山本聯合艦隊司令長官が、ブーゲンビルで戦死された直後であった。それだけに戦闘機隊としての責任を感じていたと同時に、ズバリ言うならば、彼らの士気があまり上がらない時期でもあったのだ。しかし、宮野大尉はそれでも、ひと言の不平も言わず、やせ細った顔を終始ニコニコさせながら、先頭に立って飛び立っていった。この基地の士気を高めるのは自分の責任だ、と考えたかのように……〉

横山保少佐（大尉時代）

ガ島撤退以来、日本軍の作戦はことごとく中途半端なものに終わり、逆に、敵の上陸作戦は常に成功している。実戦経験豊富な横山の着任は、杉本司令にも心強いものであったのだろう。杉本はさっそく、敵の上陸拠点を叩くため、零戦に爆装して戦闘兼爆撃機としての用法はできないか、横山に研究を指示した。横山は一ヵ月後には、同じラバウルの南東方面艦隊兼第十一航空艦隊参謀として転出するが、その短い期間に、零戦をもってする爆撃訓練を実施している。が、零戦は急降下すると過速に陥り危険なので、緩降下爆撃しかできない。そのため爆撃の精度が悪く、いざやってみると有効な爆撃は難しそうであった。この爆装零戦の用法は、のちに試用されることになるが、ここでは措いておく。

また、ちょうどこの時期、南西方面（東南アジア方面）の戦線では、三空の後身である二〇二空が、チモール島クーパン基地を拠点に、かつて十二空で宮野の分隊長であった飛行隊長・鈴木實少佐指揮のもと、しばしば陸攻隊を直掩して豪州ポートダーウィンを空襲。豪空軍の名機・スピットファイアを相手に、緒戦期もかくやと思わせるような一方的勝利を収め続けているが、これも、ここでは詳述は避けておこう。

泥だらけの顔で

戦闘行動調書にそれとわかる記録がなく、日付は定かではないが、たぶんその頃のこと。宮野以下の零戦隊が出撃の復路にバラレで翼を休めていると、はるか沖合いに飛行機が一機、飛んでいるのが見えた。大原は真先に発進、見るとSBD艦爆が一機、低空を飛んでいく。よし、一発で墜としてやる、と全速で追いかけると、簡単に追いついた。

「後方機銃に注意しながら、さて、どうやって墜とそうかな、と近づいてみると、向こうのパイロットが風防を開けました。そこで、よし、飛行機ごと捕虜にしてやろうと思い立ち、左三十メートルぐらいの位置について編隊を組んで、チャート（航空図）を見せて、戻れ、と合図しました。もちろん、反撃してきたらすぐに叩き墜とす準備はしています。

するとと、青紫色のマフラーをしたパイロットが、こっちを見ながらしきりに目のあたりを拭っていました。それを見て、『こいつ、泣いてやがるな』と思うと、何だか墜とせなくなりましてね。

しばらく、ただまっすぐ飛んでいましたが、そのうち続いて上がってきた味方機がバーッと前へ出て反転、突っ込んでくると、高度がなかったもんだから、敵機はそのまま、ものすごい飛沫を上げて海面に突っ込んでしまいました。パイロットは出てきませんでした。全速に近かったから、とても助からなかったでしょうなあ」（大原二飛曹談）

また、これも記録にはそこまで細かく書いていないので確実ではないが、おそらく五月三日のムンダ方面敵機邀撃に宮野が二十四機を率いて、五八二空野口中尉以下十八機、二五三空飯塚大尉以下十四機と合同出撃した時のこと。ブインで燃料補給、故障で一機欠けた二十三機でムンダ上空に行ってみると敵はおらず、帰途、天候が悪く、宮野以下十一機がブカに、森崎予備中尉以下十二機がブインに分かれて着陸したことがあった。両隊は翌四日、ラバウルへの帰還

大原亮治二飛曹。ラバウルで、花吹山をバックに

を試みるが、ラバウル東飛行場近辺もこの日は天気が悪く、森崎隊は全機がラバウルのすぐ南にあるココポ飛行場に着陸、宮野隊のうち二機もココポに着陸している。

ココポに着陸した十四機は、さらにそこで一夜を明かして五日になって帰ってきているが、宮野の率いる九機はそのままラバウルに帰ってきた。中村佳雄二飛曹の話。

「帰ってくると、スコールの後だったのか、地面が濡れているようでした。

下で、『着陸待テ』の赤旗を振っているのが見えましたが、上空から見るぶんにはどうして着陸できないのかわからない。燃料も残りわずかでしたから、宮野大尉もそれを心配したんでしょう、かまわず着陸しました。

ところが、飛行場が上から見た以上にぬかるんでいて、脚をとられてひっくり返ってしまったんです。

続いて着陸した私もひっくり返りました。風防がペチャンコになって、水が迫ってきて息が苦しい。そこへ整備員が飛んできて、大勢で機体を持ち上げて助けてくれました。

それで、飛行機を壊したから、これは大目玉だぞ、と思いながら指揮所に報告に行くと、宮野大尉が顔を泥んこにして待っていて、

『いやいや、そんなのお前、仕方がないよ。俺もひっくり返った。俺のミスだ。赤旗を振っているのは見えたけど、燃料が心配だったんだ』

大原は、要領がいいからうまく着陸していましたね」

大原二飛曹は、宮野機、中村機が滑走路で大きな水しぶきを上げてひっくり返るのを見て、

鉄板の敷いてある部分に注意深く着陸して無事であった。

「その晩、搭乗員室に宮野大尉が、例によって従兵にビールを担がせてきて、飲み会になりました。そこで、宮野大尉に、『大原、お前、俺たちがひっくり返って自分はうまく降りられたもんだから、ゴキ（ご機嫌）よくしてるんだろう』（笑）と言われましたよ」（大原二飛曹談）

時には失敗もあったが、それがかえって人間味を感じさせ、親しみを感じさせた。同じ失敗をしても、部下に笑われるか親しみを持たれるかは、それは日頃の人徳というものである。が、笑ってすまされる事故ならばよかった。五月九日、ブイン進出の際には、中根政明二飛曹（丙三期）が、ブイン飛行場の第四旋回点で失速、滑走路の間際に墜落し、戦死している。中根二飛曹は六空第一陣で進出したうちの一人で、以来八ヵ月、五機（うち協同二）の撃墜を記録していた。

ルッセル島航空撃滅戦

五月十三日、このところ増強いちじるしいルッセル島の敵航空兵力を叩くため、ひさびさの航空撃滅戦が行なわれることになった。二〇四空宮野大尉以下二十四機はラバウルからブインに進出、そこで五八二空野口中尉以下十八機と合同して午前八時十五分、出撃した。

総指揮官は宮野大尉、その右後方、三番機の位置には大原二飛曹がついている。高度をとって定針すると、おのおのが照準器のスイッチを入れる。眼前の四角いガラス板に、オレンジ色の照準環の光像が浮かび上がる。照準器の光枠は、フィルターの着脱で白、オレンジと切換ができるようになっている。計器板上端の左右にむき出しになっている七ミリ七機銃のレバーを操作し、弾丸を全装塡、二十ミリ機銃のスイッチを入れる。スロットル先端の切替レバーで七ミリ七だけが発射するようにしておいて、指揮官に従って試射をする。

編隊は高度八千メートルで戦闘体勢を整えながら、十時四十分、ルッセル島上空に突入。間もなく敵機発見、宮野は編隊の誘導を始めた。その途中、大原は、五分先行した五八二空の零戦一機が、F4Uコルセアに追尾されて煙を吐いているのを発見した。

「急いで宮野大尉の横に出てそれを知らせると、隊長は『お前、行け』と手信号の合図を送ってきました。びっくりして『一人でか？』と聞くと、『そうだ。一人で行け』

なんて冷たい隊長だと思いましたが、編隊を誘導しなければならない宮野大尉とすれば、一緒に来るわけにもいかないし、悲痛な命令であったと思います。

右旋回で七千メートルまで降下し、零戦を追うのに夢中になっているF4Uを捕捉、これを撃墜しましたが、その時、死角になっている左の腹の下からいきなりダダダーッと撃たれたんです。右翼から座席の後ろにかけて被弾、右翼燃料タンクから火を噴きました。ところが、幸か不幸か、穴が大きすぎてかえってガソリンがすぐに燃え尽きてしまい、火は間もなく消えました。

右に逃げると追随されるので左に切り返しましたが、そのままぐるぐる四千メートルまで墜落状態で墜ちていきました。墜ちながら、真下にルッセルの敵飛行場が見えた時には、一瞬、もう駄目かと思いましたが、おふくろさんの顔も、誰の顔も、浮かんではきませんでした。〝まだまだ、まだまだ。やられてたまるか〟そう思いながら、何とか姿勢を回復しました。

するると今度は、機体が強い力で左上昇旋回しようとする。これは被弾で、昇降舵の連動桿がよじれてしまっていたためだったんですが、それをだましだまし、帰投方向へ機首を向けました。操縦桿を右に倒してないと水平飛行ができませんでした。

しばらく飛んだ頃、ふと後ろを見ると、コルセアが右に二機、左に一機、ピタッとついてきました。送り狼、というやつです。

これは左に逃げるしかない。初弾が当たったら仕方がないと思って、気づかないふりをしてフットバーを踏んで機体を滑らせながら、敵が撃ちだした時、目もくらむばかりの垂直旋回をうちました。一回、二回、回っていると、左にいた一機がスッと目の前に出てきました。そいつに一撃をかけ、撃墜して後ろをふり返ると、もう一機のコルセアがパアッと火を噴くのが見えました」（大原二飛曹談）

五八二空の零戦が一機、救援に駆けつけてくれたのである。一対三があっという間に二対一になり、残りの一機は急降下で逃げてしまった。

コロンバンガラ島に不時着、燃料補給の上帰投したが、被弾は三十八発にもおよんでいた。右翼の燃料タンクはバラバラになって、下が見えるほどの大穴が開いており、ただでさえ昇降舵連動棹のよじれで左に傾くのに左翼の燃料タンクをいっぱいにしたので、離陸した瞬間、機体はグラリと左に傾いた。操縦桿を右に倒して姿勢を取り戻し、それを左手に持ち換えて、右手で脚上げの操作をする。必死の操縦であった。

やっとの思いでラバウル基地にたどり着くと、宮野が喜んで迎えてくれた。

「最初の一機を墜とすところまでは見ていた。よくそんなので帰ってこれたなあ」

玉井副長も、

「大原、これは名誉なもんだ。司令に言って靖国神社に飾ってもらおう、一機まるごと持っていくのは大変だから、尾部だけでも内地に送るようにしよう」

と、感心しきりであった。この飛行機がその後どうなったかは、大原は知らない。

この日、二〇四、五八二両部隊は、合わせて約六十機の敵戦闘機と交戦、二〇四空では、宮野大尉・Ｆ４Ｕ一機（協同）、大原二飛曹・Ｆ４Ｕ二機、尾関上飛曹・Ｆ４Ｕ一機（協同）、小林友一二飛曹・Ｐ-39一機（不確実）、辻野上上飛曹・Ｆ４Ｕ一機（不確実）、中村二飛曹・Ｆ４Ｕ二機、橋本久英二飛曹・Ｆ４Ｆ一機、黒澤清一二飛曹・Ｆ４Ｕ三機（うち不確実一）、Ｆ４Ｆ一機（不確実）、渡辺秀夫上飛曹・Ｆ４Ｕ二機、Ｐ-39一機（不確実）、川岸次雄二飛曹・Ｆ４Ｕ一機、坂野隆雄二飛曹・Ｆ４Ｕ三機（うち不確実一）、中澤二飛曹・Ｆ４Ｕ二機（うち協同一）、鈴木博一飛曹・Ｆ４Ｕ二機（うち不確実一）、白川俊久二飛曹・Ｆ４Ｕ二機（うち協同一）、計延べ二十六機もの撃墜（うち不確実七）戦果を報じた。二〇四空の未帰還者は、野田隼人飛曹長、刈谷勇亀二飛曹の三機で、大原機をはじめ三機が被弾した。野田飛曹長は乙四期、二〇四空きってのベテランで、前年十二月に着任して以来、主に中隊長として出撃を重ね、二機の撃墜を記録していた。刈谷二飛曹は丙二期、四月三日に着任したばかりの搭乗員であった。

〈私はその日は搭乗割に入っておらず、悔しい思いをした。(出撃した搭乗員が)帰ってくると、自慢話や未帰還機の状況の話などが出た。未帰還機が出ると遺品整理をやった。でも、戦死者が出たからといって打ちひしがれた気持は全然なかった。お互い様だ、まあ、遅かれ早かれ……ということで。その晩、宿舎には、士官も来て宴会になった〉(八木二飛曹回想)

五八二空も、十一機(うち不確実三)の撃墜を報じ、佐々木正吾二飛曹(丙四期)が未帰還、ほか二機が被弾している。五八二空明慶幡五郎二飛曹も、大原二飛曹と同様、燃料タンクに被弾、火焔と黒煙を噴き出して一時は自爆と認められたが、墜落中、奇跡的に火が消え、ムンダで燃料補給の上帰ってきている。

海軍功績調査部のこの空戦に対する行動評点は、二〇四空がA、五八二空はBとなっている。また、大原二飛曹の奮闘に対し、のちに杉本司令より特別善行章一線が付与された。大原によると、「特善」の付与にあたって式典などはなく、また、防暑服か飛行服で用の足りる南方では、善行章をつけるような軍服を着る機会もなく、のちに内地に帰って初めて、横須賀海軍航空隊の分隊士に自分の携帯履歴を見せて、補給課で現物を受け取ったという。「へ」の字型の善行章の頂点に、士官の襟章と同じ桜がついた特別善行章を、大原は今も大切に保管している。

二五一空来援

ところで、五月上旬、ラバウルには心強い援軍が到着している。昨十七年の春から秋にかけてこの方面で戦い、戦力を消耗して内地に帰還していた二十五航戦（二五一空―旧台南空、七〇二空―旧四空）と偵察隊の一五一空（四月十五日開隊・百式司偵装備）からなる第五空襲部隊である。二五一空には、零戦五十八機、陸偵五機に加えて、新たに夜間戦闘機（二式陸偵に斜銃装備、のちの月光）三機が装備されていた。

第五空襲部隊は五月十日までに進出を終え、司令部をラバウルに置いた。それと交代に第一空襲部隊（二十一航戦・二五三空、七五一空）が十二日から順次、マリアナに後退して再建を開始する。二〇四空、五八二空、七〇五空からなる第六空襲部隊（二十六航戦）はそのままで、司令部はブインに置かれている。

二五一空司令は、海軍戦闘機隊にこの人ありと知られ、大和魂の権化のような小園安名中佐（兵五十一期）。副長兼飛行長・中島正少佐（同五十八期）、飛行隊長はかつて三空にいた向井一郎大尉（同六十三期）。戦闘機分隊長には、六十五期で水上機から転科してきた木村章大尉を筆頭に、六十八期の大野竹好中尉、鴛淵孝中尉、操練十四期で飛行時間三千時間超の大ベテラン・大宅秀平中尉が配され、分隊士に六十九期の橋本光輝中尉、林喜重中尉、香下孝中尉、それに磯崎千利少尉（操十九期）、大木芳男飛曹長（操三十七期）、近藤任飛曹長（乙六期）の六人という、この時期の戦闘機部隊としては贅沢とも言える充実した布陣。下士官兵搭乗員には、西澤廣義上飛曹（乙七期）をはじめ、山崎市郎平一飛曹、遠藤枡秋一飛曹ら、すでにソロモンの戦闘を経験している搭乗員が何人かいたが、実戦経験のない若い搭乗員も多かった。

新生された二五一空の初陣は、五月十四日のオロ湾攻撃陸攻隊直掩であった。向井大尉以下五個中隊三十三機は、七五一空の陸攻十八機を護衛して出撃、P－38、P－38、P－40など の米陸軍戦闘機五十五機と交戦し、その十三機（うち不確実五）の撃墜を報じている。わが方は陸攻六機を失ったが二五一空の戦死者はなく、まずは上々の滑り出しであった。

〈搭乗員室では、今日の初陣に参加した若い搭乗員が、参加しなかった不幸なる彼らの戦友を前に戦闘の模様を話している。古い搭乗員がそれをにこにこして聞きながら時々それを補足したり、訂正したり、あるいは機宜の注意を与えたりしている。

「P－38ってなぁ嫌な野郎だぜ。まるでお正月に上げる奴凧みてぇな格好をしていやがってな。それでいて、速力ときたら滅法速いんだ。俺ぁ二機追っかけたけど、みんな逃げられちゃったさ」

と残念がるのは、当隊きっての美少年、小西二飛曹である。芳紀まさに十九歳、どう見ても青年とは言い難い初々しさである。歴戦の古強者、西澤廣義上飛曹がそれをたしなめる。

秘密飛行場銃撃

「速いから逃げられたってなぁ言い訳にはならないぜ。地上に固定している高角砲だって時速四百ノットの飛行機を撃墜できるんだ。要するにやり方さ。戦争のしっぷりさ」〉（大野中尉手記）

翌十五日、木村大尉以下六機が、前日の攻撃時に不時着した飛行機を捜索する陸攻三機を直掩してラバウルを飛び立った。途中、ニューブリテン島南方の洋上で宮本公良二飛曹機のエンジンが不調となり、木村大尉がそれを誘導、スルミ基地まで引き返す。木村大尉は宮本機の着陸を見届けて、ふたたび捜索空域に向かうも、折からの悪天候に機位を失したものか、それっきり行方不明になった。橋本中尉以下残る四機は、スコールの煙る低空で敵B－25双発爆撃機五機と遭遇、二機（うち不確実一。三機とする資料もあり）を撃墜している。

木村はせっかくラバウルまで来て、わずか五日後の戦死であった。宮野と久闊を叙しあう暇もなかったであろう。六十五期のクラスの戦闘機乗りは、これで、宮野、蓮尾、指宿、牧の四人を残すのみとなった。蓮尾は二八一空飛行隊長として、北千島への進出を控えて館山基地におり、指宿は大分空分隊長兼教官（六月、二六一空飛行隊長）、牧はミッドウェーでの重傷がようやく癒えつつあって、練習航空隊である徳島海軍航空隊の分隊長兼教官になっていた。

中部ソロモンと同時に、東部ニューギニア方面の敵の動きも活発になってきた。ラエの南、少し内陸に位置するワウに、敵の秘密飛行場ができたらしいという情報に、五月十九日、宮野以下十二機の零戦が、索敵攻撃に出撃した。宮野の二番機は橋本二飛曹、三番機大原二飛曹。二中隊長・森崎予備中尉、六機ずつの二個中隊編成である。大原二飛曹の回想。

「高原の中腹に緑の平野地が広がり、そこがワウの飛行場でした。二千八百メートルの山をかろうじて越せるほどの高度で、初発見の敵飛行場上空を通過、そこには飛行機が双発機一機と小型機数機が駐機してありましたが、隊長は攻撃することなく上空を通過しました。それから進路を南に向け、高度を上げて海岸に出たところ、湾（フォン湾）に小型船舶がいっぱいいて、陸揚げをしているのが見えてきました。

隊長は、高速で一気に高度を下げると、左手を上げ、顔の前で掌を縦に前後に振って『単縦陣となせ』の合図、私は銃撃に入ると直感、機銃の発射準備を整えつつ、隊長、橋本機に続いて単縦陣の三番目に入りました。そして港から山の方へ高度百メートルで一航過、宮野大尉、二番機の攻撃状況は確認できませんが、私が、いちばん大きな油船《あぶらぶね》を狙って撃つと、船からバーッと煙が出ました」

大原の一撃を合図にしたかのように、続いて入る零戦は、次々と船を撃った。油船には機銃が二基ほど装備されているようであったが、反撃はなかった。宮野機は、二航過目に荷揚げ中の船舶に銃撃を加える。入れ替わり立ち替わり、まるで射的のような銃撃。船から逃げ出した乗組員が、桟橋に向かって泳ぎだすのも見えたが、戦争である。零戦隊は彼らにも容赦なく銃撃を加えた。

三航過で宮野は銃撃を切り上げ、海側に旋回、左右にバンクをしながら高度を上げる。列機はすかさず、編隊の所定の位置に戻る。小型油槽船一炎上、内火艇二、帆船一撃破の戦果を挙げて、零戦隊は意気揚々とラバウルへ帰ってきた。ところが、大原が着陸すると、宮野が怖い顔で待っていた。

「大原！　お前は一航過目から銃撃したな。一航過目は敵、味方の確認だ。味方だったらどうする！」

「ブナ港に敵が上陸したという事前情報がありましたので……」

「指揮官に従え！」「ハイ」

……こんな時の宮野には、凛とした厳しさがあった。しかし、作戦が終わって夜になれば、森崎や軍医長などの士官と連れ立って、搭乗員宿舎に酒を持ってきてまた一緒に飲むのである。

「生きては帰らない」

五月上旬、六十三期の江間保大尉が、五八二空飛行隊長兼艦爆分隊長としてラバウルに着任してきた。五八二空の飛行隊長は、戦闘機の進藤大尉と艦爆の江間大尉のダブル配置となる。

江間大尉は真珠湾以来歴戦の艦爆隊長で、通称「エンマ大尉」、顔中に髭を生やしたその容貌は閻魔大王のごとく、豪胆さと人望をあわせ持った艦爆隊の親分格であった。

五八二空に着任した江間は、艦爆隊搭乗員の士気の弛緩ぶりに意外の念を抱いたという。長い前線生活、連続する激しい航空戦、しかも隊長以下幹部級をほとんど喪失してしまっているのだから、やむを得ないことであったかも知れないが、江間は、このままでは戦争にならないと判断した。

二〇四空戦闘機隊のように士気が旺盛ならば下士官兵の長髪も大目に見られたが、まずは気持を引き締めるべく、下士官兵搭乗員の断髪令を断行、次いで厳格な飛行訓練を実施した。もともと訓練された優秀な搭乗員たちであったから、たちまち見違えるように士気が上がり、きびきびしたチームワークもとれるようになった。

五八二空艦爆隊飛行隊長・江間保大尉。写真は瑞鶴艦爆分隊長当時

ある時、江間は、宮野と一杯やる機会があった。兵学校では二期違いだが、生徒当時の記憶は江間にはなく、ラバウルに来てはじめて、宮野の勇猛果敢な戦いぶりが全軍に鳴り響いていることを知ったという。

江間は言った。

「君ももうずいぶん前線勤務が長いのだか

ら、ここらで一度内地に帰って、君のような優秀な搭乗員を育ててもらいたいものだな」

宮野は、

「いや、死ぬまでは帰されませんよ」

といとも簡単に答えた。屈託のないその笑顔が、江間の心に深い印象を残した。

五月二十一日、山本聯合艦隊司令長官の戦死が、大本営より発表された。

〈聯合艦隊司令長官海軍大将山本五十六は本年四月前線に於て全般作戦指導中敵と交戦飛行機上にて壮烈なる戦死を遂げたり

後任には海軍大将古賀峯一親補《しんぽ》せられ既に聯合艦隊の指揮を執りつつあり〉

同じ日の未明、ラバウルでは、二五一空の工藤重敏上飛曹（操縦・操五十三期）、菅原典中尉（偵察・兵六十九期・二五一空飛行士）が搭乗する斜銃装備の二式陸偵が、夜間爆撃に来るB－17の邀撃に初めて成功、十三夜の月光に浮かぶ一機を東飛行場上空で、もう一機はココポ上空で、それぞれ衆人環視のもとで撃墜している。これまでの鬱憤を晴らすかのような胸のすく撃墜劇に、基地は歓声に包まれた。山本長官の戦死は、毎日、戦争をやっているここラバウルではもはや過去の出来事であった。杉本司令や宮野、森崎、護衛戦闘機の搭乗員たちの心の中を除いては……。

山本長官戦死の発表がなされるまで、南東方面各部隊からの内地への郵便物は、トラック

島に留め置かれていた。六月になって、八尾の兄・真一のもとへ、宮野から最後となる一通の葉書が届いた。そこには、
〈自分は生きて帰らないから、結婚の話はなかったことにして欲しい〉
……という意味のことが書かれていた。

●二〇四空飛行隊長・昭和十八年五月～六月

第十章　玉散る剣抜きつれて

宮野大尉戦死

四機編成での空戦訓練

ここへ来て、敵は増強された航空兵力を背景に、昼夜を問わず、多数機をもって日本軍拠点の各方面に来襲を繰り返した。それは、波状攻撃とも呼べるぐらいの激しさで、その数は米側資料によれば、五月中に、ムンダにのべ五百十六機、コロンバンガラにのべ三百六十七機、レカタに二百六十三機、ブイン、バラレ、ショートランドにのべ合計百八十一機、ラエに二百六十四機、サラモアに四百四十四機、フィンシュハーフェンに四十三機、ラバウルに七十九機……といった具合であった。

そこで、航空作戦の頽勢を挽回するために、ふたたび「い」号作戦のような大作戦（六〇三作戦）が企図された。この作戦の概要は、戦闘機だけでガ島西方のルッセル島方面に進撃し、敵機を誘出撃滅する事前航空撃滅戦（「ソ」作戦）、およびその後、時機を見て実施する戦爆連合によるガ島方面艦船攻撃の航空撃滅戦（「セ」作戦）からなるものであった。

六〇三作戦実施を前に、二〇四空では、五月二十八日から、宮野の発案による一個小隊四機の新しい編成による訓練を始めている。

このところ、米戦闘機は四機編成をとり、二機ごとのエレメントで巧みにカバーし合って付け入るスキを見せなかった。敵は一機の零戦に対して、二機が連携して戦いを挑んできた。編隊空戦の訓練が十分でない若い零戦搭乗員は、そのために敵に喰われることが多くなり、練達の搭乗員も一瞬の見張り不足で盲点をつかれ、撃墜されることが目立って増えていた。

宮野の一個小隊四機編成のアイデアはこれに対応したもので、一・三番機、二・四番機が最低限一組になって、二機、二機で相互に支援することで、敵の編隊空戦の脅威を除いて空戦を有利に進め、損失を減らす狙いがあった。

「宮野大尉は、こういう時、意思を徹底させるために必ず自分で、全搭乗員を集めて説明するんです。『はじめからうまくいくことはないだろう。しかし、それに徹してくれ』、黒眼鏡をかけて指揮所の前で木箱の上に立ち、四機編成の意図するところを懇々と説いていました」（大原二飛曹談）

一個小隊を四機とする編成は、支那事変勃発直後、十三空第一分隊長に補された横山保中尉（当時）が提唱、実戦に導入（九六戦）したことがあるし、横山はのち、十二空でも零戦で、一個小隊を二機とする編成を試行している。昭和十四年度にも一航戦、二航戦、および横空戦闘機隊が協同で、一個小隊四機による編隊空戦の研究訓練を行なったことがある。宮野が一個小隊四機編成を発案した陰には、緒戦をともに戦い、そしてふたたびラバウルでともにあった横山少佐のアドバイスがあったのかも知れない。

この一個小隊四機編成は、六月二日の輸送機直掩（辻野上上飛曹以下八機）から実際に使われるようになり、六月四日からは

川岸次雄二飛曹

五八二空、二五一空でも上空哨戒などを兼ねて訓練が始められた。

訓練中、二〇四空では二件の痛ましい事故が起きている。

五月二十九日、丙飛二期出身（十五志）の川岸次雄二飛曹が、着陸時第四旋回点で突然エンジン停止、機体もろともラバウルの海中に没して死んだ。川岸は、前年十二月にラバウルに来てから半年、二機の撃墜記録を持っていた。六月五日には、甲飛五期の杉原進平上飛曹が、離陸しようと発進位置についたところ、後方より着陸してきた二五一空の二式陸偵に接触され、その下敷きになって頭部を負傷、戦死した。杉原は、同期の辻野上上飛曹と同様、飛行時間は多かったが、ラバウルに着任してまだ二ヵ月半、これからの活躍が期待される搭乗員であった。

杉原が戦死したのと同じ日、東京・日比谷公園内の斎場では、山本長官の国葬が盛大に執り行なわれている。山本は、元帥府に列せられ、大勲位功一級に叙せられた。

「ソ」作戦――爆装零戦を率いる

六月六日、「ソ」作戦に向けて、二〇四空零戦三十二機がブインに、二五一空零戦四十機がブカ基地に進出した。五八二空零戦隊二十四機は、すでにブインで作戦中であった。戦闘機だけで行くと敵機が邀撃に上がってこないので、宮野の発案で零戦の一部に爆装（六番―六十キロ爆弾二発）させ、艦爆を装って敵戦闘機を誘い出すことになった。杉本司令が横山少佐に研究を命じた零戦爆装案が、ようやく日の目を見たわけである。しかし戦闘機に爆装することは、鈍重になる上に、爆弾投下後も爆弾架が空気抵抗となるので、非常に危険な任務である。しかし宮野は、自ら進んでこの役目を引き受けることになった。

宮野直率の二個小隊八機が爆装、敵機をおびき寄せて、残る戦闘機がそれを叩きつぶすという算段であった。爆装するのは、宮野小隊・二番機・辻野上上飛曹、三番機・大原二飛曹、四番機・柳谷二飛曹、二小隊一番機・日高義巳上飛曹、二番機・坪屋八郎一飛曹、三番機・山根亀治二飛曹、四番機・田中勝義二飛曹。

「誰が爆装をやるのかということになった時に、『俺がやる。俺の小隊だ』と宮野大尉が言うので私はがっかりしました（笑）。要はルッセル付近に爆弾を落として艦爆が来たと思わせればよいということで、高度八千メートルあたりから緩降下、六千メートルあたりで急降下、島をめがけて爆弾を投下する、ということになりました」(大原二飛曹談)

六月七日午前七時十五分、発進。総指揮官・進藤三郎少佐以下、五八二空二十一機、二五一空・向井大尉以下三十六機、二〇四空・宮野大尉以下二十四機、あわせて八十一機の大編隊は、空を圧して進んだ。この日は二〇四空のみが一個小隊四機編成をとり、五八二空、二五一空は三機編成のままである。在ラバウル・ブインの戦闘機隊搭乗員中、最先任である進藤少佐は、五八二空では飛行隊長であると同時に、司令の相談役のような立場にあって、よほど大きな作戦でなければ出撃することはなかったが、いざ出撃する時は、万が一にも総指揮官機が故障で引き返したりすることのないよう、乗機を入念に整備させた上に必ず予備機を用意して、出撃当日は朝早くから試飛行を行うことを常としていた。

「ルッセル島に向かって南から北へ、爆撃のために緩降下を開始した時、左からグラマンF4Fが二機、向かってくるのが見えました。私は三番機で隊長機の右後ろについているので、左側はよく見えています。逆に四番機の柳谷機は、右側を見ているから敵機は見えてない。隊長、早く爆弾落としてくれないかな、早く、早く……と思いながら、やっと投弾したその時、グラマンがダーッと頭上を通り過ぎ、見ると柳谷機が、グラッと傾いて墜ちていきました」(大原二飛曹談)

柳谷二飛曹は、墜落状態の中で意識を取り戻した。破れた風防から風が轟々と入っていた。

柳谷は無意識のうちに右手を伸ばして操縦桿を引こうとした。が、操縦桿がつかめない。見ると、右手の親指一本を残して、他の四本が吹き飛び、血がドクドクと噴き出していた。柳谷は左手で操縦桿を握ると、たくみに機を水平飛行に戻した。操縦席の中は、鮮血で真赤に染まっている。出血で、ともすれば意識が薄れていった。右手と右足には、重い鈍痛が広がっていた。そんな中、柳谷はどうにか、不時着場として使われているムンダの飛行場に着陸することができた。ああ、地面に着いたと思ったとたん、柳谷は意識を失った。

「ムンダには味方の陸戦隊がいて、気がついたときには、私は小屋の板の上に寝かされていました。そこで、このまま放置すると破傷風で生命が危ない、ということで、名も知らない軍医に、麻酔もかけないまま鋸で右手首を切断されました。暴れるといけないからと、三人の看護兵に押さえつけられ、口には脱脂綿を詰め込まれて、叫ぶこともできませんでした。手術が始まったとたん、ドンッと殴られるような激痛が体中を走りました……」（柳谷二飛曹談）

手首から先がなくなった右手にはグルグルと包帯が巻かれ、血と脂汗にまみれた柳谷は、ふたたび意識を失った。

空前の大空中戦

柳谷機が編隊を離れた後も、空前の規模ともいえる激しい空戦が続いていた。この空戦の模様は、二五一空分隊長・大野竹好中尉の当時の手記と、二〇四空三中隊一小隊四番機・中澤政一二飛曹の日記でうかがい知ることができる。まずは大野中尉の手記から——。

〈ルッセル島とその西北のブラク島の中間、高度六千メートルから海面に至るまで、恐るべき凄烈なる大空中戦が展開された。そして、我々は今やその巨大な闘争の、荒れ狂う旋風の真っ只中にいた。グラマンがいた。エアラコブラがいた。ボート・シコルスキー、ロッキード・ライトニング、カーチス・トマホーク、おおよそ航空雑誌に出るほどのアメリカの戦闘機のすべてが、総数百二十～百三十機あるいはそれ以上もいたであろうか、次々と雲霞の如く襲いかかってきた。

今や味方は顕著な四つのグループに分かれ、そのうち二つが最も激烈な死闘を続けていた。二〇四空の二十四機がルッセル島とイサベル島の中間海上で、我々二五一空の二中隊、三中隊の半数、四中隊がルッセル島とブラク島の中間海上で、そして二五一空残余の十二機が隊長・向井大尉の指揮下に、高度七千メートルでこれら死闘する味方の支援に任じ、五八二空の十数機は更に敵を求めて西方にあった。

敵は刻々数を増して、味方もようやく苦戦の色が見えてきた。深町二飛曹機はP－39一機を仕止めたが、食い下がった他の一機の猛射を浴びて自爆した。遠藤一飛曹はP－38を追い詰めて撃墜した瞬間、急を救わんとがむしゃらに前上方より襲いかかってきた敵P－39をかわし得ずと見るや、猛然体当たりを敢行、自らも微塵と砕けて散った〉

次に中澤二飛曹の日記——。

〈六月七日ルッセル島航空撃滅戦（ソ作戦第一次）
予想通り邀撃に舞上がりたる敵G戦、P戦、ボ戦よりなる我々と同勢力の敵機群と遭遇、ルッセルの空を覆う大空中戦を展開す。
惨敗に屈せぬ敵は戦法を変えて、十機ぐらいずつの分散兵力にて、かつてなき苦戦となり。本隊のみにても、老練なる日高上飛曹を始め、山根二飛曹、岡崎一飛曹等歴戦の勇士が壮烈に戦死す。柳谷二飛曹に至りては降爆中前上方より右腕及び右足に炸裂弾命中、鮮血に座席を染めて左手にて着陸、右腕第一関節より切断するも、不屈の搭乗員魂により万死の中に一生を得て十五日無事に帰還す。我神田二飛曹とシコルスキー協同にて一機撃墜〉

二〇四空は、空戦で、田中勝義二飛曹・P－40一機、森崎予備中尉・F4F一機、中野智弌二飛曹・F4F二機（うち協同一）、中村佳雄二飛曹・F4U一機（不確実）、P－39二機（うち協同一）、杉田庄一二飛曹・F4F二機（うち不確実一）、人見喜十二飛曹・F4F一機（中野機と協同）、日高初男飛曹長、黒澤清一二飛曹が協同でF4F一機、神田佐治二飛曹・F4U一機（中澤二飛曹は神田機と行動を共にする）、鈴木博上飛曹・F4U二機撃墜、あわせて十四機（うち不確実二）の撃墜を報じたが、中澤日記にもあるように、爆装隊の日高義巳上飛曹と山根亀治二飛曹（丙三期）が未帰還となり、岡崎靖一飛曹がおそらくF4Uとの空戦中に被弾、自爆戦死した。山根二飛曹は、六空第一陣でラバウルに進出したうちの一人で、これまでに三機撃墜の功があった。他に柳谷二飛曹が右手を失う重傷を負ったのは先述の通りである。これで、山本長官護衛の六機のうち三名が、一挙に欠けることとなった。爆撃のほうは、爆弾一発を飛行場至近に命中させたものの効果のほどは不明であった。五八二空はグラマンF4F四機の撃墜を報じ、全機無事帰還。二五一空は大野竹好中尉が二機（うち協同一）、林喜重中尉・P－39一機、大宅秀平中尉がP－39二機、西澤廣義上飛曹がF4U、P－39各一機、福井一雄二飛曹がP－38一機など、合計二十三機（うち不確実五）の撃墜を報じたが、増田勘一二飛曹（乙十一期）、中島良生二飛曹（甲七期）、深町豊二飛曹（丙七期）が自爆、遠藤枡秋一飛曹（乙九期）、松吉節二飛曹（丙三期）、関口俊太郎二飛曹（甲七期）が未帰還と、計六名の戦死者を出している。その他四機が被弾、向井大尉はP－38に撃たれて燃料タンクに被弾、不時着水している。

日本側の戦果を集計すると、撃墜は四十一機（うち不確実七）にのぼり、わが方の自爆・未帰還も九機を数えた。行動評点は、二〇四空・B、五八二空・C、二五一空・Aであった。連合軍側の記録では、百十機の戦闘機で邀撃し、零戦二十四機を撃墜、七機を失ったと述べている。

この日、宮野の身辺で、本人の気がつかないところでちょっとした動きが起きている。

南東方面艦隊兼第十一航空艦隊航空甲参謀、三代《みよ》一就《かずなり》中佐の回想——。

〈六月七日の戦闘の報告を聞くために飛行場に行った時だったと思うが、私は級友で戦闘機航空隊司令をしている小園中佐から、

「おい三代、ラバウルへ出てきたら最後、生きて帰る搭乗員がいないというのでは士気に影響すると思う。宮野なんかは、もう帰していいんじゃないか」と忠告された。宮野善治郎大尉は若かったが、開戦以来歴戦の勇士で、当日も指揮官として赫々たる戦果をおさめ、ラバウル戦闘機隊のホープであった。小園の忠告をもっともと思った私は、さっそくこれに従って手続きをとった〉

兵学校出身の士官搭乗員で、宮野ほど、開戦以来の戦地暮らしの長い者はいない。誰が見ても、「もう帰してもいい」時期であった。十一航艦司令部が内地転勤の「手続きを取った」からには、宮野には近日中に次の任地が言い渡されるはずであった。

危険な新艦爆護衛法を主張

翌八日、ラバウルの司令部で、参加部隊の分隊長以上を集めて、第一次「ソ」作戦に関する研究会が行なわれた。宮野はこの席で、次のように述べている。

「対戦闘機戦闘では、最小限一個小隊四機で、二個小隊以上が必要である。また、一隊が攻撃に入れば、他の一隊は支援隊となり、高度差を少なくして必ず支援する必要がある。いかなる場合にも四機が最小限の単位で、これがこわれてバラバラになると被害が出る。従来は、同時に戦闘に加入するのはせいぜい二〜三機であったが、これを最小限四機にすれば、何とか劣勢でも切り抜けられる」

第一次「ソ」作戦では、一個小隊三機編成をとった二五一空の被害が多く（自爆未帰還六、被弾五）、四機編成の二〇四空の被害が少なかった（自爆未帰還三、被弾二）ことから、研究会での討議の結果、次回からは二五一空でも四機編成が採用されることになった。テストされた零戦の爆装については、危険なだけで効果は薄いものと判断され、以後の実施は見送られる。

「ソ」作戦ののちに予定されている戦爆連合の「セ」作戦についても、艦爆隊と戦闘機隊の協同作戦の打ち合わせがなされた。ここで、従来あまりとられていなかった二つの攻撃要領が採用されている。

その一つは、艦爆の急降下爆撃時の隊形について。従来のやり方だと、艦爆隊が急降下に入る前、指揮官先頭で単縦陣になるのが通常の形であったが、この方法では、攻撃開始から終了までに時間を要し、隊形も縦に長くなるために、戦闘機の直掩がうまくいかないという問題があった。逆に、単機ずつの逐次攻撃では、敵艦の集中砲火を浴びて各個に撃墜されてしまう。

そこで新たに、中隊または小隊を単位として、数個の目標に向かって同時に殺到する、分散同時攻撃という戦法がとられることになった。

もう一つは、戦闘機による艦爆掩護法について。

ソロモンの戦闘で特徴的だったのは、敵戦闘機の邀撃方法である。かつてはわが艦爆隊が攻撃に入る前に襲ってくることが多かったが、このところ、投弾して機体を引き起こし、避退に入るところを待ち伏せしていて、上空から降ってくるケースが増えていた。急降下直後で、過速のため操縦が思うに任せない上に、戦果に気をとられて見張りがおろそかになりがちな艦爆は、敵戦闘機にとって格好のカモであった。

艦爆隊としても、攻撃実施までの掩護については要求できても、投弾後の面倒まで戦闘機に見ろとは言いづらいものがあった。

ここで、また宮野が口を開いた。

「敵戦闘機の邀撃を排除して、無事、攻撃目標の上空に達することができたならば、掩護戦闘機隊は三隊に分かれ、その一隊（直掩隊）は、艦爆の上にかぶさりながら、直接の掩護のためにともに急降下していき、他の一隊（制空隊）は上空にある敵戦闘機と戦闘を交え、状況によっては優位より下方の戦闘に参加するという任務を持って上空に残る。ここまでは在来の方法（一月五日より実施）であるが、いま一隊（収容隊）は、艦爆隊の到達直前に先行し、目標付近に群がる敵戦闘機中に突入してかき廻し、その間に味方艦爆の爆撃を容易たらしめ、避退の間隙を与える」

〈艦爆の指揮官として、私はこの宮野大尉の至れり尽くせりの所見は、それを聞くだけでも心強く感じた〉……と、江間保大尉は、手記に書き残している。

アリューシャン作戦で、隼鷹戦闘機隊長志賀大尉と艦爆隊長阿部大尉との反目が表面化したように、艦爆隊としては、これまでの掩護戦闘機の動きはいささか独善的に見え、戦闘機隊に対する不満と不信は常に大きなものがあった。掩護されていても、敵戦闘機が現われると、直掩隊は艦爆などそっちのけで空戦に入る。結果的に艦爆隊は裸のままで進撃することを余儀なくされ、待ち構えた敵戦闘機に次々と喰われてしまう。いざ出撃すると、九九艦爆の消耗は、艦爆搭乗員自ら「九九棺桶」と呼ぶほど激しいものであった。

艦爆隊が帰還することはおろか、任務を果たすことすら難しい戦局の中で、宮野の所見は、艦爆の攻撃成果を最大限に発揮させ、しかもそれを無事に帰投させようとするものであった。

味方戦闘機が優勢な場合ならいざ知らず、当時の劣勢な戦闘機隊をもって優勢な敵戦闘機隊に殴りこみをかけるのである。戦闘機とすれば、宮野のこの戦法は、特に収容隊においては、自らの優位を捨てて求めて不利な戦闘に突入するものであり、己を犠牲にするいわば囮《おとり》と言っても過言ではなかった。江間大尉は、思わず宮野の顔を見た。

〈反対の意見を述べた人もあったが、結局、宮野大尉の所見は採用された。

宮野大尉はさらに細かい要領を説明し、最後に、

「この隊の指揮は私がとります」

と、実に淡々と事務的に言った。

一座はしばしシーンとなった。しばし言葉を発するものはなかった。

「いや、それは俺にやらせてもらいたい」

誰かそういう者があるかも知れないと思ったが、それはなかった〉（江間大尉手記）

第二次「ソ」作戦の大空戦

六月七日の戦訓を受けて、戦闘機による航空撃滅戦、第二次「ソ」作戦が実施されたのは、六月十二日のことである。前日、宮野以下二十四機が、ラバウルからブインに進出している。

十二日午前六時五十五分、宮野の率いる二〇四空の零戦二十四機は、五八二空鈴木宇三郎中尉以下二十一機とともにブイン基地を発進、ブカ基地より飛んできた大野竹好中尉以下三十二機（うち二機は途中不時着）と合同し、一路ルッセル島へ向かった。この日の総指揮官は宮野大尉、宮野の二番機は辻野上上飛曹、三番機・大原二飛曹、四番機・中村二飛曹である。

進撃高度八千メートル。八時二十五分、敵編隊発見、宮野は七十五機の零戦隊をリードして、有利な態勢で空戦に入るべく接敵行動に入る。敵は、七日の時と同じように、高度四千メートル、五千メートル、七千メートルと、三段構えで十数機ずつがガッチリと編隊を組んでいた。この時――。

〈突如、二〇四空の先頭、第一中隊二小隊の四機が右に急旋回すると、見る間に北方へ突っ込んでいった。これは誠にまずいことに違いなかった。なぜならこの予期せざる行動のため、戦闘隊形は非常に混乱し、この混乱は遂にもとの秩序に回復することができなかったのだ。我々は二〇四空ならびに五八二空の大部分と分離した。そうしてふたたび右に大きく旋回して、ルッセル島上空へ進入を開始した。午前八時三十分であった〉（二五一空大野中尉手記）

二〇四空一中隊二小隊、大正谷宗市一飛曹、坪屋八郎一飛曹、小林友一二飛曹、田中勝義二飛曹の四機が、迫る敵機を発見したか、何らかの理由で編隊を離れたことで、全体の態勢がくずれ、各隊ごとの空戦になった。この日の戦闘行動調書を見ると、大正谷小隊だけは機銃を一発も撃っておらず、空戦に入った形跡はないから、陽動の敵機を取り逃がし、戦闘の機会を失ったものと思われる。

八時三十分、五八二空がルッセル島西方海上で一つの敵編隊に突撃、三十五分、二五一空もルッセル島東方海上で空戦に入る。三十七分、宮野隊は別のF4F十二機編隊と出会うがこれをやりすごし、四十分、F4F、F4Uからなる敵編隊と空戦に入った。交戦した敵機の機数は、二〇四空の記録では七十機、二五一空では五十機、五八二空では「数不明」とある。

〈戦闘は約二十分間続いて、海面には幾十と知れぬ撃墜された敵機の波紋と、燃え広がるガソリンの真赤な炎が海に漂っていた〉(大野中尉手記)

二〇四空は、宮野がF4F一機を撃墜したのを始め、田村和二飛曹がF4F一機、杉田庄一二飛曹がF4U二機(うち協同一)、日高鉄夫二飛曹がF4U一機(協同)、神田佐治二飛曹がF4F二機(うち協同一)、中澤政一二飛曹・F4U一機(協同)、鈴木博上飛曹と渡辺清三郎二飛曹が協同でF4U一機、計六機を撃墜、全機無事であった。

空戦が終わる頃、宮野小隊がF4F二機、F4U四機と遭遇、めずらしい縦の巴戦に入っている。四番機・中村二飛曹の話。

「この日の空戦は凄かった。帰りぎわ、約五百メートル後上方から敵の一機が宮野機に突っ込んできて、その後ろに私がついて、私の後ろにF４Uがついて、またその後ろに大原がついて、向こうの六機とこちらの三機が縦にグルグルと、高度千五百メートルぐらいまで回り続けました。高度は下ってくるし、逃げられないし、結局、どちらも一機も墜とせずに離れていきました。二番機はその時、分離していたように思います」

二五一空は、十一機（うち不確実二）の撃墜を報じたが、松本勝次郎二飛曹（甲七期）、上月繁信二飛曹（丙七期）、末永博上飛がそれぞれ未帰還となり、小竹高吉二飛曹が海上に不時着水、他三機が被弾。五八二空は、十三機（うち不確実五）の撃墜を報じたが、野口義一中尉（兵六十八期）、沖繁國男二飛曹（丙三期）、藤岡宗一二飛曹（丙六期）が未帰還、他一機が被弾した。各隊の行動評点は、二〇四空・C、二五一空・B、五八二空・Bとなっている。

五八二空零戦隊の２人の分隊長、鈴木宇三郎中尉(左)と野口義一中尉(右)

この日、未帰還になった野口中尉は、分隊長クラスとすれば、二五一空の大野中尉と並んで、今やラバウル・ブイン方面の零戦隊を引っ張っているといって過言ではない、豪胆で行き足のある若手士官であった。

五八二空庶務主任・守屋清主計中尉（東大

法学部・主計科短期現役九期）の話。

「搭乗員は、私のような主計科から見ると、威風堂々辺りを払う迫力があって、近寄りがたい雰囲気がありました。隊長の進藤少佐になると雲の上の人、という感じです。鈴木宇三郎中尉と野口義一中尉、六十八期の二人の分隊長を比べると、鈴木中尉は戦闘機乗りにしては気の弱い、人のいいところがありましたが、野口中尉はとにかく向こう気の強い人でした。

五八二空には、海兵七十一期の少尉候補生が三名、見習いで配属されていて、六月一日付で少尉に任官しましたが、その中の一人があんまり態度が大きくて仕事をしないもんだから、腹に据えかねて一発、殴ったことがありました。するとすぐに、野口中尉の従兵が呼びに来て、『主計中尉が海兵出の少尉を殴るとは生意気だ』と殴られたんです。

野口中尉が帰ってこなかった日の夜、ガンルームで整備長が、『野口も、庶務を殴ったりするから死んだんだ』と、ボソリとつぶやきました」

「セ」作戦始まる

二次にわたる「ソ」作戦が一定の成果を挙げたと判断されたことから、戦爆連合の「セ」作戦が、いよいよ六月十六日に実施されることになった。参加兵力は、五八二空進藤少佐を総指揮官に、零戦七十機、艦爆二十四機。ますます増えつつある敵の航空機と艦船を叩き、ムンダ方面への敵の上陸を未然につぶすのが、その主目的である。

作戦要領は、先日の研究会で宮野が提案した通り、戦闘機隊は制空隊、直掩隊、収容隊の三隊に分かれて艦爆による攻撃を最後まで掩護することになっていた。

六月十三日、森崎予備中尉以下六名の搭乗員が、カビエンからラバウルに零戦六機を空輸。十五日には、五八二空の艦爆二十四機、二五一空香下中尉以下零戦八機がブインに、大野中尉率いる零戦二十七機（作戦参加はうち二十二機）がブカに、それぞれ進出。五八二空零戦隊はもとよりブインにいる。

十五日には内地から輸送船が入り、生鮮食料品が入荷したので、手空きの若い搭乗員はせっせと芋の皮むきをやっていた。大原二飛曹もナイフでさつま芋の皮をむいていたが、手が滑って、左手人差し指をかなり深く切ってしまった。

六月十六日、宮野はラバウル基地で最後の朝を迎えた。厳しい戦いになるのは明らかであった。士官宿舎から飛行場へ向かう車の中で、宮野が森崎予備中尉に、「今日は何が何でも俺について来い」と、いつになく強い調子で言うのを、運転員の斎藤久機関兵長（十六徴）が耳にしている。

搭乗員整列、「かかれ！」。ここで、いつものように宮野の三番機で出撃するはずだった大原二飛曹は、指を怪我しているのを宮野に見つかり、基地に残ることを命ぜられる。代わって、交代員として待機していた橋本久英二飛曹が出ることになり、この日の宮野の列機は、二番機・辻野上上飛曹、三番機・橋本二飛曹、四番機・中村二飛曹となった。午前五時五分、宮野の率いる二〇四空の零戦二十四機はラバウルを発進、中継基地のブインに向かう。天候は上々であった。六時五十五分、ブイン着。燃料補給、打ち合わせを済ませて、午前九時、指揮所前に全搭乗員が集合。二十六航戦司令官・上阪香苗少将、五八二空司令・山本栄大佐、そして空中総指揮官の進藤少佐の訓示ののち、搭乗員は各々の乗機に向かう。

「弁当は一番上等の寿司弁当で、サイダー三本も配給になった。上空ではサイダーなんか飲めないから、飛行機の側で出撃を待つ間、整備員に一本やり、自分で二本飲んだ。上がったら食事の暇などなさそうだったし、今日は基地に帰ってこれないと思っていたから、弁当も地上で半分ぐらい食べた。艦爆の搭乗員など、暑いのに真青な顔をしていた」（八木二飛曹回想）

午前十時、ブイン基地出撃。

航空作戦であるから主計科に戦闘配置はない。しかし、五八二空庶務主任・守屋清主計中尉は、大作戦に興奮を抑えられず、早朝から愛用のカメラ・セミプリンス（藤本写真工業製の蛇腹式スプリングカメラ。ドイツ製七十五ミリF四・五レンズ付き）を手に、ブインの飛行場に出ていた。

〈焦茶色の飛行服に同色の救命胴衣をつけ、飛行帽に半長靴で身をかためた帝国海軍の誇る『ラバウル航空隊』の精鋭である。首に巻いた純白の絹マフラーが、凛々しく美しい。談笑しながら愛機へ向かう姿には、何の気負いも見られず、たのもしい限りであった。カ

メラを手に指揮所にいた私も、発進を見送るべく滑走路の方に向かった〉（守屋主計中尉手記）

守屋が見ている前で、進藤少佐機が滑走路の中央に出た。進藤機は、長銃身の二号銃三型を装備した新型の零戦二二型甲である。機番号は一七三、濃緑色の機体の後部胴体に描かれた、黄帯二本、≪型の指揮官標識が鮮やかに印象に残った。

〈風防を開けたハワイ攻撃の猛者進藤少佐は、司令官以下の見送りに軽く敬礼するや、白いマフラーを風になびかせて轟然と発進にうつった〉（守屋主計中尉手記）

守屋は、カメラアングルを変えるべく、飛行場内を走った。司令官以下が帽を振って見送る中、進藤機に続いて、五八二空（進藤少佐をふくむ十六機）、二〇四空（宮野大尉以下二十四機）、二五一空（香下中尉以下八機）の順に、砂塵を上げて次々と離陸する。宮野大尉の名はすでに全航空部隊に鳴り響いていたので、守屋もよく知っていた。守屋は、この高名な零戦隊長の発進シーンを撮ろうと、カメラの逆ガリレオ型ファインダーをのぞいて待ち構えた。やがて、宮野が操縦する二〇四空の一番機が離陸滑走を開始する。翼端を角型に切り落とした三二型、後部胴体には黄色い直線二本の指揮官標識が描かれている。宮野機は、思ったよりも短い滑走距離でフワリと離陸し

五八二空庶務主任・守屋清主計中尉

た。ちょっと遠かったが、守屋は夢中でシャッターを切った。

戦闘機隊に続いて、二十五番（二百五十キロ）爆弾一発と六番（六十キロ）爆弾二発をかかえた江間大尉率いる五八二空艦爆隊も離陸。十時五分、ブカから飛来した大野中尉率いる二五一空二十二機とブイン上空で合同し、空を圧する大編隊は一路、東南方面に向かって飛んでいった。

ルンガ泊地はガ島の北西端に位置している。そこへ、南西から島を横切る形で突撃するのが日本側の計画であった。艦爆隊の四個中隊は、目標上空に達したら、目分量で目標を四等分して各自の目標を定めることとされていた。一つの目標に対しては一個小隊（三機）があたり、これに爆弾二発が命中した場合には、三番機は別の目標を狙う。一見、アバウトな目標配分のようだが、艦爆の機数よりも目標の数の方がはるかに多かったので、それほど緻密な設定は必要なかったのである。

艦爆を中心に、その左右と後方にほぼ同数の零戦が掩護する形で飛ぶこと一時間四十分。

「戦闘機と艦爆、合わせて百機近くいるんだから、これは素晴らしい、と機嫌よく飛び続けました」（二〇四空中村二飛曹談）

十一時四十五分、ガ島南方五十浬の地点で敵P－38八機と遭遇、制空隊・五八二空の零戦隊がたちまちこれを蹴散らした。正午、今度は高度八千メートル付近にP－38五機を発見、二五一空零戦隊がその一機を撃墜したと、大野中尉が手記に記している。

彼我二百機の大空中戦

海岸線からガ島の陸地上空に入ると、山の向こうの海岸線に、目指すルンガ泊地が見えてきた。進藤少佐は、バンクを振って、「トツレ」（突撃準備隊形作レ）を下令する。艦爆隊の第二中隊以下が、全速で前に出て第一中隊と並んだ。ここまでは訓練通りの一糸乱れぬ隊形であった。

敵は地上の陣地から激しく対空砲火を撃ち上げてくる。二〇四空の田村和二飛曹機が、直撃弾を受けて突然、空中分解した。バラバラになった機体から田村の体が放り出されて宙を舞うのを、八木二飛曹が目撃している。それでも、編隊はくずさない。

攻撃開始の頃合いを見て、進藤少佐機がふたたびバンクを振って、突撃を令する。艦爆は各小隊ごとの単縦陣となり、高速で接敵する。

ほどなく、進藤少佐は、前方より向かってくるグラマンF4F十二機を発見。F4Fは零戦に構わず、まっしぐらに艦爆隊に襲いかかろうとする。編隊をリードすべき総指揮官が空戦に入るのはなるべく避けたいところだが、そう言っていられる状況ではなかった。進藤少佐は、単機で正面から敵編隊に挑んでいった。

「艦爆隊に来よる敵機を追い払おうとして突っ込んでいったんです。そしたらそいつらが、私の隊長マークに気づいたんでしょう、全機でかかってきた。機体を横滑りさせながら敵弾をかわして、やっと雲の中に逃げ込みましたが、雲から出るとちゃーんと待ち構えてる。だからまた雲に入って……。最後はスコールに飛び込んで、海面すれすれでやっと振り切りました」（進藤少佐談）

空戦中、一機の九九艦爆が敵戦闘機に撃墜され、飛沫を上げて海面に突っ込むのが、進藤少佐の目の端に映った。この日は米軍も、百四機もの戦闘機を邀撃に発進させていて、進藤機が十二対一の空戦を演じている間に、彼我入り乱れての大空中戦になっていた。

「艦爆が攻撃態勢に入るまでは絶対に離れられません。戦闘機のほうがスピードが速いから、二番機の辻野上上飛曹と互いに交差しながらバリカン運動です」（中村二飛曹談）

艦爆隊が攻撃態勢に入ると、宮野隊はかねてからの打ち合わせ通り、ぐんぐんと前に出て、爆撃を終えた艦爆の前路の掃討に向かった。が、その時――。

「高度六千から緩降下して、おそらく四千メートルぐらいになった時、左下方からP－40がこちらに向かってくるのが見えましたが、まだ距離は遠いし、敵が攻撃するには無理な態勢だと判断しました。まだ、かわしたり対抗するには早いと。

ところが、その遠くから撃ったやつが命中したんだから運が悪かった。撃ってくるのも、弾丸が当たるのもわかります。とにかく、あっという間に左翼の燃料タンク、二つあるうち（二二型のため）の外側がやられて、燃料を噴き出しました。

これはもう味方について行けんと、エンジンの排気炎がガソリンに引火しないよう、ガソ

ガダルカナル島を上空より見る（著者撮影）

リンが外に流れるように機体を横滑りさせながら、高度を下げていきました」（中村二飛曹談）

まず燃料タンクを切り替えようと把柄を操作したら、ダラーッと血が流れた。痛みを感じないので気づかなかったが、改めて見ると、胸、顔、手をやられて激しく血が噴き出していた。

「やられた！」

中村二飛曹は臍《ほぞ》をかんだ。ふと見ると、いつの間に来たのか、右横に宮野機がついていた。宮野は手信号で、燃料だけでなく潤滑油も漏れていることを伝え、次いで右手で丸く輪を描いて、下を指差した。描いた丸は上空から見たコロンバンガラ島の形である。

「コロンバンガラ島に不時着せよ、か。よし」

中村は右手を軽く上げて「了解」を伝えた。それから改めて燃料コックの切替操作をして、もう一度ふり返ったら、宮野機の姿はすでになかった。まだ戦闘は始まったばかり、隊長は空戦場に戻ったのだろうと思った。

中村二飛曹は出血がひどく、マフラーを裂いて腕を縛ってみたが、片手ではうまくいかず、血は流れ続けた。

敵弾は、操縦席左下前方にある脚出し確認ランプの真ん中で炸裂し、無数の弾片が体に食い込んでいたのである。機体には八発の敵弾が命中していた。エンジンも濛々と煙を吐き、焼きつく寸前であった。

「敵機の目を避けるため目いっぱい高度を下げて飛び、ようやくコロンバンガラ島にたどり着きました。脚を出しても、ランプが破壊されているから確認できない。ぐっと抵抗を感じたから、出たとは思いましたが。で、着陸した時ひっくり返ってもいいように座席をいちばん下まで下げて、そのまま何とか、うまく着陸できました。

整備員が誘導してくれるのは見えましたが、出血のせいか意識が朦朧として、すぐに行き足が止まってしまい、私は立ち上がることもできませんでした。そしたら、これは搭乗員がやられとると、整備員たちがトラックでやって来て、私を飛行機からひっぱり出して戸板に乗せて、荷台に上げて運んでくれたんです。ちょうどその時、艦爆が一機、不時着してきましたが、後席の偵察員が立ち上がって、私の方に敬礼してる。それが、目迎目送といって死者に対する敬礼だったから、俺はもう駄目かも知れないと思いましたね……」（中村二飛曹談）

艦爆隊は、高度三千メートルから急降下に入った。時に十二時五分。江間大尉は、四等分して定めた目標中の中央の輸送船を狙いを定めた。対空砲火はたいしたことはなかったが、前下方に敵戦闘機が集まっているのが見える。

「あ、いやがる」

と江間は思った。

「高度千五百」

後席の偵察員、佐伯繁喜飛曹長（偵練三十二期）の声が、伝声管を通じて伝わる。江間は照準に全神経を集中した。

飛行機はうまくセットしている。

「用意」

高度六百五十メートル、目標はぐんぐん迫ってくる。

「テーッ」

四百五十メートルで、江間は爆弾投下把柄を引き、同時に操縦桿を渾身の力で引いた。強いGがかかって、機は敵船すれすれに海上に飛び出す。しかしそこには、数知れない敵戦闘機が待ち構えているのだ。宮野が提唱した収容隊も、あまりに多数の敵機を前に、有効な働きができなかった。

「敵戦闘機はべったり群がっていて、通り抜ける隙間もないぐらいであった」

と、江間大尉は回想する。

爆撃を終えた江間機は、七〜八機の敵戦闘機の追尾を受けた。敵機は代わる代わる後上方から攻撃を加えてくる。ガンガンッと敵の機銃弾が命中する。後席の佐伯飛曹長は胸に二弾を受けて戦死した。戦果を確認することはもとより、列機の状況を確認する暇もなかった。

イザベル島南端の、定められた集合地点に集まったのは、江間機を含む三機だけであった。江間機は片輪を打ち抜かれたほか、プロペラから尾翼まで、なめたように機銃弾が命中しており、その弾痕は五十数発におよんでいた。

〈その夜、私たちはお通夜をした。佐伯飛曹長は、出撃の前の日、「隊長、人間は一度しか死なない。何べんも死ぬんじゃないから、潔くやりましょうや」と言った〉（江間大尉手記）

隊長機の最後の姿

戦闘機隊もまた、かつてないほどの悲愴な戦いを続けていた。直掩任務を帯びた二五一空・大野竹好中尉は、遺稿となった手記の中で、
〈今や爆撃隊を守り通すために、戦闘機は自らを盾とせねばならなかった。降り注ぐ敵の曳痕弾と爆撃機の間に身を挺して、敵の銃弾をことごとく我が身に吸収し、火達磨となって自爆する戦闘機の姿、それは凄愴にして荘厳なる神の姿であった。一機自爆すれば、また一機が今自爆した僚機の位置に代わって入って、そして、また、敵の銃弾に身を曝して爆撃機を守った。（中略）
海面すれすれを這って高速避退する爆撃機、これに襲いかかる敵戦闘機、これを追い散らし蹴散らす味方戦闘機、スコールのような敵砲火で真っ白に泡立つ海上で、これらの間に凄

烈なる戦闘が展開された。艦爆危うしと見るや、救うに術なく、身をもって敵に激突して散った戦闘機、火を吐きつつも艦爆に寄り添って風防硝子《ガラス》を開き、決別の手を振りつつ身を翻して自爆を遂げた戦闘機、あるいは寄り添う戦闘機に感謝の手を振りつつ、痛手に帰る望みなきを知らせて、笑いながら海中に突っ込んでいった艦爆の操縦者。泣きながら、皆、泣きながら戦っていた〉

と、その凄絶な空戦の模様を記している。

二〇四空中澤二飛曹もこの日のことを日記に書いているが、その記述は、

〈六月十六日『ルンガ』沖航空戦闘

飛行場七、在泊艦船四千、敵アメリカが誇るガダルカナルの大要塞に大鉄槌を下さんとして、艦爆隊二十三機（ママ）、戦闘機隊六十七機（同）の精鋭は総員決死隊となりて午前十時基地発進、正午、敵第二飛行場の上空千メートルの低空にルンガ泊地に錨泊中の敵に対し艦爆隊突撃開始、戦闘機隊も続いて突撃に入る〉

と、きわめて簡単なものである。詳しく書く気も起らないほどの凄惨な空戦だったのであろう。そしてこれが、中澤の日記の最後の一ページとなった。

二〇四空二中隊二小隊長、渡辺秀夫上飛曹は、

「艦爆隊の上を護《まも》りながら突っ込んでいくと、敵は、艦船からも地上陣地からも、ものすごい対空砲火を撃ち上げてきました。一分の隙間もないような弾幕です。艦爆隊はそれには目もくれず、ルンガ泊地の敵艦をめがけて急降下に入る。途中で火を噴

いて墜ちてゆくのも何機かありました。そして、投弾を終えた艦爆が、安全圏まで退避したのを見届けて、われわれ戦闘機隊は空戦場に引き返して、敵の戦闘機を蹴散らすんです。燃料計を見ながら、帰れるぎりぎりの時間まで空戦をしました」

……と語る。

また、二〇四空のしんがりに位置していた、三中隊二小隊四番機・八木隆次二飛曹は、艦爆隊が急降下に入る時、前方に突っ込んだ宮野中隊の中村二飛曹機が被弾、煙を吐き、三中隊一小隊二番機の神田二飛曹機が、身を挺して艦爆の下にもぐり込み、盾となって敵戦闘機の銃火を浴び、火を噴いたのを目撃している。

「艦爆もずいぶん煙を吐いて突っ込んだ。下にもグラマンがいて撃ち合いが始まっていた。宮野大尉が煙を吐いた中村機に不時着の指示を与え、空戦場に引き返してきた後、二度見た。翼端が切ってあり（三二型）、胴体に黄帯二本のマークのついた隊長機が飛び回っているのを見ましたよ」（八木二飛曹回想）

八木の小隊長、鈴木博上飛曹（甲五期）は、しんがりを務めるだけあって若いながらも空戦上手で、列機の誘導にも長けていた。八木は、宮野機に心を残しながらも、小隊長機について編隊空戦に専念した。

宮野機帰らず

乱戦の中で二度、八木が見たのを最後に、宮野機の行方は杳《よう》として知れなくなった。

作戦終了後、二〇四空はブカに着陸して燃料補給を受けることになっていて、ブカには玉井副長が進出していた。八木二飛曹が、渡辺清三郎二飛曹とともにブカに降りた時、宮野機はまだ帰ってきていなかった。不安になった八木が玉井副長に、「宮野隊長はどうしましたか」と聞くと、玉井は、「帰りが遅い」と頭をかかえるばかりであった。

八木と渡辺清三郎は、ブカで燃料を補給すると、夕方、ラバウル基地に帰還した。玉井副長もまた、夕方の輸送機便でラバウルに戻ってきた。

作戦計画では、二〇四空の全機がその日のうちにラバウルに帰ってくることになっていたが、帰投したのはわずか六機に過ぎなかった。そのうちの一機、渡辺秀夫上飛曹は語る。

「搭乗員があまり帰ってこないので、副長が心配して私を呼んで、『どうしたんだ』と聞くんだけど、私にも他の人のことはよくわからない。宮野大尉と森崎予備中尉が帰ってこないということで、司令も副長もがっかりされているようでした」

宮野機を最後に目撃した二人。中村佳雄二飛曹（左）と、八木隆次二飛曹（右）。写真は昭和19年、厚木の三〇二空時代の撮影で、両名とも上飛曹に進級している

時間ばかりが過ぎていった。翌十七日になって、ブイン、ブカに不時着していた二〇四空の十一機がラバウルに帰って来、コロンバンガラにも重傷を負った中村二飛曹と敵弾で指を一本失った坂野隆雄二飛曹、エンジン不調の浅見茂正二飛曹の三機が不時着していることがわかったが、その中に宮野、森崎の姿はなかった。

宮野の未帰還は、もはや事実として受け止めるしかないようであった。

大原二飛曹に代わって宮野の三番機についた橋本二飛曹は、空戦中、隊長機をカバーできずはぐれてしまったことに深い自責を感じているようで、しょげ切っていた。「隊長を見殺しにしてしまって、死んだ方がよかった」と苦吟する橋本の姿を、大原は記憶している。大原は大原で、どうして無理をしてでもついていかなかったのかと自分を責めた。自分がついていれば、隊長を死なせはしなかった!……いや、自分も一緒にやられたかも知れない。堂々巡りの苦しい自問自答が続いた。不注意でつけた自分の左手の切り傷が恨めしかった。しばらくして抜糸をしたら、そこから傷が膿んできて、治るのに思いのほか長い時間がかかった。

六月七日に右手を失う重傷を負った柳谷二飛曹は、十五日、ムンダからラバウルに送られ、十九日、病院船氷川丸で内地に後送される時に、宮野や森崎の未帰還を知った。

コロンバンガラに不時着した中村二飛曹は、看護兵に応急手当を受けたのち、飛行場から二キロほど離れた病室に連れて行かれ、そこの若い軍医少尉に手当てを受けた。コロンバンガラ島では、海軍横須賀鎮守府第七特別陸戦隊約千九百名が、陸軍第六師団歩兵第十三聯隊主力の千六百名とともに、島の守備にあたっていた。

「病室ったって何もないから、目で見える範囲で弾片を取り出して、ピンセットで血管をつまんで止血して、あとはヨーチン塗って終わりです。それでも、麻酔もないのに痛いとも何とも感じませんでした」（中村二飛曹談）

中村二飛曹は、コロンバンガラで約二十日間、入室（入院）、やっと何とか飛行機に乗れるようになり、そろそろラバウルに帰ろうと、坂野機と二機で掩体壕から出して、地上滑走をしてブレーキの利きを確かめた。そのまま離陸して帰ればよかったものを、送別会をしてやるからもう一泊していけ、と軍医が言うので、ふたたび飛行機を掩体壕に戻す。しかし、当時の連合軍の諜報網には恐るべきものがあり、この日、コロンバンガラに二機の零戦があることは、おそらく原住民を通じて敵の知るところとなった。その晩、コロンバンガラ飛行場は執拗な敵の夜間爆撃を受け、ついに零戦は二機とも炎上してしまった。

「その後一週間ぐらいそこにいましたが、これは船で帰るより仕方がない。十トンか二十トンぐらいの小舟に便乗して、昼は島影に隠れて夜だけ航走する。それで、二日がかりでブインに着きました。そこで、宮野大尉があの日、未帰還になったことを知らされたんです。びっくりしました。まさか宮野大尉がやられるなんて思いもしませんから、ショックでしたね……。列機として、本当に責任を感じましたよ」（中村二飛曹談）

神棚から落ちた護符

六月十六日夜、第一航空部隊指揮官・草鹿中将は「セ」作戦の終結を発令して、ここに六〇三作戦は終了した。帰還した搭乗員が報告しただけでも、かなりの戦果を挙げ得たと思われたが、わが方の損害も今までになく大きなものであった。

五八二空は、戦闘機隊がP－39一機、F4F一機を撃墜、艦爆隊がF4F、F4U各一機の撃墜と大型輸送船四、中型輸送船二、小型輸送船一の撃沈、大型輸送船一の中破という戦果を報じたが、戦闘機の古本克己一飛曹（乙十期）、福森大三一飛曹（乙十期）、篠塚賢一二飛曹（丙二期）、石橋元臣二飛曹（丙四期）の四機が未帰還、艦爆五機が自爆、八機が未帰還、機上戦死二名をふくめ二十八名の艦爆搭乗員が戦死している。行動評点は「特」。

二五一空は、十機（うち不確実二）の撃墜を報じ、大宅秀平中尉（操十四期）、香下孝中尉（兵六十九期）、大木芳男飛曹長（操三十七期）、山本末広二飛曹（丙一期）、清水郁造二飛曹（甲七期）、神田浩二飛曹（丙七期）、奥村四郎上飛の七機が未帰還、寺田幸一二飛曹（丙七期）は被弾、海上に不時着水し、ほか二機も被弾している。行動評点は「B」となっている。

大木飛曹長は、三年前、支那事変における零戦初空戦の際、指揮官進藤三郎大尉（当時）の三番機を務めた歴戦の搭乗員であった。未帰還、不時着機のうち、大木、山本、寺田の三名は、この出撃の数時間前、ブカ基地に来襲したB－17一機を、他の五機とともに邀撃している。協同で数撃を加え、敵機は撃墜したものの、大木機が敵旋回銃に燃料タンクを射抜かれるなどして三機が被弾、一機はエンジン故障で不時着水するという苦戦を喫した。いわば一仕事を終えたばかりで、休憩の暇もない大作戦への参加で、疲労を残して出撃したのかも知れなかった。

二〇四空は、辻野上上飛曹がP－39三機（うち不確実一）、大正谷一飛曹がP－39一機、浅見茂正二飛曹がF4F一機、中野智弐二飛曹がP－39一機とF4F一機（協同）、渡辺秀夫上飛曹、人見喜十二飛曹、杉田庄一二飛曹、小林政和二飛曹が小隊協同でF4Fを三機、別に杉田二飛曹が単独でF4F一機、黒澤清一二飛曹がF4F一機、鈴木博上飛曹、渡辺清三郎二飛曹、日高鉄夫二飛曹、八木隆次二飛曹の小隊がP－39一機とF4U一機、合計十四機（うち不確実二）の撃墜戦果を報じたが、宮野大尉、森崎予備中尉、神田佐治二飛曹、田村和二飛曹の四機が未帰還、不時着三、負傷二名の損害を出した。行動評点は「A」であった。

宮野の最期の状況については判然としない。直接の目撃証言としては、中村二飛曹に不時着を指示し、その後、空戦中に八木二飛曹が二度見た、というのが最後である。

兵器員・相楽孔上整曹（甲二期より整備に転科）が、戦後、宮野の長兄・真一に宛てた手紙の中で、杉田庄一二飛曹から聞いた話として、「あらかじめ決められた集合地点に戻ってくる機数が少ないのを心配した宮野が、単機でふたたび空戦場に取って返した。その時、一機のグラマンが現われ、隊長機の姿は見えなくなった」という意味のことを書いているが、杉田と同室で起居し、山本長官戦死の際でさえ杉田から直接そのことを打ち明けられた大原二飛曹は、宮野の最期にまつわるこの話は聞いていないと言う。

森崎予備中尉を案じて引き返したという話や、それと正反対の解釈で、宮野は森崎とともに、山本長官の護衛を果たせなかった責任をここで取るつもりであったという話もある。戦後、宮野の三十三回忌に二〇四空の元隊員たちが集った時、柴田武雄大佐（三空で宮野の飛行長、宮野が戦死後、二〇四空司令として着任）が読んだ追悼文では、敵大型艦に向かって突入していったということになっていて、事実、そんな話も元隊員たちの間で伝えられている。が、いずれも出所不明で、伝聞の域を出ない。

公式記録が「未帰還」となっている以上、突きつめて状況を特定する必要もないであろう。宮野の最期については、八木二飛曹の目に焼きついた隊長標識の零戦三二型で終わりとするのがよさそうである。

この日の昼下がり、はるか内地、八尾の宮野の実家では、神棚にあった護符が、風もないのにパタリと落ちた。母・アサが、「今、善治郎の飛行機が落ちた」と間髪を入れずに言ったのを、たまたま里帰りしていた姉・そのが記憶している。のちに戦死の知らせがあった時には、すでに心の準備ができていたが、それでもアサはしばらく泣き濡れていたという。人が死ぬ時、その魂は愛する人のもとへ帰るのだろうか。その瞬間、宮野の胸中を去来したものは何だったか。

宮野と森崎、二〇四空で二人だけの士官搭乗員が二人とも帰らなかったのは、隊員たちにとって大きな痛手であった。これまでずっと率先垂範、自らがムードメーカーとなって部隊をリードしてきた宮野の未帰還は、搭乗員たちに精神的支柱を失わしめるほどの衝撃を与えたし、予備士官である森崎の、山本長官戦死以降の孤独な戦いも、彼を知る者たちの胸に針を刺すような痛みを感じさせた。

そして、この日未帰還になった残る二人も、二〇四空にとってかけがえのない搭乗員である。神田佐治二飛曹（十四志・丙二期）は、六空第一陣でラバウルに来て以来十ヵ月近く、すでに十一機（うち協同五）の敵機を撃墜している歴戦の搭乗員で、向こう気が強く芸達者な、若手搭乗員の親分格、田村和二飛曹（丙三期）は、四月三日に着任したばかりだが、六月十二日の第二次「ソ」作戦で初めてF4F一機撃墜の戦果を挙げて、今後の成長が期待されていた。

二〇四空には一時、士官搭乗員が皆無という非常事態になった。准士官搭乗員も、日高初男飛曹長一人を残すのみである。准士官以上の搭乗員がいないと、指揮官不在で困るということはもちろん、海軍の制度上では、現認証明書や見認証書を書く者がいなくなるということでもあるので、戦果が挙がっても（よその隊の准士官以上が見ていれば別だが）、単機ごとの記録は公式には書けず、また戦死者が出ても自爆とは原則として認められない。ともかく、これは作戦行動にも支障をきたす、重大なことであった。

「大戦果」の虚像

「セ」作戦による戦いは、「ルンガ沖航空戦」と名付けられ、六月十八日午後三時三十分をもって大本営から発表された。

十九日付の朝日新聞東京本社版では、一面トップの扱いで、「海鷲『ルンガ沖航空戦』」の記事が掲載されている。

「敵船団の八隻撃沈　三十二機以上を撃墜」という発表は、撃墜機数が四機ほど多いものの報告された戦果と大差ないが、注目されるのは、ここで初めて「航空戦」という呼称が使われていることである。朝日新聞もこのことに触れて、「新呼称の『航空戦』」と題する囲み記事をつけている。以下、引用。

〈今回のルンガ沖の大戦果を最初として、今後大本営発表において海軍航空部隊のみによる戦果に対して「航空戦」といふ新呼称が用ひられることとなった。開戦以来海軍部隊の戦果はひとしく「海戦」との呼称をもって呼ばれてゐたのであるが、今後は艦艇部隊のみ或は艦艇、航空部隊協同作戦による戦闘については従来通り「海戦」と呼ばれるが航空部隊のみの戦闘は今後「航空戦」と呼ばれる。（中略）なほこの呼称は既往には遡らない〉

米側資料によると、この日の米軍戦闘機百四機のうち、失ったのは六機に過ぎない。輸送船一隻と戦車揚陸艦一隻が大損害を受けたが、いずれも沈没をまぬがれている。

わが方の損害は、零戦十五機未帰還（戦死十五名）、一機不時着水、被弾四機（負傷二名）、艦爆十三機自爆未帰還、四機被弾（戦死二十八名、負傷一名）という大きなもので、特に艦爆の損失は未帰還機だけとっても過半数を超える致命的な数字であった。五八二空庶務主任・守屋主計中尉は、翌十七日、司令・山本栄大佐が、自慢の天神髭をきれいさっぱり剃り落として指揮所に出てきたのを記憶している。

十九日、ラバウルで「セ」作戦の研究会が開かれた。そこで議論されたのは、

1　敵のP－39、P－40の編隊戦闘が巧妙になったので、その対策が必要である。

2　掩護兵力を倍加しないと、九九艦爆によるガ島昼間強襲は無理である。九九艦爆に代わる新機種が必要。

3　ソロモン方面のわが飛行場が不足である。

4　零戦隊の一部が先行襲撃ののち、艦爆隊ができれば敵機着陸後、攻撃に入るほうが有利である。

……といったことが主で、今までにない消極的なトーンである。各指揮官に等しく無力感が漂っていたことが伺えよう。

六〇三作戦は、それでも損害に見合う戦果を挙げたと信じられていたが、実質的には敵にほとんど影響を与えておらず、「航空撃滅戦」の掛け声とは逆に、わが方の戦力が大きなダメージを受ける結果になっていた。

海軍兵学校などの軍事学の講義で教えられていた、「円助野郎」というのがある。

たとえば、A国の戦闘機十機とB国の戦闘機八機が空中戦をやる、仮に飛行機の性能、搭乗員の練度、闘志などがまったく同一であれば、どちらが勝って何機残るかという公式である。

残る機数をNとすれば、$N^2=10^2-8^2$、B国機は全滅し、A国機は36の平方根の六機が残るというものである。まったく同じ条件というのは実際問題としてあり得ないし、互いに燃料弾薬の都合もあるからどちらかが全滅するまで戦うようなことはまずない。これは架空の理論に過ぎないが、米軍機の能力が零戦と拮抗し、あるいは性能面で上回っている現在、機数の差はほぼこの公式通りの結果となって現われた。彼我の戦力差には、大和魂や希望的観測の付け入る余地など、残念ながらないようであった。

ちなみに、「円助野郎（の法則）」とは、この法則が正しくはN square law と呼ばれるのをもじった呼び方で、部内では円助野郎で通っていた。

●昭和十八年六月〜終戦

第十一章　あの隊長もあの戦友も……

二〇四空の最後

米軍の大攻勢

六月三十日現在の、ラバウル方面所在部隊の使用可能機数、配備基地は次の通り。

第五空襲部隊
二五一空　零戦三十一機、二式陸偵（夜戦）一機　ラバウル東
七〇二空　陸攻十九機　ラバウル西、バラレ
一五一空　百式司偵三機　ラバウル東
第六空襲部隊
二〇四空　零戦約二十機　ラバウル東
五八二空　零戦約二十機　ブイン

九九艦爆約十一機　カビエン
七〇五空　陸攻約十九機　ラバウル西、バラレ

一方、敵兵力は、ガ島には、ヘンダーソン飛行場の三つの戦闘機滑走路と、その東方五浬には、より大きな爆撃機基地（カーニィ飛行場）が整備され、米陸海軍および海兵隊、それにニュージーランド軍の各種飛行機三百機以上があった。もはや、彼我の兵力差は広がるばかりであった。

勢いに乗る米軍は、十六日、ラジオ放送でノックス海軍長官が、〈米海軍近ク大攻勢ニ出デム。此攻勢ハ相当大規模ナルコトヲ言明〉（高松宮日記）した通り、一大攻勢に転じてきた。まずはニュージョージア島ムンダのわが基地を第一の攻略目標に、六月三十日、その対岸のレンドバ島、ニュージョージア東方のウッドラーク、トロブリアン両島、ラエ南方のナッソウ湾に同時上陸、続いてニュージョージア島のビル港、バングヌ島にも上陸を開始した。

南東方面部隊指揮官・草鹿中将は、レンドバ方面の敵艦船攻撃を命じるとともに、マリアナで再建中の二十一航戦（二五三空、七五一空、七月十五日に二〇一空が加わる）に、作戦可能兵力をラバウルに進出させることを命じた。さらに聯合艦隊は、二航戦（隼鷹、龍鳳）飛行機隊を南東方面に投入することにした。

六月三十日、レンドバ島への攻撃は全力を挙げて三回にわたって行なわれた。戦闘機はの

べ二〇四空二十四機、二五一空二十四機、五八二空二十八機で出撃。

二〇四空では、六月下旬、海兵六十九期出身で、飛行学生三十七期を二月末に卒えたばかりの越田喜佐久中尉、島田正男中尉が着任したものの、いずれも実戦の経験が皆無であったため、このたびの出撃（十二機ずつ二次）の指揮は、二十三歳の渡辺秀夫上飛曹（丙二期、十二志）がとった。二〇四空零戦隊は、十八機（うち不確実四）の撃墜を報じ、全機が無事に帰還している。

五八二空戦闘機隊は、一次、竹中義彦飛曹長以下十六機、二次、鈴木宇三郎中尉以下十二機が出撃、十二機（うち不確実三）撃墜の戦果を報じたが、藤井信雄上飛が自爆、八並信孝一飛曹（丙三期）、笹本孝道二飛曹（丙三期）が未帰還。

二五一空は、九機（うち不確実二）の撃墜を報じたものの、飛行隊長・向井一郎大尉（兵六十三期）が自爆、分隊長・大野竹好中尉（同六十八期）、分隊士・橋本光輝中尉（同六十九期）、安藤宇一郎二飛曹（丙三期）、村上幸男二飛曹（丙十期）、福井一雄二飛曹（丙七期）、広森春一二飛曹（乙十二期）、岩野広二飛曹（甲七期）、小西信雄二飛曹（甲七期）が未帰還の他、不時着大破二機という大きな損害を出した。

陸攻隊は二十六機が雷装して出撃、十七機が未帰還、艦爆隊は十機出撃、被弾四機、水上機隊零観十三機は敵戦闘機約三十機と交戦、未帰還七機。

中でも、隊長、分隊長、分隊士を一挙に失った二五一空の受けた痛手は大きかった。五月の進出時にいた分隊長以上五名のうち四名、分隊士六名のうち三名を、初陣から一ヵ月半ほどの間に失い、残る分隊長は鴛淵孝中尉ただ一人、分隊士も林喜重中尉、磯崎千利少尉、近藤任飛曹長の三名を残すのみになったのである。大野中尉がラバウル進出以来、折に触れ書いていた手記は未完に終わった。

ルンガ沖航空戦を境に、それからのソロモン航空戦は、攻勢に出る敵を必死で食い止めようとする、ほぼ防戦一方の凄惨な戦いとなった。

指揮官不足のいちじるしい二〇四空零戦隊は、七月一日、二日のべ四回のレンドバ島攻撃（各十二機が他隊と協同）、六日のブイン邀撃戦（十機）、二十一日のレンドバ島攻撃（十五機）、二十八日の輸送船団上空哨戒（八機）、八月六日のブイン基地上空哨戒（一次十二機、二次二十機）と、渡辺上飛曹が指揮官となって出撃している。

「自分が指揮官で戦争ができるのかなと思いましたが、私が指揮して行った時には、だいたい、うんと戦果が挙がったんです。搭乗員は若い人が多かったから、彼らにすれば、下士官の私が指揮官で行った方がやりやすかったのかも知れません」（渡辺上飛曹談）

「渡辺さんは、地上ではおとなしかったけれども、いったん空に上がったら闘志満々、私たち下士官兵搭乗員の兄貴分のような人でした。人望があって上下の誰からも信頼され、指揮官として皆が納得するだけのものはありましたね」（大原二飛曹談）

七月一日のレンドバ島攻撃では、辻野上豊光上飛曹が、敵戦闘機との空戦で被弾、自爆を遂げた。「自爆」と記録されているからには、他隊の准士官以上が現認したのであろう。辻野上は、四月の着任以来日は浅かったが、十二回の作戦飛行で宮野の列機を務め、六機（うち不確実二、協同一）の敵機を撃墜していた。

この日、レンドバ島と目と鼻の先、ムンダの陸上から、呉鎮守府第六特別陸戦隊（呉六特）の伊藤安一少尉（のち大尉、兵科予備学生一期・大阪府在住）が、空戦の模様を目撃している。呉六特は、かつて宮野が乗り組んだ戦艦伊勢が航空戦艦に改装される際におろした十四センチ副砲を主力兵器として、ガ島奪還のため編成された重砲部隊であったが、ガ島戦に間に合わず、横七特がコロンバンガラに派遣されたのと同様に、ムンダの守備に当たっていた。ムンダは岩礁地帯で重砲の適当な設置場所が少なく、せっかくの重砲が役に立たない結果に終わり、伊藤少尉は、ガ島帰りで疲労困憊、指揮官不足をきたしていた陸軍歩兵第二百二十九聯隊に現地で転属を命ぜられた。海軍士官なのに山砲小隊長として、陸軍部隊の指揮を執ったためずらしい経験を持つ人である。

辻野上豊光上飛曹（三飛曹当時）

「ラバウルから友軍機が大挙して飛んできて、上空で激しい空中戦が繰り広げられましたが、固唾を呑んで見守っていると、墜ちてゆくのは皆、友軍機ばかり。かわいそうでしたよ」

（伊藤少尉談）

辻野上の戦死で、山本長官護衛の六機のう

ち、四名が戦死、一名が重傷を負ったことになる。残るは杉田二飛曹のみであった。

撤退、また撤退

以後の二〇四空の戦いについては、ごく簡単に要点を記すにとどめる。

七月十三日をもって、二十六航戦の僚隊、五八二空戦闘機隊が、戦力の消耗を理由に解散されることになり、飛行隊長・進藤三郎少佐が宮野の後任の二〇四空飛行隊長兼分隊長に（発令は七月八日付）、分隊長・鈴木宇三郎中尉が二〇四空分隊長に横滑りで来たのをはじめ、多くの搭乗員が二〇四空に転入してきた。五八二空は一時、艦爆だけの航空隊になり、のち艦攻部隊に改編される。

七月十五日、二〇一空主力、零戦三十四機がラバウルに進出、二十四航戦から二十一航戦に編入される。同日、隼鷹飛行機隊もラバウル、カビエンに進出、二航戦司令部もラバウルに進出。

戦爆連合による敵の空襲は間断なく続いていたが、十六日、ブイン基地上空の邀撃戦で、中澤政一二飛曹（丙四期）が戦死、中澤日記もまた、未完のままに終わった。

七月十七日、鈴木中尉率いる二〇四空十八機は、龍鳳戦闘機隊八機、二五三空三機とともにブイン基地に来襲した敵機を邀撃、十四機の撃墜を報じたが、前線に出て来たばかりの越田中尉と竹澤英也一飛曹（乙十期）が戦死、中野智弐二飛曹は空中接触で負傷。二十一日、人見喜十二飛曹（丙三期）が、レンドバ島攻撃艦爆隊直掩の帰途、バラレに着陸、フラップ上げの操作をしている際に、前日の空襲で投下されていた時限爆弾が翼下で爆発、戦死した。

この頃、横空から、支那事変以来の歴戦の勇士、「ヒゲの羽切」で知られる羽切松雄飛曹長（七志・操二十八期）が着任してくる。羽切は、長い飛行実験の経験から、戦地にあって不具合で飛べない飛行機の故障の原因を究明し、可動機の確保に貢献し、二十五日のレンドバ島邀撃戦を皮切りに、連日の戦闘に中隊長として出撃する。

八月に入ると、米軍の猛攻に、ついにムンダ基地は放棄される。八月十五日には、米軍はコロンバンガラ島を飛び越えてベララベラ島に上陸。取り残された形のコロンバンガラ守備隊は無力化し、ここからも撤退を余儀なくされる。ムンダ、ベララベラを敵に取られたことで、日本側の防衛態勢は音を立てて崩れ始めた。

羽切松雄飛曹長

二〇四空は所在各部隊とともに奮闘を続けるが、搭乗員は次々と戦いに斃れていった。

七月二十五日・仁平哲郎一飛曹（甲六期）、根本兼吉二飛曹（丙四期）レンドバ島邀撃戦

二十八日・浅見茂正二飛曹（丙三期）船

団上空哨戒中P－38、B－25と交戦
八月六日・黒澤清一二飛曹（丙三期）ブイン基地上空哨戒中敵機と交戦
八月十日・橋本武男二飛曹（丙六期）レンドバ航空撃滅戦P－39と交戦
八月十五日・島田正男中尉（海六十九期）、楢原憲政上飛曹（甲五期）、日高鉄夫二飛曹（丙三期）、渡辺清三郎二飛曹（丙三期）ベララベラ島攻撃F4U、P－38、P－40、F4Fと交戦
八月二十四日・手塚八郎飛長（丙六期）ラバウル上空哨戒空中接触
八月三十日・杉本正夫二飛曹　ベララベラ島攻撃

その間、八月二十六日のブイン上空邀撃戦では、渡辺秀夫上飛曹が、グラマン一機を撃墜後、振り向いたところを別の一機から撃たれ、風防で炸裂した敵弾の弾片を顔面に浴びた。

「そろそろ来るかな、と思いながら機首を引き起こして右後ろを振り返ったら、相手の飛行機を見ないまま、突然、バンバンッという大きな音がして、同時に目の前が真赤になり、爆風を受けたみたいに全身に激しいしびれを感じました。

痛みは全然ないんです。それで、はじめは飛行機が燃えているのかと思って、脱出しなくてはと風防を開けようとしたんですが、体が言うことを聞かず、手に力が入らなくて開けることができない。そこで初めて、これは体に弾丸が入ったなと思いました。

天皇陛下万歳なんて思わない。ただ、父母兄弟が、私がここで死ぬのがわかるかな、とチ

ラッと考えました。すると、上昇の姿勢にあった飛行機がスピードを失い、機首をガクンと落として錐揉みに入りました。あわてて操縦桿をとろうとしましたが、手足がまったく動かないんです。だんだん気が遠くなって、そのまま意識を失いました」（渡辺上飛曹談）

炸裂弾の破片で、右顔面の目から鼻にかけての骨と肉が吹き飛ばされ、しかも顔中に弾片が刺さるすさまじい負傷であった。計器板も、ほとんどが破壊されている。墜落中に意識を取り戻した渡辺は、出血多量で朦朧とする中、気力をふりしぼって着陸に成功した。

「搭乗員が降りてこないので、これはやられたなと思って駆け寄ると、渡辺さんが二、三人の整備員にかかえられて、飛び出した眼球を手で押さえながら血だらけの姿で降りてきて、あまりの大怪我に思わず息を呑みました」（中村二飛曹談）

渡辺秀夫上飛曹

八月三十日、渡辺上飛曹の不屈の闘志に対し、南東方面艦隊司令長官・草鹿中将より、じきじきに「武功抜群」と墨書された白鞘の日本刀が授与された。渡辺は、三十一日には杉本司令より善行表彰を受け、九月十三日、特設病院船天應丸に転院、そのまま内地に送還されることになった。

渡辺上飛曹が負傷したのと同じ日、杉田庄一二飛曹も空戦中に被弾、乗機が火災を

宮野戦死後の昭和18年9月初旬、ラバウル基地の二〇四空隊員たち。2列目左端より大正谷一飛曹、横山上飛曹、2人おいて隊長・岡嶋清熊大尉、玉井浅一中佐、五十嵐周正少佐、鈴木宇三郎中尉、福田澄夫中尉、1人おいて羽切飛曹長、石原進上飛曹。3列目左より関谷、近藤、2人おいて村上、坂野、鈴木、田中、寺屋、1人おいて塩野、金子、鏡、中西、坪屋、4列目左より田中、前川、明慶、西本、阪野、2人おいて安達、阿武、仲道、下鶴、1人おいて真田、伊沢、榎本、吉崎、5列目左より八木、小林、田中、伊藤、中村、柏木、2人おいて石井、1人おいて白川、鳥山、山下の各下士官兵搭乗員

起して落下傘降下、大火傷を負って内地に送還されている。

相次ぐ犠牲

九月一日、第十一航空艦隊の編成替えが行なわれ、二十一航戦が解隊、一五一空は十一航艦付属に、二〇一空は二十六航戦に編入。サイパンで再建中の二五三空、テニアンで再建中の七五一空は二十五航戦にそれぞれ編入され、戦線復帰を命ぜられる。その他五〇一空は二十五航戦から二十六航戦へ、七〇五空は二十六航戦から二十五航戦へ配属が変更になり、二五一空は夜戦専門の部隊になる。磯崎千利少尉ら二五一空の戦闘機搭乗員の一部は、二〇四空に編入された。

また、ラバウルに進出、作戦中であった二航戦司令部と飛行機隊は同日付で現地部隊に編入。二航戦司令官・酒巻宗孝少将が二十六航戦司令官に補職され、隼鷹、龍鳳の艦爆隊、艦攻隊は五八二空に、福田澄夫中尉(兵六十九期)ら戦闘機隊は二〇四空に編入されている。

二〇四空司令・杉本丑衛大佐は同日付で二十七航戦司令官として転出し、一時、副長・玉井浅一中佐が司令を兼務するが、九月二十七日、後任の司令として柴田武雄中佐が着任、玉井中佐は十月一日付で元山で新編され、四国・松山基地で錬成を始めた二六三空(豹部隊)司令に転出する。

飛行隊長・進藤少佐は九月十五日付で二航戦司令部附に転出し、代わって海兵六十三期の

寺尾真二飛曹（写真は一飛当時）

岡嶋清熊大尉が着任、続いて同期の倉兼義男大尉も飛行隊長に発令される。

九月以降も、二〇四空搭乗員の戦死者は増加の一途をたどった。

九月四日・橋本久英二飛曹（丙三期）ラエ敵艦船攻撃艦爆隊直掩Ｐ－38と交戦

……橋本二飛曹は、宮野の最後の出撃で、大原二飛曹に代わって三番機を務めた搭乗員である。

九月十三日・神高忠雄飛長（丙七期）ビロア飛行場強行偵察Ｆ４Ｕと交戦

有賀房雄二飛曹（飛十二期）ホラニウ敵陣地攻撃Ｆ４Ｕと交戦

九月十四日・吉崎得二二飛曹（丙八期）、寺尾真二飛曹（乙十一期）ブイン基地敵機邀撃戦

……寺尾二飛曹は、昭和十八年一月十五日、ガダルカナル島増援部隊の輸送船団上空哨戒での空戦で被弾、大火傷を負って落下傘降下したが、普通なら内地送還になるほどの重傷にもかかわらず、還されたくない一心で、傷が癒えるまでは火傷を司令や飛行長に見せないよう、酷暑の中でもいつも飛行服を着、マフラーをぐるぐる巻いて飛行場に出ていたという。二〇四空きっての闘志あふれる搭乗員だった。

九月十六日・上野哲士中尉（兵六十九期）、大島末一中尉（同）、長島清二飛曹（丙七期）、山本忠秋上飛（丙十期）、八木井利雄上飛（同）ブイン基地敵機邀撃戦

九月十八日・大久保良逸飛曹長（操二十九期）、宮崎勲上飛（丙七期）ビロア艦船攻撃艦爆隊直掩F4Uと交戦

九月二十二日・白川俊久一飛曹（甲六期）フィンシュハーヘン港内敵艦船攻撃陸攻隊直掩

……白川一飛曹は、アミーバ赤痢と闘いながら、戦死する直前の数ヵ月は二〇四空の中でも特に目覚しい働きを見せていた。記録されている撃墜機数は十二機（うち協同九）にのぼる。

九月二十三日・田中茂上飛（丙十一期）ビロア航空撃滅戦

……同日、羽切飛曹長が空戦中、被弾。右肩の後ろから鎖骨、肩甲骨を粉砕する重傷を負い、十月十日、病院船高砂丸で内地に送還されることになる。

九月二十五日・榎本政一一飛曹（丙一期）ツルブ方面不時着機捜索。榎本の死は、低空飛行中、味方陸軍の対空砲火で誤って撃墜されたものであった。必死に味方識別のバンクを振ったにもかかわらずの誤射で、仲間の搭乗員たちの中には、「敵機もろくに墜とせないくせに、友軍機を墜としやがって。（陸軍陣地を）銃撃してきてやろうか」と、息巻く者もいた。

十月三日・坪屋八郎一飛曹（甲六期）、清水豊上飛（丙十期）ムンダ方面航空撃滅戦

十月四日・宮西利夫二飛曹（丙三期）、ブイン基地敵機邀撃

十月七日・阪野高雄二飛曹（操五十三期首席）、ベララベラ魚雷艇基地攻撃〜ムンダ上空制

圧

……阪野は、隼鷹からの転勤組で、隼鷹では隊長・志賀大尉の列機を務めた優秀な搭乗員であった。二〇四空には、坂野《さかの》隆雄二飛曹（丙三期）と阪野《ばんの》高雄二飛曹、よく似た名前の搭乗員がいて、後世、混同されるかも知れないので、念のため付記しておく。

零戦神話の落日

前線の奮戦もむなしく、九月三十日、日本政府は、戦線縮小と作戦方針の見直しを含めた「絶対国防圏」構想を発表した。これは、北は千島からマリアナ諸島、西部ニューギニアにいたるラインを絶対国防圏として死守するというものだが、それは裏を返せば、その圏外にある地域の日本軍将兵を、国が見殺しにするということでもあった。ラバウル、ソロモンは、構想の圏外であった。

米軍の矛先も、すでにラバウルを置き去りにしようとしていた。九月十九日、米機動部隊はギルバート諸島に来襲、いよいよ米軍の中部太平洋進攻が始まる。十月六日、開戦直後に日本軍が占領していたウェーク島が急襲され、所在の二五二空零戦隊はのべ二十六機で、離陸直後の不利な態勢から果敢に空戦を挑んだが、敵機十四機撃墜（うち不確実五）を報じたのと引き換えに空中で十五機を失い、残りの飛行機も二十三機の陸攻隊をふくめ地上で全滅という惨敗を喫した。二五二空の飛行隊長は、海兵六十二期の周防元成大尉であった。

ウェーク島に敵来襲の報に、マロエラップから駆けつけた塚本祐造大尉（兵六十六期）率いる零戦七機も、ウェークに着く前に敵戦闘機に急襲され、六機撃墜（うち不確実二）を報じたものの、二機が未帰還、塚本大尉は被弾、不時着水、残る四機もウェーク島の地上であっという間に炎上させられ、二五二空はたった一日の戦闘で事実上壊滅した。

「空戦に入って、瞬間的にこれは今までに戦った敵機とは違うな、と思いました。手ごわかったですよ」

（二五二空・宮崎勇上飛曹談）

この日、ウェーク島に来襲した敵戦闘機は、新型のグラマンF6Fヘルキャットで、零戦とはこれが初対決であったが、結果は明らかにF6Fの方に軍配が上がったのである。F6Fの空戦における実際の損失が六機だったのに対し、二五二空は支那事変以来のベテラン、末田利行飛曹長（操三十二期）、中島文吉上飛曹（同三十三期）をはじめ、歴戦の搭乗員を揃えて戦いながら、その二十名近くを失った。

周防大尉は、F6Fに対し零戦ではもう対抗できないことを知った。これは、それまで敵戦闘機に対しては優位を保っていると信じられていた、零戦の神話が

グラマンF6Fヘルキャット

崩れ去った瞬間であった。

八尾中学後輩の死

ちょうどこの頃、飛行科予備学生九期の片山傳少尉（日大）と、十期の森山秀造少尉（広島高師）が、二〇四空に着任した。森山は、八尾中学出身、宮野善治郎より五歳年少の三十九期生であった。

少しややこしいが、飛行科予備学生の九期と十期は、ほぼ同時に教育、訓練を受けた事実上の同期生である。（同じことは、予備学生十一期、十二期にも当てはまる）

飛行科予備学生九期生は、三十四名全員が大学、高専在学中に海軍予備航空団で飛行訓練を経験した者で、十七年一月十五日、土浦海軍航空隊に入隊、基礎教育の後、四月十八日、霞ヶ浦空に転じ、五月六日から飛行訓練に入る。

十期生は、海軍としては初めて、一般の大学、高専卒業者の中から、主に陸戦隊の初級指揮官を養成する目的で公募した兵科予備学生一期生として十七年一月二十日、横須賀海兵団に入団した三百七十八名の中から、改めて航空への転科希望者百名を募ったものである。兵予一期から飛予十期に分かれた百名は、一月二十七日、岩国海軍航空隊に送られ、そこで基礎教育を受けた後、五月中旬、霞ヶ浦海軍航空隊へ。六月一日から飛行訓練に入った。

十一月には九期、十期が一緒に実用機教程に入り、戦闘機専修の九期生七名、十期生十三

第９、10期飛行科予備学生（戦闘機専修）が昭和18年３月、大分空の教程を卒えた時の記念写真。２列目右端・岩下邦雄中尉（教官）、中央・片山傳予備少尉、３列目右から２人目・森山秀造予備少尉。前列左から中島玳中尉、鴛淵孝中尉、鈴木實少佐、１人おいて副長・柴田武雄中佐、司令・近藤勝治大佐、３人おいて、指宿正信大尉、神崎國雄中尉、武藤陳彦中尉

名が大分空で訓練を受ける。大分空の飛行隊長は鈴木實少佐（兵六十期）、教官には指宿正信大尉（同六十五期）、鴛淵孝中尉（同六十八期）、神崎國男中尉（同）、岩下邦雄中尉（同六十九期）らがいる。

十八年一月二十日、揃って予備少尉に任官、訓練期間中に二名の殉職者と一名の病気免役者を出したが、残る九期六名、十期十一名は三月末日、実用機教程を卒業した。そして厚木海軍航空隊で延長訓練を受けたのち、十月から順に第一線部隊にまわされるようになっていた。その間、六月三十日に公布された勅令第五百六十号により、予備士官の階級呼称から「予備」の二文字が消え、また軍帽の徽章、階級章のコンパスマークが、正規将校と同じ桜になることが決まり、彼らは翌七月一日付で、「予備少尉」から「少尉」になっている。

宮野の令名はすでに海軍では響いていたし、兵学校在校中の宮野が休暇で帰省した時などに面識もあったから、森山は、母校の先輩がかつて飛行隊長を務めた部隊に転勤してゆくことに、何らかの感慨を抱いたであろう。十月初め、戦地に赴く前の一時帰休が与えられ、森山は竹渕《たこち》（現・大阪府八尾市）の実家に帰っている。実弟の一郎氏にはただ荷物の保管整理を命じたのみで、何ごとをも語らず挙手の礼をしてわが家を去ったという。

森山については、予備学生同期の栢木《かやき》一男（終戦時大尉）が、九期、十期の回想文集「飛魂」の中で、〈小柄で真面目な青年だった〉と回想するぐらいしかエピソードがないが、母校八尾高校（新制）の百年誌には、〈農家の長男として生まれ、八尾中から広島高等師範学校英語科に進んだ。八尾中時代は国語、漢文、英語が得意で、（中略）また柔道や体育も得意で、質実剛健、文武両道の模範的な生徒であった〉との解説に加えて、恩師・遠山虎之助の、〈翻って君の在校中の日々を思えば、闊達にして有為な好青年であった〉との言葉が紹介されている。

森山少尉は十月十日、ラバウル移動哨戒（敵を見ず）に福田澄夫中尉（兵六十九期）の指揮下で出撃したのを皮切りに、十一日（同）、十五日（同・八機を指揮）と慣らしを重ね、十八日にはツルブ攻撃陸攻隊直掩の零戦八機の指揮官として出撃、帰投後、ラバウル基地に来襲したB－25、B－26計約百機を零戦三十六機で邀撃した時に初めて空戦を体験する。

十九日、ラバウル移動哨戒（敵を見ず）、二十二日、クレチン岬敵船団攻撃艦爆隊掩護（指揮官・磯崎少尉、二十四機。森山の二番機・大原二飛曹）、二十三日（同、福田中尉以下二十機）と出撃を繰り返したが、二十三日の攻撃からの帰投途中、ラバウル基地は初めて、敵の戦爆連合の大部隊（日本側記録によるとP－38約七十機、B－24約四十機、B－25二機）による空襲を受けた。

基地からの無電でそれを知った零戦隊は、ただちに邀撃戦に参加、ラバウルを急遽発進した磯崎少尉以下十二機の零戦と合同して激しい空戦を繰り広げたが、P－38十機（うち不確実一）を撃墜、B－24二機撃破の戦果を報じたのと引き換えに、森山少尉と須藤一夫二飛曹（乙十三期）が未帰還となり、その他、落下傘降下一、被弾五機の損害を受けた。

奇しくもこの日は、前年、八尾中学で森山の一期先輩（宮野の四期後輩）にあたる、海兵六十七期・鹿屋空の馬場政義中尉がガダルカナル島攻撃で戦死してからちょうど一年目の命日であった。

森山は実戦参加わずか二週間、出撃八回。隊員たちに印象を残す間もなかった。二十二日の搭乗割で二番機についている大原二飛曹も、一緒に飛んだはずの中村二飛曹も、残念ながら森山少尉のことは何も覚えていないという。

森山の遺族のもとへ戦死の公報が来たのは十九年三月六日。遺骨箱には何も入っていなかった。森山秀造は二十二歳であった。

宮野戦死の知らせ

八尾の宮野の家族が、善治郎の戦死を知ったのは、ちょうど森山秀造がラバウルに着任した頃である。それは、公報ではなく、二〇四空元司令・杉本丑衛大佐から兄・真一に宛てた手紙という形であった。

拝啓私事御令弟善治郎君御生前勤務せられ居られたる海軍航空隊司令として奉職し在りたる者にて此度在内地外戦航空部隊に転勤帰還仕申下可付ては宮野君行方不明と成られし当時の状況御報告と同時に虔みて哀悼の詞を述べ度書状差し上ぐる次第にて有之候

宮野君は大東亜戦争勃発当初或は比島方面攻略戦に、又は蘭印ビルマ方面作戦に参加せられ至る所嚇々たる戦果を獲得せられ引続き昨昭和十七年四月新たに当隊の編成せらるるや其の当初より当隊員養育に努力せられ昨年夏季よりは遠くビスマルク、ソロモン群島方面最前線航空基地に転戦せられ最も不完全なる最前線航空基地に在りて長期に渡り悪疾酷暑と戦ひつつ或は南東ニューギニヤ方面に又はソロモン群島方面航空戦に参加せられ常に大隊長又は飛行機群総指揮官として其の都度嚇々たる武勲を樹て君の指揮せる飛行機隊の撃墜したる敵機数は当方面のみに於いも幾百機たるを知らず

今や全く練成せられたる名飛行隊長として又不死身の猛者として上下の信望を一身に集め居りたり

然るに去る六月十六日ルンガ泊地に敵輸送艦船多数在泊せるを発見せる味方は君の指揮する約百機より成る戦爆連合の大編隊を以て之を強襲し百数十機の敵戦闘機と大空中戦を演じつつ敵艦船約十隻撃沈破敵飛行機三十数機を撃墜し赫々たる戦果を獲得し得たるも本ルンガ沖航空戦に於て君の操縦せる戦闘機は遂にその消息を絶つに至り申候
爾来三ヶ月間或は生還もやと百方手を尽くしたるも九月上旬に至るも遂にその消息に接する能はず当時の状況特に戦闘が敵地上空に於て実施せられたる関係等より自爆せられたると推定する外無く遂に戦死認定手続に及びたる次第に有之候
本職は其の後内地帰還をし以後の状況を知らざるも或は最早人事局よりも何等かの通知に接したるにあらずやとも考えられ申候
以上の如き状況なる為君の最後迄身に付けたる何物をも手に入る能はず遺族の方々に対しては誠に相すまず考居申候
此度寸志として金十円同封仕申候間何卒御霊前に生花なりと御供へ被下度先は概況御報如右御座候
敬具
十月四日　　○○海軍航空隊司令杉本丑衛
宮野真一殿

だが、宮野の戦死公報が出たのはこれよりさらに一年以上先のことになり、八尾では葬儀を挙げる機会を逸したまま終戦を迎えた。昭和二十年五月九日、呉鎮守府で合同海軍葬が執り行なわれたが、宮野の供養が、法要という形で実家でなされるのは、一周忌に内々で行なったことをのぞけば、戦後の混乱期が落ち着いた頃からである。

二〇四空解隊

十月二十一日頃、大正谷宗市一飛曹、坂野隆雄二飛曹、大原亮治二飛曹の三名の下士官搭乗員が、司令・柴田武雄中佐に呼ばれた。三人は、前年六空がラバウルに進出して以来の生き残りで、その時にはもう、病気や負傷で帰された数名をのぞいては、当時のオリジナルメンバーはこの三人しか残っていなかった。もう一人の中村佳雄二飛曹は、十月二十日、ニューギニア・クレチン岬沖の敵の上陸用舟艇銃撃に出撃した帰途、敵PB4Yと交戦、運悪く被弾、落下傘降下し、目下、海を漂流中である。中村は、三十時間近い漂流のちニューギニアの海岸に流れ着き、一人ぼっちで放浪すること八日、陸軍部隊に拾われて行軍すること十日以上、結局ひと月がかりで、フィンシュハーヘンから潜水艦に便乗してラバウルに帰ってくる。

ともあれ、整列した三人の搭乗員に、柴田中佐は、「お前たち、もう一年以上もいるんだなあ」と声をかけた。大原が、「何を言い出すんだ」と思っていると、柴田は、「内地に転勤させてやる」と思いがけないことを言った。数日後、彼ら三名に横須賀海軍航空隊への転勤が言い渡された。大原たちはなおも数次の出撃に駆り出されたが、十一月一日、二五二空に転勤を命ぜられた福田澄夫中尉らとともに二機の一式陸攻に分乗、二度と来ることのないであろうラバウルを後にした。

森山少尉が戦死した十月二十三日以降、ラバウルでは、連日のように戦爆連合による敵機の猛攻を受けるようになっていた。もはや、ガ島航空撃滅戦など昔語りであった。

昭和18年11月、内地に帰還した大正谷宗市上飛曹（左）と大原亮治一飛曹（右）。鎌倉・鶴岡八幡宮に帰国報告

敵は物量に物をいわせて、まるでブルドーザーが地面をならすように進撃してきた。十月二十七日、連合軍がモノ島、続いてチョイセル島に上陸。十一月一日朝、ブカ基地が大空襲を受け、ショートランドも艦砲射撃を受ける。同日、連合軍はブーゲンビル島中南部のタロキナに上陸。

十一月一日、一航戦（瑞鶴、翔鶴、瑞鳳）飛行機隊ラバウル進出、「ろ」号作戦・ブーゲンビル島沖航空戦（二日〜十二日）。

日本側は航空部隊全力をもって敵艦船、航空兵力の攻撃に向かったが、米軍は優秀なレーダーでわが方の動きを事前に察知して待ち構えており、この頃米軍に装備されるようになったＶＴ信管（近接自動信管。砲弾が目標の一定距離内に達すると、弾頭内の電波信管が感応して自動的に砲弾を炸裂させる）の威力もあいまって、敵艦に取りつくことすらできずに対空砲火で撃墜される飛行機が目立って増えてきていた。

十二月二十五日、敵はラバウルのあるニューブリテン島南端のマーカス岬に上陸を開始、背後からもラバウルを脅かすようになる。

タロキナを取られたのでブインが孤立、無力化し、ブーゲンビル島からラバウルへの空襲も激しさを増してくる。十二月二十七日、敵がタロキナに飛行場を新設し、その使用を開始してからは、ラバウルの戦闘機隊はまさに防戦一方になった。

ここへ来ても二〇四空には多くの搭乗員が補充され、十二月十八日には中川健二大尉（兵六十七期）率いる瑞鶴戦闘機隊がトラックから進出、なおもマーカス、ツルブ等の敵上陸部隊に一矢を報いるべく攻撃を続けるが、年が明けて十九年一月十七日、聯合艦隊は、搭乗員の消耗と疲労のいちじるしい二十六航戦（二〇四空、五〇一空の一部）をトラックに後退させ、戦力回復と再錬成を図ることにした。二十六航戦の代わりには空母隼鷹、飛鷹からなる二航戦の飛行機隊がラバウルに進出することになり、一月後半にかけ交代を完了。零戦隊は渾身の力をふりしぼって戦ったが損害も大きく、二月十七日、十八日とトラック島が米機動部隊の急襲を受け、二〇四空をはじめ集結していた航空兵力が壊滅したことで、聯合艦隊はついに、南東方面の航空兵力をラバウルから引き揚げることを決めた。

ラバウル所在の航空部隊は、二五三空残留部隊（搭乗員約十六名）を残して二月末までにトラックに後退した。その時点でラバウルには、無傷の零戦六機と被弾した飛行機十数機が残っていたと伝えられるが、以後、ラバウルにおいて組織的な航空作戦が行なわれることはなかった。

二〇四空は、まさに刀折れ矢尽き、十九年二月末日をもって解隊された。

〈ここに、二〇四空零戦隊勇戦史の幕は、まことに劇的に、スッキリと閉じたのである〉

……と、柴田司令は、戦後著した『二〇四空零戦隊戦闘概史』の中に記している。

ラバウル進出から十八年十月七日まで、一年一ヵ月の二〇四空の搭乗員戦死者が九十名なのに対し、十八年十月八日から十九年二月十七日まで四ヵ月強の間のそれは九十五名に達していた。

皮肉にも、ちょうどその頃、十九年一月に灰田勝彦が唄ってビクターから発売された「ラバウル海軍航空隊」（作詞：佐伯孝夫、作曲：古関裕而）の唄が、内地では大流行、街のあちこちで、いかにも頼もしそうに聞こえるこの軽快な旋律が流れていた。

殊勲ヲ認メ全軍ニ布告ス

昭和十九年六月十六日、宮野の一周忌の日に、宮野家では心ばかりの回向を営んだ。この日、宮野真一が、辻野上豊光上飛曹の父種吉に出した手紙には、「拙宅においても未だ公報は接し居らず」と書かれている。

自爆ではなく未帰還の扱いになっているため、すでに手続きは始まっているにもかかわらず、宮野の戦死認定は遅れた。戦死後半年近くが経った十八年十二月一日には、定期の昇給で、「賜一級俸」、すなわち俸給が、従来の二級俸の年額千六百五十円（月額百三十七円五十銭）から、千九百円（同百五十八円三十三銭）に上がってさえいるのである。

マリアナ沖海戦敗北、七月、サイパン失陥。十月、台湾沖航空戦敗北、比島沖海戦敗北、初の特攻隊出撃。まさに坂道を転がり落ちるかのような敗色の日々。

宮野の戦死公報が、聯合艦隊告示とともに出されたのは、十一月二十日のことであった。

機密聯合艦隊告示（布）第七十二号

布告

第二〇四海軍航空隊飛行隊長
海軍大尉　宮野善治郎

昭和十六年十二月八日第三航空隊戦斗機分隊長トシテ『イバ』『クラークフィールド』ヲ攻撃セルヲ始トシ昭和十七年四月一日迄比島及豪北方面ニ作戦シ敵航空兵力撃滅戦輸送船団上空哨戒陸戦協力等ニ従事シ爾後第二〇四海軍航空隊分隊長又ハ飛行隊長トシテ『アリューシャン』及『ソロモン』方面作戦ニ参加シアリシガ昭和十八年六月十六日『ルンガ』泊地敵艦船攻撃隊掩護戦闘機指揮官トシテ進攻中敵戦斗機約百機以上ト交戦シ壮烈ナル戦死ヲ遂ゲタリ

此ノ間戦斗機隊指揮官トシテ終始勇戦奮斗克ク綜合撃墜二百二十八機撃破七十六機ノ大戦果ヲ挙ゲ特ニ比島豪北方面進攻作戦中ハ常ニ長駆敵航空基地ヲ急襲シ屡偉勲ヲ樹テタリ

仍テ茲ニ歴戦ノ殊勲ヲ認メ全軍ニ布告ス

昭和十九年十一月二十日

聯合艦隊司令長官　豊田副武

宮野の殊勲は全軍に布告され、戦死した日に遡って正六位に叙せられ、二階級進級、海軍中佐に任ぜられた。満二十七歳の若い海軍中佐であった。武人としては最高の栄誉、しかしこれは、宮野善治郎の命と引き合わせればいかほどのものであろうか。

一騎がけの武者ではないので、単独戦果を数えてみてもあまり意味がないが、三空、六空―二〇四空の戦闘行動調書に記録され、または列機の証言で状況を確認できる範囲で宮野の挙げた戦果を集計すると、

・単独戦果と認められるもの　撃墜十一機（三空で一、六空―二〇四空で十）

・小隊協同撃墜十一機〈うち不確実三〉（三空で十〈うち不確実三〉、六空―二〇四空で一）

・編隊協同撃墜五十三機〈うち不確実八〉（三空で九〈うち不確実一〉、六空―二〇四空で四十四〈うち不確実五〉）

・地上撃破三十機（三空）
・出撃回数八十一回　うち空戦二十四回

……以上であった。ちなみに、列機としていちばん多く一緒に飛んだのが大原亮治二飛～二飛曹で、その回数は三十一回にのぼる。

公表された「零戦」の名

その頃、宮野兄弟の親友の息子、辻田裕は、八尾中学の二年生になっていた。勤労奉仕に出ていた大正飛行場に、南方で鹵獲されたシャークマウスのマーキングも鮮やかなP－40が一機置いてあり、「ありゃ、アメリカの兵隊は戦争を楽しんでるな」……などと思っていた。四つの頃からの宮野ファンとしては、飛行機にかかわるもの全てが宮野への思慕と結びついていた。

ところで、「零戦」あるいは「零式艦上戦闘機」という呼び名は、驚くべきことにまだ一般には発表されていない。それまで、零戦の活躍について写真や記事が報道される場合もあったが、それはあくまで「海軍新鋭戦闘機」などとしてであって、制式名も愛称も、公にはまだ秘密にされていたのである。その神秘のベールがはがされ、「零戦」の名が国民に知らされたのは、昭和十九年十一月二十三日付の新聞発表においてであった。

この日の朝日新聞一面で、「『零戦』『雷電』肉薄攻撃　海鷲戦闘機隊に凱歌」との見出しで、二十一日、九州西部に来襲したB－29をわが海軍戦闘機隊が大量に撃墜したとの記事が掲載されているが、そこに、「覆面脱いだ『零戦』『雷電』」と題する解説記事がある。以下、引用。

〈この戦闘に参加した海軍新鋭戦闘機「零式戦闘機」および最新鋭戦闘機「雷電」の名前が初めて公にされた。「零式戦闘機」は荒鷲たちからは「零戦《ゼロセン》」と呼び親しまれてゐる。大東亜戦開戦前既にその俊秀な姿を現はしてゐたが、その真価を発揮したのは開戦以来で、緒戦このかた太平洋、印度洋各戦域に海軍戦闘機隊の主力として無敵の活躍を続けてゐることは周知の通りである。

旋回性能、火力、速力の優秀は敵の各種戦闘機に対し卓越してをり、殊に第一線の敵米航空部隊の搭乗員達は零戦と会へば必ず墜されるといふので「地獄への使者」とあだ名をつけてゐた。又敵は零戦を「ゼロ・ファイター」と呼んでゐるがその呼称が非常に神秘的な響きがあり、底知れぬ威力と相まって敵国民に畏怖の情を湧き起してゐたのである。（以下略）〉

この記事を読んで、おや、これは二年前の遅れたニュースじゃないか、と思うのは戦後の後知恵というものであろう。注目すべきは、「零戦」にわざわざ「ゼロセン」とルビをふっていることである。「零戦」は「レイセン」か「ゼロセン」か、戦後六十年が経っても、当事者でさえ意見の分かれるところだが、要するにどちらとも呼ばれていたのである。

記事につけられた写真には、四機編隊で飛ぶ零戦五二型とおぼしき機体が、ローアングルから力強く捉えられている。

朝日新聞の「零戦」の記事を読んで、辻田裕は、二年半前に宮野の実家で、宮野自身から聞いた「レイセン」の話を思い出していた。

「やっと発表になったな」

自分はずっと前から知っていたぞと、辻田は内心得意であった。

二階級進級のニュース

宮野が死んで二度目の新年を迎えてもなお、日本はぎりぎりの戦いを続けていた。すでに、南方はおろか、本土上空の制空権すら敵手に握られつつあった。

昭和二十年二月一日付の新聞で、「海軍省公表」という形で、宮野の二階級進級が一般にも発表になった。「二階級進級の栄」と題した当日の朝日新聞第二面によると、この日、公表された二階級進級者は二十名。入佐俊家中佐→少将、市原辰雄少佐、石原薫少佐→大佐、宮野善治郎大尉、植山利正大尉、中間榮博大尉→中佐、大庭良夫中尉、坂本幹彦中尉→少佐、濱田金稔少尉→大尉、伊東三夫飛曹長→中尉、山元利郎、田端節、永岡惣一郎、小松幸男、國次萬吉各上飛曹→少尉、西原勉、清水五郎、松尾哲夫、冨田隆治各一飛曹→飛曹長、以上である。

このうち、大庭中尉（兵六十九期）は、二〇一空分隊長として、宮野亡きあとのラバウル方面航空隊を引っ張った若手指揮官（十八年十二月二十三日戦死）。中間大尉（兵七十期）は、二五二空戦闘三一七飛行隊分隊長として、十九年十月二十一日、硫黄島上空で来襲したB－24を体当たりで撃墜、最期が確認されているのでさすがに早い布告であった。小松上飛曹（甲七期）は、マリアナ沖海戦で、空母大鳳《たいほう》を発艦直後、母艦に向かう雷跡を認め、その急を救わんと機を翻して魚雷に体当たりを試みた艦爆搭乗員である。

宮野の二階級進級の新聞発表を受けて、母校の竜華小学校では、校長が全児童を集めて宮野の偉勲を説明した。

小学校から宮野の実家までは、府道をはさんで子供の足でも十分足らず、学校から国鉄八尾駅に行くのにも、長瀬川で遊ぶのにも、ちょうど通り道にあたる。子供たちは、宮野の家の前を通る時は必ず立ち止まり、帽子を取ってお辞儀をするようになった。

三月十六日には論功行賞の沙汰があり、宮野に功三級金鵄勲章と勲四等旭日小綬章が授与されることが海軍省から発表された。この日付の朝日新聞一面トップで、B－29撃墜王・三〇二空遠藤幸男大尉（乙一期・戦死）の二階級進級、叙勲のニュースとともに、「撃墜破三百余機　戦闘機指揮官宮野中佐に恩賞」との見出しで、宮野の叙勲が顔写真入りで掲載されている。

しかし、それから五ヵ月後、八月十五日には長かった戦も終わり、終戦後の価値観の混乱の中で、近所の子供たちもいつしか、宮野善治郎のことを忘れていった。

エピローグ　散る桜残る桜も散る桜——若き海鷲たちの生と死

そろそろ、この物語に出てくる登場人物のその後についても触れなければなるまい。海兵六十五期の宮野の同期生たちは、百八十七名のうち五十八パーセントにのぼる百八名が、戦争が終わるまでに命を落としていた。

十五代将軍徳川慶喜の孫で、兵学校時代、宮野の姉・そのが送った煎餅を、うまい、うまいと食った徳川凞《ひろむ》大尉は、呂号第百一潜水艦乗組（艦内配置は水雷長）としてソロモン方面で作戦中、宮野が未帰還になって間もない十八年七月十二日、ムンダとコロンバンガラにはさまれたクラ湾で、激しいスコールの中、敵哨戒艦から銃砲撃を受け、戦死。哨戒直に立っていた徳川の急速潜航の号令に、艦は危機一髪のところを助かったが、徳川は腰に敵弾を受け、間もなく絶命したという。乗組員たちのたっての願いで遺体は水葬はされずにラバウルに帰還し、そこで荼毘にふされた。徳川の遺骨は、潜水艦乗組の戦死者としてはめずらしく内地に帰り、上野寛永寺の徳川家墓所に葬られた。従五位、戦死後、海軍少佐、勲五等（旭）功五級。

戦闘機乗りのうち、十二空、三空でずっと宮野の先を行っている感があった蓮尾隆市大尉は、その後、元山空分隊長、大村空分隊長兼教官を経て、十八年三月一日、新編された二八一空飛行隊長、次いで六月一日付で飛行長に任じられている。その間、五月には千島幌筵に進出、北辺の防空任務についたが、マーシャル、ギルバート方面の風雲が急を告げるにおよんで、十一月、中部太平洋マーシャル進出を命ぜられ、十二月三日、ルオット基地に進出した。以後、敵大型機や機動部隊艦上機と激しく戦ったが、やがて零戦の大部分は地上で撃破され、十九年二月一日、米軍の上陸を迎える。ルオットの守備隊は二月六日に玉砕、翼を失った二八一空も陸戦に参加して戦ったはずだが、ともに全滅したので、蓮尾の最期の状況はわからない。蓮尾は戦死後、海軍少佐に任じられ、従六位勲四等（旭）功四級に叙せられた。

六空編成期の分隊長で、ミッドウェー海戦で重傷を負った牧幸男大尉は、作戦任務に耐えうる体ではなくなり、教育部隊である徳島海軍航空隊分隊長、ついで飛行隊長を務めた。牧が徳島空飛行隊長の頃、実用機教程で送られてきた甲飛十期生の笠井智一によると、徳島空に着くやいなや、吹き荒れたバッター（海軍精神注入棒。これで尻を思い切り叩く）の嵐に驚くとともに、顔も手も真赤に崩れてケロイドになった隊長の、練習生のわずかなミスも許さない罰直のすさまじさには恐怖さえ覚えたという。〈明朗快活、しかもユーモア溢れる快男児。何事によらず献身的で世話好きな男であった〉(『回想録』)はずの牧が、まるで人が変わったかのように、練習生をしごきあげた。戦争に勝つのはきれいごとではない、身をもって体験したそのことを、練習生にも体で覚えさせようとしていたのかも知れない。

牧は、その後、短期間、三〇一空分隊長、横鎮附を勤めたのち、筑波海軍航空隊飛行隊長兼分隊長となり、十九年九月二十八日、公務出張中、乗っていた乗用車が踏切で立ち往生し、折あしく走ってきた列車と衝突、無念の最期をとげた。牧も蓮尾と同様、殉職後、海軍少佐に任じられ、従六位勲四等功四級に叙せられた。

同期の戦闘機乗りで、ただ一人戦争を生き残ったのは、指宿正信である。指宿は、二六一空(虎部隊)飛行隊長兼分隊長としてマリアナ方面で活躍、十九年四月二十三日にはメレヨン島に来襲するB－24を四機撃墜した戦闘で聯合艦隊司令長官より賞詞を受けている。敵のサイパン来攻で戦力を失い陸攻で脱出後の七月十日付で二〇一空戦闘三〇五飛行隊長となり、今度は比島に進出、十一月一日、任海軍少佐。次いで十一月十五日、横須賀海軍航空隊分隊長となり、本土防空戦に従事、二十年四月二十一日、同飛行隊長となり、そのまま終戦を迎えた。開戦以来、指宿が空中、地上で挙げた編隊戦果は約二百機にのぼる(『回想録』)という。

戦後は郷里の鹿児島県で農業や会社員の仕事を転々とした後、昭和二十七年、海上警備隊（のち海上自衛隊）が創設されるやすぐにカムバック、ふたたび飛行機の操縦桿を握ることになる。メンター（練習機）の教官を経て、昭和二十九年、航空自衛隊創設とともに空自に転じ、日本のジェット戦闘機パイロットの草分けとして輿望を担っていたが、第二航空団飛行群第三飛行隊長（二佐）として勤務していた三十二年一月九日、浜松上空でF86Fでの空戦訓練中、僚機（瀬戸山八郎空将補・兵五十八期）に空中接触され、殉職した。そのまますぐに脱出すればあるいは助かったのに、地上の被害を避けるためか、洋上まで離脱して落下傘降下を試みた時にはすでに遅く、高度が低すぎて落下傘が開かなかった（海兵同期の元自衛艦隊司令官・本村哲郎回想）と伝えられている。

指宿は、航空自衛隊ジェットパイロット最初の殉職者となった。浜松で荘厳盛大に執り行なわれた葬儀には、全国からかつての同期生たちや、千歳基地から駆けつけた米軍のアドバイザー士官たちが集まり、その不慮の死を悼んだ。殉職後、一等空佐に特別昇任。指宿の死で、海兵六十五期の戦闘機搭乗員は一人残らずこの世から消えた。

山本長官機護衛戦闘機の一人、杉田庄一は、十八年八月二十六日の負傷で内地に帰ったが、その後、傷もようやく癒えて、十九年四月、かつての二〇四空副長・玉井浅一中佐が司令を務める二六三空（豹部隊）に引き抜かれ、グアム基地に着任した。杉田は未だ二十歳にもなっていなかったが、火傷の跡も生々しく、歴戦に裏づけられた自信にあふれ、威風堂々、あたりを払う迫力を発散していた。杉田の列機を務めた当時十八歳の笠井智一一飛曹（のち上飛曹）の話――。

「ライフジャケットをかついで指揮所に入り、独特のひょいっという感じの招き猫のような妙な敬礼をして、玉井司令から、『こんど転勤してきた杉田一飛曹だ』と紹介がありました。誰も彼がどんな経歴の人であるかは知りませんでしたが、玉井司令は知ってたんでしょう。台上の杉田一飛曹は、『俺が杉田だ。何も言うことはないが遠慮せずについて来い』、これが着任の第一声でした。杉田兵曹は、ふだんはもの静かで大声を上げて怒鳴ったりすることはなかったけど、酒と女が大好きで、静かな豪傑肌の人でしたね」

杉田は自分の列機を大事にして、実戦の体験談や戦訓などを惜しげなく教え込んだ。これは、職人肌の多い日本海軍の搭乗員としてはめずらしいことであった。しかし、山本長官機護衛のことについては、笠井たち直接の列機に対しても最後まで何も語らなかったという。

十九年四月二十五日、グアムに来襲したB－24の邀撃戦で笠井は初陣を迎えるが、出撃を前に、杉田は笠井に念入りな注意を与えた。

「いいか、俺と編隊を組んだら、絶対にお前たちジャク（若年搭乗員）が敵を墜とそうなんて考えるな。敵機は俺が墜とすから、とにかく俺について来い。俺が撃ったら、お前たちも、敵は見なくていいから同じように撃て。そしたら協同撃墜になるんだから」

そう、これはかつて、杉田がまだ「ジャク」の頃、宮野大尉が初陣の列機に与えたのとまったく同じ注意であった。

二六三空ではマリアナ防衛の「あ」号作戦に呼応して、十九年六月十五日から十八日にかけて全力で防空戦闘とサイパン沖敵艦船攻撃に出撃したが、圧倒的な敵兵力の前に壊滅、七月十日に解隊され、生存搭乗員の多くはダバオに転進し、二〇一空に吸収された。二〇一空では、海兵七十期の菅野直《かんのなおし》大尉の指揮下、ヤップ島に派遣され、対大型機戦闘の直上方攻撃で大きな戦果を挙げている。

三四三空戦闘三〇一飛行隊の搭乗員。左から松村正二大尉、新星光一、杉田庄一、笠井智一各上飛曹。昭和20年初め頃の撮影。後方は紫電改

やがて比島決戦で特攻隊が次々と出撃してゆくようになるが、十一月中旬のある日、杉田は笠井を供につれて、拳銃を持って豹部隊司令から二〇一空副長になっていた玉井中佐に直訴におよんだ。

「副長、私たちもぜひ特攻に出してください」

副長がうんと言わなければ、拳銃をぶっ放すつもりであった。ところが玉井は、

「何？　特攻？　特攻などいつでも行ける。それよりお前たちは内地に帰って、戦死した豹部隊の戦友の墓参りを俺の代わりにして来い。頼むぞ」

二〇一空飛行長・中島正中佐とともに、特攻隊の

実質的、積極的な推進者として、特攻の当事者である元搭乗員たちから鬼のように言われることの多い玉井中佐だが、本来、情の厚い人で、六空以来、子飼いの部下である杉田と、やはり豹部隊以来、目をかけていた笠井にその場で「死ね」とは命じられなかったのであろう。「特攻隊の編成を発表する時、整列した搭乗員の中で、思わず目を伏せたようなのが名前を呼ばれる。傲然と副長の目をにらみ返しているようなのは選ばれない」(角田和男少尉談)

……玉井の特攻隊員の人選には、そういう、搭乗員から見ると、ちょっと人がわるいというか、好き嫌いや私情の入るところがあった。玉井は戦後、仏門に入り、死なせた部下たちの慰霊に後半生を捧げる。かつての五八二空司令で、特攻作戦開始当時の二〇一空司令・山本栄大佐も、戦後、保険の外交員を務めながらキリスト教に帰依し、フランシスコ・ザビエルの洗礼名を受けて、信仰に生きた。

上飛曹に進級した杉田は、同じく上飛曹になった笠井らと一緒に、新鋭機・紫電改で新たに編成されることになった三四三空戦闘三〇一飛行隊の一員として内地に帰る。三四三空司令は源田實大佐、副長中島正中佐(のち相生高秀少佐)、飛行長志賀淑雄少佐、戦闘七〇一(隊長・鴛淵孝大尉)、戦闘四〇七(同・林喜重大尉)、戦闘三〇一(同・菅野直大尉)の三つの特設飛行隊が主力となっていて、歴戦の搭乗員を基幹とする、当時としては海軍屈指の精鋭部隊であった。

三人の飛行隊長のうち、鴛淵大尉と林大尉は、二五一空時代、ソロモンで宮野と一緒に戦ってその薫陶を受けている。戦闘七〇一飛行隊先任分隊長・山田良市大尉(兵七十一期、のち空将、航空幕僚長）は、鴛淵から宮野の戦いぶりを聞かされたことを記憶している。鴛淵は、海兵入校時の一号生徒でもある宮野のことを、戦上手な戦闘機指揮官の範として絶賛していたという。戦闘三〇一飛行隊でも、杉田上飛曹が宮野の教えを後輩に伝えた。その意味では、宮野は未だ海軍戦闘機隊の中で確実に生きていた。

二十年三月十九日、松山上空の敵機動部隊艦載機邀撃で初陣を飾った三四三空は、四月の米軍沖縄上陸を機に基地を鹿屋に移し、菊水作戦に参加。そして迎えた四月十五日。

「即時待機の命令に、飛行機に乗って待機していたら、敵機北上中との情報が入った。ただちにエンジン始動、試運転もそこそこに、一、二番機がチョーク（車輪どめ）を外して猛然と砂ぼこりを上げ、杉田兵曹は後ろをふり返り上空を指さしながら、離陸を始めました。しかし、その時にはすでにグラマンF６Fが七〜八機、飛行場の真上に来ていて、銃撃を始めたんです。

私もチョーク外せの合図をしましたが、もう整備員が退避してしまっていてどうにもならない。そのうち、グラマンの放ったロケット弾が翼下で爆発し、翼に大穴があいて燃料がこぼれ出しました。

今はこれまで、と飛行機からころがり出て逃げながらふと前の方を見たら、杉田機がブワッと火と煙を吐いて、墜ちる寸前でした。何か叫んだと思いますが、言葉にならなかったですね」（笠井上飛曹談）

三番機・宮澤豊美二飛曹（丙十四期）機も、杉田機の上を飛び越えて、左旋回で高度をとろうとしているところをグラマンに撃たれ、墜落した。

杉田ものちにその功は全軍に布告され（聯合艦隊告示〈布〉第百三十九号、二十年八月一日）、二階級進級の栄を受けた。布告文によると、十七年九月三日の前線進出以来、杉田の挙げた戦果は、単独撃墜七十機、協同撃墜四十機とされている。いささか大雑把な数字のようだが、杉田が卓越した戦闘機搭乗員であるのは間違いのないことであった。戦死した時、杉田は満二十歳と九ヵ月であった。

結局、山本長官機護衛の六機のうちで、終戦まで命を長らえたのは、右手を失った柳谷謙治飛曹長ただ一人となった。

二〇四空司令・杉本丑衛大佐（のち少将、戦死後中将）は、終戦直前の二十年六月十二日（推定）、比島・クラーク地区でもはや翼を失った第二十六航空戦隊司令官（クラーク防衛海軍部隊指揮官）として、ピナツボ山に立てこもって、武器弾薬も食糧もない絶望的な陸戦を指揮したのち、戦死した。連絡も途絶え部隊も壊滅、その最期の状況は詳らかではないが、きわめて数少ない生還者の証言から、杉本少将は、「俺の肉を食って生き延びよ」と部下に言い残して自決したとも伝えられる。

僚隊・五八二空飛行隊長で、宮野の次の二〇四空飛行隊長を務めた進藤三郎少佐は、戦後、炭鉱勤務などを経て自動車会社に就職し、ディーラーの常務を定年まで勤めた。零戦初空戦の指揮官、真珠湾攻撃第二次発進部隊制空隊指揮官などを務めた戦時中とは一転した平凡な会社員生活で、戦争のことは、よほど心を許した一部の相手以外には、最後まで話すことを好まなかった。ソロモンの海に水しぶきを上げて突っ込んだ艦爆や、空中で火の玉となって爆発した列機の姿が、終生瞼から離れることはなく、零戦初空戦より、真珠湾攻撃より、ラバウルでの辛く長かった戦いの方がはるかに印象深いと、筆者に語ってくれた。平成十二年二月二日、死去。八十八歳。

アリューシャン作戦で一緒だった「鬼の一号」志賀淑雄少佐は、戦後、密命を受け皇統護持の秘密作戦に加わったのち、警察装備を扱うノーベル工業株式会社社長として、長く日本の治安を守る仕事についた。平成十七年十一月二十五日、死去。九十一歳。東京・江古田斎場で営まれた葬儀に参列した人の中には、支那事変当時に列機を務めた田中國義（操三十一期・少尉）、三四三空時代の部下の分隊長・速水経康（兵七十一期・大尉）、山田良市（同）、関西から駆けつけた宮崎勇（丙二期・少尉）、笠井智一（甲十期・上飛曹）ら、かつて部下だった元搭乗員の姿も見られた。

「い」号作戦で一緒になった一期後輩の日高盛康少佐は、陸上自衛隊を経て航空自衛隊に入り、退官後は富士重工テストパイロットとなって、飛行機乗りとしての人生を全うし、現在も健在である。（平成二十二年七月十五日、死去。九十二歳）

三空・六空で列機を務めた倉内隆飛曹長は海上自衛隊に入り、ふたたび飛行機の操縦桿を握った。昭和三十六年前後に何度か、鹿屋から館山に向かうフライトの途中で八尾飛行場に着陸して、宮野家を訪ねている。倉内はほどなく脳腫瘍にかかり、横須賀中央病院で手術を受けたが治療の甲斐なく亡くなった。大原亮治が、残された夫人の勤め口の世話をした。二〇四空で宮野亡きあと空中総指揮官を務めた渡辺秀夫上飛曹（のち飛曹長）は、被弾、顔半面と片目を失う重傷にもめげず、海軍の現役に留まり続けるが、二度とふたたび、操縦桿を握ることはなかった。戦後は郷里福島の役場で定年まで勤め、退職後は農業に従事する。負傷の跡以外は目立った病気もなく、「百二十歳まで生きる」といたって意気軒昂であったが、平成十四年六月、自宅近くの用水路に誤って転落するという不慮の事故で亡くなった。八十三歳。

六空・二〇四空でもっとも長く、一年四ヵ月にわたってラバウルで戦い続けた中村佳雄一飛曹（のち飛曹長）には、十九年一月、ようやく内地・厚木空への転勤が発令された。その後、二〇三空を経て、厚木の三〇二空で雷電を駆ってB－29一機を撃墜（銚子上空、十九年十二月三日）するなど、本土防空戦でなおも活躍、三四三空に転じて大村基地で終戦を迎えた。戦後、郷里の北海道で木材業を営む。今は四人の息子たちも立派に成人し、「天下泰平の日々」を送っていると中村は言うが、ラバウルでの体験は心から消えることはなく、被弾した時の無数の弾片も、いまだ体の中にある。

「戦場で一緒だった戦友は、それがたとえ半年の付き合いでも、いつまでも忘れられません。会っても、いつも同じ話を繰り返すだけなんだけど、話が尽きることはありませんね」（中村談・平成二十四年死去。九十歳）

昭和十八年十一月、横須賀海軍航空隊に転勤した大原亮治一飛曹（十九年五月一日・上飛曹、二十年八月二十二日・飛曹長）は、各種飛行実験や、各航空隊への教育派遣などに任じていたが、宮野隊長への思いは絶ちがたく、横須賀の仏具店に頼んで宮野の位牌を作り、毎日拝むようになっていた。もちろん、宮野家の宗旨が浄土真宗であることなど当時の大原には知る由もない。

横空時代の大原亮治上飛曹。昭和20年1月、厚木基地にて

その後、本土上空の数次の邀撃戦で、新型戦闘機の雷電や紫電《しでん》を駆ってB‐29やTBF、それにラバウル以来の宿敵・F4Uを撃墜するなど戦果を重ね、名門・横須賀海軍航空隊の最後の先任搭乗員として終戦を迎える。昭和二十年八月十八日、関東上空に偵察に飛来した米軍の大型爆撃機・B‐32ドミネーターを、零戦五二型に乗って

邀撃したのが、大原の最後の空戦となった。終戦で日本は、一切の航空活動を禁じられたが、大原は、横空の零戦や紫電改のプロペラが外されたその日から、いつか必ずまた空を飛んでやると、虎視眈々、その機会を待っていた。

郷里の宮城県で、米軍キャンプに勤めるなどしてしばらく過ごしたのち、いよいよ航空事業再開に向けて民間機のライセンスをとるべく、有り金をはたいて横須賀に居を移し、藤沢の飛行学校に通う。昭和二十七年のことである。そこで大原は、偶然再会したかつての横空飛行隊長・指宿正信元少佐に声をかけられた。

「昔の海軍戦闘機隊がまたできるぞ。俺は今、海上警備隊に入っているんだ。今、飛行機を領収に来たところだ。手続きをしてやるからお前も入れ」

こうして大原は、海上警備隊に入隊、一年間の艦船勤務を経て、昭和二十九年、鹿屋基地で第一回操縦講習員となり、それを卒えると同時に教官になった。当時、大原の指導を受けた中には、より搭乗歴の古いパイロットをふくめ、多くの元海軍搭乗員がいたが、そのうちの一人、小野清紀《きよみち》元中尉（予十三期、慶大）は、

「SNJで同乗させてもらいましたが、飛行機の動きが全然違うのに驚きました。完全に飛行機がピタリと体の一部になっている。この人は天才だと思いました」

と回想する。

大原は、教官をさらに教育する役目の、海上自衛隊で四名しかいないスタンダード（基準）パイロットの一人とされていた。航空自衛隊発足にあたっては、浜松第一操縦学校に教

官として派遣されている。

航空自衛隊からも「大原さんは根っからのファイターだから」と誘われ、現に小福田元少佐、指宿元少佐など、多くの元戦闘機搭乗員が空自に移ったが、大原は、当時海上幕僚監部航空室長であった相生高秀元中佐（兵五十九期、のち自衛艦隊司令官）に、「お前は行くな、残れ」と止められて海自に残ったという。昭和三十四年からは海上幕僚監部の本庁勤務になり、昭和四十六年、三等海佐で退官するまで、自衛艦隊司令部作戦部運用班長や羽田連絡所長などを歴任した。

その後は運輸省の外郭団体である航空振興財団に勤務、民間パイロットの地上訓練を指導する傍ら、航空教室などを通じて、一般への航空知識の普及につとめた。

「本当に飛行機が好きで搭乗員になって、最後まで航空界に恵まれた人生でした。悔いなし、と思っていますよ」（大原談）

八尾の宮野の実家には、公報と前後して、空の遺骨箱とともに、宮野の遺品がいくつか届けられた。ちょうどその頃、妹・美津子は看護婦として海南島に赴任し、留守にしている。白布に包まれた遺骨箱が還ってきた時、国鉄八尾駅から自宅までの沿道を、母校八尾中学の生徒たちが列をなして出迎えた。

遺品の中には、宮野が戦死するまで、陣中で書き残していた手記があった。兄・真一が開いてみると、その中の一節が目に飛び込んできた。

宮野の姉・その（著者撮影）

「日本は負ける」

負けを見通して、なおかつベストを尽くして戦わなければならなかった弟の心中が、痛いほど感じられた。かなりの量がある文章であったが、真一にはそこだけが鮮やかに印象に残った。戦争が、善治郎が書いた通りの結果に終わった時、真一は、いたたまれずにそれらを全部、火の中にくべた。戦地から善治郎が寄越した手紙や葉書も、すべて燃やしてしまった。

宮野の母・アサは、十九年三月三十一日に真一の長男・善靖が生まれた時は、善治郎の生まれ変わりだと大喜びで、目の中に入れても痛くないほどの可愛がりようであったが、元から病弱だったこともあり、終戦直後の二十年九月五日、戦死した息子の後を追うように、六十五歳でその生涯を閉じた。

長兄・真一は長者の風格がある人で、善治郎の旧部下たちからも長く慕われていた。昭和六十三年九月二十日歿、八十三歳。

家具職人に弟子入りした次兄・章二は、昭和五十五年十一月二十三日歿、七十四歳。八尾の宮野家には、章二が作った家具や細工物がいくつか残っている。三男・要三は、平成三年

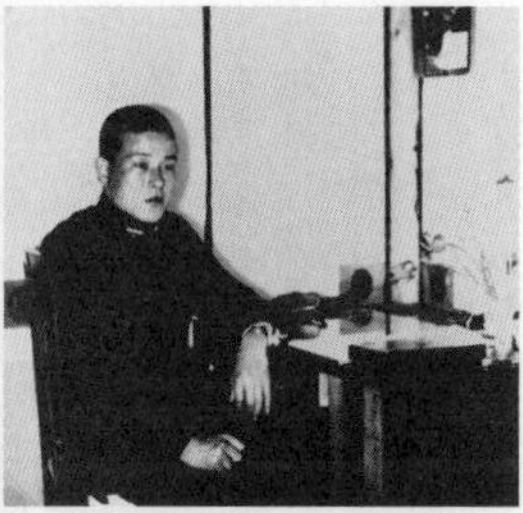

実家の机の前にすわる海軍中尉時代の宮野善治郎

宮野家には善治郎の勉強机が、今もそのまま残されている（著者撮影）

昭和初期の面影を残す、宮野の実家（著者撮影）

六月二十三日歿、八十歳。妹・美津子は、平成六年三月一日、七十六歳で世を去った。六人いた宮野の兄弟姉妹のうち、姉・そのだけが、平成十八年、九十八歳を迎えて健在で、親戚縁者の敬愛を今なお集めている。会う人は誰でも幸福な気分になるような、チャーミングな女性である。

今ひとり、宮野が生きて帰れば花嫁になるはずだった女性は、戦後会社員の男性と結婚し、三人の子宝に恵まれて、平凡だが幸福な人生を送っている。見合いによる結婚が当たり前の当時、いわゆる恋愛結婚の対象ではなかったから、どのくらいの恋心を宮野が抱いていたか、今となっては知るすべもない。この女性を不幸な目に合わせずにすんだことは、宮野にとってせめてもの救い、と言えばきれいごとに過ぎるであろうか。

大原亮治氏の近影。平成16年秋、予科練戦没者慰霊祭の実行委員長を務めた際のひとコマ（著者撮影）

戦争が終わって幾星霜。宮野善治郎がこの世に生を受けて九十年余、戦死してからでも六十三年の歳月が過ぎた。

大原亮治元飛曹長は今でも、「隊長が生きていたら戦後はどんな人生を歩んだかな、いずれにしても自分はついて行っただろうな」とふと考えることがあると言う。どうして最後の出撃について行かなかったのか、苦しい自問自答は今もなお続いている。

毎朝、神棚に飾った宮野の遺影に敬礼をすることから、大原の一日は始まる。六月十六日の命日には必ず、航空弁当の定番であった巻き寿司を神棚に供えるが、このところ続けて、この日は、日高盛康元少佐と筆者もあわせて三人で、靖国神社に昇殿参拝をしている。

「わが人生ソロモンにあり、宮野大尉にあり」（大原談）

これほどまでに列機が心酔する零戦隊長が、他にいるだろうか。いや、いたかも知れない。が、列機のほとんどが戦死しているから、語り継がれることもなかったのであろう。大原亮治という、武運の強い忠実な列機に恵まれた宮野は、そういう意味では幸福な指揮官であった。大原だけでなく、宮野はどこまでも人に恵まれていた。

大原が横空時代に作った宮野の位牌は、昭和五十年六月、宮野の三十三回忌で元隊員たちが八尾に集まった時、宮野の兄・真一に手渡された。列機の思いが詰まったその位牌は、今も宮野家の仏壇に安置され、供養が営まれている。

（文中敬称略）

追記・宮崎そのさんは平成二十一年二月二十七日、百歳の天寿を全うした。

宮野の氏神・渋川神社の大楠（著者撮影）

あとがき——白鷺の記憶

宮野善治郎が戦死してから二十年後、宮野の生家とすぐ目と鼻の先にある産院で、私が生まれた。小学校の教室の窓からは、父の母校でもある大阪府立八尾高校の、昭和初期に建てられた重厚な校舎が間近に見えていた。

「この学校に行く」というのは、子供の頃から自分でもそう決めていたし、息子を、地元の名門校で通っている母校に進ませるのは、父の夢でもあった。だから、高校受験の時に他の学校を受けようという気持は、全くなかった。

八尾高校に進んで初めて、父も習った古株の先生の口から、母校に宮野善治郎という零戦搭乗員の先輩がいたことを知った。今から二十八年前のことである。

それから二年、三年。私は、学校の勉強よりも面白いことを見つけてしまい、勉強はそっちのけの高校生活を送り、先生や周囲の猛反対を押し切って東京の大学の芸術学部に進んだ。そして、大学卒業後は当時、一大ブームを巻き起こしていた写真週刊誌の専属カメラマンとなり、ありとあらゆるジャンルの報道の現場を駆けずりまわった。

戦後五十年を迎えた平成七年、私は、ふとしたきっかけから、元海軍戦闘機搭乗員と出会い、彼らの戦中戦後を、写真と体験談としてまとめる取材を始めた。当初は、戦後五十周年の雑誌記事ぐらいのつもりであった。

インタビュー順に、原田要、小町定、志賀淑雄、田中國義、角田和男、鈴木實、進藤三郎……と立て続けに取材を重ねるうちに、私は、彼らの人間性の豊かさに、日本人の生き方の原点を見るような気がして、いわば「人に惚れる」形でのめり込んでいった。そして、高校生の頃、先生に聞かされた宮野善治郎という母校の先輩の名前が、会う人ごとに懐かしげに語られることに、ちょっぴり誇らしさを覚えるようになっていた。私の中で、宮野善治郎という存在が、だんだん大きくなってきた。

大原亮治氏と出会ったのは、その年の夏の終わりである。

「零戦搭乗員会」の事務局があった小町定元飛曹長の事務所で、あれこれと昔のことを教えてもらっている時、約束の時間が過ぎたので、辞去しようと腰を浮かせかけたら、「もうちょっと待ったら大原が来るよ」と小町氏に言われた。待つこととしばし。私は、大原氏が、宮野の列機を務めた搭乗員であることは知っていた。小町氏もそうだったが、初対面の大原氏は、見るからに精悍な、戦闘機乗りらしい面影を色濃く残している人であった。

小町氏が、「こんど、零戦搭乗員のことを取材している人だ」と私のことを紹介してくれた。大原氏は、チラッと私を一瞥して、「今からじゃ駄目だよ。おもだった人はあらかた死んじゃって。今からやってもしようがないんじゃないの」……と、取りつく島もなかった。

実際、柴田武雄大佐、真木成一中佐、相生高秀中佐、山本重久少佐、小林巳代治大尉、磯崎千利大尉、松場秋夫中尉……海軍戦闘機隊の名だたる実力者が、ここ二、三年の間に次々と亡くなっている時期であった。

こんな状況で、母校の先輩の名前を出すというのは、ふだんの私ならしないことである。「だからどうした？」と言われるかも知れないし、そうすると先輩の顔に泥を塗ることになる。それに、自分自身の取材活動に、先輩とはいえ一面識もない他人の名前を利用することを潔しとしない気持があるからだ。

が、この時は、「実はその私……宮野善治郎大尉の八尾中学の後輩なんです」という言葉が、自然に口をついて出た。

大原氏の表情が動いた。私の顔をまじまじと見ながら、

「そう……！、あなた、宮野さんの。……じゃ、こんどうちにいらっしゃい」

この時から、零戦搭乗員の取材と並行して、宮野善治郎の面影を追い求める私の旅が始まった。

大原氏はもちろん、士官、下士官兵を問わず、宮野とどこかで接点のあった人をインタビューする際には、必ず宮野の印象や思い出を尋ねた。結果的に数百名におよんだ談話・資料提供者の中には、風見博太郎元造兵大尉のように、「戦艦伊勢のガンルームで一緒だったよ」と資料を提供してくれた人や、山田良市元航空幕僚長のように、直接の接点はなくても、

大戦末期、自分の隊長・鴛淵孝大尉から宮野のことをよく聞かされたなどと、こちらが予期しないような話をしてくれる人もいた。

熱海で行なわれた二〇四空戦友会では、搭乗員ばかりでなく、整備員や主計兵、看護兵であった人たちが、宮野の話となると目に涙をためて、「いい隊長だった」と熱っぽく語ってくれたのが強く印象に残った。

零戦搭乗員会でも然りで、宮野と少しでも関わりのあった人は、懐かしそうに往時の宮野をふり返ってくれるのが常であった。それは、単に武功抜群の指揮官というばかりでなく、人と人との魂のふれあいの中で、宮野がこの人たちに何かを残しているからに違いなかった。

大体、どこの社会でも同じかも知れないが、部下が上官を見る目というのは厳しいものだ。数ある戦記本の、特に下士官兵出身者の名前で出された本には、私怨をふくむ上官へのうらみつらみが書き連ねられているものが多いし、戦友会などでも、いくら皆の尊敬を受けている指揮官でも、必ず一つや二つの悪口は聞こえてくる。軍隊において、上下から等しく愛されるというのは、なかなか難しいことのようである。

ところが、宮野善治郎に関しては、悪く言う人は少なくとも現存する旧上官、同期生、部下の中には一人もいない。これは、指揮官として稀有なことである。それどころか、今も供養を欠かさない人、宮野が出てくる本や資料をせっせと集めている人などがいて、戦友会でも、クラス会でも、色んな形で、まさに六十年の時空を超えて周囲の人たちの心の中で生き続け、慕われ続けているのだ。たった二十七歳と六ヵ月で戦死した若者が、今や八十代半ばから九十歳になろうかという人たちから、である。

〈陽気で豪気で粋な彼のような人間像に戦後は会ったこともないし、またこれからもないだろう。二人の漢口以来ラバウルまでの戦場の付き合いに勝る出会いもまたなかろうと思う〉（美坐正巳元少佐回想）

これは戦後の単なる懐旧談ではない。戦時中、文藝春秋より発行された雑誌「大洋」昭和十九年六月号の「海軍戦闘機隊座談會」と題する記事の中でも、〈小福田（祖）「宮野君が戦死した時はみんな泣いたさうだね」、中島（正）「いゝ隊長だつたものね」〉という記述が見られる。

「この人たちにそこまで言われる宮野善治郎とは、どんな人だったのだろう」、私の中で、宮野の存在は、ますます大きくなっていった。

私が不思議に思ったのは、大阪、八尾からどうしてこんな戦闘機乗りが出たのかということである。わが故郷ながら、河内人一般が軍人に向いているとは考えにくい。

取材を始めて間もない頃、大原氏からの紹介で、宮野の遺族を訪ねる機会を得た。宮野の実家は、戦前のまま残っているという。教えられた住所を見て、私は驚いた。私の実家のすぐ近く、同じ川筋にあるのである。このあたりの川筋は、昭和初期に田んぼを埋め立てて造成された住宅地である。訪ねてみると、宮野の家は、私の実家と築年数も作りもほとんど同じであった。宮野家では、姉・そのさんと息子（善治郎の甥）の守正さん、同じく甥で兄・

真一の長男・善靖さん一家が出迎えてくれた。

宮野家に行って初めて、私は「なるほど」と思った。何がどうなるほどなのかは説明しにくいが、本書の宮野の生い立ちのあたりを読み返してもらえれば、ある程度、納得してもらえるであろう。宮野の人格形成の元は、まさにこの家庭で培われたものであった。

この時、「こんなものがありますけど……」と、宮野家から見せてもらったのが、善治郎が兵学校時代の休暇時につけていた日記帳である。地元だから当然だが、読んでみると、出てくる地名のほとんど全部が私にとっても身近な場所で、遊び場所もかなりの部分、重なっていた。日記にたびたび出てくる母校・八尾中学（旧制）は私の母校・八尾高校（新制）である。読んでいて、ふとこれは自分がつけていた日記ではないかと思うほどの既視感があった。もちろん、錯覚である。

日記を読み進めると、目立たずおとなしい中学生であった宮野が、兵学校で鍛えられてぐんぐん逞しくなってゆく様子が見て取れるが、宮野は決して、いわゆる「軍人向き」ではなかったような気がする。海軍で偉くなろうという感じでもない。支那事変勃発当初のお祭り騒ぎに対する醒めた見方は、のちのアリューシャン作戦で志賀大尉に投げかけた、「先輩、この戦争、勝てると思いますか?」という疑問につながっているし、さらに宮野の陣中日誌にあったという「日本は負ける」という言葉にも表われている。周囲が熱中していても、常にどこかに醒めた見方を残している。これはたぶん、河内の商売人育ちの感性だろう。

しかし宮野は、そんな疑問をおくびにも出さず、誰よりも勇敢に戦った。ちょうど、宮野が一人前の海軍士官として分隊長になった直後、未曾有の大戦争が始まった。否も応もない。戦争は、そういう時代だったのだから仕方がない。現代の高みからは何とでも言えよう。置かれた状況の中で、ベストを尽くすことこそが、人としてとるべき道である。しかも、自ら志願して海軍兵学校に入り、士官になったのだから、勇敢に戦う以外の選択肢などないではないか。

それでも、勇敢に戦っただけでは、死後もこれほど長きにわたって旧部下から慕われ続けることの説明にはならない。

宮野の遺品をさらにひも解いてみると、小さな手帳の見返しのところに、詩を書いた紙片がはさまっていた。冒頭に記した「二大誓願　愛　汗」である。まさしくこの精神が、宮野の拠りどころになっていたのではないか。持って生まれた人間的魅力というものがあるとして、こういう気持で常に部下と接していたのだとすると、すべて平仄《ひょうそく》が合う、ような気がする。

それから十年余りの月日が流れた。私は、零戦搭乗員や戦争体験者のインタビュー取材を続け、何冊かの本を上梓した。その間、零戦搭乗員会が、会員の高齢化から事務局機能の維持が困難になって解散し、その後の海軍戦闘機搭乗員の慰霊顕彰を、若い世代がサポートする形で新たに発足した「零戦の会」が引き継ぐことになった。私は縁があってその副会長ということになったが、その思いの後ろには、常に宮野善治郎の影があった。

平成十五年秋、母校八尾高校で、在校生の進路指導についての講演を依頼された。私以外の講師は皆、私より先輩の立派な人たちばかりだから、「先生の言うことを聞かないとこんな風になるぞ」という反面教師の意味で選ばれたのかも知れない。

私の実家から八尾高校、宮野の実家、宮野の墓は、距離で言うと総計三キロ足らず、すべて長瀬川の一本のラインでつながる。かつて宮野が鮒釣りをやった長瀬川は、戦後、護岸工事がなされて工業排水が流れ込み、一時は死の川になったが、近年、水質が改善され、魚の姿も戻りつつある。

母校の生徒たちは、報道の仕事にまつわる私の下手な話を、思いのほか熱心に聴いてくれた。校舎は新しく建て替えられたが、校庭の隅に鎮座していた狐山は残っているし、校歌も、生徒が着ている制服も昔のままである。学校の東側を流れ下る長瀬川とグラウンドとの位置関係や、そこから仰ぐ信貴生駒連峰の山容も、建物が増えたことに目をつぶれば、たぶん戦前と比べてもそれほど変わっていないだろう。講演を終えて、ふと思い立ち、JR八尾駅近くの花屋で花を買って、八尾高校から歩いて十数分の宮野の墓に詣でた。秋の日差しが、かつて宮野も登った高安山を照らしていた。私は、自分の背より高い宮野の墓石に向かって、無心に手を合わせた。

どれぐらいの時間、黙想していただろうか。ふと目を開けると、目の前にある水汲み場の屋根に、大きな白鷺がとまって、こちらをじっと見ていた。無論、偶然であろう。しかし私は、一瞬、これは宮野の化身かと思って、驚いた。その二年前に亡くなった鈴木實元中佐が、身体の自由を失った最期の病床で、「こんど生まれ変わったら鳥になりたい。大きな鳥になって、また空を飛びたいなあ……」とつぶやいた言葉が耳に残っていたせいもあるかも知れない。

やがて、白鷺は、踵を返し、羽を広げて高安山の方へ飛んでいった。筆者は、やりかけの仕事――宮野善治郎の記録――をそろそろ仕上げないといけないなと、その時、思った。

それから、ふたたび宮野の残した日記や資料にじっくりと目を通し、恵比寿の防衛庁防衛研究所図書館に通って宮野の全出撃記録や関連資料を洗ってみた。日記に出てくる場所には、改めてできるだけ足を運んだ。渋川神社、瀧谷不動尊、大和川……。不思議といつも、白鷺が私を出迎えた。白鷺は、気がつけばいつも近くでこちらを見ていて、目が合うとしばらくしてどこかへ飛んでゆくのであった。

宮野が読んだ本も、古書店を探してできるだけ手に入れた。日記にある通りに、『沢庵和尚』の本を、渋川神社の大楠の下で読んでみたりもした。われながら思考が単純だが、宮野のことを書くには、まず宮野と感性を共有しなければならないと思ったのである。一度も会ったことのない人だが、八尾中学・八尾高校の同窓生であるというのは、やはり精神的には大きな柱となった。同窓会の奥田尚五、伊勢田達也両先輩には、いつも最大限の応援をしていただいた。学校の伝統というのは有難いものだとしみじみと感じた。

六十五期の『回想録』など、引用の必要がある資料については、それぞれ然るべき筋から了解を得た。ただ、宮野のことであるから、自分の武功だけをまとめられても嬉しくはあるまい。やるからには、宮野個人のことだけでなく、宮野の部下であった搭乗員全員の消息も明らかにしたいと思い、いろんな伝手を通して資料を手に入れた。搭乗員の出身期などについては、高知県在住の研究者・吉良敢《いさみ》氏から多くのことを教わった。その他、この十年余の間に見たこと、聞いたこと、集めたことすべての積み重ねが重要な基礎資料になった。

部下搭乗員たちの消息を調べているうち、気になっていたのは、よく言われる「ラバウルの搭乗員は死ななきゃ内地に帰れない」という言葉である。これを俗信で終わらせず、何らかの形で実証してみたかった。大原亮治氏は、「われわれは当時、そんなことは言わなかった」というが、調べてみると、別表の通り、これは七割五分が真実、すなわち、ラバウルに進出した宮野の部下たちは、実に四分の三が、その後、転勤することなく六空・二〇四空で戦死している。部下思いの宮野とすれば、いずれにしてもこれでは、生きて帰るわけにはいかなかったのかも知れない。しかも、生きてラバウルを出た四分の一の搭乗員の過半は、のちの硫黄島、比島、本土上空の空戦などで戦死している。他の兵科の戦死率と比べると、絶対数はともかく、すさまじい消耗率だと言える。しかもこれは単なる数字ではない。戦闘行動調書に自爆、未帰還、行方不明と朱字の入った一人一人に、短いながらもそれぞれの人生があり、家族があり、思いがあった。

戦争とは、壮大な人間の情念を否応なく、一瞬にして無にしてしまう、恐るべき愚行である。しかし同時に、その時代の渦中に生きている人間にとっては、やむにやまれぬ選択でもある。身命を賭して守らなければならないこともあるだろう。現在の視点で歴史上の事実を分析することは大切だが、それには常に、まず当時の価値観を俎上に乗せてこれと比較するのでなければ、事実が真実から遊離してしまう。

現代の目でふり返れば、負けると決まった戦争だったであろう。しかし、そこで戦って死んだ人たちは、決して犬死などではない。少なくとも今、日本人が享受している平穏な暮しは、彼ら無名戦士の犠牲の積み重ねの上にある。私は、我が母校の生んだ宮野善治郎という零戦搭乗員の生涯を通じて、宮野が愛をもって接し、ともに汗を流し、日本の礎となった一人でも多くの人たちのことを残したいと思い、この稿を書いた。

平成の世、ふたたび巡り来た十八年六月十六日に記す

神立尚紀

文庫版あとがき

本書『零戦隊長　宮野善治郎の生涯』は、私が著した初の長編である。

宮野善治郎本人は戦死していて話を聞くすべもないから、会える限りの遺族や関係者に直接会い、探せる限りの一次資料を集め、さらに宮野の足跡を訪ねたりしながら、戦後五十年の節目の年だった平成七（一九九五）年から十八（二〇〇六）年まで、十一年の歳月をかけて書き上げた。

取材、執筆にあたっては、「主人公である宮野の居場所がわからない日を作らない」「直接の部下だった搭乗員総員の消息を明らかにする」「航空戦は、つねに陸、海の作戦とリンクしていることを踏まえ、立体的にものごとを捉える」という三つのことを心に決め、さまざまな手段を駆使して資料を集め、取材を重ねた。いずれも予想以上に困難なことだったが、宮野の遺徳と言うべきか、多くの人々の力添えを得て、なんとか実現できたと思っている。

実際に、本書刊行後、戦史にほとんど名を残すことなく戦死した搭乗員の遺族から、「はじめて本で故人の名前を見た」「ようやく、最期の状況がわかった」などの連絡をいくつもいただいた。

これら基本的な心得は、その後、海兵六十期の零戦隊指揮官・鈴木實中佐と進藤三郎少佐を主人公にした『祖父たちの零戦』（平成二十二年、講談社。現在は講談社文庫）、ラバウルで奮戦し、のちに特攻隊員となった角田和男中尉と「特攻生みの親」とも称される大西瀧治郎中将の副官だった門司親徳主計少佐、二人の人生を軸に、海軍における「特攻」の意味を掘り下げた『特攻の真意　大西瀧治郎はなぜ「特攻」を命じたのか』（平成二十三年、文藝春秋。現在は文春文庫）の二冊の長編を上梓した際にも、ほぼそのまま引き継いだ。『祖父たちの零戦』は零戦の通史として、また『特攻の真意』はソロモン戦以後、終戦までの零戦の戦いを追うものとして、いずれも本書を補完する、いわば「姉妹編」であると、著者である私は位置づけている。

本書の初版刊行から十年。その間、宮野善治郎の姉・宮崎そのさんが百歳の天寿を全うされたのをはじめ、海兵六十五期同期生のほぼ全員、海兵六十三期で開戦時の第三航空隊先任分隊長だった黒澤丈夫少佐、ラバウルで宮野と会った海兵の一期後輩・六十六期の日高盛康少佐、宮野の最後の出撃で四番機を務めた中村佳雄飛曹長ら、直接取材に応じてくれた人のほとんどが鬼籍に入ってしまった。

宮野が率いた第二〇四海軍航空隊の零戦搭乗員で、戦後七十年を過ぎたいま、存命なのは大原亮治飛曹長ただ一人。単行本執筆を通じて応援してくださった光人社（現・潮書房光人社）の高城肇会長もいまは亡い。時の重みと人の命の儚さを、いま、しみじみと実感している。

このたび、宮野善治郎生誕百年（宮野は大正四年——一九一五年十二月二十九日生まれ）を期して本書が文庫化され、より多くの読者の目に触れるであろうことは、著者として率直に喜ばしく思うし、南の空に散った多くの零戦搭乗員への手向けの花ともなるのではないかと思っている。

本書の執筆を通じて唯一、心残りだったのは、私自身が実際のラバウルを知らなかったことだ。かつて、ニューカレドニアには何度か旅をし、成田—ヌメア便が真上を通るガダルカナル島を上空から見下ろしたことがある。この島をめぐって日米両軍が死闘を演じ、この美しい空のどこかで宮野善治郎の命が消えたのだと思いを巡らせたりもしたが、二〇四空をはじめ、海軍航空隊の一大拠点だったラバウルを訪ねるのは長年、宿願のままになっていた。

それが、平成二十五年、偶然の機会に実現したのだ。この年、私は、NHKの特集番組「零戦～搭乗員たちが見つめた太平洋戦争～」を監修することになり、NHKエンタープライズの気鋭の番組ディレクター・大島隆之氏と二人、成田からポートモレスビーを経由して、いまはパプアニューギニア独立国に含まれるラバウル、ブカ島を旅することができた。意外にも、NHKの取材スタッフがラバウル現地を取材するのはこれが初めてだったという。

旅の前、私は大原亮治氏を訪ね、当時の記憶をもとにラバウルやブカの詳細な地図を描い

てもらい、さらに、本文中にも紹介している中澤政一二飛曹の「陣中日記」の現物その他の資料を拝借した。大原氏は、

「昭和十八年十一月に内地に転勤になってから七十年、ラバウルには一度も行ってない。若かったら私もぜひ同行させてもらうんだけども……」

と、悔しさをにじませながらも、

「ひとつ、私の分までしっかりと見てきて、帰ったら写真を見せてください」

と、快く送り出してくれた。


パプアニューギニア独立国は、日本の外務省の渡航情報では治安の悪さだけが強調されている。事実、首都・ポートモレスビーは、地方からの人口流入とそれに伴う失業者の増加で犯罪が頻発し、武装強盗による発砲騒ぎもしばしば起きているという。しかし、ポートモレスビーで国内線の飛行機に乗り換え、かつて零戦隊が飛んだコースをひとっ飛びして降り立ったラバウル（現在の空港は、ラバウルより南東に約三十キロ離れたココポ近郊にある）は、風光明媚、住民もみな親切で治安も悪くなく、じつに良いところだった。

ラバウル市街は、平成六年の花吹山（タブルブル山）、西吹山（バルカン山）の大噴火で大きな打撃を受け、住民の多くは近隣のココポなどへ移住、一時は死の街になったが、それでも近年、人々は徐々に戻ってきているらしく、大噴火前に二万四千人いた人口は六千人まで回復、小さいながらマーケットもあって、街のあちこちで火山灰を取り除く工事が行なわれて

いた。

ラバウル市街のすぐ北側、海軍病院や上級指揮官の宿舎があった通称「官邸山」から見下ろすと、火山灰に覆われてはいるものの、街が復興を始めていることがわかる。水は雨水をタンクにためて使うのでやや不自由だが、電気も通っていて、人が暮らすことはできるようだった。

ゴーッ、ドドドーンと、空気を震わせながら噴煙を上げ続ける花吹山を間近に望みつつ、厚い火山灰に覆われたラバウル東飛行場跡を歩き、当時の写真の場所を特定したり、飛行場端の海中から火山による熱湯が湧き出る、かつて将兵も入浴した通称「ラバウル温泉」に浸かったりして往時を偲ぶ。東飛行場の端には陸軍の一式戦「隼」と九七式重爆撃機の残骸が灰に埋もれ、まさに土に還ろうとしていた。

ラバウル市街には日本軍の防空壕跡や対空機銃の類が多く残されている。大原氏は、市街に駐屯する陸軍部隊が、蓄音機でラヴェルの「ボレロ」のレコードをかけているのに聴き惚れた思い出を語ってくれたが、その場所もおおよその見当がついた。市街から官邸山に向かうと、道路はほぼ大原氏の地図通りにつながっていて、当時の建物は残っていないものの、大原氏が同年兵たちと暮らし、杉田飛長から山本五十六長官機が撃墜されたことを聞かされた宿舎、第八海軍病院、林唯一画「笹井中尉B－17撃墜の図」が飾られていたという士官慰安所などの敷地跡も確認できた。

港には、昭和十七年、台南海軍航空隊の隊員たちを運んできた直後、接岸中に空襲を受け、撃沈された輸送船「小牧丸」が、浅い海底に沈座したまま弾痕も生々しい船体上部を海面に晒し、韓国漁船の桟橋として使われている。

海岸線を南にくだってココポ近郊の漁師に頼んで船を出してもらい、ガゼル岬沖、水深四メートルの海底に沈む零戦二一型を日本のメディアとしてははじめて発見することもできた。この零戦は、海岸から三百メートルほど離れた沖合いで、機首を東飛行場に向けた状態で沈んでいて、機体前部はほぼ原形を保っていたが、操縦席の右から左に機銃弾が貫通したような痕があった。二〇四空の記録から、この零戦は、昭和十八年四月十二日、敵襲に単機で邀撃に上がり、ラバウル着任後わずか一週間で未帰還になった杉原繁弘飛長機の可能性が考えられたが、機体のほかに遺留品はなく、断定はできない。NHKが調べたところによると、杉原家は存続しているものの、繁弘飛長と血縁のある遺族はすでに誰もいないという。

ラバウル市街から見れば西方の山の上、陸攻隊の基地であったブナカナウ飛行場跡に行ってみると、ここは、コンクリート舗装が施されていたため椰子の木が生えず、飛行場の面影を空間にとどめていた。ラバウル航空戦後期、零戦隊のもう一つの基地として使われたトベラ飛行場跡に行くと、ここは火山灰の影響を受けず、舗装もないため一面の椰子林になっていたが、かつての飛行場の端にあたる広場には数機分の零戦の残骸があり、子供たちがその上に乗って遊んでいた。

われわれは、続いて、飛行機で五十分、ガダルカナル空襲の前進基地であったブカ島に渡った。ブカの飛行場は、かつて日本海軍が設営したものがほぼそのままの形で使われていて、滑走路の端には、日本海軍の高角砲が一基、赤錆びた姿で空を睨んでいる。楽園のようだったラバウルと違い、ブカ島はきわめて居心地の悪いところだった。島の東部に小さな町があるが、埃っぽく殺伐としていて、空気はよどみ、住民たちにも笑顔がない。聞けば、隣のブーゲンビル島の独立をめぐって、つい数年前まで内戦状態が続いていたのだという。内戦のときは、旧日本陸軍の三八式歩兵銃も使われていたそうだ。大原氏から、昭和十七年十月十三日、米軍機の空襲を受け、平井三馬飛曹長らが戦死した地点をあらかじめ聞いていたが、われわれの泊まるホテル（クリ・ビレッジリゾート）がちょうどその場所だった。視界の開けた海岸沿いで、よほど堅固な地下壕でも作らない限り、ここで空襲から身を隠すことなど不可能だっただろうと思った。ブカまで来ると、「ブイン、ブカと比べれば、ラバウルは後方基地だった」と、元隊員たちが口をそろえる理由がわかる。

ただ、ブカの海は美しかった。海亀の泳ぐ水道に船を出してもらい、ブカ島の対岸で五八二空の宿舎があったソハナ島、さらにブーゲンビル島にも上陸した。ソハナには零式水上観測機の残骸があり、ブーゲンビルの集落では、日本軍の防空壕が住居や倉庫としていまなお使われているのを見た。

治安上の問題から、ブインに足を伸ばせなかったのは残念だったが、ラバウル、ブカの地を実際に見たことで、宮野善治郎や隊員たちの姿が、私の中でより立体的に、色彩豊かに立ち上ってきたように思う。

今回、文庫化にあたっては、そんな経験も踏まえ、さらに、その後の取材で明らかになったことも併せて、若干の加筆、修正を加えた。当事者のほとんどがこの世にいない現在、これ以上の資料や新証言が出てくることは考えにくいから、これが、大東亜戦争初期から中期にかけて、零戦と宮野善治郎にまつわる航空戦を扱ったドキュメンタリーとしての決定版と呼んで差支えない作品になったのではないかと、いささか自負している。

戦後七十年余、「戦争の悲劇を忘れてはならない」「この惨禍を二度と繰り返してはいけない」と、メディアも人々も口をそろえるようにして言う。そのこと自体に異論はないけれど、私も含めた戦後生まれが日本の全人口の八割を超えたいま、どれほどの人が大東亜戦争の当事者、体験者とじかに触れ、（イデオロギーのフィルターを通すのではなく）実感をもって彼らの思いを受け止めているだろう。読者には、かつて、宮野善治郎という青年がいたこと、貧しいが誠実な家庭に生まれ育った彼が海軍士官となり、零戦隊を率いて戦い、己の責務を黙々と果たして戦火に散ったことを、記憶の隅にとどめていただければ幸いである。そして、宮野と同じように、己の直面した運命に背を向けることなく死地に臨んだ若者たちが大勢いたことも。

歴史は、人々の「命」や「思い」の集積であり、「現在」は「過去」から続く時間軸の上にのみ存在する。歴史上の事実を正しく知ると同時に、若くして戦場に消えた命に思いを寄せ、いまある命を大切にすること。それが、「戦争を忘れない」ために、現代を生きるわれわれがなすべきことの第一歩なのではないだろうか。

最後になりましたが、私が零戦搭乗員の取材を始めた頃から二十年の長きにわたって、何冊もの本の出版を通じて苦楽を共にし、今回の文庫化にあたっても編集の労をとってくださった潮書房光人社の坂梨誠司氏、そして縁あってこの本を手にしてくださった全ての読者の皆様に心より御礼申し上げます。

平成二十七年十二月二十九日、宮野善治郎生誕百年の誕生日に記す。

神立尚紀

解　　説

大森洋平

『零戦隊長　宮野善治郎の生涯』は、ある海軍士官の短い一生を軸に、太平洋戦争の空と海の戦いを描いたものである。『祖父たちの零戦』（講談社文庫）、『特攻の真意』（文春文庫）に続く本書の文庫化によって、神立尚紀の三大長編ノンフィクションがより入手しやすく、読みやすい形になったのはまことに喜ばしい。

本書の魅力は、詳細ながら平明な描写にある。プロローグ、零戦隊の発進場面にご注目いただきたい。命令一下、各機が空に舞い上がるまでの流れが、デジタル映像のように鮮やかである。「列機の位置」「操縦席の風防はいつ閉めるのか」「額のゴーグルはどのように扱うのか」曖昧な部分は何一つない。将来ドラマやドキュメンタリーで零戦の離陸の映像化を試みる人は、ここを読むだけで、十二分な絵コンテを作ることができるだろう。

もちろんこれまでにも、旧軍人の回想記に離陸場面は登場してきたが、本人にとりごく当り前だった動きを無意識的に書き留めたものがほとんどである。だが本書は違う。神立は意識して書いている。無数の元搭乗員に「離陸とはどんなものだったか」を質問し、そこから得た知識を一つずつつなげ、意識的に一連の動きにまとめ上げているのである。

これを筆頭に、主人公宮野善治郎が育った河内の美しい風土、海軍兵学校での厳しい試練、士官となって後の日常、東京銀座や別府温泉での楽しい休日といった、もはや失われた遠い過去の光景が次々と展開してゆく。そして兵学校生徒宮野の夏休みを、その日記によってたどる部分では、次第に読者は脳裏に結ばれる映像を越え、宮野自身の目ですべてを見ている気分になってくる。

これは中盤のクライマックス、アリューシャン列島ダッチハーバー攻防戦の描写で、一層顕著となり、ついに自分が宮野となって、濃霧の中を飛び回っているような錯覚にさえ陥るだろう。この臨場感、いやむしろ憑依感とでも言うべきタッチは、神立の他の作品にはないものである。あとがきにある「まず宮野と感性を共有しなければならない。一度も会ったことのない人だが」という執筆方針の成果と言えよう。

神立は過去から、宮野を中心にしたある一定の枠を切り取る。そしてその中を取材した事実で丹念に埋めてゆくことで、宮野が生きていた空間全体を再現しようとする。この歴史のジグソーパズルは、戦いの記録だけをピースにしていては決して完成しない。

よって我々は本書を戦前戦中の貴重な生活誌としても読める。凄絶な戦闘の幕間に、銀座の美人ダンサー三姉妹、英国地洋服の仕立代、芸者をあげての宴会料、飛行帽の特注先は何と日本橋高島屋、風邪用マスクの着用はいつから始まったか、といった意外な情報に接し、驚くことができる。これは本書のもう一つの魅力である。

また「食人種」をあっけらかんと「猛獣」に分類している海軍資料、なぜか陸軍部隊を指揮する羽目になった海軍少尉、数奇な成り行きで「生きながら諸子は神」の言葉そのままに靖国神社に合祀されてしまうが、戦後もずっと健在だった飛行兵曹長等々、平和時には絶対ありえない珍談奇談の数々に思わず頬を緩めたりもできる。戦争の悲劇とは多面的なものなのだと、読み進むうちにわかってくる。

マスコミではしばしば「事実を超越した真実！」が持てはやされる。だがそれは大概事実を逸脱したフィクションに過ぎない。本書ではあくまで「事実＝真実」であり、内容に勝手な空想が入り込む余地はない。宮野の最期についても、膨大な資料を渉猟した上で、公式記録がない以上「突きつめて状況を特定する必要もないであろう」に留め、私情や感傷を遮断している。しかしそれこそが生者が死者に対して払いえる最大の敬意だろう。

宮野善治郎その人の魅力とは何だろうか。有能な戦闘機隊長ではあったが、いわゆる撃墜王ではない。そもそも当人が個人の撃墜スコアを全く重視していない。真珠湾の英雄でも、ミッドウェーの勇士でもない。緒戦では基地航空隊に属して南方を、次いでミッドウェーの陰に霧深く隠れたアリューシャンを戦場としていたからだ。その上米海軍のＦ６Ｆ「ヘルキャット」戦闘機の登場以前に戦死したので、この零戦最大の敵と刃を交えてもいない。戦史の檜舞台に独り立ち、脚光を浴びる人では全くない。

しかし彼の戦歴をたどれば、地味だが着実に駒を進める南方戦略の重要性も、ともすれば忘れられがちなアリューシャンの戦況も、泥沼のソロモン航空消耗戦の実相も、圧倒的な立体感を持って読者の眼前に現われてくる。

宮野は、いかにも一般受けしそうな要素を差し引いてゆくほどにその身の輝きが増す、稀有のタイプだったのだろう。そしてすべてを引き去った後に残るのは、偶然生まれ合わせた世界の中、置かれた状況下で最善を尽くし、ついに死んでいった、一人の誠実な人間の風貌である。もちろん現代の価値観からすれば、昔の軍人である宮野の心理と行動に疑問や反感を抱かれる向きもあるだろう。だがそこは「まず当時の価値観を俎上に乗せてこれと比較するのでなければ、事実が真実から遊離してしまう」という神立の言葉に尽きる。現在は過去に学べても、それを追訴はできない。

戦後七十年を過ぎて、戦争体験の風化を案じ、それを語り継ぐ必要性を説く声は益々高まっている。しかしそこにはある重大な問題が隠れている。昭和二十年に十九歳で徴兵された「軍隊経験の生き証人」さえ九十歳となる。最末端の兵士だったこの方々の記憶は貴重ではあるが、それだけを頼りに、あの巨大な戦争と、それを遂行した陸海の巨大な軍隊の姿をどれだけ摑み得るだろうか。歴戦の元飛行兵曹長大原亮治がかつて神立に言った「今からじゃ駄目だよ。主だった人はあらかた死んじゃって」という言葉は、今や絶対的な重みを持つに至っている。

ある講演会では「戦死者の遺族」という老婦人が「千五百機もの米空軍機が、空を真っ暗にして来襲し」と語った。だがいくら善意と止むに止まれぬ気持からとしても、これは事実ではない。本書を読めば当時まだ「米空軍」は存在せず、一度に「千五百」もの作戦投入機数などありえないのも明らかである。

問題は取材調査する側にもある。ある美術館の「戦争画展」の解説に「B29戦闘機」とあった。ここでは軍用機は一律「戦闘機」としか認識されていない。また若い映像制作者たちに、軍人と警官と国民服を着た男三人の写真を見せて「このうちの誰が兵隊でしょう?」と聞くと、正解者はまずいない。彼らに「戦争体験者」の話を吟味し、あるいは戦時中の様々な映像・文書資料を的確に解析する力が、果たしてどれほどあるだろうか。

もしこういう状況で、左右特定のイデオロギーが入り込んだらどうなるか。比較文学者の小谷野敦は『意見』は、『事実』の上にのみ、建てられるべきものだ」と説いている（『バカのための読書術』ちくま新書）。過去を正しく理解できぬまま、意見だけが空転している世の中だけは到来してほしくない。

神立尚紀は同郷同窓の先輩宮野善治郎を拠りどころに「あの時代はどんなものであったのか」を克明に描き出し、同時に「太平洋戦争を語り継ぐとはどういうことなのか」を、戦後七十年を経た今の日本人に示した。

あとは本書を起点に読者一人一人が、日本史上未曽有の大戦争について知識を深め、その上に自分の意見を建ててゆけばよい。「死者は語らず、生者をして語らしむ」がまことであるならば、それを誰よりも喜ぶのは泉下の宮野善治郎であるに違いない。（文中敬称略）

（平成二十七年十二月、ＮＨＫドラマ番組部シニア・ディレクター〈考証担当〉）

■資料I　宮野善治郎履歴・出撃全記録

・太字は宮野善治郎の履歴に関わる重要な事項を示す。
・出撃記録の各項目は、日付、作戦、配置または参加機数、直接の小隊列機名（②＝2番機、③＝3番機など）、記録され、あるいは判明している戦果（宮野単独、あるいは関係した協同戦果のみ）、その他状況、戦功（戦闘行動調書に記載されている行動評点A～D）の順に記載。
・fcは戦闘機、fbは艦爆、Gは敵グラマンF4F、Pは米陸軍戦闘機を示す。

宮野善治郎　大正四年十二月二十九日生

昭和
9・4・1　海軍兵学校生徒（六十五期）
13・3・16　海軍兵学校卒業・海軍少尉候補生・磐手乗組
13・6・29　伊勢乗組
13・11・15　任海軍少尉
13・12・15　叙正八位
14・9・1　海軍練習航空隊飛行学生
14・11・15　任海軍中尉

14・12・1　叙従七位
15・4・17　補大分海軍航空隊附
15・4・29　叙勲六等瑞宝章
15・9・19　補大村海軍航空隊附
15・11・15　補鹿屋海軍航空隊附
16・4・10　補第十二航空隊附
16・9・1　補第三航空隊分隊長
16・10・15　任海軍大尉
16・11・1　叙正七位

〈三空における出撃記録〉

16・12・8　「イバ」「クラーク」攻撃　三大隊一中隊長　②小島保二飛曹と協同P－40×2撃墜（内1不確実）③松本善平一飛は機銃故障で引き返す　戦功A「感」（感状）
16・12・9　敵機追撃　敵を見ず
16・12・10　マニラ方面航空兵力撃滅　二大隊二中隊長　②小島保二飛曹（行方不明）③松本善平一飛、指揮中隊と協力空戦、小隊協同5機撃墜（内1不確実）、PBF－5飛行艇2機撃墜（小隊協同）被弾2　戦功A
16・12・12　マニラ方面航空兵力撃滅　二中隊長　②岡崎繁雄二飛曹③松本善平一飛・銃撃飛行艇6機炎上戦功B
16・12・26　ダバオ基地上空哨戒　一次②倉内隆三飛曹③松本善平一飛、三次②倉内隆三飛曹③谷

川幹雄一飛、敵を見ず　戦功D
16・12・27　ゴロンタロ攻撃　ダバオ基地発。fc×7、誘偵×1、指揮官　②倉内隆三飛曹③松本善平一飛・格納庫九棟炎上　戦功C
16・12・28　ダバオ基地上空哨戒　四直　敵を見ず②松本善平一飛
16・12・31　ダバオ基地上空哨戒　六直　敵を見ず②倉内隆三飛曹③森田勝三飛曹
17・1・9　ダバオ基地上空哨戒　三直　敵を見ず②倉内隆三飛曹
17・1・11　蘭印攻略作戦（～3・3）　三一三基地（ダバオ）発メナド上空哨戒　二直fc×9、誘偵×1　指揮官②橋口嘉郎三飛曹③松本善平一飛　陣地銃撃　成果不明　戦功B
17・1・27　カカス基地（メナド郊外）上空哨戒　一直fc×2　敵を見ず②松本善平一飛
17・2・2　アンボン上空哨戒　ケンダリー基地発　一直fc×2　②倉内隆三飛曹　敵を見ず
17・2・24　米空母サラトガ捜索攻撃②岡本重造一飛曹③松本善平一飛　敵を見ず
17・3・2　小スンダ列島偵察攻撃　fc×3、三三五基地（クーパン）発、②倉内隆三飛曹③大菅潔二飛・倉庫ドラム缶銃撃　戦功C
17・3・3　ブルーム攻撃　三三五基地（クーパン）発fc×9、誘偵×1指揮官　②倉内隆三飛曹③松本善平一飛　編隊戦果　撃墜3、爆破24　被弾6　戦功A
17・4・1　補第六航空隊分隊長

〈六空における出撃記録〉

17・6・1　隼鷹上空哨戒　fc×2　②尾関行治一飛曹　敵を見ず
17・6・2　隼鷹上空哨戒　fc×4　②岡本重造一飛曹③上平啓州一飛曹④尾関行治一飛曹

17・6・4　第一次ダッチハーバー攻撃制空隊　隼鷹　fc×13　二中隊長　②尾関行治一飛曹③吉田一平一飛　天候不良のため引き返す　ＰＢＹ5×1中隊協同撃墜　戦功Ｃ

17・6・5　第二次ダッチハーバー攻撃制空隊　隼鷹　fc×6　二小隊長　②岡本重造一飛曹、上平啓州一飛曹　天候不良のため引き返す。ＰＢＹ5×2機撃墜（不確実）内1機は一小隊の戦果。戦功Ｃ

ダッチハーバー攻撃制空隊　隼鷹　fc×5　②尾関行治一飛曹　編隊で撃墜6（Ｐ－40）、内1機は宮野機の戦果　戦功Ａ

17・6・10　隼鷹上空警戒　単機　敵を見ず

17・10・7　ラバウル進出

17・10・7　不時着機捜索並びに監視　二次fc×2　②岡本重造一飛曹　発見し得ず

17・10・8　ラバウル基地上空哨戒　三直fc×6　②滝田晟一飛③大原亮治二飛

17・10・11　泊地上空哨戒　ブカ基地発　四直　②岡本重造一飛曹（着水戦死）③尾関行治一飛曹　敵を見ず・不時着水　戦功Ｄ

17・10・15　船団上空哨戒fc×18　一直fc×12　②尾関行治一飛曹③玉井勘一飛　敵を見ず

17・10・17　高速輸送部隊並びに基地上空哨戒　三直fc×6　②大正谷宗市三飛曹③高垣進平三飛曹

17・10・19　ガダルカナル上空制圧　ブイン基地発　一直fc×9　②倉内隆二飛曹③大原亮治二飛　G×2撃墜（個）戦功Ｃ

17・10・21　ガ島上空制圧並びに敵航空兵力撃滅　fc×12　②倉内隆二飛曹③大原亮治二飛　空戦なし

17・10・22　ガ島上空制圧並びに敵航空兵力撃滅　二中隊長②大正谷宗市三飛曹③木股茂一飛　積乱雲突破不能　引き返す　敵を見ず
17・10・25　ガ島上空制圧並びに敵航空兵力撃滅　二直fc×6　②大正谷宗市三飛曹③木股茂一飛
17・10・29　第七駆逐隊上空哨戒　二直fc×6　②島川正明一飛③大原亮治二飛　戦功D
17・10・30　艦爆直掩　ブイン基地発ガ島飛行場上空哨戒fc×11　一中隊長　②西山静喜一飛③長田敏夫一飛　G×5の奇襲を受け空戦　戦果なし
17・11・1　第二〇四海軍航空隊分隊長となる

〈二〇四空における出撃記録〉

17・11・10　ガ島上空制圧　fc×12　二中隊長②島川正明飛長③大原亮治飛長
17・11・11　ガ島入泊敵艦船攻撃艦爆掩護　ブイン基地発　飛鷹fc×12、二〇四空fc×6　②島川正明飛長③大原亮治飛長、編隊協同で敵戦闘機24撃墜（内不確実5）戦功特
17・11・14　ガ島増援輸送部隊上空警戒　ブイン基地発　一直fc×6、②岡崎靖二飛曹③大原亮治飛長　敵艦爆2機撃墜（協同）戦功C（1機は宮野機の戦果）
17・11・16　ブイン基地上空哨戒　fc×2　②尾関行治上飛曹　敵を見ず
17・11・18　同上　fc×3（別に小福田少佐以下3）②山根亀治飛長③黒澤清一飛長　B-17×11、ロッキード双発機×2、ショートランド泊地爆撃後基地上空に来襲有効なる攻撃を加えたるも撃墜に至らず　被弾1
17・11・28　輸送船団上空哨戒　二直fc×4　②山根亀次飛長　二小隊①大正谷宗市二飛曹②杉田庄一飛長　B-17一機を攻撃するも撃墜に至らず

17・12・1　賜二級俸
17・12・7　ガ島増援部隊上空哨戒　二直fc×9②三田巌上飛曹（飛鷹）③西山静喜飛長　敵を見ず
17・12・10　ムンダ基地上空哨戒fc×15　ブイン基地発　（別働隊ブイン上空で）B－17×11、P－38×5と空戦
17・12・12　ムンダ基地上空哨戒fc×9　②三田巌上飛曹（飛鷹）③大原亮治飛長　敵を見ず
17・12・17　ムンダ増援部隊上空警戒　一直fc×6　②柳谷謙治飛長③加藤正男飛長　敵を見ず
17・12・18　双発中型機ブインに飛来、fc×3、邀撃に上がるも味方百式司偵なりき②柳谷謙治飛長③大原亮治飛長
17・12・25　ムンダ上空警戒　fc×7　②中野智弌飛長③人見喜十飛長　敵を見ず
17・12・27　ムンダ上空警戒　二直fc×9②川田彦治二飛曹③藤定正一飛長　敵を見ず
18・1・2　船団増援部隊上空哨戒　ブイン基地発　二直　fc×7②西山静喜飛長③藤定正一飛長　G×2撃墜（個）戦功B
18・1・5　艦爆隊直掩　ブイン基地発fc×14　②大原亮治飛長　G×1撃墜（個）（大原飛長3機撃墜内1機不確実）戦功C
18・1・6　ポートモレスビー攻撃　fc×12　②日高義巳上飛曹③大原亮治飛長　編隊協同B－24×1撃墜
18・1・15　コロンバンガラ輸送船山霜丸上空哨戒　ブイン基地発fc×4　②寺尾真二飛曹　G×1撃墜（個）戦功C
18・1・19　阿蘇丸上空哨戒　ブイン基地　一直fc×7　②中野智弌飛長③井石時雄飛長

18・1・24 シーラク水道強行偵察fc×9 ②杉田庄一飛長③黒澤清一飛長 敵戦艦らしきもの4、巡洋艦らしきもの1、駆逐艦多数、その他小舟艇 発見
18・1・25 ガ島航空撃滅戦 fc×22 二中隊長 ②岡崎靖二飛曹③大原亮治飛長 編隊協同G×1撃墜
18・1・28 ルッセル島攻略部隊上空哨戒fc×15 ブイン基地発 ②大正谷宗市一飛曹③大原亮治飛長 敵を見ず
18・2・7 増援部隊上空哨戒 fc×15 ②坪屋八郎二飛曹③大原亮治飛長 敵を見ず
18・2・9 ムンダ上空哨戒 fc×9、ブイン基地発②坂野隆雄飛長③中沢政一飛長 敵を見ず
18・2・14 敵機邀撃 ブイン基地 fc×13 ②矢頭元祐二飛曹③杉田庄一飛長 編隊協同B－24×2、F4U×2、P－38×4撃墜 戦功B
18・2・19 船団上空哨戒 fc×12 ブイン基地発②今関元晴二飛曹③大原亮治飛長 敵を見ず
18・3・3 船団上空哨戒 ラバウル基地発 一直 fc×12 ②坪屋八郎二飛曹③中沢政一飛長 撃墜9（P－38×8、P－39×1、内単独P－38×1） 戦功B
18・3・6 ルッセル島攻撃の艦爆隊直掩fc×17 ブイン基地発 ②坪屋八郎二飛曹③大原亮治飛長 空戦なし
18・3・9 叙勲五等瑞宝章
18・3・15 補第二〇四海軍航空隊飛行隊長兼分隊長
18・3・19 敵船団攻撃隊直掩fc×21 ラバウル基地発 ②坪屋八郎二飛曹③中根政明飛長 敵を見ず
18・4・7 ルッセル・ガ島上空制圧 ラバウルよりブカ進出 fc×27 ②橋本久英二飛曹③中野

智弌飛長　戦功Ｃ
18・4・12　モレスビー攻撃陸攻隊直掩　ラバウル基地発　fc×24　②辻野上豊光一飛曹③橋本久英二飛曹
18・4・14　ミルネ湾敵艦船攻撃陸攻隊直掩　ラバウル基地発　fc×21　②辻野上豊光一飛曹③橋本久英二飛曹　戦功Ｂ
（18・4・18　聯合艦隊司令長官山本五十六大将戦死）
18・4・22　陸攻隊直掩fc×11　②中野智弌飛長③中村佳雄飛長　敵を見ず
18・4・23　ブイン上空哨戒　fc×18　②中野智弌飛長③大原亮治飛長　敵を見ず
18・4・25　ガッカイ島攻撃　陸攻隊直掩　fc×15　②橋本久英飛長③大原亮治飛長
18・4・26　ガッカイ島攻撃艦爆隊直掩fc×21　②辻野上豊光一飛曹③大原亮治飛長　敵を見ず
18・4・30　ルッセル島攻撃fc×18　②辻野上豊光一飛曹③大原亮治飛長　天候不良引き返す
18・5・1　ブインよりラバウルに帰投fc×24　②辻野上豊光上飛曹③大原亮治二飛曹
18・5・3　ムンダ方面敵機邀撃fc×24　②辻野上豊光上飛曹③大原亮治二飛曹　敵を見ず
18・5・4　ブカよりラバウルに帰投　fc×11　②辻野上豊光上飛曹③大原亮治二飛曹
18・5・12　ブナカナウ上空哨戒　fc×2　②尾関行治上飛曹
18・5・13　敵機邀撃（ルッセル島攻撃）　ラバウル基地よりブイン経由　fc×24　②山根亀次二飛曹③大原亮治二飛曹　Ｆ４Ｕ協同撃墜１　（大原機Ｆ４Ｕ×２撃墜、被弾38）　戦功Ａ
18・5・15　基地付近敵機邀撃fc×10　②今関元晴二飛曹③田中勝義二飛曹
18・5・19　ワウ方面索敵攻撃fc×12　②橋本久英二飛曹③大原亮治二飛曹　小型油送船×１、内火艇×２、帆船×１撃沈　戦功Ｃ

18・5・23　ニューブリテン島上空移動哨戒　fc×6　②杉田庄一二飛曹③大原亮治二飛曹　別直
18・5・24　渡辺秀夫上飛曹以下6機B－24×5と交戦　戦功C
18・6・6　スルミ方面敵機邀撃　fc×15　②橋本久英二飛曹③大原亮治二飛曹　敵を見ず
（18・5・28より一小隊四機編成導入）
18・6・6　ブイン進出同基地上空哨戒fc×16　②辻野上豊光上飛曹③大原亮治二飛曹④柳谷謙治二飛曹
18・6・7　ガ島方面敵航空兵力撃滅戦　ブイン基地発　fc×24　②辻野上豊光上飛曹③大原亮治二飛曹④柳谷謙治二飛曹（重傷）　戦功B　ブイン経由ラバウル帰着
18・6・11　ブイン進出fc×24　②辻野上豊光上飛曹③大原亮治二飛曹④中村佳雄二飛曹
18・6・12　ガ島敵航空兵力撃滅　ブイン基地発　fc×24　②辻野上豊光上飛曹③大原亮治二飛曹④中村佳雄二飛曹　G×1撃墜（個）　戦功C　ブイン経由ラバウル帰着
18・6・16　ツラギ・ルンガ泊地敵艦船攻撃艦爆隊直掩　fc×24　②辻野上豊光上飛曹③橋本久英二飛曹④中村佳雄二飛曹　ラバウル基地発ブイン経由　戦功A　未帰還
18・6・16　任海軍中佐
18・6・16　叙正六位
18・6・16　戦死
18・12・1　賜一級俸
19・11・20　全軍布告
位階勲等・正六位　勲四等（旭）　功三級

◇宮野善治郎の二〇四空（六空）での単独戦果
17・6・5P－40×1、10・19G×2、11・14　SBD×1、1・2G×2、1・5G×1、1・15G×1、3・3P－38×1、5・13　F4U×1（協同）6・12G×1（撃墜10＋協同1、8・5ヵ月）

◇宮野善治郎の（確認できる）戦果総計
単独戦果と認められるもの　撃墜11機（三空1、六空－二〇四空10）
小隊協同撃墜11機（うち不確実3）（三空10〈うち不確実3〉、六空－二〇四空1）
編隊協同撃墜53機（うち不確実6）（三空9〈うち不確実1〉、六空－二〇四空44〈うち不確実5〉）
地上撃破30機（三空）
出撃回数81回　うち空戦24回

■資料Ⅱ　宮野大尉在籍中のラバウル方面における六空・二〇四空搭乗員全名簿

・傍線は准士官以上を示す。
・各項は、氏名、初出撃時の階級（出身期）、戦死日または消息、最終階級、所属部隊、戦死場所、戦闘行動調書等に記録されている戦果（戦果累計、進出あるいは初出撃から戦死までの期間）の順に記載。
・戦果は、六空・二〇四空在籍中のもののみで、日付、機種、機数の順に記載。二〇四空では、宮野戦死後の一時期、単独戦果の記録を残しておらず、また記録にも不備があるため、これらの数字が必ずしも全搭乗員の全ての戦果を網羅するものではない。
・Gはグラマン F4F、Pは米陸軍戦闘機、fcは戦闘機、fbは艦爆を示す。
・宮野戦死後に二〇四空に着任した搭乗員は含まない。

参考：ミッドウェー海戦での六空戦死者・渡辺直飛曹長（乙2・飛龍）、永峯三郎二飛（丙3・蒼龍）
重傷・牧幸男大尉（兵65・加賀）、森崎武予備少尉（予7・蒼龍）、澤田十郎三飛曹（丙3・蒼龍・のち免役）
軽傷・倉内隆三飛曹（操45・赤城）、竹田彌一飛（丙2・加賀）

17・7・29木更津で訓練中、大林融一飛（丙3）殉職

〈ラバウル最初の進出時〉＊は、本隊進出前に出撃記録のある者（全機二号戦）

17・8・17木更津（離陸時、星野機プロペラピッチミス。事故）→硫黄島（滝田機事故破損）
17・8・19 fc×12硫黄島→サイパン
17・8・20 fc×5硫黄島→サイパン
17・8・22サイパン→トラック
17・8・23トラック→カビエン（1機硫黄島に放置。着16機）

＊小福田租大尉（兵59、岡山津山中）終戦時生存、少佐
17・10・23G×1不確実

＊田上健之進中尉（兵68、広島忠海中）18・1・15戦死、中尉、ニュージョージア（空戦）
17・9・28G×1、10・2G×1、協同G×2、10・20G×1（撃墜3＋協同2、4・5ヵ月）

＊平井三馬飛曹長（乙2）17・10・13戦死、飛曹長、ブカ（地上・爆撃）（1・5ヵ月）

＊江馬友一一飛曹（操22）先任搭乗員　19・10・29戦死、飛曹長、二五四空、マニラ
17・9・28G×1、不確実1、10・2協G×2（撃墜1＋不確実1＋協同2、2年2ヵ月）M45生れ

＊松村百人一飛曹（操29）19・10・25戦死、飛曹長、S一六一、比島東方
17・10・2G×2、10・5B－17協×1（撃墜2＋協同1、2年2ヵ月）

＊岡崎正喜一飛曹（操38）終戦時生存、少尉
17・6・5B－26×2、10・2fb×2（内不確実1）（撃墜3＋不確実1）

＊松本早苗二飛曹（操42）17・11・14戦死、一飛曹、ガダルカナル（船団直衛空戦）
17・10・5B－17×1（協）、10・23G×1（不確実）（撃墜不確実1、協同1、2・5ヵ月）

*大正谷宗市三飛曹（乙9）19・2・26殉職、上飛曹、横空、厚木（事故）
17・10・20G×1、1・2G×1、6・16P－39×1（撃墜3、1年5ヵ月）
星野浩一三飛曹（甲6）17・11・14戦死、二飛曹、ガ島方面（空戦）（10・8まで出撃記録なし）（2・5ヵ月）
滝田晟一一飛（乙11）17・10・30戦死、一飛、ブカ（空戦）（10・8まで出撃記録なし）（2ヵ月）
*西山静喜一飛（操54）18・3・3戦死、二飛曹、ラエ（空戦）
17・9・28G×1、10・5B－17×1（協同）、1・2G×1（協同）1・15G×2、P39×1（不確実）（撃墜3＋不確実1＋協同2、6ヵ月）
*神田佐治一飛（丙2）18・6・16戦死、二飛曹、ガダルカナル（空戦）
17・9・28G×1、10・2fc×1（協同）fb×1（協同）、10・5B－17×1（協同）、12・1B－17×1（協同）18・4・1G×3、6・7F4U×1、6・12G×2（内協同1）（撃墜6＋協同5、9ヵ月）
*村上繁次郎一飛（丙2）17・9・11戦死（ガ島空戦帰途不時着後10・8死亡）、一飛、ソロモン（12日）
*橋本久英一飛（丙3・15徴）18・9・4戦死、一飛曹、ニューギニア（空戦）
18・4・1G×1、5・13G×1（撃墜2、1年）
*中野智弌一飛（丙3）終戦時生存、飛曹長、三四三空
17・10・8fb×1（協・不）、10・20G×1、6・7G×2（内協同1）、6・16P－39×1、G×1（協同）（撃墜3＋協同2＋協同不確実×1）
*藤定正一二飛（丙3）18・1・15戦死、飛長、ニュージョージア（空戦）
17・10・8fb×1（協・不）、10・20G×1、18・1・2G×1（撃墜2＋協同不確実×1、4・

5ヵ月）
山根亀治二飛（丙3）18・6・7戦死、二飛曹、ガダルカナル（空戦）*
18・3・3P－38×2、18・4・1G×1（撃墜3、9ヵ月）
加藤正男二飛（丙3）18・3・6戦死、飛長、ルッセル島艦爆隊直掩*
17・10・20G×1（撃墜1、6ヵ月）
中根政明二飛（丙3）一式陸攻搭乗　18・5・9戦死、二飛曹、ブイン着陸時事故*
18・1・11G×2（内協同1）、3・3P－38×1、4・12P×1（協同）、4・14P×1（撃墜
3＋協同2、8ヵ月）
矢頭元祐二飛（丙3）一式陸攻搭乗　18・3・3戦死、飛長、ラエ（空戦）（6ヵ月）*
★以上、第一次20名（士官2、准士官1、下士官6、兵11）うち2名は後日進出　戦死17（うち六
空・二〇四空で12）終戦時生存3名
〈輸送船便〉（8月下旬発、りをん丸――9・3カビエン着）
川真田勝敏中尉（兵67）17・9・12～11・3戦死、中尉、ガ島方面（悪天候）分隊長
17・10・2G×1、10・19G×1、10・20G×1（撃墜3、1・5ヵ月）
金光武久満中尉（兵68）17・9・12～10・23戦死、中尉、ガダルカナル（空戦）
17・9・12G×1（協同）、9・28G×1、10・20G×1（撃墜2＋協同1、1・5ヵ月）
鈴木軍治一飛曹（乙7）17・9・12～10・23戦死、一飛曹、ガダルカナル（空戦）
17・10・5B－17×1（協同）、10・20G×1（撃墜1＋協同1、1・5ヵ月）

日高義巳一飛曹（操48）17・9・12〜18・6・7戦死、上飛曹、ガダルカナル（空戦）
17・9・12G×1（協同）、18・4・7P×2（協同）、4・18P－38×1（不確実）（撃墜不確実1、
協同3、9ヵ月）
福田博三飛曹（甲6）17・9・13〜10・23戦死、三飛曹、ガダルカナル（空戦）（1・5ヵ月）
木股茂一飛（乙11）17・9・13〜18・1・29戦死、二飛曹、ブイン（試飛行）
1・11G×3（内協同1）（撃墜2＋協同1、4・5ヵ月）
竹田彌一飛（丙2）17・9・12〜11・2戦死、飛長、ガ島方面（悪天候）
9・12G×1（協同）（協同撃墜1・1・5ヵ月）
玉井勘一飛（丙2）17・9・12〜10・20戦死、一飛、ガダルカナル（空戦）
10・5B17×1（協同）（協同撃墜1、1・5ヵ月）
小林勇一一飛（丙2）17・9・13〜10・2戦死、一飛、ガダルカナル（空戦）（0・5ヵ月）
平井定雄一飛（丙3・飛練17）17・9・9〜10・13重傷、終戦時生存、飛曹長
加藤好一郎二飛（丙3）17・9・13〜19・10・26戦死、上飛曹、S三〇三、比島（2年2ヵ月）
杉田庄一二飛（丙3）17・9・13〜20・4・15戦死、上飛曹、鹿屋基地（空戦）
12・1B－17×1（協同）、1・2G×1、4・14P×1、4・18P－38×2、6・7G×2（内
不確実1）、6・12F4U×2（内協同1）、6・16G×1、G×3（協同）（撃墜6＋不確実1＋
協同5、2年7ヵ月）
渡辺清三郎二飛（丙3）17・9・17〜18・8・15戦死、二飛曹、ベラベラ（空戦）
4・1G×2、6・12F4U×1（協同）、6・16F4U×1（撃墜3＋協同1、11ヵ月）
平野重夫二飛（丙3）17・9・17〜10・11戦死、二飛、ソロモン海域（船団護衛）

10・2G×1（撃墜1、1ヵ月）

★以上、途中輸送船進出14名（士官2、下士官3、兵9）・戦死13（うち二〇四空で12）、終戦時生存1

〈17・10・7本隊進出〉（一号戦13、二号戦19中の27機）瑞鳳発艦

×細野政治三飛曹（丙3）、17・10・7空輸中戦死

×川上荘六二飛（丙3）、19・10・7空輸中戦死

×庄司吉郎二飛（丙3）、19・10・7空輸中戦死

宮野善治郎大尉（兵65）18・6・16戦死、大尉、ガダルカナル（空戦）

17・6・5P－40×1、10・19G×2、11・14SBD×1、18・1・2G×2、1・5G×1、1・15G×1、3・3P－38×1、5・13F4U×1（協同）6・12G×1（撃墜10＋協同1、8・5ヵ月）

久芳一人中尉（兵68）17・10・11戦死、中尉、ソロモン海域（船団護衛）（4日）

森崎武予備少尉（予7）17・11予備中尉、18・6・16戦死、ガダルカナル（空戦）飛行士

18・6・7G×1（撃墜1、8・5ヵ月）

相根勇一飛曹長（乙5）17・10・11戦死、飛曹長、ソロモン海域（船団護衛）（4日）

岡本重造一飛曹（操31）17・10・11戦死、一飛曹、ソロモン海域（船団護衛）

17・6・5PBY×1（撃墜1・4日）

尾関行治一飛曹（操32）19・10・24戦死・飛曹長・二〇三空、比島東方
17・6・5P－40×2、1・5水上機×1、1・15G×1、4・12P×1（協同）、4・14P×
2（内不確実1）、5・13 F4U×1（協同）（撃墜5＋不確実1、協同2・2年）
倉内隆二飛曹（操45）終戦時生存、飛曹長
17・6・5B－26×2（内不確実1）（撃墜1＋不確実1
杉山英一三飛曹（甲6）18・4・1戦死、二飛曹、ルッセル島（空戦
18・3・3P－38×1（撃墜1、6ヵ月）
丸山武雄三飛曹（甲6）18・1・21戦傷死、二飛曹、ブイン（上空哨戒、1・17負傷）
（3・5ヵ月）
高垣進平三飛曹（甲6）17・10・23戦死、三飛曹、ガダルカナル（空戦）
17・10・19G×1（撃墜1、0・5ヵ月）
柳谷謙治一飛（丙3）重傷、生存、飛曹長
18・4・14G×2（内不確実1）、4・18P－38×1（撃墜2＋不確実1）
河上繁人一飛（丙3）17・10・11戦死、一飛、ソロモン海域（船団護衛）（4日）
島川正明一飛（操53）終戦時生存、飛曹長
18・1・11G×2（内不確実1）（撃墜1＋不確実1
後藤彦二二飛（丙3）17・11・18戦死、飛長、ショートランド（空戦）（2・5ヵ月）
人見喜十二飛（丙3）18・7・21戦死、二飛曹、艦爆直掩ブイン着陸時時限爆弾
17・12・1B－17×1（協同）6・7G×1（協同）、6・16G×3（協同）（協同撃墜5、9・5ヵ
月）

坂野隆雄二飛（丙3）19・6・24戦死、上飛曹、横空、硫黄島
17・10・23G×2、1・5飛行艇×1、4・12P×1、5・13　F4U×3（内不確実1）
（撃墜6＋不確実1、1年8ヵ月）
佐藤利勝二飛（丙3）18・1・21戦死、飛長、ソロモン（船団護衛）（3・5ヵ月）
建部登迪二飛（丙3）17・12・10戦死、飛長、ブイン（空戦）（2ヵ月）
中村佳雄二飛（丙3）生存、飛曹長
18・1・19G×1、4・14P×1、5・13　F4U×2、6・7F4U×1（不確実）P－39×
2（内協同1）、10・15P－38×1、P－40×1、12・27　F4U×1（撃墜8＋不確実1＋協同
1）
黒澤清一二飛（丙3）18・8・6戦死、二飛曹、ブイン（空戦）
1・11G×4（内不・協1）、4・12P×1、5・13　F4U×2、F4U×1（不確実）G×1
（不確実）
6・7G×1（協同）、6・16G×1（撃墜7＋不確実2＋協同1＋協同不確実1、10ヵ月）
上平文治二飛（丙3）18・1・29戦死、飛長、ブイン（B－17空襲）（3・5ヵ月）
長田敏夫二飛（乙11）17・11・14戦死、二飛曹、ブイン（1・5ヵ月）
大原亮治二飛（丙4）生存、飛曹長
10・23G×1、1・5G×3（内不確実1）、2・13P－40×2、3・28P－40×2、5・13　F
4U×2、8・1G×1、fb×1（いずれも二機協同）、10・4P－38×1（撃墜10＋協同2＋不確
実1）
木元胖二飛（丙4）六空着任17・7・27、18・1・15戦死・飛長・ニュージョージア（船団護衛・空

戦）（3・5ヵ月）

★以上、本隊27名（士官2、予備士官1、准士官1、下士官7、兵16）
ラバウル到着24名・戦死23（うち二〇四空で20）、終戦時生存4名

〈その後ラバウルに進出、または出撃記録のある者〉

小林友一飛長（丙4）六空着任17・7・27、11・3〜20・4・5戦死、上飛曹、二〇五空、沖縄
4・7G×1、5・13P39×1（不確実）（撃墜1＋不確実1、2年5ヵ月）

岡崎靖二飛曹（甲6）17・11・14〜18・6・7戦死、一飛曹、ガダルカナル（空戦）
4・14P×1（不確実）、5・13B-24×1（協同）、B-24×1（協同撃破）
（撃墜不確実1＋協同1＋協同撃破1、5・5ヵ月）

渋谷清春中尉（兵67）11・28〜1・23戦死、中尉、ガダルカナル（空戦）
（2ヵ月）11・20分隊長、二五二空より。川真田中尉の後任

栄清吉飛長（丙4）着任7・27、17・12・19〜18・1・15戦死、飛長、コロンバンガラ（空戦）
1・15G×1（不確実）（撃墜不確実1・1ヵ月）

野田隼人飛曹長（乙4）17・12・25〜18・5・13戦死、飛曹長、ルッセル島（空戦）
4・7G×1、4・14P×1（撃墜2、4・5ヵ月）

坪屋八郎二飛曹（甲6）17・12・25〜18・10・3戦死、一飛曹、ムンダ（空戦）
18・1・11G×1（不確実）、1・15G×1（不確実）、4・1G×1、9・23P-40×1協同
（撃墜1＋不確実2＋協同1、9・5ヵ月）

五日市末治上飛曹（操32）17・12・26〜18・1・11戦死、上飛曹、ソロモン海域（船団護衛・空戦）
18・1・11G×1（撃墜1、0・5ヵ月）

川岸次雄飛長（丙2）17・12・26〜18・5・29戦死、二飛曹、ラバウル（事故）
18・4・1G×1、5・13F4U×1（撃墜2、5ヵ月）

川田彦治二飛曹（丙2宇佐）17・12・27〜18・1・8戦死、二飛曹、ブイン
18・1・2G×1（協同）（協同撃墜1、0・5ヵ月）

日高初男飛曹長（操24）17・12・28、生存、中尉
1・2G×1、1・11G×2（内協同1）、6・7G×1（協同）（撃墜2+協同2）

中澤政一飛長（丙4）17・12・28〜18・7・18戦死、二飛曹、ブイン基地邀撃（ラバウル着12・19）
18・1・15G×2（内不確実1）、3・3P-38×2、P-39×1（いずれも協同・内不確実1）、5・13F4U×2（内協同1）、6・12F4U×1（協同）（撃墜2+不確実1+協同4+協同不確実1、7ヵ月）

今関元晴二飛曹（乙11）18・1・3〜8・15戦死、一飛曹、ベラベラ（空戦）
18・4・1G×1、4・7G×2（協同）、5・23B-24×1（協同）、B-24×1（協同撃破）（撃墜1+協同3+協同撃破1、7・5ヵ月）

村上孝之飛長（丙4）18・1・3〜10・15戦死、二飛曹、ブナ（空戦）（9・5ヵ月）

白川俊久二飛曹（甲6）18・1・4〜9・22戦死、一飛曹、ニューギニア（空戦）
18・4・7G×1、5・13F4U×2（内協同1）9・6P-38×1、9・13F4U×1（協同）、9・14F4U×2、G×1、P-39×1、fb×1、B-24×1（いずれも協同）、9・15F4U×1（協同）（撃墜3+協同9、8・5ヵ月）

小林政和飛長（丙6）18・1・5～10・24戦死、二飛曹、ラバウル邀撃戦
18・6・16G×3（協同）、10・15P－38×1（協同）（協同撃墜4、9・5ヵ月）
山本一二三飛長（丙6）18・1・6～2・13戦死、飛長、ブイン（空戦）（1・5ヵ月）
井石時雄飛長（丙6）18・1・8～19・1・2戦死、一飛曹、ラバウル邀撃戦
18・9・14P－39×1（撃墜1、1年）
仁平哲郎二飛曹（甲6）18・1・8～7・25戦死、一飛曹、レンドバ島（空戦）（6・5ヵ月）
根本兼吉飛長（丙4）着任17・7・27、18・1・8～7・25戦死、二飛曹、レンドバ島（空戦）
（6・5ヵ月）
加藤孝男二飛曹（乙11）18・1・9～20・5・29戦死、上飛曹、二五二空、東京湾（2年5ヵ月）
三澤勇恒二飛曹（甲6）18・1・10～1・29戦死、二飛曹、ブイン（B－17空襲）（0・5ヵ月）
田中利男二飛曹（乙11）1・10～終戦時生存、飛曹長
8・1G×1、fb×1（いずれも二機協同）9・14P－40×1（撃墜1、協同2）
寺尾真二飛曹（乙11）18・1・10～9・14戦死、二飛曹、ブイン邀撃戦
18・1・15G×1、9・14F4U×1（不確実）（撃墜1＋不確実1、8ヵ月）
福田作市飛長（丙3）18・1・11～1・23戦死、飛長、ガダルカナル（空戦）
18・1・11G×3（内協同1）、1・15P－39×1、G×1（不確実）（撃墜3＋不確実1＋協同1、
0・5ヵ月）
村田真飛長（丙3）18・1・11～4・7戦死、飛長、ガダルカナル（3ヵ月）
八木隆次飛長（丙6）18・1・13～終戦時生存、飛曹長
5・23B－24×1（協同）、B－24×1（協同撃破）、9・16P－39×1（協同）（協同撃墜2＋協同

撃破2）

今井鈔次郎飛長（丙4）六空着任17・7・27、18・2・2～3・14戦死、飛長、ソロモン中部船団護衛（1・5ヵ月）

橋本武雄飛長（丙6）18・2・18～8・10戦死、二飛曹、レンドバ島（空戦）（6ヵ月）

川原茂人中尉（兵68）18・3・14～4・1戦死、中尉、ルッセル島（空戦）
4・1G×1（撃墜1、0・5ヵ月）

杉原進平一飛曹（甲5）18・4・3～6・5戦死、上飛曹、ラバウル（二五一空陸偵地上接触）（2ヵ月）

斎藤章飛長（丙2）18・4・3～20・5・11戦死、上飛曹、戦闘三一三、沖縄
4・12P×1、4・14P×1（撃墜2、2年1ヵ月）

辻野上豊光一飛曹（甲5）18・4・11～7・1戦死、上飛曹、レンドバ島（空戦）
18・4・18P－38×2（内協同1）、5・13F4U×1（不確実）、6・16P－39×3（内不確実1）（撃墜3＋不確実2＋協同1、2.5ヵ月）

鈴木博一飛曹（甲5）18・4・11～19・10・13戦死、上飛曹、二〇一空・台湾
5・13F4U×2（内不確実1）、6・7F4U×2、6・12F4U×1（協同）9・14G×2（内不確実1）、9・18F4U×1（不確実）（撃墜4＋不確実3＋協同1、1年6ヵ月）

渡辺秀夫一飛曹（丙2）18・4・11～終戦時生存（重傷）、飛曹長
5・13F4U×2、P－39×1（不確実）、5・23B－24×1（協同）、B－24×1（協同撃破）、6・16G×3（協同）（撃墜2＋不確実1＋協同4＋協同撃破1）

杉原繁弘飛長（丙2宇佐）18・4・12～4・12戦死、飛長、ラバウル（単機邀撃、初出撃戦死）

刈谷勇亀飛長（丙2）18・4・12～5・13戦死、二飛曹、ルッセル島（空戦）（1ヵ月）
浅見茂正飛長（丙3）18・4・13～7・28戦死、二飛曹、ラバウル発船団護衛（空戦）
　6・16G×1（撃墜1、3・5ヵ月）
田村和飛長（丙3）18・4・13～6・16戦死、二飛曹・ガダルカナル（空戦）
　6・12G×1（撃墜1、2ヵ月）
日高鉄夫飛長（丙3）18・4・13～8・15戦死、二飛曹、ベラベラ（空戦）
　5・23B－24×1（協同）、B－24×1（協同撃破）、6・12　F4U×1（協同）、6・16P－39
　×1（撃墜1＋協同2＋協同撃破1、4ヵ月）
田中勝義飛長（丙3）18・4・14～20・4・16戦死、上飛曹、三四三空S四〇七・沖縄
　4・14G×1（協同）、6・7P－40×1（撃墜1＋協同1、2年）

★以上、40名（士官2、准士官2、下士官15、兵21）・戦死36（うち二〇四空で31）
　終戦時生存4名

・ここまでの合計、101名（士官8、予備士官1、准士官4、下士官兵87）
・戦死89名：戦死率88％（うち六空－二〇四空で76名：75％）、終戦時生存12名（重傷3）
■昭和18年7月、五八二空、隼鷹より大量に転入、消耗も合わせて搭乗員の交替が進み、19年1月、中村佳雄一飛曹の転出で、六空当時からの搭乗員はいなくなる。

■資料Ⅲ　太平洋戦争開戦初日の比島空襲零戦隊の編成

（昭和16年12月８日）

1．三空戦闘機隊編成

大隊	中隊	小隊	機番	操縦	消耗兵器	被害	効果	記事
1	指揮中隊	1	1	大尉 横山　保		無	P-40×1撃墜 B-17×2 中型機×2 } 炎上 中型機×2爆破	
			2	二飛曹 武藤金義		無		
			3	三飛曹 名原安信		無		
		2	1	飛曹長 赤松貞明		無	小型機×1炎上 B-17×1 小型機×4 } 爆破	
			2	一飛曹 矢野茂		無		
			3	三飛曹 園山政吉		無		
	1	1	1	大尉 黒澤丈夫		被弾×1	指揮小隊と協同 B-17×1 中型機×1 } 爆破	
			2	一飛曹 徳地良尚		無		
			3	二飛曹 山谷初政		無		
		2	1	一飛曹 杉尾茂雄		被弾×3		
			2	二飛曹 中納勝次郎		被弾×3		
			3	一飛 増山正男		被弾×2		
	2	1	1	飛特少尉 中原常雄		無	敵を見ず	
			2	一飛曹 秀　　壽		無		
			3	三飛曹 八幡猪三郎		無		
		2	1	一飛曹 中瀬正幸		無		
			2	一飛曹 畠山義秋		無		
			3	二飛曹 鈴木金雄		無		

（1．三空戦闘機隊編成つづき）

大隊	中隊	小隊	機番	操縦	消耗兵器	被害	効果	記事
2	1	1	1	大尉 向井一郎	20mm×2143 7.7mm×6501	被弾×2	B-17×2炎上	
			2	二飛曹 尾関行治		被弾×2		
			3	三飛曹 古川信敏		無		
		2	1	一飛曹 竹中義彦		被弾×4	B-17×1 中型機×2 } 炎上 B-40×1撃墜	
			2	二飛曹 中仮屋国盛		無		
			3	三飛曹 伊藤文雄		行方不明		
	2	1	1	飛曹長 小泉藤一		無		
			2	一飛曹 手塚時春		無		
			3	一飛 小林勝太郎		無		
		2	1	一飛曹 佐々木芳包		無	B-17×1 中型機×2 } 炎上 P-40×1 P-35×1 } 撃墜	
			2	二飛曹 岡崎繁雄		無		
			3	一飛 田尻清治		無		
3	1	1	1	大尉 宮野善治郎		無	P-40×2撃墜 (内1機不確実)	
			2	二飛曹 小島　保		無		
			3	一飛 松本善平		機銃発射不能となり引き返す		
		2	1	飛曹長 工藤　修		脚収納せず引き返す		
			2	一飛曹 岡崎正喜		無	P-40×1撃墜	
			3	三飛曹 倉内　隆		無		
		3	1	一飛曹 岡本重造		無	P-40×2撃墜	
			2	三飛曹 橋口嘉郎		無		

 資料Ⅲ　太平洋戦争開戦初日の比島空襲零戦隊の編成

大隊	中隊	小隊	機番	操縦	消耗兵器	被害	効果	記事
3	2	1	1	大尉 牧　幸男				台南空第六中隊を編入（詳細はⅢ-2表を参照）
			2	三飛曹 廣瀬良雄		行方不明		
			3	一飛 島田三二一				
		2	1	飛曹長 磯崎千利				
			2	一飛曹 坂口音次郎				
			3	三飛曹 福山清武				
		3	1	一飛曹 小池義男				
			2	二飛曹 西浦國松				
			3	一飛 河西春男				
	後衛中隊	1	1	大尉 蓮尾隆市		無	P-40×2（不確実）	
			2	二飛曹 中島文吉		無		
			3	三飛曹 昇地正一		無		
		2	1	飛曹長 久保一男		無		
			2	一飛曹 大住文雄		被弾×3		
			3	三飛曹 吉井三郎		行方不明		

＊本表は防衛庁防衛研究所所蔵「三空飛行機隊戦闘行動調書」をもとに作成した。

2. 台南空戦闘機隊編成

大隊	中隊	小隊	機番	操縦	消耗兵器	被害	効果	記事
1	1	11	1	大尉 新郷英城	20mm×110 7.7mm×500	無	1·2番機協同1撃墜	
			2	一飛曹 田中國義	20mm×110 7.7mm×400	無	協共同2撃破	
			3	三飛曹 倉富　博	20mm×40 7.7mm×92	無	2炎上	
		12	1	飛特少尉 豊田光雄	20mm×110 7.7mm×120	無	4炎上	
			2	一飛曹 酒井東洋夫	20mm×12 7.7mm×50	無	1炎上	
			3	二飛曹 山上常弘	20mm×53 7.7mm×115	無	1撃破	
		13	1	一飛曹 坂井三郎	20mm×49 7.7mm×200	無	1炎上 1·2番機協同1撃墜	
			2	二飛曹 横川一男	20mm×108 7.7mm×160	機銃弾×1 右翼	1大破 1炎上	
			3	三飛曹 本田敏秋		無	1大破	
	2	21	1	大尉 瀬藤満寿三	7.7mm×114	無	2炎上	
			2	一飛曹 菊池利生	20mm×46 7.7mm×110	無		
			3	三飛曹 野澤三郎	20mm×40 7.7mm×46	無		
		22	1	飛曹長 中溝良一	不明	行方不明		
			2	二飛曹 和泉秀雄	20mm×110 7.7mm×212	無	協同1撃墜 (不確実)	
			3	三飛曹 湊　小作	20mm×82 7.7mm×140	砲被弾×1		
		23	1	一飛曹 佐伯義道	20mm×73 7.7mm×130	無	1炎上	
			2	二飛曹 日高義己	無	無		脚収納不具合のため引き返す
			3	三飛曹 石井静夫	無	無		途中、陸軍機を敵と誤認しこれに接敵の際、単機分離、帰投す

大隊	中隊	小隊	機番	操縦	消耗兵器	被害	効果	記事
2	3	31	1	大尉 淺井正雄	20mm×73 7.7mm×274	被弾×3	協同1炎上	
			2	二飛曹 篠原良恵	20mm×70 7.7mm×200	被弾×2 顔面軽傷	1撃墜 (不確実)	
			3	一飛 比嘉政春	20mm×1 7.7mm×200	無	1撃墜	
		32	1	飛曹長 宮崎儀太郎	20mm×95 7.7mm×280	無	1撃墜 (不確実)	
			2	二飛曹 太田敏夫	7.7mm×477	無		
			3	一飛 島川正明	7.7mm×234	無	1撃墜	
		33	1	一飛曹 酒井敏行	20mm×110 7.7mm×200	無	2撃墜 (内1不確実)	
			2	二飛曹 有田義助	20mm×57 7.7mm×137	無		
			3	一飛 本吉義雄	20mm×17 7.7mm×148	無		
	4	41	1	大尉 若尾　晃	20mm×80 7.7mm×320	無	1撃破(効果不明) 1撃墜(不確実)	
			2	二飛曹 河野安治郎	不明	行方不明	成果不明	
			3	三飛曹 青木吉男	不明	行方不明	成果不明	
		42	1	飛曹長 原田義光	20mm×110 7.7mm×350	被弾×10	不明	
			2	一飛曹 上平啓州	20mm×20 7.7mm×80	被弾×12	1炎上 1撃墜	
			3	一飛 藤村春男	20mm×100 7.7mm×485	無		
			1	一飛曹 佐藤康久	不明	行方不明	不明	
			2	二飛曹 石原　進	20mm×110 7.7mm×250	無		
			3	一飛 西山静喜	20mm×110 7.7mm×300	無		

（2．台南空戦闘機隊編成つづき）

大隊	中隊	小隊	機番	操縦	消耗兵器	被害	効果	記事
第四戦闘隊	6	61	1	大尉 牧　幸男	20mm×24 7.7mm×104	機銃弾×1	9機 ドラム缶200 燃料車1台 炎上 5撃破 1地面衝突	第三航空隊三大隊二中隊に編入される
			2	三飛曹 廣瀬良雄	不明	自爆		
			3	一飛 島田三二一	7.7mm×334	無		
		62	1	飛曹長 磯崎千利	7.7mm×376	無		
			2	一飛曹 坂口音次郎	7.7mm×264	無		
			3	三飛曹 福山清武	7.7mm×649	無		
		63	1	一飛曹 小池義男	7.7mm×290	被弾×2 右眼負傷		
			2	二飛曹 西浦國松	20mm×36 7.7mm×200	無		
			3	一飛 河西春男	20mm×20 7.7mm×430	無		

＊本表は防衛庁防衛研究所所蔵「台南空飛行機隊戦闘行動調書」をもとに作成した。

■資料Ⅳ　ルンガ沖航空戦時の飛行機隊編成

（昭和18年６月16日）

1．五八二空戦闘機隊編成

大隊	中隊	小隊	機番	操縦	消耗兵器	被害	効果	記事
1	1	1	1	少佐 進藤三郎	20mm×1889 7.7mm×29829		P-39×1 G戦×1 撃墜	
			2	一飛曹 榎本政一				
			3	一飛曹 関谷喜芳				
			4	二飛曹 牧山百郎				
		2	1	飛曹長 竹中義彦				
			2	二飛曹 笹本孝道				
			3	一飛曹 古本克己		未帰還		
			4	二飛曹 伊藤俊次				
	2	1	1	中尉 鈴木宇三郎				
			2	二飛曹 明慶幡五郎				
			3	二飛曹 篠塚賢一		未帰還		
			4	二飛曹 井上末男				
		2	1	一飛曹 八並信孝				
			2	二飛曹 石橋元臣		未帰還		
			3	一飛曹 福森大三		未帰還		
			4	二飛曹 平林眞一				
	3			三中隊「二五一」空香下中尉以下８機				
2				二大隊「二〇四」空ｆｃ×24				
3				三大隊「二五一」空ｆｃ×24				

＊本表は防衛庁防衛研究所所蔵「五八二空飛行機隊戦闘行動調書」をもとに作成した。
＊２番機、３番機は、実際の編成とは逆に記載されている。

2．二〇四空戦闘機隊編成

大隊	中隊	小隊	機番	操縦	消耗兵器	被害	効果	記事
	1	1	1	大尉 宮野善治郎		未帰還		
			2	二飛曹 橋本久英				
			3	上飛曹 辻野上豊光			P-39×3撃墜 (内1機不確実)	
			4	二飛曹 中村佳雄		重傷 被弾×8		コロンバンガラに不時着
		2	1	上飛曹 大正谷宗市			P-39×1撃墜	
			2	二飛曹 田村　和		未帰還		
			3	一飛曹 坪屋八郎				終始fb隊を掩護せり
			4	二飛曹 田中勝義				
	2	1	1	予中尉 森崎　武		未帰還		
			2	二飛曹 浅見茂正			グラマン×1撃墜	発動機不調 コロンバンガラに不時着
			3	二飛曹 中野智弌			P-39×1撃墜 グラマン×1(協同)撃墜	
			4	二飛曹 坂野隆雄		軽傷 被弾		コロンバンガラ不時着
		2	1	上飛曹 渡辺秀夫				
			2	二飛曹 人見喜十			G戦6機と交戦 3機を協同撃墜	
			3	二飛曹 杉田庄一			グラマン×1撃墜	
			4	二飛曹 小林政和				

大隊	中隊	小隊	機番	操縦	消耗兵器	被害	効果	記事
	3	1	1	飛曹長 日高初男				
			2	二飛曹 黒澤清一			グラマン×1撃墜	
			3	二飛曹 神田佐治		未帰還		
			4	二飛曹 中澤政一				
		2	1	上飛曹 鈴木　博			P-39×1 F4U×1 撃墜	
			2	二飛曹 日高鉄夫				
			3	二飛曹 渡辺清三郎				
			4	二飛曹 八木隆次				

＊本表は、防衛庁防衛研究所所蔵「二〇四空飛行機隊戦闘行動調書」をもとに作成した。
＊２番機、３番機は、実際の編成とは逆に記載されている。

3. 二五一空戦闘機隊編成

大隊	中隊	小隊	機番	操縦	消耗兵器	被害	効果	記事
1	1	1	1	中尉 大野竹好	20mm×66 7.7mm×120	被弾		P-38×5発見、一撃を与えF4U×2、F4F×3空戦中駆逐艦機銃により
			2	上飛 坂上忠治	20mm×122 7.7mm×200			
			3	上飛 奥村四郎		未帰還		
			4	上飛 赤堀　壽	20mm×160 7.7mm×180			来襲せるP-38を反撃、爆撃終了後P-39×2攻撃
		2	1	中尉 林　喜重	7.7mm×16			F4U×6、P-39×2 空戦
			2	二飛曹 米田　忠	20mm×118 7.7mm×130			1番機に同じ
			3	二飛曹 福井一雄	20mm×75 7.7mm×48			1番機に同じ
			4	上飛曹 吹田謙次	7.7mm×15			爆撃終了まで1番機に同じ。以後単機艦爆直衛
	2	1	1	中尉 橋本光輝	20mm×16 7.7mm×230			P-38×5を認めたるも攻撃せずP-39×5ないし6と空戦
			2	二飛曹 塚本秀雄	20mm×48 7.7mm×6		P-39×1撃墜(4番機と協同)	P-39×1追尾撃墜
			3	二飛曹 宮本公良	20mm×40 7.7mm×200			1番機に同じ
			4	二飛曹 寺田幸一		被弾 不時着 沈没		2番機に同じその時敵の攻撃を受く、その後不時着
		2	1	飛曹長 大木芳男		未帰還		爆撃進入直後より消息不明
			2	二飛曹 栗山九洲男	20mm×54 7.7mm×10			P-38を牽制F4U×3と交戦
			3	上飛 南田　覺	20mm×100 7.7mm×200		P-39×1撃墜	P-39×1に追尾撃墜

資料Ⅳ　ルンガ沖航空戦時の飛行機隊編成

大隊	中隊	小隊	機番	操縦	消耗兵器	被害	効果	記事
	3	1	1	中尉 大宅秀平		未帰還		P-38×6と交戦以後消息不明
			2	一飛曹 山崎市郎平	20mm×5 7.7mm×300		F4F×1撃墜 機体不明×1撃墜	P-38反撃後、グラマン×2と交戦撃墜、艦爆に追躡する機種不明×1撃墜
			3	二飛曹 玉広欣彌	20mm×31 7.7mm×200		P-38×1撃墜 （不確実）	P-38×6発見、反撃 P-38×7に包囲攻撃をうけ反撃
			4	二飛曹 野間清爾	20mm×60 7.7mm×350			P-38攻撃以後艦爆直掩
		2	1	少尉 磯崎千利	20mm×160 7.7mm×300		F4F×1 P-38×1 撃墜 （不確実）	P-38反撃後、F4F×4を追躡、撃墜 P－38、P－39数機と交戦
			2	二飛曹 山本末広		未帰還		F4Fと交戦開始後、消息不明
			3	二飛曹 岩野　広	20mm×34 7.7mm×200			P-38、F4Fの包囲攻撃をうけ反撃しつつ避退
	4	1	1	中尉 香下　孝		未帰還		地上砲火により
			2	上飛曹 西澤広義	20mm×50 7.7mm×600	被弾	P-39×1撃墜	P-39延機数約15と交戦
			3	二飛曹 清水郁造		未帰還		地上砲火により
			4	二飛曹 関口榮次	20mm×100 7.7mm×600	被弾	P-39×1撃墜	P-39延機数約15と交戦
		2	1	飛曹長 近藤　任	20mm×110 7.7mm×250			F4F×2 P-40×2 交戦
			2	二飛曹 安藤宇一郎				艦爆×1を掩護
			3	二飛曹 神田　浩		未帰還		爆撃直後、小隊長に随伴、以後消息不明
			4	上飛 山根初雄				艦爆×1を掩護

＊本表は防衛庁防衛研究所所蔵「二五一空飛行機隊戦闘行動調書」をもとに作成した。

4．五八二空艦爆隊編成

大隊	中隊	小隊	機番	操縦	偵察	消耗兵器	被害	効果
1	1	1	1	大尉 江間　保	飛曹長　戦死 佐伯繁嘉	250kg×23 60kg×44 7.7mm×22000	被弾	大型輸送船×4 中型輸送船×2 小型輸送船×1 撃沈 大型輸送船×1中破 グラマン×1 シコルスキー×1 撃墜
			2	二飛曹 平塚祐三	二飛曹 淡井　清			
			3	二飛曹　戦死 鎮波　智	二飛曹　戦死 川口　進		自爆	
		2	1	上飛曹　行方不明 前田祥夫	一飛曹　行方不明 福本　武		未帰還	
			2	二飛曹　行方不明 清水軍太	二飛曹　行方不明 中尾長司		未帰還	
			3	二飛曹　行方不明 山本市蔵	二飛曹　行方不明 岩本定治		未帰還	
	2	1	1	中尉　行方不明 川鍋　敦	二飛曹　行方不明 島村正人		未帰還	
			2	二飛曹 山下與七	一飛曹 小出晃治			
			3	二飛曹　行方不明 湯浅六七一	二飛曹　行方不明 渡部澄夫		未帰還	
		2	1	一飛曹 磯沼芳男	上飛曹 千葉正史			
			2	二飛曹　戦死 関根秀治	二飛曹　戦死 城尾　勇		自爆	
			3	二飛曹 金縄熊義	二飛曹 川上幸雄			
2	1	1	1	飛曹長　行方不明 中西義雄	中尉　行方不明 前川末次		未帰還	
			2	二飛曹 兼松　長	二飛曹 秋吉幸隆		被弾	
			3	二飛曹 宮代武雄	二飛曹 鈴木　太			
		2	1	二飛曹 肥後安雄	上飛曹 松浪清			
			2	二飛曹 白鳥善徳	二飛曹 伊藤朝夫			
			3	二飛曹　戦死 荒川今雄	二飛曹　戦死 片岡　匸		自爆	

大隊	中隊	小隊	機番	操縦	偵察	消耗兵器	被害	効果
2	2	1	1	一飛曹 向島重徳	飛曹長 安藤　潔		被弾	
			2	一飛曹　戦死 棚橋宗一	二飛曹　戦死 神林敏夫		自爆	
			3	二飛曹　戦死 藤瀬酉介	二飛曹　戦死 馬渕利秋		自爆	
		2	1	一飛曹　行方不明 中條勝武	一飛曹　行方不明 伊藤哲郎		未帰還	
			2	二飛曹　負傷 渡辺千吾	二飛曹　戦死 千田　茂		被弾	
			3	二飛曹　行方不明 小林正幸	二飛曹　行方不明 古賀　弘		未帰還	

＊本表は防衛庁防衛研究所所蔵「五八二空飛行機隊戦闘行動調書」をもとに作成した。

取材協力、資料・談話提供者

〈海軍関係〉

青木與、青戸廣二、淺村敦、吾妻常雄、阿部三郎、阿部安次郎、荒井敏雄、飯野伴七、池田良信、生田乃木次、壹岐春記、石井惇、石川四郎、泉山裕、伊藤仙七、一宮栄一郎、稲田正二、井上広治、今泉利光、今中博、岩井勉、岩倉勇、岩下邦雄、岩田勇治、植松眞衛、内田稔、梅林義輝、江上純一、江原三郎、大石治、大川原要、大澤重久、大竹典夫、大西貞明、大原亮治、奥宮正武、長田利平、尾関三郎治、小野清紀、小野了、香川克己、香川宏三、笠井智一、柏倉信弥、加藤清、香取穎男、神山猛次、北沖直行、木名瀬信也、栗林久雄、黒澤丈夫、桑原和臣、国分道明、小町定、佐伯正明、佐伯美津男、佐伯義道、坂井三郎、堺周一、榊原喜與二、坂本武、相良六男、佐々木原正夫、佐藤繁雄、真田泉、澤田祐夫、志賀淑雄、島地保、下山栄、新庄浩、進藤三郎、杉田貞雄、須崎静夫、鈴木實、鈴木英男、鈴村善一、高岡迪、高田幸雄、高原希國、多胡光雄、立澤富次郎、田中公夫、田中國義、田中昭吉、田中友治、谷口正夫、谷水竹雄、田淵幸輔、千脇治、角田和男、椿孟、津曲正海、寺島幸夫、堂本吉春、戸口勇三郎、豊田一義、内藤徳治、内藤千春、内藤宏、内藤祐次、長先幸太郎、中島大八、中島正、中島三教、中西健三、長野道彦、中村輝雄、中村佳雄、中谷芳市、西村友雄、野田新太郎、羽切松雄、橋本勝弘、畠山金太、花川秀夫、林常作、林藤太、速水経康、原田要、土方敏夫、日高盛康、平野晃、藤田恰与蔵、藤田昇、藤本速雄、藤本道弘、細川八朗、細田圭一、前原正三、松崎豊、松田章、松村正二、丸尾穂積、丸山泰輔、三上一禧、水木泰、三森一正、宮崎勇、宮本治郎、望月慶太郎、本島自柳（大淵珪三）、森永隆義、柳井和臣、柳谷謙治、山川光保、山岸茂助、山口慶造、山田良市、山本精一郎、湯野川守正、横山岳夫、吉岡六郎、吉田勝義、吉野治男、渡辺正、渡辺秀夫　（以上搭乗員）

池田正、伊勢田達也、伊藤安一、岡田貞寛、岡野允俊、梶原貞信、加藤種男、角信郎、川口正文、桑島斉三、河本広中、児玉武雄、小林貞八郎、小谷野伊助、塩崎博、清水芳人、砂田正二、竹内釼一、武田光雄、竹林博、陳亮谷、寺田健、豊島俊夫、中山弘二、萩原一男、羽田正、萬代久男、日野虎雄、福山孝之、冨士信夫、前田茂、松永市郎、村上俊博、本村哲郎、森敏夫、門司親徳、守屋清、山鳥次郎

〈遺族・親族〉

青木春日、岡部哲治、佐藤千代、樫村千鶴子、進藤和子、鈴木隆子、樽谷博光、富樫ヨコ、羽切貞子、日比野まり子、水木初子、宮野善靖、宮崎その、宮崎守正、宮崎行弘、山下佐知

〈技術〉

緒方研二、風見博太郎、川口宏、高山捷一、松平精

〈一般〉

板倉昌之、井上達昭、井上明則、大森洋平、吉良敢、柴田武彦、菅野寛也、高城肇、服部省吾、三田宏也、渡辺洋二

㈶海原会、全国甲飛会、丙飛会、二〇四空会、二〇五空会、三四三空剣会、五八二空花吹会、海軍ラバウル方面会、伊藤忠ネイビー会、交詢社ネービー会、昭八会、八千代会、零戦搭乗員会、NPO法人零戦の会

参考文献・資料

〈市販本〉

『修羅の翼』角田和男著・光人社、『道を求めて』黒澤丈夫著・上毛新聞社、『空と海の涯で』門司親徳著・毎日新聞社、『回想の大西瀧治郎』門司親徳著・光人社、『伝承・零戦』（第一集〜第三集）秋本実編・光人社、『回想のラバウル航空隊』守屋清著・光人社、『カメラと戦争』小倉磐著・朝日ソノラマ、『日本系譜総覧』日置昌一編・講談社、『必中への急降下』『闘う海鷲』『闘う零戦』『異端の空』『遥かなる俊翼』渡辺洋二著・文藝春秋、『首都防衛三〇二空』『大空の戦士たち』『大空のエピソード』渡辺洋二著・朝日ソノラマ、『マッカーサーの日本』カール・マイダンス写真集・講談社、『ヤンキー放浪者』デビッド・ダグラス・ダンカン写真集・ニッコールクラブ、『秘蔵の不許可写真1、2』毎日新聞社、『あゝ航空隊　続日本の戦歴』毎日新聞社、『高木海軍少将覚書』毎日新聞社、『日本軍艦戦記』文藝春秋、『日本航空戦記』文藝春秋、『阿見と予科練』阿見町、『航空賛歌五十年』伊藤良平著・日本評論社、『あゝ予科練』産経新聞社、『等身大の予科練』常陽新聞社、『日本ニュース映画史』毎日新聞社、『特攻の思想』草柳大蔵著・文藝春秋、『あの戦争〜太平洋戦争全記録（上、中、下巻）』産経新聞社、『海軍予備学生零戦空戦記』土方敏夫著・光人社、『小松物語』浅田勁著・かなしん出版、『真珠湾攻撃総隊長の回想　淵田美津雄自叙伝』・講談社、『高松宮日記（全八巻）』中央公論社、『戦史叢書（12・マリアナ沖海戦ほか海軍関係全三十三巻）』防衛研修所戦史室・朝雲新聞社、『戦時行刑實録』戦時行刑實録編纂委員会編・矯正協会、『坂井三郎空戦記録』坂井三郎著・出版協同版、講談社版、『大空のサムライ（正・続・戦話編）』坂井三郎著・光人社、『写真・大空のサムライ』・光人社、『敷島隊の五人』森史郎著・光人社、『空母零戦隊』岩井勉著・文藝春秋、『大空の決戦』羽切松雄著・文藝春秋、『日本空母戦史』木俣滋郎著・図書出版社、『零戦－日本海軍の栄光』マーチン・ケイディン著・産経新聞社、『日本海軍艦艇写真集（各巻）』光人社、『海軍中将中澤佑』中澤佑刊行会編・原書房、『軍艦長門の生涯』『山本五十六』『米内光政』『井上成美』『春の城』阿川広之著・新潮社、『日本海軍に捧ぐ』阿川弘之著・PHP研究所、『高松宮と海軍』阿川弘之著・中央公論社、『カウラの突撃ラッパ』中野不二男

著・文藝春秋、『海軍技術戦記』・図書出版、『ミッドウェー戦記』亀井宏著・光人社、『ミッドウェー』奥宮正武、淵田美津雄著・出版協同社、『神風特別攻撃隊』中島正、猪口力平著・出版協同社、『零戦』堀越二郎、奥宮正武著・出版協同社、『指揮官空戦記』小福田租著・光人社、『空母艦爆隊』山川新作著・光人社、『自伝的日本海軍始末記』高木惣吉著・光人社、『戦時用語の基礎知識』北村恒信著・光人社、『海軍航空隊全史』奥宮正武著・朝日ソノラマ

『零式戦闘機』柳田邦男著・文藝春秋、『空母翔鶴海戦記』福地周夫著・出版協同社、『ラバウル海軍航空隊』奥宮正武著・朝日ソノラマ、『予科練のつばさ』乙七期会・光人社、『バラレ海軍設営隊』佐藤小十郎著・プレジデント社、『海軍アドミラル軍制物語』『海軍ジョンベラ軍制物語』雨倉孝之著・光人社、『大東亜戦争　海軍作戦写真記録Ⅰ・Ⅱ』大本営海軍部・朝日新聞社、『ソロモン戦記』福山孝之著・光人社、『不滅の零戦』・潮書房、『無敵の戦闘機・紫電改』・潮書房、『スーパー零戦　烈風図鑑』・潮書房、『海鷲の航跡』海空会編・原書房、『海軍戦闘機隊史』零戦搭乗員会編・原書房、『日本の軍装　1930～1945』中西立太著・大日本絵画、雑誌『大洋』昭和十九年六月号「海軍戦闘機隊座談会」・文藝春秋

〈私家版〉

『大西瀧治郎』故大西瀧治郎海軍中将伝刊行会編、『英霊の島を訪ねて』門司親徳著、『神風特別攻撃隊員之記録』零戦搭乗員会編、『特別攻撃隊』㈶特攻隊戦没者慰霊平和祈念協会、『商船が語る太平洋戦争＝商船三井戦時船史』野間恒編、『飛魂～海軍飛行科第九期、第十期予備学生出身者の記録』、『海軍想い出すまま』岡田貞寛著、『ミッドウェー海戦と源田参謀の無能』柴田武雄著、『六十期回想録』昭八会編、『無二の航跡』海兵六十二期会編、『第六十五期回想録』海兵六十五期会編、『海軍神雷部隊』神雷部隊戦友会編、『三四三空隊史』三四三空会編、『第十三期飛行科予備学生誌』、『伊号第八潜水艦史』伊八潜史刊行会編、『空母海鷹戦史』海鷹会編、『ひと筋に歩んできた道』内藤祐次著、『海軍中攻史話集』中攻会編、『海軍時代と戦後の思い出』高橋敬道著、『航空魚雷ノート』九一会、『ブインよいとこ』守屋清著、『航空母艦蒼龍の記録』蒼龍会編、『佐多大佐を偲ぶ』、『空将新郷英城追想録』、『川田要蔵君を偲ぶ』、『海ゆかば　主計科短現六期文集』、『同期の桜（正、続、続々）』海兵七十一期七一会編、『日本海軍史（全十一巻）』㈶海軍歴史保存会著、『三菱重工名古屋航空機製作所二十五年史』、『山本長官の想ひ出』三和義勇著、『江田島の契り（正、続）』海兵六十六期会編、『二〇一空戦記』二〇一空会編、『海空時報』（合本・上、下）海空会編、『日本海軍航空史』海空会編、『海軍空中勤務者（士官）名簿』海空会編、『旧海軍の常設航空隊と航空関係遺跡』海空会編、『五甲飛空ゆかば』五甲飛会・文藝春秋、『ソロモンの死斗』ソロモン会編、『予科練の群像』大分県

雄飛会編、『第三五二海軍航空隊の記録』三五二空会編、『海軍ラバウル方面会会報』

〈未公刊資料、その他〉

黒澤丈夫少佐航空記録、藤原喜平少尉航空記録、蓮尾隆市大尉航空記録、青木與一空曹航空記録、羽切松雄中尉航空記録、角田和男中尉航空記録、土方敏夫大尉航空記録、一宮栄一郎中尉航空記録、柳谷謙治飛曹長航空記録、壹岐春記少佐航空記録、山本栄大佐陣中日記、宮野善治郎大尉日記、武田光雄大尉日記、角田和男中尉日記、橋本勝弘中尉手記、佐々木原正夫少尉日記、徐華江中尉（中国空軍）日記、大野竹好中尉手記（遺稿）、中澤政一二飛曹日記（遺稿）、進藤三郎少佐手記、鈴木實中佐手記、長田利平一飛曹手記、杉田貞雄一飛曹手記、林藤太大尉手記、吉野治男少尉手記、丸山泰輔少尉手記、大西貞明少尉手記、羽切松雄中尉手記、今泉利光上飛曹手記、志賀淑雄少佐手記、山口慶造飛曹長手記、野田新太郎少尉手記、伊藤安一少尉手記、門司親徳主計少佐手記、江間保少佐手記、島毅軍医大尉手記、毎日新聞社新名丈夫記者手記、周防元成少佐、志賀淑雄少佐、空技廠テスト飛行ノート、『空母加賀戦闘機隊空戦記』柴田武雄著、『二〇四空概史』柴田武雄著、『二〇四空隊員座談会速記録』二〇四空会、十二空記念アルバム、海兵六十期記念アルバム、海兵六十二期記念アルバム、海兵六十五期記念アルバム、海兵六十六期記念アルバム、海兵六十二期兵学校教科書（各科目）、『偵察員須知』第十三聯合航空隊司令部、『零式艦上戦闘機五二型取扱説明書』晃部隊（三六一空）、航空図各種・個人蔵、『昭和十九年度元山空飛行機操縦法参考』・元山空、『昭和十九年度日米主要軍用機要目一覧表』元山空、『オーラル・ヒストリー山田良市（元航空幕僚長）』防衛研究所、『Air Power とその変遷』山田良市著・航空自衛隊、『P－47サンダーボルト戦闘機隊』山田良市著・航空自衛隊、『源田實元空幕長を偲んで』山田良市著・航空自衛隊、軍機布哇作戦（原本・個人蔵）、戦闘機隊奥地空襲戦闘詳報（原本・個人蔵）、十四空戦闘詳報（原本・個人蔵）、飛行機隊戦闘行動調書（十二空、二空、三空、四空、六空、台南空、谷田部空、筑波空、横空、二〇一空、二〇二空、二〇四空、二一〇空、二二一空、二五一空、二五二空、二五三空、二八一空、三〇一空、三三一空、五〇一空、五八二空、七〇一空、七〇五空、七五三空、鳳翔、龍驤、赤城、加賀、蒼龍、飛龍、翔鶴、瑞鶴、隼鷹、飛鷹ほか）防衛省戦史部蔵、飛行機隊戦闘詳報、戦時日誌（十二空、十四空、二〇二空、二〇五空、三四三空ほか）防衛省戦史部蔵、「S戦闘機隊戦時日誌」三三一空、三八一空、巡洋艦「青葉」戦闘詳報、「二十六航戦先任参謀覚書」柴田文三大佐（防衛省戦史部蔵）、「二一〇空編制表」、「厚木空編制表」、「機密聯合艦隊告示者名簿」（防衛庁戦史部蔵）、「辞令広報（海軍省・各号）」（防衛省戦史部蔵）、「海軍航空基地略号」（防衛省戦史部蔵）、「横空戦闘機隊名簿」昭和十九年、二十年、「昭八会名簿」、「海兵六十六期生名簿」、「海兵七十期生名簿』、『海軍兵学校出身者（生徒）名簿』、『海軍義済会員名簿（昭和十七年七月一日調）』
零戦搭乗員会会報「零戦」創刊号（昭和五十三年）～四十九号（平成十四年）、「月刊豫科練（各号）」財団法人海原会、「甲飛だより（各号）」全国甲飛会、「雄飛（各号）」雄飛会、「へいひ（各号）」丙飛会、

＊単行本『零戦隊長』（初版二〇〇六年十二月、新装版二〇一一年十月、いずれも光人社刊）改題・改訂

NF文庫

零戦隊長 宮野善治郎の生涯

二〇一六年三月 十八 日 印刷
二〇一六年三月二十四日 発行
著 者 神立尚紀
発行者 高城直一
発行所 株式会社 潮書房光人社
〒102-0073 東京都千代田区九段北一-九-十一
振替／〇〇一七〇-六-五四六九三
電話／〇三-三二六五-一八六四(代)
印刷所 株式会社技秀堂
製本所 東京美術紙工
定価はカバーに表示してあります
乱丁・落丁のものはお取りかえ致します。本文は中性紙を使用

ISBN978-4-7698-2938-6 C0195
http://www.kojinsha.co.jp

NF文庫

刊行のことば

第二次世界大戦の戦火が熄《や》んで五〇年——その間、小社は夥しい数の戦争の記録を渉猟し、発掘し、常に公正なる立場を貫いて書誌とし、大方の絶讃を博して今日に及ぶが、その源は、散華された世代への熱き思い入れであり、同時に、その記録を誌して平和の礎とし、後世に伝えんとするにある。

小社の出版物は、戦記、伝記、文学、エッセイ、写真集、その他、すでに一、〇〇〇点を越え、加えて戦後五〇年になんなんとするを契機として、「光人社NF（ノンフィクション）文庫」を創刊して、読者諸賢の熱烈要望におこたえする次第である。人生のバイブルとして、心弱きときの活性の糧《かて》として、散華の世代からの感動の肉声に、あなたもぜひ、耳を傾けて下さい。